BLACK&DECKER®

LE GUIDE COMPLET DU BRICOLAGE ET DE LA RÉNOVATION

350 PROJETS ET 2000 PHOTOS

Traduit de l'américain par
Jacques Vaillancourt et Jean Storme

NOUVELLE ÉDITION
AUGMENTÉE ET MISE À JOUR

LES ÉDITIONS DE L'HOMME
Une compagnie de Quebecor Media

Photos: Steve Galvin, Joanne Wawra
Design graphique: Danielle Smith

DISTRIBUTEUR EXCLUSIF :

Pour le Canada et les États-Unis :
MESSAGERIES ADP*
2315, rue de la Province
Longueuil, Québec J4G 1G4
Téléphone : 450 640-1237
Télécopieur : 450 674-6237
Internet : www.messageries-adp.com
* filiale du Groupe Sogides inc.,
filiale du Groupe Livre Quebecor Media inc.

08-10

L'ouvrage original a été publié
par Creative Publishing international, Inc.
sous le titre *The Complete Guide to Home Repair*

Dépôt légal : 2010
Bibliothèque et Archives nationales du Québec

ISBN 978-2-7619-2686-7

Gouvernement du Québec – Programme de crédit d'impôt pour l'édition de livres – Gestion SODEC – www.sodec.gouv.qc.ca

L'Éditeur bénéficie du soutien de la Société de développement des entreprises culturelles du

Le Conseil des Arts du Canada
The Canada Council for the Arts

Nous remercions le Conseil des Arts du Canada de l'aide accordée à notre programme de publication.

Nous remercions le gouvernement du Canada de son soutien financier pour nos activités de traduction dans le cadre du Programme national de traduction pour l'édition du livre.

Nous reconnaissons l'aide financière du gouvernement du Canada par l'entremise du Fonds du livre du Canada pour nos activités d'édition.

AVIS AUX LECTEURS

Pour votre propre sécurité, il est recommandé de faire preuve de prudence et de discernement lorsque vous mettez en œuvre les techniques et méthodes décrites dans le présent Guide. L'Éditeur et Black & Decker déclinent toute responsabilité quant aux dommages matériels ou corporels pouvant résulter du mauvais usage de l'information contenue dans le présent ouvrage. Les techniques présentées ici sont couramment employées dans diverses applications. Certains projets peuvent exiger le recours à des techniques qui ne sont pas décrites dans le présent guide. Suivez toujours les consignes de sécurité et les instructions que les fabricants fournissent avec leurs produits. Le non-respect de ces instructions pourra occasionner des blessures, en plus d'annuler la garantie. Les projets présentés ici varient considérablement quant au niveau de compétence requis pour les mener à bien : certains peuvent ne pas convenir à tous les bricoleurs et d'autres peuvent exiger l'aide de professionnels. Consultez le service de la construction de votre localité pour toute information concernant les permis à obtenir et les codes et règlements qui s'appliquent à votre projet.

Rédacteurs, directeurs artistiques, constructeurs de décors et photographes

Phil Aarrestad, Glenn Austin, Randy Austin, Kim Bailey, Mark Biscan, Stewart Block, Rose Brandt, Gary Branson, Greg Breining, Dave Brus, Keith Bruzelius, Ron Bygness, Jennifer Caliandro, Rudy Calin, Tom Carpenter, Dan Cary, Julie Caruso, Janice Cauley, Tate Carlson, Marcia Chambers, Scott Christiansen, Tom Cooper, Paul Currie, Cy DeCosse, Jim Destiche, Doug Deutsche, Diane Dreon, Arthur Durkee, Barbara Falk, Jerri Farris, Mary Firestone, Steve Galvin, Jennifer Gehlhar, Abby Gnagey, Patricia Goar, Paul Gorton, Lynne Hanauer, Barbara Harold, Carol Harvatin, Rebecca Hawthorne, Tom Heck, Jon Hegge, Mike Hehner, Tami Helmer, Paul Herda, John Hermansen, Jonathan Hinz, Sara Holle, Lori Holmberg, Jim Huntley, Rex Irmen, Mark Johanson, Troy Johnson, Kari Johnston, Rob Johnstone, William B. Jones, Phil Juntti, Andrew Karre, Patrick Kartes, James Kegley, Geoffrey Kinsey, Tony Kubat, Michele Lanci-Altomare, Marcus Landram, Karl Larson, John Lauenstein, Thomas Lemmer, Bill Lindner, Earl Lindquist, Daniel London, Barbara Lund, Curtis Lund, Mark Macemon, Bernice Maehren, Dave Mahoney, Paul Markert, Brett Martin, Jamey Mauk, Bryan McLain, John Nadeau, Paul Najlis, Bill Nelson, Charles Nields, Mette Nielsen, Kristen Olson, Carol Osterhus, Brad Parker, Mike Parker, Christian Paschke, Mike Peterson, Greg Pluth, Anne Price-Gordon, John Riha, Cesar Rodriguez, Tom Rosch, Susan Roth, Andrea Rugg, Karen Ruth, Gary Sandin, Dave Schelitzche, Joel Schmarje, Philip Schmidt, Joel Schnell, Mark Scholtes, Ned Scubic, Gina Seeling, Cathleen Shannon, Mike Shaw, Hugh Sherwood, Jon Simpson, Michelle Skudlarek, Steve Smith, Angela Spann, Brad Springer, Dick Sternberg, Lori Swanson, Andrew Sweet, Dianne Talmage, Glenn Terry, Keith Thompson, Vryan Trandem, Gregory Wallace, Kevin Walton, Joanne Wawra, Robert Weaver, John Webb, Brad Webster, Wayne Wendland, John Whitman, Dan Widerski, Christopher Wilson, Mike Woodside

---

Note de l'Éditeur : Avant d'entreprendre les travaux de bricolage et de rénovation expliqués dans le présent ouvrage, il est important que vous preniez soin de vous informer auprès de votre ville ou de votre municipalité de la réglementation concernant ce genre de travaux, des lois du code régional et des restrictions s'appliquant à votre localité. Il est aussi prudent que vous respectiez toutes les mesures de sécurité prescrites dans ce livre et que vous fassiez appel aux conseils et à la compétence d'un professionnel en cas de doute ou de difficulté.

Table des matières

Guide complet du bricolage et de la rénovation

KLEIN TOOLS INC.

Introduction

Comme l'ont constaté au fil des ans des millions de propriétaires, la popularité croissante du *Guide complet du bricolage et de la rénovation* s'explique facilement : il est exhaustif. En effet, tous les systèmes et éléments de surface importants – à l'intérieur comme à l'extérieur de la maison – y sont traités en profondeur, dans un langage clair et à l'aide d'illustrations détaillées. Le *Guide* vous sera utile de la première à la dernière page : des centaines de projets et des milliers de photos vous aideront à maintenir votre maison en bon état. Rien d'étonnant dès lors qu'il soit l'ouvrage du genre le plus vendu sur le marché.

Cette troisième édition, qui inclut le meilleur des éditions antérieures, offre en plus de nouveaux projets de réparation portant sur de nombreux éléments de la maison. Tous les projets décrits comportent :

- Des instructions pas à pas, claires et concises, et des techniques professionnelles enrichies de conseils pratiques. Nos experts en rénovation vous guideront du début à la fin.
- Des photos en couleur illustrant en détail chacune des étapes d'un projet. Vous saurez exactement à quoi vous attendre.
- Des plans et des schémas détaillés. Nous avons recouru à tous les moyens possibles pour bien vous montrer tous les éléments de l'outil, du système ou du projet, afin qu'aucun détail ne vous échappe.

Tous les éléments de la maison sont examinés. La section « Intérieur » regroupe les réparations que peuvent nécessiter le sous-sol, les murs, les planchers et les plafonds. Vous y trouverez des renseignements détaillés sur les petites et les grandes réparations des divers revêtements de sol – de la moquette traditionnelle aux stratifiés contemporains. Vous y apprendrez mille techniques, de la manière de rendre vos fenêtres actuelles plus écoénergétiques à la façon de les remplacer par des fenêtres à rendement élevé.

Un autre chapitre porte sur les travaux de réparation et d'entretien de l'extérieur de la maison ; vous y trouverez notamment des conseils sur la préparation de la maison en vue de l'hiver ainsi que sur l'amélioration de son efficacité énergétique. Vous y apprendrez à colmater une fuite de toit, ainsi qu'à réparer et à restaurer un patio, une terrasse ou un trottoir usé. La réparation des principaux matériaux de parement est également expliquée.

Les réparations de l'installation électrique, de la plomberie et du système de chauffage, de ventilation et de climatisation sont souvent les plus rébarbatives pour le propriétaire, les plus coûteuses aussi s'il en confie l'exécution à des spécialistes. Armé du présent ouvrage, vous disposerez de toute l'information et de toute l'orientation dont vous aurez besoin pour vous attaquer avec assurance aux projets de câblage et de plomberie courants. Qu'il s'agisse d'une toilette qui coule ou d'un vieux câblage défectueux, il est presque certain que vous trouverez ici une solution claire et efficace à votre problème – sans devoir faire appel à un électricien ou à un plombier.

En tant que propriétaire, vous savez que votre maison représente votre placement le plus important. Le *Guide complet du bricolage et de la rénovation* constitue une ressource indispensable pour celui qui souhaite maximiser le rendement de son placement.

ART OF THE PACIFIC
modern primitives

Intérieur

- Réparation d'un plancher
- Réparation d'une solive
- Élimination des grincements de plancher
- Réparation des moulures de garnissage
- Réparation des revêtements de sol en bois
- Remplacement des lames endommagées
- Rapiéçage d'un revêtement de sol en bois
- Réparation d'une lame en stratifié
- Réparation d'un revêtement de sol en vinyle
- Réparation des carreaux de céramique
- Réparation de la moquette
- Scellement d'un plancher de béton intérieur
- Réparation des plaques de plâtre
- Replâtrage
- Remplacement de panneaux
- Entretien du carrelage mural
- Réparation du papier peint
- Réparation des plafonds
- Réparation des murs et des plafonds endommagés par l'eau
- Enlèvement du revêtement des murs et plafonds
- Inspection finale et correction des défauts
- Escabeaux et échafaudages
- Peinture et sécurité
- Outils et matériel de préparation
- Préparation de la pièce
- Apprêts et peintures d'impression
- Techniques de peinture des moulures
- Techniques de peinture des plafonds et des murs
- Peinture des armoires
- Élimination des grincements d'escaliers
- Remplacement d'un giron cassé

Réparation d'un plancher

Les surfaces des planchers s'usent plus rapidement que toutes les autres surfaces intérieures à cause des allées et venues auxquelles elles sont soumises. Et leur détérioration ne se limite pas à l'apparence : les entailles faites dans les planchers résilients et les fissures des joints de coulis des carreaux de céramique laissent pénétrer l'humidité dans le bois sous-jacent. Les planchers en bois dur perdent leur fini et se décolorent, et les panneaux desserrés grincent.

L'humidité qui pénètre sous le revêtement de sol abîme la sous-couche, et la détérioration se transmet ensuite au sous-plancher. Ce sont les planchers des salles de bain qui connaissent le plus de dommages dus à l'humidité. Le sous-plancher peut se détacher des solives – autre cause de craquement –, et le plancher devient alors inégal et élastique à ces endroits.

Au moyen des techniques et des outils décrits dans les prochaines pages, vous pourrez réparer vous-même les petits dommages causés aux revêtements de sol, ainsi que les moulures, les plinthes, les girons abîmés, et aussi éliminer les grincements d'escaliers.

Un plancher à charpente de bois se compose généralement de plusieurs couches dont l'action combinée lui donne le support structural nécessaire et l'apparence désirée. **1.** La partie inférieure du plancher est constituée de solives, en bois de charpente d'au moins 2 x 10, avec espacement de 16 po de centre à centre. **2.** Le sous-plancher est cloué sur les solives. La plupart des sous-planchers installés depuis les années 1970 sont faits de contreplaqué de ¾ po à rainure et languette. Dans beaucoup de maisons plus anciennes, ce sont des planches de 1 po d'épaisseur clouées en diagonale sur les solives qui constituent le sous-plancher. **3.** Sur le sous-plancher, la plupart des constructeurs posent une sous-couche de contreplaqué de ½ po. La stabilité de certains revêtements de sol, surtout des carreaux de céramique, requiert une sous-couche en panneau de ciment. **4.** Avant l'installation de nombreux types de revêtements de sol, on doit étaler une couche d'adhésif ou de mortier sur la sous-couche. Pour la moquette, on posera des bandes à griffes et une thibaude. **5.** D'autres revêtements de sol, comme les planches de stratifié et les carreaux de moquette, peuvent s'installer directement sur la sous-couche avec ou sans adhésif.

Conseils sur l'évaluation des revêtements de sol

Mesurez les ouvertures des appareils ménagers encastrés ou installés sous des comptoirs pour vous assurer que vous pourrez les réinstaller sans problème une fois que la nouvelle sous-couche et le nouveau revêtement auront été mis en place. Servez-vous d'échantillons de la nouvelle sous-couche et du nouveau revêtement pour effectuer cette vérification.

Un seuil élevé est souvent le résultat de la superposition de plusieurs revêtements de sol au fil des ans. Si c'est le cas, mieux vaut les enlever avant d'installer le nouveau revêtement.

Le gondolement des planchers en bois dur indique que des lames se sont détachées du sous-plancher. N'enlevez pas le revêtement. Fixez plutôt les lames détachées au moyen de clous ou de vis à revêtement enfoncés dans des avant-trous. Posez une nouvelle moquette directement sur un plancher de bois dur bien fixé. Les carreaux de céramique et les revêtements résilients doivent être posés sur une sous-couche installée sur le plancher de bois dur.

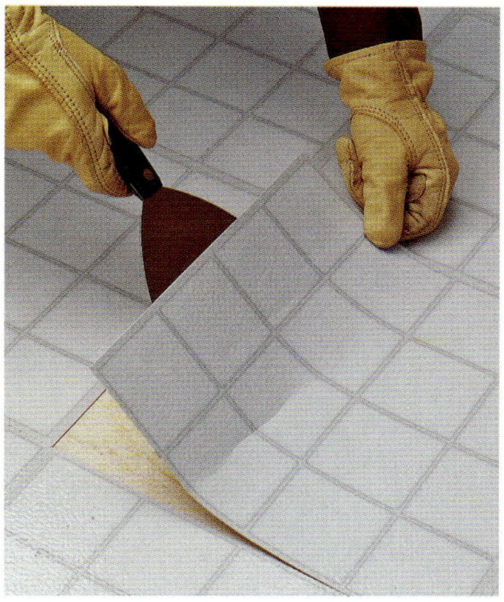

Le décollement des carreaux de vinyle indique parfois une défectuosité de l'adhésif. Vérifiez l'adhérence des carreaux à l'aide d'un couteau à plaque de plâtre. Si les carreaux sont décollés à différents endroits de la pièce, enlevez le revêtement au complet.

La présence de poches d'air sous un revêtement résilient indique une défaillance de l'adhésif. Il faut enlever l'ancien revêtement avant d'installer le nouveau.

La fissuration des joints de coulis entourant les carreaux de céramique indique que le déplacement des carreaux a été causé par la détérioration de la couche d'adhésif ou qu'il a causé cette détérioration. Si plus de 10 % des carreaux sont détachés, enlevez-les tous. Évaluez la condition de la sous-couche (page ci-contre) pour déterminer s'il faut ou non l'enlever elle aussi.

Réparation d'une solive

Le bombement, la fissuration ou l'affaissement d'une solive ne peut que s'aggraver avec le temps et finir par déformer le plancher. La réparation d'une solive endommagée, facile à effectuer, peut grandement améliorer votre plancher fini. Mieux vaut repérer et réparer les solives endommagées avant d'installer la sous-couche et le nouveau revêtement de sol.

L'un des moyens de réparer une solive endommagée consiste à fixer une nouvelle solive sur l'ancienne (procédé dit de la solive sœur). Si vous installez une nouvelle solive, vous devrez peut-être y découper une encoche pour l'appuyer sur la fondation ou sur une poutre. Dans ce cas, la profondeur de l'encoche ne doit pas être supérieure à ⅛ de l'épaisseur de la solive.

Outils et matériel ▸

- Niveau de 4 pi
- Scie alternative
- Marteau
- Ciseau
- Clé à molette
- Mètre à ruban
- Clé à douille à cliquet
- Tire-fond de 3 po avec rondelles
- Bois de charpente
- Clous ordinaires 16d
- Cales de bois dur
- Étançons métalliques

Redressement d'une solive bombée

Déterminez le point haut du bombement du plancher à l'aide d'un niveau. Marquez ce point et mesurez la distance qui le sépare d'un élément repère qui traverse le plancher de part en part, comme un mur extérieur ou une gaine de chauffage.

À l'aide de cette mesure et de l'élément repère, reportez sur la solive la marque du point haut. Au moyen d'une scie alternative, pratiquez une entaille droite dans la solive, de bas en haut, sur la marque du point haut. Entaillez la solive aux trois quarts. Attendez quelques semaines jusqu'à ce que la solive se redresse.

Une fois la solive redressée, renforcez-la en y clouant une planche de même section, d'au moins 6 pi de long. Fixez la pièce de renfort au moyen de clous ordinaires 16d, plantés par paires, en quinconce, à intervalles de 12 po. Enfoncez une rangée de trois clous de chaque côté de l'entaille pratiquée dans la solive.

Renforcement d'une solive fendue ou qui s'affaisse

Repérez la solive fendue ou qui s'affaisse avant qu'elle cause des dommages supplémentaires. Enlevez les entretoises ou les croix de Saint-André se trouvant au-dessus de la lisse ou de la poutre sur laquelle reposera la solive sœur.

Appuyez un niveau contre le bord inférieur de la solive pour mesurer le degré d'affaissement de celle-ci. Coupez une solive sœur à la même longueur que la solive abîmée. Placez la première, côté bombé vers le haut, contre la seconde. Au besoin, taillez une encoche dans la solive sœur afin qu'elle s'ajuste sur la fondation ou la poutre.

Clouez l'une sur l'autre deux pièces de 2 x 4 de 6 pi de longueur afin de créer une traverse que vous placerez perpendiculairement aux solives à l'une de leurs extrémités. Installez sous cette traverse un étançon que vous mettrez d'aplomb à l'aide d'un niveau avant de le lever.

Levez l'étançon en faisant tourner l'axe fileté jusqu'à ce que la traverse soit bien en contact avec les solives. Placez un second étançon à l'autre extrémité des solives. Levez les étançons jusqu'à ce que la solive sœur se trouve au ras du sous-plancher. Insérez des cales de bois dur biseautées aux extrémités de la solive sœur, entre celle-ci et la fondation ou la poutre sur laquelle elle reposera. Enfoncez les cales à l'aide d'un marteau et d'une pièce de bois jusqu'à ce que l'ajustement soit serré.

Pratiquez une paire d'avant-trous dans la solive sœur à intervalles de 12 po. Insérez dans chacun un tire-fond de 3 po muni d'une rondelle. Coupez les entretoises ou les croix de Saint-André à la bonne longueur et installez-les sur les solives aux endroits d'origine.

Élimination des grincements de plancher

Les planchers grincent quand leurs lattes frottent l'une contre l'autre ou qu'elles jouent contre les clous qui les fixent sur le sous-plancher. Les planchers en bois dur craqueront s'ils n'ont pas été correctement cloués. Même si le travail normal du bois rend certains grincements inévitables, un grincement est parfois signe de sérieux dommages structuraux. Si un endroit du plancher vous paraît plus souple ou anormalement grinçant, inspectez la charpente et la fondation qui supportent le plancher.

Autant que possible, éliminez les grincements par le dessous du plancher. Les solives de plus de 8 po de long doivent être reliées par des entretoises ou des croix de Saint-André qui répartissent la charge entre les solives. S'il n'y a pas d'entretoises, installez-en tous les 6 pi pour raidir le plancher et supprimer les grincements.

Outils et matériel ▸

- Perceuse
- Marteau
- Chasse-clou
- Couteau à mastiquer
- Vis à bois
- Clous de plancher
- Bois plastique
- Poudre de graphite
- Cire pour piste de danse
- Étriers plats à pattes
- Cales de bois dur
- Colle à bois

Élimination des grincements de plancher

Si vous avez accès aux solives de plancher, enfoncez des vis à travers le sous-plancher et dans les lames de bois dur, afin de les rapprocher. Forez des avant-trous et assurez-vous que les vis sont assez courtes pour ne pas percer les lames. Déterminez l'épaisseur combinée du plancher et du sous-plancher en la mesurant là où les conduites les traversent.

Si vous ne pouvez atteindre le plancher par en dessous, clouez les lames au sous-plancher au moyen de clous de plancher à tige vrillée. Forez des avant-trous près du bord à languette des lames et inclinez légèrement les clous pour augmenter leur serrage. Autant que possible, enfoncez les clous dans des entretoises. Servez-vous d'un chasse-clou. Remplissez de bois plastique teinté les trous laissés par les clous.

On peut facilement éliminer les craquements d'un plancher recouvert de moquette au moyen d'un outil spécial, appelé Squeeeeek No More, qui guide les vis à travers le sous-plancher en contrôlant la profondeur à laquelle on les enfonce. La tige de la vis est rainurée, si bien que, une fois qu'elle est installée, on peut la couper juste en dessous de la surface du sous-plancher.

Éliminez les craquements d'un plancher en bois dur avec de la poudre de graphite, du talc, du détergent en poudre, de l'huile minérale ou de la cire liquide. Nettoyez d'abord les joints à l'aide d'un couteau à mastiquer. Appliquez le lubrifiant choisi entre les lames qui craquent. Sautez sur les lames pour faire pénétrer le lubrifiant dans les joints. Essuyez l'excès de lubrifiant avec un chiffon humide. Avant d'utiliser de la cire liquide, qui n'est pas compatible avec certains finis de plancher, comme l'uréthane et le vernis, consultez le fabricant du fini. Servez-vous d'un chiffon propre pour étendre la cire sur le joint bruyant et l'y enfoncer.

Dans un sous-sol non fini ou dans un vide sanitaire, on suspend habituellement les conduites d'eau en cuivre aux solives du plancher. Essayez d'entendre si certains tuyaux ne sont pas en contact avec les solives. Desserrez ou remplacez les étriers de suspension des tuyaux pour supprimer le bruit. Retirez les pointes enfoncées dans le bois, à l'aide d'un marteau ou d'un pied-de-biche. Abaissez suffisamment l'étrier pour que le tuyau ne touche plus la solive, en veillant toutefois à ce que l'étrier le maintienne fermement et l'empêche de vibrer. Reclouez l'étrier en enfonçant les extrémités pointues dans le bois.

Les planches ou les panneaux du sous-plancher peuvent se détacher des solives et créer des vides. Si ces vides sont importants ou si vous en découvrez au-dessus de plusieurs solives voisines, il se peut que la charpente ait besoin d'être renforcée. Cependant, on peut généralement remédier à un vide isolé à l'aide de cales de bois dur. Appliquez un peu de colle à bois sur la cale et déposez-en un peu dans le vide. À l'aide d'un marteau, enfoncez la cale juste assez pour que son ajustement soit serré. Allez-y doucement : l'enfoncer davantage ne ferait qu'élargir le vide. Laissez sécher la colle avant de marcher sur le plancher.

Réparation des moulures de garnissage

Il n'y a aucune raison de laisser une moulure abîmée enlaidir une pièce bien entretenue. Avec les outils appropriés et en prêtant un peu d'attention aux détails, vous pourrez la réparer rapidement et facilement.

Les maisonneries et les cours à bois vendent toutes sortes de moulures, mais elles risquent de ne pas avoir en stock les moulures que l'on rencontre dans les anciennes maisons. Si vous ne trouvez pas les reproductions que vous cherchez, allez voir dans les cours de récupération : on y conserve parfois d'anciennes moulures qui ne sont plus fabriquées. Ou essayez de combiner plusieurs moulures pour reproduire celle que vous n'avez pas trouvée.

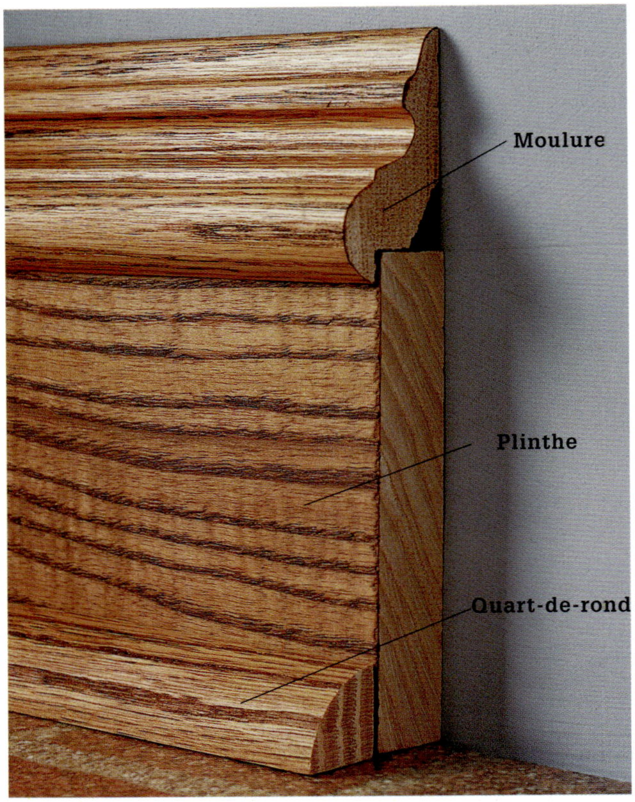

Outils et matériel ▸

- Leviers plats (2)
- Scie à chantourner
- Scie à onglets
- Perceuse
- Marteau
- Chasse-clou
- Déchets de bois
- Moulures de remplacement
- Clous de finition 2d, 4d, et 6d
- Bois en pâte

Enlèvement des plinthes endommagées

La moindre pression d'un levier sur le plâtre ou sur un panneau mural risque de l'abîmer : protégez le mur avec un grand bloc de bois plat. Introduisez l'un des leviers sous la moulure et l'autre entre la plinthe et le mur. Actionnez les leviers en sens opposé pour enlever la plinthe.

Utilisez le principe du levier plutôt que la force pure pour enlever les plinthes sans abîmer le mur. Commencez par enlever le quart-de-rond à l'aide d'un levier plat. Après avoir fait sauter quelques clous, déplacez le levier le long du quart-de-rond et continuez d'écarter celui-ci de la plinthe.

Installation des plinthes

Commencez par placer une plinthe dans un coin intérieur. Pratiquez des avant-trous dans la plinthe ; fixez-la sur le mur à l'aide de deux clous à finir 6d alignés verticalement et enfoncés dans chaque poteau du mur. Coupez un bout de plinthe de déchet de manière que ses faces soient parfaitement d'équerre. Coupez également d'équerre l'extrémité de la plinthe de retour. Placez le déchet de plinthe sur la face arrière de la plinthe de retour, de manière que la face arrière du déchet soit dans le même plan que la tranche de la plinthe de retour. Tracez le contour du déchet sur la face arrière de la plinthe de retour.

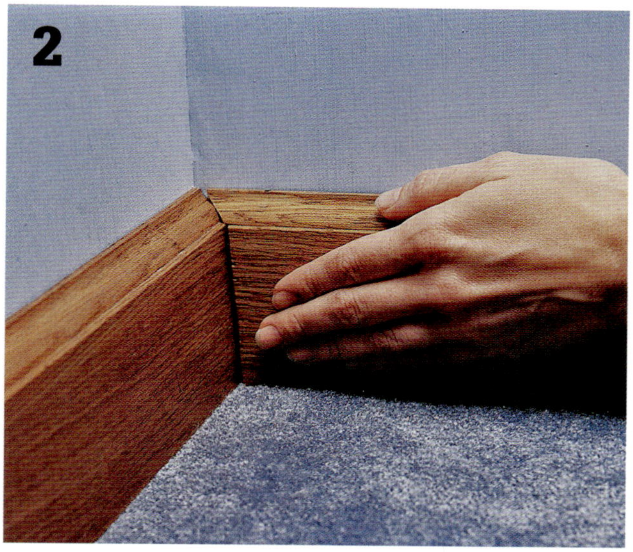

Découpez la plinthe de retour en suivant le contour tracé et en gardant la lame de la scie perpendiculaire à la face de la plinthe. Essayez de loger l'extrémité chantournée et ajustez-la en la recoupant si nécessaire.

Pour assembler les plinthes aux coins extérieurs, marquez-en l'extrémité à l'endroit où la plinthe rencontre le coin extérieur du mur. Coupez l'extrémité à 45° à l'aide d'une scie à onglet électrique. Fixez tous les joints à onglet en pratiquant des avant-trous dans les extrémités des plinthes et en y enfonçant des clous à finir 4d.

Installez le quart-de-rond le long de la base des plinthes. Faites des joints à onglet aux coins intérieurs et extérieurs. Fixez le quart-de-rond avec des clous à finir 2d. Essayez que les moulures installées soient d'une seule pièce. Si la portée est trop longue, unissez les parties au moyen de joints à angles parallèles de 45°. Enfoncez les clous sous la surface à l'aide d'un chasse-clou. Remplissez ensuite les trous avec du bois plastique.

Réparation des revêtements de sol en bois

Avec les planchers de bois dur foncés et ternes, il suffit parfois d'un nettoyage en profondeur pour qu'ils reprennent leur fini sain et attrayant. Si votre plancher en bois dur est relativement neuf ou s'il est préfini, vérifiez auprès du fabricant ou de l'installateur si vous pouvez y appliquer un produit de nettoyage ou de la cire. La plupart des planchers préfinis en bois dur ne doivent pas être cirés.

L'eau et d'autres liquides peuvent pénétrer profondément dans les fibres des planchers de bois dur et laisser des taches foncées qu'il est parfois impossible d'éliminer, même par ponçage. Si c'est le cas de votre plancher, essayez de décolorer le bois avec de l'acide oxalique, qui se vend en cristaux dans les maisonneries ou les magasins de peinture. Lorsque la profondeur des éraflures et entailles ne justifie pas le remplacement d'une lame de plancher, réparez l'endroit abîmé à l'aide d'un produit de ragréage du bois à base de latex, de la couleur correspondant à celle de votre plancher.

Pour savoir quel type de fini recouvre le bois, recourez à des solvants. Dans un endroit dissimulé, frottez le bois avec divers solvants, pour voir lequel dissout, ramollit ou enlève le fini. L'alcool dénaturé enlèvera le vernis à la gomme-laque, tandis que le diluant à vernis-laque éliminera le vernis-laque. Si les deux n'ont pas d'effet, essayez un dissolvant pour vernis à ongles contenant de l'acétone : il enlèvera le vernis sans attaquer le polyuréthane.

Outils et matériel

- Aspirateur
- Polisseuse
- Marteau
- Chasse-clou
- Couteau à mastiquer
- Chiffons
- Nécessaire de nettoyage pour bois dur
- Cire en pâte
- Gants en caoutchouc
- Acide oxalique
- Vinaigre
- Produit rénovateur pour le bois
- Produit de ragréage du bois à base de latex
- Papier de verre
- Perceuse
- Foret à trois pointes
- Scie circulaire
- Ciseau
- Pistolet à calfeutrer
- Clous à plancher à tige spiralée
- Bois plastique

Nettoyage et restauration du bois dur

Passez l'aspirateur sur tout le plancher. Dans un seau, mélangez à de l'eau chaude un peu de détergent à vaisselle ne contenant ni lessive, ni triphosphate de sodium, ni ammoniac. Frottez le plancher à la brosse ou au tampon à laver en nylon, en procédant par sections de 3 pi². Essuyez chaque fois l'eau et la cire avec une serviette avant de passer à la section suivante.

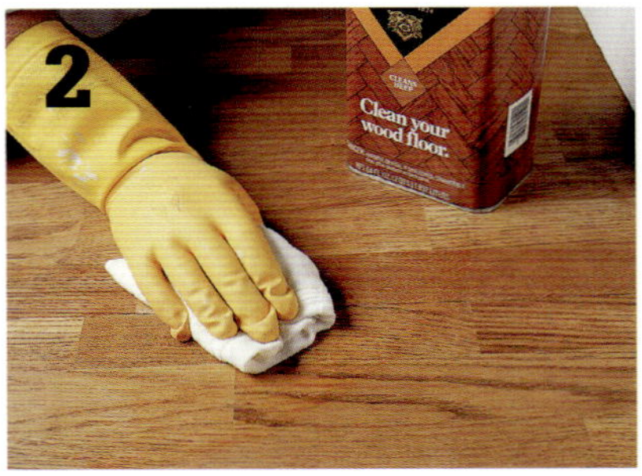

Si l'eau et le détergent n'enlèvent pas l'ancienne cire, essayez le nécessaire de nettoyage pour bois dur. N'utilisez que des nettoyants du type solvant, car les produits à base d'eau risquent de noircir le bois. Appliquez le nettoyant selon les instructions du fabricant.

Lorsque le plancher est propre et sec, appliquez-y une cire de première qualité. La cire en pâte est plus difficile à appliquer, mais elle dure beaucoup plus longtemps que les autres. Appliquez-la à la main, puis lustrez-la à l'aide d'une polisseuse louée, munie de tampons synthétiques.

Enlèvement des taches

Commencez par enlever le fini du plancher en ponçant la partie tachée avec du papier de verre. Dans un contenant jetable, dissolvez la quantité recommandée de cristaux d'acide oxalique dans de l'eau. Portez des gants de caoutchouc et versez la solution sur l'endroit taché, en prenant soin de ne couvrir que la partie foncée du bois.

Attendez une heure. Répétez l'application au besoin. Lavez l'endroit avec une solution composée de deux cuillères à soupe de borax dans une chopine d'eau (475 ml) pour neutraliser l'acide. Rincez à l'eau et laissez sécher le bois. Polissez l'endroit.

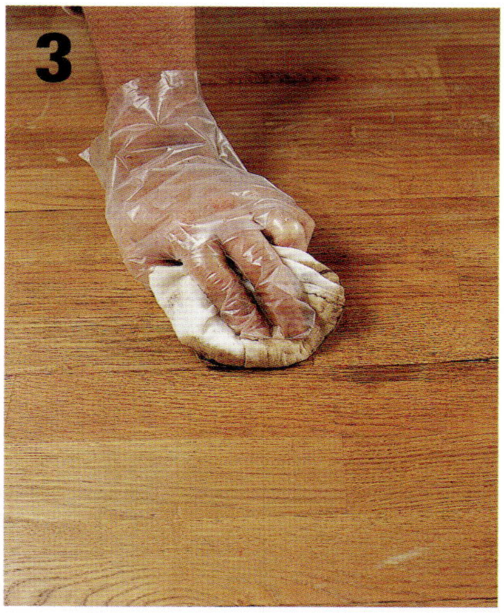

Appliquez plusieurs couches de produit rénovateur jusqu'à ce que la partie décolorée se fonde dans le fini du bois qui l'entoure.

Rebouchage des entailles et des petits trous

Avant de boucher les trous résultant de l'enfoncement des clous, vérifiez au moyen d'un marteau et d'un chasse-clou si ceux-ci sont bien rentrés sous la surface. Avec un couteau à mastiquer, appliquez le produit de ragréage sur l'endroit. Poussez le produit dans le trou en appuyant la lame du couteau jusqu'à ce qu'elle soit à plat contre le plancher.

Raclez l'excédent de produit sur les bords de la réparation et laissez sécher complètement. Poncez l'endroit pour que la surface soit entièrement plane. Utilisez du papier de verre à grain fin et travaillez dans le sens des fibres.

Appliquez le produit rénovateur sur la partie poncée jusqu'à ce qu'elle se fonde dans le reste du plancher.

Remplacement des lames endommagées

Lorsque des lames de plancher de bois dur sont irréparables, découpez-les soigneusement et remplacez-les par des lames de même largeur et de même épaisseur. Remplacez autant que possible des lames entières. Si la lame est longue ou qu'une partie est inaccessible, tracez une ligne de coupe transversale et collez du ruban-cache derrière la ligne pour délimiter la surface abîmée et ne pas entamer la section qui restera en place.

Outils et matériel ▸

- Perceuse
- Foret à trois pointes
- Scie circulaire
- Ciseau
- Marteau
- Pistolet à calfeutrer
- Chasse-clou
- Lames de remplacement
- Ruban-cache
- Adhésif de construction
- Clous de plancher à tige spiralée
- Bois plastique

Remplacement des lames endommagées

Tracez un rectangle autour de la partie endommagée. Déterminez le nombre minimal de lames à remplacer. Pour éviter les clous, tracez la ligne à ¾ po du bord extérieur des joints.

Déterminez à quelle profondeur vous couperez les lames. À l'aide d'une perceuse munie d'un foret à trois pointes, entamez lentement la lame endommagée. Continuez jusqu'à ce que la surface du sous-plancher soit visible. Mesurez la profondeur de l'ouverture. En général, elle sera de ⅝ po ou de ¾ po. Réglez en conséquence la profondeur de coupe de votre scie circulaire.

Pour prévenir l'éclatement du bois, posez un ruban-cache ou un ruban de peintre sur le bord extérieur du tracé. Fabriquez-vous un guide de coupe avec une planche à bord droit fixée sur le bord intérieur du tracé (laissez dépasser les clous pour les enlever plus facilement). Dans le positionnement de cette planche, tenez compte de la distance séparant la lame de la scie circulaire et le bord de sa plaque.

Alignez la scie circulaire sur la planche guide. Allumez la scie et abaissez-en la lame sur le tracé. Ne coupez pas le dernier ¼ po dans les coins. Enlevez la planche et répétez le travail sur les autres côtés.

Terminez les coupes. À l'aide d'un marteau et d'un ciseau affûté, détachez complètement les lames du sous-plancher. Orientez la face biseautée du ciseau vers la zone endommagée, afin que la coupe soit nette.

Enlevez les lames découpées. Servez-vous d'un bloc de 2 x 4 pour obtenir l'effet de levier et protéger le plancher. Avec un marteau, enfoncez le levier dans et sous la lame détachée. Habituellement, la lame s'arrache facilement ; exercez une légère pression sur les lames qui vous résistent. Enlevez les clous visibles à l'aide du marteau.

(suite à la page suivante)

À l'aide d'un ciseau, enlevez les deux bandes restantes. Orientez la face biseautée du ciseau vers la zone endommagée. Avec le chasse-clou, enfoncez les clous qui dépassent.

Coupez de nouvelles lames. Mesurez la longueur et la largeur de la section à remplacer. Mettez la nouvelle lame sur un chevalet de sciage, en laissant dépasser la section de lame à utiliser. Tracez au crayon la ligne de coupe. Placez la lame de la scie le long de la ligne de coupe, du côté qui ne sera pas utilisé. Appuyez fermement le guide-lame contre le bord d'une équerre de charpente. Mesurez chaque lame séparément.

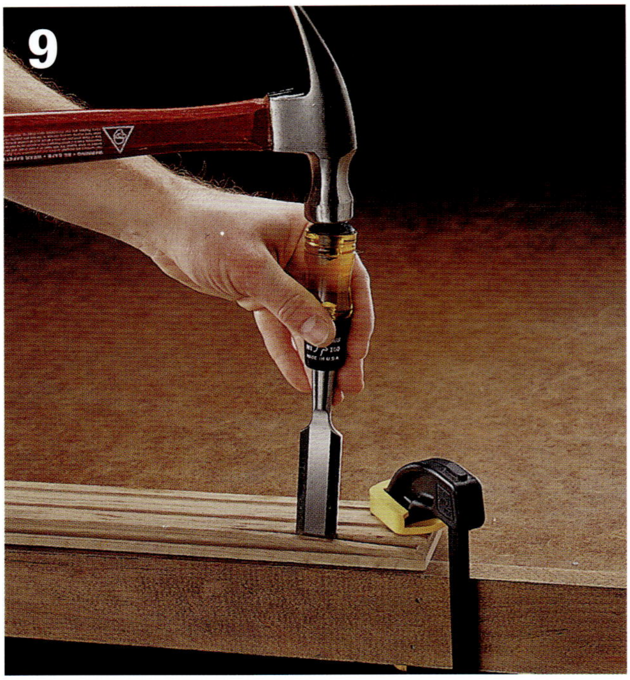

Pour installer la dernière lame, enlevez la lèvre inférieure de la rainure. Au besoin, enlevez aussi la languette de l'autre côté de la lame. Appliquez de l'adhésif sur la lame ; mettez-la en place, languette d'abord.

Choisissez un foret au diamètre un peu inférieur à celui d'un clou à finir 8d. À intervalles de 3 po à 4 po, pratiquez des trous à 45° dans le creux de la languette de la lame de remplacement. Par ces trous, enfoncez dans le sous-plancher des clous à finir 8d de 1 ½ po de long. Noyez les clous à l'aide d'un chasse-clou. Procédez de la même manière pour toutes les nouvelles lames.

Placez la dernière lame, face en dessous, sur une pièce de 2 x 4 de protection. Enlevez la lèvre inférieure de la rainure au moyen d'un ciseau bien affûté, afin de pouvoir mettre en place la lame.

Pour installer la dernière lame, insérez-en la languette dans la rainure de la lame adjacente. Servez-vous d'un maillet mou pour enfoncer le bord rainuré de la nouvelle lame.

Pratiquez des avant-trous inclinés vers l'extérieur : une paire de trous à environ ½ po des extrémités de chaque lame ainsi qu'un trou à intervalles de 12 po le long du bord rainuré de chaque lame. Enfoncez dans ces avant-trous des clous à finir 8d de 1 ½ po de long. Noyez les clous au moyen d'un chasse-clou. Remplissez les trous avec du bois plastique.

Une fois le bois plastique durci, poncez-le avec un papier de verre fin. Poncez doucement les lames voisines pour uniformiser la section. Passez l'aspirateur et essuyez la section avec un chiffon propre. Appliquez une teinture ou un produit rénovateur pour bois du ton qui convient, puis deux couches du fini approprié.

Réparation du bois éclaté

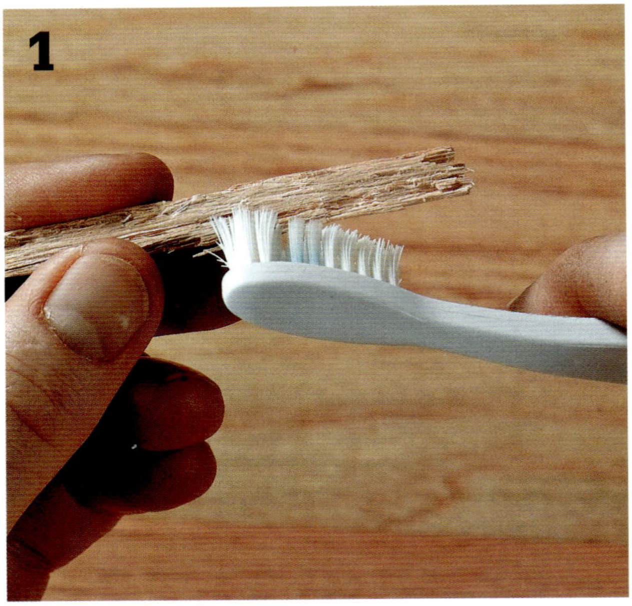

Si vous avez encore l'éclat, mais qu'il a été complètement arraché du plancher, le vide laissé est probablement rempli de poussière et de crasse. Préparez une solution vinaigrée (1 part de vinaigre pour 2 parts d'eau). Servez-vous-en pour nettoyer avec une brosse à dents le vide laissé par l'éclat. Nettoyez aussi l'éclat. Laissez le plancher et l'éclat sécher complètement.

S'il s'agit d'un gros éclat, appliquez-y de l'adhésif ainsi que dans le vide. Si l'éclat est de petites dimensions, appliquez l'adhésif à l'aide d'un cure-oreille ou d'un cure-dent. Imprégnez bien le cure-oreille d'adhésif, afin qu'il n'y ait pas d'ouate collée sur le plancher une fois l'adhésif séché.

Introduisez l'éclat dans le vide. Enlevez l'excédent d'adhésif avec un chiffon non pelucheux légèrement humide.

Laissez sécher l'adhésif. Déposez sur la réparation une feuille de papier ciré et quelques livres lourds. Laissez sécher jusqu'au lendemain.

Rebouchage des petits trous dans le bois

Rebouchez les petits trous à l'aide de bois plastique de même couleur que le plancher. Avec un couteau à mastiquer, enfoncez le bois plastique dans le trou jusqu'à le remplir. Raclez l'excédent. Avant que le bois plastique sèche, servez-vous d'un chiffon non pelucheux humide pour lisser la surface et l'égaliser avec le reste du plancher. Laissez sécher le bois plastique.

Poncez l'endroit avec un papier de verre fin (grain de 100 à 120). Poncez le bois dans le sens de la fibre jusqu'à ce que la zone éclatée soit plane. Pour mieux cacher la réparation, égalisez toute la zone avec le papier de verre. Essuyez le plancher avec un chiffon légèrement humide.

À l'aide d'un chiffon non pelucheux légèrement humide, appliquez sur la section poncée une teinture (apprêt ou produit rénovateur). Lisez l'étiquette du produit pour vous assurer qu'il convient au plancher de bois. Appliquez des couches de teinture jusqu'à ce que la section poncée se fonde dans le reste du plancher. Laissez la zone sécher complètement. Appliquez deux couches de fini. Utilisez le même produit que celui qui a servi à finir le reste du plancher.

Rapiéçage d'un revêtement de sol en bois

Si un mur intérieur est enlevé durant une rénovation, vous devez rapiécer le revêtement de sol à l'endroit où s'élevait le mur. Vous pouvez le faire de plusieurs façons, selon votre budget et votre talent de bricoleur.

Si le revêtement actuel semble usé, songez à le remplacer en entier. Même si un revêtement de sol neuf coûte cher, il fera disparaître les vides et mettra la touche finale à votre projet de rénovation.

Si vous choisissez de rapiécer le revêtement, sachez qu'il vous sera difficile de rendre le rapiéçage invisible, surtout si le revêtement présente un motif ou un fini unique en son genre. Une solution créative à ce problème consiste à rapiécer le revêtement avec un matériau contrastant (page ci-contre).

Un rapiéçage rapide et peu coûteux consiste à installer une moulure en T pour combler le vide laissé dans un revêtement à lames. La moulure en T est particulièrement utile lorsque les lames sont parallèles au vide à combler. Offerte en diverses largeurs, elle peut être teinte de la même couleur que le reste du plancher.

Lorsqu'on veut rapiécer un revêtement de sol en lames, on peut choisir d'enlever avec un levier toutes les lames qui sont en contact avec le vide à combler et de les remplacer par des lames coupées à la bonne longueur. La languette de certaines lames à rainure et languette devra peut-être être modifiée, et il faudra poncer et finir tout le revêtement afin d'uniformiser toutes les lames.

Recours à un matériau de revêtement contrastant

Comblez le vide laissé dans un revêtement de sol en utilisant un matériau de couleur ou de motif contrastant. Dans le cas d'un revêtement en bois, les carreaux à parquet sont faciles à installer et peu coûteux (ci-dessus, à gauche). Vous devrez peut-être élargir le vide à la scie circulaire (réglée à la profondeur de coupe correspondant à l'épaisseur du revêtement) afin de ménager l'espace requis par les carreaux. Pour renforcer l'effet de contraste, découpez et enlevez une bande de revêtement tout autour de la pièce, et installez-y les mêmes carreaux à parquet.

Conseils sur le rapiéçage des revêtements de sol ▸

Rehaussez le sous-plancher dans la zone de rapiéçage au moyen de couches de contreplaqué minces et de papier de construction, afin que la nouvelle surface soit de niveau avec le reste du plancher. Vous devrez tester diverses combinaisons de contreplaqué et de papier avant de trouver l'épaisseur qui convient.

Fabriquez une pièce de vinyle ou de moquette en plaçant le matériau de rapiéçage sur le revêtement de sol, puis en tranchant dans les deux. Lorsque la bande d'ancien revêtement sera enlevée, la bande de rapiéçage s'ajustera parfaitement dans le vide laissé. Dans le cas d'un revêtement à dessin, alignez le motif avant la coupe.

Posez la pièce de moquette à l'aide d'un ruban thermocollant pour joints de moquette et d'un fer à joints loué. Les restes de moquette sont idéaux pour le rapiéçage. Il est rare que la nouvelle moquette – même de marque, de style et de couleur identiques à l'ancienne – s'accorde parfaitement avec la moquette d'origine.

Réparation d'un revêtement de sol en stratifié

Si vous avez à remplacer une lame de revêtement de sol en stratifié, vous devez d'abord déterminer comment enlever la lame endommagée. S'il s'agit d'un revêtement « flottant » sans colle, mieux vaut enlever les lames l'une après l'autre, en partant du mur, jusqu'à celle que vous voulez remplacer. Cependant, si la lame endommagée est loin du mur, vous gagnerez peut-être du temps en la découpant pour l'enlever. Dans le cas des lames entièrement encollées, l'adhésif couvre toute la lame, qui est fixée directement sur le sous-plancher. Comme vous risquez d'entailler le sous-plancher en enlevant la lame endommagée, nous vous recommandons de faire appel à un spécialiste si les lames de votre revêtement en stratifié sont entièrement collées.

Même si le revêtement en stratifié a l'air indestructible, les éraflures causées par le va-et-vient quotidien sont inévitables. Vous apprendrez ici comment remplacer une lame endommagée, qu'elle se trouve près d'un mur ou au milieu de la pièce.

Outils et matériel ▸

- Scie circulaire
- Sous-couche
- Pièces d'écartement de ½ po
- Bloc de bois
- Pièce de mousse
- Équerre à chevrons
- Adhésif du fabricant
- Ruban de peintre
- Ciseau
- Levier
- Clous à finir
- Chasse-clou
- Serre-joint
- Seuil et vis

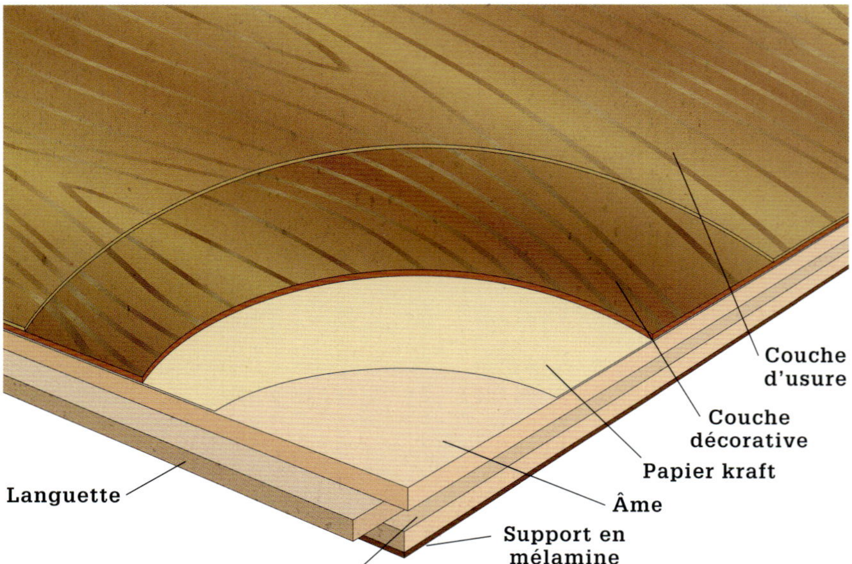

La lame en stratifié est conçue pour résister à la moisissure, aux éraflures et aux renfoncements. Un support de mélamine protège l'âme de la lame, généralement constituée d'un panneau de fibres de haute densité. Parfois, un papier kraft saturé de résine vient ajouter à la protection et à la durabilité. La couche décorative, de type photographique, imite le bois ou la céramique. La surface comporte une couche d'usure extrêmement résistante. Les lames à rainure et languette s'enclenchent ; on peut aussi les coller (selon les instructions du fabricant) pour augmenter leur stabilité.

Remplacement d'une lame en stratifié

Tracez un rectangle au milieu de la lame endommagée, en laissant une bordure de 1 ½ po entre le rectangle et le bord de la lame. À chaque coin du rectangle et à l'intérieur de chaque coin de la lame, creusez une indentation à l'aide d'un marteau et d'un chasse-clou. Dans chacune des indentations, pratiquez un trou de 3/16 po de diamètre à une profondeur correspondant à l'épaisseur de la lame seulement.

Pour prévenir l'éclatement de la lame, posez un ruban de peintre sur les lignes de coupe. Réglez la profondeur de coupe de la scie en fonction de l'épaisseur de la lame de remplacement. (Si vous n'avez pas la lame de remplacement, consultez la page 20, étape 2, pour savoir à quelle profondeur couper la lame.) Pour découper la lame endommagée, allumez la scie et abaissez-en lentement la lame sur la ligne de coupe, jusqu'à ce que le guide s'appuie sur le plancher. Poussez la scie du centre de la ligne de coupe jusqu'aux extrémités de celle-ci ; arrêtez-vous à ¼ po des coins. Servez-vous d'un marteau pour enfoncer un levier ou un ciseau dans la ligne de coupe. Soulevez et enlevez la partie centrale. Placez un ciseau bien affûté entre les deux trous pratiqués à chaque coin ; frappez-le avec un marteau pour compléter la coupe. Passez l'aspirateur.

Pour enlever les bords de la lame endommagée qui restent, placez un bloc de 2 x 4 sur le bord extérieur de l'une des deux coupes longues. Sur le bloc, appuyez un levier que vous glisserez sous le revêtement pour le soulever. Insérez une pièce d'écartement sous le revêtement. Glissez le levier directement sous le joint de la lame adjacente ; à l'aide d'une pince, saisissez le bord de 1 ½ po, poussez la pince vers le bas jusqu'à ce que le joint s'ouvre. Tirez sur le bord pour l'enlever. Enlevez ensuite l'autre bord long, puis les deux bords courts.

Déposez un carton dans l'ouverture afin de protéger la sous-couche de mousse pendant que vous enlevez au ciseau la vieille colle des bords. Passez l'aspirateur.

(suite à la page suivante)

Pour enlever la languette d'un bord long et d'un bord court, déposez la lame de remplacement à l'envers sur un contreplaqué (ou une pièce de 2 x 4) de protection. Avec des serre-joints, attachez un guide de coupe droit sur la lame à une distance qui permette d'aligner la fraise de la toupie sur la languette à éliminer. Poussez la toupie contre le guide, sur toute la longueur de la lame, afin d'enlever la languette. Poncez les arêtes avec un papier de verre.

Vérifiez l'ajustement des rainures de la nouvelle lame avec les languettes du plancher en l'insérant dans la découpe. Si l'ajustement est serré comme il se doit, enlevez la lame avec une ventouse. Si la surface de la lame n'est pas bien alignée sur la surface du plancher, assurez-vous d'avoir enlevé uniformément la languette. Poncez les parties qui auraient dû être complètement éliminées et vérifiez de nouveau l'ajustement de la lame.

Appliquez un adhésif à stratifié sur les bords de la nouvelle lame et dans les rainures des anciennes. Installez la lame en la poussant fermement.

Nettoyez l'excédent d'adhésif avec un chiffon humide. Placez une feuille de papier ciré sur toute la longueur de la nouvelle lame. Déposez-y des livres uniformément répartis. Laissez sécher l'adhésif de 12 à 24 heures.

Variante : Plancher flottant ▸

Si la planche endommagée est située près du mur et que le revêtement en stratifié n'est pas collé, appliquez la méthode suivante.

Pour enlever le quart-de-rond, insérez un ciseau entre celui-ci et la plinthe ; glissez des pièces d'écartement dans le vide créé. Faites de même à intervalles de 6 po le long du mur. Repérez les endroits où des clous retiennent le quart-de-rond et servez-vous d'un levier pour l'arracher délicatement (médaillon).

Pour enlever la lame la plus proche du mur, soulevez-la un peu avec un levier, juste assez pour glisser la main dessous et pour la séparer de la lame adjacente. Continuez d'enlever à la main les lames, jusqu'à celle qui est endommagée, que vous enlèverez aussi.

Insérez une nouvelle lame pour remplacer celle qui est endommagée ; réinstallez de la même manière toutes les lames que vous avez enlevées.

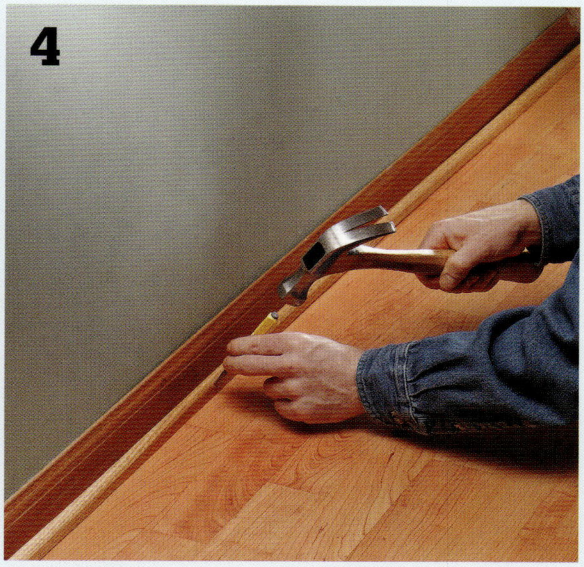

Réinstallez le quart-de-rond. Au moyen d'un marteau et d'un chasse-clou, noyez des clous à finir dans le quart-de-rond à intervalles de 6 po à 12 po. Remplissez les trous de bois plastique.

Remplacement d'un carreau de parquet

Pour amorcer la première coupe, réglez la scie à la profondeur de coupe correspondant à l'épaisseur du carreau. (Si vous ne connaissez pas l'épaisseur du carreau, suivez les instructions fournies sous la rubrique « Comment ? » de la présente page.) Tenez la scie de manière que seule sa plaque touche la surface du bois. La lame, lorsqu'elle sera abaissée, tranchera le carreau endommagé. Mettez la scie en marche. Abaissez lentement la lame sur la ligne de coupe, jusqu'à ce que la plaque de base de la scie repose à plat sur le plancher. Faites une série de quatre coupes en plongée dans le carreau endommagé, à 1 po du bord du carreau.

À l'aide d'un marteau et d'un ciseau bien affûté de 1 po de largeur, enlevez le carreau. Lorsque vous travaillez près du bord de la découpe, orientez la face biseautée du ciseau vers l'intérieur de la partie endommagée, afin de laisser un bord plat net le long des carreaux voisins. Si les morceaux centraux du carreau vous résistent, enfoncez au marteau un levier sous la découpe, et appuyez le levier sur une pièce de 2 x 4 pour vous faciliter la tâche.

Avec un couteau à mastiquer, grattez les résidus d'adhésif de la sous-couche, afin que le nouveau carreau soit de niveau avec les carreaux adjacents.

Comment ?

Si vous n'avez pas de carreau de rechange pour vous guider et que vous ignorez l'épaisseur du carreau endommagé, pratiquez lentement un trou dans celui-ci à l'aide d'une scie-cloche ou d'un foret à trois pointes de $\frac{3}{4}$ po. Allez-y très doucement, un peu à la fois, jusqu'à ce que vous voyiez la surface du sous-plancher. Vous pourrez alors mesurer l'épaisseur du carreau à l'aide d'un mètre à ruban. Elle se situe généralement entre $\frac{5}{16}$ po et $\frac{3}{4}$ po.

Enlevez la lèvre inférieure de la rainure du nouveau carreau, s'il est à languette et rainure, afin de pouvoir l'installer. Placez le carreau à l'envers sur une pièce de bois de protection ; au moyen d'un ciseau bien affûté, enlevez la lèvre inférieure de la rainure, puis poncez légèrement le bois entamé.

Appliquez l'adhésif à plancher sur la face arrière du nouveau carreau et sur le sous-plancher en vous servant d'une truelle brettée. Sur le carreau, la profondeur des sillons devrait être d'environ ⅛ po. On applique juste assez d'adhésif sur le sous-plancher pour s'assurer que le carreau soit complètement enduit, mais sans que l'adhésif ressorte par les joints.

Mise en garde ▸

Portez des lunettes protectrices chaque fois que vous sciez ou percez du bois. Le port de lunettes optiques à verre de sécurité suffira.

Installez le nouveau carreau. Pour ce faire, glissez-en la languette dans la rainure d'un carreau adjacent ; ensuite, servez-vous d'un maillet de caoutchouc pour enfoncer doucement le côté à rainure du nouveau carreau. Si de l'adhésif sort du joint, essuyez-le immédiatement avec un chiffon imbibé du solvant recommandé par le fabricant de l'adhésif. Voilà !

Réparation d'un revêtement de sol en vinyle

Les méthodes de réparation des revêtements de vinyle dépendent du type de plancher et des dommages subis. Dans le cas du vinyle en feuille, vous pouvez faire fondre la surface ou la rapiécer. Dans le cas des carreaux de vinyle, mieux vaut remplacer le carreau endommagé.

Vous pouvez pratiquement faire disparaître les petites coupures et éraflures en faisant fondre la surface abîmée et en y appliquant un liquide de scellement clair, que vous trouverez dans tous les magasins de revêtements en vinyle. Rapiécez le revêtement pour éliminer les déchirures et les brûlures. Au besoin, servez-vous d'une pièce du même revêtement découpée dans un endroit caché, par exemple dans un placard ou sous un électroménager.

Lorsque le revêtement de vinyle est fort usé ou si les dommages sont étendus, vous devrez le remplacer en entier. Il est parfois possible d'ajouter un nouveau revêtement sur l'ancien, mais pensez-y à deux fois. Sachez aussi que le support d'asphalte des vieux carreaux de vinyle peut contenir des fibres d'amiante. Demandez l'avis d'un expert pour leur enlèvement.

Outils et matériel ▸

- Équerre de charpente
- Couteau universel
- Couteau à mastiquer
- Pistolet chauffant
- Rouleau en J
- Truelle brettée
- Marqueur
- Ruban-cache
- Pièce de revêtement
- Essence minérale
- Adhésif pour revêtement de sol
- Papier ciré
- Liquide de scellement

Rapiéçage du vinyle en feuille

Mesurez les dimensions de la zone endommagée. Placez la pièce de revêtement de remplacement sur une surface qui peut subir des dommages, par exemple sur une section de contreplaqué. Servez-vous d'une équerre de charpente pour exécuter la coupe. La pièce de remplacement doit être un peu plus grande que la zone endommagée.

Déposez la pièce sur la zone endommagée, en faisant correspondre le motif du revêtement. Immobilisez la pièce au moyen de ruban adhésif en toile. Découpez le nouveau revêtement (sur le dessus) et l'ancien (en dessous) en vous servant d'un couteau universel et d'une équerre de charpente. Appuyez fermement sur le couteau pour trancher les deux revêtements.

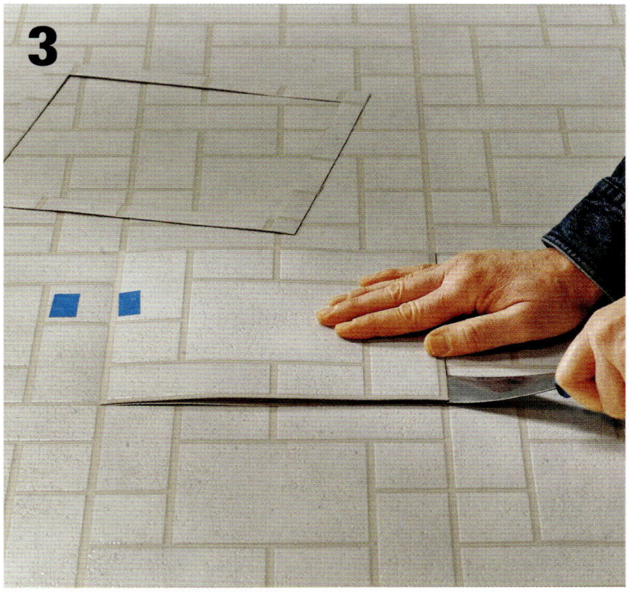

Servez-vous d'un ruban de peintre comme repère, afin d'installer la pièce dans le bon sens. Enlevez du périmètre de la pièce le ruban adhésif en toile.

À l'aide d'un pistolet chauffant, faites ramollir l'adhésif dans la zone endommagée et enlevez le vieux revêtement, en travaillant à partir des bords. Une fois décollé le bord de la pièce, glissez dessous un couteau à mastiquer.

(suite à la page suivante)

Avec un ciseau ou un couteau à mastiquer, grattez les résidus d'adhésif, en travaillant à partir des bords. Utilisez un peu d'essence minérale ou d'eau chaude pour dissoudre l'adhésif, mais en très petite quantité, de crainte de décoller le revêtement environnant. Servez-vous d'un grattoir de plancher pour dénuder la zone jusqu'au bois de la sous-couche.

Appliquez l'adhésif sur le dos de la pièce au moyen d'une truelle brettée (à dents en V de ⅛ po) que vous tiendrez à un angle de 45°.

Installez un côté de la pièce, puis déposez-la sur la sous-couche. Appuyez sur la pièce, puis passez-y un rouleau en J ou un rouleau à pâte, afin de créer un lien solide avec la sous-couche. Travaillez à partir du centre vers les bords afin de chasser les bulles d'air. Essuyez l'excédent d'adhésif sortant des joints à l'aide d'un chiffon ou d'une éponge propre et humide.

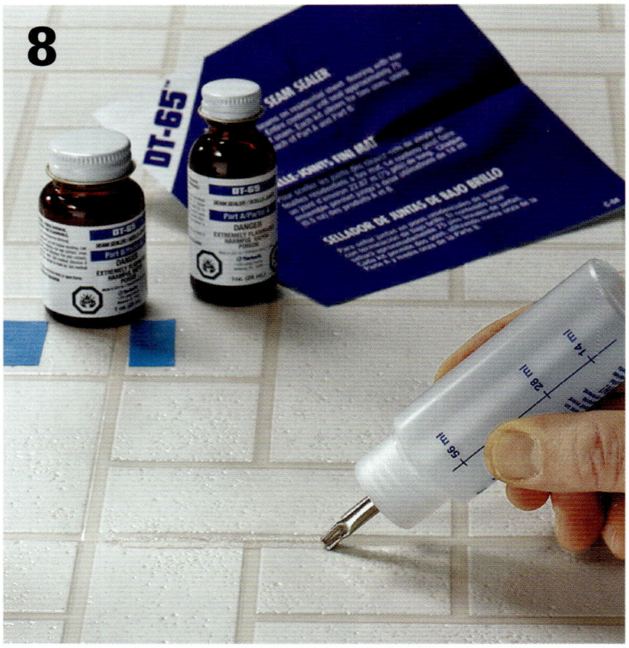

Laissez sécher l'adhésif jusqu'au lendemain. Pour nettoyer la zone, servez-vous d'un chiffon doux humecté de diluant à peinture-laque. Préparez l'agent de scellement des joints selon les instructions du fabricant. Appliquez-en un fin cordon sur les joints à l'aide d'un applicateur.

Remplacement d'un carreau de revêtement de sol résilient

Au moyen d'un pistolet chauffant, faites ramollir l'adhésif du carreau endommagé. Déplacez continuellement le pistolet afin de ne pas faire fondre le carreau. Dès qu'un bord du carreau commence à se retrousser, glissez dessous un couteau à mastiquer pour décoller tout le carreau. *Note : Si vous voyez clairement le joint des carreaux, incisez-le avec un couteau universel, afin d'empêcher les autres carreaux de se décoller.*

Grattez les résidus d'adhésif à l'aide d'un couteau à mastiquer ou d'un grattoir à plancher, si les résidus sont tenaces. Travaillez à partir des bords jusque vers le milieu, de crainte d'égratigner accidentellement les autres carreaux. Servez-vous d'essence minérale pour dissoudre l'adhésif restant. Ne laissez pas cette essence pénétrer sous les autres carreaux. Passez l'aspirateur et nettoyez la zone avec un chiffon.

Une fois le plancher sec, appliquez sur la sous-couche une mince couche d'adhésif pour carreaux de vinyle ; servez-vous d'une truelle brettée à rainures en V de ⅛ po, que vous tiendrez à un angle de 45°. *Note : Cette étape ne s'applique que si vos carreaux ne sont pas autoadhésifs.*

Installez l'un des bords du carreau. Abaissez le carreau sur la sous-couche et appuyez dessus. À l'aide d'un rouleau en J, exercez une pression sur le carreau, du centre vers les bords, afin d'en chasser les bulles d'air. Si l'adhésif sort des joints, essuyez-le avec un chiffon ou une éponge humide. Recouvrez le carreau de papier ciré sur lequel vous déposerez quelques livres. Laissez sécher l'adhésif pendant 24 heures.

Réparation des carreaux de céramique

Même si les carreaux de céramique constituent l'un des revêtements de sol les plus durs, ils subissent parfois des dommages, et il faut les remplacer. Généralement, il suffit d'enlever un ou plusieurs carreaux et d'en installer de nouveaux. Cependant, les fissures importantes qui apparaissent dans les joints de coulis résultent d'une détérioration de la couche adhésive causée par le mouvement du plancher. Dans ce cas, il faut remplacer la couche adhésive afin que la réparation soit définitive.

Chaque fois que vous enlevez des carreaux, inspectez la sous-couche. Si elle n'est plus lisse, solide et de niveau, réparez-la ou remplacez-la avant d'installer de nouveaux carreaux. Lorsque vous enlevez du coulis ou des carreaux endommagés, prenez garde de ne pas endommager les carreaux voisins. Protégez-vous toujours les yeux lorsque vous travaillez avec un marteau et un ciseau. Chaque fois que vous installez un revêtement de carreaux, mettez de côté quelques carreaux supplémentaires que vous pourrez utiliser pour des réparations ultérieures.

Outils et matériel ▸

- Marteau
- Ciseau à froid
- Protection oculaire
- Couteau à mastiquer
- Truelle brettée à encoches carrées
- Maillet de caoutchouc
- Niveau
- Pince à bec effilé
- Tournevis
- Mélange à coulis
- Mortier à pose simplifiée
- Carreau de rechange
- Croisillons d'écartement
- Seau
- Pigment pour coulis
- Apprêt pour coulis
- Éponge à coulis
- Mélange à aplanir les planchers

Remplacement d'un carreau de céramique

À l'aide d'une scie à coulis au carbure, que vous passerez avec soin sur le coulis, dénudez les bords non vernissés du carreau. Prenez garde de ne pas endommager la surface vernissée. Si le coulis vous résiste, servez-vous d'un tournevis et d'un marteau pour taper sur le carreau (étape 2).

Si le carreau n'est pas déjà fissuré, frappez-le avec un marteau et un poinçon ou un chasse-clou. S'il est franchement fissuré, arrachez-le au moyen d'un ciseau.

Glissez un ciseau dans l'une des fissures et frappez-le doucement avec un marteau. Commencez à arracher des morceaux de carreau au centre, afin de ne pas endommager les carreaux voisins. Sachez que le panneau de ciment ressemble beaucoup au mortier que vous brisez. Enlevez les débris de carreau.

Utilisez un couteau à mastiquer pour enlever l'ancien mortier à pose rapide, ou un ciseau s'il s'agit de mortier coulé. Si la sous-couche est recouverte d'un support métallique d'enduit, vous ne pourrez pas lisser la surface ; nettoyez-la du mieux que vous pouvez. Une fois l'adhésif gratté, poncez les aspérités de la zone avec un papier de verre. S'il y a des entailles dans la sous-couche, remplissez-les d'un mortier à résine époxydique à pose rapide (sous-couche en panneau de ciment) ou d'un mélange à aplanir les planchers (sous-couche en contreplaqué). Laissez sécher complètement le produit.

Servez-vous d'une truelle à encoches de ¼ po pour appliquer le mortier à pose rapide sur le dos du carreau. Mettez le carreau à sa place en le centrant dans l'ouverture au moyen de croisillons d'écartement en plastique.

Une fois le carreau mis à sa place, appuyez dessus pour le mettre de niveau avec les autres. Faites-le tourner un peu pour bien l'enfoncer dans le mortier. Donnez de petits coups sur le carreau avec un maillet de caoutchouc, ou un marteau et un bloc de bois couvert d'un chiffon ou d'un bout de moquette. Servez-vous d'un niveau ou d'une règle droite pour vous assurer que le carreau est de niveau avec les carreaux voisins. Au besoin, continuez de frapper dessus pour le mettre de niveau.

Enlevez les croisillons avec une pince à bec effilé. Enlevez le mortier ou l'adhésif des joints à l'aide d'un petit tournevis et d'un chiffon. Avec une éponge humide, essuyez l'adhésif de la surface du carreau. Laissez sécher la zone pendant 24 heures (ou selon les recommandations du fabricant).

Avec un couteau à mastiquer, appliquer le coulis dans les joints. Remplissez les creux avec le doigt. Servez-vous du manche arrondi d'une brosse à dents pour créer un cordon de coulis concave, si désiré. Lissez bien le coulis.

Réparation de la moquette

Les brûlures et les taches font partie des dommages aux moquettes qu'on doit réparer le plus fréquemment. Si la brûlure est superficielle, vous pouvez couper les fibres brûlées à l'aide de petits ciseaux. Vous devrez rapiécer la moquette si les brûlures sont plus profondes ou si la tache est indélébile.

Vous verrez sur la page ci-contre comment retendre une moquette détachée ou recoller des joints défaits. Vous pourrez louer les outils nécessaires à ces réparations.

Outils et matériel ▸

- Emporte-pièce
- Coup de genou
- Couteau à plaque de plâtre de 4 po
- Couteau universel
- Fer à joints
- Moquette de remplacement
- Ruban double face pour moquette
- Adhésif pour joints
- Ruban thermocollant pour joints
- Panneaux
- Poids

Réparation d'un dommage ponctuel

Enlevez la partie endommagée ou tachée avec un emporte-pièce que vous trouverez dans les magasins de tapis. Appuyez l'outil sur l'endroit abîmé et faites-le tourner pour découper la moquette.

Avec l'emporte-pièce, découpez une pièce de moquette de remplacement. Introduisez dans la découpe un ruban double face pour moquette, en le plaçant de manière qu'il chevauche les joints.

Pressez la pièce en place, en vous assurant que le sens du poil ou le motif coïncident avec ceux de la moquette existante. Scellez le joint et évitez les effilochures en appliquant un adhésif pour joints sur le pourtour de la pièce.

Retendre une moquette détachée

À l'aide du bouton, réglez la profondeur des pointes du coup de genou de manière qu'elles agrippent le dossier de la moquette, mais sans entamer la thibaude. Commencez dans un coin ou près d'un endroit où la moquette est fermement attachée, enfoncez la tête du coup de genou dans la moquette, à environ 2 po du mur.

Appuyez avec le genou contre le coussin du coup de genou pour forcer la moquette à se déplacer vers le mur. Rentrez le bord de la moquette dans l'espace qui existe entre la languette de bois et la plinthe, en vous servant d'un couteau à plaque de plâtre de 4 po. Si la moquette est toujours lâche, coupez le bord avec un couteau universel et retendez-la.

Recollage des joints défaits

Enlevez l'ancien ruban qui se trouve sous le joint. Coupez le nouveau ruban à la longueur voulue et placez-le sous la moquette en le centrant sur le joint, l'adhésif orienté vers le haut. Branchez et laissez chauffer le fer à joints.

Tirez les deux bords de la moquette l'un vers l'autre et placez le fer centré sur le ruban. Attendez environ 30 secondes que la colle ramollisse. Poussez ensuite le fer d'environ 12 po vers l'avant, le long du joint. Pressez rapidement les bords de la moquette l'un contre l'autre, dans la colle ramollie, derrière le fer. Séparez le poil pour que les fibres ne restent pas coincées dans la colle et que le joint soit serré. Placez des panneaux lestés sur le joint pour le maintenir à plat pendant que la colle prend. N'oubliez pas que vous ne disposez que d'une trentaine de secondes pour répéter le processus.

Réparation d'un dommage étendu

À l'aide d'un couteau universel, découpez dans un reste de moquette quatre bandes, chacune étant un peu plus large et plus longue que les découpes que vous devrez faire dans la zone endommagée de votre moquette. La plupart des moquettes sont tendues durant l'installation. Pour relâcher cette tension, installez le coup de genou de 6 po à 1 pi de la zone à découper, et poussez-le un peu dans cette direction. Si vous créez une bosse dans la moquette, c'est que vous avez poussé trop fort; relâchez un peu la pression exercée sur le coup de genou. Placez l'une des bandes à l'envers sur la moquette, devant le coup de genou, et clouez-la sur le plancher à intervalles de 2 po à 4 po. Répétez le travail sur chacun des trois autres côtés.

Dessinez au marqueur des flèches sur des bouts de ruban de peintre. Glissez la main sur la moquette pour déterminer le sens du poil. Avec les bouts de rubans, indiquez ce sens sur la moquette endommagée et sur le reste de moquette qui vous servira de pièce. Placez ce reste sur un contreplaqué. Avec un couteau universel, découpez une pièce un peu plus grande que la partie de moquette à remplacer. Durant ce travail, servez-vous d'un tournevis pour éloigner les fibres ou les boucles de la ligne de coupe. Enlevez les boucles défaites, puis placez la pièce dans le bon sens sur la zone endommagée.

Conseil sur l'outil ▸

Le coup de genou comporte des griffes qui doivent agripper le dossier de la moquette sans entamer la thibaude. Il est muni d'un bouton de réglage de la hauteur des griffes. Vous saurez que la thibaude est agrippée s'il vous faut exercer trop de pression pour faire avancer le coup de genou. Pour relâcher la tension devant la partie de moquette à remplacer, mettez le pied sur le plancher et poussez l'outil avec le genou vers la zone endommagée.

Fixez l'un des bords de la pièce sur le plancher, en veillant à ce qu'elle couvre toute la zone endommagée. Servez-vous d'un couteau universel pour découper la moquette endommagée en suivant le pourtour de la pièce. Si le couteau entame la thibaude, réparez-la avec du ruban adhésif en toile. Enlevez la pièce et la partie de moquette endommagée.

Coupez quatre bouts de ruban pour joints, chacun mesurant environ 1 po de plus que le bord de la découpe correspondant. Enduisez la moitié de la largeur de chacun de ces rubans d'une mince couche d'adhésif pour joints. Glissez sous le bord de la moquette restante le bord enduit de chacun des rubans, adhésif en haut. Appliquez assez d'adhésif sur la partie visible de ces rubans pour en remplir les cavités.

Orientez les flèches dans le même sens et pressez la pièce dans la découpe, mais sans trop pousser, de crainte que l'adhésif ne remonte dans les joints. Servez-vous d'une alène pour libérer les boucles ou les fibres coincées dans les joints. Brossez doucement le dessus de la pièce pour qu'elle se fonde dans le reste de la moquette. Laissez sécher l'adhésif au moins pendant la période recommandée par le fabricant avant d'enlever les clous à tapis.

Si... ▸

Si vous avez une moquette à dos coussiné entièrement collée, vous pouvez suivre les instructions ci-dessus pour réparer un dommage étendu, avec les exceptions suivantes :

1. Vous n'aurez pas besoin d'un coup de genou.
2. Vous n'aurez pas à clouer des bandes de moquette autour de la partie à remplacer.
3. Vous enlèverez au couteau à mastiquer l'adhésif restant après l'enlèvement de la partie de moquette endommagée. Pour enlever certains adhésifs, vous aurez peut-être besoin d'un pistolet chauffant ou d'un solvant chimique.
4. Vous appliquerez un adhésif pour revêtement de sol à l'aide d'une truelle à encoches de $\frac{3}{32}$ po.
5. Sur le pourtour de la découpe, au lieu de ruban pour joints, vous utiliserez un mince cordon d'adhésif pour joints de moquette à dos coussiné.

Scellement d'un plancher de béton intérieur

Le béton est un matériau de construction polyvalent. La plupart d'entre nous le considèrent comme un matériau utilitaire de fond, mais il peut aussi imiter divers types de revêtements de sol, et ajouter une belle touche de couleur à n'importe quelle pièce.

Que le béton serve de surface pratique pour le garage ou qu'il témoigne de votre sens artistique dans la salle à manger, il doit être scellé. C'est un matériau dur et résistant, mais poreux ; il peut donc se tacher. Beaucoup de taches s'enlèveront avec l'agent de nettoyage approprié, mais un produit de scellement et une peinture empêcheront l'huile, la graisse et les autres matières de pénétrer dans le béton. Il sera beaucoup plus facile de nettoyer le plancher.

En vue de l'application du produit de scellement, préparez le béton par un décapage à l'acide, qui en ouvrira les pores et en permettra la liaison avec le produit de scellement. Toutes les surfaces de béton, lisses ou non, comme celles des garages, devraient être décapées à l'acide avant l'application de la teinture. La surface devrait avoir une texture rugueuse, comme du papier de verre de grain 120, et laisser pénétrer l'eau. Si vous ne savez pas trop si votre plancher devrait être décapé ou non, mieux vaut le décaper. Si vous ne le faites pas alors que vous devriez le faire, vous devrez plus tard enlever le résidu de produit de scellement pour procéder au décapage.

Outils et matériel ▸

Tuyau de jardin ou laveuse à pression (garages et extérieur seulement)
Balai dur
Seau résistant aux acides
Arrosoir ou pulvérisateur résistant aux acides
Pinceau synthétique de 4 po
Bac à peinture
Rouleau doux à poils de ½ po
Rallonge de rouleau
Aspirateur pour déchets solides ou humides
Pantalon et chemise à manches longues
Bottes de caoutchouc
Gants de caoutchouc
Lunettes étanches
Masque de protection contre le chlore
Acide mordant
Neutralisant alcalin (ammoniac, chaux, bicarbonate de soude, nettoyant Simple Green)
Produit de scellement pour béton

Conseils pour le décapage à l'acide des planchers de béton

Divers produits sont destinés au décapage à l'acide : L'acide citrique, biodégradable, ne dégage pas de vapeurs de chlore ; c'est le décapant le plus sûr et le plus facile à utiliser, mais il pourrait ne pas être assez puissant pour décaper certains bétons particulièrement lisses. L'acide sulfamique, moins corrosif que l'acide phosphorique et l'acide chlorhydrique, constitue sans doute le meilleur compromis entre puissance de la solution et sécurité. L'acide phosphorique est plus puissant et plus nocif que l'acide citrique ou l'acide sulfamique, mais beaucoup moins dangereux que l'acide chlorhydrique. C'est actuellement le décapant le plus populaire. L'acide chlorhydrique, extrêmement dangereux, réagit rapidement et dégage de fortes vapeurs. C'est le décapant à utiliser en dernier recours, et seulement par des professionnels ou des bricoleurs expérimentés. N'ajoutez jamais d'eau à un acide ; il faut ajouter l'acide à l'eau.

Tous les acides sont dangereux. Soyez prudent durant leur utilisation. Il est essentiel d'avoir une bonne ventilation et de porter des vêtements et articles de protection : lunettes étanches, bottes et gants de caoutchouc, pantalon et chemise à manches longues. De plus, portez un masque de protection contre le chlore, car la réaction d'une base et d'un acide risque de dégager du chlore ou de l'hydrogène.

Même après avoir dégraissé un plancher de béton, un résidu d'huile ou de graisse peut nuire à l'adhérence du produit de scellement ou de la peinture. Pour savoir si votre plancher a été adéquatement nettoyé, versez-y un verre d'eau. Si le plancher est bien préparé pour le scellement, l'eau y pénétrera rapidement et uniformément. Si l'eau perle à la surface, nettoyez de nouveau le plancher.

Décapage à l'acide d'un plancher de béton

Nettoyez et préparez la surface en la balayant. Ensuite, éliminez la crasse superficielle : boue, cire et graisse. Enfin, enlevez la peinture ou le revêtement existant.

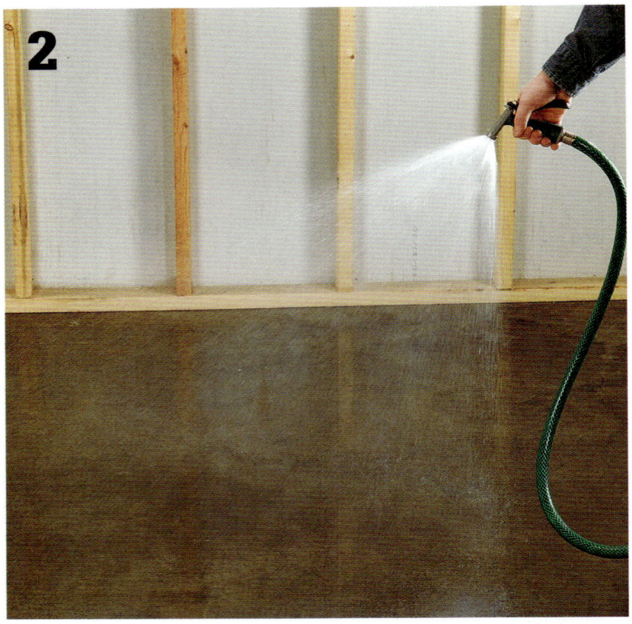

Saturez d'eau propre la surface, qui doit être humide avant le décapage à l'acide. Profitez-en pour repérer les endroits où l'eau perle, car cela signifie qu'il s'y trouve encore des contaminants qui doivent être éliminés à l'aide d'un agent de nettoyage ou de décapage approprié.

Avec de l'eau, faites l'essai de votre pulvérisateur résistant aux acides, afin de vous assurer qu'il produit une brume large et uniforme. Une fois sa buse réglée, lisez le mode d'emploi du fabricant de la solution de décapage et versez dans le réservoir du pulvérisateur la quantité d'eau recommandée.

Ajoutez à l'eau du pulvérisateur (ou de l'arrosoir) l'acide à décaper. Suivez le mode d'emploi du fabricant de l'acide. Manipulez le produit avec précaution.

Appliquez uniformément la solution acide sur le béton au moyen de l'arrosoir ou du pulvérisateur. Ne laissez pas la solution sécher durant le processus de décapage et de nettoyage. Décapez de petites surfaces à la fois, de 10 pi sur 10 pi ou moins. Si le plancher est en pente, commencez par la partie la plus basse.

Servez-vous d'un balai dur ou d'un balai à récurer pour faire pénétrer la solution acide dans le béton. Laissez l'acide travailler de 5 à 10 minutes ou selon le mode d'emploi du fabricant. La formation d'une mousse indique que le produit travaille. S'il n'y a pas de mousse ou de bulles, mettez fin au décapage et reprenez le nettoyage de la surface.

Lorsqu'il n'y a plus de bulles qui se forment, la réaction entre l'acide et la surface alcaline du béton est terminée. Neutralisez les résidus d'acide en versant 1 gallon d'eau dans un seau de 5 gallons, puis en y dissolvant un neutralisant alcalin (par exemple, 1 tasse d'ammoniac, 4 tasses de chaux, une boîte de bicarbonate de soude ou 4 oz de nettoyant Simple Green).

À l'aide d'un balai dur, étalez la solution neutralisante sur tout le plancher. Balayez la solution jusqu'à ce qu'il n'y ait plus de bulles qui se forment, puis rincez le plancher avec un tuyau d'arrosage.

(suite à la page suivante)

Au moyen d'un aspirateur pour déchets solides ou humides, enlevez l'eau de rinçage. Même si l'acide est neutralisé, consultez la réglementation municipale pour savoir comment l'éliminer correctement.

Une fois le plancher sec, vérifiez s'il y a un résidu en passant un chiffon de couleur foncée sur une petite partie du béton. Si le chiffon ramasse un résidu blanchâtre, rincez de nouveau le plancher, puis vérifiez s'il y a ou non un résidu. Lorsque viendra le temps d'appliquer le produit de scellement, le rinçage inadéquat se révélera encore plus nuisible que l'omission du décapage à l'acide.

S'il vous reste de l'acide, vous pourrez le neutraliser ainsi : préparez une nouvelle solution alcaline dans votre seau, puis versez-y avec précaution le restant d'acide du pulvérisateur, jusqu'à ce qu'il n'y ait plus de bulles qui se forment.

Laissez sécher le béton pendant au moins 24 heures. Balayez-le avec soin. Il devrait avoir la texture d'un papier de verre de grain 120 et être prêt à recevoir le produit de scellement. Masquez les lisses ou les plinthes exposées avant de sceller le plancher.

Scellement d'un plancher de béton

Décapez le béton, nettoyez-le et laissez-le sécher. Avec une baguette, mélangez le produit de scellement dans un seau. Délimitez avec du ruban de peintre un carré sur lequel vous testerez le produit. Appliquez le produit sur ce carré et laissez-le sécher, afin de vous assurer qu'il aura l'apparence souhaitée. *Note : Du fait que le produit de scellement rend glissant le béton humide, recourez à un additif antidérapant qui facilitera la traction, particulièrement dans les escaliers.*

Protégez les murs avec un ruban de peintre large et servez-vous d'un pinceau synthétique de 4 po de bonne qualité pour enduire le périmètre du plancher.

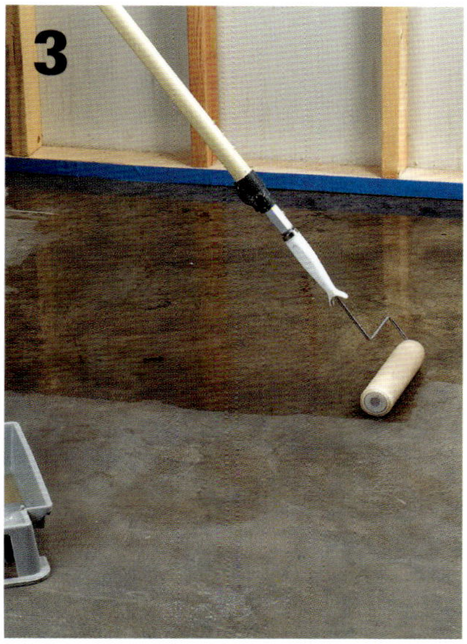

Servez-vous d'une rallonge et d'un rouleau à poils de ½ po pour étaler uniformément le produit de scellement sur le reste du plancher. Procédez par petites sections (2 pi sur 3 pi), en allant toujours dans le même sens. Évitez les marques de chevauchement en gardant toujours un bord humide. Évitez le contact du rouleau avec une zone où le produit a commencé à sécher, car cela pourrait soulever l'enduit. Laissez sécher le plancher selon les recommandations du fabricant, généralement de 8 à 12 heures.

Une fois la première couche séchée, appliquez la seconde en maniant le rouleau dans un sens perpendiculaire à celui de la première application.

Nettoyez les outils de la manière recommandée par le fabricant.

Réparation des plaques de plâtre

Le replâtrage des trous et la dissimulation des clous saillants sont les réparations les plus courantes que requièrent les plaques de plâtre. Vous pouvez simplement remplir les trous de petites dimensions, mais il faut soutenir le plâtre – par exemple avec du contreplaqué – lorsque la réparation est plus importante. Pour faire disparaître les trous laissés par les vis ou les clous, renfoncez un peu la surface autour du trou avec le manche d'un couteau universel ou d'un couteau à plaque de plâtre, puis remplissez-le de plâtre à reboucher ou de pâte à joint.

Servez-vous de ruban à plaque de plâtre aux endroits où le papier ou le ruban de la plaque s'est arraché ou déchiré. Avant la réparation, enlevez toujours la partie de papier de ruban à joints détachée afin d'exposer le matériau solide de la plaque.

Toutes les réparations d'une plaque de plâtre requièrent trois couches de pâte à joint, tout comme les nouvelles installations. Poncez légèrement la partie réparée avant de la peindre ou de la texturer.

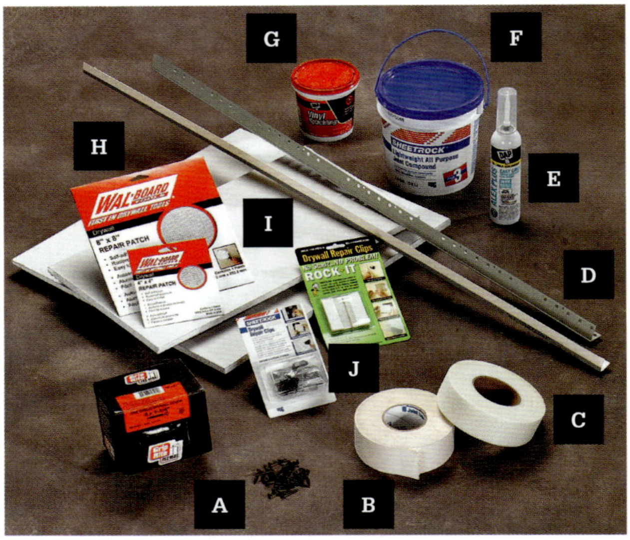

La plupart des dommages causés aux plaques de plâtre peuvent être réparés à l'aide de matériaux de base ou spéciaux : (A) vis à plaque de plâtre ; (B) ruban à joints en papier ; (C) ruban à joints en fibre de verre ; (D) baguette d'angle ; (E) calfeutrant peinturable, à base de latex ou de silicone ; (F) pâte à joints universelle ; (G) plâtre à reboucher léger ; (H) emplâtre autoadhésif ; (I) pièces de plaque de plâtre ; (J) attaches de réparation.

Outils et matériel ▸

- Perceuse ou visseuse
- Marteau
- Couteau universel
- Couteaux à plaque de plâtre
- Équerre de charpente
- Scie à plaque de plâtre
- Râpe
- Scie à métaux
- Lime douce
- Vis à plaque de plâtre de 1 ¼ po
- Pâte à joints universelle
- Plâtre à reboucher léger
- Papier de verre de grain 150
- Pièces de bois
- Ruban à joints en papier
- Ruban à joints en fibre de verre
- Emplâtre autoadhésif
- Attaches de réparation

Pour réparer un clou saillant, enfoncez une vis à plaque de plâtre de 2 po au-dessus ou au-dessous du clou, afin qu'elle tire la plaque contre l'ossature du mur. Grattez la peinture ou le plâtre détaché, puis chassez le clou à 1⁄16 po sous la surface. Appliquez trois couches de pâte à joints pour couvrir les trous.

Si la plaque est renfoncée, mais que le papier n'est pas abîmé, remplissez la dépression de plâtre à reboucher léger ou de pâte à joints universelle que vous laisserez sécher et que vous poncerez.

Réparation des fissures et entailles

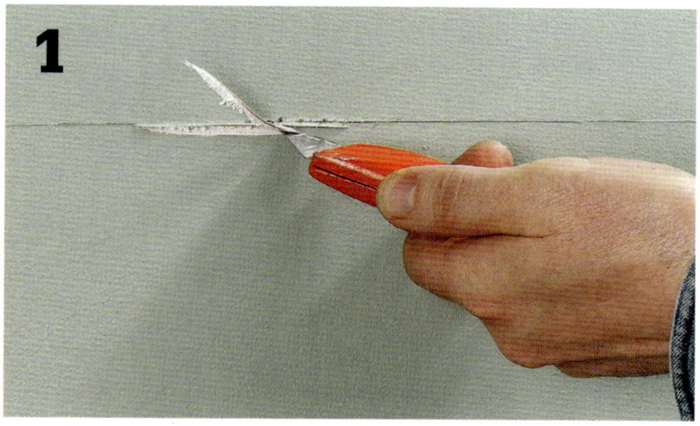

Avec un couteau universel, coupez les parties de plaque ou de papier détachées. Élargissez la fissure en forme de V, afin qu'elle retienne plus fermement la pâte à joints.

Appuyez les doigts le long des bords de la fissure. Si la plaque de plâtre bouge, fixez-la sur l'élément d'ossature le plus proche à l'aide de vis à plaque de plâtre de 1 ¼ po. Recouvrez la fissure et les vis de ruban à joints en fibre de verre.

Couvrez le ruban de plâtre à reboucher, en le poussant légèrement dans le ruban. Lissez le plâtre en en laissant juste assez pour cacher le ruban. Ajoutez deux couches supplémentaires de plâtre, chacune de ces couches étant plus large et plus mince que la couche précédente, afin que la réparation se fonde dans la surface environnante.

Fissure dans un coin ou près du plafond : tranchez le joint existant et coupez la partie de plaque ou de papier détachée. Posez un nouveau ruban ou une baguette d'angle ; appliquez deux couches de pâte à joints.

Variante : Sur une petite fissure se trouvant dans un coin, appliquez un mince cordon de calfeutrant peinturable à base de latex ou de silicone. Lissez le calfeutrant dans le coin avec le doigt.

Réparation d'un petit trou dans une plaque de plâtre

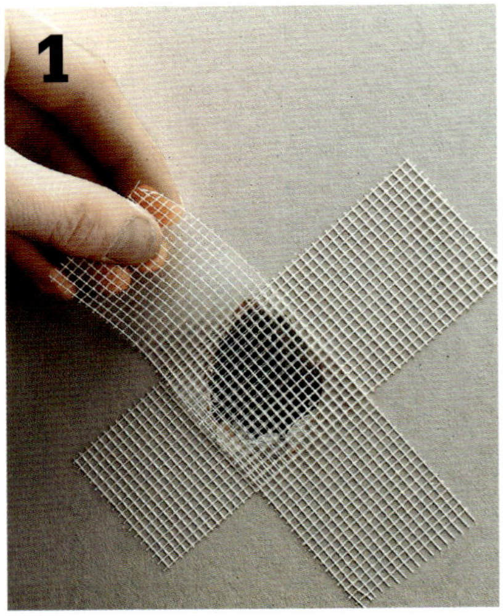

Coupez la partie de plaque, de papier ou de ruban détachée autour du trou à l'aide d'un couteau universel. Couvrez le trou à l'aide de deux bandes croisées de ruban à joints en fibre de verre.

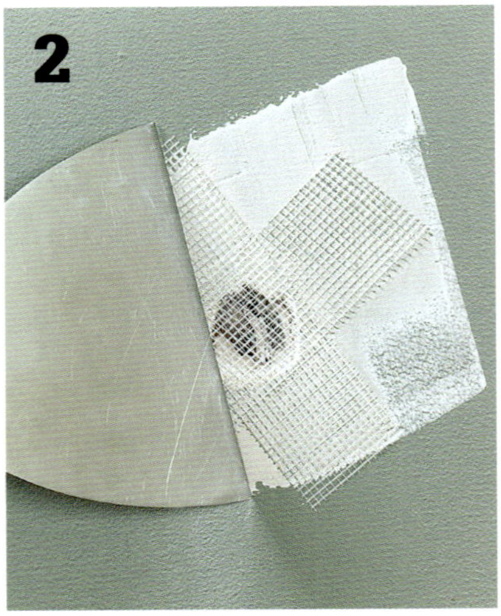

Couvrez le ruban de pâte à joints universelle en la poussant légèrement dans le ruban. Lissez-la en en laissant juste assez pour cacher le ruban.

Ajoutez deux couches de pâte supplémentaires, chacune de ces couches étant plus large et plus mince que la couche précédente, afin que la réparation se fonde dans la surface environnante. Utilisez un papier de verre humecté pour poncer la zone.

Autres manières de réparer un petit trou dans une plaque de plâtre

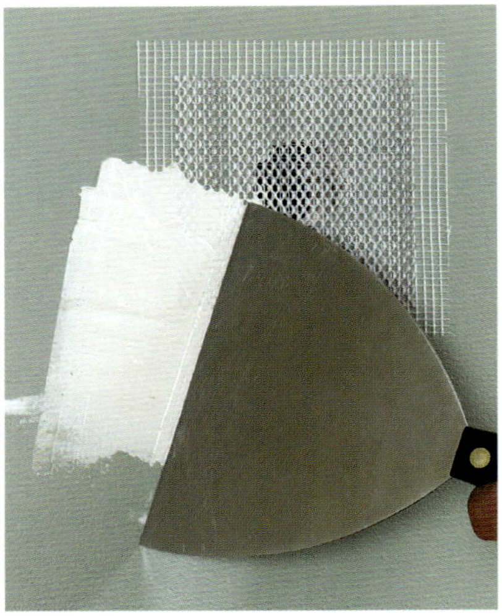

Emplâtre métallique autoadhésif : Placez sur la zone endommagée un emplâtre métallique autoadhésif qui retiendra la pâte à joints.

Pièce de plaque biseautée : Biseautez les bords de l'ouverture à l'aide d'une scie à métaux, puis découpez selon les bonnes dimensions une pièce de plaque de plâtre qui s'ajustera dans l'ouverture. Rognez la pièce jusqu'à ce que son ajustement dans l'ouverture soit serré et qu'elle soit de niveau avec le reste du mur. Appliquez une quantité généreuse de pâte sur les bords biseautés de la pièce. Enfoncez-la dans l'ouverture. Finissez la réparation avec du ruban à joints en papier et trois couches de pâte à joints.

Pièce de plaque à bride de papier : Découpez une pièce de plaque de plâtre qui mesure 2 po de plus que l'ouverture à boucher. Tracez le pourtour de l'ouverture sur le dos de la pièce. Rayez la pièce sur le tracé, puis faites-la craquer. Détachez le bord de la pièce, mais en conservant la « bride » de papier avant. Appliquez de la pâte à joints autour de l'ouverture. Insérez la pièce dans l'ouverture en enfonçant la bride de papier dans la pâte. Finissez la réparation avec deux couches de pâte supplémentaires.

Réparation d'un gros trou dans une plaque de plâtre

Délimitez la zone endommagée en vous servant d'une équerre de charpente. (Les quatre angles droits facilitent la mesure et la coupe de la pièce.) Découpez la plaque le long du tracé à l'aide d'une scie à plaque de plâtre.

Découpez des bandes de support dans du contreplaqué ou une pièce de bois. Les bandes mesureront quelques pouces de plus que l'ouverture. Fixez les bandes dans l'ouverture, sur la face intérieure de la plaque, à l'aide de vis à plaque de plâtre de 1 ¼ po.

Découpez une pièce de plaque de plâtre mesurant ⅛ po de moins que l'ouverture. Vissez-la sur les bandes de support. Posez un ruban à joints en fibre de verre sur les joints, que vous finirez avec trois couches de pâte à joints.

Réparation d'un gros trou à l'aide d'attaches

Au moyen d'une scie à plaque de plâtre, découpez la zone endommagée. Installez une attache de réparation au milieu de chacun des quatre côtés de l'ouverture. Enfoncez dans le mur, jusque dans l'attache, l'une des vis fournies avec les attaches. Placez la vis entre les pattes de l'attache, à bonne distance du bord de l'ouverture.

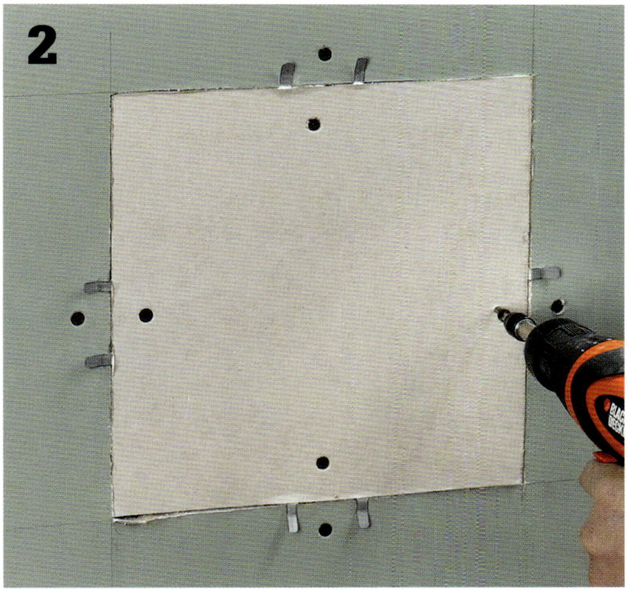

Découpez une pièce de plaque de plâtre à insérer dans l'ouverture. Fixez la pièce sur les attaches en plaçant les vis juste en face des vis déjà enfoncées, à ¾ po du bord de la pièce. Enlevez les pattes des attaches. Finissez les joints avec du ruban et trois couches de pâte à joints.

Fermeture de l'ouverture laissée par l'enlèvement d'une porte ou d'une fenêtre

Construisez un cadre avec des poteaux espacés de 16 po de centre à centre et en retrait par rapport à la plaque. Les nouveaux joints devraient tomber au milieu du cadre. Fixez la plaque de plâtre sur le cadre à l'aide de vis enfoncées sur le périmètre de l'ouverture à intervalles de 12 po. Si le mur est isolé, bouchez la cavité avec de l'isolant.

Découpez dans une plaque de même épaisseur que la plaque de plâtre existante une pièce mesurant environ ¼ po de moins que l'ouverture. Placez la pièce dans l'ouverture de manière à créer tout autour un joint de ⅛ po. Vissez la pièce sur le périmètre, à intervalles de 12 po. Finissez les joints avec du ruban en papier et trois couches de pâte à joints.

Réparation d'une baguette d'angle métallique

Fixez la baguette au-dessus et au-dessous de la partie endommagée à l'aide de vis à plaque de plâtre de 1 ¼ po. Pour retirer la partie endommagée, tranchez-la avec une scie à métaux tenue parallèlement au sol. Grattez les parties détachées de panneau et de pâte à joints.

Découpez une nouvelle baguette qui s'ajustera parfaitement dans l'ouverture. Alignez-la parfaitement sur la baguette existante et fixez-la sur le mur à l'aide de vis à plaque de plâtre enfoncées à ¼ po du bord de la baguette. Changez de côté à chaque vis, afin que la baguette reste droite.

Lissez les joints de la baguette avec une lime métallique douce. Si vous n'arrivez pas facilement à les lisser, découpez une nouvelle pièce et recommencez le travail. Masquez la réparation avec trois couches de plâtre à reboucher.

Replâtrage

Les murs de plâtre sont formés de plusieurs couches qui créent une surface solide et durable. Derrière la surface de plâtre se trouve une couche de lattes de bois, de métal ou de plâtre qui soutient la surface. Les clefs, qui se forment lorsque le plâtre est pressé à travers ou entre les lattes, maintiennent le plâtre sec contre le plafond ou le mur.

Avant de replâtrer un endroit, assurez-vous de son bon état général. Si des lattes sont abîmées ou que le plâtre qui entoure l'endroit est mou, consultez un professionnel.

Utilisez un liant liquide au latex pour obtenir une bonne adhérence et une réparation résistante, sans fissures. Le liant liquide vous dispense d'humidifier le plâtre et la latte pour éviter le séchage prématuré et le retrait du plâtre et, par conséquent, pour éviter de gâcher la besogne.

Le plâtre à reboucher sert à faire disparaître les fissures, entailles et petits trous. Certains nouveaux plâtres à reboucher sont roses à l'application et deviennent blancs lorsqu'ils sont secs et prêts pour le ponçage et la peinture. Utilisez le plâtre à reboucher léger, qui rétrécit peu et dont une seule application suffit.

Outils et matériel ▸

- Couteaux à plaque de plâtre
- Pinceau
- Couteau universel
- Plâtre à reboucher léger
- Pâte à joints universelle
- Plâtre de colmatage
- Ruban à joints en fibre de verre
- Liant liquide au latex
- Papier de verre de grain 150
- Peinture

Remplissage des petites entailles et petits trous

Éliminez les particules de plâtre ou de peinture détachées en grattant la surface ou en la frottant au papier de verre.

Remplissez le trou de plâtre à reboucher léger, en vous servant du couteau le plus petit qui soit plus large que l'endroit endommagé. Laissez sécher le plâtre selon les instructions du fabricant.

Poncez légèrement le plâtre avec un papier de verre de grain 150. Enlevez la poussière avec un chiffon propre, appliquez sur la réparation une couche d'apprêt, puis une couche de peinture, en veillant à ce que cette dernière se fonde dans celle qui l'entoure.

Replâtrage des gros trous

Poncez ou grattez les bords du trou pour qu'ils soient lisses et fermes. Avec un couteau à plaque de plâtre, vérifiez l'état du plâtre qui entoure l'endroit endommagé. Grattez le plâtre détaché ou ramolli.

Appliquez généreusement un liant liquide au latex sur les bords du trou et sur la latte, afin d'assurer une liaison sans vides entre le nouveau plâtre et l'ancien.

Mélangez le plâtre de colmatage selon les instructions du fabricant. Remplissez-en le trou avec un couteau à plaque de plâtre ou une truelle. Si le trou est peu profond, utilisez une seule couche de plâtre.

Si le trou est profond, appliquez une mince couche de plâtre que vous quadrillerez avant le durcissement. Laissez le plâtre sécher, puis appliquez-en une seconde couche. Laissez cette couche sécher avant de la poncer légèrement.

Recréez la texture de la surface en utilisant une peinture texturée ou un mélange à plaque de plâtre. Exercez-vous sur un morceau de carton épais jusqu'à ce que vous arriviez à reproduire la surface du mur. Appliquez une couche d'apprêt et une couche de peinture pour compléter la réparation.

Variante : Vous pouvez aussi fermer une ouverture dans le plâtre à l'aide d'une pièce de plaque de plâtre. Délimitez la partie endommagée à l'aide d'un couteau universel. Éliminez le plâtre au ciseau jusqu'au centre de l'élément de charpente le plus proche. Découpez une plaque de plâtre aux bonnes dimensions, puis fixez-la sur la charpente à l'aide de vis à plaque de plâtre enfoncées à intervalles de 4 po. Finissez les joints comme vous le feriez pour des joints de plaque ordinaires.

Replâtrage d'une ouverture découpée dans le plâtre

Avec une cisaille aviation, découpez une grille métallique un peu plus grande que l'ouverture à boucher. Attachez une corde au centre de la grille ; insérez la grille dans l'ouverture. Attachez la corde à une baguette plus longue que la largeur de l'ouverture. Faites tourner la baguette jusqu'à ce que la grille soit fermement appuyée sur l'ouverture. Appliquez un liant liquide au latex sur la grille et sur les bords de l'ouverture.

Appliquez une couche de plâtre de colmatage, en le poussant dans la grille et en couvrant les bords de l'ouverture. Quadrillez le plâtre avant de le laisser sécher. Retirez la baguette et coupez la corde retenant la grille. Appliquez une seconde couche de plâtre afin de remplir complètement l'ouverture. Texturez la surface. Laissez sécher le plâtre et grattez-en l'excédent. Poncez la zone ; appliquez-y une couche d'apprêt et une de peinture.

Réparation des fissures

Grattez les aspérités et le plâtre détaché autour de la fissure. À l'aide d'un couteau universel, coupez les bords de la fissure, afin de créer une rainure (médaillon) qui retiendra la pâte à joints et préviendra une nouvelle fissuration.

Enfoncez la pâte à joints dans la rainure, à l'aide d'un couteau de 6 po. Pressez légèrement dans la pâte un ruban à plaque de plâtre. Lissez la surface en laissant juste assez de pâte pour masquer le ruban.

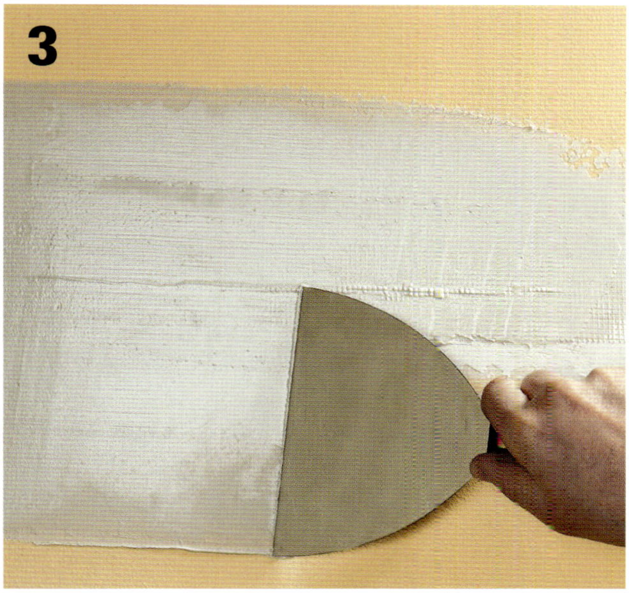

Ajoutez deux couches de pâte, chacune étant plus large et plus mince que la précédente, afin que la réparation se fonde dans la surface qui l'entoure. Poncez légèrement la zone, texturez-la pour qu'elle ressemble au reste du mur. Finissez le travail avec une couche d'apprêt et une autre de peinture.

Remplacement de panneaux

Même s'ils sont durables, les panneaux exigent parfois des réparations mineures. Les entailles superficielles disparaissent facilement sous une mince couche de cire en pâte, et il suffit d'un crayon à retouche pour faire disparaître la plupart des petites éraflures.

Les fabricants déconseillent d'essayer de polir localement les panneaux avec des produits abrasifs ou de tenter d'en reconstituer le fini de surface.

Les dommages les plus courants que subissent les panneaux sont les trous et les dommages causés par l'eau. Si les panneaux ont subi des dommages importants, la seule façon de les réparer est de remplacer les feuilles abîmées.

Si les panneaux datent de quelques années et que vous avez du mal à trouver des feuilles semblables dans les cours à bois ou les maisonneries, renseignez-vous auprès des propriétaires de cours de récupération. Achetez les panneaux à l'avance, pour pouvoir les conditionner avant l'installation. Pour ce faire, placez-les dans la pièce, verticalement, en les séparant par des intercalaires afin que l'air circule librement entre les feuilles. Laissez les feuilles dans cette position pendant 24 heures si elles doivent être installées au-dessus du niveau du sol et pendant 48 heures si elles doivent être installées sous le niveau du sol.

Avant de poursuivre les travaux, observez sur quoi s'adosseront les panneaux. Les codes du bâtiment exigent souvent que les panneaux soient soutenus par des plaques de plâtre. L'idée est bonne, même quand le code ne l'exige pas, car le support que fournit la plaque de plâtre empêche le gauchissement du panneau et constitue une couche supplémentaire d'isolant acoustique. Mais si les panneaux sont soutenus par des plaques de plâtre, celles-ci peuvent également nécessiter des réparations, surtout si les dommages sont causés par l'eau. En outre, l'enlèvement des panneaux peut s'avérer plus difficile si ceux-ci sont collés à des plaques de plâtre ou à un mur de maçonnerie. Quoi qu'il en soit, mieux vaut être au courant de la situation avant de découper les panneaux.

Outils et matériel ▸

- Couteau à plaque de plâtre
- Couteau à mastiquer
- Levier plat
- Équerre de charpente
- Couteau à linoléum
- Marteau
- Ciseau
- Pistolet à calfeutrer
- Maillet en caoutchouc
- Chasse-clou
- Panneaux de rechange
- Peinture à pulvériser
- Adhésif à panneaux
- Clous de panneaux assortis à la couleur
- Intercalaires
- Clous à finir
- Crayons à mastic
- Bouche-pores

Enfin, coupez l'électricité qui alimente cette partie de la maison et retirez les plaques des prises et des interrupteurs des feuilles à remplacer.

La plupart des éraflures disparaissent facilement sous une couche de cire en pâte. Sur une surface propre et exempte de poussière, appliquez avec un chiffon doux et propre une couche mince et uniforme de cire en pâte. Travaillez sur une petite surface à la fois, dans un mouvement circulaire. Laissez sécher la cire jusqu'à ce qu'elle devienne voilée (de 5 à 10 minutes), puis polissez-la avec un nouveau chiffon. Appliquez-en une seconde couche au besoin.

Les crayons à retouche et à remplissage peuvent faire disparaître les égratignures d'un panneau préfini. Il suffit de passer le crayon à retouche sur l'égratignure superficielle. Sur une entaille plus profonde, passez le crayon à remplissage. Lissez le produit avec un couteau à mastiquer souple. Essuyez l'excédent avec un chiffon doux et propre.

Remplacement d'un panneau

Détachez soigneusement les plinthes et les moulures supérieures. Pour ce faire, créez un espace au moyen d'un couteau à plaque de plâtre ou d'un couteau à mastiquer, et insérez-y un levier pour écarter la garniture du mur. Retirez-en tous les clous.

Tracez une ligne verticale, du sommet du panneau jusqu'en bas, à 3 po ou 4 po du bord. Placez ensuite la lame d une équerre de charpente le long de la ligne et coupez le panneau au moyen d'un couteau à linoléum. Si vous exercez une pression suffisante sur le couteau, vous devriez arriver à découper le panneau en une ou deux passes. Si vous éprouvez de la difficulté, cassez le panneau le long de la ligne entamée à l'aide d'un marteau et d'un ciseau.

Insérez un levier sous le panneau, en commençant par le bas, en enlevant les clous au fur et à mesure. Une fois la partie centrale du panneau enlevée, grattez l'ancien adhésif à l'aide d'un couteau à mastiquer. Réparez le pare-vapeur s'il est endommagé. S'il s'agit d'une réparation sous le niveau du sol, vous devrez peut-être installer une feuille de polyéthylène de 4 mils entre le mur extérieur et le panneau. Faites les découpes nécessaires dans le nouveau panneau et vérifiez son ajustement dans l'ouverture.

Appliquez des cordons d'adhésif à panneaux, en zigzag, de haut en bas, à l'arrière du panneau, à intervalles de 16 po, et à environ 2 po des bords. Clouez provisoirement la partie supérieure du panneau à l'aide de clous de la même couleur. Une fois que l'adhésif a pris, pressez le panneau contre le mur et, avec un maillet de caoutchouc, martelez-le le long des poteaux, afin de lier solidement l'adhésif au mur. Enfoncez des clous de finition à la base du panneau pour le maintenir en place pendant que l'adhésif sèche. Réinstallez la plinthe et les moulures ; remplissez de bois plastique les trous faits par les clous.

Entretien du carrelage mural

Comme nous l'avons dit, les carreaux de céramique sont durables et n'exigent presque pas d'entretien, mais, comme tous les autres matériaux de la maison, ils peuvent se briser ou s'endommager. Le plus souvent, ce sont les joints de coulis qui se détériorent. Le coulis abîmé est peu attrayant, mais le réel danger qu'il présente est d'offrir un point d'entrée à l'eau. Si l'eau parvient à s'infiltrer sous le coulis, elle peut détériorer la base du carreau et finir par détruire tout le travail de pose qui a été fait. Il est donc important de rejointoyer les carreaux de céramique dès que le coulis présente des signes de faiblesse.

La détérioration du cordon de scellement du carrelage est également fréquente. L'étanchéité des joints entre le carrelage et la baignoire, la douche, le lavabo et les dosserets est assurée par un produit de scellement. Celui-ci finit par se détériorer et par laisser passer l'eau. Si ces joints ne sont pas refaits, l'infiltration d'eau détruira la base des carreaux et le mur.

Dans la salle de bain, les porte-serviettes, porte-savons et autres accessoires se détachent parfois des murs, surtout s'ils sont mal installés ou mal soutenus. Pour que les nouveaux accessoires soient plus solidement soutenus, fixez-les sur un poteau ou un autre élément de la charpente du mur. S'il n'y en a pas à l'endroit de l'installation, utilisez des fixations spéciales, comme les boulons à ailettes ou à gaine d'expansion, qui permettent d'attacher les accessoires directement à la surface du mur carrelé. Pour que les vis tiennent solidement dans les murs à carreaux de céramique, pratiquez des avant-trous dans lesquels vous introduirez des manchons en plastique qui se dilatent lorsqu'on y introduit une vis.

Outils et matériel ▸

- Poinçon
- Couteau universel
- Truelle
- Aplanissoir à coulis
- Marteau
- Ciseau
- Petit levier
- Lunettes protectrices
- Carreaux de rechange
- Adhésif à carreaux
- Ruban-cache
- Coulis
- Chiffon
- Alcool à friction
- Agent antimoisissure
- Produit de scellement à base de silicone ou de latex
- Apprêt pour coulis
- Éponge

Rejointoiement des carreaux de céramique

Grattez complètement le vieux coulis avec un poinçon ou un couteau universel, afin de laisser une rainure propre pour le nouveau coulis.

Nettoyez et rincez les joints de coulis ; étendez du coulis sur toute la surface du carreau, au moyen d'un aplanissoir en caoutchouc ou d'une éponge. Faites bien pénétrer le coulis dans les joints et laissez-le prendre légèrement.

Enlevez l'excédent de coulis à l'aide d'une éponge humide. Lorsque le coulis est sec, enlevez le résidu et polissez les carreaux avec un chiffon sec.

Scellement d'un joint

La surface doit d'abord être complètement sèche. Grattez l'ancien cordon et nettoyez le joint avec un chiffon imbibé d'alcool à friction. S'il s'agit d'un lavabo ou d'une baignoire, remplissez-les d'eau. Ainsi, le joint ne se fissurera pas la première fois que vous les remplirez après la réparation.

Coupez à un angle de 45° le bout de la cartouche de produit de scellement, puis faites-y une coupe sur le dessus avec un couteau universel, afin d'obtenir un cordon uniforme, ni trop mince ni trop épais.

Nettoyez le joint avec un agent antimoisissure. Laissez-le sécher. Remplissez le joint d'un produit de scellement à base de silicone ou de latex.

Mouillez le bout du doigt avec de l'eau froide pour qu'il ne colle pas au produit de scellement, puis lissez le produit du bout du doigt en lui donnant la forme d'une moulure à gorge. Une fois le produit sec, enlevez-en l'excédent au moyen d'un couteau universel.

Remplacement des accessoires muraux

Enlevez soigneusement l'accessoire endommagé. Grattez les résidus d'adhésif ou de coulis. Appliquez de l'adhésif à séchage rapide au dos du nouvel accessoire et pressez-le ensuite à la place de l'autre.

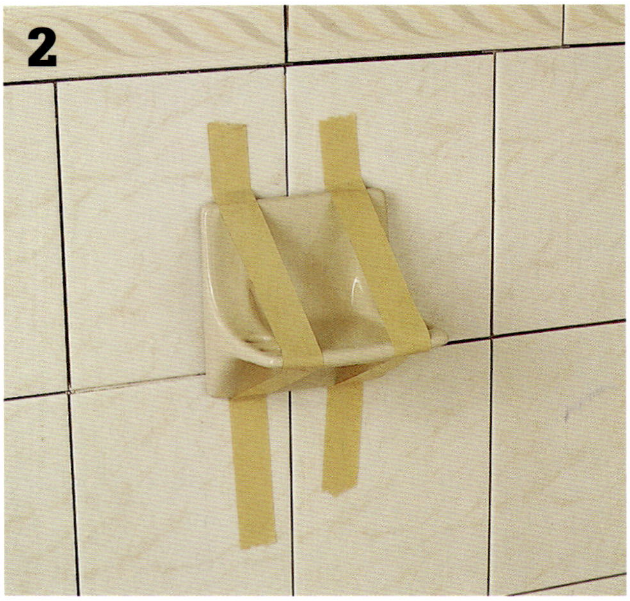

Utilisez du ruban-cache pour maintenir l'accessoire en place pendant que l'adhésif sèche. Laissez sécher l'adhésif complètement (de 12 à 24 heures) avant de jointoyer l'endroit.

Remplacement des accessoires montés en applique

Poussez l'accessoire vers le haut, hors de la plaque de montage. Si les vis de la plaque sont enfoncées dans un poteau ou autre élément de charpente, accrochez le nouvel accessoire à sa place. Si ce n'est pas le cas, ajoutez des fixations, par exemple des boulons à ailettes ou à gaine d'expansion, ou des manchons en plastique.

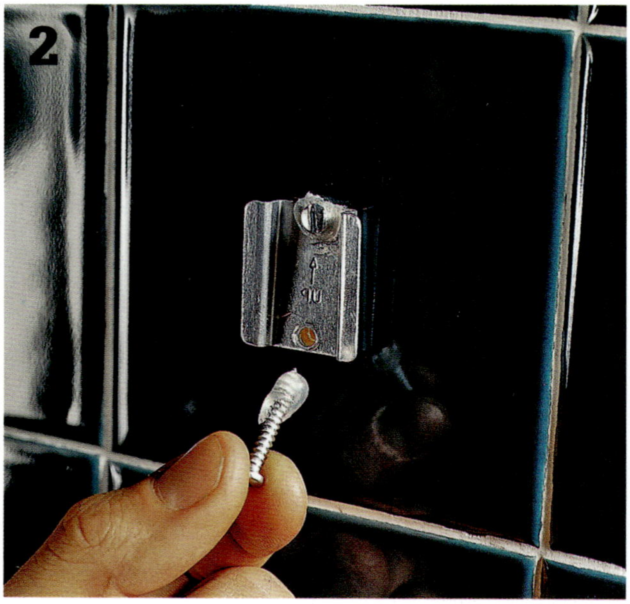

Appliquez un peu de produit de scellement à base de silicone dans les avant-trous et sur la pointe des vis avant de les enfoncer. Laissez sécher le produit avant d'installer le nouvel accessoire sur la plaque de montage.

Enlèvement et remplacement des carreaux brisés

1

À l'aide d'un couteau universel ou d'un poinçon, grattez précautionneusement le coulis des joints entourant le carreau. Cassez le carreau endommagé en utilisant un marteau ou un ciseau. Retirez les morceaux. Avec un couteau universel, grattez les débris ou l'ancien adhésif se trouvant dans l'ouverture.

2

Si le carreau à remplacer n'est pas entier, coupez un morceau identique. Ajustez-le dans l'ouverture en vous assurant qu'il est de niveau avec les autres carreaux. Appliquez de l'adhésif sur le dos du morceau, logez-le dans l'ouverture en le faisant bouger un peu. Servez-vous de ruban-cache pour le tenir en place pendant 24 heures, le temps que sèche l'adhésif.

3

Enlevez le ruban-cache et appliquez le coulis prémélangé à l'aide d'une éponge ou d'un aplanissoir à coulis. Laissez le coulis prendre légèrement et lissez-le ensuite avec un objet rond comme le manche d'une brosse à dents. Essuyez l'excédent de coulis avec un chiffon humide.

4

Laissez sécher le coulis pendant une heure avant de polir le carreau avec un chiffon propre et sec.

Réparation du papier peint

Les joints décollés et les bulles d'air comptent parmi les problèmes les plus courants que présentent les papiers peints, mais il est facile de les réparer avec un peu d'adhésif et une éponge. Sur les papiers compatibles avec l'eau, servez-vous d'une éponge humide propre. Sur les autres types de papier (toile de ramie ou papier floqué par exemple), vous devriez probablement utiliser vos doigts, propres bien sûr.

Les endroits éraflés, déchirés ou tachés peuvent être si parfaitement remplacés que plus rien n'y paraît. Lorsque vous installez du papier peint, gardez les déchets pour d'éventuelles réparations. Nous vous recommandons également de noter le nom du fabricant ainsi que les numéros de modèles et de lots des différents papiers peints que vous achetez. Inscrivez ces renseignements sur un morceau de ruban-cache que vous collerez à l'intérieur de l'une des plaques d'interrupteur de la pièce.

Si vous devez réparer un endroit et que vous ne disposez d'aucun déchet, enlevez une section de papier peint d'un endroit peu visible, comme l'intérieur d'un placard ou l'arrière d'une porte. Vous pourrez camoufler cet endroit en le peignant dans une couleur qui se fondra dans le papier peint qui l'entoure.

Outils et matériel ▸

- Rouleau à bords
- Seringue à adhésif
- Éponge
- Couteau universel
- Adhésif
- Ruban-cache
- Déchets de papier peint

Enlèvement des bulles

Faites une entaille dans la bulle à l'aide d'un couteau universel à lame neuve. Le cas échéant, suivez la ligne d'un motif pour dissimuler l'entaille.

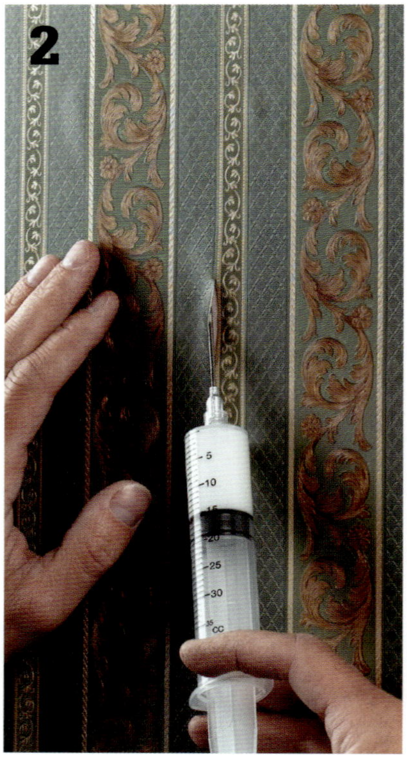

Introduisez le bout d'une seringue à adhésif sous le bord de l'entaille et appliquez un peu d'adhésif sur le mur.

Pressez délicatement le papier pour bien le coller au mur. Servez-vous d'une éponge humide et propre, et essuyez l'excédent d'adhésif.

Rapiéçage du papier peint

Avec du ruban-cache, fixez sur la zone endommagée un morceau de papier peint en faisant coïncider le motif.

En tenant le couteau perpendiculairement au mur, tranchez dans les deux couches de papier peint. Si le motif est à lignes, suivez les lignes afin de mieux dissimuler les joints. Dans le cas d'un autre motif, coupez des lignes irrégulières.

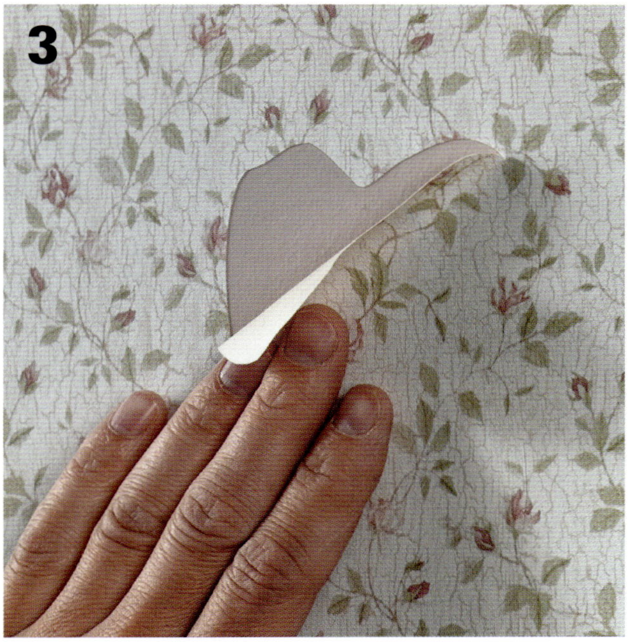

Retirez la pièce superposée, puis enlevez avec soin la partie endommagée. Appliquez de l'adhésif à l'arrière de la pièce et posez-la en alignant le motif. Essuyez la zone avec une éponge humide.

Variante : Soulevez le bord du papier peint décollé et glissez la pointe d'une seringue à adhésif. Déposez l'adhésif sur le mur et pressez doucement sur le papier pour l'aplatir. Laissez l'adhésif prendre pendant une demi-heure avant de lisser le joint au moyen d'un rouleau à bords. Essuyez doucement le joint à l'aide d'une éponge humide.

Réparation des plafonds

La plupart des réparations d'un plafond sont relativement simples. Les techniques de réparation des murs en plaques de plâtre s'appliquent aux plafonds. Les panneaux affaissés seront rattachés ou remplacés. Grâce à un assemblage par rainure et languette, il est facile de remplacer un carreau insonorisant. Quant au plafond texturé de type « popcorn », vous pourrez le réparer en vous exerçant à en reproduire la texture sur du carton ou vous pourrez simplement l'enlever.

Il est difficile, toutefois, de travailler avec le plâtre, et le replâtrage n'est pas à la portée de la plupart des bricoleurs. Si le bricoleur peut aisément réparer les petits dommages, la rupture étendue de la liaison entre la couche de plâtre et le lattis de bois qui la supporte peut être dangereuse. Si vous découvrez de grandes zones spongieuses dans votre plafond de plâtre ou des affaissements étendus, consultez un professionnel.

Il existe des produits de retouche en bombe destinés aux petites réparations des plafonds texturés de type « popcorn » ou « peau d'orange ». Dans la partie endommagée et un peu alentour, grattez la texture existante à l'aide d'un couteau à plaque de plâtre. Apportez les réparations requises. Vaporisez avec soin le produit afin qu'il se fonde bien dans la texture qui l'entoure.

Enlèvement de la texture de type « popcorn »

Protégez le plancher et facilitez-en le nettoyage à l'aide d'une feuille de plastique de 6 mils, sur laquelle vous déposerez des cartons pour ne pas glisser. Mise en garde : les textures de type « popcorn » installées avant 1980 risquent de contenir de l'amiante. Consultez le service du bâtiment de votre localité pour connaître la réglementation sur l'enlèvement de l'amiante.

À l'aide d'une laveuse à pression, humectez le plafond d'une solution d'eau savonneuse (une cuillère à café de détergent liquide par gallon d'eau). Laissez la solution pénétrer la texture pendant 20 minutes. Humectez de nouveau le plafond, au besoin.

Grattez le revêtement du plafond à l'aide d'un couteau à plaque de plâtre de 6 po. Prenez garde de ne pas entamer la surface des panneaux de base. Une fois la texture enlevée, poncez les zones rugueuses. Roulez avec soin la feuille de plastique souillée de débris et débarrassez-vous-en. Rebouchez les zones endommagées avec de la pâte à joints. Finissez la réparation par l'application d'apprêt et de peinture.

Remplacement d'un carreau insonorisant

Découpez la partie centrale du carreau endommagé à l'aide d'un couteau universel. Détachez-en les bords des carreaux voisins.

Enlevez la lèvre supérieure des bords rainurés du nouveau carreau en vous guidant sur une règle. Au besoin, enlevez également une languette.

Appliquez de l'adhésif de construction sur les fonds de clouage. Installez le nouveau carreau, languette d'abord, et pressez-le contre l'adhésif. *Conseil : Pour maintenir en place un grand carreau pendant que sèche l'adhésif, placez une planche sur le carreau, et supportez la planche à l'aide d'un poteau de 2 x 4.*

Relèvement d'un plafond de plaque de plâtre affaissé

Placez un étai sous la partie la plus basse du plafond, le pied de l'étai reposant sur une pièce de contreplaqué ou de bois. Redressez l'étai jusqu'à ce que la plaque affaissée s'appuie contre les solives du plafond. Si les pièces d'attache sortent de la surface, renfoncez-les.

Enlevez le ruban détaché et la pâte à joints. En commençant à l'une des extrémités, enfoncez des vis à plaque de plâtre munies de grandes rondelles minces à intervalles de 4 po dans les solives, au centre du joint. En dehors des joints, enfoncez des vis à 2 po des pièces d'attache actuelles.

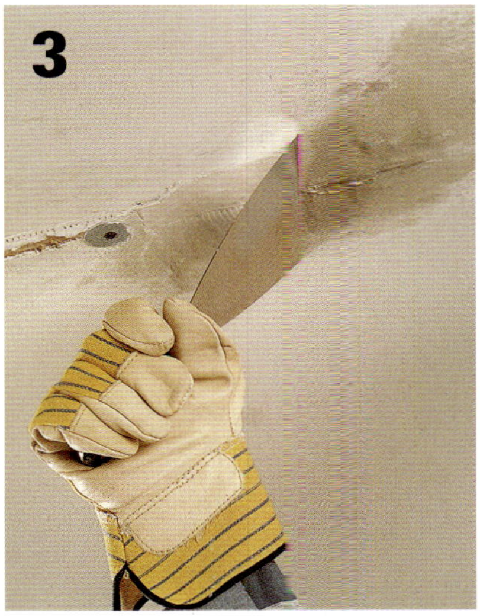

Une fois la plaque solidement fixée, retirez l'étai. Grattez les morceaux de peinture et de plâtre détachés autour des joints et des vis. Remplissez les cavités de pâte à joints. Couvrez les grandes fissures ou les vides importants avec du ruban en fibre de verre avant d'appliquer la pâte à joints.

Réparation des murs et des plafonds endommagés par l'eau

L'apparition de taches et la formation de bulles sur le plafond signalent à coup sûr la présence d'eau. L'eau qui fuit d'un toit ou d'un tuyau descendra vite jusqu'au point le plus bas du plafond ou jusqu'à un joint de panneaux, et atteindra la surface visible en quelques minutes. L'eau qui atteint les joints est particulièrement dommageable parce qu'elle détruit les bords de deux panneaux à la fois. Si vous avez des dégâts d'eau, corrigez la fuite et laissez sécher complètement les panneaux avant d'entreprendre les réparations.

L'infiltration d'eau ou d'humidité dans une maison fait toujours craindre la présence de moisissures. Celles-ci croissent en présence d'eau et de matières organiques – le papier humide d'un panneau mural constitue un milieu propice à cette croissance. Vous pouvez utiliser un chiffon humide et du bicarbonate de soude ou un peu de détergent pour nettoyer une petite zone couverte de moisissures (moins d'un mètre carré), mais portez des lunettes étanches, des gants de caoutchouc et un masque antipoussières pour ne pas entrer en contact avec les spores de moisissures. Si la zone couverte de moisissures est plus étendue que cela, il se peut que la situation soit plus sérieuse. Consultez un spécialiste de la lutte contre les moisissures, qui évaluera la situation et déterminera les moyens d'y remédier. Pour prévenir la croissance des moisissures, recourez à des ventilateurs d'évacuation et à des déshumidificateurs pour débarrasser la maison de l'excédent d'humidité, et réparez les fuites de tuyauterie dès qu'elles se produisent.

Si les panneaux requièrent des réparations importantes, il pourrait être avantageux d'installer une nouvelle couche de panneaux sur l'ancienne, afin d'obtenir une surface lisse et uniforme. Cependant, cet ajout d'épaisseur aux murs risque de nuire à l'apparence des moulures des portes et fenêtres, qu'il faudra peut-être épaissir aussi. Pour la nouvelle couche, utilisez des panneaux de ⅜ po – les panneaux de ¼ po, plus minces, sont fragiles et peuvent être difficiles à travailler.

Outils et matériel ▸

- Scie tout usage
- Couteau universel
- Perceuse ou visseuse
- Couteaux à plaque de plâtre
- Papier de verre de grain 150
- Rouleau et bac à peinture
- Vis pour plaque de plâtre
- Plaques de plâtre (pour rapiéçage ou installation)
- Colle mastic
- Apprêt ou scellant couvre-taches
- Ruban de papier
- Pâte à joints

Réparation d'une plaque de plâtre endommagée par l'eau

Une fois la fuite réparée, découpez des ouvertures de 4 po à chaque extrémité des vides séparant les solives et les poteaux, afin de faciliter la ventilation. Si possible, enlevez l'isolant humide pour le faire sécher. Utilisez des ventilateurs et des déshumidificateurs pour accélérer le séchage.

Enlevez le ruban et la pâte à joints détachés à l'aide d'un couteau universel. Découpez les parties ramollies des plaques. Pour prévenir leur affaissement, supportez les plaques détrempées du plafond au moyen d'étais en T.

3

Une fois les plaques séchées, fixez-les de nouveau sur les éléments de charpente ou enlevez les plaques trop déformées. Renforcez les plaques endommagées à l'aide de vis pour plaque de plâtre enfoncées à 2 po des fixations existantes.

Conseil ▸

Si la plaque présente de petites zones (moins d'un mètre carré) de moisissures, nettoyez-les avec un chiffon humide et du bicarbonate de soude ou du détergent. Laissez sécher la zone avant de poursuivre la réparation. Durant le nettoyage, portez des lunettes étanches, des gants de caoutchouc et un masque antipoussières jetable. Attention : une zone de moisissures plus étendue doit être évaluée et traitée par un spécialiste de la lutte contre les moisissures.

4

Refermez toutes les ouvertures de ventilation et autres avec des pièces de plaque de plâtre, après avoir réinstallé l'isolant. Appliquez un apprêt ou un scellant couvre-taches. Utilisez un produit à base d'huile, car un produit à base de latex risque de laisser migrer les taches vers la surface.

5

Une fois l'apprêt séché, finissez les joints et les réparations avec du ruban de papier et trois couches de pâte à joints. Si les taches d'eau remontent à la surface, appliquez une nouvelle couche de scellant, puis une autre couche d'apprêt avant la peinture.

Variante : Lorsque les dommages sont étendus, installez une nouvelle couche de plaques de ¼ po ou ⅜ po sur l'ancienne. Les nouvelles plaques seront perpendiculaires aux anciennes. Utilisez un adhésif à plaque pour renforcer la liaison.

Enlèvement du revêtement des murs et plafonds

S'il n'est plus possible de réparer le revêtement d'un mur ou d'un plafond endommagé ou détérioré, ou si votre projet de rénovation prévoit une modification de charpente ou l'ajout de conduits de services publics, vous devrez peut-être enlever le revêtement d'un mur ou d'un plafond.

L'enlèvement d'un revêtement est une tâche facile, mais qui salit beaucoup. Cependant, avant d'attaquer un mur au marteau ou à la scie électrique, vous devez savoir ce qui s'y cache. Commencez par vérifier la présence de câbles, tuyaux ou canalisations. Il est relativement facile de déplacer les câbles et les tuyaux d'alimentation en eau ou d'évent. Mais s'il s'agit d'une canalisation de gaz, d'un drain ou d'un conduit, vous devrez probablement faire appel à un spécialiste avant de passer à l'étape suivante.

Il est également utile de situer tous les éléments de charpente dans l'aire du projet. Évitez les mauvaises surprises en marquant tous les poteaux, les lisses et les traverses pour vous guider dans vos coupes.

Lorsque vous êtes prêt à commencer la démolition, préparez l'aire de travail afin de contenir la poussière et de réduire au minimum les dommages causés au plancher et autres surfaces. L'enlèvement des plaques de plâtre et du plâtre crée une poussière très fine qui se propagera aisément dans les pièces voisines. Couvrez les portes (même fermées) et les ouvertures avec des feuilles de plastique. Fermez les registres du système CVCA avec du plastique retenu par du ruban gommé, afin de l'empêcher de faire circuler la poussière. Protégez les planchers avec du carton, des feuilles de plastique ou des toiles. Enlevez avec soin toutes les garnitures et moulures, en coupant les joints peints avec un couteau universel afin de réduire les dommages causés au fini.

Comme précaution supplémentaire, coupez le courant de tous les circuits dans la zone de travail et fermez la vanne principale d'alimentation en eau si vous devez faire des coupes à proximité de tuyaux d'eau.

Peinture au plomb ▸

Avant d'enlever un revêtement dans une maison construite avant 1980, vérifiez si la peinture contient ou non du plomb, considéré comme une substance dangereuse. (Les additifs au plomb ont été bannis en 1978, mais les stocks de peinture au plomb ont été vendus et utilisés après cette date.) Vous trouverez à peu de frais dans les quincailleries et maisonneries des trousses de détection du plomb. Si le test est positif, obtenez des conseils spécialisés. La plupart des détaillants de peinture et des maisonneries offrent des dépliants gratuits sur les mesures à prendre pour atténuer les risques de contamination au plomb. Vous trouverez également l'information sur le site Web de Santé Canada: http://www.hc-sc.gc.ca/hl-vs/iyh-vsv/prod/paint-peinture-fra.php.

Outils et matériel ▸

- Couteau universel
- Levier
- Scie circulaire munie d'une lame de démolition
- Règle
- Massette
- Ciseau de maçon
- Scie alternative munie d'une lame bimétallique
- Toile de protection
- Marteau
- Lunettes protectrices
- Masque antipoussières

Localisez les éléments de charpente à l'aide d'un détecteur de poteaux ou en frappant sur le mur pour repérer les endroits solides. Confirmez la localisation en enfonçant des clous à finir dans le mur. Une fois que vous aurez trouvé le centre d'un poteau, prenez des mesures à 16 po d'intervalle pour localiser les poteaux voisins.

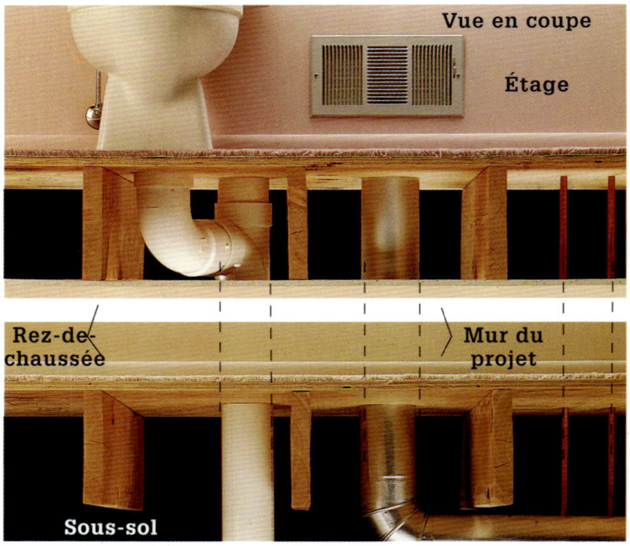

Vérifiez s'il n'y aurait pas des tuyaux, des conduits, des câbles ou des canalisations de gaz dans le mur avant de le couper. Pour localiser ceux-ci, inspectez les endroits situés directement au-dessus ou au-dessous du mur. Dans la plupart des cas, ces câbles et tuyaux courent verticalement d'un étage à l'autre. Le plan d'origine de votre maison devrait indiquer la position de la plupart des canalisations de services publics.

Enlèvement du papier peint mural

Trouvez un bord décollé et essayez d'arracher le papier peint. Les papiers peints en vinyle s'arrachent souvent facilement. Si vous n'arrivez pas à enlever le papier à la main, couvrez le plancher de journaux. Ajoutez dans un seau d'eau un produit à détapisser, selon le mode d'emploi du fabricant.

Perforez le papier peint avec un outil spécial (médaillon) afin que la solution pénètre et ramollisse l'adhésif. Appliquez la solution à l'aide d'une laveuse à pression, d'un rouleau de peintre ou d'une éponge. Laissez-la imbiber le papier peint, selon le mode d'emploi du fabricant.

Arrachez le papier décollé à l'aide d'un couteau à plaque de plâtre de 6 po. Prenez garde de ne pas endommager la plaque ou le mur. Enlevez tout le papier d'apprêt. Éliminez le résidu d'adhésif avec la solution, puis rincez le mur à l'eau. Laissez-le sécher complètement.

Enlèvement d'un carrelage mural

Protégez le plancher au moyen d'une toile épaisse; coupez l'alimentation en eau et en électricité. À l'aide d'une massette et d'un ciseau, cassez un premier carreau au bas du mur afin de disposer d'une ouverture de départ.

Commencez par découper de petites sections de mur en insérant dans l'ouverture la lame bimétallique d'une scie alternative et en suivant les joints de coulis. Soyez prudent à proximité des tuyaux ou des câbles.

Découpez tout le mur en petites sections que vous enlèverez au fur et à mesure. Prenez garde de ne pas trancher les poteaux.

Enlèvement de plaques de plâtre

Enlevez la plinthe et les autres garnitures; préparez l'aire de travail. Réglez à l'épaisseur de la plaque la profondeur de coupe d'une scie circulaire. Coupez la plaque du plancher au plafond. En bas et en haut de la plaque, finissez les coupes au couteau universel, avec lequel vous trancherez aussi le joint horizontal de la plaque au plafond.

Insérez un levier dans la coupe, près d'un coin. Tirez sur le levier jusqu'à ce que la plaque se brise. Enlevez les morceaux de plaque. Prenez garde de ne pas endommager le panneau hors de l'ouverture brute prévue.

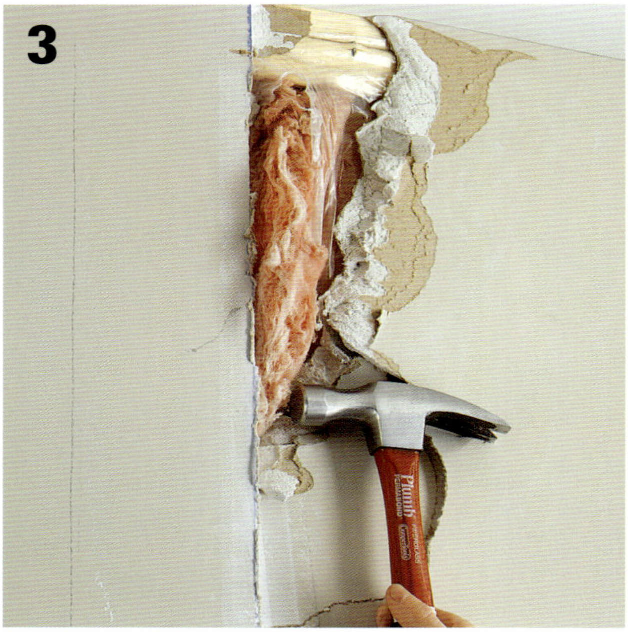

Donnez des coups sur la plaque avec le côté du marteau. Arrachez le morceau avec le levier ou à la main.

Enlevez les clous, les vis et restes de plaque des éléments de charpente à l'aide d'un arrache-clou ou d'une perceuse (ou visseuse). Vérifiez l'intégrité du pare-vapeur et de l'isolant; remplacez-les au besoin.

Enlèvement du plâtre

Enlevez la plinthe et les autres garnitures; préparez l'aire de travail. Entamez plusieurs fois une ligne de coupe avec un couteau universel, en suivant le bord d'une règle métallique. Cette rayure devrait avoir au moins ⅛ po d'épaisseur.

Cassez le plâtre sur les bords en appuyant à l'intérieur de la ligne de coupe une pièce de 2 x 4 sur laquelle vous frapperez avec un marteau. Utilisez un levier pour arracher le plâtre restant.

Tranchez le lattis le long des bords du plâtre à la scie sauteuse ou alternative. Arrachez le lattis des poteaux avec un levier. Vérifiez l'intégrité du pare-vapeur et de l'isolant; remplacez-les au besoin.

Variante: Si le lattis de bois est couvert d'un grillage, coupez les bords de ce dernier à l'aide d'une cisaille aviation. Repliez le bord du grillage contre le poteau. Portez des gants de travail épais, car les bords coupés du grillage sont tranchants.

Inspection finale et correction des défauts

Une fois la dernière couche de pâte à joints séchée, mais avant le ponçage, inspectez toute la surface afin d'y repérer les défauts éventuels. Si vous découvrez des éraflures, piqûres ou autres imperfections, ajoutez une couche de pâte à joints. Avant le ponçage, réparez les parties endommagées ou oubliées, par exemple les joints fissurés ou les ouvertures de boîtes électriques trop grandes.

Durant l'inspection, assurez-vous que tous les joints sont bien fondus dans le reste de la surface. Pour vérifier les joints, placez un niveau ou un couteau à ruban de 12 po perpendiculairement sur le joint. Remplissez les dépressions de pâte à joints et corrigez les joints convexes de plus de $\frac{1}{16}$ po.

Outils et matériel ▸

- Couteaux à ruban de 6 po et de 12 po
- Bloc de ponçage ou ponceuse à manche
- Pâte à joints universelle
- Ruban autoadhésif en fibre de verre
- Grille à poncer de grain 220 ou papier de verre de grain 150

Réparation des imperfections courantes

Les piqûres se produisent lorsque la pâte a été trop travaillée ou qu'elle a été appliquée avec une pression qui n'a pas suffi à chasser les bulles d'air. Les piqûres disparaissent aisément sous une mince couche de pâte à joints. Si des bulles d'air sont emprisonnées, poncez légèrement la surface avant d'appliquer la pâte.

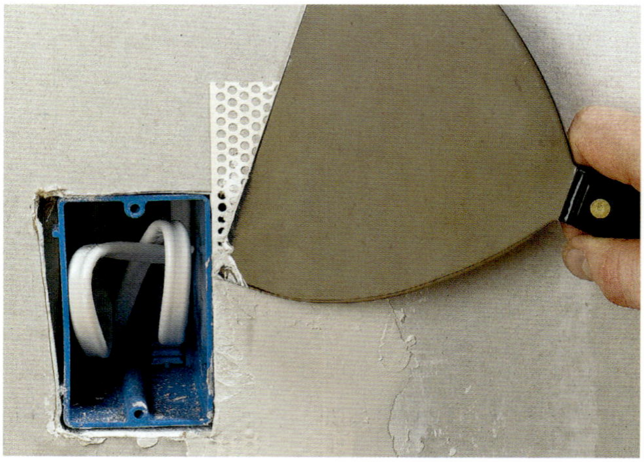

Les ouvertures trop grandes découpées pour les boîtes électriques peuvent être rétrécies à l'aide de ruban autoadhésif en fibre de verre que vous recouvrerez de trois couches de pâte universelle. Des emplâtres déjà découpés sont également offerts.

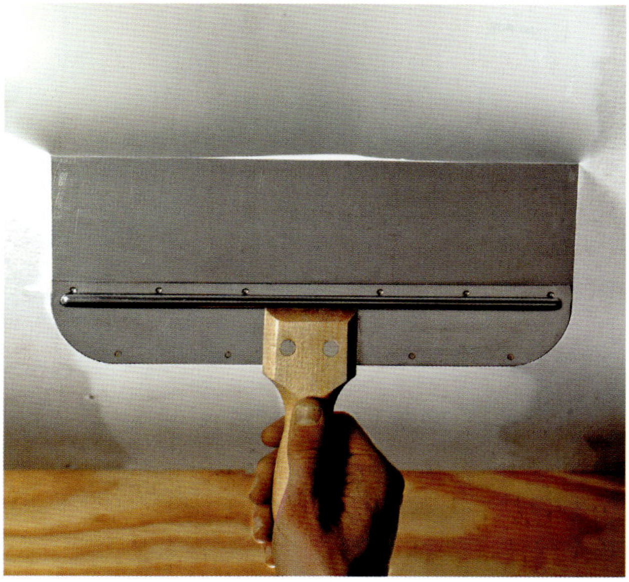

Comblez les joints concaves avec une ou deux couches supplémentaires de pâte universelle. Laissez sécher la pâte et poncez-la légèrement entre les applications.

Poncez avec soin le centre d'un joint convexe de plus de 1⁄16 po, en prenant garde de ne pas dénuder le ruban. Vérifiez la planéité du joint à l'aide d'un niveau. S'il est encore convexe, appliquez une couche de pâte à l'aide d'un couteau de 12 po, puis enlevez toute la pâte au centre du joint, en amincissant la couche vers les bords extérieurs. Une fois la pâte séchée, appliquez-y une dernière couche, si nécessaire.

Le décollement ou le boursouflement du ruban est dû à la minceur excessive de la couche de base, ce qui cause un défaut de liaison entre le ruban et la pâte. Découpez les parties imparfaites avec un couteau universel et remplacez-les par un nouveau ruban. Si un long ruban s'est décollé, enlevez-le complètement et remplacez-le.

La fissuration d'un joint résulte souvent du retrait de la pâte ou de son séchage trop rapide. Posez un nouveau ruban sur le joint si le ruban existant et la pâte sont intacts. Sinon, coupez d'abord la matière décollée. Dans les deux cas, remplissez la fissure de pâte.

Escabeaux et échafaudages

Pour peindre la plupart des surfaces intérieures, vous n'avez besoin que de deux escabeaux de qualité et d'une planche. Ce matériel vous permet de construire l'échafaudage simple et robuste nécessaire à la peinture des hauts murs et des plafonds. Il est facile de perdre l'équilibre ou de poser le pied à côté de la planche ; par conséquent, choisissez des escabeaux assez hauts. Leur partie supérieure pourra vous aider à garder votre équilibre et à ne pas dépasser les extrémités de la planche. Choisissez une planche solide et droite, de 2 po sur 10 po, d'une longueur maximale de 12 pi, ou louez-en une chez un marchand de matériaux ou dans une entreprise de location.

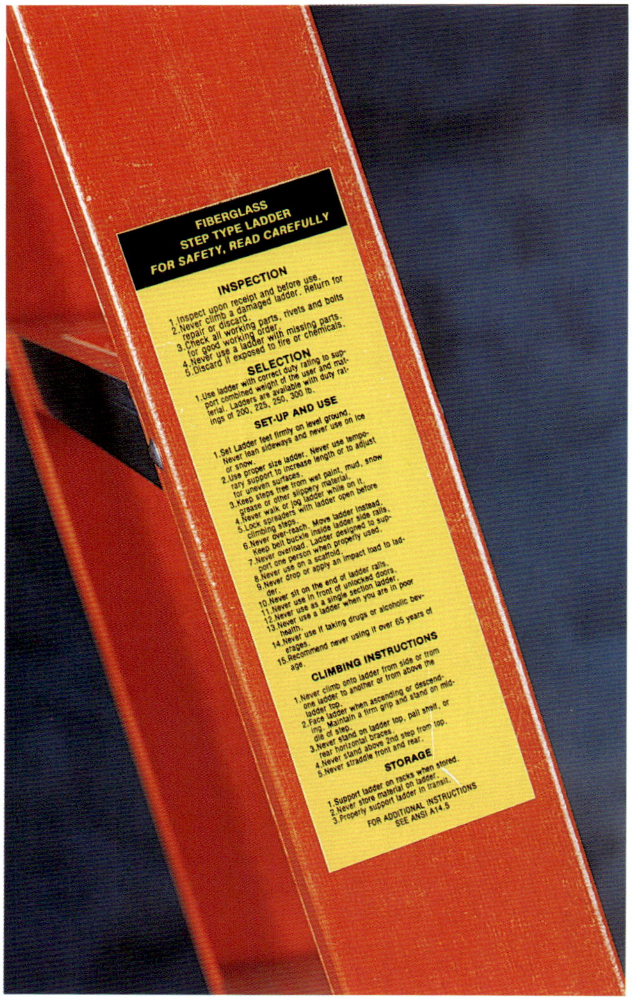

L'étiquette du fabricant vous indique le poids que peut supporter l'escabeau ainsi que son mode d'emploi. Choisissez un escabeau qui peut supporter votre poids et celui des outils et du matériel que vous comptez utiliser.

Louez les planches d'échafaudage chez un marchand de peinture ou dans une entreprise de location.

Vérifiez périodiquement si les boulons des échelons sont bien serrés ; resserrez-les au besoin.

Placez l'escabeau devant vous lorsque vous y travaillez. Penchez-vous contre l'escabeau pour garder votre équilibre.

L'escabeau réglable s'adapte à vos besoins : il peut servir d'échelle simple, d'escabeau ou de base d'échafaudage.

Peinture et sécurité

Lisez toujours les renseignements figurant sur les étiquettes des contenants de peinture et de solvant. Les produits chimiques qui présentent un danger d'incendie sont classés par ordre d'inflammabilité : combustibles, inflammables ou extrêmement inflammables. Utilisez prudemment ces produits et n'oubliez pas que les vapeurs sont également inflammables.

L'avertissement « utiliser avec une ventilation adéquate » signifie qu'il ne doit pas s'accumuler plus de vapeurs que si l'on utilisait le produit à l'extérieur. Ouvrez les portes et les fenêtres, et utilisez un ventilateur. Portez un appareil de protection respiratoire homologué si vous ne pouvez pas aérer suffisamment la pièce.

Conservez une petite quantité de peinture pour les retouches et les réparations ; éliminez les restants de peinture de manière sécuritaire. Débarrassez-vous de la peinture alkyde (à base d'huile) selon la réglementation locale sur les matières dangereuses. Si possible, recyclez la peinture au latex en la portant à votre centre d'élimination des déchets dangereux, ou laissez-la sécher complètement et jetez-la aux ordures.

Il est dangereux d'entreposer les produits chimiques de peinture. N'achetez que la quantité nécessaire et tenez ces produits hors de la portée des enfants et des animaux domestiques.

Lisez l'étiquette d'information. Les produits toxiques ou inflammables portent des étiquettes contenant les mises en garde et le mode d'emploi.

Portez des lunettes étanches lorsque vous utilisez un décapant ou un nettoyant chimique, et lorsque vous peignez au-dessus de vous.

N'utilisez pas de produits chimiques combustibles ou inflammables, comme les décapants, à proximité d'une flamme nue. Rangez les produits chimiques hors de la portée des enfants et loin des appareils munis d'une veilleuse, comme un générateur de chaleur ou une cuisinière au gaz.

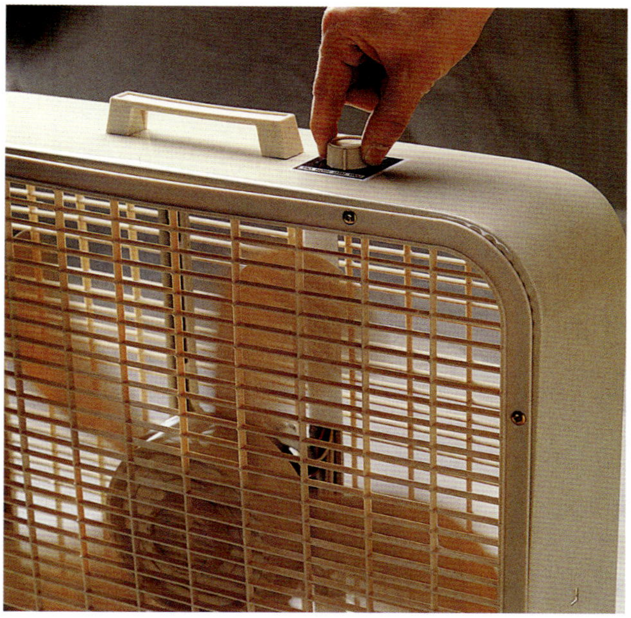

Ouvrez les portes et les fenêtres, et servez-vous d'un ventilateur lorsque vous peignez à l'intérieur. Si l'étiquette indique que l'ingestion du produit est dangereuse ou fatale, présumez que les vapeurs sont nocives.

Portez un appareil de protection respiratoire qui filtrera les vapeurs si vous êtes incapable de ventiler adéquatement la pièce. Si vous pouvez sentir les vapeurs du produit, c'est que la ventilation est inadéquate.

Versez le diluant dans un pot de verre transparent après usage. Laissez les matières solides se déposer, puis récupérez le diluant propre afin de le réutiliser. Éliminez les sédiments de la manière prescrite pour les déchets dangereux.

Débarrassez-vous de manière sécuritaire des restants d'apprêt et de peinture au latex. Laissez le contenant ouvert jusqu'à ce que le restant de peinture sèche complètement. Dans la plupart des collectivités, il est permis de jeter la peinture au latex séchée avec les ordures ménagères. (Les apprêts et les peintures alkydes doivent être éliminés de la manière prescrite pour les déchets dangereux.)

Outils et matériel de préparation

L'affirmation est simpliste mais vraie : une bonne préparation produira un travail d'apparence professionnelle. La préparation, autrefois laborieuse, est grandement facilitée par de nouveaux outils et matériaux.

De nouveaux nettoyants et détachants permettent de préparer la surface pour l'application de peinture ou de papier peint. De nouveaux produits de rebouchage réparent les murs de manière presque invisible. De nouveaux rubans et des toiles légères empêchent la peinture d'aller là où elle ne devrait pas. Les apprêts et les scellants couvrent bien les surfaces et renforcent leur liaison avec la peinture. Durant la planification de votre projet de peinture ou de décoration, allez faire un tour à la maisonnerie ou à la quincaillerie. Voyez quels sont les produits susceptibles de vous simplifier la tâche et de la rendre plus agréable.

Une surface lisse et uniforme est facile à obtenir avec ces outils : éponge à poncer (A), papier de verre (B), bloc à poncer (C), éponge à poncer les coins de panneaux muraux (D), chiffons à dépoussiérer en microfibres (E), tampon à récurer synthétique (F).

Les outils de préparation comprennent des outils ordinaires et d'autres, plus spécialisés. Vous les trouverez dans toutes les maisonneries et dans certains magasins de décoration.

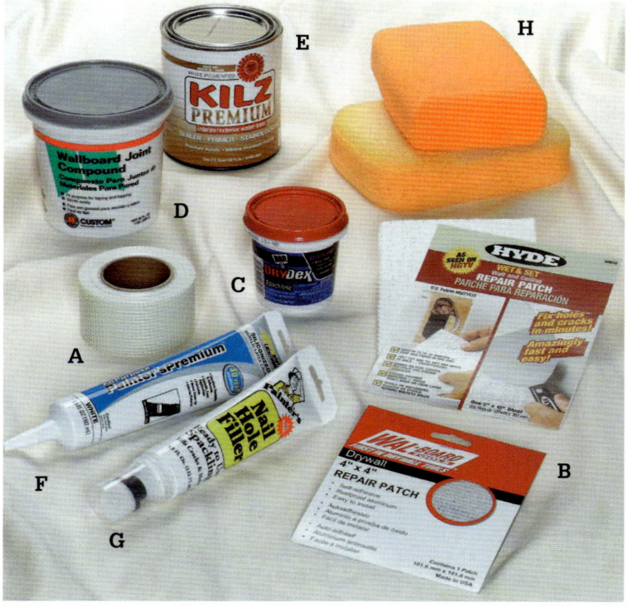

Matériaux de réparation des murs : ruban à joints autoadhésif (A), pièces de réparation (B), pâte à colmater les fissures (C), pâte à joints (D), apprêt scellant couvre-taches (E), pâte à calfeutrer pour évier et baignoires (F). Certains nouveaux plâtres à reboucher (G) sont roses à l'application et deviennent blancs lorsqu'ils sont secs et prêts pour le ponçage et la peinture. Les éponges (H) sont utiles pour lisser la pâte à joints encore humide, ce qui réduit le travail de ponçage requis après le séchage.

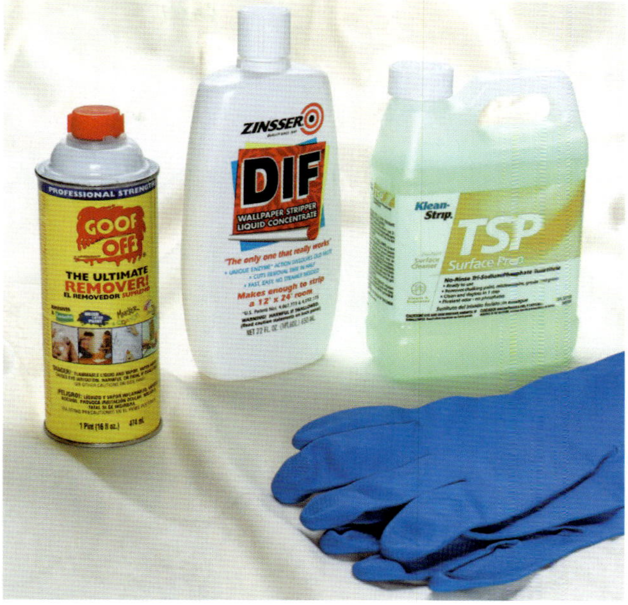

Les murs doivent être propres, lisses et exempts de graisse avant l'application de la peinture. S'il faut enlever du papier peint, vous apprécierez l'utilité d'un produit à détapisser. Sur la photo ci-dessus : nettoyant servant à éliminer les éclaboussures et la crasse, produit à détapisser pour décoller le papier peint, triphosphate de sodium et gants de caoutchouc, qu'il faut porter lorsqu'on utilise ces produits chimiques.

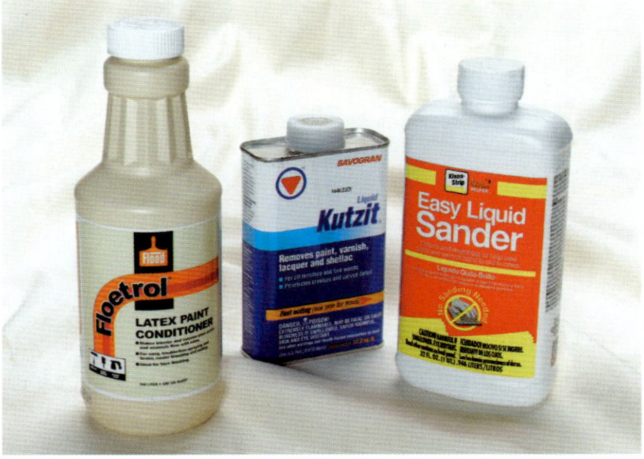

Liquides de préparation : liant au latex pour réparer le plâtre, décapant pour peinture, et préparation pour enlever le lustrage de la surface à peindre.

Les apprêts assurent la liaison maximale de la peinture avec n'importe quelle surface. Beaucoup d'apprêts spéciaux sont offerts sur le marché : l'apprêt antimoisissure (A), particulièrement utile dans les endroits humides, comme la salle de bain ; l'apprêt destiné au plâtre et aux plaques de plâtre neuves (B) ; l'apprêt couvre-taches (C) ; et l'apprêt teinté (D), qui réduit le nombre de couches de peinture à appliquer, surtout pour les couleurs foncées.

Préparation de la pièce

Avant de peindre, vous devez protéger tout ce qui risque d'être couvert de poussière ou éclaboussé de peinture. Enlevez toute la quincaillerie des portes et des fenêtres, les accessoires d'éclairage ainsi que les plaques des prises et des interrupteurs. Recouvrez les meubles et les planchers. Enlevez les grilles des gaines de chauffage et de climatisation. Masquez les moulures en bois au moyen de papier autocollant ou de ruban-cache. Vous pouvez en profiter pour installer une nouvelle quincaillerie après la peinture, par exemple de nouvelles poignées de fenêtres ou de nouveaux boutons de tiroirs.

Conseil ▸

Lorsque vous enlevez la quincaillerie, marquez les différentes pièces avec du ruban-cache pour pouvoir les reconnaître facilement lorsqu'il faudra les réinstaller.

Préparation de la pièce

Enlevez des surfaces à peindre toute la quincaillerie, comme les poignées des fenêtres et les loquets des armoires. Si vous comptez installer de la quincaillerie neuve, achetez-la et forez les nouveaux trous des vis, s'il y a lieu.

Enlevez des surfaces à peindre tous les clous, les vis et les crochets des tableaux. Pour éviter d'abîmer le plâtre, placez un bloc de bois sous la tête du marteau.

Enlevez les grilles des gaines de chauffage et de climatisation afin de les protéger contre les éclaboussures. Enlevez les thermostats ou protégez-les au moyen de ruban-cache.

Placez les meubles au centre de la pièce et recouvrez-les de feuilles de plastique. Dans les grandes pièces, laissez un passage au centre si vous devez peindre le plafond. Couvrez les planchers de toiles de peintre de 9 oz, qui absorbent les gouttelettes de peinture.

Coupez le courant. Retirez les plaques des prises et des interrupteurs, et remettez les vis dans leurs trous. Descendez du plafond les luminaires en les séparant des boîtes électriques ou enlevez-les carrément. Protégez ceux qui pendent à l'aide de sacs de plastique.

Apprêts et peintures d'impression

Si le bois doit être verni, appliquez-y une couche d'impression avant de le vernir. Le bois présente souvent des grains durs et des grains mous, sans compter les grains fortement absorbants des sections transversales. En appliquant une couche d'impression, vous scellez en quelque sorte la surface, de telle manière que les différents types de grains du bois absorbent uniformément le vernis. Sans couche d'impression, le bois verni risque de présenter un fini moiré.

Les apprêts permettent de sceller les surfaces à peindre. Les endroits rapiécés et les joints des plaques de plâtre qui ont été traités avec un produit de rebouchage ou avec du mélange à plaque de plâtre peuvent absorber la peinture dans une proportion différente de celle des surfaces environnantes, et la surface finie peut présenter des zones plus sombres par endroits.

Choisissez un apprêt qui convient au projet à réaliser : un apprêt antimoisissure est idéal pour les salles de bain ou les buanderies ; un apprêt couvre-taches masquera les taches de fumée et autres taches difficiles à cacher ; un apprêt teinté constituera une excellente base pour les couleurs foncées, comme le rouge ou le pourpre.

Un apprêt teinté constitue une excellente base pour les couches de finition, particulièrement dans le cas des couleurs foncées qui requièrent parfois plusieurs applications. Il existe des colorants pour teindre les apprêts au besoin.

Conseils sur les apprêts et les peintures d'impression ▸

Scellez le bois brut avec un apprêt avant de le peindre, ou avec une peinture d'impression avant de le vernir. Le bois non scellé risque de présenter un fini inégal.

Rendez les surfaces poreuses au moyen d'un papier de verre de grain fin avant d'appliquer l'apprêt qui assurera une bonne liaison entre l'ancienne peinture et la nouvelle. Les apprêts « accrochent » la nouvelle couche de peinture

Scellez les surfaces texturées au moyen d'un apprêt alkyde ou polyvinylique, et appliquez ensuite une couche de finition en utilisant un rouleau à longs poils. Les murs et les plafonds texturés absorbent beaucoup de peinture, ce qui les rend difficiles à peindre uniformément.

Appliquez un apprêt polyvinylique de bonne qualité sur les endroits du plâtre que vous avez réparés.

Utilisation du rouleau

Pour débarrasser le rouleau de ses peluches et en ouvrir les fibres, trempez-le dans l'eau (pour la peinture au latex) ou dans une essence minérale (pour la peinture alkyde). Pressez le rouleau pour en extraire le liquide excédentaire. Trempez complètement le rouleau dans le bac à peinture. Effectuez ensuite un mouvement de va-et-vient sur la partie nervurée du bac. La peinture doit imbiber le rouleau, mais sans dégoutter. Donnez un premier coup de rouleau en diagonale sur la surface, de bas en haut, sur une longueur d'environ 4 pi, dans un mouvement lent, afin d'éviter les éclaboussures.

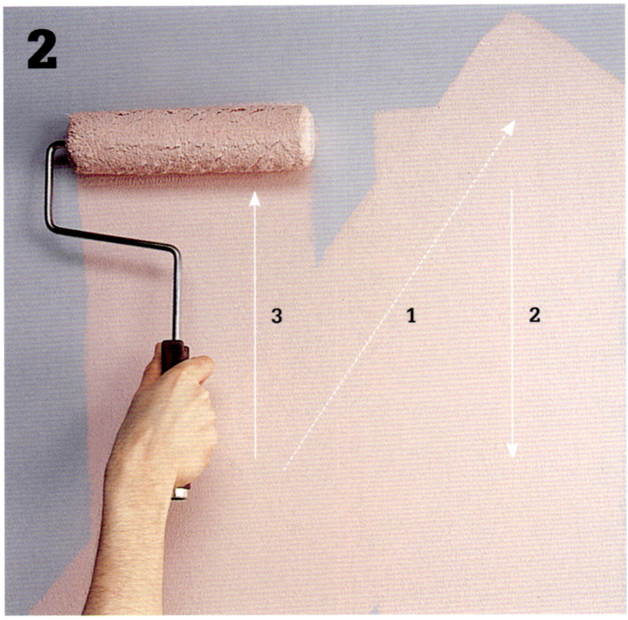

Tirez le rouleau verticalement vers le bas (2) du haut de la diagonale (1) faite par le premier coup de rouleau. Soulevez le rouleau et placez-le sur le bas de la diagonale. Remontez-le verticalement (3) pour achever de le décharger.

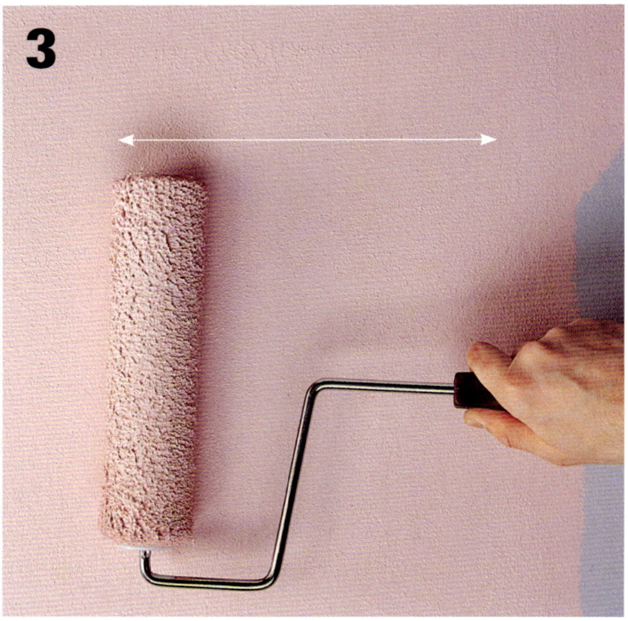

Répartissez la peinture en effectuant des mouvements de va-et-vient horizontaux avec le rouleau.

Égalisez la surface peinte en tirant légèrement le rouleau verticalement, de haut en bas. À la fin de chaque course, soulevez le rouleau et amorcez le coup de rouleau suivant parallèlement, en haut de la surface à peindre.

Utilisation du pinceau

Trempez le pinceau dans la peinture, jusqu'au tiers de la longueur des poils. Tapotez les poils contre le bord du pot pour faire tomber l'excédent de peinture, mais sans frotter le bord avec les poils.

Délimitez les bords de la surface à peindre en utilisant le côté étroit du pinceau et en le pressant juste assez pour en courber les poils. Gardez l'œil sur le bord et peignez en effectuant lentement de longs mouvements de va-et-vient. Peignez toujours d'un endroit sec vers un endroit fraîchement peint, afin d'éviter les marques de raccord.

Peignez les coins des murs en utilisant le côté large du pinceau. Peignez les endroits dégagés au pinceau ou au rouleau avant que la peinture déposée dans les coins ne sèche.

Pour peindre au pinceau les grandes surfaces, donnez 2 ou 3 coups de pinceau en diagonale. Tenez le pinceau à 45°, en appuyant juste assez pour courber les poils. Répartissez ensuite la peinture en donnant des coups de pinceau horizontaux.

Égalisez la surface en tirant le pinceau verticalement, de haut en bas. Donnez des coups de pinceau légers, que vous terminerez chaque fois en écartant le pinceau de la surface. Cette méthode est tout indiquée dans le cas de la peinture-émail alkyde, qui sèche lentement.

Techniques de peinture des moulures

Lorsque vous peignez une pièce entière, commencez par les moulures. Peignez en premier lieu les parties intérieures des moulures et progressez vers les murs. Sur les fenêtres, par exemple, peignez les bords en bois qui sont en contact avec la vitre avant de peindre le reste de la moulure.

Il faut peindre les portes rapidement vu la grande surface à couvrir. Pour éviter les marques de raccord, peignez toujours en progressant des surfaces sèches vers les surfaces non sèches. Peignez les plinthes en commençant par le haut. Pour protéger la moquette ou le plancher contre les taches, servez-vous d'un protège-plancher en plastique ou d'un couteau à large lame que vous déplacerez.

Les peintures laquées alkydes et au latex demandent parfois deux couches. Poncez légèrement la surface entre les couches et essuyez-la avec un chiffon à dépoussiérer en microfibres, afin que la seconde couche adhère bien à la première.

Peinture des fenêtres

Pour peindre les fenêtres à guillotine, enlevez si possible la guillotine. On enlève les nouvelles fenêtres montées sur ressort en appuyant simplement sur le châssis (voir la flèche).

Pratiquez des trous et plantez deux clous de 2 po dans les montants d'un escabeau. Placez-y la fenêtre, comme sur un chevalet, pour la peindre plus facilement. Vous pouvez aussi la poser à plat sur un établi ou sur des tréteaux. Ne peignez ni les côtés ni la face intérieure des fenêtres à guillotine.

Commencez par peindre les bords en bois qui sont en contact avec la vitre, avec une brosse de pouce biseautée. Utilisez le côté mince du pinceau et débordez de $\frac{1}{16}$ po sur le verre afin d'assurer l'étanchéité du joint.

Enlevez l'excédent de peinture en nettoyant la vitre avec la lame d'un couteau à mastiquer enveloppée dans un chiffon propre. Renouvelez souvent l'enveloppe pour ne jamais essuyer le verre avec un chiffon souillé.

Peignez les parties plates des cadres, puis successivement les moulures de l'encadrement, l'appui et la moulure d'allège. Donnez des coups de pinceau lents, en évitant d'introduire de la peinture entre la guillotine et le cadre.

Si vous devez peindre les fenêtres en place, levez et baissez-les plusieurs fois pendant qu'elles sèchent. Cela les empêchera de coller. Servez-vous d'un couteau à mastiquer pour ne pas toucher les surfaces peintes.

Peinture des portes

Enlevez la porte en délogeant la broche de charnière inférieure à l'aide d'un tournevis et d'un marteau. Demandez à quelqu'un de tenir la porte en place pendant que vous délogez les broches de la charnière du milieu et de la charnière supérieure.

Placez la porte sur des tréteaux pour la peindre. Lorsque vous peignez des portes à panneaux, utilisez un pinceau plutôt qu'un rouleau. Commencez par les panneaux en retrait (1), passez ensuite aux traverses (2) et terminez par les montants (3).

Laissez sécher la peinture. Si une seconde couche est nécessaire, poncez légèrement la première et essuyez la porte avec un chiffon à dépoussiérer en microfibres avant d'appliquer la nouvelle couche.

Scellez la surface des tranches non peintes de la porte avec de l'apprêt pour bois clair, afin d'empêcher l'eau de pénétrer dans le bois, et de le faire gauchir ou gonfler.

Conseils pour la peinture des moulures ▸

Protégez le mur ou le plancher adjacent à l'aide d'un couteau à large lame ou d'un écran de plastique.

Essuyez la peinture du couteau ou de l'écran chaque fois que vous le déplacez.

Peignez les deux côtés des portes des armoires. Cela assure une étanchéité uniforme et prévient le gauchissement.

Peignez les surfaces à motifs en creux avec un pinceau à poils raides, comme ce pochon. Donnez de petits coups de pinceau circulaires pour pénétrer dans les creux.

Techniques de peinture des plafonds et des murs

Pour obtenir un fini impeccable sur les murs et les plafonds, appliquez la peinture section par section. Délimitez les bords d'un mur, puis peignez-le immédiatement au rouleau tandis que la peinture est encore humide, avant de passer au mur suivant. Si les bords peints au pinceau sèchent avant que vous ne peigniez le mur au rouleau, les raccords seront apparents sur le mur fini. Travaillez à la lumière naturelle, afin de repérer plus facilement les endroits oubliés.

Choisissez de la peinture et des outils de qualité, et chargez complètement de peinture le pinceau et le rouleau pour éviter les marques de raccord et couvrir entièrement la section. Déplacez lentement le rouleau pour éviter les éclaboussures.

Conseils pour la peinture des plafonds et des murs ▸

Peignez la surface en dirigeant le rouleau vers un bord humide. Délimitez le bord d'une petite section à l'aide d'un pinceau, juste avant d'utiliser le rouleau au centre. (Avec un rouleau de coin, il n'est pas nécessaire de délimiter les coins intérieurs.) Si vous êtes deux, l'un peut délimiter les bords au pinceau, tandis que l'autre passe le rouleau sur les grandes surfaces.

Réduisez au minimum les marques de pinceau. Faites glisser légèrement le rouleau hors de sa cage lorsque vous l'utilisez près des coins ou le long de l'arête d'un plafond. Lorsqu'elles sont sèches, les parties peintes au pinceau donnent un fini différent de celui des parties peintes au rouleau.

Peinture des plafonds

Peignez les plafonds avec un rouleau dont le manche est muni d'une rallonge. Portez des lunettes de protection. Commencez par le coin le plus éloigné de la porte d'entrée. Peignez le plafond dans sa petite dimension, par sections de 3 pi sur 3 pi, en délimitant les bords avant de peindre la surface au rouleau. Appliquez la peinture en diagonale et répartissez-la ensuite uniformément en imprimant au rouleau un mouvement de va-et-vient. Donnez des coups de rouleau de finition dans chaque section en dirigeant le rouleau vers le mur d'entrée et en le soulevant à la fin de sa course.

Peinture des murs

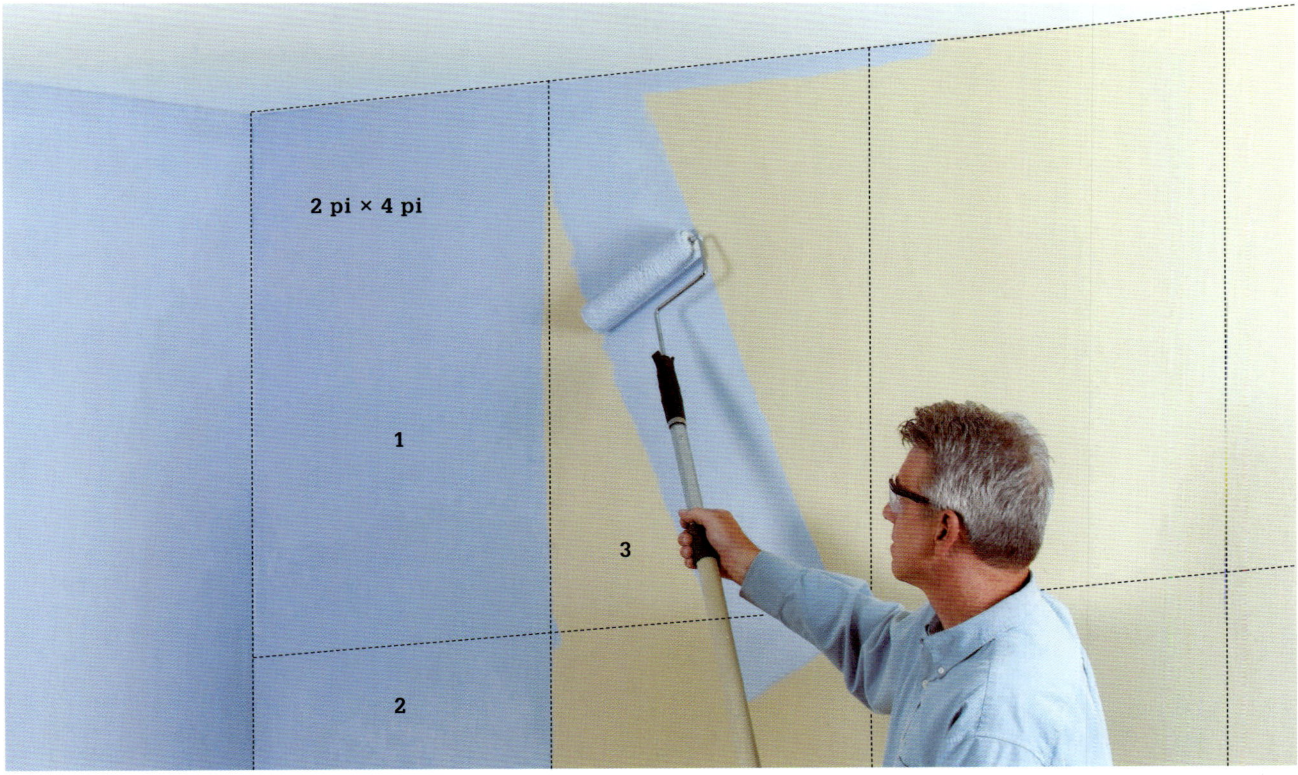

Peignez les murs en procédant par sections de 2 pi sur 4 pi. Commencez dans l'un des coins supérieurs, en délimitant au pinceau les intersections du plafond et des murs. Peignez ensuite la section au rouleau, en commençant par donner un coup de rouleau en diagonale, en montant, afin d'éviter les éclaboussures. Répartissez uniformément la peinture en l'étendant horizontalement, et terminez par des coups de rouleau verticaux, de haut en bas. Délimitez ensuite la section située immédiatement en dessous. Poursuivez avec les sections adjacentes, en délimitant les bords au pinceau et en appliquant la peinture au rouleau, depuis la section supérieure. Terminez toujours par des coups de rouleau dirigés vers le plancher.

Peinture des armoires

Si vos armoires de cuisine sont en bon état sur le plan structural, et que vous êtes satisfait de leur configuration, mais pas de leur apparence, il se peut qu'une couche de peinture suffise à refaire une beauté à votre cuisine. Vous pouvez éclaircir le bois foncé, rafraîchir les surfaces peintes ou donner une nouvelle apparence aux armoires grâce aux techniques de faux fini. Vous pouvez repeindre n'importe quelles armoires faites de bois, de métal ou d'un matériau peint.

Comme toujours, le résultat de votre travail dépendra du soin que vous y aurez apporté, de votre préparation et de la qualité du matériel utilisé. Enlevez les portes, les tiroirs et toute la quincaillerie afin de pouvoir peindre les surfaces à plat, ce qui préviendra les dégoulinades.

Choisissez une peinture-émail de haute qualité, au fini brillant, semi-brillant ou coquille d'œuf. La peinture-émail brillante fait ressortir les défauts et réfléchit fortement la lumière. La peinture au latex convient à ce projet. L'utilisation de la peinture alkyde (à base d'huile) peut donner un fini plus lisse qui présente moins de marques de pinceau, mais le nettoyage des outils sera plus difficile et, à cause des vapeurs dégagées, vous devrez peut-être porter un appareil de protection respiratoire.

Pour préparer les armoires à surface mate en bon état, il suffit de les laver avec du triphosphate de sodium ou un autre détergent approprié. Mais si la surface est lisse ou brillante – si elle est vernie ou couverte d'un émail brillant, par exemple –, vous devrez la poncer ou la dépolir à l'aide d'un produit chimique avant de la peindre. Une couche d'apprêt renforce la liaison de la peinture et cache les taches. Si l'ancienne peinture est de couleur foncée ou très saturée, ou si du bois nu est exposé, il faut appliquer une couche d'apprêt. Si vous n'appliquez l'apprêt qu'à certains endroits, la couche de finition ne sera pas uniforme. Évitez d'appliquer deux couches de finition, mais, si vous le faites, poncez ou dépolissez la première couche afin d'assurer une bonne liaison avec la seconde.

Si vous remplacez les pièces de quincaillerie, déterminez si vous utiliserez ou non les mêmes trous de vis, afin de boucher les trous inutiles avec du bois plastique avant le ponçage des surfaces.

Les armoires peintes redeviennent un élément de décoration important dans la cuisine. Les peintures de couleur vive ajoutent éclat et gaîté à la pièce, tandis que les couleurs plus discrètes sont reposantes et mettent en valeur les autres éléments de la cuisine.

Peinture des armoires

Outils et matériel ▸

Tournevis
Ponceuse
Pinceaux
Triphosphate de sodium ou autre dégraissant
Papier de verre
Ruban-cache
Apprêt
Peinture-émail

Conseils d'achat ▸

- Achetez toujours des pinceaux de première qualité.
- Utilisez des pinceaux à poils synthétiques pour la peinture au latex. Recherchez ceux qui ont les poils doux et biseautés.
- Réservez à la peinture à base d'huile les pinceaux à poils d'animaux.
- Pour les travaux délicats, utilisez un pinceau en nylon.
- Un pinceau à extrémité biseautée facilite la peinture dans les cadres de fenêtres.

Enlevez les portes et les tiroirs. Lavez toutes les surfaces à peindre avec du triphosphate de sodium ou un autre dégraissant. Grattez la peinture détachée. Poncez les surfaces ou dépolissez-les au moyen d'un produit chimique. Essuyez la poussière du ponçage. Appliquez une couche d'apprêt sur les surfaces vernies ou de couleur foncée, ainsi que sur le bois nu.

Si possible, enlevez les tablettes pour peindre plus facilement l'intérieur des armoires. Peignez le fond d'abord, puis le dessus, les côtés et le dessous. Peignez le cadre avant en dernier lieu (autrement, vous devriez passer les bras sur l'avant frais peint pour peindre l'intérieur).

Peignez les deux faces des portes, en commençant par la face intérieure. Dans le cas d'une porte à panneau, commencez par le fond du panneau (1) ; peignez ensuite les traverses (2) et, enfin, les montants (3).

Élimination des grincements d'escaliers

Cet escalier comporte un limon central qui contribue à supporter les marches. Les pièces de bois de 2 x 4 clouées entre les limons extérieurs et les poteaux du mur sont des pièces d'écartement qui permettent l'installation d'une plinthe et du panneau mural.

Comme les planchers, les escaliers finissent par grincer lorsque les pièces de bois se déforment ou frottent les unes contre les autres. Le martèlement incessant des pas finit par avoir raison des escaliers les mieux construits. Un escalier instable est non seulement rébarbatif, mais dangereux. Les problèmes liés à la structure de l'escalier, c'est-à-dire son affaissement, sa torsion ou son inclinaison, doivent être résolus par des professionnels. Par contre, vous pouvez facilement exécuter la plupart des réparations courantes.

Les grincements proviennent souvent des mouvements relatifs entre les girons et les contremarches, auxquels on peut remédier par le dessus ou par le dessous de l'escalier.

Outils et matériel

- Perceuse
- Tournevis
- Marteau
- Couteau universel
- Chasse-clou
- Vis à bois
- Bois plastique
- Pistolet à calfeutrer
- Intercalaires en bois dur
- Bouchons de bois
- Colle à bois
- Quart-de-rond
- Clous à finir
- Adhésif de construction

Élimination des grincements par le dessous de l'escalier

En utilisant de l'adhésif de construction, collez des blocs de bois dans les coins que forment les girons et les contremarches. Une fois les blocs en place, pratiquez-y des avant-trous et fixez-les aux girons et aux contremarches à l'aide de vis à bois. Si les contremarches recouvrent la tranche arrière des girons, enfoncez des vis à travers les contremarches, dans les girons, pour assembler les deux.

Comblez les vides entre les parties de l'escalier avec des intercalaires biseautés. Recouvrez les intercalaires de colle à bois et enfoncez-les dans les joints situés entre les girons et les contremarches, de manière que l'ajustement soit serré. Si vous enfoncez trop les intercalaires, vous ne ferez qu'élargir le vide. Laissez sécher la colle avant d'utiliser l'escalier.

Élimination des grincements par le dessus de l'escalier

Si la partie inférieure de l'escalier est inaccessible, éliminez les grincements en travaillant sur le dessus de l'escalier. Pratiquez des avant-trous dans les girons et enfoncez-y des vis jusque dans les contremarches. Noyez les vis et remplissez les trous de bois plastique ou de bouchons de bois.

Renforcez les joints entre les girons et les contremarches à l'aide d'un quart-de-rond. Pratiquez-y des avant-trous et fixez-le au moyen de clous à finir. Noyez les clous avec un chasse-clou.

Enfoncez des intercalaires de bois sous les girons mal attachés pour les empêcher de plier. Servez-vous d'un bloc pour que l'intercalaire n'éclate pas. Enfoncez l'intercalaire pour obtenir un ajustement serré. Une fois la colle séchée, servez-vous d'un couteau universel pour couper les intercalaires au ras des girons.

Remplacement d'un giron cassé

Un giron cassé présente un grave danger, car on ne regarde pas toujours où on met les pieds dans un escalier. Remplacez-le sans tarder. Le degré de difficulté de la réparation dépendra de la construction de l'escalier et de son accessibilité par le dessous. Mieux vaut remplacer un giron cassé que de le réparer. Une pièce risquerait de créer une marche irrégulière susceptible de dérouter quelqu'un qui n'y est pas habitué.

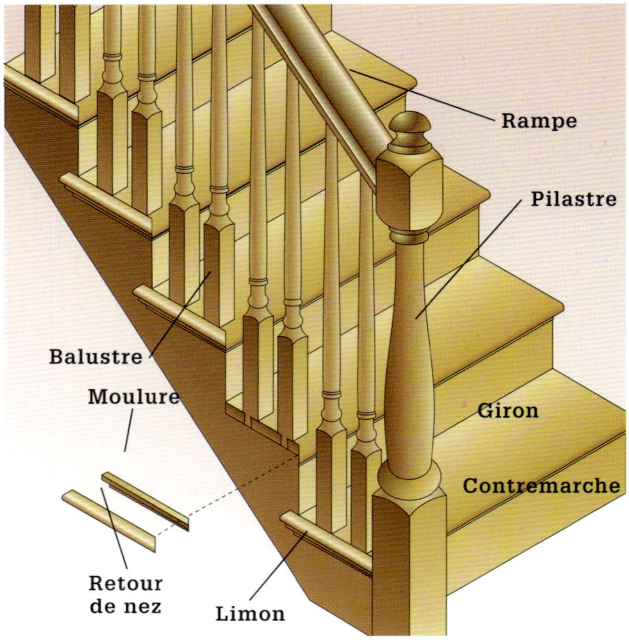

Outils et matériel ▸

- Levier plat
- Marteau
- Équerre combinée
- Scie circulaire
- Perceuse
- Chasse-clou
- Pistolet à calfeutrer
- Giron
- Adhésif de construction
- Vis
- Bois plastique
- Clous à finir
- Chasse-clou

Remplacement d'un giron cassé

Enlevez avec soin les éléments décoratifs attachés au giron, ainsi que la moquette, que vous roulerez hors du chemin, et les moulures. Retirez les balustres en dégageant de la rampe leur extrémité supérieure et en défaisant le joint entre leur partie inférieure et le giron. Le giron de certains escaliers se termine par des pièces décoratives en bois dur. Enlevez-les à l'aide d'un levier plat, en prenant soin de le glisser sous la pièce afin de ne pas endommager ses faces visibles.

Si possible, martelez le giron par en dessous pour le détacher de la contremarche et des limons. Sinon, servez-vous d'un marteau et d'un levier plat pour l'arracher, en retirant les clous au fur et à mesure. Une fois le giron enlevé, grattez les extrémités exposées des limons pour en enlever la vieille colle et les fragments de bois.

Mesurez la longueur que doit avoir le nouveau giron et tracez une ligne de coupe au moyen d'une équerre combinée, pour que l'extrémité coupée soit parfaitement d'équerre et droite. Si l'une des extrémités du giron est façonnée de sorte qu'on puisse l'incruster, coupez le giron à la longueur requise de l'autre côté. Utilisez une scie circulaire pour couper le giron et ajustez-le avec soin en l'essayant.

Appliquez un cordon d'adhésif de construction sur les faces supérieures exposées des limons. L'adhésif renforcera la liaison entre le giron et le limon, et il aura un effet amortisseur sur le joint, empêchant le grincement des pièces assemblées.

Fixez le giron à sa place. Si vous avez accès au dessous de la marche, fixez le giron à la contremarche se trouvant derrière lui au moyen de vis qui traversent la contremarche et pénètrent dans le giron par l'arrière. Pour fixer le giron par le dessus, pratiquez et fraisez des avant-trous ; vissez (deux ou trois vis) le giron à la partie supérieure de chaque limon. Vissez également la partie avant du giron et la contremarche située juste en dessous. Remplissez les trous à l'aide de bois plastique ou de bouchons.

Réinstallez les éléments décoratifs à l'aide de clous à finir, au besoin, et d'un chasse-clou. Réinstallez les balustres, s'il y a lieu.

Entretien et réparation des portes et fenêtres

- Réparations courantes des portes
- Intempérisation
- Rognage d'une porte intérieure
- Remplacement d'un seuil de porte
- Réparation et déblocage des fenêtres
- Réparation et entretien des contre-fenêtres et des avant-portes
- Installation de fenêtres de remplacement
- Sécurisation des portes et des fenêtres
- Entretien d'une porte de garage
- Enlèvement de portes et de fenêtres
- Installation d'une porte intérieure montée
- Installation d'une avant-porte
- Installation d'une nouvelle porte dans un encadrement existant
- Installation d'une porte d'entrée
- Installation de portes pliantes

Réparations courantes des portes

La plupart des problèmes courants posés par les portes sont causés par le desserrement des charnières. Lorsque les charnières sont desserrées, la porte n'est plus d'aplomb : elle frotte contre l'encadrement, et le pêne n'est plus aligné par rapport à la gâche. Il faut donc commencer par vérifier le serrage des vis des charnières. Si les trous ne retiennent plus solidement les vis, procédez à la réparation décrite sur la page ci-contre.

Si les vis sont serrées, mais que la porte frotte toujours contre l'encadrement, poncez ou rabotez le bord de la porte. Si elle est difficile à fermer, servez-vous d'une longue règle pour vérifier si elle ne serait pas gauchie. Vous pourrez redresser à l'aide de poids une porte légèrement gauchie, mais, si elle l'est trop, ce sera impossible. Au lieu d'acheter une nouvelle porte, vous pourrez enlever l'arrêt de porte et le réinstaller en suivant la déformation de la porte.

Les causes des problèmes de serrure sont nombreuses : desserrement des charnières, gonflement du bois, grippage et accumulation de peinture. Si vous avez remédié à ces problèmes et que la porte ne reste toujours pas fermée, c'est sans doute parce que l'encadrement n'est plus d'équerre. Cela se produit lorsque la maison travaille au fil des ans. Vous pouvez faire un petit ajustement en limant la gâche. S'il y a un vide entre l'encadrement et la porte, vous pouvez aligner le pêne et la gâche grâce à des intercalaires insérés derrière les charnières. Vous pouvez également enfoncer deux ou trois très longues vis pour ajuster légèrement l'encadrement.

Les portes intérieures, par exemple les portes coulissantes et les portes pliantes, ne requièrent généralement que de petits ajustements et une lubrification pour continuer de fonctionner normalement.

Les serrures de porte sont fiables, mais doivent être nettoyées et lubrifiées occasionnellement. Un bon moyen d'assurer le bon fonctionnement de la serrure d'une porte d'entrée consiste à vaporiser un lubrifiant léger dans le trou de la serrure, pour ensuite la verrouiller et la déverrouiller plusieurs fois afin d'étaler le lubrifiant sur les surfaces internes. N'utilisez pas de graphite dans les serrures, car il risque à la longue d'user certains métaux par frottement.

Outils et matériel ▸

- Tournevis
- Chasse-clou
- Marteau
- Perceuse
- Couteau universel
- Lime métallique
- Règle
- Levier
- Rabot
- Pinceau
- Lubrifiant en aérosol
- Tés ou chevilles de bois
- Colle
- Intercalaires en carton
- Vis à bois de 3 po
- Clous à finir
- Peinture ou teinture
- Papier de verre
- Apprêt

Conseils ▸

Un pêne reste coincé lorsqu'il est sale ou qu'il n'est pas lubrifié. Nettoyez et lubrifiez la serrure, et assurez-vous que les vis de liaison ne sont pas trop serrées, car un serrage excessif est parfois la cause du coincement.

Le désalignement du pêne par rapport à la gâche empêche la porte de rester fermée. Ce problème peut être causé par le desserrement des charnières ou par un encadrement qui n'est plus d'équerre.

Une porte qui frotte laisse une marque à l'endroit du frottement. Une porte gauchie résiste parfois lorsqu'on veut la fermer et donne l'impression d'être à ressort lorsqu'on pousse dessus. Vérifiez à l'aide d'une règle si elle est gauchie ou non.

Enlèvement d'une porte

Faites sauter la broche de la charnière inférieure à l'aide d'un tournevis et d'un marteau. Demandez à quelqu'un de tenir la porte, puis chassez la broche de la charnière supérieure (et de celle du milieu, le cas échéant). Pour vous faciliter la tâche, glissez la pointe du tournevis sous la tête de la broche et tapez sur la broche par en dessous avec un chasse-clou ou un petit poinçon.

Enlevez la porte et appuyez-la contre un mur. Nettoyez et lubrifiez les broches des charnières avant de les réinstaller.

Resserrage d'une charnière

Enlevez la porte. Resserrez les vis. Si le bois ne retient plus solidement les vis, enlevez la charnière.

Enduisez de colle des tés ou des chevilles de bois ; enfoncez-les dans les trous usés des vis. Si nécessaire, élargissez les trous au préalable avec une perceuse. Laissez sécher la colle. Coupez le bois qui dépasse.

Pratiquez des avant-trous dans le nouveau bois et réinstallez la charnière.

Conseils sur l'alignement du pêne et de la gâche ▸

Vérifiez si la porte est d'équerre ou non. Si elle ne l'est pas, enlevez-la et installez un intercalaire derrière la charnière supérieure ou inférieure (à droite). Vous pouvez également enfoncer de longues vis dans l'une des charnières (ci-dessous).

Posez un mince intercalaire de carton derrière la charnière inférieure pour élever la position du pêne, ou derrière la charnière supérieure pour l'abaisser.

Enlevez deux vis de la charnière supérieure ou inférieure, selon que vous voulez relever ou abaisser le pêne. Remplacez-les par des vis à bois de 3 po. Ces vis atteindront les poteaux du mur et tireront le jambage vers le haut, ce qui modifiera l'angle formé par la porte.

Corrigez les petits désalignements en limant le bord de la gâche jusqu'à ce que le pêne y pénètre facilement.

Redressement d'une porte gauchie

Vérifiez s'il y a ou non gauchissement à l'aide d'une règle. Ou bien fermez la porte jusqu'à ce qu'elle s'appuie sur l'arrêt et vérifiez s'il y a ou non un vide (voir ci-dessous). Le vide séparant la porte de son arrêt révèle l'ampleur du gauchissement. Bien sûr, l'arrêt lui-même doit être droit ; avec la règle, vérifiez s'il l'est.

Si le gauchissement est peu important, vous pourrez redresser la porte à l'aide de poids. Enlevez la porte et placez-en les extrémités sur des tréteaux. Déposez de lourds poids sur le centre bombé de la porte, que vous aurez protégée par un carton. Laissez les poids reposer pendant plusieurs jours. Vérifiez périodiquement le redressement de la porte à l'aide d'une règle.

Ajustement d'une porte très gauchie

Un gauchissement important ne peut pas être corrigé. Vous devrez plutôt ajuster l'arrêt en fonction de la forme de la porte. Rendez la réparation invisible en retouchant la peinture ou la teinture.

Enlevez l'arrêt de la porte à l'aide d'un petit levier. Si l'arrêt est peint, coupez d'abord le joint de peinture avec un couteau universel afin de prévenir l'éclatement du fini. Pour prévenir l'éclatement du bois, arrachez par l'arrière les clous de l'arrêt. Enlevez tous les clous du jambage.

Fermez la porte et engagez le pêne dans la gâche. En commençant par le haut, réinstallez l'arrêt en lui faisant suivre le profil de la porte. Enfoncez des clous à finir dans les anciens trous, ou pratiquez de nouveaux avant-trous dans l'arrêt. Après vous être assuré du bon fonctionnement de la porte, noyez les clous avec un chasse-clou.

Réparation d'une porte qui frotte

Resserrez les vis des charnières. Si la porte frotte toujours, délimitez au crayon les endroits où elle frotte sur le jambage.

Lorsqu'il fera sec, enlevez la porte. S'il y a beaucoup de bois à éliminer, vous gagnerez du temps en rabotant le chant de la porte (étape 3). Sinon, poncez la zone délimitée avec un papier de verre de grain moyen. Assurez-vous que la porte ne frotte plus, puis lissez la zone poncée avec un papier de verre de grain fin.

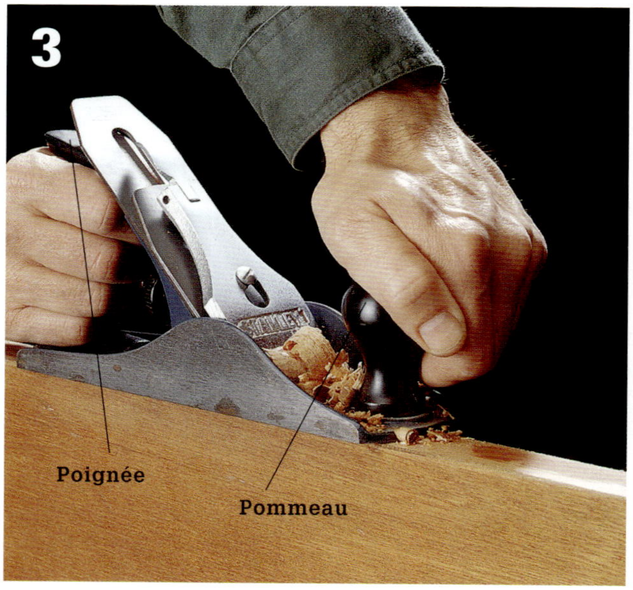

Fixez la porte de manière que le chant soit sur le dessus. S'il s'agit de bois plaqué, tranchez dans le placage avec un couteau universel afin qu'il n'éclate pas. Rabotez le chant dans le sens du fil. Saisissez fermement le pommeau et la poignée, et exécutez de longues passes uniformes. Pour ne pas trop mordre dans le bois, appuyez sur le pommeau au début de la passe et sur la poignée à la fin de celle-ci. Vérifiez l'ajustement de la porte, puis poncez la zone rabotée.

Appliquez une couche d'apprêt transparent ou de peinture sur la zone poncée ou rabotée, et sur toutes les parties dénudées de la porte. C'est particulièrement important dans le cas des portes d'entrée, car cette couche empêchera l'humidité de pénétrer dans le bois.

Entretien d'une porte coulissante

Nettoyez les glissières du haut et du bas de la porte à l'aide d'une brosse à dents et d'un chiffon humide, ou d'un petit aspirateur.

Vaporisez un lubrifiant non graisseux sur tous les galets, mais pas sur les glissières. Remplacez les pièces déformées ou usées.

Vérifiez l'espace séparant la porte du plancher pour vous assurer qu'il est uniforme. S'il ne l'est pas, faites tourner la vis de montage pour relever ou abaisser le bord de la porte.

Entretien d'une porte pliante

Ouvrez et enlevez la porte. Essuyez la glissière avec un chiffon propre. Vaporisez un lubrifiant non graisseux sur la glissière, ainsi que sur les galets ou les broches.

Vérifiez l'alignement de la porte fermée par rapport au jambage. Si l'écart n'est pas constant, réglez la charnière à pivot supérieure à l'aide d'un tournevis ou d'une clé.

Il y a une charnière à pivot réglable au bas de certains modèles de portes pliantes. Réglez ces charnières de manière que l'écart entre la porte et l'encadrement soit uniforme.

Intempérisation

Que vous viviez dans un climat chaud ou froid, l'intempérisation des portes et des fenêtres de votre maison peut être très rentable. Les frais de chauffage et de climatisation peuvent représenter plus de la moitié des dépenses d'énergie d'un ménage.

Puisque la plupart des travaux d'intempérisation sont relativement peu coûteux, vous pouvez récupérer rapidement votre investissement. En fait, dans certains climats, il est possible de le récupérer en une seule saison.

Si vous vivez dans un climat froid, vous êtes probablement déjà convaincu de l'importance de l'intempérisation. La nécessité de conserver l'air chaud dans la maison en hiver est évidente, mais, au point de vue du rendement énergétique, il est tout aussi important de l'empêcher d'y pénétrer en été.

L'intempérisation de la maison est un projet idéal pour le bricoleur, qui peut le réaliser petit à petit, selon ses temps libres. Dans les climats froids, mieux vaut faire les travaux en automne, avant qu'il fasse trop froid pour travailler dehors.

Que vous ayez le souci de l'environnement ou que vous cherchiez à diminuer vos dépenses d'énergie, quelques légers travaux vous permettront d'atteindre votre but.

La plupart des projets d'intempérisation concernent les portes et les fenêtres, puisque ce sont les principales zones de déperdition de chaleur dans la plupart des maisons. Voici quelques suggestions de travaux utiles :

Avant d'acheter un couvercle en plastique moulé pour un soupirail, mesurez la largeur maximale du soupirail et tenez compte de sa forme.

Le calfeutrage est un moyen facile de remplir les petits vides des surfaces intérieures ou extérieures. Certains pro-

Pour sceller les encadrements de fenêtres et de portes, utilisez une pâte à calfeutrer de couleur assortie à celle du parement de la maison.

Un coupe-bise en feutre empêchera l'air de passer sous la porte même si le plancher est inégal ou que le seuil est bas.

duits à calfeutrer sont même conçus pour s'enlever facilement à la fin de la saison.

Lorsque vous achetez le produit à calfeutrer, prévoyez d'utiliser environ une demi-cartouche par porte ou par fenêtre, quatre cartouches pour la fondation d'une maison de dimensions moyennes et au moins une cartouche de plus pour combler les vides autour des conduits d'évacuation, des tuyaux et des autres ouvertures.

Appliquez le produit à calfeutrer autour du cadre des portes et des fenêtres afin d'obturer les ouvertures. Employez un produit de couleur assortie à celle du parement de la maison.

Il existe plusieurs types de produits à calfeutrer, en cartouche ou en cordon. Ils sont tous peu coûteux et d'utilisation facile, mais il importe de choisir le bon matériau pour la tâche, puisque la plupart sont conçus pour des applications précises.

En règle générale, les cordons d'intempérisation en métal ou à renfort de métal sont plus durables que les produits faits de plastique, de caoutchouc ou de mousse. En outre, les produits de plastique, de caoutchouc et de mousse sont eux aussi offerts en diverses qualités. Les meilleurs produits de caoutchouc sont faits de néoprène – choisissez ce matériau chaque fois qu'il est offert.

Un coupe-bise (page précédente, en bas) se fixe sur la partie inférieure de la porte, en bas, pour bloquer les infiltrations d'air. Le coupe-bise en feutre ou à balai est le plus indiqué si le plancher est inégal, ou le seuil bas. Il existe aussi des modèles en vinyle et en caoutchouc.

Un bas de porte, comme son nom l'indique, sert à garnir le bas de la porte. La plupart comportent un coupe-bise sur leur côté intérieur et d'un larmier du côté extérieur pour éloigner l'eau du seuil.

Le bas de porte bloque l'espace séparant la porte du seuil. Fait de vinyle ou de caoutchouc, il est facile à remplacer.

Les bandes de mousse autoadhésives (ci-dessous) se posent sur les cadres des fenêtres et des portes pour en sceller les ouvertures. Les bandes de feutre renforcées comportent un support métallique qui les raidit dans les endroits où les chocs sont fréquents, par exemple sur les arrêts des portes.

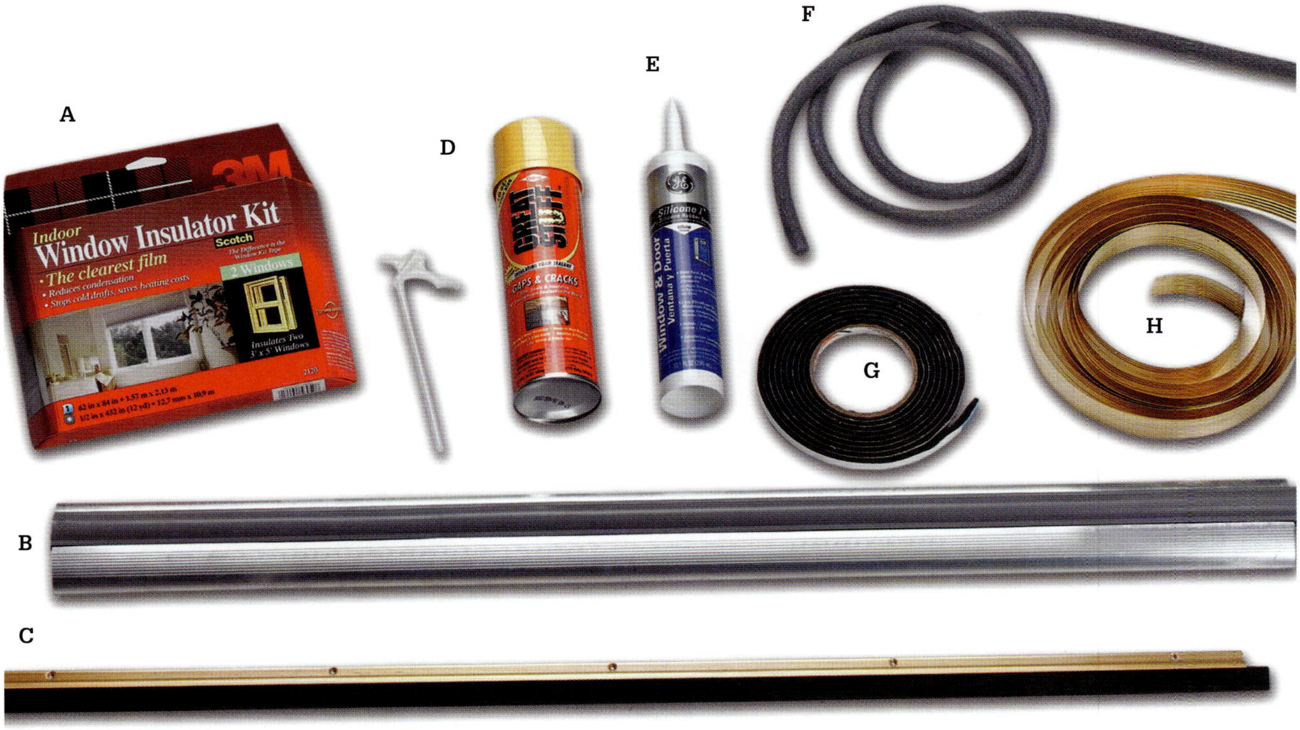

Produits d'intempérisation généralement offerts dans les maisonneries : trousse d'isolation des fenêtres au moyen d'une pellicule rétractable (A) ; seuil de porte en aluminium avec garniture d'intempérisation en vinyle (B) ; coupe-bise en caoutchouc à clouer (C) ; mousse isolante à faible expansion (D) ; pâte à calfeutrer à base de silicone pour portes et fenêtres (E) ; bourrelet isolant en mousse à alvéoles ouvertes (F) ; bande isolante autoadhésive à alvéoles fermées (G) ; bande isolante en laiton souple, aussi appelée « bande en V » (H).

Conseils sur l'intempérisation des portes ▸

Les coupe-bise des portes d'entrée s'usent rapidement vu l'usage intensif auquel la porte est soumise. Autant que possible, utilisez des coupe-bise métalliques cloués, surtout autour de l'huisserie. Ils sont beaucoup plus durables que les coupe-bise autoadhésifs. Si la tâche requiert un coupe-bise souple, préférez le néoprène à la mousse. Remplacez les vieux seuils et bas de porte dès les premiers signes d'usure.

Installez une avant-porte pour réduire les courants d'air et les pertes thermiques. Achetez une avant-porte à charnière continue et à face extérieure sans joints.

Ajustez l'encadrement de la porte pour éliminer les passages d'air importants entre la porte et l'huisserie. Retirez les moulures d'encadrement intérieures et enfoncez de nouveaux intercalaires entre l'huisserie et l'encadrement, du côté des charnières. Avant de réinstaller les moulures, fermez la porte pour en vérifier l'ajustement et le rectifier au besoin.

Porte-fenêtre : Utilisez des bandes de caoutchouc compressibles pour sceller les rainures du jambage dans lesquelles s'insèrent les panneaux mobiles. Achetez aussi une trousse d'isolation pour porte-fenêtre (pellicule de plastique semblable à celle destinée aux fenêtres). Installez la pellicule sur la face intérieure de la porte-fenêtre.

Porte de garage : Fixez un nouveau coupe-bise de caoutchouc sur le bord extérieur de la porte si l'ancien est abîmé. Si de l'air s'infiltre par les côtés, posez des coupe-bise.

Intempérisation d'une porte extérieure

Coupez deux longueurs de bande métallique en V correspondant à la hauteur de l'entrée de porte. Coupez-en une troisième à la largeur de l'entrée. Utilisez des clous à tête perdue pour attacher les bandes aux montants et à la traverse de l'huisserie, du côté intérieur des arrêts de porte. *Conseil : attachez les bandes de haut en bas pour éviter qu'elles gondolent.* À l'aide d'un couteau à mastiquer, évasez les bandes (sans exercer trop de pression au même endroit) de manière qu'elles remplissent les espaces existant entre l'huisserie et la porte lorsque celle-ci est fermée.

Ajoutez une bande de feutre renforcée le long de l'arrêt de porte, du côté extérieur de la porte. Le bord en feutre doit former un joint étanche entre la porte fermée et l'arrêt. *Conseil : Enfoncez les pièces d'attache jusqu'à ce qu'elles soient de niveau avec le renfort métallique, sinon vous risquez d'endommager la bande et de la faire gondoler.*

Fixez un nouveau bas de porte du côté intérieur de celle-ci (si le plancher est inégal, choisissez un bas de porte garni de feutre ou d'un balai). Attachez provisoirement le bas de porte pour tester la porte et voir si le dégagement est suffisant, puis fixez-le définitivement.

Conseil ▸

Remplissez les fissures des panneaux de bois de la porte avec du bois époxyde ou de la pâte à calfeutrer, afin de prévenir l'infiltration d'air. Si la porte est teintée, utilisez un bois plastique teinté, appliqué du côté intérieur. Poncez la réparation ; retouchez la peinture ou la teinture.

Conseils sur l'intempérisation d'une fenêtre ▸

Fenêtres coulissantes : Traitez les fenêtres coulissantes comme s'il s'agissait de fenêtres à guillotine reposant sur le côté. Pour une plus grande durabilité, installez dans les rainures latérales une bande métallique (plutôt qu'une bande en mousse autoadhésive) sur laquelle se fermeront les châssis coulissants.

Fenêtres à battants : Posez sur les bords extérieurs des arrêts de fenêtre des bandes de caoutchouc compressibles ou des bandes de mousse autoadhésives.

Contre-fenêtres : Créez un joint étanche en posant des bandes de mousse compressibles sur la face extérieure des arrêts des contre-fenêtres. Lorsque les contre-fenêtres sont installées, remplissez avec un cordon à calfeutrer (ci-dessus, à gauche) les vides existant entre la contre-fenêtre et le bord extérieur de la fenêtre. Observez si de la condensation ou du givre se forme sur la face intérieure de la contre-fenêtre durant l'hiver. Si c'est le cas, pratiquez un ou deux petits trous dans la traverse inférieure de la contre-fenêtre afin de laisser s'échapper l'air humide (ci-dessus, à droite). Inclinez les trous pour que l'eau n'y entre pas.

Intempérisation d'une fenêtre

Coupez des bandes en V métalliques et installez-les dans les rainures des châssis en veillant à ce qu'elles dépassent d'au moins 2 po du bord des châssis lorsque ceux-ci sont en position fermée (sans recouvrir le mécanisme de fermeture). Fixez les bandes au moyen de clous à tête perdue et d'un marteau de rembourreur. Veillez à ce que les clous viennent au ras de la surface des bandes, afin que les châssis ne les accrochent pas en glissant.

Évasez les bandes avec un couteau à mastiquer jusqu'à ce que l'ouverture soit légèrement plus grande que l'espace compris entre le châssis et la rainure dans laquelle il se déplace. Ne les évasez pas trop du premier coup, car il est difficile de les refermer sans les faire gondoler.

Essuyez le bas du châssis inférieur avec un chiffon humide et laissez sécher. Attachez une bande autoadhésive de mousse ou de caoutchouc au bas du châssis. Si possible, utilisez une bande de néoprène creuse de haute qualité, qui créera un joint étanche lorsque la fenêtre sera fermée.

Fermez l'espace entre les châssis supérieur et inférieur d'une fenêtre à guillotine à deux châssis. Levez le châssis inférieur et baissez un peu le châssis supérieur pour vous faciliter l'accès et fixez avec des clous à tête perdue une bande en V métallique sur la traverse inférieure du châssis supérieur. *Conseil : L'évasement de la bande en V doit être orienté vers le bas pour que l'humidité ne puisse s'y accumuler. Évasez la bande avec un couteau à mastiquer pour remplir le vide entre les deux châssis.*

Rognage d'une porte intérieure

Il devrait y avoir un dégagement de ⅜ po à ¾ po entre le bas d'une porte intérieure et le plancher fini. Cet espace permet à la porte de s'ouvrir et de se fermer sans accrocher la moquette ou le revêtement de sol. Si vous installez une nouvelle moquette ou un revêtement de carreaux ou de bois sous une porte existante, vous devrez raccourcir celle-ci pour créer le dégagement nécessaire. Si vous disposez d'une scie circulaire et d'une lame à dents fines, la tâche sera simple.

Dans la plupart des nouvelles maisons, les portes intérieures sont à âme pleine, mais on trouve encore des portes à âme creuse, surtout dans les vieilles maisons. Le rognage des deux types de portes se fait de la même manière, mais celui des portes à âme creuse requiert quelques étapes de plus, vu ses éléments multiples (voir page 117).

Outils et matériel ▸

Marteau
Tournevis
Couteau universel
Tréteaux
Scie circulaire et lame à dents fines
Règle
Serre-joints
Lime
Bloc à poncer
Déchets de contreplaqué

Le remplacement d'un revêtement de sol améliore l'apparence d'une pièce, mais s'il est plus épais que l'ancien, il risque de gêner l'ouverture de la porte. La seule solution consiste à raccourcir la porte.

Rognage d'une porte à âme pleine

Déposez une bande de contreplaqué sur le sol, contre la porte, et tracez sur celle-ci la ligne de coupe. L'épaisseur du contreplaqué correspondra au dégagement de la porte, et la ligne sera droite. N'enfoncez pas le contreplaqué dans la moquette lorsque vous tracez la ligne de coupe. Si le plancher est inégal, ouvrez la porte jusqu'à l'endroit où elle frotte le plus contre le plancher et tracez la ligne de coupe à cet endroit.

Enlevez la porte de son encadrement en faisant sauter la broche des charnières à l'aide d'un tournevis plat et d'un marteau. Si la broche des charnières est fixe, vous devrez dévisser la partie des charnières qui est fixée sur l'encadrement.

Pour que la scie ne fasse pas éclater le bois durant la coupe, passez la lame du couteau universel sur la ligne de coupe, en suivant le bord d'une règle métallique. Entamez les deux faces de la porte ainsi que les chants.

(suite à la page suivante)

Attachez la règle à la porte à l'aide de serre-joints, de manière que la lame tranche le bois à environ $\frac{1}{16}$ po du côté déchet de la ligne. La règle guidera la base de la scie. Vérifiez l'installation de la règle avec une scie munie d'une lame à dents fines.

Réglez la lame pour que la denture dépasse d'environ ¼ po sous la porte. Poussez la scie le long de la règle pour trancher la porte à une vitesse uniforme, mais ralentissez vers la fin de la coupe afin de ne pas faire éclater le bord de la porte.

Servez-vous d'une lime pour adoucir les bords de la coupe et pour y créer un léger chanfrein. Utilisez ensuite un bloc à poncer et un papier de verre de grain moyen pour éliminer les rugosités et les marques de lame.

Variante : Rognage d'une porte à âme creuse ▸

Avant d'enlever la porte, prenez une mesure à ⅜ po au-dessus de la surface du revêtement de sol et faites une marque sur la porte. Enlevez la porte en faisant sauter les broches des charnières à l'aide d'un tournevis et d'un marteau.

Tracez la ligne de coupe. Tranchez dans le placage de la porte à l'aide d'un couteau universel bien affûté, afin de prévenir l'éclatement de la surface durant la coupe.

Déposez la porte sur des tréteaux et, à l'aide de serre-joints, fixez sur la porte la règle qui guidera la coupe. Sciez le bas de la porte. Il se peut qu'un vide intérieur soit exposé.

Pour réinstaller l'élément d'encadrement scié dans le bas de la porte, enlevez au couteau le placage des deux côtés de l'élément enlevé.

Appliquez de la colle à bois sur l'élément enlevé, insérez-le dans le vide de la porte et retenez-le à sa place au moyen de serre-joints. Essuyez l'excédent de colle et laissez sécher la porte jusqu'au lendemain.

Remplacement d'un seuil de porte

Bien que le type de construction puisse varier d'une maison à l'autre, la partie de la porte que l'on appelle « seuil » est en fait composée de deux éléments distincts. Le premier élément est la lisse, qui constitue le membre horizontal inférieur du cadre de porte, et qui empêche l'eau et la poussière d'entrer dans la maison. Le second est le seuil proprement dit, qui est fixé sur la lisse et qui forme avec la porte un joint plus ou moins étanche. En raison de l'usure et les dommages causés par les pas et les intempéries, lisse et seuil doivent parfois être remplacés.

Les portes montées modernes sont souvent munies d'une lisse métallique coulée à seuil intégré, et elles s'installent directement sur le sous-plancher. On trouve souvent dans les maisons anciennes des lisses épaisses en bois, plus basses que les lisses métalliques, installées de niveau avec la charpente du plancher et munies d'un seuil distinct qui couvre le joint que forment la lisse et le plancher fini. Les seuils sont offerts en divers styles et en de nombreux matériaux, dont le bois, le métal et le vinyle. Comme il existe plusieurs types de seuils, vous devez inspecter le vôtre afin de déterminer la marche à suivre. Dans notre projet, nous remplaçons une lisse et un seuil de bois endommagés par une lisse de chêne et par un seuil de bois à garniture d'intempérisation.

Même si votre seuil n'est pas endommagé, il se peut que vous souhaitiez le remplacer afin d'en améliorer l'accessibilité aux fauteuils roulants ou aux personnes à mobilité réduite. En effet, les seuils ordinaires sont conçus pour empêcher la boue et la saleté de pénétrer à l'intérieur de la maison, mais ils constituent aussi un obstacle pour certains. Vous trouverez à la page 121 des conseils pour rendre un seuil moins difficile à franchir.

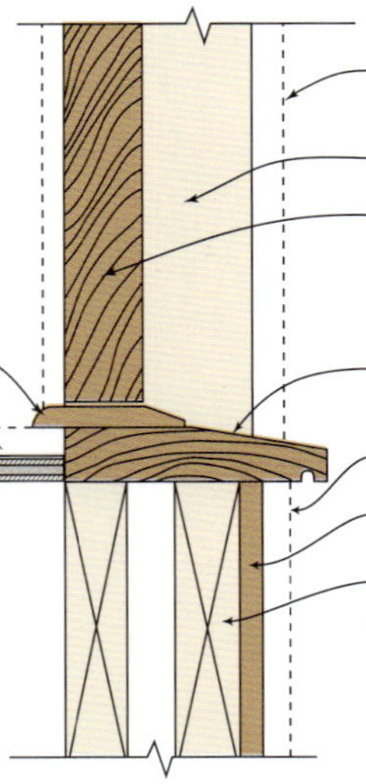

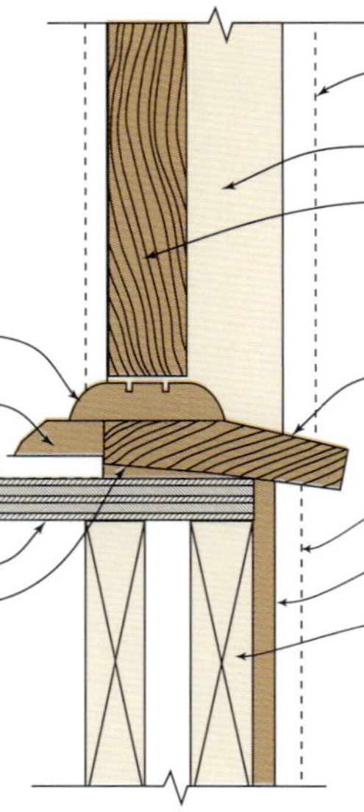

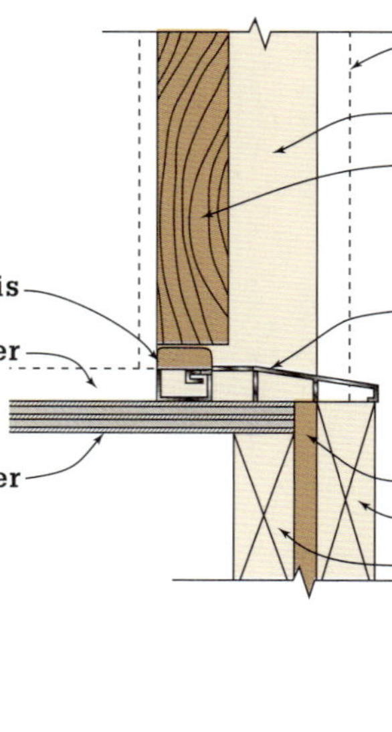

Outils et matériel ▸

- Scie alternative
- Levier
- Marteau
- Perceuse et fraise conique
- Crayon
- Vis galvanisées de 3 po ou clous 10d à tête conique galvanisés
- Vis galvanisées de 1 ½ po ou clous 8d à tête conique galvanisés
- Intercalaires
- Mastic
- Pistolet à calfeutrer
- Apprêt protecteur

Remplacement du seuil d'une porte extérieure

Enlevez l'ancien seuil. Vous y parviendrez peut-être facilement en en retirant les vis et en le dégageant au moyen d'un levier. Si nécessaire, tranchez le seuil en deux avec une scie alternative, puis servez-vous du levier. Veillez à ne pas endommager le revêtement de sol ni le cadre de porte. Prenez note de la position du bord le plus biseauté de l'ancien seuil afin d'installer le nouveau dans la même position.

Examinez la lisse. Si elle est endommagée ou détériorée et qu'il faut la remplacer, coupez-la en trois avec la scie alternative, le plus près possible des jambages. Arrachez la partie centrale avec un levier. Servez-vous ensuite d'un marteau et d'un ciseau pour arracher les parties restant sous les jambages. Enlevez les clous de sous les jambages à l'aide d'une scie alternative munie d'une lame à métaux.

Mesurez et découpez à la bonne longueur la nouvelle lisse. Si possible, servez-vous des pièces terminales de l'ancienne comme gabarit pour tracer les encoches sur la nouvelle. Découpez les encoches avec une scie sauteuse.

Vérifiez l'ajustement de la nouvelle lisse en la poussant sous les jambages à l'aide d'un marteau et d'un bloc de bois de protection. Enlevez la lisse et, si nécessaire, posez de longues bandes de bois (ou des intercalaires biseautés) sous celle-ci, afin que l'ajustement soit serré sous les jambages et qu'elle soit légèrement inclinée vers l'extérieur.

(suite à la page suivante)

Appliquez plusieurs cordons de pâte à calfeutrer sous la lisse. Posez la lisse et pratiquez-y des avant-trous coniques à intervalles de 4 po à 5 po. Enfoncez-y des clous à tête conique 10d galvanisés ou des vis de 3 po galvanisées.

Mesurez la distance séparant les jambages et coupez le nouveau seuil à la bonne longueur. Essayez-le. Marquez les extrémités et taillez à la scie sauteuse les encoches destinées aux arrêts de porte des jambages. Appliquez de la pâte à calfeutrer sous le seuil et installez-le de manière qu'il couvre le joint que forment la lisse et le plancher fini. Fixez le seuil à l'aide de vis galvanisées de 1 ½ po.

Variante ▸

Si vous installez un seuil métallique, au lieu d'y découper des encoches, servez-vous d'un marteau et d'un ciseau pour découper des encoches dans les jambages.

Conseil sur l'intempérisation ▸

La garniture de seuil scelle le vide qui le sépare de la porte. Une base de porte se fixe sur celle-ci pour contribuer à l'étanchéité du joint.

Variante : Adaptation du seuil au fauteuil roulant ▸

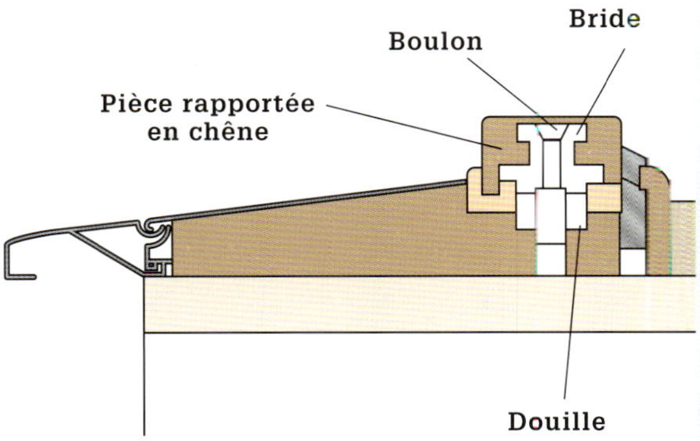

Seuil réglable : Beaucoup de portes montées sont munies d'une lisse en aluminium comportant un seuil de bois réglable. Certaines de ces lisses peuvent être adaptées au fauteuil roulant simplement en baissant au maximum le seuil de bois. D'autres modèles s'adaptent par encastrement de la lisse dans le sous-plancher.

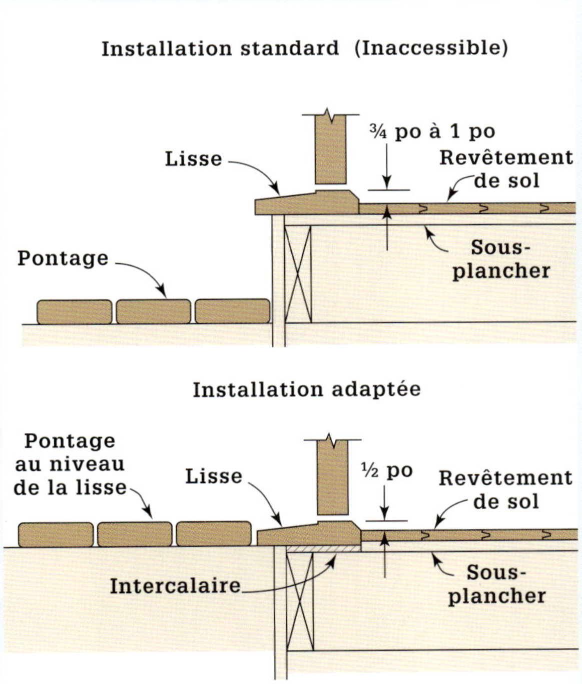

Seuil adapté au fauteuil roulant : Il y a plusieurs façons d'adapter un seuil au fauteuil roulant. Souvent, il suffit d'élever au niveau du seuil la surface extérieure ou le pontage. La hauteur maximale d'un seuil de porte d'entrée devrait être de ¼ po si la lisse est droite, et de ½ po si elle est biseautée.

Rampe de seuil : Les glissières de la plupart des portes-fenêtres, dont la hauteur peut atteindre 2 po, constituent un obstacle pour les fauteuils roulants. Des rampes spéciales sont offertes dans le commerce pour adapter ces seuils aux fauteuils roulants.

Réparation et déblocage des fenêtres

Qui n'a jamais éprouvé de difficulté à ouvrir une fenêtre coincée à cause du gonflement du bois ou d'une accumulation de peinture dans la glissière ? Il est tout aussi fréquent de constater qu'une fenêtre ne reste pas ouverte, le cordon ou la chaîne du châssis étant cassé. Pour éviter les soucis, il est essentiel de bien entretenir les fenêtres. Les ressorts des fenêtres à guillotine à deux châssis mobiles doivent être nettoyés périodiquement et réglés au besoin. (Ils se trouvent dans la glissière ou derrière celle-ci.) C'est souvent le mécanisme d'ouverture des fenêtres à battants qui fonctionne mal. Si un bon nettoyage ne corrige pas la situation, il faudra le remplacer. La glissière d'une contre-fenêtre doit être propre. Il faut y appliquer un lubrifiant non graisseux chaque fois qu'on enlève la contre-fenêtre ou la moustiquaire.

Outils et matériel ▸

- Tournevis
- Couteau universel ou coupe-peinture
- Marteau
- Aspirateur
- Petit levier
- Ciseaux
- Brosse dure
- Brosse à dents
- Diluant à peinture
- Chiffons
- Cordon de rechange
- Lubrifiant
- Bougie
- Corde
- Graisse universelle

Les fenêtres sont exposées à des températures extrêmes, au tassement de la maison et à l'usure normale. Tôt ou tard, vous devrez les entretenir si vous voulez qu'elles fonctionnent bien.

Réglage des fenêtres

Les fenêtres à ressort sont munies d'une vis de réglage sur une pièce rapportée de la glissière. Réglez la vis des deux côtés de la fenêtre jusqu'à ce que celle-ci soit bien équilibrée, et qu'elle s'ouvre et se ferme facilement.

Les fenêtres à ressort de levage comportent une tige de levage à ressort insérée dans un tube métallique. Pour les régler, dévissez du jambage l'extrémité supérieure du tube, puis faites tourner le tube pour modifier la tension du ressort : dans le sens des aiguilles d'une montre pour qu'il soit plus puissant, et vice-versa. Tenez toujours le tube fermement afin qu'il ne tourne pas.

Conseils sur le déblocage des fenêtres ▸

Si la fenêtre a été peinte en position fermée, tranchez la pellicule de peinture à l'aide d'un coupe-peinture ou d'un couteau universel. Insérez la lame de l'outil entre l'arrêt de la fenêtre et le châssis, et faites-la glisser vers le bas.

Placez une pièce de bois sur le châssis et donnez-y quelques légers coups de marteau afin de le dégager.

Nettoyez les glissières des fenêtres et des portes coulissantes à l'aide d'une brosse à dents et d'un petit aspirateur. Il arrive souvent que la saleté s'accumule dans les glissières des contre-fenêtres.

Nettoyez les garnitures d'intempérisation en y vaporisant un nettoyant et en essuyant avec un chiffon. Servez-vous d'un diluant à peinture pour éliminer celle qui bloque la fenêtre. Appliquez ensuite un peu de lubrifiant pour empêcher la fenêtre de gripper.

Lubrifiez les glissières en bois des fenêtres en les frottant avec une bougie de cire blanche. Ouvrez et fermez ensuite la fenêtre plusieurs fois. N'utilisez pas de lubrifiant liquide sur les fenêtres de bois.

Remplacement d'un cordon de châssis cassé

Tranchez le joint de peinture liant le châssis à l'arrêt à l'aide d'un couteau universel ou d'un coupe-peinture. Écartez l'arrêt du cadre ou enlevez les vis de la moulure.

Courbez l'arrêt au centre à l'aide d'un levier, afin de le retirer du cadre. Enlevez les garnitures d'étanchéité qui vous gênent dans votre travail.

Enlevez le châssis inférieur en le faisant glisser. Tirez le cordon noué ou cloué hors des trous situés sur le côté du châssis (voir l'étape 9).

Enlevez le couvercle d'accès au contrepoids situé en bas de la glissière ; servez-vous d'un levier ou retirez les vis. Sortez le contrepoids de son logement et coupez-en le cordon.

Attachez l'une des extrémités d'un bout de ficelle à un clou, et l'autre au nouveau cordon. Faites passer le clou au-dessus de la poulie et laissez-le tomber dans le logement du contrepoids. Saisissez le clou.

Tirez sur la ficelle pour faire passer le nouveau cordon sur la poulie et dans le logement du contrepoids. Veillez à ce que le cordon glisse bien sur la poulie.

Attachez le cordon au contrepoids et faites un nœud double bien serré. Remettez le contrepoids dans son logement. Tirez sur le cordon jusqu'à ce que le contrepoids touche la poulie.

Déposez le châssis inférieur sur l'appui de fenêtre. Tenez le cordon contre le bord du châssis. Coupez le cordon à une distance de 3 po au-delà du trou situé dans le bord du châssis.

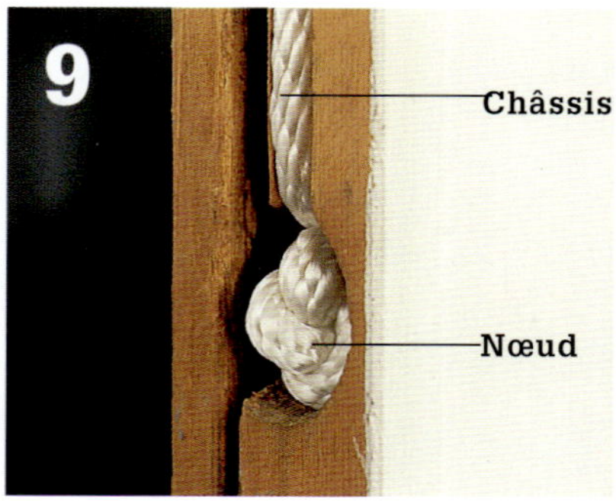

Nouez le cordon et coincez le nœud dans le trou situé dans le bord du châssis. Réinstallez le couvercle d'accès au contrepoids. Réinstallez dans l'encadrement le châssis et les garnitures d'intempérisation. Remettez les arrêts de fenêtre à leur place.

Nettoyage et lubrification du mécanisme d'une fenêtre à battants

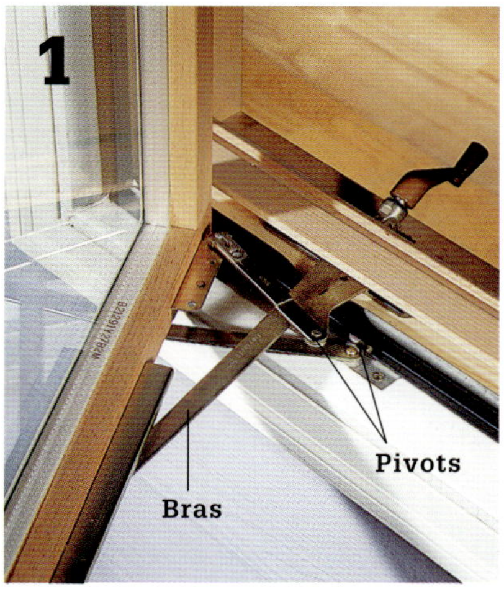

S'il est difficile de faire tourner la manivelle d'une fenêtre à battants, nettoyez-en les parties accessibles. Ouvrez la fenêtre jusqu'à ce que le galet situé à l'extrémité du bras s'aligne sur la fente d'accès à la glissière de la fenêtre.

Dégagez le bras en le tirant vers le bas hors de la glissière. Nettoyez la glissière avec une brosse dure. Essuyez avec un chiffon les pivots et les charnières.

Lubrifiez la glissière et les charnières à l'aide d'un lubrifiant en aérosol ou d'une huile legère. Essuyez l'excédent d'huile, puis rattachez le bras. Si cette lubrification ne résout pas le problème, réparez ou remplacez le mécanisme (ci-dessous).

Réparation du mécanisme d'une fenêtre à battants

Libérez le bras de sa glissière. Enlevez la garniture ou le couvercle cachant le mécanisme de la manivelle. Détachez les pièces pivotantes liées à la fenêtre.

Retirez les vis qui retiennent le mécanisme. Enlevez le mécanisme et nettoyez-le avec soin. Si les roues d'engrenage semblent trop usées, remplacez le mécanisme. Rendez-vous dans une maisonnerie ou téléphonez au fabricant pour obtenir de nouvelles pièces. Lorsque vous commandez des pièces de rechange, vous devez savoir si la fenêtre s'ouvre à gauche ou à droite.

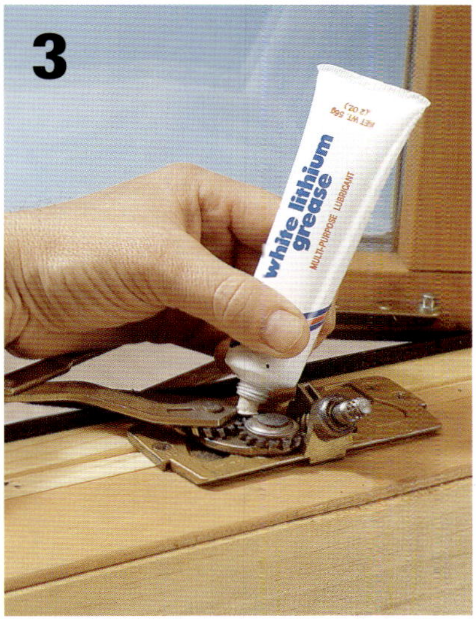

Appliquez de la graisse universelle sur l'engrenage. Raccordez les pivots et remettez le bras dans la glissière de la fenêtre. Assurez-vous que la manivelle fonctionne bien avant de réinstaller sa garniture ou son couvercle.

Remplacement d'une vitre de fenêtre

Portez des gants de cuir épais. Enlevez le verre brisé. Ramollissez le mastic de vitrier au moyen d'un pistolet chauffant ou d'un sèche-cheveux. Ne laissez pas le pistolet trop longtemps au même endroit, car la chaleur intense peut finir par roussir le bois ou faire éclater les autres vitres.

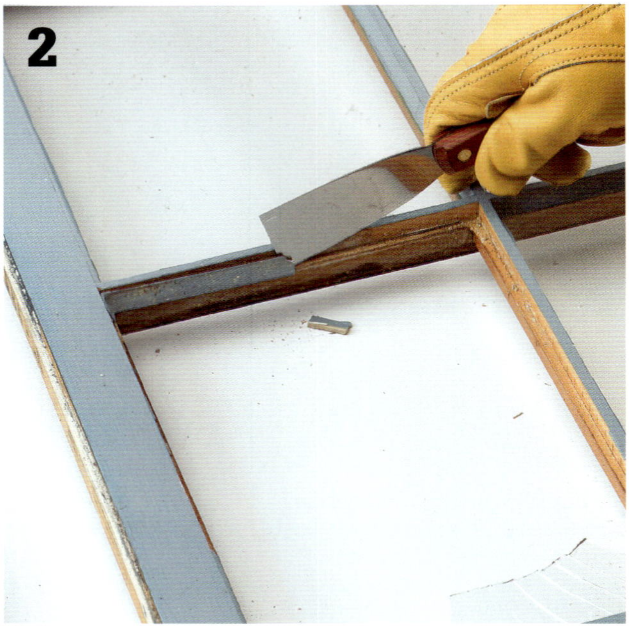

Une fois que le mastic est ramolli, enlevez-le avec un couteau à mastiquer, en prenant garde de ne pas entamer le bois. Si une partie du mastic est difficile à enlever, chauffez-la de nouveau. Le mastic ramolli est toujours plus facile à enlever que le mastic durci.

Une fois le bois mis à nu, scellez-le avec une couche d'huile de lin ou d'apprêt. Si vous ne le faites pas, la surface sèche absorbera une trop grande quantité d'humidité du nouveau mastic, qui tiendra moins bien.

Appliquez un mince cordon de mastic de vitrier dans l'ouverture et lissez-le avec le pouce.

Pressez la nouvelle vitre dans l'ouverture, en vous assurant d'un bon contact avec le mastic tout autour. Faites glisser un peu la vitre dans tous les sens, jusqu'à ce qu'elle soit solidement encastrée dans le mastic. Un peu de mastic sortira sur les côtés, mais ne pressez pas sur la vitre jusqu'à chasser tout le mastic.

Enfoncez dans le bois les pointes de vitrier qui retiendront la vitre. Servez-vous d'un couteau à mastiquer pour faire glisser chaque pointe sur la vitre. Installez au moins deux pointes sur chaque côté de la vitre.

Fabriquez un cordon de mastic (environ ½ po de diamètre) en le faisant rouler entre les mains. Pressez-le sur les bords de la vitre et du bois. Lissez le cordon en y passant un couteau à mastiquer tenu à un angle de 45°. Grattez l'excédent de mastic.

Laissez sécher complètement le mastic, ce qui prendra au moins une semaine. Appliquez-y une couche d'apprêt et une couche de peinture de la couleur appropriée. Veillez à couvrir de peinture le joint que forme le mastic avec la vitre, afin qu'il soit étanche. Une fois la peinture sèche, grattez les bavures avec la lame d'un grattoir à peinture.

Réparation et entretien des contre-fenêtres et des avant-portes

Les contre-fenêtres combinées sont plus difficiles à réparer que les contre-fenêtres de bois amovibles. Mais plusieurs réparations sont à votre portée, pourvu que vous trouviez les pièces de rechange requises. Apportez chez le quincaillier réparateur de contre-fenêtres les clavettes, joints d'étanchéités et autres pièces d'origine à remplacer, afin que le commis vous aide à trouver ce que vous cherchez. Si vous ne trouvez pas les bonnes pièces, faites fabriquer un nouveau châssis.

Outils et matériel ▸

- Mètre à ruban
- Tournevis
- Ciseaux
- Perceuse
- Couteau universel
- Chasse-clou
- Marteau
- Rouleau pour mise en place des languettes
- Cordon à cannelure
- Moustiquaire ou vitre
- Joint en caoutchouc
- Pièces d'attache de rechange

Enlevez le châssis de la contre-fenêtre métallique en appuyant sur la patte de déverrouillage située sur la traverse inférieure du châssis et en le soulevant. Avant l'enlèvement, les clavettes d'angle des coins supérieurs doivent être alignées sur les encoches des glissières latérales.

Remplacement de la moustiquaire d'une contre-fenêtre métallique

Arrachez le cordon à cannelure à l'aide d'un tournevis. S'il est encore souple, conservez-le pour le réutiliser ; sinon, achetez-en un nouveau.

Tendez la nouvelle moustiquaire sur le cadre, de manière qu'elle déborde sur tous les côtés. En gardant la moustiquaire tendue, appuyez le côté convexe d'un rouleau pour mise en place de languettes sur la moustiquaire afin de l'enfoncer dans la rainure du cadre.

Servez-vous du côté concave de l'outil pour pousser le cordon dans la rainure. (Faites-vous aider, ce sera plus facile.) Coupez l'excédent de moustiquaire à l'aide d'un couteau universel.

Remplacement de la vitre d'une contre-fenêtre métallique

Retirez le châssis de la fenêtre. Enlevez tout le verre brisé, puis le joint de caoutchouc et tous les éclats de verre. Déterminez les dimensions de la vitre de rechange en mesurant les bords intérieurs du châssis ; ajoutez à chaque mesure deux fois l'épaisseur du joint.

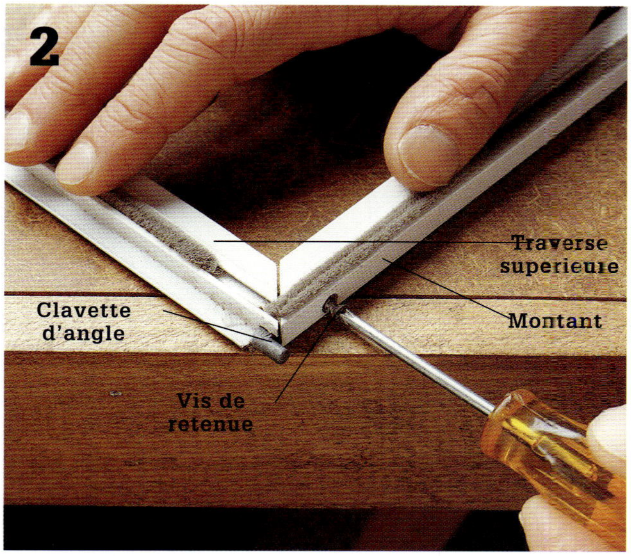

Déposez le châssis sur une surface plane. Sur les côtés des montants, enlevez les vis de retenue situées à la jonction avec la traverse supérieure. Détachez la traverse supérieure en la tirant doucement vers le bas, afin de ne pas endommager les clavettes d'angle qui la lient aux montants. Pour le remplacement de la vitre, l'enlèvement de la traverse supérieure suffit.

Ajustez le joint de caoutchouc (achetez-en un neuf si l'ancien est abîmé) sur l'un des bords de la vitre. Dans les coins, coupez partiellement le dos du joint, afin qu'il plie à angle droit. Continuez d'ajuster le joint sur la vitre, de la même manière, jusqu'à ce que tout le périmètre soit couvert. Coupez l'excédent de joint.

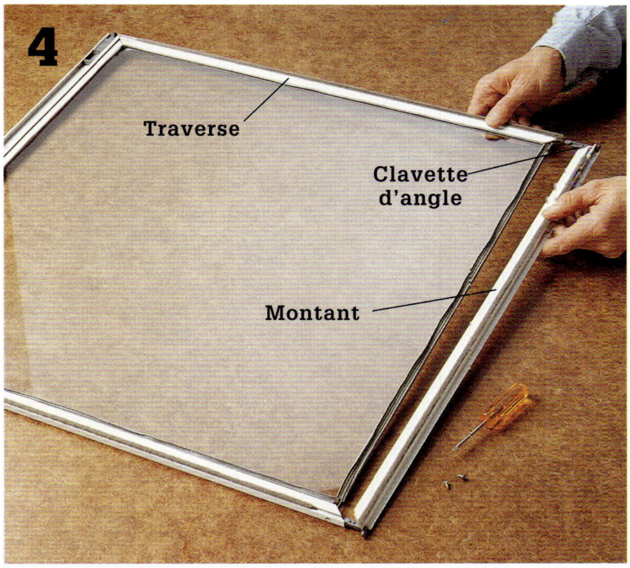

Glissez la vitre dans les rainures des montants et de la traverse inférieure. Insérez les clavettes dans la traverse supérieure, puis dans les montants. Appuyez sur la traverse jusqu'à ce que ses extrémités soient appuyées sur les extrémités des montants. Enfoncez les vis de retenue dans les montants, afin d'assembler le châssis. Réinstallez le châssis dans la fenêtre.

Démontage et réparation d'un châssis métallique

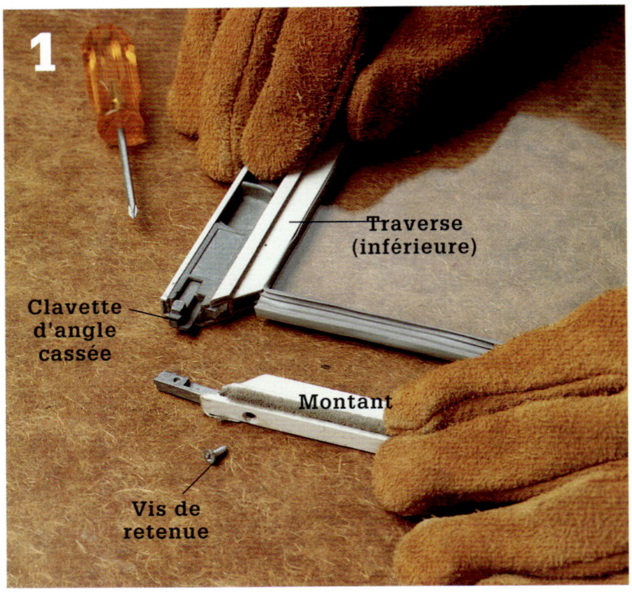

Les châssis métalliques sont assemblés dans les coins au moyen de clavettes en L qui s'insèrent dans les rainures des traverses et des montants. Si une clavette se casse, détachez le montant et la traverse du coin touché. Il faut généralement enlever une vis de retenue enfoncée dans le montant.

Les clavettes d'angle sont serties dans les rainures des traverses par des sertissures poinçonnées dans le métal qui entoure la clavette. Pour enlever la clavette, forez à travers le métal, dans la zone de la sertissure, à l'aide d'un foret ayant le même diamètre que la sertissure. À l'aide d'un tournevis et d'un marteau, faites sortir tous les morceaux de clavette du châssis.

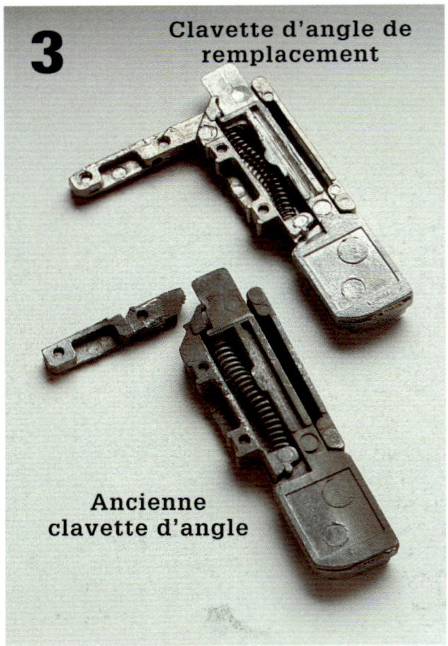

Trouvez une clavette identique à l'ancienne. Les clavettes se composent de deux ou trois pièces. Comme il en existe des douzaines de types différents, il est important de conserver les anciennes pièces pour pouvoir les remplacer.

Insérez la clavette d'angle dans la rainure de la traverse. En utilisant un chasse-clou comme poinçon, tapez sur le métal qui recouvre la clavette. Vous créerez ainsi une nouvelle sertissure qui tiendra la clavette en place.

Insérez la vitre et son joint dans les rainures du châssis. Assemblez le châssis à l'aide des vis de retenue. (S'il s'agit d'un châssis de moustiquaire, assemblez-le avant d'installer la moustiquaire.)

Conseils sur l'entretien des contre-fenêtres et des avant-portes ▸

Resserrez les papillons rotatifs ou les crampons qui ne tiennent plus fermement les contre-fenêtres en place. Remplissez les anciens trous de vis avec une cheville de bois et de la colle, avant d'y enfoncer les vis.

Lubrifiez les châssis coulissants des contre-fenêtres ou avant-portes combinées une fois l'an, avec un lubrifiant pénétrant.

Remplacez le mastic de vitrier détérioré des châssis de bois. Un mastic sain est plus attrayant et plus isolant.

Renforcez le dispositif de fermeture de l'avant-porte en resserrant les vis lâches de la gâche. Si le loquet s'ajuste mal sur la gâche, insérez une mince cale de bois entre cette dernière et le jambage, puis resserrez les vis.

Installez une chaîne de retenue sur l'avant-porte s'il n'y en a pas. Elle empêchera la porte d'ouvrir trop grand sous l'effet du vent, ce qui risquerait d'endommager les charnières ou le ferme-porte.

Réglez le ferme-porte de manière que la porte se ferme sans claquer. La plupart des ferme-portes comportent une vis de réglage de la tension située à l'extrémité du cylindre la plus éloignée des charnières.

Installation de fenêtres de remplacement

Si vous envisagez de remplacer d'anciennes fenêtres à guillotine, à un ou deux châssis, par des nouvelles, songez à utiliser des trousses de châssis de remplacement. Grâce à elles, vous disposerez de fenêtres éconergétiques, n'exigeant pas d'entretien, qui ne vous obligeront pas à changer l'apparence extérieure de votre maison ou à grever votre budget.

Au lieu de remplacer complètement une fenêtre, c'est-à-dire de remplacer toute la fenêtre et son encadrement, ou de remplacer une fenêtre dans son logement, c'est-à-dire d'installer une unité complète dans l'encadrement existant, on remplace le châssis tout en conservant les montants de la fenêtre, ce qui évite de modifier quoi que ce soit aux murs et aux garnitures, à l'intérieur comme à l'extérieur. Avec la trousse de remplacement, il vous suffit d'enlever les anciens arrêts de la fenêtre et les châssis, et d'installer de nouvelles moulures de montants en vinyle, et des châssis en vinyle ou en bois. De plus, tout le travail peut s'effectuer de l'intérieur de la maison.

La plupart des trousses de remplacement de châssis offrent des dispositifs de basculement et d'autres caractéristiques modernes. Ces ensembles existent en vinyle, en aluminium ou en bois de construction. Ils offrent un choix de couleurs et de vitrages, et se caractérisent par leur efficacité énergétique, leur sécurité et leur isolation acoustique.

La plupart des fabricants de ces trousses s'en tiennent à des châssis qui correspondent aux dimensions de leurs propres fenêtres, mais vous pouvez également commander des trousses de châssis fabriquées sur mesure. Il est essentiel que vos nouvelles fenêtres s'encastrent parfaitement dans leur logement. Lorsque vous prenez les dimensions de vos fenêtres actuelles, tenez compte des conseils de la page ci-contre et suivez les instructions du fabricant, afin d'obtenir le meilleur ajustement possible.

Outils et matériel ▸

- Niveau torpille
- Levier plat
- Ciseaux
- Tournevis
- Chasse-clou
- Trousse de remplacement de châssis
- Clous pour toiture galvanisés de 1 po
- Fibre de verre isolante
- Clous à finir
- Produits de finition du bois

Remplacez vos vieilles fenêtres non étanches par des éléments prélevés dans des trousses de châssis de remplacement à haute efficacité énergétique. Vous trouverez dans le commerce des fenêtres de différents styles, adaptées à vos anciennes fenêtres ou qui ajouteront un élément décoratif à votre intérieur. Dans la plupart des trousses, on peut opter pour des surfaces intérieures naturelles ou peintes et choisir le fini des surfaces extérieures.

Installation de fenêtres de remplacement

Mesurez la largeur de la fenêtre existante au sommet, au milieu et à la base de l'encadrement. Conservez la plus petite mesure et soustrayez-en ⅜ po. Mesurez la hauteur de la fenêtre existante entre le linteau et le point où le bord extérieur du châssis inférieur touche l'appui. Retranchez ⅜ po de cette mesure. *Note : Les spécifications des fabricants concernant la prise des dimensions de la fenêtre peuvent varier.*

Utilisez un niveau torpille pour vérifier si l'appui, le linteau et les montants sont d'équerre, de niveau et d'aplomb, selon le cas. Mesurez les diagonales : si elles sont égales, l'encadrement est d'équerre. S'il n'est pas d'équerre, consultez le fabricant de la trousse. La plupart des trousses permettent une certaine variation des dimensions.

À l'aide d'un couteau à mastiquer ou d'un levier plat, enlevez avec soin les arrêts intérieurs des montants. Conservez-les pour les réinstaller ultérieurement.

Abaissez le châssis inférieur et coupez le cordon qui supporte les contrepoids de chaque côté du châssis. Laissez tomber les contrepoids et les cordons dans leurs cavités murales.

(suite à la page suivante)

Soulevez le châssis inférieur. Enlevez les moulures de rencontre du linteau et des montants (ce sont les bandes de bois qui séparent le châssis supérieur du châssis inférieur). Coupez les cordons du châssis supérieur et soulevez-le pour l'enlever. Dégagez les poulies des cordons. Retirez si possible les contrepoids de leur cavité et remplissez des cavités de fibre de verre isolante. Réparez les parties des montants qui sont pourries ou endommagées.

Placez les supports des moulures de montants et fixez-les aux montants au moyen de clous pour toiture de 1 po galvanisés. Placez un support à environ 4 po du linteau, et un autre à 4 po de l'appui. Laissez un espace de 1⁄16 po entre l'arrêt et le support de la moulure de montant. Installez les autres supports en les espaçant régulièrement le long des montants.

Placez les joints ou coupe-froid fournis avec les moulures de montants. Installez soigneusement chaque moulure contre ses supports et poussez-la en place. Une fois les moulures installées, placez la nouvelle moulure de rencontre dans la rainure du linteau existant et fixez-la au moyen de petits clous à finir. Installez un arrêt de châssis en vinyle dans la rainure intérieure, au sommet de chaque moulure de montant. Ces arrêts bloqueront l'ouverture du châssis inférieur à la bonne hauteur.

Réglez les dispositifs de contrôle des châssis au moyen d'un tournevis ordinaire. Glissez-le dans la fente du dispositif, tenez-le fermement et faites glisser le dispositif vers le bas, jusqu'à ce qu'il se trouve à environ 9 po de l'appui. Donnez ensuite un tour de tournevis pour verrouiller le dispositif et éviter qu'il ne remonte sous l'effet de son ressort. N'ôtez pas le tournevis de la fente du dispositif avant d'avoir verrouillé celui-ci. Installez les quatre dispositifs dans les rainures de châssis.

Installez le châssis supérieur entre les moulures des montants. Placez le pivot d'un côté du châssis, dans la rainure du châssis extérieur. Basculez le châssis et placez l'autre pivot dans la rainure se trouvant de l'autre côté. Assurez-vous que les pivots sont placés au-dessus des dispositifs de contrôle du châssis. En tenant le châssis horizontalement, basculez-le vers le haut; enfoncez ensuite les moulures de montants des deux côtés et placez le châssis en position verticale, entre les moulures de montants. Faites ensuite glisser le châssis vers le bas, jusqu'à ce que les pivots entrent en contact avec les dispositifs de verrouillage en fin de course.

Installez le châssis inférieur entre les moulures des montants, en le plaçant dans les rainures du châssis intérieur. Après l'avoir amené en position verticale, glissez-le vers le bas jusqu'à ce qu'il active les dispositifs de contrôle. Ouvrez et fermez les deux châssis pour en vérifier le bon fonctionnement.

Réinstallez les arrêts que vous avez enlevés à l'étape 3. Fixez-les avec des clous à finir, en utilisant les anciens trous, ou en enfonçant les clous dans de nouveaux avant-trous que vous aurez forés.

Vérifiez si le châssis inférieur bascule correctement, sans être gêné par les arrêts. Enlevez les étiquettes et nettoyez les vitres. Peignez ou vernissez les nouveaux châssis.

Sécurisation des portes et des fenêtres

Pour sécuriser une porte ou une fenêtre, il suffit souvent d'installer quelques pièces de quincaillerie toutes simples. La faiblesse ou la mauvaise qualité de l'un ou l'autre de celles-ci compromet la sécurité de l'ensemble.

Sur le plan de la sécurité, le verre constitue à la fois la force et la faiblesse d'une fenêtre. Un intrus peut facilement briser la vitre, mais pourrait hésiter à le faire à cause du bruit qui attirerait l'attention. À part l'installation de barreaux métalliques, rien ne peut renforcer la sécurité offerte par une fenêtre ; vous devez donc veiller à ce qu'il soit impossible de l'ouvrir de l'extérieur.

Une porte d'entrée doit être faite de métal ou de bois plein – d'une épaisseur minimale de 1 ¾ po –, et chacune doit être munie d'une serrure à pêne dormant, puisqu'une serrure de bouton de porte n'est pas fiable. La qualité des serrures varie largement. Veillez à en choisir une comportant un pêne (ou cœur de pêne) d'acier trempé qui, en position verrouillée, dépasse d'au moins 1 po le chant de la porte.

Il est facile de sécuriser les charnières d'une porte. Plusieurs fabricants proposent toute une gamme de petits dispositifs, peu coûteux, qui retiennent la porte même si les tiges des charnières sont enlevées.

La porte d'un garage est solide sur le plan structural, mais son dispositif de verrouillage en fait une cible de choix pour les malfaiteurs. Lorsque vous vous absentez pour une longue période, posez un cadenas sur l'un des rails de la porte. Si vous utilisez un ouvre-porte automatique, assurez-vous que la télécommande fonctionne avec un code évolutif, que les voleurs ne peuvent pas copier. Un clavier électronique peut rendre votre porte de garage tout aussi sûre et facile d'utilisation que la porte d'entrée de votre maison.

Outils et matériel ▸

- Marteau
- Perceuse
- Scie-cloche
- Foret à trois pointes
- Alène
- Tournevis
- Ciseau
- Couteau universel
- Contreplaqué
- Clous à tête conique
- Planche
- Boulons à œil
- Charnière
- Vis
- Goujons
- Dispositifs de sûreté

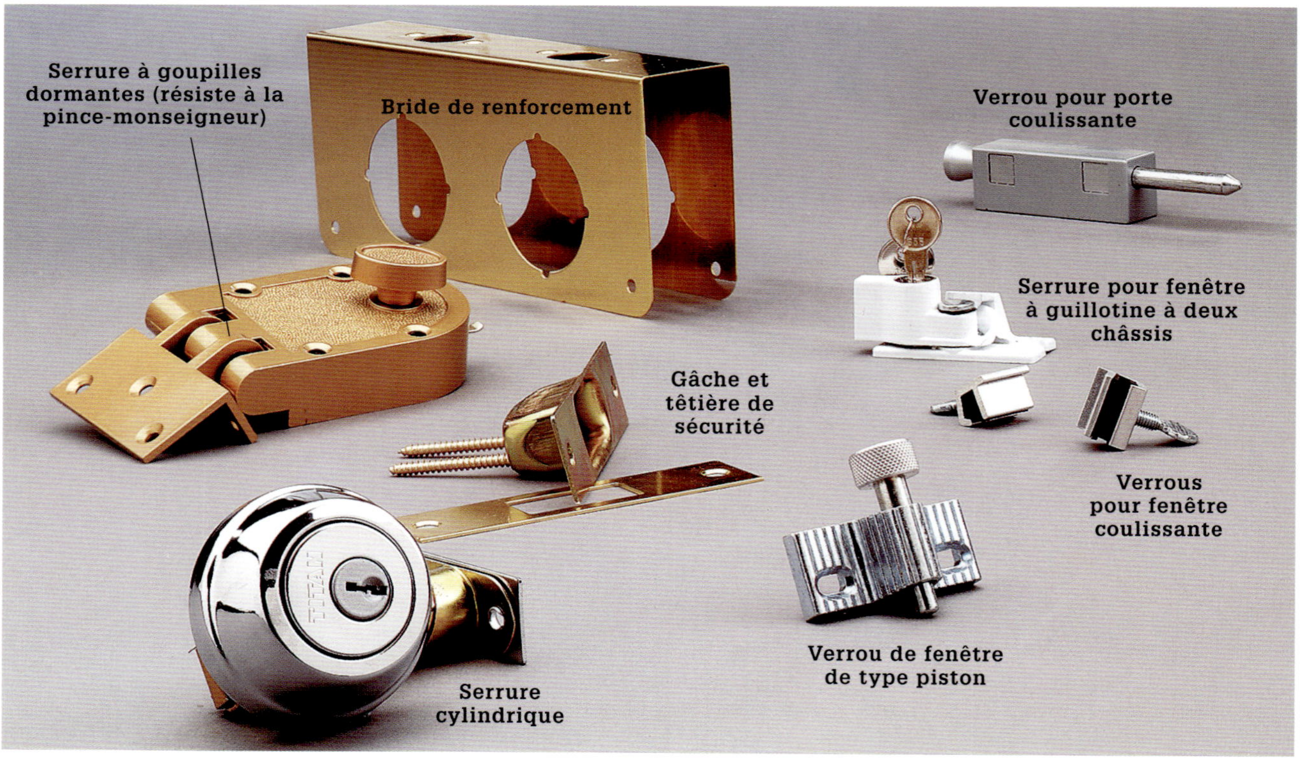

Conseils sur la sécurisation des fenêtres

Vous pouvez joindre les châssis d'une fenêtre à guillotine à un ou à deux châssis à l'aide de boulons à œil de ¼ po sur 3 po. La fenêtre étant fermée, pratiquez un trou de ¼ po de diamètre dans le bord supérieur du châssis du bas et dans le bord inférieur du châssis du haut, selon un axe faiblement incliné. Évitez d'atteindre la vitre, et arrêtez la perceuse lorsque vous aurez traversé aux trois quarts le châssis du haut. Pour bloquer la fenêtre en position ouverte, pratiquez plutôt les trous dans les montants des châssis.

Enfoncez des vis dans la glissière supérieure d'une fenêtre coulissante afin d'empêcher un malfaiteur de soulever le châssis pour le dégager de sa glissière inférieure. Les têtes des vis doivent se trouver juste au-dessus du châssis, sans en gêner le glissement. Utilisez des vis robustes, enfoncées à intervalles d'environ 6 po.

Bloquez la glissière inférieure d'une fenêtre coulissante à l'aide d'une planche étroite ou d'un barreau.

Recourez à des verrous supplémentaires sur les fenêtres coulissantes lorsqu'une planche ou un barreau ne convient pas. La plupart s'installent sur la glissière du haut ou du bas.

Remplacez par des serrures les anciens verrous des fenêtres à guillotine à deux châssis. Les verrous traditionnels sont peu fiables, surtout ceux des vieilles fenêtres. Gardez la clé à portée de la main pour le cas où vous devriez quitter les lieux en vitesse.

(suite à la page suivante)

Retirez les poignées des manivelles des fenêtres à l'italienne et des fenêtres à battants pour empêcher les malfaiteurs de les ouvrir une fois la vitre cassée.

Protégez contre les intrus les fenêtres du rez-de-chaussée en y posant des barres ou des barrières.

Conseils sur la sécurisation des portes-fenêtres coulissantes

Avec une planche épaisse et une charnière, fabriquez un dispositif de blocage adapté à la glissière de votre porte. Coupez la planche à la bonne longueur. Coupez-la de nouveau à quelques centimètres de l'une de ses extrémités. Reliez les deux parties avec une charnière pour pouvoir relever la partie courte pour bloquer la porte en position entrouverte. Posez des boutons sur les deux bouts de planche pour qu'elle soit plus facile à manipuler.

Enfoncez des vis dans la glissière supérieure afin d'empêcher qu'on soulève la porte coulissante pour la dégager de sa glissière inférieure. Utilisez des vis robustes à tête tronconique, enfoncées à intervalles de 8 po, de manière que la porte puisse glisser sans toucher aux vis. Dans le cas d'un chambranle métallique, servez-vous de vis taraudeuses et d'une perceuse à basse vitesse.

Fixez un verrou de porte coulissante sur le cadre du panneau coulissant. Pratiquez un trou pour le pêne dans la glissière supérieure. Pratiquez-en un autre quelques centimètres plus loin, afin de pouvoir verrouiller la porte en position entrouverte.

Conseils sur la sécurisation des portes

Installez des cales de contreplaqué dans les vides laissés entre le chambranle et les poteaux du mur, pour prévenir les attaques au pied-de-biche. Retirez la moulure intérieure du chambranle pour inspecter le vide. Si sa largeur est supérieure à ¼ po, installez des cales de contreplaqué dans les vides situés entre les anciennes cales. Veillez à les poser au-dessus, au-dessous et à l'arrière de la gâche. Pratiquez des avant-trous et fixez les cales avec des clous à tête conique 10d.

Remplacez les vis courtes des charnières par des vis plus longues (3 po ou 4 po), qui traverseront le chambranle pour pénétrer dans le poteau du mur. Cela rendra la porte plus résistante au défonçage. Serrez les vis sans exagérer, de crainte de déformer le chambranle.

Ajoutez une bride de renforcement métallique autour du verrou pour que la porte résiste au défonçage. Retirez la serrure et glissez la bride sur la porte. Assurez-vous que l'ouverture de la bride correspond à l'épaisseur de la porte.

Ajoutez une plaque robuste pour renforcer le chambranle autour de la gâche. Pour une meilleure protection, choisissez une plaque munie d'un rebord résistant au pied-de-biche. Fixez la avec de longues vis qui pénétreront dans le poteau du mur.

(suite à la page suivante)

Si les clés ont été perdues ou volées, faites modifier la configuration du barillet afin que les anciennes clés ne puissent plus être utilisées. Retirez le barillet – laissez le mécanisme du pêne en place – et portez-le chez le serrurier.

L'installation d'un judas optique dans la porte extérieure est une mesure de sécurité facile à prendre. Il suffit de pratiquer dans la porte une ouverture à la bonne hauteur, puis d'y visser ensemble les deux moitiés du judas.

Installation d'une gâche de sécurité

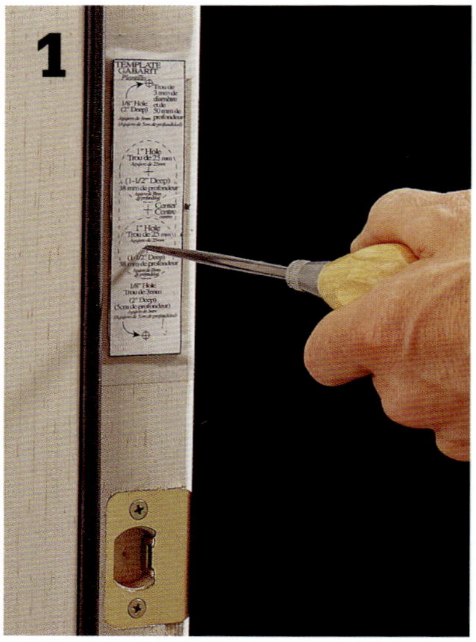

Marquez le centre horizontal du pêne sur le jambage de porte. Collez le gabarit de gâche sur le jambage, en alignant les marques de centre. Avec un poinçon, marquez les endroits où seront pratiqués les trous. À l'aide d'un couteau universel, tracez une ligne de ⅛ po de profondeur autour du gabarit.

Pratiquez des avant-trous pour les vis de la plaque. À l'aide du foret à trois pointes recommandé, creusez la mortaise destinée au pêne. Pour découper la mortaise destinée à la plaque, faites des coupes parallèles de ⅛ po de profondeur, en tenant le ciseau à un angle de 45°, côté biseauté vers l'intérieur. Pour chasser le bois, retournez le ciseau et poussez-le vers le bas.

Insérez la gâche de sécurité dans la mortaise et vissez-la. Pour plus de solidité, l'axe des vis doit être faiblement incliné vers le centre du poteau du mur. Posez la plaque et vissez-la.

Installation d'une serrure de sécurité

Prenez une mesure à partir du plancher ou de la serrure existante, afin de déterminer où installer la nouvelle serrure. Son centre devrait se situer à une distance minimale de 3 ½ po du centre de l'ancienne serrure. Collez le gabarit (fourni avec la serrure) sur la porte. Au moyen d'une alène, marquez les centres du barillet et du trou destiné au pêne. Fermez la porte et servez-vous du gabarit pour marquer sur le jambage la ligne de centre du trou destiné au pêne.

Pratiquez l'ouverture destinée au barillet à l'aide d'une scie cloche montée sur une perceuse. Pour que le bois n'éclate pas, forez l'ouverture d'un côté de la porte jusqu'à ce que la scie-cloche perce à peine la porte, puis placez-la de l'autre côté pour terminer l'ouverture.

Servez-vous d'un foret à trois pointes pour creuser dans le chant de la porte l'ouverture destinée au pêne. Gardez la perceuse perpendiculaire au chant de la porte.

Introduisez le pêne dans l'ouverture du chant de la porte. Introduisez la pièce arrière de la serrure dans le trou du barillet de manière que les vis de liaison traversent le mécanisme du pêne. Assemblez les deux pièces avec des vis.

En vous guidant sur la ligne de centre tracée sur le jambage, déterminez où pratiquer l'ouverture destinée au pêne. Pratiquez-la, puis découpez au ciseau la mortaise de la gâche. Vissez la gâche. Vous pouvez remplacer la gâche ordinaire par une gâche de sécurité.

Entretien d'une porte de garage

Imaginez la scène : Vous rentrez tard, le soir, et il pleut des cordes. Dans votre voiture, vous frissonnez. Vous couvez un rhume. Arrivé dans votre entrée de garage, vous appuyez sur un petit bouton, la porte s'ouvre, la lumière s'allume, vous garez votre voiture à l'abri, vous êtes chez vous, enfin ! Vous n'êtes pas trempé. Vous n'avez pas soulevé une porte qui semble peser une tonne. Vous n'avez pas pesté contre la nature. Grâce à une porte de garage bien entretenue et à un ouvre-porte, vous avez échappé à quelques désagréments, et c'est une bonne chose.

Malheureusement, tout ce qui est mécanique finit par se détraquer avec le temps, surtout si l'entretien est déficient. Une porte de garage motorisée sur glissières ne fait pas exception. Pour qu'elle fonctionne parfaitement, il faut veiller au bon état non seulement de la porte, mais aussi de l'ouvre-porte et des capteurs.

Outils et matériel ▸

Essence minérale
Lubrifiant graphité en aérosol
Garnitures d'intempérisation
Niveau
Maillet de caoutchouc
Lubrifiant pénétrant
Chiffons
Clé à douilles
Huile légère
Pince
Clés ouvertes

Grâce à un entretien périodique, votre porte de garage continuera de bien fonctionner, qu'il pleuve ou qu'il neige.

Entretien d'une porte de garage

Commencez la mise au point par la lubrification des glissières, des poulies et des roulettes. Utilisez de l'huile légère, non de la graisse, car cette dernière retient trop la poussière et la saleté.

Enlevez les roulettes encrassées ou endommagées en desserrant l'écrou retenant le support de roulette. La roulette se détachera avec le support enlevé.

L'essence minérale et le kérosène sont d'excellents solvants pour le nettoyage des roulements. Laissez-les tremper une demi-heure, puis délogez la saleté à l'aide d'un vieux pinceau ou d'une brosse à dents.

(suite à la page suivante)

Si les roulettes en mouvement sont trop bruyantes, il se peut que les glissières soient désalignées. Vérifiez si les glissières sont d'aplomb. Si elles ne le sont pas, ajustez la position de leurs supports de montage.

Pour mettre les glissières d'aplomb, desserrez tous les supports de montage des glissières (il y en a généralement trois ou quatre par glissière) et alignez-les correctement.

Souvent, il est plus facile d'ajuster les supports en desserrant un peu les boulons des supports et en donnant de petits coups de maillet de caoutchouc sur la glissière. Une fois la glissière mise d'aplomb, resserrez les boulons.

Si la tige de fermeture fonctionne mal, c'est parfois parce que le ressort de rappel a perdu sa tension. La seule solution consiste à remplacer le ressort, dont l'une des extrémités est fixée sur le boîtier du verrou et l'autre sur la tige de fermeture.

Si le loquet a besoin d'être lubrifié, utilisez du graphite en poudre ou en liquide. N'utilisez pas d'huile, car elle attirera la poussière et encrassera davantage le loquet.

Variante : Il arrive que la tige de fermeture ne verrouille pas la porte parce qu'elle ne glisse pas dans l'ouverture de la glissière qui lui est destinée. Pour corriger la situation desserrez le support de guidage retenant la tige et déplacez-le vers le haut ou vers le bas, jusqu'à ce que la tige s'aligne sur l'ouverture.

(suite à la page suivante)

Une garniture d'intempérisation usée ou endommagée peut laisser passer beaucoup d'air froid sous la porte. Inspectez-la. Si elle est fissurée ou trouée, enlevez-la et arrachez tous les clous restants.

Mesurez la largeur de la porte et achetez la garniture d'intempérisation qui convient. Les maisonneries et les parcs à bois les tiennent en stock. Si la vôtre ne se vend pas avec les pièces d'attache, achetez des clous pour toiture galvanisés.

Si la chaîne de l'ouvre-porte est lâche et pend plus de ½ po sous la glissière inférieure, cela peut faire beaucoup de bruit et provoquer l'usure prématurée des pignons d'entraînement. Retendez la chaîne selon les instructions du fabricant.

Si l'ouvre-porte est muni d'une chaîne, lubrifiez-la sur toute sa longueur avec de l'huile légère. Faites de même dans le cas d'un entraînement à vis. N'utilisez pas de graisse.

Testez la sensibilité aux obstacles du système de fermeture de la porte et effectuez les réglages sur le boîtier du moteur, si nécessaire. Vu que la sensibilité et son mécanisme de réglage varient beaucoup en fonction des modèles, consultez la documentation du fabricant (que vous pouvez généralement télécharger à partir du site Web de ce dernier, si vous ne l'avez pas reçue à l'achat).

Vérifiez l'alignement des capteurs de sécurité situés près du sol. Ils doivent être orientés directement l'un vers l'autre, et leurs lentilles doivent être exemptes de saleté et de graisse.

Assurez-vous que les capteurs «communiquent» bien avec l'ouvre-porte. Déclenchez la fermeture de la porte et passez la main entre les deux capteurs. Si la porte s'arrête immédiatement et remonte, c'est que les capteurs fonctionnent bien. Si ce n'est pas le cas, effectuez les réglages recommandés dans la documentation du fabricant. Si cela ne règle pas le problème, recourez aux services d'un installateur professionnel et n'utilisez pas la porte avant qu'elle passe ce test avec succès.

Enlèvement de portes et de fenêtres

Si vos travaux de rénovation vous obligent à enlever des portes et des fenêtres, ne commencez ce travail qu'après avoir terminé les travaux de préparation et après avoir enlevé les garnitures et les revêtements des murs intérieurs. Comme vous devrez fermer dès que possible les ouvertures pratiquées dans les murs, assurez-vous de disposer de tous les outils nécessaires, du bois d'ossature et des nouvelles portes et fenêtres avant d'entreprendre les dernières étapes de la démolition. Soyez prêt à effectuer le travail le plus rapidement possible.

On utilise les mêmes principes de base pour enlever les portes que pour enlever les fenêtres. Il est souvent possible de les récupérer pour les revendre ou les utiliser ailleurs : vous avez donc intérêt à les enlever soigneusement.

Outils et matériel ▸

Couteau universel
Levier plat
Tournevis
Marteau
Scie alternative
Contreplaqué
Ruban-cache
Vis

L'enlèvement des portes et des fenêtres se fait à peu près de la même manière, et beaucoup plus facilement à deux. Soyez prudent lorsque vous enlevez de grandes fenêtres ou des portes-fenêtres, car elles peuvent être très lourdes.

Enlèvement d'une porte

À l'aide d'un levier et d'un marteau, enlevez prudemment la garniture intérieure de la porte. Conservez-la pour la replacer lorsque vous aurez installé la nouvelle porte.

À l'aide d'un couteau universel, coupez le calfeutrage entre le parement extérieur et la moulure de l'encadrement de porte.

À l'aide d'un levier plat, enlevez les clous à boiserie qui fixent les jambages de porte à l'encadrement. Cisaillez les clous récalcitrants au moyen d'une scie alternative (voir l'étape 2 ci-dessous). Enlevez la porte de l'embrasure.

Enlèvement d'une fenêtre

À l'aide d'un levier, enlevez la garniture intérieure autour de l'encadrement de la fenêtre. S'il s'agit d'une fenêtre à guillotine munie de contrepoids, enlevez les contrepoids en coupant les cordons et en retirant les contrepoids de leur logement, au bas des jambages.

À l'aide d'une scie alternative, coupez les clous qui fixent la fenêtre aux éléments d'ossature. Collez du ruban-cache sur le vitrage pour éviter qu'il n'éclate et enlevez la fenêtre de l'ouverture.

Variante : Si les fenêtres et les portes sont attachées au moyen de brides de clouage, coupez le parement ou écartez-le à l'aide d'un levier, puis enlevez les clous de montage qui fixent l'unité au revêtement. Voir les pages 186-187 pour en savoir plus long sur l'enlèvement du parement.

Installation d'une porte intérieure montée

Installez une porte intérieure montée lorsque le travail de charpente est terminé et que le revêtement mural a été posé. Si l'ouverture brute a été correctement calculée, l'installation de la porte devrait prendre environ une heure.

Les portes montées standard ont des jambages de 4 ½ po d'épaisseur et elles sont fabriquées pour s'adapter à des murs construits en pièces de 2 x 4 et recouverts de plaques de plâtre de ½ po d'épaisseur. Si vos murs sont faits de pièces de 2 x 6 ou que leur revêtement est plus épais, vous pouvez commander une porte spécialement fabriquée pour vous ou donner plus d'épaisseur aux jambages d'une porte montée standard.

Outils et matériel ▸

- Niveau
- Marteau
- Égoïne
- Porte intérieure montée
- Intercalaires en bois
- Clous à tête conique 8d

Une porte montée vous fait gagner du temps et facilite l'installation, car le jambage est déjà installé sur la porte.

Installation d'une porte montée intérieure

Glissez la porte dans l'ouverture de manière que les bords des jambages arrivent au ras de la surface des murs et que le jambage côté charnières soit d'aplomb.

Enfoncez près de chaque charnière, en commençant par en haut, une paire d'intercalaires, un dans chaque sens, entre l'embrasure et le jambage côté charnières, à intervalles de 12 po. Vérifiez si le jambage côté charnières est toujours d'aplomb et s'il ne s'incurve pas.

Fixez le jambage côté charnières au moyen de clous à tête conique 8d enfoncés à travers le jambage et les intercalaires, dans le poteau nain. Vous voudrez peut-être pratiquer des avant-trous pour prévenir l'éclatement des intercalaires.

Enfoncez deux intercalaires entre l'embrasure et le jambage côté serrure, d'une part, et le jambage supérieur, d'autre part, à intervalles de 12 po. La porte étant fermée, réglez les intercalaires de manière à laisser un espace de ⅛ po entre le bord de la porte et le jambage. Enfoncez des clous à tête conique 8d à travers les jambages et les intercalaires, dans les éléments d'ossature.

Tranchez les intercalaires à l'égoïne au ras de la surface du mur. Tenez l'égoïne verticalement afin de n'endommager ni le jambage ni le mur. Finissez la porte et installez la serrure selon les instructions du fabricant. Posez les moulures.

Conseil ▸

Si les murs sont faits de poteaux de 2 x 6, vous devrez donner plus d'épaisseur aux jambages en fixant sur leurs bords des bandes de bois de 1 po d'épaisseur, une fois la porte installée. Fixez-les avec de la colle et des clous à tête conique 4d. Les bandes devraient être de la même essence de bois que le jambage.

Installation d'une fenêtre de remplacement munie d'une bride de clouage

Enlevez l'ancienne fenêtre (voir page 149) et introduisez la nouvelle dans l'ouverture brute. Centrez-la horizontalement et insérez des intercalaires sous l'appui pour la mettre de niveau. Du côté extérieur, mesurez et marquez sur le parement la largeur de la moulure extérieure que vous installerez autour de la nouvelle fenêtre. Tracez-en le périmètre.

Enlevez le parement extérieur autour de la fenêtre afin d'exposer le revêtement mural. Servez-vous de l'outil à déboîter pour le parement de vinyle, ou d'un levier ordinaire et d'un marteau, pour enlever les clins de bois. Pour en savoir davantage sur l'enlèvement des surfaces extérieures, consultez la page 187.

Recouvrez l'appui et les éléments de charpente de l'ouverture brute avec une bande d'étanchéité autoadhésive. Appliquez des bandes supplémentaires derrière le parement et l'appui, et ensuite le long du linteau. La bande devrait recouvrir les bords avant et les côtés des éléments de l'ouverture.

Appliquez un cordon de pâte à calfeutrer à base de silicone autour de la face arrière de la bride de la fenêtre. Installez la fenêtre dans l'ouverture brute, en la centrant horizontalement. Immobilisez la fenêtre à l'aide d'un clou pour toiture enfoncé partiellement dans la partie supérieure de la bride. De l'intérieur, mettez la fenêtre de niveau et d'aplomb, en ajustant au besoin sa position à l'aide d'intercalaires.

Fixez la fenêtre sur le linteau à l'une des extrémités de la bride de clouage à l'aide d'un clou pour toiture de 1 po galvanisé. Enfoncez-en un second à l'autre extrémité afin d'immobiliser la fenêtre. Enfoncez d'autres clous dans la bride autour de la fenêtre pour la fixer solidement. Appliquez des bandes d'étanchéité autoadhésives sur la bride. Commencez par la partie inférieure de la bride. Posez ensuite sur les parties verticales des bandes qui chevauchent celle du bas et qui montent de 8 po à 10 po au-dessus de la fenêtre. Posez sur le haut de la bride une bande horizontale qui chevauchera les bandes verticales.

Installez un larmier métallique au-dessus de la fenêtre, sous le parement. Fixez-le uniquement avec de la pâte à calfeutrer à base de silicone.

Coupez et fixez la moulure extérieure autour de la fenêtre, en laissant un petit espace entre la moulure et l'encadrement. Utilisez des clous à tête conique 8d galvanisés enfoncés dans des avant-trous pour fixer la moulure sur la charpente de l'ouverture brute. Biseautez les joints des coins. Réinstallez le parement que vous avez retiré en le découpant au besoin.

Avec une pâte à calfeutrer de haute qualité, remplissez le joint formé par la moulure et le parement. Du côté intérieur, remplissez les espaces entre l'encadrement de la fenêtre et l'ouverture brute avec un cordon de mousse isolante, avec une mousse à faible expansion ou avec un isolant de fibre de verre. Installez les moulures intérieures.

Installation d'une avant-porte

L'avant-porte joue un rôle important sur le plan de l'efficacité énergétique de la maison, en plus de protéger la porte d'entrée. Dans les climats rudes, elle protège la porte d'entrée contre la pluie ou la neige poussée par le vent. L'hiver, l'avant-porte crée avec la porte un vide d'air isolant ; l'été, lorsque la moustiquaire est installée, elle permet d'améliorer la ventilation de la maison. En outre, l'avant-porte renforce la sécurité des lieux, surtout si on la dote d'un loquet et d'une serrure.

Si vous souhaitez installer une nouvelle avant-porte ou en remplacer une ancienne qui a connu de meilleurs jours, rendez-vous au magasin. Les avant-portes sont offertes dans une multitude de styles qui conviendront à tous les besoins, et dans divers matériaux, comme l'aluminium, le vinyle et même la fibre de verre. (Les avant-portes en bois existent toujours, mais il faut les rogner et les ajuster soi-même, car elles ne se vendent pas déjà montées.) Dans la plupart des cas, on installe l'avant-porte montée dans l'huisserie de la porte d'entrée. Les instructions d'installation varieront en fonction du modèle choisi. Lisez-les attentivement avant de commencer.

Autrefois strictement utilitaire, l'avant-porte est devenue un élément de design important. Réfléchissez bien avant de faire votre choix ; optez pour une avant-porte qui s'harmonise bien avec la porte d'entrée et les autres garnitures extérieures de la maison.

Une avant-porte de bonne qualité protège la porte d'entrée contre le vent froid, la pluie et la neige. L'été, elle assure une bonne ventilation de la maison, tout en gardant les moustiques à l'extérieur.

Outils et matériel ▸

- Perceuse ou visseuse
- Mètre à ruban
- Clous à finir
- Tournevis
- Pinceau
- Ruban-cache
- Scie à métaux
- Niveau
- Apprêt
- Peinture

Installation d'une avant-porte

Testez l'ajustement de la porte dans l'ouverture. Si nécessaire, ajoutez un intercalaire sur le jambage côté charnières de l'ouverture. Coupez l'intercalaire à la scie circulaire. Clouez-le sur le jambage, au ras de sa face avant.

Installez le larmier au-dessus de l'ouverture de la porte. Les instructions accompagnant votre avant-porte vous guideront. Parfois, c'est la première étape d'installation, comme dans notre cas, sinon le larmier est posé une fois l'installation terminée.

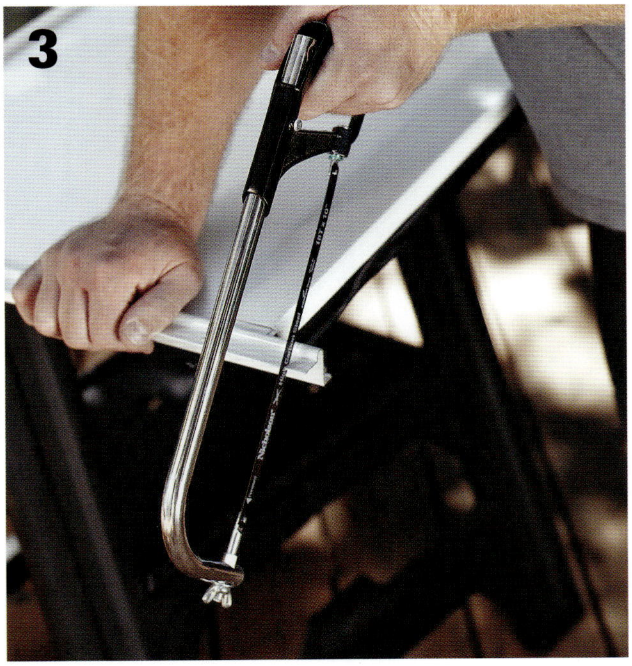

Mesurez la hauteur de l'ouverture et coupez à la bonne longueur la bride côté charnières. Servez-vous d'une scie à métaux et travaillez lentement, afin que la lame ne sorte pas de l'entaille et ne raie pas une partie visible.

Soulevez la porte et poussez-la dans l'ouverture. Enfoncez partiellement une vis de montage en bas et une autre en haut. Assurez-vous que la porte est d'aplomb avant d'enfoncer complètement dans la bride toutes les vis de montage.

Installation d'une nouvelle porte dans un encadrement existant

Si votre porte est peu attrayante ou abîmée, mais que l'encadrement et les garnitures sont encore en bon état, vous pouvez vous contenter d'installer une nouvelle porte sans remplacer le reste. C'est un bon moyen de préserver les moulures et les garnitures existantes, surtout si la maison est ancienne, et vous n'aurez pas à harmoniser la couleur d'un nouvel encadrement avec le parement.

Si les charnières sont également en bon état, réutilisez-les aussi. Cela est souhaitable dans le cas des maisons patrimoniales aux charnières ornementales. La plupart des maisonneries gardent en stock des portes à six panneaux; vous pouvez aussi en commander une au style et de l'essence qui vous plaisent. Pour des raisons esthétiques et pratiques, choisissez une porte de mêmes dimensions que l'ancienne.

Pour monter la porte, il faudra la mettre en place à l'aide d'intercalaires, prendre des mesures et la rogner afin qu'elle s'emboîte parfaitement dans l'ouverture. Vous devrez également entailler au bon endroit les mortaises destinées aux charnières.

C'est un projet où la patience et le soin apporté au traçage des lignes de coupe sont essentiels. Faites-vous aider par quelqu'un qui tiendra la porte dans la bonne position pendant que vous la marquerez et l'ajusterez.

Outils et matériel ▸

- Intercalaires
- Mètre à ruban
- Compas porte-mine
- Équerre combinée
- Couteau universel
- Scie circulaire
- Serre-joint en C
- Foret à centrage automatique
- Rabot à main ou électrique
- Marteau
- Ciseau
- Perceuse ou visseuse
- Scie-cloche
- Foret à trois pointes
- Porte
- Vis à charnières

L'installation d'une nouvelle porte dans un encadrement existant peut avoir un effet spectaculaire sur l'apparence de votre maison.

Installation d'une nouvelle porte dans un encadrement existant

Demandez à quelqu'un à l'intérieur de tenir la porte contre l'encadrement. Glissez deux intercalaires épais sous la porte afin de la soulever un peu du seuil. Déplacez les cales vers l'intérieur ou l'extérieur jusqu'à ce que l'écart entre l'encadrement et les bords latéraux et supérieur de la porte soit à peu près uniforme. Faites une marque le long du bord supérieur de la porte.

Avec du ruban-cache de couleur, marquez sur le côté extérieur de la porte le côté charnières. Cela vous aidera à garder la porte dans le bon sens pendant toute l'installation.

Avec un compas porte-mine ouvert à 3⁄16 po, tracez les lignes de coupe le long des bords latéraux et du bord supérieur de la porte. Ces lignes créeront un dégagement pour les charnières et pour le pivotement de la porte. Si le bord inférieur de la porte doit se refermer sur une moquette, réglez les branches du compas à ½ po et tracez une ligne de coupe sur le bas de la porte. Enlevez la porte et transposez ces lignes sur son autre face.

Déposez la porte sur un établi solide ou sur des tréteaux, le ruban-cache sur le dessus. Sur les lignes de coupe, entamez la surface de la porte avec un couteau universel, afin de prévenir l'éclatement des fibres lorsque vous scierez la porte.

(suite à la page suivante)

Découpez les extrémités de la porte avec une scie circulaire munie d'une lame à dents fines. Glissez la base de la scie le long d'une règle retenue par des serre-joints, la lame passant à 1⁄16 po du côté déchet des lignes de coupe. Avant la coupe, assurez-vous que la lame est perpendiculaire à la base. Utilisez ensuite un rabot électrique ou à main pour rogner la porte jusque sur la ligne de coupe.

Placez la porte sur le côté pour la raboter jusque sur la ligne de coupe. Réglez l'outil pour une coupe fine. Réglez à la profondeur de coupe du rabot électrique à 1⁄16 po et à un peu moins celle du rabot à main. Faites en sorte que chaque passe soit faite de longs mouvements d'une extrémité de la porte à l'autre.

Remettez la porte en place en la calant et en demandant à quelqu'un de la soutenir de l'intérieur. Placez-la un peu en retrait de l'arrêt de porte afin de pouvoir marquer la position des charnières sur la face extérieure de la porte.

Au moyen d'une équerre combinée ou de l'une des charnières, tracez sur le chant de la porte le pourtour des mortaises destinées aux charnières. Entamez les lignes de coupe avec un couteau universel.

Entaillez des mortaises peu profondes à l'aide d'un ciseau bien affûté et d'un marteau. Commencez sur la ligne de coupe en guidant le couteau universel ou le ciseau sur une règle, puis faites une série d'entailles peu profondes au ciseau à l'intérieur des lignes. La mortaise doit être à peine plus profonde que l'épaisseur de la charnière.

Placez les charnières dans les mortaises. Pratiquez des avant-trous pour les vis. Fixez les charnières sur la porte.

Montez la porte sur l'encadrement en l'inclinant de manière que la charnière supérieure repose contre la mortaise supérieure de l'encadrement. Enfoncez une vis dans cette charnière. Placez ensuite les autres charnières dans leurs mortaises respectives et enfoncez toutes les vis requises.

Pratiquez les ouvertures nécessaires au loquet et à la serrure en vous servant d'une scie-cloche et d'un foret à trois pointes. Si vous réutilisez la quincaillerie de l'ancienne porte, mesurez la position et les dimensions de ses ouvertures et gardez-les dans la nouvelle, en commençant par pratiquer la grande ouverture de la serrure. Si vous installez une nouvelle quincaillerie, servez-vous des gabarits du fabricant et suivez ses instructions pour pratiquer les ouvertures et installer loquet et serrure.

Installation d'une porte d'entrée

Rares sont les éléments de construction qui influent davantage sur l'apparence de la maison qu'une porte d'entrée attrayante et bien entretenue, qui s'harmonise avec goût à l'architecture de la maison. En fait, des études menées par l'industrie de la construction révèlent que vous pouvez récupérer plusieurs fois votre investissement lorsque vous avez remplacé une porte ordinaire par une entrée haut de gamme et que vous revendez votre maison. Plus important encore, selon vos priorités, ce remplacement vous fera apprécier davantage votre foyer, en plus de le rendre plus sûr et plus écoénergétique.

Si vous remplacez une porte d'entrée simple par des portes doubles ou par une porte simple avec une ou deux fenêtres latérales, vous devrez élargir l'ouverture. N'oubliez pas de faire approuver vos plans et d'obtenir un permis de construire. Vous devrez assurer un soutien temporaire à partir du moment où vous enlèverez les montants de la nouvelle ouverture jusqu'à ce que vous ayez installé et fixé un nouveau linteau approuvé pour la nouvelle portée à couvrir.

La porte de style American Craftsman à deux fenêtres latérales de notre projet a l'allure et la texture d'une porte de bois classique, mais elle est en réalité composée de fibre de verre. Les portes en fibre de verre moderne imitent quasiment à la perfection le grain du bois, tout en offrant la durabilité et l'entretien réduit de la fibre de verre.

Outils et matériel ▸

Mètre à ruban	Cales
Niveau	Clous de charpente
Scie alternative	Clous à finir
Pistolet à calfeutrer	Chasse-clou
Marteau	Matériaux de finition

Le remplacement d'une porte ordinaire par une porte haut de gamme est un investissement qui rapporte sur le plan esthétique et, selon des études de l'industrie, lors de la revente de la maison.

Remplacement d'une porte d'entrée

Enlevez l'ancienne porte d'entrée en tranchant à la scie alternative les attaches qui la retiennent à l'encadrement. Si la nouvelle porte d'entrée est plus large, tracez sur le mur le pourtour de la nouvelle ouverture brute. Si possible, l'un des bords de la nouvelle ouverture devrait s'appuyer sur un poteau existant. N'oubliez pas de tenir compte de l'épaisseur du nouvel encadrement lorsque vous enlevez le revêtement du mur.

Construisez le cadre de la nouvelle ouverture brute. Les instructions fournies avec la porte préciseront les dimensions de l'ouverture brute, lesquelles laissent généralement un vide de ½ po entre la porte et les poteaux et le linteau. Rapiécez les surfaces murales.

Découpez un larmier métallique à la largeur de l'ouverture ; insérez-en le bord arrière sous le revêtement du mur, en haut de l'ouverture brute. Fixez le larmier à l'aide de pâte à calfeutrer seulement – n'utilisez pas de clous, ni de vis.

Déballez la nouvelle porte et insérez-la dans l'ouverture brute, pour vous assurer qu'elle s'y ajuste bien. Enlevez-la. Assurez-vous que le sous-plancher est propre et en bon état. Appliquez d'épais cordons de pâte à calfeutrer sous la lisse de la porte et sur le sous-plancher dans l'ouverture brute. Ne lésinez pas sur la quantité de pâte utilisée.

(suite à la page suivante)

Placez la lisse de la porte au bon endroit et relevez la porte de manière qu'elle s'emboîte bien dans l'ouverture, sa garniture extérieure arrivant au ras du revêtement mural. Appuyez sur la lisse pour bien l'enfoncer dans la pâte à calfeutrer. Essuyez l'excédent de pâte avec un chiffon.

Servez-vous d'un niveau de 6 pi pour vérifier si la porte est bien d'aplomb. Fixez-la sur le poteau de l'ouverture brute du côté charnières à l'aide de paires de clous 10d partiellement enfoncés dans le cadre, du côté intempérisé de la porte (ou de la fenêtre latérale). Dans le cas d'une porte simple à charnières, enfoncez les clous juste au-dessus des charnières. *Note : Beaucoup d'installateurs professionnels préfèrent les vis à plancher aux clous pour la fixation des jambages. Les vis offrent une meilleure adhérence et sont plus faciles à ajuster, mais il est plus difficile de masquer leurs têtes que celles des clous.*

Enfoncez des cales de bois entre le jambage et les poteaux du mur afin de créer un écart uniforme. Placez les cales directement au-dessus des paires de clous partiellement enfoncés. Vérifiez de nouveau si la porte est encore d'aplomb.

Enfoncez des cales entre le jambage du côté loquet et le poteau du mur. N'enfoncez les clous que partiellement. Vérifiez si la porte est toujours d'aplomb, puis ajoutez des cales près des clous (vous devrez peut-être doubler les cales, car cet écart est souvent plus large que celui du côté charnières). Assurez-vous que le jambage de la porte n'est pas arqué.

Enfoncez les clous à finir à tous les autres endroits, en suivant le plan de clouage du guide d'installation fourni par le fabricant.

Chassez les clous sous la surface du bois. Remplissez les trous de bois plastique (le remplissage sera moins apparent après la finition si vous utilisez un bois plastique teinté comme le bois). La présence de cales aux endroits où se trouvent les clous devrait empêcher le jambage de se déformer lorsque vous le clouerez.

Installez loquet, gâches, pênes ou serrures multipoints, et le reste de la quincaillerie. Si le fini de la porte n'a pas été appliqué, vous pouvez le faire avant d'installer la quincaillerie, mais il est plus logique d'installer d'abord la quincaillerie, afin de pouvoir ouvrir, fermer et verrouiller la porte. Fixez la lisse de la porte sur le seuil ; réglez-la au besoin, normalement au moyen de vis de réglage (médaillon).

Appliquez le fini de la porte, si ce n'est déjà fait. Suivez à la lettre les instructions du fabricant à ce sujet. Certains fabricants offrent des trousses de finition conçues spécialement pour leurs portes. Posez la garniture intérieure. Une fois le fini séché, remplissez de pâte à calfeutrer tous les vides extérieurs.

Installation de portes pliantes

Les portes pliantes donnent un accès facile à un placard ou à une garde-robe sans nécessiter beaucoup de dégagement pour leur ouverture. Vous trouverez dans la plupart des maisonneries des nécessaires de portes pliantes montées contenant les battants, la glissière, et toutes les pièces d'attache et de quincaillerie. En règle générale, ces portes sont déjà munies de trous pour les pivots et les tiges de guidage. On vend aussi les nécessaires de quincaillerie pour les projets d'installation personnalisés. Comme il existe plusieurs types de portes pliantes, lisez attentivement les instructions du fabricant du produit acheté.

Outils et matériel ▸

- Mètre à ruban
- Niveau
- Scie circulaire
- Règle (facultative)
- Perceuse
- Rabot
- Tournevis
- Scie à métaux
- Portes pliantes à charnières installées
- Glissière
- Quincaillerie de montage
- Vis à tête cylindrique bombée
- Vis à tête plate

Il existe une vaste gamme de portes pliantes design pour les placards et les garde-robes. Elles sont aussi attrayantes que les «portes françaises» à deux vantaux mais requièrent moins de dégagement.

Installation de portes pliantes

Coupez la glissière à la bonne longueur à l'aide d'une scie à métaux. Insérez les roulettes dans la glissière, placez-la dans l'ouverture de la porte et fixez-la sur le linteau avec des vis à tête plate.

Mesurez et marquez sur le bas des jambages la position des charnières à pivot inférieures, de manière que le centre de la charnière soit aligné sur le centre de la glissière. Fixez les charnières à l'aide de vis à tête plate.

Vérifiez la hauteur des battants dans l'ouverture et rognez-les au besoin. Insérez les pivots dans les trous déjà pratiqués dans le haut et le bas des battants. Insérez les tiges de guidage au sommet des battants centraux. Veillez à ce que l'ajustement de toutes les tiges soit serré.

Pliez l'une des paires de battants, soulevez-la, et insérez le pivot et la tige de guidage dans la glissière. Glissez le pivot inférieur dans sa charnière. Faites de même pour l'autre paire. Fermez les portes pliantes et vérifiez-en l'alignement sur les côtés et au centre. Au besoin, ajustez les pivots supérieurs ou inférieurs en suivant les instructions du fabricant.

Réparations extérieures

- Inspection et réparation d'un toit
- Réparation des bordures et des soffites en bois
- Réparation des gouttières
- Réparation et remplacement du couronnement d'une cheminée
- Évaluation du parement et des garnitures
- Enlèvement d'un parement extérieur
- Remplacement d'un revêtement mural
- Réparation du parement
- Réparation des garnitures
- Défauts de la peinture extérieure
- Préparation à la peinture
- Application de l'apprêt et de la peinture
- Pulvérisation de la peinture
- Teinture d'un parement
- Réparation du stuc
- Entretien et réparation du béton
- Défectuosités fréquentes du béton
- Colmatage de trous
- Réparation d'une fissure
- Réparation de marches de béton
- Réparations diverses du béton
- Resurfaçage d'une allée bétonnée
- Construction d'un escalier de béton
- Resurfaçage d'une dalle de terrasse
- Scellement d'un plancher de béton
- Peinture d'un plancher de béton
- Défauts des structures de briques et de blocs
- Réparation des murs de briques ou de blocs
- Nettoyage et peinture des briques et des blocs
- Réparation d'un foyer
- Réparation d'ouvrages en pierres
- Remplacement de dalles naturelles
- Lavage à la pression de la maçonnerie et de la pierre
- Réparation d'une entrée asphaltée
- Entretien d'une terrasse
- Réparation d'une terrasse

Inspection et réparation d'un toit

Un système de toiture comprend plusieurs éléments dont les fonctions combinées assurent la protection, le drainage et la ventilation de votre maison. La couverture et les solins sont conçus pour barrer le passage à l'eau et la diriger vers les gouttières et les descentes pluviales. Les entrées d'air et les évents assurent la circulation de l'air frais sous le revêtement intermédiaire de la toiture, ce qui empêche l'accumulation soit de l'humidité, soit de la chaleur.

Les défauts de votre système de toiture qui compromettent sa capacité de protéger votre maison – bardeaux détériorés, ventilation incomplète ou solins abîmés – engendrent des dommages qui se répandent rapidement dans les autres parties de la maison. Les inspections régulières constituent le meilleur moyen de vous assurer que le système de toiture remplit efficacement sa fonction.

Outils et matériel ▸

- Mètre à ruban
- Brosse métallique
- Cisaille aviation
- Truelle
- Levier plat
- Marteau
- Couteau universel
- Pistolet à calfeutrer
- Contreplaqué
- Solins de remplacement
- Bardeaux de remplacement
- Ciment de toiture
- Clous de toiture
- Clous à deux têtes superposées
- Clous à joint en caoutchouc

Les barrages de glace qui se forment au-dessus d'une entrée, comme celui-ci, présentent un danger pour quiconque entre dans la maison ou en sort. Pour prévenir leur formation de manière permanente, améliorez la ventilation du toit, afin de réduire la température dans le comble.

Conseils sur les problèmes de toiture ▸

Les barrages de glace se forment lorsque la neige fondante gèle près de l'avant-toit. La glace remonte alors pour s'accumuler sous les bardeaux, où elle fond au contact du revêtement intermédiaire, puis coule dans la maison.

Inspectez la toiture de l'intérieur et de l'extérieur pour repérer les défauts et les dommages. Dans le comble, examinez les chevrons et le revêtement, à la recherche de signes – par exemple des traînées ou des taches – révélant des dommages causés par l'eau. Une zone humide ou mouillée indique évidemment la présence d'eau.

Common Roofing Problems

Wind, weather, and flying debris can damage shingles. The areas along valleys and ridges tend to take the most weather-related abuse. Torn, loose, or cracked shingles are common in these areas.

Buckled and cupped shingles are usually caused by moisture beneath the shingles. Loosened areas create an entry point for moisture and leave shingles vulnerable to wind damage.

A sagging ridge might be caused by the weight of too many roofing layers. It might also be the result of a more significant problem, such as a rotting ridge board or insufficient support for the ridge board.

Dirt and debris attract moisture and decay, which shorten a roof's life. To protect shingles, carefully wash the roof once a year, using a pressure washer. Pay particular attention to areas where moss and mildew may accumulate.

In damp climates, it's a good idea to nail a zinc strip along the center ridge of a roof, under the ridge caps. Minute quantities of zinc wash down the roof each time it rains, killing moss and mildew.

Overhanging tree limbs drop debris and provide shade that encourages moss and mildew. To reduce chances of decay, trim any limbs that overhang the roof.

Détection et réparation des fuites

Si votre comble est non fini, examinez la surface intérieure du toit avec une puissante lampe de poche, un jour de pluie. Si vous détectez de l'eau, une décoloration ou tout autre signe d'humidité, suivez le trajet de l'eau en remontant jusqu'au point de pénétration dans la maison.

On peut détourner temporairement l'eau qui s'écoule en direction d'un mur, afin de réduire au minimum les dégâts. Clouez un petit bloc de bois sur le trajet de l'eau et placez un seau en dessous. Ensuite, par temps sec, enfoncez un clou de l'intérieur, à travers la couverture, pour marquer sur le toit le point d'origine de la fuite.

Si l'eau se fraie un chemin jusqu'à un plafond fini, prenez les mesures nécessaires pour limiter les dégâts jusqu'à la réparation. Dès que possible, réduisez l'accumulation d'eau au-dessus du plafond en faisant un petit trou dans le plâtre ou la plaque de plâtre, afin que l'eau puisse en dégoutter.

Lorsque vous trouvez l'origine d'une fuite à l'intérieur, mesurez la distance qui sépare ce point d'un endroit précis et visible, à l'extérieur de la maison, comme une cheminée, un tuyau d'évent ou – à défaut d'autre repère – le sommet du toit. Montez sur le toit et servez-vous de cette mesure pour localiser l'origine de la fuite.

Réparations d’urgence

Si votre toit est sérieusement endommagé, il faut avant tout prévenir d’autres dommages éventuels à l’intérieur en attendant les réparations définitives. Clouez une feuille de contreplaqué sur le toit pour barrer le passage au vent et à la pluie.

Recouvrez la zone endommagée d’une feuille de plastique ou d’une toile retenue par des lattes de bois clouées. *Conseil : Utilisez des clous à deux têtes superposées, faciles à enlever. Une fois la réparation définitive terminée, remplissez de ciment de toiture les trous laissés par les clous.*

Réparations ponctuelles avec du ciment de toiture

Pour rattacher un bardeau, essuyez le papier de construction et la partie inférieure du bardeau. Laissez sécher et appliquez une généreuse couche de ciment de toiture. Pressez le bardeau sur la couche de ciment.

Aplatissez les bardeaux soulevés en nettoyant la partie inférieure, à l’endroit soulevé, et en la remplissant de ciment de toiture ; pressez le bardeau sur la couche de ciment. Vous pouvez aussi boucher les fissures et les fentes de bardeaux avec du ciment de toiture.

Vérifiez les joints des solins, souvent à l’origine des fuites dans les toitures. Scellez les vides en enlevant et en remplaçant le ciment de toiture détérioré. *Conseil : La chaleur ramollit la surface de la couverture, et le froid la rend cassante. Au besoin, réchauffez un peu les bardeaux à l’aide d’un sèche-cheveux pour les rendre plus faciles à travailler et moins cassants.*

Remplacement de bardeaux d'asphalte

Enlevez les bardeaux abîmés, en commençant par ceux du haut. Prenez garde de ne pas abîmer les bardeaux adjacents en bon état.

Enlevez les vieux clous avec un levier plat dans la zone endommagée et juste au-dessus. Réparez le papier de construction endommagé avec du ciment de toiture.

Installez les bardeaux de remplacement, en commençant par ceux du bas. Clouez-les au-dessus des entailles avec des clous de toiture de ⅞ po ou de 1 po.

Installez et clouez tous les bardeaux, sauf le plus élevé. Appliquez du ciment de toiture sur l'envers de ce dernier, au-dessus de la ligne d'étanchéité.

Glissez le dernier bardeau à sa place, sous celui qui le chevauche. Soulevez le bardeau situé juste au-dessus de la zone de réparation pour clouer le dernier bardeau de remplacement.

Remplacement de bardeaux de bois et de bardeaux de fente

Pour «vieillir» des bardeaux de bois ou de fente et les faire ressembler aux bardeaux existants, dissolvez 1 lb de bicarbonate de sodium dans un gallon d'eau. Appliquez au pinceau la solution sur les bardeaux et laissez-les en plein soleil pendant quatre ou cinq heures. Rincez-les abondamment et laissez-les sécher. Répétez le processus jusqu'à ce que leur couleur ressemble à celle des bardeaux d'origine.

Fendez le bardeau abîmé à l'aide d'un marteau et d'un ciseau. Enlevez les morceaux et glissez une lame de scie à métaux sous les bardeaux qui chevauchent afin de couper les clous. Arrachez les morceaux de bardeau qui restent.

Soulevez délicatement les bardeaux situés au-dessus de la zone de réparation. Coupez-en de nouveaux pour remplacer la rangée inférieure et installez-les en laissant entre eux un écart d'environ ⅜ po. Clouez les bardeaux de remplacement à l'aide de clous à parement à tige annelée. Recouvrez toutes les rangées, sauf celle du haut.

Coupez les bardeaux destinés à la rangée supérieure. Comme il n'est pas possible de les clouer, collez-les au revêtement intermédiaire avec du ciment de toiture. Appliquez-en une couche à l'endroit qui doit recevoir ces bardeaux et glissez ceux-ci sous les bardeaux qui doivent les chevaucher. Pressez-les sur le ciment de toiture.

Rapiéçage d'un solin de noue

Mesurez l'endroit abîmé et dessinez la pièce sur le solin. Coupez la pièce, qui doit être assez large pour glisser sous les bardeaux de part et d'autre de la zone réparée, et pointue d'un côté. Avec une truelle ou un levier plat, coupez avec soin le joint entre le solin endommagé et les bardeaux qui l'entourent.

Frottez le solin abîmé à la brosse métallique et essuyez-le. Appliquez un cordon épais de ciment de toiture à l'arrière de la pièce. Coupez une fente dans le vieux solin et introduisez-y l'extrémité pointue de la pièce, dont vous glisserez les arêtes latérales sous les bardeaux. *Conseil : La pièce et le solin existant doivent être faits du même matériau. La jonction de matériaux différents accélère la corrosion.*

Pressez fortement l'autre extrémité de la pièce sur le solin afin de sceller le joint de ciment de toiture. Ajoutez du ciment de toiture sur les joints exposés. Avec une truelle, amincissez progressivement le ciment pour faciliter l'écoulement de l'eau.

Remplacement d'un solin d'évent

Enlevez les bardeaux situés au-dessus de l'évent et sur les côtés. Arrachez l'ancien solin à l'aide d'un levier plat. Appliquez un double cordon épais de ciment de toiture sous le bord de la bride du nouveau solin. Placez le solin de manière qu'il couvre au moins une rangée de bardeaux. Enfoncez des clous à joint en caoutchouc sur le périmètre du solin.

Découpez les bardeaux qui entourent le col du solin de manière qu'ils reposent à plat sur la bride du solin. Appliquez du ciment de toiture sur le joint entre les bardeaux et le solin, et sur les clous.

Remplacement de solins en cascade

Recourbez avec précaution le contre-solin ou le parement qui recouvre le solin abîmé. Coupez les joints de ciment de toiture attenants et écartez les bardeaux. À l'aide d'un levier plat, retirez le solin abîmé. *Conseil : Lorsque vous remplacez un solin entourant une construction de maçonnerie, comme une cheminée, utilisez du cuivre ou de l'acier galvanisé, car la chaux du mortier peut attaquer l'aluminium.*

Coupez le nouveau solin aux dimensions voulues; appliquez du ciment de toiture sur tous les bords recouverts. Glissez le solin en place, en veillant à ce qu'il soit recouvert par le solin supérieur et qu'il recouvre le bardeau et le solin inférieurs.

Plantez un clou de toiture dans le coin inférieur du solin pour le fixer au revêtement de toiture. N'attachez pas le solin à un élément vertical du toit (comme la cheminée).

Replacez les bardeaux et le contre-solin, et scellez tous les joints avec du ciment de toiture.

Réparation des bordures et des soffites en bois

Les bordures et soffites ajoutent une touche de finition à votre toit et sont garants de la qualité de votre système de toiture. Un système bordure/soffite bien ventilé empêche l'accumulation d'humidité sous le toit et dans les combles.

On règle la plupart des problèmes de bordures et de soffites en remplaçant les sections abîmées. Les joints entre les panneaux de bordure sont cloués en biais aux endroits où aboutissent les chevrons ; vous devrez donc enlever des sections complètes de bordure pour réaliser avec précision les coupes biseautées des pièces de remplacement. La plupart du temps, les soffites demeurent en place durant les réparations.

Outils et matériel ▸

- Scie circulaire
- Scie sauteuse
- Perceuse
- Couteau à mastiquer
- Marteau
- Levier plat
- Chasse-clou
- Pistolet à calfeutrer
- Pinceau
- Matériaux de remplacement
- Bandes de clouage
- Vis à plancher galvanisées de 2 po et de 2 ½ po
- Clous 4d galvanisés à tête conique
- Pâte à calfeutrer acrylique
- Apprêt
- Peinture

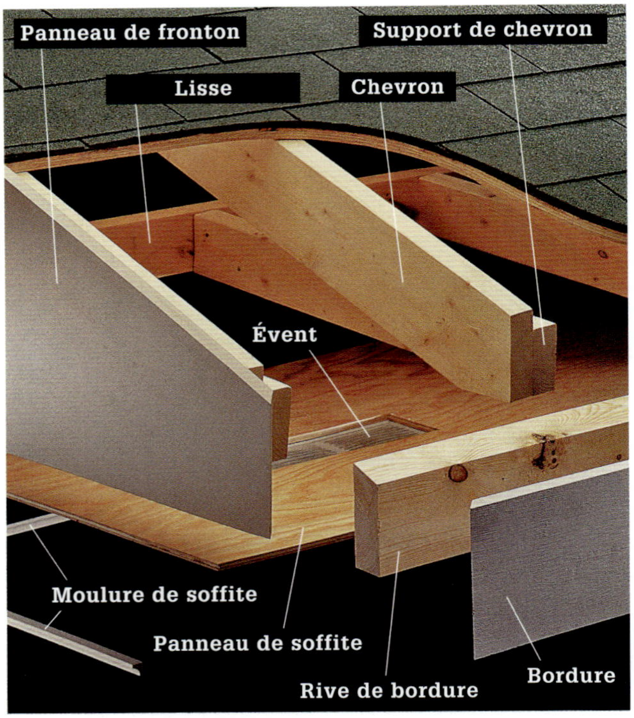

Les bordures et les soffites ferment la partie inférieure du débord de toit. La bordure couvre les extrémités des chevrons et des supports de chevron, et sert de support à la gouttière. Le soffite est un panneau de protection qui s'étend de la bordure au mur de la maison.

Réparation d'une bordure en bois

Enlevez les gouttières, moulures de bardeaux et autres éléments fixés sur la bordure. À l'aide d'un levier plat, écartez avec précaution le panneau de bordure endommagé. Enlevez-le en entier, de même que tous les clous.

Réglez la lame de la scie circulaire à 45° et sciez la partie endommagée du panneau. Rattachez la partie intacte aux chevrons ou aux supports de chevrons à l'aide de vis à plancher de 2 po. Coupez en biseau la pièce qui remplacera la partie endommagée.

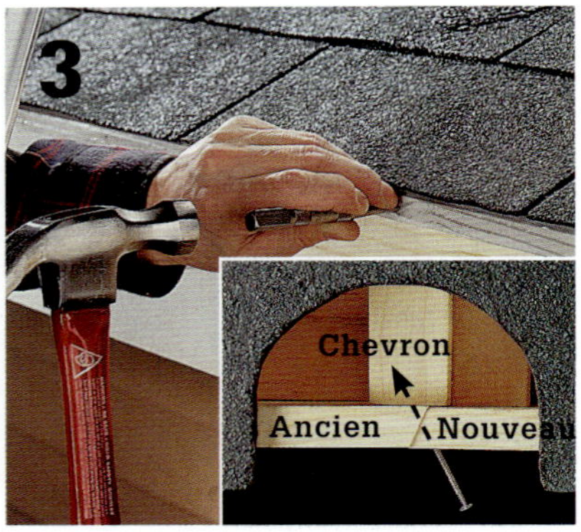

Mettez la pièce à sa place. Pratiquez des avant-trous qui traversent les bords biseautés des deux panneaux jusque dans le chevron, pour créer un joint à clous de blocage (médaillon). Réinstallez les moulures de bardeaux et autres garnitures à l'aide de clous 4d à tête conique. Noyez les têtes de clous. Appliquez apprêt et peinture sur la nouvelle pièce.

Réparation de panneaux de soffite en bois

Aux endroits où le soffite est endommagé, enlevez les moulures qui le tiennent en place le long du mur extérieur et de la bordure. Pratiquez une ouverture d'amorçage et, avec une scie sauteuse, découpez la partie abîmée du soffite. *Conseil : Sciez le soffite le plus près possible de son point de rencontre avec un chevron ou un support de chevron. Au besoin, finissez la coupe au ciseau.*

Enlevez la partie abîmée du soffite à l'aide d'un levier. Coupez des bandes de clouage à la longueur de la partie exposée des chevrons. Fixez ces bandes sur les chevrons ou supports de chevrons au bord de l'ouverture, à l'aide de vis à plancher de 2 ½ po.

Découpez dans un matériau identique à celui du soffite original une pièce de remplacement mesurant ⅛ po de moins que l'ouverture. Si le nouveau panneau doit être ventilé, découpez les ouvertures de ventilation.

Fixez la pièce de remplacement sur les bandes de clouage à l'aide de vis à plancher de 2 po. Si vous n'avez pas l'intention de repeindre tout le soffite après la réparation, appliquez la couche d'apprêt et la couche de peinture sur la pièce avant de l'installer.

Rattachez la moulure de soffite à l'aide de clous 4d à tête conique, dont vous noierez la tête.

À l'aide d'une pâte à calfeutrer acrylique à base de silicone, replissez les trous de clous et de vis, ainsi que les joints. Lissez la pâte avec un couteau à mastiquer jusqu'à ce que la surface soit uniforme. Appliquez la couche d'apprêt sur le soffite et peignez-le.

Réparation des gouttières

Les gouttières remplissent une fonction importante : éloigner l'eau de votre maison. Un bon système de gouttières prévient les dommages au parement, aux fondations et au paysage, et il empêche l'eau de s'infiltrer dans votre sous-sol. Lorsque les gouttières ne jouent plus leur rôle, vous devez examiner le type et l'étendue des dommages subis, afin de déterminer la meilleure façon de les réparer. Nettoyez les gouttières et les descentes pluviales aussi souvent qu'il le faut pour qu'elles restent efficaces.

Outils et matériel ▸

- Levier plat
- Scie à métaux
- Pistolet à calfeutrer
- Riveteuse pop
- Perceuse
- Marteau
- Brosse dure
- Couteau à mastiquer
- Laine d'acier
- Cisaille aviation
- Niveau
- Pinceau
- Truelle
- Tuyau d'arrosage
- Cordeau à tracer
- Déchets de bois
- Pièces de gouttière de remplacement
- Pâte à calfeutrer acrylique à la silicone
- Ciment de toiture
- Solin métallique
- Vis à tôle ou rivets pop
- Supports à gouttière
- Apprêt et peinture
- Nécessaire de rapiéçage des gouttières
- Treillis à gouttière

Utilisez une truelle pour débarrasser les gouttières des feuilles, branches et autres débris.

Gardez les gouttières et les descentes pluviales propres pour qu'elles puissent éloigner des fondations l'eau de pluie qui tombe sur le toit. La plupart des problèmes de sous-sols humides sont causés par l'accumulation d'eau près des fondations, et cette accumulation résulte souvent du débordement de gouttières et de descentes bouchées.

Débouchage des gouttières

Débouchez les descentes pluviales avec de l'eau sous pression. Enroulez un grand chiffon autour d'un tuyau d'arrosage et insérez-le dans l'ouverture de la descente, de manière qu'il la remplisse. Ouvrez complètement le robinet.

Vérifiez la pente des gouttières à l'aide d'un niveau. Elles doivent être légèrement inclinées vers les descentes. Réglez les supports au besoin.

Installez un treillis sur les gouttières afin que les descentes pluviales ne se bouchent plus.

Relèvement des gouttières affaissées et suppression des fuites

Si une gouttière est affaissée, faites claquer un cordeau à tracer sur la bordure à l'endroit où la gouttière devrait se trouver. Le trait de craie doit être correctement incliné. Enlevez les supports à l'endroit de l'affaissement et à proximité, et soulevez la gouttière jusqu'au trait de craie. *Conseil : On recommande pour les gouttières une inclinaison vers les descentes de ¼ po par tranche de 10 pi de longueur.*

Rattachez les supports à intervalles de 24 po, à une distance maximale de 12 po des joints. Au besoin, utilisez de nouveaux supports. Évitez de vous servir des anciens trous de clous. Remplissez les petites ouvertures et corrigez les fuites mineures à l'aide de pâte à calfeutrer les gouttières.

Utilisez un nécessaire de réparation de gouttières pour effectuer des réparations temporaires lorsque les dommages ne sont pas importants. Suivez les instructions du fabricant Pour les réparations permanentes, reportez-vous à la page 181.

Réparation d'un joint de gouttière qui fuit

Défaites le joint qui fuit en forant les rivets ou en enlevant les vis à tôle qui le retiennent. Frottez les deux parties du joint avec une brosse dure. Nettoyez à l'eau la partie endommagée et laissez-la sécher complètement.

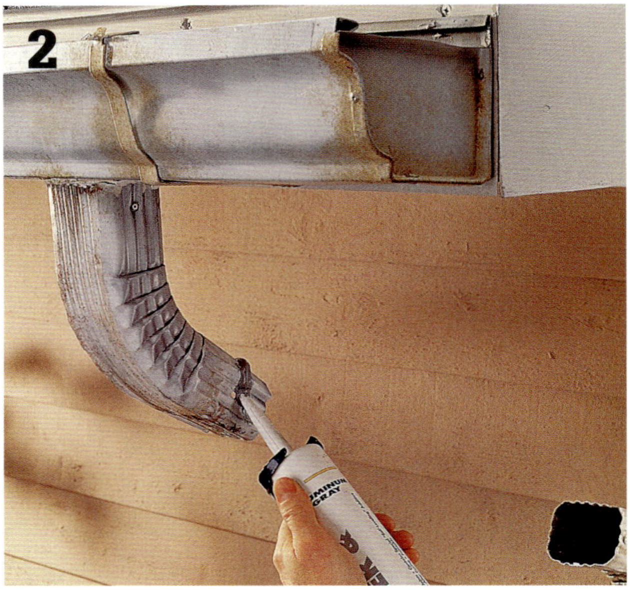

Appliquez la pâte à calfeutrer sur les parties à assembler et refaites le joint. Consolidez le joint à l'aide de rivets pop ou de vis à tôle.

Rapiéçage des gouttières métalliques

Nettoyez l'endroit où la gouttière est abîmée à l'aide d'une brosse dure. Frottez l'endroit avec une laine d'acier ou un tampon à récurer, afin d'éliminer les résidus. Rincez la gouttière.

Appliquez une couche uniforme de ⅛ po d'épaisseur de ciment de toiture à l'endroit abîmé et étendez-la sur quelques pouces dans toutes les directions.

Coupez et pliez une section de solin à installer dans la gouttière. Enfoncez-la bien dans le ciment, que vous amincirez afin que l'arête créée ne gêne pas l'écoulement de l'eau. *Conseil : Pour prévenir la corrosion, utilisez un solin du même métal que la gouttière.*

Remplacement d'un tronçon de gouttière métallique

Enlevez les supports à l'endroit endommagé et à proximité. Insérez des pièces d'écartement en bois dans la gouttière, près de chaque support, avant d'utiliser le levier. *Conseil : Si le tronçon endommagé mesure moins de 2 pi, remplacez-le en entier.*

Insérez des pièces d'écartement entre la gouttière et la bordure, à proximité de chacune des extrémités du tronçon endommagé, afin de ne pas endommager le toit quand vous scierez la gouttière. Coupez le tronçon endommagé avec une scie à métaux.

Coupez un nouveau tronçon de gouttière mesurant au moins 4 po de plus que l'ancien.

Nettoyez les bords coupés de la gouttière avec une brosse métallique. Appliquez de la pâte à calfeutrer sur les extrémités de la gouttière et enfoncez-y le nouveau tronçon en le centrant.

Fixez le nouveau tronçon à l'aide de rivets pop ou de vis à tôle (au moins trois à chaque joint). À l'intérieur de la gouttière, scellez la tête des rivets ou vis.

Réinstallez les supports de gouttière. Si nécessaire, utilisez-en des neufs, mais ne vous servez pas des anciens trous de fixation. Appliquez l'apprêt et la peinture qui seront de la même couleur que le reste de la gouttière.

Réparation et remplacement du couronnement d'une cheminée

Le couronnement d'une cheminée subit de fortes pressions à cause des variations extrêmes de la température auxquelles sont exposés le couronnement et la cheminée. Pour le colmatage des petites fissures, utilisez une pâte à calfeutrer à base de silicone résistant au feu. Pour les réparations plus importantes, appliquez une nouvelle couche de mortier sur le couronnement ou remplacez-le carrément.

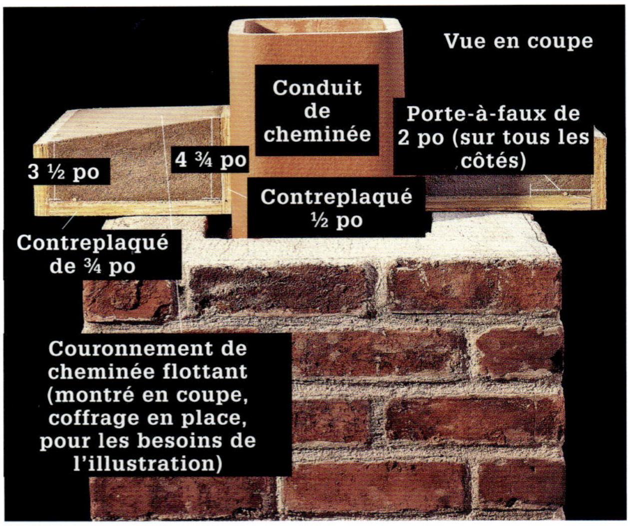

Un couronnement de cheminée se dilate et se contracte au rythme des changements de température à l'intérieur et à l'extérieur de la cheminée, ce qui provoque souvent des fissures et engendre des visites annuelles sur le toit pour effectuer les réparations. Le couronnement flottant (ci-dessus) est coulé dans un coffrage, au moyen de mortier ou de sable à béton, et posé ensuite sur la cheminée (page ci-contre). Vous pouvez réparer un couronnement endommagé en enlevant les parties détériorées à l'aide d'un ciseau et en ajoutant du mortier frais (ci-dessous).

Outils et matériel ▸

- Marteau
- Ciseau à pierres
- Brosse métallique
- Perceuse
- Taloche
- Truelle à jointoyer
- Mètre à ruban
- Pistolet à calfeutrer
- Mortier
- Adjuvant pour béton
- Contreplaqué de ½ po et de ¾ po
- Tige à chevilles de ⅜ po
- Vis à bois de 1 ½ po
- Huile végétale ou agent de démoulage
- Pâte à calfeutrer à base de silicone résistant au feu
- Cordon résistant au feu ou laine minérale

Réparation d'un couronnement de cheminée

À l'aide d'un ciseau à pierres et d'un marteau, cassez prudemment les parties détériorées du couronnement et enlevez-les. Soyez particulièrement prudent en travaillant près du conduit de fumée.

Mélangez un lot de mortier fortifié au latex. Étalez une couche uniforme de mortier autour du couronnement, en épousant la pente du couronnement existant. Le mortier doit recouvrir la cheminée, depuis les bords extérieurs des briques de la cheminée jusqu'au conduit de cheminée. Lissez le mortier à l'aide d'une taloche en bois, en essayant de recréer la pente originale du couronnement. Inspectez le mortier chaque année.

Coulée et installation d'un couronnement de cheminée de remplacement

Prenez les mesures de la cheminée et de son conduit. Construisez un coffrage en contreplaqué de ½ po et de ¾ po (voir les dimensions en haut de la page ci-contre). Attachez le coffrage à une base en contreplaqué, avec des vis à bois de 1 ½ po, de manière à assembler toutes les parties du coffrage. Collez des morceaux de tige à chevilles de ⅜ po sur la base, à 1 po des bords du coffrage. Ces tiges formeront un larmier dans le bas du couronnement. Enduisez l'intérieur du coffrage d'huile végétale ou d'un agent de démoulage.

Préparez un mélange ferme (sec) de mortier pour couler le couronnement : deux sacs de 60 lb de mélange sec devraient suffire pour un couronnement de cheminée de dimension moyenne. Remplissez le coffrage de mortier. Posez une taloche en bois sur les bords du coffrage et lissez le mortier. Conservez des arêtes vives aux coins. Laissez sécher le couronnement pendant au moins une semaine, puis démontez soigneusement le coffrage.

Enlevez complètement l'ancien couronnement et nettoyez le dessus de la cheminée avec une brosse métallique. En vous faisant aider, transportez le nouveau couronnement sur le toit et posez-le directement sur la cheminée, en le centrant de manière que le porte-à-faux soit identique sur les quatre côtés. Le couronnement doit pouvoir bouger librement : ne le fixez ni à la cheminée ni au conduit de cheminée.

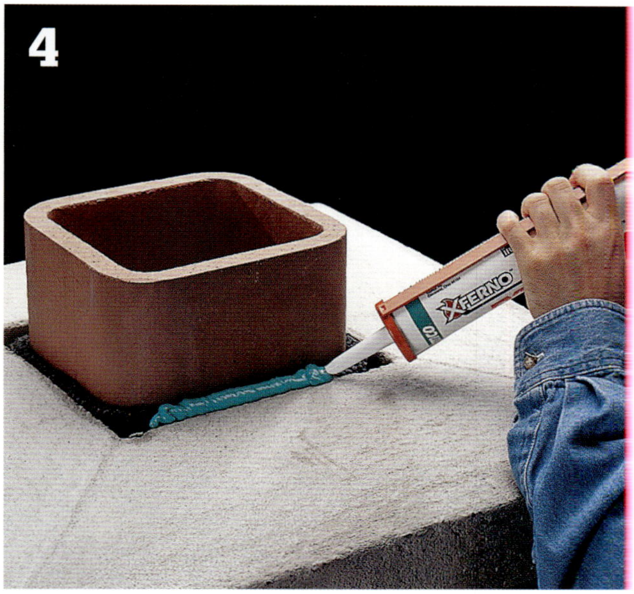

Ajustez le couronnement pour que l'espace vide entourant le conduit de cheminée soit constant. Remplissez cet espace de cordon résistant au feu ou de laine minérale. Déposez-y ensuite un épais cordon de pâte à calfeutrer à base de silicone résistant au feu. Calfeutrez également le joint sous le couronnement. Inspectez les joints tous les deux ans et retouchez-les au besoin.

Évaluation du parement et des garnitures

La première étape de l'inspection et de l'évaluation du parement et des garnitures consiste à identifier le matériau utilisé. Est-ce du bois naturel? De l'aluminium? Du vinyle? Une fois le matériau identifié, examinez la zone endommagée afin de déterminer quelle est la meilleure méthode de réparation. Si la garantie de votre parement est encore valide, lisez-la avant de commencer les travaux, car ceux-ci pourraient l'annuler. Si le parement a été posé par des professionnels, vous souhaiterez peut-être consulter l'entrepreneur au sujet des réparations.

En plus de nuire à l'apparence de votre maison, les petits défauts du parement peuvent s'aggraver et finir par vous coûter cher. Dès que vous repérez des dommages au parement, réparez-les immédiatement, surtout s'il y a un risque d'infiltration d'eau. Comme les fabricants changent fréquemment leurs styles de parement, vous aurez peut-être de la difficulté à trouver des matériaux de remplacement. Ne ménagez pas vos efforts de recherche, mais il se peut que vous ayez à vous contenter de matériaux semblables, mais non identiques.

Inspectez les garnitures des portes et des fenêtres pour y déceler la pourriture, plus particulièrement sur les surfaces horizontales et dans les joints. Essayez de réparer la garniture sans l'enlever.

Conseils sur l'inspection des garnitures ▸

Inspectez les garnitures tarabiscotées, comme celle de l'illustration. Si vous croyez qu'elles sont endommagées, enlevez-les et réparez-les dans votre atelier.

Évaluez les garnitures larges, comme cette moulure terminale, et réparez-les en appliquant les mêmes techniques que pour le parement.

Défauts fréquents des parements

Un joint peut se défaire quel que soit le type de parement, mais c'est le plus souvent le cas des clins de bois. Un écart de ⅛ po à ¼ po peut se combler avec de la pâte à calfeutrer. Si l'écart est de ⅜ po ou davantage, c'est peut-être le signe d'un grave problème d'humidité ou de déplacement de la maison. Consultez un inspecteur en bâtiment.

Le flambement se produit surtout dans le cas de parements manufacturés, lorsque les joints de dilatation sont insuffisants aux endroits où le parement s'ajuste dans les garnitures et les profilés. Si possible, déplacez un peu les profilés afin de donner plus d'espace au parement. Sinon, enlevez le parement, rognez-le un peu, et réinstallez-le.

Les dommages superficiels du parement métallique, dans la plupart des cas, ne devraient pas être réparés, sauf si la surface est entamée. Les réparations «esthétiques» des parements métalliques rendent souvent les dommages encore plus laids et plus visibles qu'ils ne l'étaient.

Un élément de parement manquant, comme un bardeau de cèdre emporté par le vent, doit être remplacé immédiatement. Inspectez les éléments de parement environnants pour vous assurer qu'ils sont solidement fixés.

Enlèvement d'un parement extérieur

Même s'il est parfois possible d'installer un nouveau parement sur un ancien, lorsque ce dernier est solide et bien fixé sur la maison, il est souvent préférable d'enlever l'ancien, surtout s'il est endommagé. L'enlèvement du vieux parement vous permet de commencer votre travail d'installation sur une surface plane et lisse. En outre, comme l'épaisseur totale du parement ne changera pas, vous n'aurez pas à ajouter de bandes d'épaisseur aux encadrements des portes et des fenêtres.

Il n'y a pas qu'une seule méthode d'enlèvement d'un parement. Chaque type de parement est installé d'une certaine manière et, par conséquent, requiert sa propre méthode d'enlèvement. Il y a toutefois certaines règles universelles : commencez par enlever les moulures appliquées sur le parement, et travaillez de haut en bas. En effet, comme on pose généralement un parement en commençant par le bas, il sera plus facile de l'enlever en commençant par le haut. Déterminez quelle est la meilleure méthode d'enlèvement en fonction du type de parement.

Dénudez un côté de la maison à la fois, puis installez-y le nouveau parement avant de passer au côté suivant. Cela réduira la durée d'exposition des murs nus aux intempéries. Veillez à ne pas endommager le revêtement mural. Si vous ne pouvez éviter d'endommager la membrane pare-air, vous pourrez la remplacer facilement, mais il en va autrement du revêtement.

Il faut enlever le revêtement le plus rapidement possible, certes, mais le faire avec soin. Soyez prudent lorsque vous travaillez à proximité des fenêtres, afin que le parement ne fasse pas éclater une vitre. Prenez aussi le temps de protéger les fleurs et arbustes avant les travaux.

La location d'une benne à rebuts accélérera le nettoyage des lieux. Mieux vaut se débarrasser du parement à mesure qu'il est enlevé plutôt que de l'empiler sur le terrain et de l'éliminer plus tard. Une fois les travaux et le nettoyage terminés, servez-vous d'un balai magnétique pour ramasser les clous.

Outils et matériel ▸

- Barre-levier
- Levier plat
- Outil à déboîter le parement
- Perceuse
- Scie circulaire
- Ciseau de maçon
- Marteau
- Lame de maçonnerie
- Foret de maçonnerie
- Cisaille aviation
- Pelle à bardeaux
- Balai magnétique

Un mur extérieur se compose d'un parement, d'un pare-air ou d'un papier de construction, et d'un revêtement. Enlevez le parement sans endommager le revêtement.

Conseils sur l'enlèvement des parements ▸

La moulure extérieure est installée en usine sur la plupart des fenêtres et portes montées. Pour retirer la moulure, insérez un levier sur la partie extérieure du cadre afin de ne pas abîmer les parties exposées des jambages et de la moulure.

Les éléments des parements de bois sont cloués à leur sommet, puis recouverts par l'élément du dessus. Arrachez la moulure au sommet du mur pour exposer les clous de l'élément le plus élevé. Enlevez les clous avec une barre-levier; faites de même pour tous les autres éléments, jusqu'au bas du mur.

Les bardeaux de bois s'enlèveront facilement à l'aide d'une pelle à bardeaux, dont vous vous servirez pour les soulever. Une fois le parement enlevé, servez-vous de la pelle ou d'un marteau pour arracher les clous.

Parement en panneaux et tasseaux : enlevez d'abord les tasseaux (lattes), puis servez-vous d'un levier ordinaire ou d'une barre-levier pour arracher les clous des panneaux.

Les éléments d'un parement de vinyle comportent un bord de fixation en J qui s'ajuste sur la bande de clouage de l'élément qu'ils chevauchent. Pour enlever un élément, servez-vous de l'outil à déboîter les joints, puis arrachez les clous avec un levier plat ou un marteau.

Un parement en stuc est difficile à enlever. En règle générale, il est beaucoup plus simple de le laisser en place et d'installer le nouveau parement par-dessus. Si vous souhaitez tout de même l'enlever, cassez-le avec un ciseau et un marteau, et coupez le treillis métallique à l'aide d'une cisaille aviation.

Remplacement d'un revêtement mural

Après avoir enlevé le vieux parement, inspectez le revêtement mural pour vous assurer qu'il est encore en bon état. Si l'eau s'est infiltrée derrière le parement, il est probable que le revêtement sera déformé, pourri ou endommagé, et qu'il faudra le remplacer. Sinon, il suffira de remplacer la partie endommagée. Avant de couper dans le mur, assurez-vous qu'il n'y a pas de fils, de câbles ni de tuyaux derrière le revêtement.

Les vieilles maisons comportent généralement un revêtement fait de planches ou de contreplaqué, tandis que les nouvelles peuvent présenter un revêtement non structural. Il n'est pas nécessaire que le revêtement de remplacement soit du même matériau que l'ancien, mais son épaisseur doit être identique.

Outils et matériel ▸

Marteau
Scie circulaire
Mètre à ruban
Cordeau à tracer
Levier plat
Revêtement
Pièce de bois de 2 x 4
Vis à plancher de 3 po
Vis à plancher de 2 ¼ po
Perceuse

Même si le revêtement n'est pas visible, il doit absolument être solide et uniforme pour que la finition du parement ait l'air d'avoir été exécutée par un professionnel.

Remplacement d'un revêtement mural

Autour de la partie de revêtement endommagée, tracez des lignes au cordeau, en veillant à ce que les lignes verticales soient à côté des poteaux. Arrachez tous les clous et agrafes se trouvant sur les lignes. Réglez la profondeur de coupe de manière que la lame de la scie circulaire tranche le revêtement sans entamer les poteaux.

Arrachez le revêtement endommagé, ainsi que les clous et agrafes restés dans les poteaux. Mesurez l'ouverture, en soustrayant ⅛ po de chaque côté, puis découpez selon ces dimensions une pièce de revêtement.

Alignez sur les bords des poteaux du mur des bandes de clouage de 2 x 4 que vous fixerez avec des vis à plancher de 3 po.

Placez la pièce de revêtement dans l'ouverture, en laissant de chaque côté un écart de dilatation de ⅛ po. Fixez la pièce sur les bandes de clouage et sur les poteaux à l'aide de vis à plancher de 2 ¼ po enfoncées à intervalles de 12 po.

Réparation du parement

Les dommages aux parements sont courants, mais ils sont heureusement faciles à réparer. Avec un produit de remplissage, bouchez les trous et les fissures de petites ou de moyennes dimensions, et réparez les endroits pourris. Vous pouvez également remplacer la section endommagée avec une pièce identique au parement.

Si vous ne trouvez pas de parement identique dans les maisonneries, essayez les cours de récupération de matériaux et les entrepreneurs en installation de parements. Lorsque vous réparez un parement d'aluminium ou de vinyle, consultez le fabricant ou l'installateur pour trouver les matériaux et pièces dont vous avez besoin. Si vous n'arrivez pas à trouver de matériaux identiques, effectuez la réparation avec une pièce de parement que vous aurez prélevée à un endroit peu visible de la maison (par exemple, sur le mur arrière du garage), puis recouvrez la zone dénudée avec un nouveau parement ressemblant le plus possible à l'ancien.

Outils et matériel ▸

- Cisaille aviation
- Pistolet à calfeutrer
- Perceuse
- Levier plat
- Marteau
- Règle
- Mètre à ruban
- Couteau universel
- Outil à déboîter le parement
- Ciseau
- Truelle
- Tournevis
- Scie à métaux
- Scie circulaire
- Scie sauteuse
- Scie à guichet
- Chasse-clou
- Détecteur de poteaux
- Pinceau
- Produit de remplissage époxyde
- Colle époxyde
- Clous à parement à tige annelée galvanisés
- Pâte à calfeutrer acrylique à base de latex
- Ciment de toiture
- Papier de construction de 30 lb
- Revêtement
- Garnitures
- Parement de remplacement
- Embouts d'aluminium
- Produit de préservation du bois
- Apprêt
- Peinture ou teinture
- Papier de verre pour le métal

Les panneaux de parement en vinyle ou en métal sont munis d'un bord de fixation en J qui s'emboîte sous la bande de clouage du panneau de dessous. Utilisez l'outil à déboîter le parement (médaillon) pour séparer les panneaux. Insérez l'outil dans le joint le plus proche de la zone à réparer. Glissez-le sur le bord en J, en tirant un peu, pour déboîter le joint des deux panneaux.

Réparation d'un parement de vinyle

Avec l'outil spécial, déboîtez les joints, en commençant par celui qui est le plus proche de la zone endommagée. Insérez des cales entre les panneaux, puis enlevez avec un levier plat les attaches du panneau endommagé. Découpez la partie endommagée au moyen d'une cisaille aviation. Découpez une pièce de remplacement plus longue de 4 po que l'ouverture, et enlevez 2 po à chacune des extrémités de la bande de clouage. Glissez la pièce dans l'ouverture.

Introduisez les clous de parement dans la bande de clouage. Placez l'extrémité du levier plat sur la tête de chacun des clous, que vous enfoncerez au marteau, après avoir inséré un bloc de bois entre le levier et le parement afin de ne pas endommager ce dernier. Glissez le bord en J de la pièce du haut sur la bande de clouage de la pièce de remplacement. *Conseil : Si le panneau endommagé se trouve près d'un coin, d'une porte ou d'une fenêtre, remplacez-le en entier, afin de ne pas créer de joint supplémentaire.*

Rapiéçage d'un parement d'aluminium

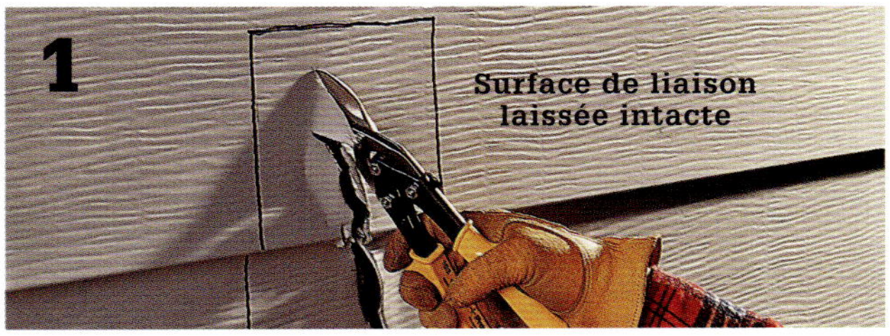

Découpez la partie abîmée avec une cisaille aviation. Laissez intacte une partie de la pièce supérieure, qui servira de surface de liaison. Découpez une pièce qui sera de 4 po plus large que la surface à réparer et enlevez sa bande de clouage. Lissez-en les bords avec du papier de verre pour métal.

Fixez la partie inférieure à l'aide de clous de parement enfoncés dans la bande de clouage. Appliquez du ciment de toiture à l'arrière de la pièce supérieure, pressez-la en place, en glissant le bord en J sur la bande de clouage de la pièce inférieure. Calfeutrez les joints.

Remplacement des embouts d'aluminium

Enlevez l'embout endommagé. Si nécessaire, détachez le bas de l'embout, puis coupez l'embout, en haut, avec une lame de scie à métaux. Attachez les embouts de remplacement, en commençant par le bas. Enfoncez des clous de parement à travers les pattes de clouage dans les éléments de charpente.

Coupez les pattes de clouage de l'embout de remplacement supérieur et appliquez du ciment de toiture à l'arrière de celui-ci. Glissez l'embout sur les bords en J des panneaux de parement. Appuyez fermement sur l'embout pour qu'il adhère bien.

Remplacement d'un parement en panneaux et tasseaux

Enlevez les tasseaux (lattes) du panneau endommagé. À l'aide d'un levier plat, détachez entièrement le panneau. Inspectez le pare-air et rapiécez-le au besoin.

Coupez le panneau de remplacement dans le même matériau que le panneau d'origine, en prévoyant un espace de dilatation de ⅛ po de chaque côté. Recouvrez d'un apprêt ou d'un produit de scellement les bords et l'arrière du panneau. Laissez-le sécher.

Fixez le nouveau panneau à l'aide de clous de parement à tige annelée. Réinstallez les tasseaux et autres garnitures. Appliquez un apprêt et une teinture ou une peinture sur le nouveau panneau, afin qu'il se fonde dans le reste du parement.

Remplacement des bardeaux de bois

Fendez les bardeaux de bois abîmés avec un marteau et un ciseau ; enlevez-les. Placez des intercalaires de bois sous les bardeaux situés au-dessus de la zone à réparer, puis glissez une lame de scie à métaux sous le bardeau supérieur pour couper les têtes de clou qui restent.

Coupez les bardeaux de remplacement aux dimensions voulues, en laissant un écart de ⅛ po à ¼ de po de chaque côté. Enduisez les côtés et les faces des nouveaux bardeaux d'un produit de préservation du bois. Glissez-les sous les bardeaux calés. Enfoncez des clous de parement dans le haut de la partie visible des nouveaux bardeaux. Couvrez la tête des clous de pâte à calfeutrer. Retirez les cales.

Remplacement d'un parement à clin

Si les dommages sont causés par l'eau, trouvez d'où vient l'eau et réparez la fuite.

Délimitez la partie du parement à remplacer. Tracez les lignes de coupe sur le centre des poteaux situés de chaque côté de cette partie, en décalant les lignes d'une planche à l'autre, afin de décaler les joints. *Conseil : Servez-vous d'un détecteur de poteaux électronique ou cherchez les têtes de clou.*

Insérez des cales sous la planche située au-dessus de la zone à réparer. Amorcez la coupe au sommet des lignes de coupe à l'aide d'une scie à guichet, puis sciez les planches et enlevez-les. Arrachez les clous restants ou tranchez-les avec une scie à métaux. Rapiécez ou remplacez le revêtement intermédiaire et le papier de construction, si nécessaire.

Mesurez et découpez les planches de remplacement, en prévoyant un écart de dilatation de ⅛ po à chaque extrémité. Servez-vous des vieilles planches comme gabarits pour tracer les découpes des accessoires et autres ouvertures. Faites ces découpes à la scie sauteuse. Appliquez un apprêt ou un produit de préservation du bois sur les extrémités et à l'arrière des planches. Laissez-les sécher.

Fixez les planches à l'aide de clous de parement, en commençant par la plus basse. Sur chaque poteau, enfoncez les clous à travers la partie inférieure de la planche du dessus, jusque dans la partie supérieure de la planche du dessous. *Conseil : Si vous avez enlevé la dernière planche du bas du parement, fixez une bande de clouage de départ de 1 x 2 sur le bord inférieur de la zone de réparation.*

Calfeutrez les joints de dilatation (sur le bois peint, utilisez une pâte à calfeutrer qui se peint et, sur le bois teint, une pâte teinte). Appliquez l'apprêt ainsi que la peinture ou la teinture sur les planches de remplacement, afin qu'elles se fondent dans le reste du parement.

Réparation des garnitures

Certaines garnitures extérieures sont purement décoratives, comme les appliques tarabiscotées ou les ornements de corniche. D'autres, comme les moulures de fenêtres et de portes, et les moulures d'angle de parement, protègent votre maison contre les intempéries. Les moulures de fenêtres et les moulures d'angle endommagées doivent être rapiécées avec un matériau semblable à l'original.

Si vous ne trouvez pas de pièces de remplacement pour vos garnitures décoratives dans les maisonneries, visitez les cours de récupération ou communiquez avec un artisan.

Réparez les garnitures délicates ou tarabiscotées dans votre atelier, si possible. Vous obtiendrez de meilleurs résultats que si vous tentez de le faire lorsqu'elles sont installées.

Outils et matériel ▸

- Marteau
- Ciseau
- Scie circulaire
- Chasse-clou
- Couteau à mastiquer
- Couteau universel
- Pinceau
- Levier plat
- Pistolet à calfeutrer
- Produit de remplissage époxyde
- Colle époxyde
- Pâte à calfeutrer
- Clous à tête conique 10d galvanisés
- Clous de parement à tige annelée galvanisés
- Papier de verre
- Peinture
- Papier de construction
- Larmier
- Garniture de remplacement

Conseils sur la réparation et le remplacement des garnitures ▸

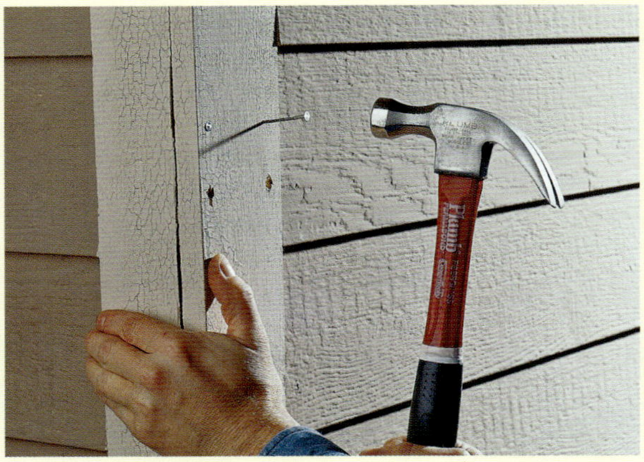

Rattachez les garnitures à l'aide de nouveaux clous de parement à tige annelée enfoncés à proximité des trous des anciens clous. Remplissez ces trous d'une pâte à calfeutrer pouvant être peinte, et peignez la pâte et les têtes des nouveaux clous pour qu'elles se fondent dans la surface qui les entoure.

Réparez les garnitures tarabiscotées avec de la colle ou un produit de remplissage époxyde. S'il y a des éléments à remplacer, fabriquez-les vous-même ou confiez le travail à un atelier spécialisé.

Remplacement d'une moulure extérieure de porte ou de fenêtre

À l'aide d'un levier plat, arrachez l'ancienne moulure autour de la fenêtre ou de la porte. Inspectez et réparez au besoin le papier de construction.

Tenez une pièce de rechange de moulure extérieure, un peu plus longue que celle d'origine, au-dessus de l'ouverture. Marquez les lignes de coupe de manière que la pièce s'ajuste dans l'ouverture. Coupez la pièce, en biseautant les extrémités s'il y a lieu.

Découpez une pièce de solin de 3 po de largeur qui s'ajustera entre les jambages. Pliez-la longitudinalement pour en faire un larmier (ou achetez un larmier déjà profilé). Glissez le larmier entre le parement et le papier de construction, au-dessus de l'ouverture. Ne le clouez pas.

Vérifiez l'ajustement de la moulure de remplacement, appliquez sur sa face arrière un adhésif à panneau pour usage extérieur. Suivez les instructions d'application du fabricant de l'adhésif.

Fixez la moulure sur le linteau avec des clous à tête conique 10d galvanisés. Verrouillez les joints biseautés en enfonçant les clous en biais, et noyez la tête des clous. Scellez les joints et tous les trous des clous à l'aide de pâte à calfeutrer. Une fois la pâte sèche, appliquez l'apprêt et la peinture.

Défauts de la peinture extérieure

Les surfaces peintes font face à deux ennemis de taille : l'humidité et le vieillissement. Une simple fuite ou la perforation du pare-vapeur dans la maison peut abîmer la plus belle des peintures. Si vous constatez que la peinture cloque ou pèle à certains endroits, corrigez le problème sans tarder. Si les dommages superficiels sont découverts à temps, vous arriverez peut-être à les réparer par de simples retouches.

L'inspection des surfaces peintes de votre maison vous aidera à repérer les déficiences du parement, des garnitures, du toit ou du pare-vapeur. Vous trouverez ci-dessous et à la page ci-contre l'illustration des défauts les plus courants de la peinture et la manière de les corriger. Vous devez résoudre tout problème d'humidité avant de repeindre.

Inspectez tous les ans les surfaces peintes extérieures, en commençant par les zones à l'abri du soleil. Les défauts de la peinture apparaîtront d'abord dans les zones peu ou pas du tout exposées aux rayons solaires. Si vous en repérez, sachez que les mêmes défauts se révéleront ailleurs sous peu.

Défauts courants de la peinture

Le cloquage – déformations convexes à la surface de la peinture – résulte d'une préparation médiocre ou de l'application précipitée de l'apprêt ou de la peinture. Il indique que de l'humidité emprisonnée cherche à percer la surface. Grattez les endroits abîmés et retouchez la peinture. Si les dommages sont étendus, dénudez le bois, puis appliquez apprêt et peinture.

Le pelage est le décollement de la peinture, qui tombe en flocons. Il signale un problème d'humidité persistant, généralement causé par un pare-vapeur qui fuit ou qui n'est plus efficace. Si le pelage est localisé, grattez et poncez la zone endommagée, et apportez-y des retouches d'apprêt et de peinture. Si le pelage est étendu, dénudez le bois, puis appliquez apprêt et peinture.

Le craquellement, c'est-à-dire l'écaillage et la fissuration d'une grande surface de peinture, est généralement causé par l'accumulation des couches de peinture, par une préparation inadéquate de la surface ou par un intervalle de séchage insuffisant entre l'application de l'apprêt et celle de la peinture. Dénudez le bois, appliquez l'apprêt, puis repeignez la surface.

Le cloquage et le pelage localisés indiquent que l'humidité provenant d'un toit, d'une gouttière ou d'un tuyau intérieur qui fuit est emprisonnée sous la peinture. Repérez et corrigez la fuite. Ensuite, grattez la surface, puis appliquez-y l'apprêt et la peinture.

Un cloquage et un pelage nettement circonscrits se produisent lorsqu'une pièce humide n'est pas munie d'un pare-vapeur adéquat. Si la ligne de démarcation des dommages correspond à la limite du mur intérieur, enlevez le parement et remplacez le pare-vapeur.

Des moisissures se forment dans les fissures et sur les zones humides peu exposées au soleil. Lavez les zones moisies avec une solution moitié-moitié d'eau et d'eau de Javel ou avec du triphosphate de sodium.

La rouille apparaît lorsque de l'humidité pénètre la peinture recouvrant du fer ou de l'acier. Enlevez la rouille et la peinture décollée à l'aide d'une perceuse munie d'une brosse métallique, puis appliquez apprêt et peinture.

Les taches de suintement apparaissent quand des clous du parement commencent à rouiller. Enlevez-les, éliminez la rouille à la ponceuse, puis enfoncez des clous à tige annelée galvanisés. Appliquez l'apprêt à métal, puis peignez la zone pour qu'elle se fonde dans le parement.

L'efflorescence se forme sur la maçonnerie lorsque des sels minéraux remontent à la surface, où ils créent un dépôt de cristaux ou de poudre. Brossez la surface avec une solution d'acide muriatique pour éliminer l'efflorescence, avant d'appliquer apprêt et peinture.

Préparation à la peinture

Pour que le recouvrement soit uniforme, la surface à peindre doit être lisse, propre et sèche. Généralement, plus votre travail de préparation sera complet, plus le fini de la peinture sera uniforme et durable.

Pour obtenir le fini le plus lisse, poncez le parement jusqu'au bois à l'aide d'une ponceuse électrique. Pour gagner du temps, vous pouvez gratter la peinture décollée et ne poncer que les endroits qui ont vraiment besoin de l'être. Toutefois, le fini obtenu sera moins lisse. Vous pouvez vous servir d'une laveuse à pression pour enlever une partie de la peinture décollée, mais cette laveuse ne peut à elle seule créer une surface lisse pour l'application de la peinture.

La préparation de la surface contribuera pour beaucoup à l'apparence finale de la peinture appliquée. Décidez du degré de ponçage et de grattage que vous êtes prêt à effectuer pour obtenir le fini qui vous satisfera.

Outils et matériel ▸

- Laveuse à pression
- Grattoir
- Ponceuse
- Bloc à poncer
- Couteau à mastiquer
- Brosse dure
- Brosse métallique
- Laine d'acier
- Tampon abrasif grossier
- Perceuse
- Mastic
- Brosse métallique pour perceuse
- Pistolet à calfeutrer
- Pistolet chauffant
- Papiers de verre de grain 80, 120 et 150
- Pâte à calfeutrer à la silicone pouvant être peinte
- Acide muriatique
- Produit de scellement

Enlèvement de la peinture

Servez-vous d'un pistolet chauffant pour détacher les couches épaisses de peinture. Dirigez le pistolet sur la surface, chauffez la peinture jusqu'à ce qu'elle forme des bulles, puis grattez-la dès qu'elle se détache.

Pour enlever une grande surface de peinture sur un parement à mi-bois, utilisez une ponceuse à parement munie d'une roue dont le diamètre correspond à la largeur de la partie en saillie du parement.

Préparation de la surface à peindre

Nettoyez la surface et enlevez-en les éclats de peinture à l'aide d'une laveuse à pression. Dirigez le jet d'eau vers le bas, n'approchez pas trop la buse de la surface. Laissez sécher la surface avant de poursuivre la préparation.

Grattez la peinture détachée. Prenez garde de ne pas endommager la surface en maniant le grattoir avec trop de force.

Lissez la peinture rugueuse à l'aide d'une ponceuse vibrante et d'un papier de verre de grain 80. Servez-vous d'un bloc à poncer muni d'un papier de verre de grain 80 à 120 pour poncer les moulures difficiles d'accès. *Conseil : Vous pouvez fabriquer des blocs à poncer avec des chevilles, des pièces de bois ou des bouts de tuyau d'arrosage.*

Servez-vous d'un grattoir de détail pour enlever la peinture détachée dans les endroits difficiles à atteindre. Certains sont munis de têtes interchangeables dont le profil correspond à celui des moulures courantes.

Inspectez toutes les surfaces pour y repérer les fissures, la pourriture et les autres dommages. Marquez les endroits touchés avec des punaises ou du ruban de couleur. Colmatez les trous et les fissures avec un produit de remplissage époxyde.

Utilisez une ponceuse vibrante munie d'un papier de verre de grain 120 pour poncer les zones réparées ainsi que les arêtes laissées par le grattoir, afin d'obtenir une surface bien lisse.

Préparation de la surface des moulures

Poncez-effleurez les surfaces luisantes des cadres de portes et fenêtres ainsi que toutes les surfaces recouvertes d'émail. Utilisez un tampon abrasif grossier ou un papier de verre de grain 150.

Obturez les fissures du parement et les écarts autour des portes et fenêtres avec une pâte à calfeutrer acrylique à base de silicone pouvant être peinte.

Enlèvement des finis transparents

Lavez à la pression les surfaces tachées ou non peintes qui ont été traitées avec un produit de préservation ou de protection du bois, avant de les sceller de nouveau.

Utilisez une brosse dure pour déloger les débris de peinture que le lavage sous pression n'a pas éliminés. N'utilisez pas de brosse métallique sur le bois.

Préparation du métal et de la maçonnerie

À l'aide d'une brosse métallique, enlevez la rouille et la peinture écaillée des pièces de métal comme les rampes et les garnitures. Appliquez immédiatement une couche d'apprêt pour prévenir toute nouvelle corrosion.

Poncez-effleurez le parement et les moulures de métal avec une laine d'acier moyenne ou grossière ou avec un tampon abrasif grossier. Lavez la surface et laissez-la sécher avant d'appliquer l'apprêt et la peinture.

Avec une ponceuse munie d'une brosse métallique circulaire, enlevez le mortier détaché, les dépôts minéraux ou la peinture. Nettoyez les grandes surfaces plates avec une brosse métallique. Avant de repeindre, réparez les dommages mineurs présentés par la maçonnerie.

Faites se dissoudre la rouille des pièces métalliques avec une solution d'acide muriatique diluée. Lorsque vous utilisez cet acide, vous devez porter l'équipement de protection individuelle approprié, travailler dans un endroit bien ventilé, et observer toutes les instructions et recommandations du fabricant.

Application de l'apprêt et de la peinture

Planifiez votre travail de manière que l'apprêt et la peinture puissent être appliqués à deux semaines d'intervalle. Si plus de deux semaines s'écoulent entre les applications, lavez les surfaces à l'eau savonneuse avant de repeindre.

Écoutez les prévisions météo et observez le temps qu'il fait durant votre travail. Un temps humide ou une pluie dans les deux heures suivant l'application ruinera votre peinture. Ne peignez pas si la température est inférieure à 10 °C ou supérieure à 32 °C. Évitez les jours venteux : il est dangereux de monter sur une échelle par grand vent, et les bourrasques projetteront de la saleté sur la peinture encore fraîche.

Planifiez chaque journée de manière à pouvoir toujours travailler à l'ombre. Préparez la surface et appliquez les couches d'apprêt et de peinture sur un seul côté de la maison à la fois, tout en suivant un ordre logique. Commencez par le haut des murs et descendez jusqu'à la fondation avant de déplacer l'échelle ou l'échafaudage.

Outils et matériel ▸

- Pinceau de 4 po
- Pinceau de 2 ½ po ou 3 po
- Brosse de pouce
- Échafaudage
- Échelle
- Apprêt
- Peinture extérieure
- Peinture pour moulures
- Matériel de nettoyage

Travaillez dans un ordre logique, en commençant par le haut, puis en descendant. Couvrez la surface maximale que vous pouvez atteindre sans trop vous étirer avant de déplacer l'échelle ou l'échafaudage. Une fois l'apprêt (ou la peinture) séché, retouchez les parties non peintes que couvrait l'échelle ou son stabilisateur.

Conseils sur l'application de l'apprêt et de la peinture ▸

Choisissez l'apprêt et la peinture qui conviennent à chaque travail. Lisez toujours les recommandations du fabricant.

Planifiez votre travail de manière à peindre les murs, les portes et les moulures avant l'escalier et le plancher du porche. Ainsi, vous n'aurez pas à retoucher les endroits où la peinture a dégoutté.

Appliquez l'apprêt et la peinture à l'abri des rayons directs du soleil. Ceux-ci peuvent accélérer le séchage superficiel des apprêts et peintures, lesquels emprisonneront de l'humidité et finiront par se boursoufler ou par peler.

Conseils sur le choix des pinceaux et des rouleaux ▸

Le pinceau à murs – un épais pinceau carré de 3 po à 5 po de largeur – est conçu pour contenir beaucoup de peinture et la distribuer en une large bande. *Conseil : Gardez à portée de la main une gamme de pinceaux propres plats de 2 ½ po, 3 po et 4 po ; des pinceaux à encadrement de 2 po et 3 po ; et des brosses de pouce biseautées.*

Les pinceaux à encadrement et les brosses de pouce biseautées, qui ont de 2 po à 3 po de largeur, conviennent aux portes et aux moulures, ainsi qu'au découpage, qui consiste à peindre le pourtour d'une surface adjacente à une autre surface qui ne doit pas être peinte.

Le rouleau est l'outil idéal pour peindre rapidement des surfaces unies. Utilisez un rouleau de 8 po ou 9 po sur les grandes surfaces.

Utilisez un rouleau de 3 po sur les moulures plates, comme les embouts et les moulures de coin.

Chargement et distribution de la peinture ▸

Chargez votre pinceau de la quantité de peinture convenant à la surface à couvrir. Utilisez une pleine charge pour les grandes surfaces, une charge moyenne pour les surfaces plus réduites et les coups de pinceau en dégradé, ou une charge légère pour les moulures ou les surfaces qui les avoisinent.

Tenez le pinceau à un angle de 45° en exerçant juste assez de pression pour que les soies plient et que la peinture en sorte.

Utilisation du pinceau

Chargez le pinceau au maximum. En commençant à l'une des extrémités de la surface à peindre, donnez un coup de pinceau long et uniforme jusqu'à ce que la couche de peinture laissée commence à «mincir». *Conseil: La couleur de la peinture peut varier d'un pot à l'autre. Mieux vaut bien mélanger tous vos pots de peinture dans un grand contenant. Transvasez ensuite le mélange dans les pots que vous refermerez hermétiquement. Bien mélanger la peinture avant l'utilisation.*

À la fin du coup, soulevez le pinceau de manière que le point d'arrêt soit indéfini. Si la peinture vous semble inégale ou présente des traces du coup donné, uniformisez-la en quelques légers coups de pinceau.

Rechargez le pinceau et donnez en sens inverse un long coup qui atteindra l'extrémité du coup précédent et créera une surface uniforme et lisse. Si le point de rencontre des deux coups de pinceau est visible, appliquez-y une mince couche de peinture et amincissez le point de départ du second coup de pinceau.

Conseils sur l'utilisation du rouleau ▸

Imbibez d'eau le rouleau, puis pressez-le pour exprimer l'excédent de liquide. Placez un treillis à peinture dans un seau de 5 gallons. Trempez le rouleau dans la peinture, puis faites-le rouler sur le treillis dans un mouvement de va-et-vient. La peinture doit imbiber le rouleau sans en dégoutter.

Peignez les joints entre les surfaces qui s'entrecoupent à l'aide d'un rouleau pour les coins.

Peignez le bord des planches de parement et des moulures avec un rouleau beignet.

Conseils sur le nettoyage des outils ▸

Grattez la peinture du rouleau au moyen de la partie arrondie d'un outil à nettoyer.

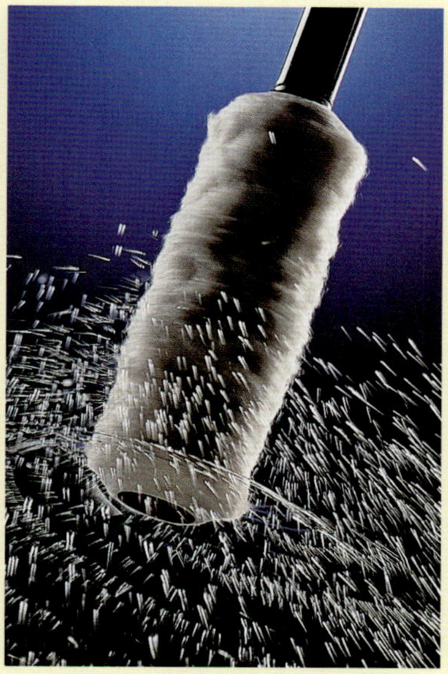

Servez-vous d'un outil à essorer les rouleaux pour enlever la peinture et le solvant des pinceaux et des rouleaux.

Peignez les poils du pinceau à l'aide du côté dentelé d'un outil à nettoyer les rouleaux : cela alignera les poils qui sécheront correctement.

Peinture de la bordure d'avant-toit, du soffite et des garnitures

Appliquez une couche d'apprêt sur toutes les surfaces à peindre et laissez-la sécher complètement. Peignez d'abord la partie avant de la bordure d'avant-toit, en rejoignant les panneaux du soffite. *Conseil : Les bordures et les soffites sont généralement peints de la même couleur que les garnitures.*

Peignez les panneaux et les moulures de soffite à l'aide d'un pinceau de 4 po. Commencez par le pourtour des panneaux en utilisant le côté étroit du pinceau, puis peignez les grandes surfaces avec un pinceau chargé de peinture, en amincissant la couche sur le joint formé avec la peinture du pourtour. Recouvrez bien les rainures.

Peignez les garnitures situées près du toit en même temps que le soffite et la bordure d'avant-toit. Utilisez un pinceau de 2 ½ po ou 3 po pour les grandes surfaces, et une brosse de pouce pour les petites parties tarabiscotées.

Peinture du parement

Peignez le bord de plusieurs planches, en tenant le pinceau à plat contre le mur, avant de commencer à peindre la face de ces mêmes planches.

Peignez la face des planches de parement à l'aide d'un pinceau de 4 po, en suivant la technique de peinture expliquée à la page 204. Commencez par le haut du mur et peignez toute la surface que vous pouvez atteindre sans trop vous étirer au-delà des montants de l'échelle.

Peignez le parement jusqu'à la fondation, puis déplacez l'échelle ou l'échafaudage pour peindre la section suivante. *Conseil : Peignez le parement jusqu'aux bords des moulures de coin et de celles des portes et fenêtres, si vous avez l'intention de peindre ces moulures. Sinon, protégez-les avec du ruban-cache.*

Dans le cas d'un parement à panneaux et à tasseaux, peignez les bords des tasseaux en premier lieu, puis peignez-en la face avant que sèche la peinture des bords. Servez-vous ensuite d'un rouleau muni d'un manchon de $\frac{5}{8}$ po pour peindre les panneaux.

Peinture d'un mur en stuc

Avec un grand pinceau, appliquez sur la fondation une couche d'apprêt non farinant à maçonnerie et laissez-la sécher. Appliquez une couche de peinture pour béton à l'aide d'un pinceau de 4 po autour des cadres des portes et fenêtres du sous-sol.

Appliquez une peinture pour béton sur les grandes surfaces, avec un rouleau muni d'un manchon de $\frac{5}{8}$ po. Pour les garnitures, utilisez un rouleau à moulure ou un pinceau de 3 po.

Peinture des portes, des fenêtres et des cadrages

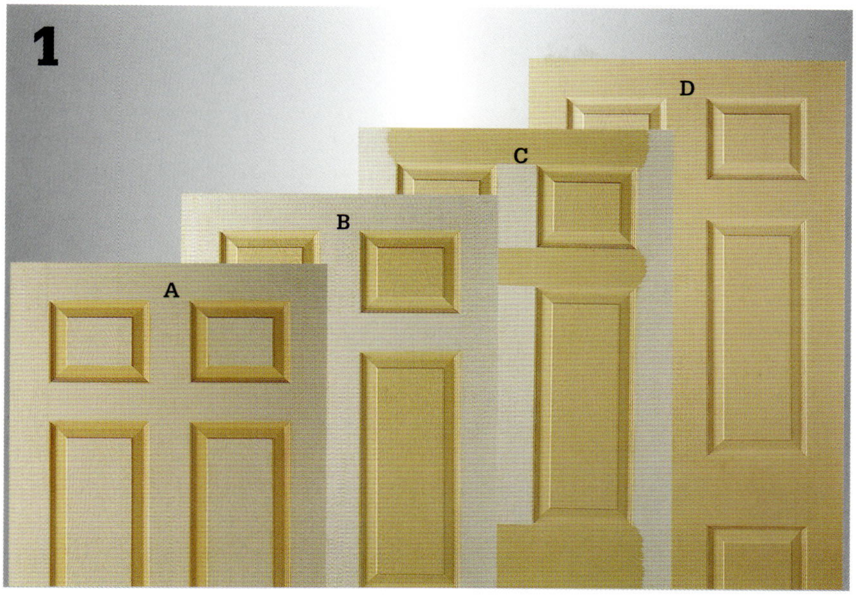

Utilisez une brosse de pouce pour peindre les portes dans cet ordre : bords biseautés des panneaux en relief (A), face des panneaux (B), traverses (C) et montants (D).

Pour les moulures, utilisez un pinceau à moulure (ou une brosse de pouce) moyennement chargé pour peindre le bord intérieur des jambages, encadrement et moulures extérieures des portes et fenêtres. *Conseil : Les surfaces situées du côté intérieur de l'arrêt de porte devraient être peintes de la même couleur que les garnitures intérieures.*

Protégez le parement avec du ruban-cache (s'il vient d'être peint, assurez-vous que la peinture est sèche). Peignez le bord extérieur des encadrements et moulures. Appliquez la peinture jusque dans les coins créés par le profil du parement.

Peignez la face des jambages, des encadrements et des moulures extérieures des portes, en amincissant la peinture sur les bords déjà peints.

Peignez le seuil et le sol faits de bois avec une peinture-émail spécialement conçue pour les sols.

Pulvérisation de la peinture

Il ne fait aucun doute que le matériel de pulvérisation de la peinture en accélère l'application, mais la préparation des surfaces doit être aussi soignée que si on utilisait le pinceau ou le rouleau. Dans le cas de la pulvérisation, au lieu de recourir au ruban-cache, on protégera les fenêtres, portes et autres zones qu'on ne veut pas peindre en les couvrant complètement d'une feuille de plastique.

On peut acheter ou louer le matériel de pulvérisation dans les quincailleries et les maisonneries. Il en existe plusieurs types : systèmes de pulvérisation à haut volume et à basse pression, systèmes sans air comprimé, systèmes à air de pulvérisation assisté et systèmes à pulvérisation électrostatique. Tous pulvérisent la peinture et la dirigent sur la surface à couvrir. Dans notre projet, nous utilisons un pistolet à basse pression, que nous recommandons parce qu'il réduit les émissions de brouillard et rend le transfert de produit plus efficace que les autres.

Lisez et appliquez toutes les précautions figurant dans le mode d'emploi de l'appareil. En raison de la forte pression créée, la peinture projetée par un appareil mal utilisé peut non seulement vous déchirer la peau, mais aussi vous injecter des substances toxiques dans le sang. Portez l'équipement de protection individuelle approprié, notamment des lunettes protectrices et un appareil de protection respiratoire.

Comme pour tous les travaux de peinture extérieurs, surveillez la météo. Ne peignez pas la maison si on annonce de la pluie ou s'il y a du vent, car les bourrasques risqueraient d'empêcher les particules de peinture d'atteindre le parement.

Outils et matériel ▸

- Couteau universel
- Matériel de pulvérisation
- Peinture
- Lunettes protectrices
- Ruban-cache
- Appareil de protection respiratoire
- Feuilles de plastique
- Cartons
- Étamine
- Seau de 5 gallons

Un pulvérisateur vous permet de couvrir en peu de temps une grande surface de parement et de moulures. Il facilite aussi l'application de la peinture sur les surfaces difficiles à atteindre avec un pinceau ou un rouleau.

Pulvérisation de la peinture

Enlevez les luminaires, les moustiquaires des portes et fenêtres ainsi que tous les éléments amovibles que vous ne souhaitez pas peindre.

Protégez les portes, les fenêtres et les autres zones que vous ne voulez pas peindre à l'aide de ruban-cache et de feuilles de plastique.

Filtrez la peinture dans une étamine pour en enlever les particules et les débris. Mélangez toute la peinture dans un seau de 5 gallons. Remplissez le réservoir du pulvérisateur.

Faites un essai de pulvérisation sur un carton. Réglez la pression jusqu'à ce que le jet soit uniforme et exempt de lignes épaisses sur son pourtour.

(suite à la page suivante)

Pulvérisez la peinture autour des portes et des fenêtres, uniformément, sur chacun de leurs côtés.

Si vous vaporisez accidentellement trop de peinture et qu'elle commence à dégouliner, arrêtez l'appareil. Servez-vous d'un pinceau pour étaler la peinture et faire disparaître les dégoulinades.

Tenez le pulvérisateur perpendiculairement à la surface, à environ 12 po de celle-ci. Commencez à peindre près du sommet du mur et près d'un coin. Déplacez le pulvérisateur avec un mouvement constant de va-et-vient de tout le bras, et non pas seulement du poignet. Amorcez le mouvement, qui doit être horizontal et non arqué, puis commencez la pulvérisation.

Appliquez la peinture sans incliner le pulvérisateur, dans un mouvement de va-et-vient horizontal uniforme, de manière que chaque couche chevauche la précédente sur 20 % à 30 % de la surface. Rendez-vous jusqu'au bas du mur, et arrêtez la pulvérisation avant d'interrompre votre mouvement de bras.

Pulvérisation de la peinture sur une porte

Sortez la porte de ses gonds pour l'enlever. Retirez-en toute la quincaillerie. Si la porte est vitrée, vous pouvez soit protéger la vitre, soit la gratter au rasoir une fois la peinture séchée.

Appuyez la porte sur quelque chose pour qu'elle soit en position verticale. Pulvérisez la peinture en commençant par le haut. Étendez votre mouvement de va-et-vient horizontal au-delà des bords de la porte. Laissez sécher complètement la peinture avant de retourner la porte et d'en peindre l'autre face.

Teinture d'un parement

La teinture donne de la couleur au parement de bois ; du fait qu'elle est transparente, elle laisse aussi voir la beauté naturelle du grain. Les teintures à base d'eau s'appliquent avec un pinceau à soies acryliques ou synthétiques, tandis que celles à base d'huile requièrent généralement un pinceau à soies naturelles.

Travaillez sur une petite section à la fois. Passez le pinceau sur toute la longueur de la planche, sans vous arrêter au milieu. Contrairement à la peinture, la teinture peut foncer ou laisser des stries si vous repassez le pinceau sur une zone déjà séchée. Réservez les moulures pour la fin ; teignez-les séparément pour obtenir une couverture uniforme.

La teinture nécessite le même travail de préparation que la peinture. La surface doit être propre et sèche. Évitez de travailler en plein soleil, afin que la teinture ne sèche pas trop vite. Lisez les recommandations du fabricant avant de commencer le travail. Certaines teintures ne doivent pas être appliquées s'il fait moins de 10 °C.

Outils et matériel ▸

Pinceaux à soies ou pinceaux mousse
Chiffons
Teinture

Teinture du parement d'une cabine en bois rond

Chargez le pinceau de teinture. En commençant dans un coin, déplacez horizontalement le pinceau sur le parement en un long mouvement uniforme. Recouvrez toute la largeur du bois rond, en rechargeant le pinceau au besoin et en allant toujours dans le même sens. *Conseil : Mélangez bien et fréquemment la teinture durant l'application.*

Essuyez l'excédent de teinture avec un chiffon propre. Continuez d'appliquer la teinture jusqu'à ce que vous atteigniez le coin opposé ou un bord. Une fois teint le rang supérieur, retournez au coin de départ et attaquez-vous au rang suivant, avec la même technique. Si le rang est court, par exemple entre deux fenêtres, appliquez la teinture sur deux rangs à la fois. Terminez le mur.

Teinture d'un parement de bardeaux

Chargez le pinceau de teinture. En commençant dans le coin supérieur du mur, appliquez la teinture sur les bardeaux dans un mouvement de haut en bas uniforme. Essuyez l'excédent de teinture avec un chiffon. Une fois teinte la face du bardeau, teignez-en le bord inférieur avant de passer au bardeau suivant. Teignez les bardeaux d'un ou deux rangs à la fois, en vous déplaçant le long du mur. Ne vous arrêtez jamais au milieu d'un bardeau. Arrivé à l'autre bout du mur, retournez à votre point de départ et teignez les rangs de bardeaux suivants de la même manière que les précédents.

Une fois le parement teint, teignez les moulures. Déplacez le pinceau dans le sens du grain et essuyez l'excédent de teinture avec un chiffon.

Réparation du stuc

Bien que la durabilité des parements en stuc soit excellente, ils peuvent s'abîmer ou, avec le temps, devenir friables ou se fissurer. La méthode proposée ci-dessous convient à la réparation de petites surfaces de moins de 2 pi^2. Si les dommages sont plus importants, la réparation se fait par reconstitution couche par couche du parement (page ci-contre).

Outils et matériel ▸

- Pistolet à calfeutrer
- Pinceau jetable
- Couteau à mastiquer
- Truelle de maçon
- Truelle carrée
- Marteau
- Balayette
- Brosse métallique
- Ciseau de maçon
- Cisaille aviation
- Levier
- Perceuse et foret de maçonnerie
- Peigne de quadrillage
- Apprêt pour métal
- Produit de ragréage du stuc
- Liant adhésif
- Alcool dénaturé
- Mélange de stuc
- Peinture à maçonnerie
- Clous de toiture de 1 ½ po
- Papier de construction de 15 lb
- Support métallique à enduit
- Pâte à calfeutrer le béton
- Teinture
- Moulure d'arrêt métallique

Remplissez les fissures du stuc de pâte à calfeutrer le béton. Faites déborder la pâte puis lissez-la pour l'affleurer avec le stuc. Une fois la pâte figée, peignez-la pour qu'elle se fonde dans la surface. Ce type de pâte reste élastique et prévient d'autres fissures.

Rapiéçage d'une petite surface

Enlevez les particules détachées à l'aide d'une brosse métallique, dont vous vous servirez aussi pour enlever la rouille du support métallique exposé. Appliquez sur le support une couche d'apprêt pour métal.

Appliquez le produit de ragréage du stuc avec un couteau à mastiquer ou une truelle, en le faisant déborder de l'ouverture. Lisez le mode d'emploi du fabricant, car le temps de séchage varie d'un produit à l'autre.

Lissez la réparation au moyen d'un couteau à mastiquer ou d'une truelle, en amincissant les bords du produit pour qu'il se fonde dans la surface l'entourant. Servez-vous d'une balayette ou d'une truelle pour reproduire la texture d'origine. Laissez sécher la pièce pendant plusieurs jours, puis appliquez-y de la peinture à maçonnerie.

Réparation d'une surface étendue

Forez un trou de départ à l'aide d'une perceuse et d'un foret à maçonnerie, puis enlevez tout le stuc de la surface à réparer avec un ciseau et un marteau. *Note : Portez des lunettes protectrices et un appareil de protection respiratoire ou un masque antipoussières lorsque vous coupez le stuc. Découpez aux dimensions voulues un support métallique à fourrure intégrée et fixez-le sur le revêtement au moyen de clous de toiture. Si vous utilisez deux pièces de support, elles doivent se chevaucher sur 2 po. Si la réparation s'étend jusqu'à la base du mur, fixez à cet endroit une moulure d'arrêt métallique.*

Pour préparer votre propre stuc, mélangez trois parties de sable, deux parties de ciment portland et une partie de ciment de maçonnerie. Ajoutez juste assez d'eau pour que le mélange garde la forme qu'on lui donne lorsqu'on le comprime (médaillon). Préparez la quantité de stuc que vous utiliserez en une heure. *Conseil : Le produit de ragréage du stuc est pratique pour les petites réparations, mais il est plus économique de préparer son propre mélange pour les réparations importantes.*

Appliquez une couche de stuc de ⅜ po directement sur le support métallique. Enfoncez-le dans le support jusqu'à ce qu'il remplisse l'espace entre le support et le revêtement. Rainurez horizontalement la surface humide avec un peigne de quadrillage. Laissez sécher le stuc pendant deux jours, en pulvérisant de l'eau sur la surface à intervalles de deux à quatre heures.

Appliquez uniformément une seconde couche de stuc, jusqu'à ce que sa surface se trouve à ¼ po sous le niveau de la surface d'origine. Laissez sécher cette couche pendant deux jours, en pulvérisant de l'eau sur la surface à intervalles de deux à quatre heures.

Préparez le mélange de stuc de finition avec juste assez d'eau pour qu'il garde la forme qu'on lui donne lorsqu'on le comprime. Humectez la surface à réparer et appliquez-y la couche de finition jusqu'à l'affleurer avec la surface d'origine. Humectez périodiquement la réparation pendant une semaine. Laissez-la sécher pendant plusieurs jours avant de la peindre.

Entretien et réparation du béton

Le béton, l'un des matériaux de construction les plus durables, nécessite parfois des réparations et de l'entretien. Les causes sont nombreuses : gel et dégel du sol, technique de finition médiocre, fondation inadéquate ou insuffisance du renforcement. Quelle que soit la cause, mieux vaut régler la situation dès que possible pour éviter qu'elle ne s'aggrave et ne devienne difficile, voire impossible, à corriger.

Les projets de réparation du béton sont variés et vont des simples scellement et nettoyage de la surface au remplacement de toute une section. Les projets les plus courants sont le remplissage des fissures et la réparation des dommages superficiels.

On peut aussi refaire la surface en y coulant une couche de béton frais. C'est une solution efficace aux défauts mineurs – écaillage, craquelage et formation de cratères – qui touchent davantage l'apparence que la structure et qui sont souvent attribuables à une préparation insuffisante ou à une mauvaise technique de finition.

Comme c'est le cas pour toute réparation, la réussite de votre travail dépend surtout de la qualité de la préparation et de l'utilisation des meilleurs matériaux. Des produits spéciaux sont fabriqués pour à peu près tous les types de réparations du béton. Avant d'acheter un produit, lisez-en attentivement le mode d'emploi, car certains doivent être utilisés avec d'autres produits.

Une bonne réparation peut durer plus longtemps que le reste de l'ouvrage dans certains cas, mais si les dommages superficiels sont attribuables à des dommages structurels, la réparation superficielle n'est qu'une solution temporaire. Le recours aux techniques et aux produits adéquats vous aidera toutefois à améliorer l'apparence du béton et préviendra l'aggravation des dommages.

Le point le plus important à retenir à propos de la réparation du béton, c'est que la cure du béton la rend plus durable. Cela signifie qu'il faut couvrir d'une feuille de plastique les surfaces réparées et les garder humides pendant au moins une semaine. Dans les climats chauds et secs, soulevez régulièrement le plastique pour pulvériser de l'eau sur le béton.

Une réparation réussie restaurera l'apparence et l'utilité fonctionnelle d'une surface ou d'une structure de béton endommagée. Un travail minutieux peut produire une réparation aussi discrète que celle représentée ci-dessus.

Produits pour la réparation du béton

Produits pour la réparation du béton : Pâte à colmater au vinyle (A) pour le remplissage des trous, cratères et fissures ; ciment hydraulique (B) pour la réparation des fondations, murs de retenue et autres aires humides ; ciment à prise rapide (C) pour la réparation des surfaces verticales ou des formes irrégulières ; ciment d'ancrage (D) pour la fixation d'attaches dans le béton ; produits pour le scellement du béton (E) ; peinture pour maçonnerie (F) ; produit de revêtement du béton (G) pour créer une nouvelle surface sur du vieux béton ; produit de remplissage pour joints (H) ; produit solidifiable pour le colmatage des fissures (I) ; nettoyant de béton (J) ; fortifiant pour béton (K) ; adhésif liant (L) pour la préparation des aires à réparer ; mélange pour béton de sable (M) pour les réparations générales et le resurfaçage.

Conseils sur la manière de rendre les réparations moins visibles ▸

Ajoutez un pigment ou un colorant liquide pour béton au produit de ragréage afin d'obtenir une couleur qui corresponde à celle du béton d'origine. Essayez divers mélanges jusqu'à ce que vous trouviez la couleur voulue. Les échantillons doivent être secs pour révéler la vraie couleur.

Masquez les réparations avec une peinture pour maçonnerie. La peinture s'utilise sur les surfaces verticales ou horizontales, mais ces dernières devront être retouchées ou repeintes plus souvent si la circulation est intense.

Défectuosités fréquentes du béton

Deux types de dommages sont fréquents : les dommages structurels, généralement causés par des facteurs extérieurs tels que de l'eau qui gèle, et les dommages superficiels, attribuables à une mauvaise technique de finition ou à un mélange de béton aux proportions inadéquates. On peut souvent réparer de manière définitive les dommages superficiels si on utilise les produits et les techniques qui conviennent. On pourra corriger les dommages plus importants pour prévenir leur aggravation et améliorer l'apparence de la surface, mais il faudra un jour ou l'autre remplacer la structure.

Défectuosités fréquentes du béton

L'affaissement du béton est généralement causé par l'érosion de la fondation inférieure. On peut enlever certaines structures, tels les trottoirs, pour réparer la fondation inférieure, puis les remettre en place. Une solution plus courante (et plus fiable) consiste à demander à un entrepreneur de relever la structure en injectant du béton frais par-dessous.

Le soulèvement dû au gel se produit fréquemment dans les régions froides. En gelant, le sol pousse sur les dalles de béton et les fait parfois sortir. La meilleure solution est de casser les dalles ou sections touchées, de réparer la fondation inférieure et de couler de nouvelles dalles en les séparant par des joints de rupture.

L'accumulation d'humidité se produit dans les structures de béton, tels les fondations et les murs de retenue, qui sont en contact constant avec le sol. Pour trouver la source d'humidité, fixez sur le mur une feuille d'aluminium avec du ruban adhésif. Si de l'humidité apparaît à la surface de la feuille, il s'agit probablement d'un problème de condensation, qui se règle à l'aide d'un déshumidificateur. S'il n'y a pas de condensation sur la feuille, il est probable que de l'eau s'infiltre dans le mur. Consultez un maçon.

Une tache peut altérer l'apparence d'une surface ou d'une structure de béton. On peut l'enlever à l'aide d'un nettoyant de béton de qualité commerciale ou de divers autres produits chimiques. Pour prévenir les taches, imperméabilisez les surfaces de maçonnerie avec un produit de scellement transparent.

La fissuration généralisée, c'est-à-dire étendue à toute la surface, et d'autres formes de dommages substantiels sont très difficiles à réparer. Si la détérioration du béton est étendue, remplacez la structure.

Les fissures isolées sont fréquentes dans les ouvrages de construction. Remplissez les petites fissures de pâte à calfeutrer le béton ou de bouche-fentes, et réparez les larges fissures avec un produit de ragréage au vinyle.

Les cratères peuvent être causés par le gel de l'eau ou par des contraintes, mais il est le plus souvent dû au talochage ou au séchage initial insatisfaisant de la surface bétonnée, occasionnant l'expulsion de particules du granulat qui se trouve près de la surface. Tolérez la présence de quelques cratères, mais s'ils sont grands ou nombreux, réparez-les comme vous répareriez des trous.

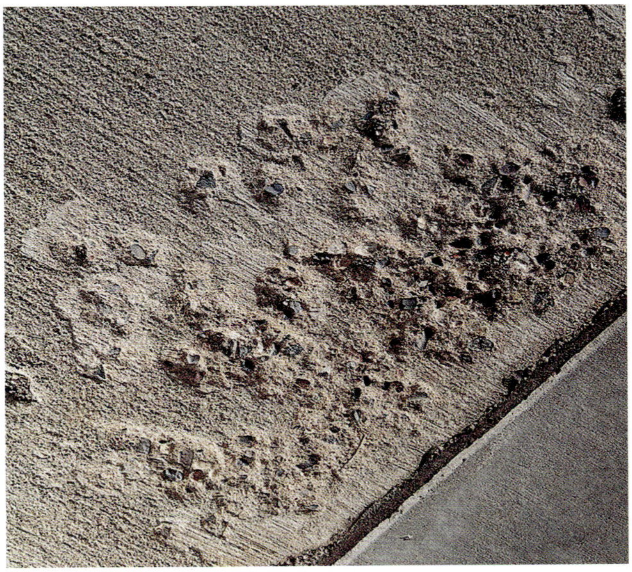

L'écaillage est une détérioration de la surface du béton causée par un talochage initial excessif, qui a drainé trop d'eau vers la surface, ce qui l'a affaiblie et en a provoqué à la longue l'écaillage. Dans la plupart des cas, l'écaillage est généralisé et nécessite le rechargement de la surface.

Le faïençage consiste en une multitude de fissures fines, généralement causées par un talochage initial excessif ou par une proportion excessive de ciment portland dans le mélange de béton. Il faut nettoyer et imperméabiliser la surface pour prévenir la propagation du faïençage. La solution à long terme est de recharger la surface.

Colmatage de trous

Le mode de réparation des trous dans le béton diffère selon qu'il s'agit de petits ou de grands trous. C'est le produit de ragréage au vinyle qui convient le mieux au colmatage des petits trous ; il se vend souvent en poudre, en contenants d'un quart de gallon. Ce type de produit renforcé ne peut être appliqué qu'en couches de ½ po maximum.

Les trous plus profonds requièrent un mélange pour béton de sable additionné d'un fortifiant au latex ou au vinyle, que l'on peut appliquer en couches pouvant atteindre 2 po. Ce produit se vend en sacs de mélange sec de 60 lb ou de 80 lb.

Le colmatage sera plus efficace si vous effectuez autour de la zone endommagée des coupes nettes et en queue d'aronde, afin de renforcer l'adhérence du produit de ragréage. Si le béton endommagé requiert un découpage important, mieux vaut commencer par l'entailler à l'aide d'une scie circulaire munie d'une lame à maçonnerie, et achever le travail avec un ciseau et un maillet.

Outils et matériel ▸

- Truelles
- Perceuse et disque à meuler la maçonnerie
- Scie circulaire et lame à maçonnerie
- Ciseau à froid
- Maillet
- Pinceau
- Taloche
- Rebuts de bois
- Huile végétale ou agent de démoulage
- Ciment hydraulique
- Liant au latex
- Produit de ragréage renforcé au vinyle
- Mélange de sable
- Fortifiant pour béton
- Feuilles de plastique

Utilisez du ciment hydraulique ou du ciment à prise rapide pour réparer les trous et les ébréchures des surfaces verticales. Ces produits prennent en quelques minutes, ce qui vous permet de les façonner pour qu'ils remplissent les trous sans devoir recourir à des coffrages. Si la surface est constamment exposée à l'humidité, utilisez un ciment hydraulique.

Colmatage d'un grand trou

Tracez des lignes de coupe droites autour de la zone endommagée et entaillez le béton le long de ces lignes à l'aide d'une scie circulaire munie d'une lame à maçonnerie, en inclinant la lame de 15° pour favoriser l'accrochage de la réparation. À l'aide d'un ciseau et d'un maillet, enlevez le reste du béton à remplacer. *Conseil : Posez la base de la scie sur une planchette de bois pour protéger la scie du béton.*

Conseil ▸

Rehaussez l'apparence d'une surface verticale réparée à l'aide d'une peinture étanche pour béton appliquée après une cure d'au moins une semaine. Ce type de peinture résiste au farinage et à l'efflorescence.

Préparez un mélange de sable à béton contenant un fortifiant acrylique. Remplissez la zone endommagée en empiétant un peu sur la surface avoisinante.

Utilisez une taloche pour lisser la réparation et l'amincir jusqu'à l'affleurer avec la surface qui l'entoure. Reproduisez l'aspect de la surface originale, à l'aide d'un balai par exemple. Recouvrez la réparation de plastique et protégez-la contre le passage pendant au moins une semaine.

Calfeutrage des fentes entourant la maçonnerie

Les fentes existant entre un mur de béton et une fondation peuvent occasionner des infiltrations, sources d'humidité dans le sous-sol. Bouchez ces fentes à l'aide d'une pâte à calfeutrer le béton.

Calfeutrez le joint de la lisse basse, c'est-à-dire la planche horizontale marquant l'endroit où la maison repose sur la fondation. Faites-le régulièrement pour éviter les pertes thermiques.

Colmatage des petits trous

À l'aide d'un disque à meuler la maçonnerie, monté sur une perceuse (ou avec un ciseau à pierre et un maillet), entaillez le béton autour de la zone endommagée. Inclinez les bords de l'entaille de 15° pour favoriser l'accrochage de la réparation. Enlevez au ciseau le béton détaché. Portez toujours des gants et des lunettes de protection.

Appliquez une mince couche de liant au latex, lequel adhérera à la surface endommagée et assurera une bonne liaison avec le produit de ragréage. Attendez que cette couche devienne collante (pas plus de 30 minutes) avant de passer à l'étape suivante.

Remplissez la zone endommagée de produit de ragréage renforcé au vinyle, appliqué en couches de ¼ po à ½ po d'épaisseur. Attendez 30 minutes entre les applications. Ajoutez des couches jusqu'à ce que le produit dépasse légèrement la surface bétonnée. Amincissez les bords de la réparation ; couvrez-la d'une feuille de plastique et protégez-la de manière qu'on n'y marche pas pendant au moins une semaine.

Rapiéçage d'un sol de béton

Passez l'aspirateur; enlevez le béton détaché ou écaillé avec un ciseau de maçon et un marteau. Préparez un lot de produit de ragréage renforcé au vinyle, en suivant le mode d'emploi du fabricant. Appliquez le produit à l'aide d'une truelle, en le faisant déborder légèrement. Lissez la réparation pour qu'elle affleure la surface qui l'entoure.

Après la cure complète du produit, servez-vous d'un grattoir à plancher pour lisser la surface réparée.

Application d'un ciment autonivelant

Débarrassez la surface de tout le béton détaché et nettoyez-la avec soin : elle doit être exempte de poussière, de saleté, d'huile et de peinture. Appliquez uniformément une couche d'apprêt pour béton sur toute la surface, à l'aide d'un rouleau à longs poils. Laissez sécher complètement l'apprêt.

En suivant le mode d'emploi du fabricant, mélangez le ciment à l'eau. Préparez une quantité de ciment qui suffira à couvrir toute la surface à l'épaisseur voulue (jusqu'à 1 po). Versez le mélange sur le plancher.

Étalez uniformément le ciment à l'aide d'un épandeur calibré ou d'une règle d'étalement. Travaillez rapidement : le produit commence à durcir en 15 minutes. Vous pouvez vous servir d'une truelle pour amincir les bords de la couche, afin d'adoucir le joint avec la partie non recouverte du plancher. Laissez sécher le ciment pendant 24 heures.

Réparation d'une fissure

Les méthodes et les matériaux à utiliser pour la réparation d'une fissure dépendent de l'ampleur et de la situation des dommages. Pour réparer rapidement une petite fissure (moins de ¼ po de largeur), vous pouvez vous servir d'une pâte à colmater le béton, de couleur grise. Une solution plus durable fera appel à une pâte à colmater liquide ou à un ciment de ragréage fortifié. Les ciments de ragréage sont des composés à base de polymères qui augmentent considérablement la force de liaison du ciment, tout en lui conférant une certaine malléabilité. Pour réparer une fissure importante sur une surface horizontale, servez-vous d'un mélange pour béton de sable fortifié. Si la surface est verticale, optez pour un ciment hydraulique ou à prise rapide. Pour que la réparation adhère solidement à la surface fissurée, il est essentiel que cette dernière soit bien préparée.

Outils et matériel ▸

- Brosse métallique
- Perceuse munie d'une brosse métallique circulaire
- Ciseau à froid
- Maillet
- Pinceau
- Truelle
- Liant à base de latex
- Produit de ragréage au vinyle
- Pâte à colmater le béton
- Mélange pour béton de sable
- Feuille de plastique

Utilisez une pâte à colmater le béton pour réparer rapidement les petites fissures. Même si cette pâte est pratique, elle n'est qu'une solution temporaire destinée à améliorer l'apparence du béton et prévenir une infiltration d'eau qui aggraverait les dommages.

Conseils sur la préparation du béton fissuré en vue de sa réparation ▸

Enlevez les débris dans la fissure à l'aide d'une brosse métallique ou d'une perceuse munie d'une brosse métallique circulaire. S'il reste des débris dans la fissure, l'adhésion sera médiocre, et la réparation faible.

Pour empêcher le matériau de réparation de sortir de la fissure, servez-vous d'un ciseau à froid et d'un marteau pour couper la paroi de la fissure de manière que celle-ci soit plus large à sa base.

Réparation d'une petite fissure

Préparez la fissure en vue de la réparer (page ci-contre), puis appliquez au pinceau une mince couche de liant à base de latex sur toute la surface à réparer. Le liant empêchera le matériau de réparation de se détacher ou de sortir de la fissure.

Préparez le produit de ragréage au vinyle et introduisez-le à la truelle dans la fissure. Avec la truelle, amincissez les bords de la réparation afin qu'elle soit de niveau avec la surface environnante Recouvrez la zone d'une feuille de plastique et protégez-la contre le passage pendant au moins une semaine.

Variante : réparation d'une grosse fissure ▸

Surfaces horizontales : Préparez la fissure (page ci-contre) et versez-y du sable jusqu'à ½ po de la surface. Préparez le mélange pour béton de sable, ajoutez-y un fortifiant pour béton. À l'aide d'une truelle, remplissez la fissure de béton et lissez-le jusqu'à ce qu'il soit de niveau avec la surface environnante.

Surfaces verticales : Préparez la fissure (page ci-contre). Mélangez le produit de ragréage au vinyle ou le ciment hydraulique. Avec une truelle, appliquez une couche de ¼ po à ½ po d'épaisseur dans la fissure, jusqu'à ce qu'il en déborde un peu. Lissez le matériau pour le mettre de niveau avec la surface environnante. Laissez sécher le matériau. Si la profondeur de la fissure est supérieure à ½ po, appliquez des couches successives. Laissez sécher chacune d'elles avant d'appliquer la suivante.

Réparation d'une fissure dans une fondation en béton

Pour déterminer si la fissure est stable ou non, vous devrez l'observer sur une période de plusieurs mois, plus particulièrement durant l'automne et le printemps. Faites des marques à divers endroits de la fissure. Prenez note de sa longueur et de sa largeur maximale. Si la fissure change de plus de $\frac{1}{16}$ po, consultez un ingénieur en bâtiment ou un spécialiste des fondations.

Pour réparer une fissure stable, servez-vous d'un ciseau et d'un marteau pour y créer une cavité plus large à la base qu'à la surface, d'une profondeur maximale de ½ po. Nettoyez la fissure à l'aide d'une brosse métallique.

Pour empêcher l'humidité de pénétrer dans la fondation, remplissez la fissure d'une mousse isolante expansible, en travaillant de bas en haut.

Mélangez le ciment hydraulique selon le mode d'emploi du fabricant. Remplissez-en la fissure à la truelle, de bas en haut. Appliquez le ciment en couches successives de ½ po maximum, jusqu'à ce que la réparation s'élève un peu au-dessus de la surface environnante. Lissez le ciment avec la truelle jusqu'à ce qu'il soit de niveau avec la surface. Laissez-le sécher complètement.

Réparation de marches de béton

Les marches de béton nécessitent plus d'entretien et de réparations que toute autre structure de béton, en raison des contraintes et de l'usure qu'elles subissent quotidiennement. Les surfaces horizontales peuvent être réparées au moyen des produits et des techniques que l'on utilise pour les autres surfaces de maçonnerie. Si la surface est verticale, servez-vous d'un ciment à prise rapide, que vous façonnerez pour l'adapter aux dommages à réparer.

Outils et matériel ▸

- Truelle
- Brosse métallique
- Pinceau
- Scie circulaire munie d'une lame à maçonnerie
- Ciseau à froid
- Taloche
- Fer à bordure
- Rebuts de bois
- Huile végétale ou agent de démoulage
- Liant à base de latex
- Produit de ragréage renforcé au vinyle
- Ciment à prise rapide
- Feuilles de plastique

Les dommages isolés sur la surface d'une marche, comme le grand cratère illustré ci-dessus, peuvent être réparés. Si les dommages sont importants, vous devrez peut-être remplacer la marche.

Un escalier de béton endommagé altère l'apparence de votre entrée et présente des dangers pour ses utilisateurs. Réparez les fissures dès leur apparition, afin de garder l'escalier en bon état et d'en prolonger la vie.

Réparation du coin d'une marche

Retrouvez le morceau manquant ; nettoyez-le, ainsi que sa surface d'attache, à l'aide d'une brosse métallique. Appliquez un liant à base de latex sur les deux surfaces. Si vous ne retrouvez pas le morceau manquant, modelez un coin avec un produit de ragréage (ci-dessous).

Étendez sur les surfaces à joindre une couche épaisse de produit de ragréage. Placez sur la marche le morceau à recoller, en appuyant sur celui-ci. Appuyez une brique ou un bloc de béton lourd sur la zone réparée et laissez sécher le produit (environ 30 minutes). Couvrez la zone réparée d'une feuille de plastique, et protégez-la de manière qu'on n'y marche pas pendant au moins une semaine.

Reconstruction du coin d'une marche

Avec une brosse métallique, nettoyez la surface abîmée. Appliquez-y un liant à base de latex.

Mélangez le produit de ragréage avec un liant à base de latex, selon le mode d'emploi du fabricant. Appliquez le mélange sur la zone à réparer, puis lissez les surfaces et arrondissez les arêtes, au besoin, à l'aide d'un couteau ou d'une truelle souple.

Formez autour de la réparation un « coffrage » de bois retenu par du ruban adhésif. Enduisez d'huile végétale ou d'un agent de démoulage la face intérieure du coffrage, afin que le produit de ragréage n'y adhère pas. Couvrez la zone de plastique ; protégez-la de manière qu'on n'y marche pas pendant au moins une semaine.

Réparation du bord d'un giron

Découpez le béton autour de la zone endommagée à l'aide d'une scie circulaire munie d'une lame à maçonnerie. Tenez la scie de manière que la coupe décrive un angle creusé vers l'arrière de la marche. Faites une coupe horizontale dans la contremarche située sous la zone endommagée. Éliminez au ciseau le béton se trouvant entre les deux coupes.

Découpez une planche dont la largeur correspond à la hauteur de la contremarche. Enduisez d'huile végétale ou d'un agent de démoulage l'un des côtés de la planche pour l'empêcher de coller ; appuyez-la contre la contremarche endommagée. Servez-vous de blocs de béton pour retenir la planche. Veillez à ce que le bord supérieur de la planche soit à la même hauteur que la contremarche.

Appliquez le liant à base de latex sur la zone à réparer avec un pinceau propre. Attendez qu'il devienne collant (pas plus de 30 minutes), puis utilisez une truelle pour garnir cette zone d'un mélange épais de ciment à prise rapide.

Lissez la surface du ciment à l'aide d'une taloche ; laissez sécher le ciment pendant quelques minutes. Utilisez un fer à bordure pour arrondir le bord du giron. Avec une truelle, tranchez le côté du ciment pour que sa surface corresponde à la surface latérale de la marche. Recouvrez la réparation de plastique. Attendez au moins une semaine avant de marcher sur la zone réparée.

Réparations diverses du béton

Vous pouvez être appelé à réparer beaucoup de dommages à des structures de béton dont on ne parle pas spécifiquement dans les guides de bricolage. Il peut s'agir, par exemple, de rapiécer des objets en béton profilé ou de la maçonnerie plaquée sur la fondation de votre maison. Il vous suffira d'adapter les techniques de base à la réparation requise. N'oubliez pas d'humecter les surfaces de béton avant le ragréage afin que la surface à réparer n'absorbe pas l'humidité du béton ou du produit de ragréage utilisé. Suivez toujours le mode d'emploi du fabricant du produit utilisé.

Une dalle de béton inclinée vers la maison peut causer des dommages à la fondation et rendre le sous-sol humide. Même si elle est de niveau, elle peut causer des dommages. Songez à demander à un entrepreneur de corriger la situation en injectant du béton frais sous la dalle, afin d'en soulever le bord situé le long de la fondation.

Outils et matériel ▸

- Couteau à mastiquer
- Truelle
- Maillet
- Ciseau à froid
- Brosse métallique
- Cisaille aviation
- Perceuse
- Brosse à poils souples
- Ciment à prise rapide
- Papier d'émeri
- Treillis métallique
- Chevilles pour maçonnerie
- Fortifiant acrylique pour béton
- Mélange pour béton de sable

Réparation du béton profilé

Grattez le béton décollé dans la zone endommagée. Essuyez la surface avec un chiffon humide. Préparez du ciment à prise rapide et appliquez-le à la truelle. Travaillez rapidement : ce ciment durcit en quelques minutes.

Servez-vous d'une truelle ou d'un couteau à mastiquer pour donner au béton la forme voulue. Lissez le béton dès qu'il prend. Une fois le béton sec, polissez-le avec du papier d'émeri.

Réparation de la maçonnerie plaquée

À l'aide d'un ciseau à froid et d'un maillet, détachez du mur la maçonnerie endommagée ou détériorée. Enlevez tout ce qui est endommagé, jusqu'à ce qu'il ne reste plus que de la maçonnerie en bon état ; prenez garde de ne pas abîmer le mur. Nettoyez la zone avec une brosse métallique.

Si le treillis est en bon état dans la zone à réparer, enlevez-en les débris de maçonnerie. S'il ne l'est pas, découpez la partie endommagée avec une cisaille aviation et remplacez-la par du treillis neuf que vous fixerez au mur à l'aide de chevilles pour maçonnerie.

Préparez le mélange pour béton de sable et ajoutez-y un fortifiant acrylique (ou utilisez un mélange de béton conçu spécifiquement pour la réparation des murs). Appliquez le béton à la truelle sur le treillis jusqu'à ce que sa surface et la surface environnante soient de niveau.

Reproduisez la texture d'origine sur la surface réparée. Sur la photo, nous utilisons une brosse à poils souples pour moucheter la surface de béton frais. Pour que la réparation soit moins visible, ajoutez des pigments au mélange ou peignez la surface réparée une fois qu'elle aura séché.

Resurfaçage d'une allée bétonnée

Le béton dont la surface est endommagée, mais dont la structure reste solide peut être préservé grâce au resurfaçage – application sur la surface d'une mince couche de béton neuf. Mais si la surface présente de profondes fissures ou des dommages importants, le resurfaçage n'est alors qu'une solution temporaire destinée à prévenir une détérioration plus importante. La nouvelle surface adhérera mieux à l'ancienne si elle est compactée ; veillez donc à utiliser un mélange de béton sec et épais que vous pourrez compacter à la pelle.

Outils et matériel ▸

- Pelle
- Taloche en bois
- Balai
- Scie circulaire
- Massette
- Perceuse
- Pinceau
- Rouleau et bac à peinture
- Brouette
- Règle à araser
- Fer à rainures
- Fer à bordure
- Tuyau d'arrosage
- Truelle de briqueteur
- Maillet de caoutchouc
- Niveau
- Sac de mortier
- Pieux
- Pièces de bois de 2 x 4
- Huile végétale ou agent de démoulage
- Vis à panneau mural de 4 po
- Mélange pour béton de sable
- Adhésif liant
- Feuilles de plastique
- Briques de pavage
- Mortier de type N

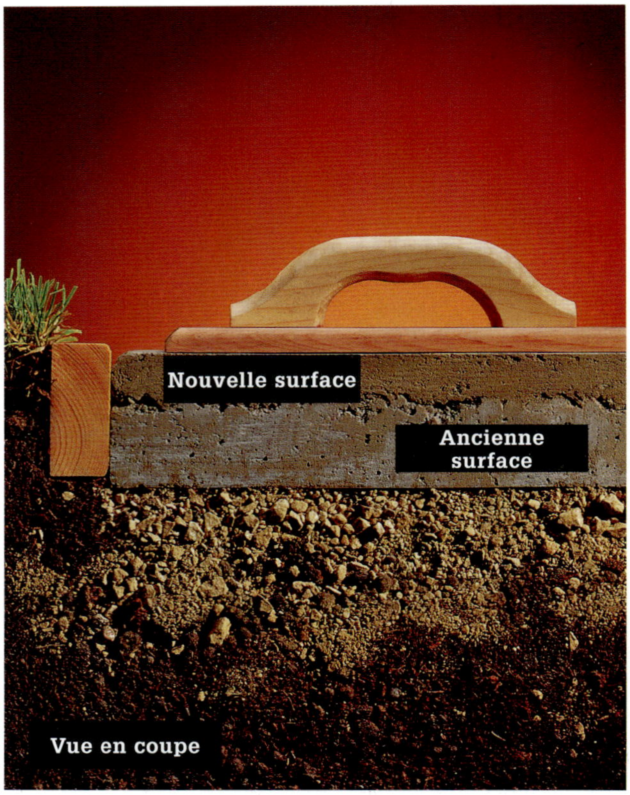

Refaites la surface du béton qui présente des dommages superficiels, tels l'écaillage et la formation de cratères. Du fait que la nouvelle surface sera mince (1 po ou 2 po), employez un mélange pour béton de sable. Si vous commandez une bétonnière, assurez-vous que l'entrepreneur n'utilise pas un agrégat de dimension supérieure à ½ po.

Resurfaçage au béton frais

Nettoyez soigneusement la surface. Si celle-ci est écaillée ou craquelée, grattez-la avec une bêche pour enlever le plus possible de béton détaché, puis balayez-la.

Tout autour de la surface, creusez la tranchée de 6 po de largeur qui recevra le coffrage fait de pièces de bois de 2 x 4.

Placez les pièces de 2 x 4 dans la tranchée contre les dalles, de manière qu'elles dépassent de 1 po à 2 po de la surface (elles doivent être à la même hauteur). Enfoncez des pieux dans le sol, à intervalles de 3 pi et à chaque joint du coffrage. Marquez l'emplacement des joints de rupture sur l'extérieur du coffrage, directement au-dessus des joints actuels. Enduisez d'huile végétale ou d'un agent de démoulage l'intérieur du coffrage.

Appliquez une mince couche d'adhésif liant sur toute la surface, en suivant à la lettre le mode d'emploi du fabricant du produit, car ce mode peut varier même si les produits sont semblables.

Malaxez le mélange pour béton de sable, en veillant à ce qu'il reste un peu plus épais (plus sec) que d'habitude. Étendez le béton et compactez-le à l'aide d'une pelle ou d'une pièce de 2 x 4. Utilisez une règle à araser pour égaliser la surface.

Utilisez une taloche en bois pour lisser la surface, puis un fer à bordure pour former les bordures situées près du coffrage. Coupez les joints de rupture aux endroits marqués. Vous pouvez reproduire la texture de l'ancienne surface sur la nouvelle, par exemple à l'aide d'un balai. Recouvrez le béton d'une feuille de plastique ; laissez-le sécher pendant une semaine. Appliquez-y un produit de scellement.

Construction d'un escalier de béton

La conception des marches nécessite quelques calculs et tâtonnements. Tant que la conception de votre escalier est conforme aux normes de sécurité, vous pouvez décider de la valeur de certaines grandeurs, telles que la profondeur du palier et les dimensions des marches. Pour vous faciliter la tâche, commencez par faire un croquis de votre projet.

Avant de démolir les anciennes marches, mesurez-les pour voir si elles répondent aux normes de sécurité. Dans l'affirmative, vous pouvez concevoir les nouvelles marches d'après le modèle des anciennes. Sinon, faites table rase et concevez des marches conformes aux normes.

Si l'escalier a plus de deux marches, vous devrez installer une rampe. Renseignez-vous auprès d'un inspecteur des bâtiments pour connaître les autres exigences à ce sujet.

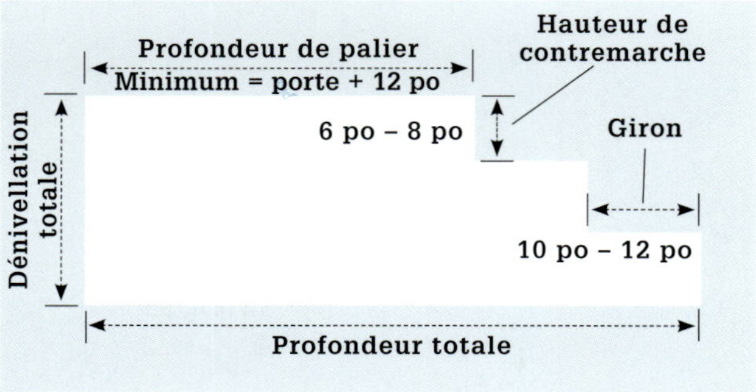

Outils et matériel ▸

- Mètre à ruban
- Masse
- Pelle
- Perceuse
- Scie alternative
- Niveau
- Cordeau de maçon
- Pilon
- Maillet
- Outils à mélanger le béton
- Scie sauteuse
- Serre-joints
- Règle ou équerre de charpente
- Taloche
- Fer à marches
- Balai
- Pièces de bois de 2 x 4
- Grillage d'armature en acier
- Fil métallique
- Supports
- Adhésif de construction
- Gravier compactable
- Matériaux de remplissage
- Contreplaqué de ¾ po pour extérieur
- Vis à plancher de 2 po
- Panneau isolant
- Barres d'armature nº 3
- Piquets
- Pâte à calfeutrer au latex
- Huile végétale ou agent de démoulage

De nouvelles marches de béton rafraîchiront l'apparence de votre maison. Si les anciennes marches sont instables, remplacez-les par des marches de béton à surface antidérapante, qui rendront l'entrée plus sûre.

Conception des marches

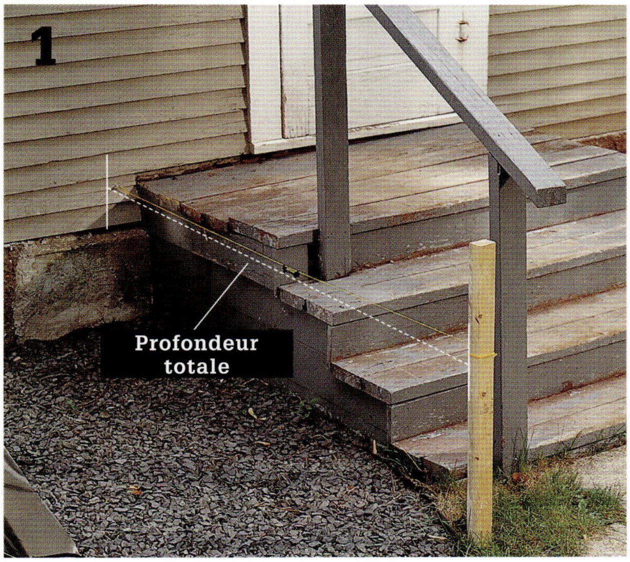

Attachez l'extrémité d'un cordeau de maçon à la fondation, 1 po plus bas que le seuil de la porte. Enfoncez un piquet à l'avant, à l'endroit où vous souhaitez que se trouve la première marche et fixez-y l'autre extrémité du cordeau. Mettez le cordeau de niveau à l'aide d'un niveau de cordeau. Mesurez la longueur du cordeau : cette distance représente la profondeur totale de l'escalier.

Mesurez la distance entre le cordeau et le bas du piquet pour déterminer la dénivellation totale de l'escalier. Divisez cette dénivellation par le nombre estimé de marches. Le chiffre obtenu – c'est-à-dire la hauteur de contremarche – doit se situer entre 6 po et 8 po. Par exemple, si la dénivellation totale est de 21 po et que vous voulez construire trois marches, la contremarche mesurera 7 po, hauteur qui entre dans les limites recommandées pour la sécurité des marches.

Mesurez la largeur de la porte et ajoutez-y au moins 12 po. Le chiffre obtenu représente la profondeur minimale que doit avoir le palier. Cette profondeur additionnée à celle de chacune des marches doit donner une dimension inférieure à la profondeur totale de l'escalier. Si nécessaire, augmentez la profondeur totale en éloignant de la maison le piquet planté à la base des marches ou en augmentant la profondeur de palier.

Faites un plan détaillé de l'escalier, en tenant compte de ces lignes directrices : chaque marche doit avoir un giron de 10 po à 12 po de profondeur et une contremarche de 6 po à 8 po de hauteur, et le palier doit avoir une profondeur d'au moins 12 po de plus que la largeur de la porte. Ajustez les parties de l'escalier selon vos besoins, mais en respectant les critères énumérés. Il vous faudra un certain temps pour arriver au croquis final de l'escalier, mais il est important de procéder avec soin.

Construction de marches en béton

Enlevez ou démolissez l'escalier existant. S'il est en béton, conservez les gravats pour le remplissage du nouvel escalier. Durant la démolition du béton, portez des lunettes protectrices et des gants.

Creusez deux tranchées de 12 po de largeur à la profondeur requise pour les semelles, perpendiculairement à la fondation, et espacées de manière que les semelles dépassent de 3 po de chaque côté de l'escalier. Installez les grillages d'armature en acier. Avec un peu d'adhésif de construction, fixez un panneau isolant sur la fondation.

Préparez le béton et coulez les semelles. Nivelez-les et lissez-les à l'aide d'une planche à araser. Inutile de lisser le béton à la taloche.

Une fois l'eau de ressuage évaporée, introduisez des barres d'armature de 12 po dans le béton, à une profondeur de 6 po et à intervalles de 12 po dans le plan axial de chaque semelle. Laissez 1 pi de libre à chaque extrémité des semelles.

Laissez durcir les semelles pendant deux jours avant d'excaver le sol qui les sépare jusqu'à une profondeur de 4 po. Étendez sur le sol une couche de gravier compactable de 5 po d'épaisseur ; damez-la jusqu'à ce qu'elle soit au niveau des semelles.

Reportez sur du contreplaqué de ¾ po pour extérieur les mesures des éléments latéraux du coffrage indiquées sur votre plan. Découpez les éléments à la scie sauteuse. Vous pouvez gagner du temps en découpant en même temps les deux côtés du coffrage que vous aurez réunis à l'aide de serre-joints. Ajoutez une pente de ⅛ po par pied, de l'arrière à l'avant, à la ligne tracée pour le palier.

Découpez les planches de coffrage des contremarches. Biseautez le bas des planches de façon à permettre à une taloche de lisser les bords arrière des marches. Fixez ces planches sur les éléments de coffrage latéraux à l'aide de vis à plancher de 2 po.

Coupez la pièce de bois de 2 x 4 qui servira à supporter les éléments de coffrage des contremarches. Utilisez des vis à plancher de 2 po pour fixer des cales de 2 x 4 sur les éléments de coffrage des contremarches. Fixez le support sur les cales. Assurez-vous que tous les coins sont d'équerre.

Découpez un panneau isolant et collez-le sur la fondation, à l'arrière de l'escalier. Déposez le coffrage sur les semelles, contre le panneau isolant. Étayez le coffrage à l'aide de pièces de bois de 2 x 4 fixées sur des piquets enfoncés dans le sol et sur des cales installées sur les côtés du coffrage.

(suite à la page suivante)

Remplissez le coffrage de matériaux de remplissage non contaminés (gravats ou fragments de béton), en ménageant un dégagement de 6 po sur les côtés, à l'arrière et au-dessus. Pelletez ensuite sur le tas de matériaux des gravats plus petits, afin de remplir les vides.

Couchez des barres d'armature n° 3 sur le tas de gravats, à intervalles de 12 po. Pour les empêcher de se déplacer durant le coulage du béton, attachez-les à des supports avec du fil métallique. Ces barres doivent demeurer à au moins 2 po du sommet du coffrage. Vaporisez de l'eau sur le coffrage et sur les gravats.

Enduisez le coffrage d'huile végétale ou d'un agent de démoulage, puis vaporisez-y de l'eau afin d'empêcher le béton d'y adhérer. Préparez le béton et coulez-le, une marche à la fois, en commençant par celle du bas. Tassez et lissez le béton à l'aide d'une planche. Enfoncez une barre d'armature n° 3 à 1 po de profondeur dans le « nez » de chaque marche pour le renforcer.

Lissez les girons en faisant passer la taloche sous le bord biseauté du coffrage des contremarches.

Coulez le béton des autres marches et du palier. Enfoncez une barre d'armature dans le nez de chaque marche et du palier. Surveillez le béton que vous travaillez et cessez de le lisser dès que l'eau de ressuage disparaît.

Facultatif : Si vous devez installer une rampe dont les plaques de montage s'attachent à des boulons en J noyés, insérez ces boulons dans le béton avant qu'il durcisse. Sinon, choisissez une rampe dont la quincaillerie se monte en surface et que vous pourrez donc installer lorsque l'escalier sera terminé.

Lorsque le béton prend, façonnez les marches et le palier à l'aide d'un fer à marches. Lissez la surface, puis passez-y un balai dur afin de la rendre antidérapante.

Retirez le coffrage dès que la surface est ferme au toucher, normalement quelques heures après le coulage. Lissez à la taloche les arêtes rugueuses. Ajoutez du béton dans les éventuels trous. Si vous attendez trop pour enlever le coffrage, vous aurez plus de trous à combler. Remblayez la zone qui entoure la base de l'escalier et imperméabilisez le béton. Installez une rampe facile à saisir, et solidement attachée à l'escalier et au mur.

Resurfaçage d'une dalle de terrasse

Le plus souvent, on pose les carreaux de terrasse sur une couche de fondation en béton – soit sur une terrasse de béton existante, soit sur une nouvelle dalle de béton. Il existe une troisième voie, celle qui est expliquée aux pages suivantes, et qui consiste à couler une nouvelle couche de fondation sur une terrasse existante. Le resurfaçage demande moins de travail et coûte moins cher que l'enlèvement d'une vieille terrasse suivi du coulage d'une nouvelle dalle. De plus, il garantit que la nouvelle terrasse carrelée ne souffrira pas des déficiences que la surface actuelle est susceptible de présenter.

Examinez les photos des pages suivantes pour décider de la méthode qui convient le mieux à la préparation de votre dalle actuelle. Le resurfaçage d'une allée de béton est expliqué aux pages 232-233.

Outils et matériel ▸

- Outils manuels de base
- Pelle
- Massette
- Règle
- Cisaille aviation
- Bêche de maçon
- Boîte de gâchage
- Fouloir à main
- Taloche de magnésium
- Fer à bordure
- Couteau universel
- Truelle carrée
- Papier de construction de 30 lb
- Feuilles de plastique
- Pièces de bois de 2 x 4 et 2 x 2
- Vis à plancher de 2 ½ po et 3 po
- Support d'enduit de ⅜ po
- Ciment de toiture

Installation d'une couche de fondation pour carrelage de terrasse

Creusez autour de la terrasse la tranchée d'au moins 6 po de largeur et d'au plus 4 po de profondeur qui recevra le coffrage fait de pièces de bois de 2 x 4. Enlevez la terre et les débris des côtés exposés de la terrasse. Mesurez et coupez les pièces de 2 x 4 qui formeront le coffrage, et joignez-les avec des vis à plancher de 3 po. Dans des pièces de 2 x 4, coupez des piquets que vous enfoncerez dans le sol à intervalles de 2 pi autour du coffrage.

Déposez le support d'enduit sur la terrasse, puis une pièce d'écartement de 2 x 2 sur le support (leur épaisseur combinée correspond à l'épaisseur de la couche de fondation). Réglez la hauteur du coffrage de manière qu'il soit de niveau avec la pièce d'écartement. Fixez les pieux sur le coffrage à l'aide de vis à plancher de 2 ½ po.

Retirez la pièce d'écartement et le support d'enduit, puis étendez sur la surface des bandes de papier de construction de 30 lb qui se chevaucheront sur 6 po et qui empêcheront la nouvelle surface d'adhérer à l'ancienne. Repliez le papier dans les coins et sur les bords, en veillant à ce qu'il s'élève au-dessus du coffrage. Entaillez le papier dans les coins pour le plier plus facilement.

Déposez des bandes de support d'enduit sur le papier de construction de manière qu'elles se chevauchent sur 1 po. Ménagez un dégagement de 1 po sur tout le périmètre. Servez-vous d'une cisaille aviation et portez des gants épais pour couper le support métallique.

Fabriquez un coffrage intérieur provisoire, fait de pièces de 2 x 2, qui divisera la surface en sections et qui permettra d'appuyer la planche à araser avec laquelle on mettra de niveau le béton frais. Les sections doivent être assez étroites (de 3 pi à 4 pi) pour que vous puissiez en atteindre le côté opposé sans trop étirer le bras. Vissez les extrémités des pièces sur le coffrage extérieur en vous assurant qu'elles sont de niveau.

Dans une boîte de gâchage, préparez le mélange pour béton à l'aide d'une bêche de maçon et en suivant le mode d'emploi du fabricant (ou utilisez une bétonnière motorisée).

(suite à la page suivante)

Note : Le mélange doit être très sec, afin que vous puissiez l'enfoncer au fouloir dans le support d'enduit.

Remplissez de béton l'une des sections, jusqu'au sommet du coffrage. Tassez bien le béton avec un fouloir léger à main pour l'enfoncer dans le support d'enduit et dans les coins. Le fouloir léger illustré est fait d'un carré de contreplaqué de ¾ po et de 12 po de côté, fixé sur un manche coupé dans une pièce de bois de 2 x 4.

Égalisez la surface du béton en y traînant une planche à araser droite de 2 x 4 appuyée sur le coffrage. Déplacez la planche latéralement dans un mouvement de va-et-vient perpendiculaire au déplacement, afin de niveler la surface et de remplir les creux. S'il reste des creux après le passage de la planche, remplissez-les de béton et égalisez bien le tout.

Servez-vous d'une taloche de magnésium pour lisser la surface du béton. Exercez une très légère pression sur l'outil en lui faisant décrire des arcs de cercle, et en en relevant un peu le bord avant pour ne pas entamer la surface.

Coulez et égalisez une autre section de béton, en répétant les étapes 7 à 9. Après le lissage de cette autre section, enlevez l'élément de coffrage temporaire et remplissez de béton le vide laissé. Lissez le béton frais avec la taloche de magnésium jusqu'à ce que le joint des sections se fonde dans la surface environnante et disparaisse. Bétonnez de la même manière les sections restantes, une à la fois.

Laissez durcir le béton jusqu'à ce qu'une pression du doigt n'y laisse plus aucune marque. Formez le pourtour de la couche de fondation à l'aide d'un fer à bordure, dont vous relèverez un peu le bord avant afin de ne pas mordre dans la surface. Effacez à la taloche toute marque laissée par le fer à bordure.

Couvrez le béton de feuilles de plastique et laissez-le durcir pendant au moins trois jours (ou selon le temps de prise recommandé par le fabricant). Retenez les bords des feuilles avec des poids. Une fois le béton sec, retirez les feuilles de plastique ; démontez le coffrage et enlevez-le.

Coupez l'excédent de papier de construction autour de la terrasse. Appliquez une couche de ciment de toiture sur les bords exposés de la terrasse, en vous servant d'une truelle ou d'un couteau à mastiquer pour bien l'enfoncer dans le joint des deux surfaces. Lorsque le ciment aura séché, remplissez la tranchée de terre ou réinstallez-y la couche de sol enlevée.

Scellement d'un plancher de béton

La plupart d'entre nous ont l'habitude de considérer le béton comme un matériau essentiellement utilitaire, mais il faut savoir que celui-ci imite fort bien divers types de revêtement de sol et qu'il peut ajouter une touche de couleur et d'attrait à n'importe quelle pièce. Qu'il ait été choisi pour son côté pratique dans le garage ou pour son apport esthétique au salon, le plancher de béton doit être scellé.

Si le béton est un matériau solide et durable, étant également poreux, il se tache facilement. Bon nombre de taches s'enlèvent avec le nettoyant approprié, mais le sceller ou le peindre empêchera les taches d'huile, de graisse ou d'autres substances tenaces de pénétrer la surface. Le nettoyage en sera considérablement facilité.

Même après le dégraissage d'un sol de béton, les résidus de graisse et d'huile peuvent compromettre l'adhérence des couches de scellant ou de peinture. Pour vous assurer d'avoir nettoyé le plancher adéquatement, versez-y un verre d'eau. S'il est prêt à être scellé, le béton absorbera l'eau rapidement et uniformément. Si l'eau perle à sa surface, c'est probablement parce qu'il a besoin d'un nettoyage supplémentaire. Un détergent utilisé avec un nettoyeur à vapeur éliminera les taches rebelles mieux qu'un simple produit nettoyant.

Quatre bonnes raisons devraient vous inciter à sceller votre plancher de béton : pour le protéger contre la saleté, l'huile, la graisse, les produits chimiques et les taches ; pour l'empêcher d'attirer la poussière ; pour prévenir les dommages que pourrait causer l'abrasion et l'exposition aux rayons du soleil ; pour l'imperméabiliser et le protéger contre les dommages dus au cycle gel-dégel.

Outils et matériel ▸

- Pulvérisateur résistant aux acides
- Neutralisant alcalin
- Scellant pour béton
- Bottes de caoutchouc
- Tuyau d'arrosage avec ajutage
- Seau résistant aux acides
- Protection oculaire
- Rouleau avec manchon tissé
- Peinture
- Bac à peinture
- Aspirateur de liquides
- Laveuse à haute pression
- Pinceau
- Appareil de protection respiratoire
- Balai dur
- Manche-rallonge
- Gants de caoutchouc

Scellement d'un plancher de béton

Nettoyez et préparez la surface en la balayant d'abord ; puis enlevez la saleté collante : boue, cire et graisse. Éliminez ensuite les peintures et enduits. Consultez le chapitre portant sur le nettoyage du béton pour trouver des conseils sur le détachage.

Saturez d'eau propre la surface de béton. Elle doit être humide avant le décapage à l'acide. Profitez de l'occasion pour repérer les endroits où l'eau y perle. C'est le signe que des contaminants subsistent et qu'il faut les enlever avec un nettoyant ou un décapant chimique approprié.

Vérifiez le fonctionnement de votre pulvérisateur avec de l'eau, pour vous assurer que la brume produite est large et uniforme. Une fois l'ajutage réglé, consultez le mode d'emploi du fabricant de l'acide à décaper et remplissez le réservoir avec la quantité d'eau recommandée.

Ajoutez l'acide à décaper à l'eau du réservoir du pulvérisateur (ou de l'arrosoir) résistant aux acides. Suivez à la lettre le mode d'emploi du fabricant et soyez prudent.

(suite à la page suivante)

Appliquez la solution acide uniformément sur le plancher, au moyen du pulvérisateur ou de l'arrosoir résistant aux acides. Ne laissez pas sécher la solution durant le décapage et le nettoyage. Décapez le plancher une petite section à la fois, de 10 pi^2 ou moins. Si le plancher est en pente, commencez par la partie basse.

Servez-vous d'un balai dur ou d'une brosse à parquet pour faire pénétrer l'acide dans le béton. Laissez reposer l'acide de 5 à 10 minutes, ou selon le mode d'emploi. Une légère mousse indiquera que le produit travaille. L'absence de mousse ou de bulles signifie qu'un résidu d'enduit, d'huile ou de graisse gêne le travail de l'acide. Dans ce cas, franchissez les étapes 7 à 12, puis recommencez à zéro.

Lorsqu'il ne se forme plus de bulles, l'acide a cessé de réagir avec la surface alcaline et a formé des sels de pH neutre. Neutralisez tout acide restant à l'aide d'une solution alcaline. Versez un gallon d'eau dans un grand seau et ajoutez-y un neutralisant alcalin ; remuez. À l'aide d'un balai dur, appliquez la solution alcaline sur toute la surface du plancher. Continuez de frotter jusqu'à ce que les bulles cessent de se former.

Avec un tuyau d'arrosage dont vous aurez réglé l'ajutage pour une haute pression (mieux encore, utilisez une laveuse à haute pression) et un balai dur, lavez soigneusement le béton. Rincez la surface deux ou trois fois. Appliquez de nouveau l'acide (répétez les étapes 5 à 8).

S'il reste de l'acide, vous pouvez le rendre inoffensif pour votre fosse septique : préparez une solution alcaline dans un grand seau ; versez-y avec précaution le reste d'acide jusqu'à ce que le bouillonnement cesse.

Servez-vous d'un aspirateur à liquides pour nettoyer le plancher. Certaines solutions d'acide et de nettoyant peuvent causer des dommages à la végétation, au système d'égout ou à l'environnement en général. Consultez donc la réglementation locale pour savoir comment éliminer correctement l'acide neutralisé.

Pour savoir s'il y a un résidu sur le béton, frottez-le avec un chiffon foncé. Si une substance blanche apparaît sur le chiffon, continuez le rinçage du plancher, puis vérifiez de nouveau s'il y a un résidu.

Laissez sécher le béton pendant au moins 24 heures. Balayez la poussière, la saleté et les particules laissées par le procédé de décapage à l'acide. Le béton devrait désormais présenter la rugosité d'un papier de verre de grain 120 et être prêt pour le scellement.

(suite à la page suivante)

Une fois le béton décapé, nettoyé et séché, il peut être enduit d'un scellant transparent. Préparez le scellant dans un seau à l'aide d'une baguette de bois. Délimitez sur le béton un petit carré d'essai avec du ruban de peintre ; appliquez-y le scellant et laissez-le sécher, pour voir si son apparence vous convient. Le scellant à béton a tendance à rendre la surface glissante lorsqu'elle est mouillée. Ajoutez-y un adjuvant antidérapant, surtout dans les escaliers.

Utilisez un large ruban de peintre pour protéger les murs. À l'aide d'un pinceau de 4 po à soies synthétiques de bonne qualité, enduisez de scellant le périmètre du plancher.

Servez-vous d'un rouleau muni d'un manche rallonge et d'un manchon d'au moins ½ po d'épaisseur pour appliquer une couche uniforme de scellant sur le reste de la surface. Enduisez une petite section à la fois (environ 2 pi sur 3 pi). Travaillez toujours dans le même sens (par exemple, nord-sud). Évitez les marques de chevauchement en gardant toujours un bord humide. Dès qu'une section commence à sécher, ne la travaillez plus, car vous risqueriez d'en enlever le scellant.

Laissez sécher la surface selon les recommandations du fabricant, en général de 8 à 12 heures minimum. Appliquez ensuite une seconde couche, dans le sens opposé à celui de la première (par exemple est-ouest, si la première était dans le sens nord-sud).

Peinture d'un plancher de béton

Vous trouverez dans le présent guide deux manières de construire un nouveau plancher sur du béton existant. Mais il arrive parfois que l'ajout d'une couche ne soit pas pratique, par exemple dans un sous-sol où le plafond est déjà bas ou dans un endroit que l'on ne fréquente pas assez pour que la dépense soit justifiée.

Pour donner à un plancher de béton une nouvelle apparence, la méthode la plus simple consiste à le peindre. Vous pouvez en protéger la surface contre la saleté et les taches en l'enduisant d'un scellant clair, y appliquer une peinture de couleur translucide ou encore le couvrir d'une peinture opaque pour plancher. Vous devez toutefois vous assurer que la surface est propre, sèche, lisse, et exempte de graisse et de cire.

Avant de choisir le traitement de surface de votre plancher de béton, effectuez quelques recherches à la bibliothèque, sur le Web ou dans des magasins de peinture ou de matériaux de construction. Lorsque vous aurez décidé d'un traitement, les instructions des pages suivantes vous aideront à l'appliquer.

Les sous-sols sont rarement pourvus de la ventilation adéquate pour le travail de peinture. Installez des ventilateurs pour faire circuler l'air. Si le plancher de béton se trouve dans un garage ou une autre enceinte du genre, laissez les portes ouvertes.

Outils et matériel ▸

- Eau de Javel
- Matériel de nettoyage
- Ventilateurs électriques
- Protection oculaire
- Pinceau à soies de nylon
- Rouleau et bac à peinture
- Pâte à colmater le béton
- Manche rallonge
- Gants de caoutchouc

Peinture d'un plancher de béton

Il y a des peintures spécialement conçues pour un plancher de béton, mais celui-ci doit être propre et sec. Balayez-le, passez-y l'aspirateur et lavez-le. Pour éliminer les taches, frottez-les avec une solution d'eau de Javel (1 part d'eau de Javel pour 3 parts d'eau). Portez une protection oculaire et des gants de caoutchouc.

Rincez la surface soigneusement avec de l'eau propre et laissez-la sécher.

En suivant le mode d'emploi du fabricant, réparez les fissures à l'aide d'une pâte à colmater le béton. Assurez-vous qu'aucune partie de la surface ne s'écaille ni ne se désagrège.

Testez la capacité d'absorption du béton en l'humectant d'eau. S'il absorbe l'eau rapidement, l'adhérence de la peinture sera probablement bonne. Si l'eau perle à la surface, vous devriez probablement décaper le béton à l'acide (pages 245-247). Après le décapage, laissez sécher le béton au moins jusqu'au lendemain.

Si vous devez utiliser plus d'un contenant de peinture, ouvrez-les tous et mélangez-les ensemble pour uniformiser la couleur. Inutile de diluer la peinture pour le plancher, sauf si vous utilisez un pulvérisateur qui le requiert.

Servez-vous d'un pinceau à soies de nylon comme une brosse de pouce de 2 ½ po. Appliquez d'abord l'apprêt sur les côtés et dans les coins, ce qui créera un bord net (faites de même pour la couche de peinture).

À l'aide d'un rouleau muni d'un manchon de l'épaisseur recommandée par le fabricant, appliquez la couche d'apprêt. Commencez dans le coin le plus éloigné de la porte ; travaillez en reculant. Laissez sécher l'apprêt pendant au moins 8 heures.

En utilisant un manchon propre, appliquez uniformément la première couche de peinture, qui ne doit pas être trop épaisse. Laissez-la sécher pendant 24 heures. Si vous ajoutez une seconde couche, faites-le dans le sens opposé à celui de la première, afin de combler d'éventuelles lacunes. Laissez sécher la dernière couche pendant une journée avant de marcher dessus.

Défauts des structures de briques et de blocs

Inspectez attentivement les structures de briques et de blocs qui sont endommagées avant de commencer les travaux. Il est essentiel d'identifier la nature et la cause des dommages afin d'être en mesure de choisir la meilleure solution et de prévenir leur répétition.

Recherchez les indices évidents, comme des racines d'arbre envahissantes ou des gouttières qui laissent fuir l'eau sur la maçonnerie. Vérifiez aussi la pente du terrain ; peut-être doit-il être nivelé de manière à éloigner l'eau du mur de maçonnerie. L'eau est le plus souvent à l'origine des dégâts, mais des fissures importantes qui réapparaissent signalent parfois l'existence de déficiences structurales qui devraient être examinées par un ingénieur.

Une réparation est vouée à l'échec si l'on ne commence pas par traiter la cause des dommages. Si le colmatage d'une fissure lui-même se fissure, par exemple, cela signifie que les contraintes opposées s'exercent encore sur la structure. Trouvez la cause du problème (une fondation qui s'affaisse ou le cycle de gel-dégel de l'eau infiltrée) et réglez-la avant de colmater de nouveau la fissure.

Types de défauts des structures de briques et de blocs

Il arrive souvent que les joints de mortier des structures de briques ou de blocs se détériorent, car le mortier est plus faible que les briques et les blocs. Cette détérioration n'est pas toujours visible. Sondez les joints environnants à l'aide d'un tournevis pour vérifier s'ils sont sains.

Les dommages structuraux importants, comme ceux qui ont été causés à ce porche, nécessitent généralement l'enlèvement de la structure, l'amélioration de la fondation, et la reconstruction de la structure. Les projets de cette envergure devraient être confiés à des maçons professionnels.

Les dommages aux blocs sont souvent causés par le gel et le dégel répétés de l'humidité emprisonnée dans le mur ou dans le bloc même. Au lieu de remplacer le bloc entier, cassez-en la face, que vous remplacerez avec une dalle de béton de mêmes dimensions (pages 258-259).

L'écaillage se produit lorsque le gel de l'eau ou d'autres forces créent une pression qui suffit à fracturer la brique. La meilleure solution consiste à remplacer la brique (pages 256-257), après avoir éliminé la source de pression, si possible. *Conseil : Conservez un morceau de la brique enlevée ; elle vous servira de référence de couleur pour la brique de remplacement.*

Un couronnement de cheminée endommagé laisse entrer l'eau dans la zone du conduit, où celle-ci risque d'endommager la cheminée, voire le toit ou les murs intérieurs. Les petits dommages (photo du haut) se réparent avec une pâte à calfeutrer à base de silicone résistant au feu. Les dommages plus importants (photo du bas) nécessiteront la réparation ou le remplacement du couronnement de mortier.

La décoloration et les taches peuvent être causées par des facteurs extérieurs ou par des minéraux intérieurs qui remontent à la surface de la brique ou du bloc (efflorescence). Si la tache ne s'enlève pas facilement à l'eau, recourez à une solution nettoyante.

Réparation des murs de briques ou de blocs

Le rejointoiement – c'est-à-dire le remplacement du joint de mortier liant les briques ou les blocs – est la réparation que nécessitent le plus fréquemment les ouvrages de maçonnerie. La technique du rejointoiement est particulièrement utile à tout propriétaire, car elle s'applique à la réparation des murs, des cheminées, des placages de briques et de toutes les structures composées d'éléments liés par du mortier.

Les petites réparations esthétiques – comme le remplissage à la pâte à colmater ou au produit de ragréage des petites fissures ou des petits cratères – peuvent être effectuées sur n'importe quel type de mur, qu'il s'agisse d'un mur de jardin autoporteur ou d'un mur de fondation en blocs. Cependant, consultez un spécialiste pour les réparations importantes – par exemple le remplacement de briques ou de blocs, ou la reconstruction d'un ouvrage –, surtout lorsque la structure est porteuse.

Les murs du sous-sol sont souvent une source de tracas pour le propriétaire. L'exposition constante à l'humidité et les contraintes exercées par le sol peuvent causer des infiltrations, la déformation des parois et l'écaillement de la peinture. Réparez les petites fuites et fissures avec du ciment hydraulique. Des produits d'étanchéité de la maçonnerie peuvent être appliqués sur des surfaces détériorées afin de les rafraîchir. Les problèmes d'humidité récurrents sont souvent attribuables au nivellement inadéquat du sol autour des fondations ou encore à la défectuosité d'un robinet ou du système de gouttières.

Note : Même si les techniques de réparation proposées dans les pages suivantes concernent particulièrement des murs de briques ou de blocs, elles s'appliquent à toutes les structures de maçonnerie.

Outils et matériel ▸

- Outil à gratter le mortier
- Planche à mortier
- Fer à rainure
- Marteau de maçon
- Truelle de maçon
- Ciseau de maçon
- Truelle à jointoyer
- Outil à jointoyer
- Brosse dure
- Perceuse munie d'un disque et foret de maçonnerie
- Mortier
- Gravier
- Pièce de solin
- Renforçateur pour béton
- Briques ou blocs de remplacement

Réparez promptement les ouvrages de maçonnerie. Le rejointoiement est une réparation courante qui, comme bien d'autres types de réparations, rehausse l'apparence d'une construction ou d'une surface, et contribue à prévenir l'aggravation des dommages.

Rejointoiement au mortier

Enlevez le mortier détaché ou détérioré jusqu'à une profondeur de ¼ po à ¾ po. Servez-vous d'abord d'un outil à gratter le mortier (photo du haut) ; si le mortier vous résiste, utilisez un ciseau et un marteau de maçon (photo du bas). Éliminez tous les débris et humectez la surface d'eau avant d'appliquer le mortier frais.

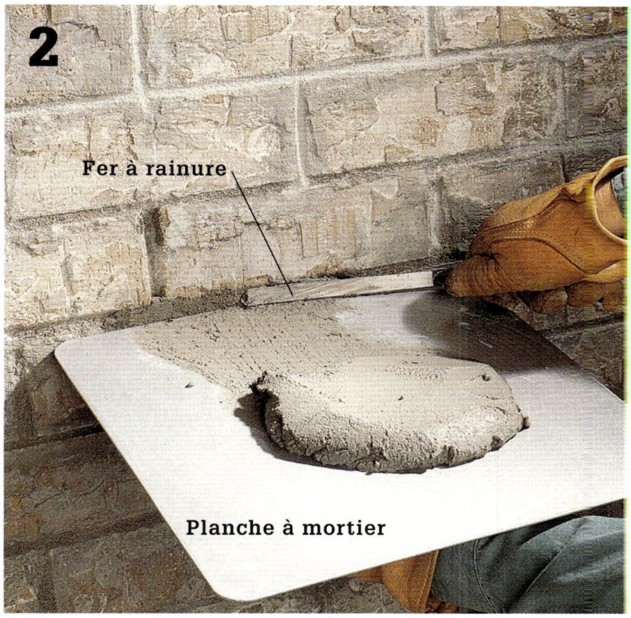

Préparez le mortier, ajoutez-y le durcisseur et une teinture, au besoin. Déposez le mortier sur la planche, puis poussez-le dans les joints horizontaux à l'aide du fer à rainure. Appliquez le mortier par couches successives de ¼ po d'épaisseur, en laissant sécher chacune d'elles pendant 30 minutes. Remplissez les joints jusqu'à la surface des briques ou blocs.

Appliquez la première couche de mortier dans les joints verticaux en ramassant le mortier avec le dos du fer à rainure, puis en le pressant dans le joint. Travaillez de haut en bas.

Une fois la dernière couche de mortier posée, lissez les joints avec un outil à jointoyer dont le profil correspond à celui des anciens joints. Commencez par les joints horizontaux. Laissez sécher le mortier jusqu'à ce qu'il soit granuleux ; enlevez-en ensuite l'excédent avec une brosse dure.

Remplacement d'une brique endommagée

Rainurez la brique afin qu'elle se brise et s'enlève plus facilement. Passez le disque de coupe sur la surface de la brique ainsi que sur les joints de mortier qui l'entourent.

Au moyen d'un marteau et d'un ciseau de maçon, cassez la brique sur les rainures. Frappez fort sur le ciseau, en prenant garde de ne pas endommager les briques voisines. *Conseil : Gardez un morceau de brique dont vous vous servirez pour trouver des briques de remplacement de même couleur.*

Enlevez au ciseau le mortier restant dans la cavité. Avec une brosse dure ou métallique, chassez les débris et nettoyez la surface qui recevra le mortier. Rincez à l'eau la zone à réparer.

Préparez le mortier, ajoutez-y le durcisseur et une teinture, au besoin. Utilisez une truelle à jointoyer pour appliquer une couche de mortier de ½ po sur la base et sur les côtés de la cavité.

Humectez la brique de remplacement. Appliquez le mortier sur les extrémités et sur le dessus de la brique. Insérez la brique dans la cavité, en lui donnant quelques coups avec le manche de la truelle, jusqu'à ce qu'elle soit de niveau avec la surface des briques voisines. Au besoin, introduisez du mortier autour de la brique avec la truelle à jointoyer.

Grattez l'excédent de mortier à l'aide d'une truelle de maçon, puis lissez les joints avec un outil à jointoyer dont le profil correspond à celui des joints environnants. Laissez sécher le mortier jusqu'à ce qu'il soit granuleux ; enlevez-en ensuite l'excédent avec une brosse dure.

Conseils sur le remplacement de plusieurs briques ▸

Si les dommages sont étendus, enlevez les briques en commençant par le haut, un rang à la fois, jusqu'à ce que toutes les briques endommagées soient retirées. Remplacez les briques en appliquant les techniques décrites ci-dessus et celles de la section portant sur la construction d'ouvrages en briques et en blocs. Attention : Ne vous attaquez pas à un mur porteur, par exemple un mur de fondation. Consultez plutôt un maçon professionnel.

Si les dommages sont circonscrits, enlevez seulement les briques de la zone à réparer, en laissant intacts les rangs supérieurs de briques en bon état. Ne retirez pas plus de quatre briques voisines. Si la zone à réparer est plus étendue, un support provisoire sera nécessaire ; dans ce cas, consultez un maçon professionnel.

Reconstruction de la face d'un bloc de béton endommagé

Pratiquez de nombreux trous dans la face du bloc détérioré, aux endroits où se trouvent les alvéoles, au moyen d'une perceuse munie d'un foret à maçonnerie. Portez des lunettes de protection lorsque vous percez ou cassez du béton.

À partir des trous, cassez la face du bloc sur les alvéoles, à l'aide d'un ciseau et d'un marteau. Prenez garde de ne pas endommager les blocs voisins et essayez de laisser la face intacte aux endroits où se trouvent les cloisons des alvéoles.

À l'aide d'un ciseau à froid, pratiquez un retrait de 2 po de profondeur dans les cloisons du bloc. Pour ce faire, marquez et rainurez des lignes à 2 po derrière la surface des cloisons, puis cassez le bloc avec le ciseau. N'allez pas au-delà de 2 po, car le reste des cloisons servira à lier la dalle de béton qui remplacera la face du bloc.

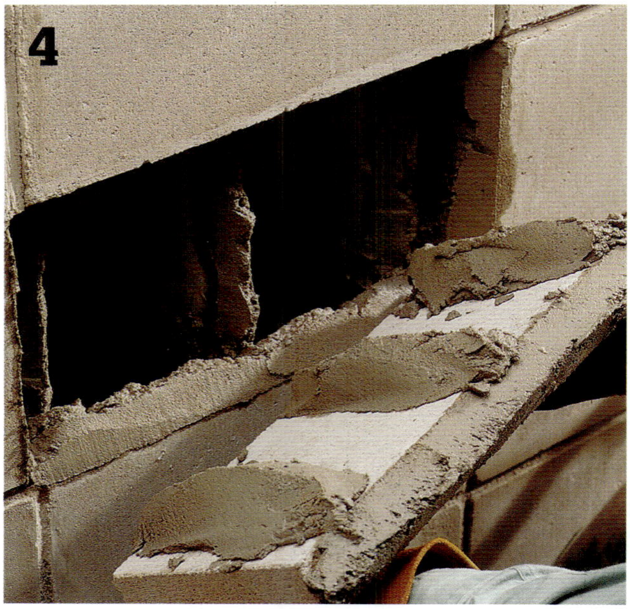

Préparez le mortier; appliquez-en une couche de 1 po sur les côtés, les bords des cloisons et la base de l'ouverture, ainsi que sur le haut de la dalle et aux endroits où elle s'appuiera sur les cloisons (pour un bloc standard, utilisez une dalle de 8 po sur 16 po). Pressez la dalle dans l'ouverture, de niveau avec les blocs voisins. Au besoin, ajoutez du mortier dans les joints. Étayez la dalle à l'aide d'une pièce de 2 x 4 jusqu'à ce que le mortier durcisse. Finissez les joints au moyen d'un outil à jointoyer.

Renforcement d'une section de blocs dont la face a été refaite

Renforcez la zone réparée qui s'étend sur deux blocs adjacents ou plus. Commencez par pratiquer quelques trous dans une petite section couvrant une alvéole, dans un bloc situé directement au-dessus de la zone réparée. Cassez au ciseau à froid la face de béton entre les trous.

Préparez un mélange léger de mortier fait d'une part de gravier et de deux parts de mortier sec, puis ajoutez-y de l'eau. Le mélange doit être assez fluide pour s'écouler facilement, mais sans être trop liquide. *Note : L'ajout d'une petite quantité de gravier renforce le mortier et augmente le rendement du lot préparé.*

Versez le mélange mortier-gravier dans l'ouverture pratiquée, en vous servant d'une pièce de solin comme entonnoir. Continuez de préparer le mélange et de le verser dans l'ouverture jusqu'à ce qu'il n'y entre plus. Le mortier durcira et formera une colonne de renfort liée au dos des dalles installées sur les cloisons des blocs réparés.

Colmatez l'ouverture à l'aide de mortier sans gravier et d'une truelle à jointoyer. Lissez la surface avec la truelle. Une fois que le mortier a durci au point que la pression d'un doigt n'y laisse pas de marque, finissez le joint sous l'ouverture avec un fer à rainure.

Nettoyage et peinture des briques et des blocs

Vérifiez les surfaces de briques et de blocs tous les ans, et enlevez les taches et les traces de décoloration. La plupart des problèmes sont faciles à régler lorsqu'on intervient rapidement. Si vous entretenez régulièrement ces ouvrages, ils conserveront leur attrait et leur durabilité. Reportez-vous aux conseils de nettoyage ci-dessous : ils vous indiqueront comment vous débarrasser de certaines taches.

Vous pouvez rafraîchir les ouvrages de briques et de blocs en y appliquant une nouvelle couche de peinture. Comme dans tous les travaux de peinture, vous n'obtiendrez un résultat satisfaisant que si vous préparez soigneusement la surface et utilisez un apprêt de qualité.

De nombreuses taches s'enlèvent facilement à l'aide de détergents pour briques et blocs que l'on trouve dans les maisonneries, mais gardez les recommandations suivantes à l'esprit :

- Testez toujours les solutions de nettoyage sur une partie dissimulée de la surface, et appréciez le résultat.
- Certains produits chimiques dégagent des vapeurs nocives. Suivez les recommandations du fabricant sur la sécurité et l'utilisation de son produit. Portez des vêtements de protection.
- Imbibez d'eau la surface à nettoyer avant d'appliquer une solution de nettoyage. Cette mesure empêchera la solution de pénétrer trop rapidement dans les matériaux. Rincez copieusement la surface après le nettoyage, afin d'éliminer toute trace de la solution de nettoyage.

Utilisez une laveuse à pression pour nettoyer les ouvrages importants de briques et de blocs. Vous pouvez louer ce type de machine dans la plupart des centres de location. Demandez à l'agent de location les instructions détaillées de sécurité et d'utilisation de la machine.

Solutions de solvants pour détacher les briques et les blocs ▸

- Éclaboussures d'œufs : dans un récipient non métallique, dissolvez des cristaux d'acide oxalique dans l'eau, en suivant les instructions du fabricant. Brossez la surface avec la solution.
- Efflorescence : frottez la surface avec une brosse dure et utilisez une solution de nettoyage domestique lorsque l'accumulation est importante.
- Taches de rouille : aspergez la surface ou frottez-la avec une solution composée de cristaux d'acide oxalique dissous dans l'eau, obtenue selon les instructions du fabricant. Appliquez directement la solution sur la tache.
- Plantes grimpantes : coupez les tiges à l'écart de la surface (ne les arrachez pas). Laissez sécher les tiges restantes avant de les enlever en frottant la surface avec une brosse dure et une solution de nettoyage domestique.
- Huile : appliquez une pâte faite d'essence minérale et d'une substance inerte, comme la sciure de bois.
- Taches de peinture : si la peinture est fraîche, enlevez-la avec une solution de triphosphate de sodium, en suivant les instructions du fabricant. Si la peinture est ancienne, enlevez-la en frottant énergiquement la surface ou en utilisant le sablage au jet.
- Mauvaises herbes : utilisez un herbicide en suivant les instructions du fabricant.
- Taches de fumée : frottez la surface avec un nettoyant domestique contenant un produit de blanchiment, ou utilisez une solution d'ammoniaque.

Conseils sur le nettoyage des surfaces de briques et de blocs ▸

Préparez une pâte en mélangeant des solvants de nettoyage (encadré, page ci-contre) avec du talc ou de la farine. Appliquez la pâte directement sur la tache, laissez-la sécher et grattez-la ensuite avec un grattoir en vinyle ou en plastique.

Utilisez un grattoir en nylon ou un mince bloc de bois pour enlever l'excédent de mortier qui a durci. Évitez d'utiliser un grattoir métallique : il risquerait d'abîmer la surface de maçonnerie.

Masquez les fenêtres, les parements, les ouvrages décoratifs de menuiserie et toutes les surfaces exposées autres que la maçonnerie, avant le nettoyage des briques et des blocs. Cette mesure est essentielle si vous utilisez des produits chimiques puissants, comme l'acide chlorhydrique.

Conseils sur la peinture de la maçonnerie ▸

Avant d'appliquer la peinture, nettoyez les joints de mortier à l'aide d'une perceuse munie d'une brosse métallique circulaire. Pour favoriser l'adhérence de la peinture, frottez la maçonnerie afin d'enlever les dépôts.

Appliquez une couche d'apprêt pour maçonnerie avant de repeindre les murs de briques ou de blocs. L'apprêt aide à éliminer les taches et à prévenir les problèmes, comme l'efflorescence.

Réparation d'un foyer

Les foyers à feu ouvert en maçonnerie sont construits selon des spécifications très strictes visant à en maximiser le rendement thermique, à évacuer la fumée et surtout à assurer la sécurité. La chambre intérieure dans laquelle brûle le feu, appelée l'âtre, est construite en briques réfractaires, assemblées avec un mortier spécial qui peut résister à des températures très élevées. Pour augmenter encore la résistance à la chaleur du foyer, les joints de mortier de la construction en briques réfractaires sont plus minces que dans les autres constructions, ils ont entre $\frac{1}{16}$ po et ¼ po d'épaisseur.

L'âtre renvoie la chaleur du feu dans la pièce et isole la structure entourant le foyer des températures élevées qui risqueraient de causer des dommages. C'est pourquoi, en plus de faire vérifier et nettoyer régulièrement votre foyer et votre cheminée, il est bon que vous vérifiiez l'âtre en vue de déceler les joints de mortier qui s'effritent et les briques qui se détachent, qui sont fissurées ou qui s'écaillent.

Des dommages importants ou des signes d'usure dans l'âtre peuvent indiquer la présence de problèmes majeurs, ailleurs dans le foyer ou dans la cheminée, et il faut les porter à l'attention d'un professionnel. Mais vous pouvez régler vous-même la plupart des petits problèmes, pour autant que vous utilisiez des matériaux résistant au feu. Certains mortiers réfractaires sont mélangés d'avance pour que l'on ne doive pas leur ajouter d'eau. Quel que soit le produit que vous choisissez, assurez-vous qu'il est conçu pour être utilisé avec de la brique réfractaire.

Outils et matériel ▸

- Lampe baladeuse
- Miroir
- Lampe torche
- Brosse dure
- Éponge
- Tournevis
- Truelle de maçon
- Ciseau de maçon
- Outil à jointoyer
- Produit de nettoyage pour foyers
- Briques réfractaires
- Mortier réfractaire

Le foyer à feu ouvert en maçonnerie est la fierté de nombreux propriétaires. La plupart des foyers sont construits à l'aide de plusieurs matériaux différents, comprenant deux types ou plus de briques et de mortiers, du béton, des blocs de béton, du métal et de l'argile réfractaire. Pour conserver à votre foyer son rendement et assurer sa durabilité, et avant tout pour la sécurité de la maison, il faut l'entretenir régulièrement.

Inspection et réparation d'un âtre

Commencez l'inspection en nettoyant complètement le foyer. Si les briques et les joints de mortier ne sont pas parfaitement visibles, utilisez un produit de nettoyage pour foyer et une brosse dure pour enlever la suie et la créosote accumulées. Utilisez une baladeuse et un miroir pour examiner les parties supérieures de l'âtre et l'ouverture du registre.

À l'aide d'une lampe torche, inspectez les briques et le mortier de l'âtre. Vérifiez si le mortier s'est détaché en grattant légèrement les joints avec un tournevis. Décelez les fissures et tâtez les briques pour vérifier qu'elles ne se détachent pas.

À l'aide d'un ciseau à maçonnerie ou d'un ciseau à pierres, enlevez les briques détachées ou abîmées, et grattez complètement l'ancien mortier. Nettoyez les bords des briques voisines avec une brosse dure. Si vous devez remplacer des briques, apportez-en une d'origine chez un fournisseur de foyers ou de briques afin que les nouvelles soient identiques aux anciennes.

Appliquez du mortier réfractaire sur les nouvelles briques, en suivant les instructions du fabricant. Glissez délicatement les briques en place pour qu'elles affleurent les briques voisines. Grattez l'excédent de mortier avec une truelle. Finissez les joints de mortier à l'aide d'un outil à jointoyer.

Réparation d'ouvrages en pierres

Les dommages causés aux murs de pierres sont souvent dus au gel, à l'érosion ou à la détérioration du mortier, ou encore au déplacement de pierres. Les murs de pierres sèches sont les plus exposés à l'érosion et au délogement des pierres, tandis que les murs liaisonnés au mortier se fissureront.

Inspectez les ouvrages de pierres une fois par an en vue de déceler les signes de dommages et les détériorations. En remplaçant une pierre ou en reconstituant du mortier qui s'est effrité, vous vous épargnerez des travaux importants plus tard.

Une colonne ou un mur de pierres qui penche a souvent pour causes des problèmes d'érosion ou de fondation, et il présente un danger si on néglige d'en prendre soin. Vous pouvez démanteler et reconstruire un ouvrage en pierres posées à sec, mais s'il s'agit d'un ouvrage liaisonné au mortier qui penche considérablement, vous faites mieux de vous adresser à des gens de métier pour remédier à la situation.

Les pierres d'un mur peuvent se déloger à cause du tassement du sol, de l'érosion ou des cycles saisonniers de gel-dégel. Effectuez les réparations nécessaires avant que le problème ne se propage à d'autres endroits.

Outils et matériel ▸

- Masse
- Ciseau
- Appareil photo
- Pelle
- Pilon manuel
- Niveau
- Mesure du fruit
- Brosse dure
- Truelles pour mélanger ou jointoyer
- Sac à mortier
- Ciseaux de maçon
- Intercalaires de bois
- Pièce de bois de 2 x 4 enveloppée de moquette
- Craie
- Gravier compactable
- Pierres de remplacement
- Mortier de type M
- Teinture à mortier

Conseils sur la remise en place des pierres délogées ▸

Replacez dans sa position initiale une pierre délogée. Si d'autres pierres ont pris sa place, enfoncez des intercalaires entre les pierres voisines pour faire de la place à la pierre délogée. Prenez garde de ne pas enfoncer les intercalaires trop profondément.

Utilisez une pièce de bois sciée de 2 x 4 enveloppée de moquette pour ne pas abîmer la pierre lorsque vous la martelez pour l'enfoncer à sa place. Assurez-vous ensuite que la pierre replacée n'a pas endommagé ni délogé les pierres voisines.

Reconstruction d'une section d'un mur de pierres sèches

Avant de commencer les travaux, examinez le mur et déterminez quelle partie doit en être réparée. Démontez le mur en suivant un V centré sur la section endommagée. Numérotez chaque pierre et indiquez-en l'orientation à la craie de manière à reconstruire le mur comme il était. *Conseil : Prenez une photo du mur, en veillant à ce que la numérotation soit visible.*

Les pierres de couronnement sont souvent posées dans un lit de mortier sur la dernière assise de pierres. Vous devrez peut-être faire éclater le mortier à l'aide d'une masse et d'un ciseau pour enlever les pierres de couronnement. Enlevez les pierres marquées, sans compromettre la stabilité du mur.

Reconstruisez le mur, assise par assise, en n'utilisant des pierres de remplacement que lorsque c'est nécessaire. Attaquez chaque assise par les extrémités et progressez vers le centre. Si le mur est épais, placez d'abord les pierres de façade et remplissez l'intérieur de pierres plus petites. Vérifiez votre travail avec un niveau et utilisez une mesure du fruit pour que le mur ait la bonne inclinaison. Si les pierres de couronnement étaient liaisonnées, replacez-les sur un lit de mortier frais. Nettoyez les marques de craie à l'eau, avec une brosse dure.

Conseil ▸

Si les dommages sont dus à l'érosion du sol, creusez une tranchée, profonde de 6 po minimum, en dessous de la zone endommagée, et remplissez-la de gravier. Tassez le gravier avec un pilon manuel. Vous améliorerez ainsi le drainage et empêcherez l'eau d'éroder le sol sur lequel repose le mur.

Conseils sur la réparation des murs de pierres liaisonnées ▸

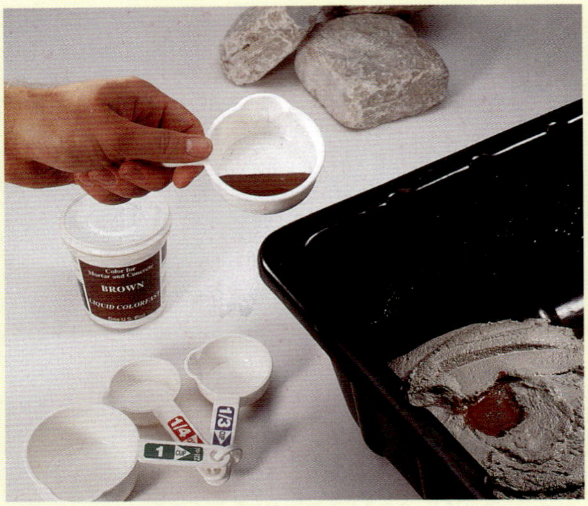

Colorez le mortier que vous utiliserez afin qu'il se fonde dans le mortier existant. Préparez plusieurs échantillons de mortier contenant chacun une quantité différente de teinture, et laissez-les sécher complètement. Comparez chaque échantillon avec l'ancien mortier et choisissez celui dont la couleur se rapproche le plus de celui-ci.

Utilisez un sac à mortier pour réparer les joints de mortier de tout l'ouvrage abîmés par les intempéries ou autrement endommagés. Enlevez le mortier détaché (voir ci-dessous) et nettoyez toutes les surfaces à l'eau, avec une brosse dure. Humectez les joints avant de les refaire. Recouvrez-le tous, lissez-les et brossez-les au besoin.

Réparation des joints de mortier

Grattez soigneusement le mortier fissuré ou détaché, en vous arrêtant lorsque vous atteignez le mortier ferme. Enlevez les débris de mortier à l'aide d'une brosse dure. *Conseil : Grattez les joints avec un ciseau et un maillet, ou fabriquez votre propre grattoir en plaçant un vieux tournevis dans un étau et en pliant sa tige à 45°.*

Préparez du mortier de type M, puis humidifiez les surfaces à réparer avec de l'eau propre. En progressant de haut en bas, enfoncez du mortier dans les crevasses à l'aide d'une truelle à jointoyer. Lissez le mortier quand il est suffisamment sec pour résister à une légère pression du doigt. Enlevez l'excédent de mortier avec une brosse dure.

Remplacement d'une pierre dans un mur liaisonné

Enlevez la pierre endommagée en faisant éclater le mortier qui l'entoure à l'aide d'un ciseau de maçon ou d'un tournevis modifié (voir page ci-contre). Enfoncez le ciseau en l'orientant vers la pierre endommagée, afin de ne pas abîmer les pierres voisines. Une fois la pierre retirée, égalisez le mieux possible les surfaces intérieures de la cavité, à l'aide d'un ciseau.

Enlevez de la cavité le mortier détaché et les débris, à l'aide d'une brosse. Vérifiez le mortier voisin et grattez le mortier qui n'est pas fermement attaché ou faites-le éclater.

Essayez la pierre de remplacement à sec. Elle doit être stable dans la cavité et se fondre dans le reste du mur. Vous pouvez marquer la pierre à la craie et la tailler pour l'ajuster ; mais si vous la taillez trop, la réparation se remarquera.

Vaporisez un brouillard d'eau sur la pierre et dans la cavité. Appliquez à la truelle une couche de mortier de type M sur les parois intérieures de la cavité. Enduisez de mortier toutes les faces jointives de la pierre et introduisez-la à sa place en la faisant osciller vigoureusement pour éliminer toutes les poches d'air. Utilisez une truelle à jointoyer pour enfoncer solidement le mortier autour de la pierre. Lissez le mortier dès qu'il a pris.

Remplacement de dalles naturelles

L'entretien général d'une surface dallée est un peu moins simple que celui d'autres types de surface. Du fait qu'une dalle naturelle est souvent poreuse, elle peut se révéler difficile à nettoyer et mal réagir au contact de beaucoup de nettoyants courants.

Pour remplacer une dalle naturelle endommagée, il faut d'abord en trouver une nouvelle qui ressemble aux autres dalles de l'ensemble et la découper pour l'ajuster dans l'ouverture. Le soin supplémentaire que requiert le travail sur la pierre est toujours récompensé par la beauté exceptionnelle de ce matériau.

Lorsque la pierre doit être nettoyée, commencez par le traitement le plus doux: un petit brossage avec de l'eau (utilisez une brosse en fibres synthétiques, jamais de métal). Si ce premier traitement est inefficace, consultez votre fournisseur de pierres. Toutes les pierres sont différentes et les spécialistes qui les manipulent quotidiennement savent quelle méthode de nettoyage convient le mieux à votre type de pierre. Sachez que certains nettoyants tachent certaines pierres. N'utilisez jamais de solutions à base d'acide. Lorsque votre dallage est parfaitement nettoyé, songez à en sceller la surface afin de la protéger contre les taches et l'infiltration d'eau. Utilisez le produit d'étanchéité recommandé par votre fournisseur.

Le remplacement d'une dalle naturelle sur une terrasse à assise de sable est facile, mais requiert de la patience. Si vous remplacez une grande dalle cassée en deux, vous pourrez peut-être la réutiliser en en façonnant les morceaux de manière qu'ils ressemblent à des pierres individuelles. Pour garder en bon état un dallage lié au mortier, remplacez sans tarder les joints détachés, fissurés ou autrement détériorés. Voici les étapes à franchir pour remplacer des joints de mortier endommagés.

Outils et matériel ▸

- Ciseaux à froid
- Ciseau à pierre
- Marteau
- Aspirateur d'atelier
- Pierre de remplacement
- Truelle de maçon
- Fournitures de préparation du mortier
- Règle ou niveau
- Sac à mortier

Pour remplacer une dalle naturelle enfoncée dans le sable, enlevez la dalle abîmée, mettez de niveau le lit de sable et damez-le. Déposez la nouvelle pierre et refaites les joints de sable tout autour. Découpez et dressez la pierre au besoin.

Remplacement d'une dalle naturelle liaisonnée

ÉTAPE 1 : ENLEVEZ LE MORTIER

1. À l'aide d'un ciseau à froid ou d'un ciseau à pierre et d'un marteau, cassez avec soin le mortier entourant la dalle endommagée. N'orientez pas le ciseau vers les pierres voisines de crainte de les abîmer.

Note: Si vous remplacez simplement le mortier endommagé, dirigez le ciseau de manière à ne casser que le mortier. Arrêtez le travail dès que tout le mortier détaché est enlevé.

Faites éclater le mortier entourant la dalle abîmée en prenant garde de ne pas endommager les dalles voisines.

ÉTAPE 2 : ENLEVEZ LA DALLE ENDOMMAGÉE

1. En prenant garde de ne pas casser les dalles et les joints de mortier environnants, faites éclater la dalle endommagée à l'aide d'un marteau et d'un ciseau. Gardez le ciseau sur cette dalle, en le tenant à l'écart des autres dalles. Frappez fort sur le ciseau, mais pas au point d'ébranler toute la surface.
2. Une fois la dalle retirée, faites éclater l'ancien lit de mortier à l'aide d'un ciseau, en prenant soin de ne rien endommager autour.

Cassez et retirez la dalle endommagée, puis enlevez l'ancien lit de mortier.

ÉTAPE 3 : AJUSTEZ LA NOUVELLE DALLE

1. Placez la dalle sur la cavité ; tracez sur la dalle les lignes de coupe requises. Lorsque la dalle sera installée, les joints l'entourant devraient être de même largeur que ceux du reste de la surface, afin que la réparation ne soit pas apparente.
2. Découpez ou dressez la nouvelle dalle au besoin.
3. Testez l'ajustement de la dalle dans la cavité. Veillez à ce que la cavité soit assez profonde pour loger un nouveau lit de mortier de ½ po et pour que la nouvelle dalle soit de niveau avec les dalles voisines.

ÉTAPE 4 : INSTALLEZ LA NOUVELLE DALLE

1. Passez l'aspirateur d'atelier dans la cavité, afin d'en éliminer la poussière et les débris.
2. Préparez un lot de mortier du même type que le mortier d'origine. Vaporisez de l'eau dans la cavité. Avec une petite truelle de maçon, étendez-y uniformément une couche de mortier d'environ ½ po.
3. Installez la nouvelle dalle et pressez-la dans le mortier. À l'aide d'une règle, assurez-vous qu'elle est à peu près de niveau avec les dalles voisines. Mettez-la de niveau au besoin. Laissez durcir le mortier pendant au moins 24 heures.
4. Préparez un lot de mortier pour les nouveaux joints. Colorez-le, si vous le souhaitez, pour l'harmoniser avec l'ancien mortier. (Teintez plusieurs petits échantillons que vous laisserez sécher, afin de trouver la bonne quantité de teinture à ajouter au mortier.) Vaporisez de l'eau dans le vide entourant la dalle, remplissez ce vide de mortier, puis finissez le joint de la manière appropriée.

Marquez la dalle de remplacement afin de pouvoir l'ajuster dans la cavité en ménageant le dégagement requis par les joints de mortier.

Placez une règle ou un niveau sur la nouvelle dalle pour vous assurer qu'elle est de niveau avec les dalles voisines.

Lavage à la pression de la maçonnerie et de la pierre

Pour nettoyer les surfaces de maçonnerie et de pierre à l'extérieur de votre maison, rien ne travaille plus rapidement ni plus efficacement qu'une laveuse à pression. Un appareil de catégorie résidentielle peut avoir une puissance 50 fois supérieure à celle d'un tuyau d'arrosage tout en consommant jusqu'à 80 % moins d'eau.

La laveuse à pression comporte un moteur qui fournit l'énergie, une pompe qui pousse l'eau d'un tuyau d'arrosage dans un tuyau haute pression, ainsi qu'une buse qui accélère le jet d'eau propulsé par le système. Résultat : un jet d'eau dont la pression peut varier de 500 lb/po² à 4000 lb/po².

Le pouvoir nettoyant d'une telle laveuse ne résulte pas seulement de la pression du jet d'eau. Il faut également tenir compte du débit d'eau exprimé en gallons/minute : plus ce débit est élevé, plus la laveuse nettoiera rapidement la saleté accumulée. Pour des travaux de nettoyage généraux à l'extérieur de la maison, une laveuse dont la pression est de 2500 lb/po² et le débit de 2,5 gal/min est amplement suffisante.

Le lavage sous pression est un procédé simple. Il suffit de tenir solidement la lance à deux mains, d'appuyer sur la gâchette et de déplacer le jet d'eau sur la surface à nettoyer. Même si diverses surfaces requièrent diverses configurations de pulvérisation et diverses pressions, il est facile de déterminer quelle est la meilleure méthode d'attaque de chaque projet de nettoyage. La buse est réglable : elle peut fournir un jet large à basse pression pour le nettoyage et le rinçage ordinaires, ou un jet étroit et puissant pour l'élimination des taches rebelles. Mais le meilleur moyen de contrôler le nettoyage consiste à modifier la distance séparant la buse de la surface à nettoyer, ce qui modifie du coup l'intensité de la pression.

Veuillez observer les règles suivantes pour nettoyer efficacement une surface de maçonnerie ou de pierre avec une laveuse à pression :

- Lorsque vous voulez nettoyer une surface que vous ne connaissez pas, commencez dans une zone dissimulée, en choisissant un jet large et en tenant la buse à 4 pi ou 5 pi de la surface. Rapprochez la buse de la surface jusqu'à ce que vous obteniez l'effet désiré.
- Gardez la buse en mouvement, dans un geste long et uniforme, afin que le nettoyage soit lui aussi uniforme.
- Maintenez une distance constante entre la buse et la surface à nettoyer.
- Lorsque vous nettoyez des surfaces très souillées ou tachées, utilisez un détergent conçu pour la laveuse à pression. Rincez toujours la surface avant d'appliquer le détergent. Sur une surface verticale, appliquez-le de bas en haut, et rincez la surface de haut en bas. Suivez toujours le mode d'emploi du fabricant.
- Après le lavage à pression, scellez toujours la surface avec le produit d'imperméabilisation approprié (par exemple, un scellant pour béton sur une allée en béton), en suivant le mode d'emploi du fabricant.

Règles de sécurité ▸

- Portez toujours une protection oculaire.
- Ne portez pas de chaussures à bouts ouverts.
- Veillez à ce que la laveuse soit sur une surface solide, et que la pente et le drainage de l'aire de nettoyage préviennent la formation de flaques.
- Répartissez votre poids sur les deux jambes et tenez fermement la lance des deux mains, pour éviter qu'elle vous cingle et vous blesse.
- Gardez toujours le tuyau haute pression raccordé à la pompe et à la lance lorsque le système est sous pression.
- Ne dirigez jamais la buse vers une personne ou un animal : le jet d'eau à haute pression peut causer de graves blessures.

Conseils sur le lavage des surfaces de maçonnerie et de pierre ▸

Gardez toujours la buse en mouvement, en avançant à une vitesse constante et en décrivant des mouvements longs et uniformes. Passez plusieurs fois sur les endroits fortement souillés. Ne dirigez pas le jet trop longtemps sur le même endroit, surtout lorsque vous utilisez un jet concentré à haute pression.

Tenez la lance de manière que la buse répartisse l'eau uniformément sur la surface. Si l'angle de la buse est trop bas, la pulvérisation sera inégale et produira des zébrures. Maintenez une distance constante entre la buse et la surface à nettoyer, afin d'obtenir un résultat constant et de chasser la saleté et les débris de la surface.

Travaillez sur des sections délimitées, par exemple dans les zones de béton séparées par des joints de dilatation. Si la surface est en pente, travaillez de haut en bas, afin de favoriser le drainage, et de chasser la saleté et les débris. Trempez toute la surface afin de prévenir les stries.

Pour prévenir les stries sur une surface verticale, commencez toujours le lavage ou l'application du détergent par le bas, en progressant vers le haut. Pour le rinçage, commencez par le haut. La gravité contribuera à chasser la saleté, les débris et les résidus de détergent.

Réparation d'une entrée asphaltée

Les deux matériaux durs les plus populaires pour le pavage des entrées sont l'asphalte et le béton. On utilise l'un ou l'autre dans tout le pays, quel que soit le climat. Mais il existe certaines différences entre ces matériaux. L'installation du béton est généralement plus coûteuse que celle de l'asphalte, mais l'entretien de l'asphalte se révèle plus coûteux au fil des ans que celui du béton. En outre, le rendement du béton n'est pas toujours bon dans les régions froides : le cycle de gel-dégel et l'exposition au sel de déglaçage peuvent l'abîmer. Le rendement de l'asphalte, quant à lui, laisse souvent à désirer dans les régions chaudes. L'asphalte absorbe une grande quantité de chaleur solaire et a tendance à rester mou durant les canicules. Bien entendu, une surface molle s'use plus rapidement qu'une surface dure.

Une entrée de garage est généralement composée d'une couche d'asphalte chaud étendue et comprimée sur une sous-couche de gravier compacté.

Réparation d'une entrée asphaltée

Inspectez avec soin l'asphalte pour y repérer les taches d'huile ou de graisse. Supprimez ces taches à l'aide d'un nettoyant pour asphalte ou d'un détergent domestique. Faites pénétrer le nettoyant dans la surface à l'aide d'une brosse à poils souples, puis rincez-la avec un tuyau d'arrosage. Répétez le nettoyage jusqu'à ce que les taches disparaissent. Si vous utilisez un nettoyant pour asphalte, portez l'équipement de protection individuelle recommandé.

Une fois les taches enlevées, rincez soigneusement toute l'entrée avec un tuyau d'arrosage muni d'un ajutage, afin d'enlever les débris, la poussière et la saleté logés dans les fissures superficielles.

Réparez d'abord les petites fissures. Enlevez les débris détachés avec un ciseau à froid et un marteau, puis passez une brosse métallique sur la fissure. Éliminez la poussière au moyen d'un aspirateur d'atelier muni d'un suceur plat.

Déposez le produit de ragréage d'asphalte dans les trous de petit diamètre à l'aide d'une petite truelle, de manière que le produit dépasse d'environ ½ po la surface environnante.

Compactez le produit de ragréage avec une pièce de bois de 2 x 4. Vous pouvez vous servir d'un marteau sur la pièce pour bien fouler le produit, jusqu'à ce qu'il ne se comprime plus.

Finissez le rapiéçage en le couvrant d'une planche de 2 x [illegible] que vous frapperez avec un marteau ou un maillet. Frappez sur toute la longueur du rapiéçage afin que sa surface soit uniforme et de niveau avec la surface environnante.

(suite à la page suivante)

Si le rapiéçage est étroit, vous pouvez lisser le produit de ragréage avec une petite truelle, que vous déplacerez sur la surface environnante et sur le produit, afin de l'aplanir. Finissez la réparation en comprimant le produit de ragréage à l'aide de la truelle.

Si un trou est important, préparez-le en en coupant les bords au ciseau à froid et au marteau, de manière que le diamètre du trou soit plus large au fond qu'au-dessus. Éliminez les débris et remplissez le trou à même le sac de mélange d'asphalte pour rapiéçage à froid, jusqu'à ce que le mélange dépasse de 1 po la surface environnante. Compactez le mélange à l'aide d'une pièce de bois de 2 x 4.

Un moyen facile de compacter le mélange de rapiéçage à froid consiste à couvrir la réparation d'une pièce de contreplaqué, et de garer votre véhicule de manière qu'une roue repose au centre de la pièce. Attendez quelques minutes, puis faites avancer et reculer le véhicule plusieurs fois sur le contreplaqué.

Une fois les trous colmatés, remplissez les fissures (de moins de ¼ po de largeur) avec une pâte de colmatage de l'asphalte, qui se vend en tube facile d'utilisation. Au préalable, nettoyez la fissure avec une brosse métallique et un aspirateur.

Lorsque la pâte de colmatage a durci pendant 10-15 minutes, lissez-la au moyen d'un couteau à mastiquer, avec lequel vous pousserez la pâte dans la fissure. Si ce geste crée une petite dépression, appliquez un second cordon de pâte.

Il faut toujours bien mélanger le scellant avant l'utilisation. Utilisez une baguette de 2 po de côté et 30 po de longueur pour mélanger le scellant jusqu'à obtenir une consistance uniforme. Versez sur l'entrée une quantité de scellant suffisante pour couvrir une bande transversale de 3 pi ou 4 pi de largeur.

Étalez le scellant avec le bord raclette du balai applicateur. Gardez la couche le plus uniforme possible. Travaillez le scellant dans les petites fissures et étendez-le délicatement sur les grandes réparations.

Servez-vous du bord balai de l'applicateur pour faire disparaître les marques de chevauchement et autres irrégularités laissées durant l'application. Travaillez perpendiculairement au sens de l'application.

Entretien d'une terrasse

Inspectez votre terrasse tous les ans. Remplacez les pièces de quincaillerie ou attaches rouillées ou lâches. Appliquez une nouvelle couche de fini pour prévenir les dommages causés par l'eau.

Examinez soigneusement les zones présentant des dommages. Remplacez ou renforcez le bois endommagé dès que possible (pages 278-279).

Redonnez à une vieille terrasse mûrie par l'exposition aux intempéries sa couleur d'origine à l'aide d'un éclaircisseur, que vous trouverez dans toutes les maisonneries.

Inspectez régulièrement les parties cachées de la terrasse pour y repérer les zones pourries ou endommagées. Appliquez tous les ans une nouvelle couche de fini.

Outils et matériel ▸

- Lampe de poche
- Poinçon ou tournevis
- Visseuse
- Couteau à mastiquer
- Brosse à laver
- Gants de caoutchouc
- Lunettes protectrices
- Pulvérisateur à pression
- Vis à plancher de 2 ½ po résistant à la corrosion
- Éclaircisseur pour terrasse

Conseils pour l'entretien d'une vieille terrasse ▸

Servez-vous d'un poinçon ou d'un tournevis pour détecter le bois pourri et mou. Remplacez ou renforcez le bois endommagé.

Enlevez les débris des fentes entre les planches de pontage à l'aide d'un couteau à mastiquer. Ces débris retiennent l'humidité, laquelle peut faire pourrir le bois.

Remise en état d'une terrasse

Enfoncez de nouvelles pièces d'attache pour fixer sur les solives les planches de pontage lâches. Si vous les enfoncez dans les mêmes trous que les anciennes, choisissez-les plus longues que ces dernières.

Préparez la solution d'éclaircisseur selon le mode d'emploi du fabricant. Appliquez l'éclaircisseur avec un pulvérisateur à pression, et laissez-le agir pendant 10 minutes.

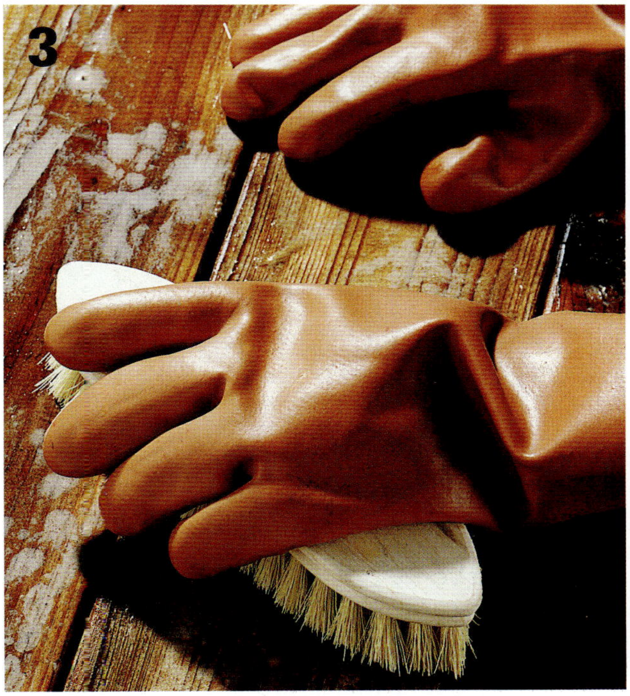

Frottez la terrasse avec une brosse dure. Portez des gants de caoutchouc et des lunettes protectrices.

Rincez la terrasse à l'eau claire. Au besoin, appliquez une seconde couche d'éclaircisseur dans les zones particulièrement sales ou tachées. Rincez la terrasse et laissez-la sécher. Appliquez-y une couche de scellant ou de teinture.

Réparation d'une terrasse

Remplacez ou renforcez dès que possible les pièces de bois endommagées de la terrasse. La pourriture risque de se propager dans le bois sain et de l'affaiblir.

Après avoir remplacé ou renforcé le bois pourri, nettoyez toute la terrasse et appliquez-y une couche d'enduit protecteur transparent ou de teinture protectrice. Appliquez une nouvelle couche tous les ans pour prévenir les dommages que pourrait causer l'eau. Si vos réparations ne se limitent pas à quelques petites zones, il est probablement temps de remplacer toute la terrasse.

Outils et matériel ▸

Pied-de-biche ou levier plat
Visseuse
Poinçon ou tournevis
Marteau
Ciseau
Lunettes protectrices
Pulvérisateur à pression
Scie circulaire
Brosse à laver
Pinceau
Cric hydraulique
Perceuse ou perceuse à percussion
Foret de maçonnerie de ⅝ po
Niveau
Clé à douille à cliquet
Enduit protecteur transparent ou teinture protectrice
Clous galvanisés (16d et 10d)
Pièces de bois
Bicarbonate de sodium
Vis à plancher résistant à la corrosion
Ancres de maçonnerie de ⅝ po
Tire-fond de ⅜ po
Gants de caoutchouc
Seau
Bloc de béton
Contreplaqué

Réparation des solives ou planches de pontage endommagées

Avec un pied-de-biche ou une visseuse, enlevez les clous ou vis de la planche endommagée. Enlevez la planche.

Inspectez les solives situées sous la planche pour y repérer les signes de pourriture. Les solives comportant des zones décolorées ou molles doivent être réparées et renforcées.

Avec un ciseau et un marteau, enlevez les parties pourries de la solive.

Appliquez une épaisse couche d'enduit protecteur sur la solive endommagée. Laissez-la sécher, puis appliquez-en une seconde. Dans une pièce de bois traité sous pression, coupez une solive de renfort (solive sœur).

Appliquez une couche d'enduit protecteur sur toutes les faces de la solive sœur et laissez-la sécher. Posez cette solive contre la solive endommagée, puis fixez-la avec des clous 10d enfoncés à intervalles de 2 pi.

Fixez la solive sœur sur la lambourde et sur la solive de rive à l'aide de clous 10d enfoncés en biais. Avec une scie circulaire, coupez les planches de pontage de remplacement dans le même bois que les planches actuelles.

Si la terrasse est grisâtre, « vieillissez » artificiellement le nouveau bois en le brossant avec une solution faite de 1 tasse de bicarbonate de sodium dans 1 gallon d'eau chaude. Rincez la terrasse ; laissez-la sécher.

(suite à la page suivante)

Appliquez une couche d'enduit protecteur transparent ou de teinture protectrice sur toutes les faces des nouvelles planches de pontage.

Fixez les nouvelles planches sur les solives avec des vis à plancher ou des clous galvanisés. Assurez-vous que l'écart entre les planches est le même qu'auparavant.

Remplacement d'un poteau de vieille terrasse

Fabriquez un support avec des bouts de contreplaqué, un bloc de béton et un cric hydraulique. Placez une couche de 1 ½ po de contreplaqué entre le cric et la poutre. Appliquez juste assez de pression pour soulever légèrement la poutre.

Enlevez les clous ou les tire-fond fixant le poteau endommagé sur la base d'ancrage et sur la poutre. Enlevez de la semelle le poteau et la base d'ancrage.

Pratiquez un trou au milieu de la semelle à l'aide d'une perceuse à percussion munie d'un foret de maçonnerie de ⅝ po. Insérez dans le trou une ancre de maçonnerie de ⅝ po.

Placez une base de poteau galvanisée sur la semelle. Vissez un tire-fond de ⅜ po muni d'une rondelle dans la base métallique et dans l'ancre de maçonnerie. Serrez le tire-fond avec une clé à douille à cliquet.

Coupez un nouveau poteau dans une pièce de bois traité sous pression ; recouvrez-en les extrémités d'un enduit protecteur. Placez le poteau d'aplomb.

Fixez le pied du poteau sur la base métallique à l'aide de clous galvanisés 10d ou 16d. Fixez le sommet du poteau sur la poutre, en réinstallant les tire-fond à l'aide d'une clé à douille à cliquet. Relâchez la pression du cric et enlevez le support.

Plomberie et câblage

- Installation de plomberie résidentielle
- Le tuyau de plastique
- Le tuyau de cuivre
- Le tuyau de fer galvanisé
- Le tuyau de fonte
- Réparation des robinets de sectionnement et des robinets à bec fileté
- Installation d'un lavabo sur pied
- Installation d'un comptoir-lavabo intégré
- Installation d'un évier de cuisine à encastrer
- Réparation d'un robinet qui fuit
- Remplacement d'un robinet d'évier
- Installation de robinets d'arrêt et de tuyaux d'alimentation
- Réparation des douchettes et des brise-jet aérateurs
- Plomberie d'une baignoire douche
- Défectuosités courantes des toilettes
- Installation d'une toilette
- Dégorgement et réparation des tuyaux d'évacuation
- Réparation d'un chauffe-eau
- Remplacement d'un chauffe-eau
- Entretien d'un adoucisseur d'eau
- Entretien d'une installation septique
- Réparation d'un tuyau gelé ou éclaté
- Réduction des bruits dans la plomberie
- Installation d'un broyeur à déchets
- Entretien d'un lave-vaisselle
- Installation électrique
- Circuit électrique
- Règles de sécurité
- Fusibles et disjoncteurs
- Évaluation d'un vieux câblage
- Bloc-notes de l'inspecteur
- Défectuosités des prises de courant
- Câblage des prises de courant
- Défectuosités courantes des interrupteurs
- Interrupteurs muraux
- Réparation et remplacement d'un luminaire à lampe à incandescence
- Réparation et remplacement d'un luminaire encastré
- Réparation d'un lustre
- Réparation d'un rail d'éclairage
- Réparation d'un ventilateur de plafond
- Réparation et remplacement d'un luminaire à lampe fluorescente
- Remplacement d'une fiche
- Remplacement d'une douille de lampe
- Installation d'une boîte électrique
- Réparation et remplacement d'un carillon de porte
- Installation d'un détecteur câblé de fumée, de monoxyde de carbone ou de chaleur
- Réparation et remplacement d'une prise téléphonique

Installation de plomberie résidentielle

L'installation de plomberie, en grande partie cachée dans les murs et les planchers, peut sembler compliquée et mystérieuse, alors qu'en fait elle est plutôt simple. Pour être en mesure d'en assurer l'entretien courant, d'en effectuer vous-même la réparation et d'ainsi économiser, vous devez en comprendre le fonctionnement.

La plomberie domestique typique comporte trois éléments de base : le système d'alimentation en eau, un ensemble d'appareils et de dispositifs, et le système d'égout. Chacun de ces éléments est illustré sur la vue en coupe d'une maison, sur la page ci-contre.

L'eau fraîche arrive dans la maison par une conduite d'eau principale (1), à partir d'un puits ou d'un réseau d'alimentation public. Si l'eau provient d'un réseau public, il se peut qu'elle traverse un compteur (2) qui en enregistre la consommation. Une famille de quatre personnes consomme environ 1500 litres (400 gallons) d'eau par jour.

Près du point d'entrée de la conduite d'eau principale, un tuyau de dérivation (3) se dirige vers le chauffe-eau (4). À partir du chauffe-eau, la canalisation d'eau chaude court parallèlement à la canalisation d'eau froide pour alimenter en eau les appareils sanitaires et les dispositifs de toute la maison. Les appareils comprennent les éviers, les baignoires, les douches et la cuve de lessivage. Les dispositifs sont le chauffe-eau, le lave-vaisselle, le lave-linge et l'adoucisseur d'eau. Les toilettes et les robinets d'arrosage extérieurs sont deux exemples d'appareils qui ne sont pas alimentés en eau chaude.

L'alimentation en eau des appareils et dispositifs est commandée par des robinets. Les robinets, qui comportent des pièces mobiles et des joints d'étanchéité susceptibles de s'user ou de se briser, sont faciles à réparer ou à remplacer.

Une fois usée, l'eau pénètre dans le système d'égout. Elle commence par traverser un siphon (5) – bout de tuyau en forme de U qui retient de l'eau stagnante et empêche ainsi les gaz d'égout de se dégager dans la maison. Tous les appareils sanitaires doivent être munis d'un siphon.

Le système d'égout fonctionne par gravité : les eaux usées descendent dans une série de tuyaux de grand diamètre, lesquels sont reliés à des tuyaux d'évent. Les tuyaux d'évent (6) laissent l'air entrer dans le système d'égout, prévenant ainsi la création d'un vide qui ralentirait ou arrêterait l'évacuation des eaux usées. Ces tuyaux d'évent débouchent généralement dans un évent de colonne (7).

Toutes les eaux usées finissent par aboutir dans la colonne de chute et d'évent (8), raccordée à la canalisation d'égout (9). Cette dernière sort de la maison près de la fondation et se décharge soit dans une fosse septique, soit dans le réseau d'égout municipal qu'elle rejoint près de la rue.

Le compteur d'eau et le robinet d'arrêt principal sont installés près du point où la conduite d'alimentation principale pénètre dans la maison. Le compteur appartient au fournisseur d'eau. S'il fuit ou s'il vous semble défectueux, faites-le réparer ou remplacer par votre fournisseur d'eau.

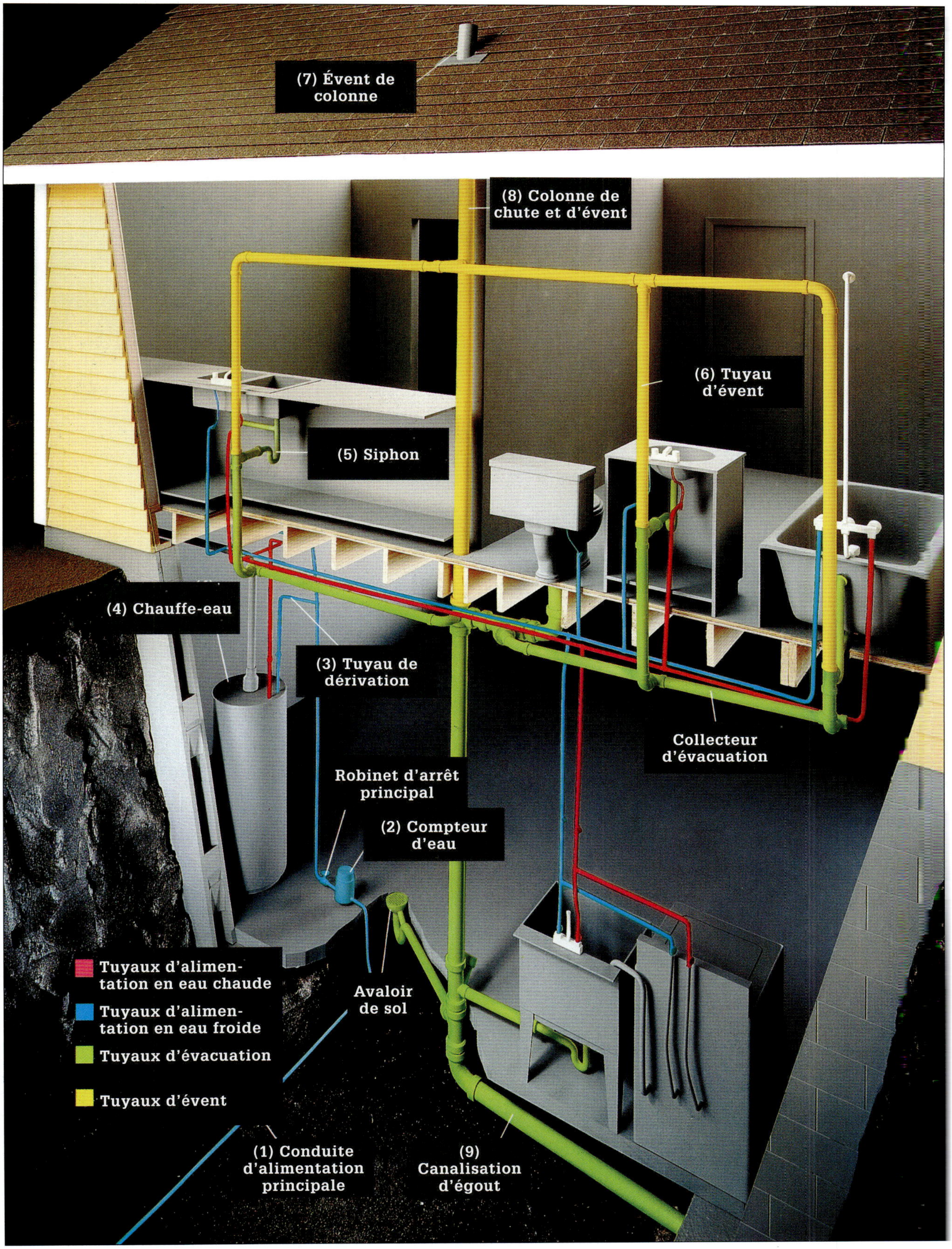

(7) Évent de colonne
(8) Colonne de chute et d'évent
(6) Tuyau d'évent
(5) Siphon
(4) Chauffe-eau
(3) Tuyau de dérivation
Collecteur d'évacuation
Robinet d'arrêt principal
(2) Compteur d'eau
Avaloir de sol
Tuyaux d'alimentation en eau chaude
Tuyaux d'alimentation en eau froide
Tuyaux d'évacuation
Tuyaux d'évent
(1) Conduite d'alimentation principale
(9) Canalisation d'égout

Le tuyau de plastique

Les tuyaux et raccords de plastique sont populaires auprès des bricoleurs parce qu'ils sont légers, peu coûteux et faciles à utiliser. Ils sont autorisés dans la plomberie résidentielle par la plupart des codes.

Ces tuyaux sont offerts en plastique rigide et en plastique souple. Les plastiques rigides sont l'ABS (acrylonitrile-butadiène-styrène), le PVC (polychlorure de vinyle) et le PVCC (chlorure de polyvinyle chloré). Les plastiques souples les plus utilisés sont le polyéthylène (PE) et le polyéthylène réticulé (PEX).

L'ABS et le PVC sont utilisés pour le système d'évacuation. L'ABS n'est plus autorisé pour les nouvelles installations. Le PVC, plastique plus récent que l'ABS, résiste mieux que ce dernier aux produits chimiques et à la chaleur ; tous les codes en approuvent l'utilisation non souterraine. Cependant, certains codes imposent encore l'utilisation d'un tuyau en fonte pour les égouts principaux qui circulent sous des dalles de béton. On se sert du PVCC pour les tuyauteries d'alimentation.

Le PE sert à la plomberie extérieure. Le PEX est approuvé pour toutes les applications intérieures d'alimentation.

Les tuyaux de plastique peuvent être joints à des tuyaux de fer ou de cuivre grâce à des raccords de transition, mais on ne doit pas joindre des types de plastique différents. Par exemple, si vos tuyaux d'évacuation sont en plastique PVC, n'utilisez que des tuyaux et raccords de PVC pour les réparations et remplacements.

Une exposition prolongée aux rayons du soleil finira par affaiblir les tuyaux de plastique. Il ne faut donc pas les installer ni les entreposer dans un endroit exposé à la lumière directe du soleil.

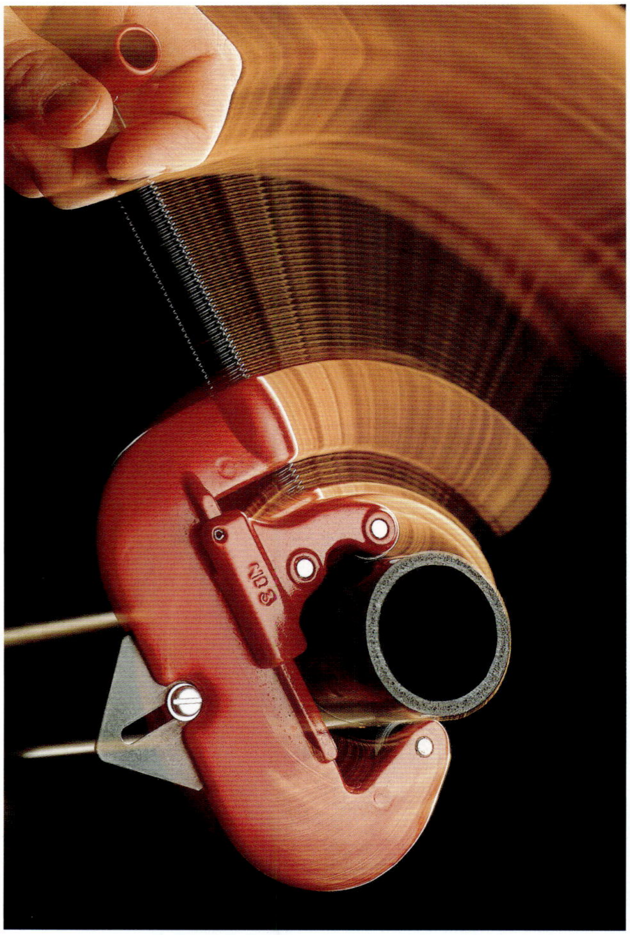

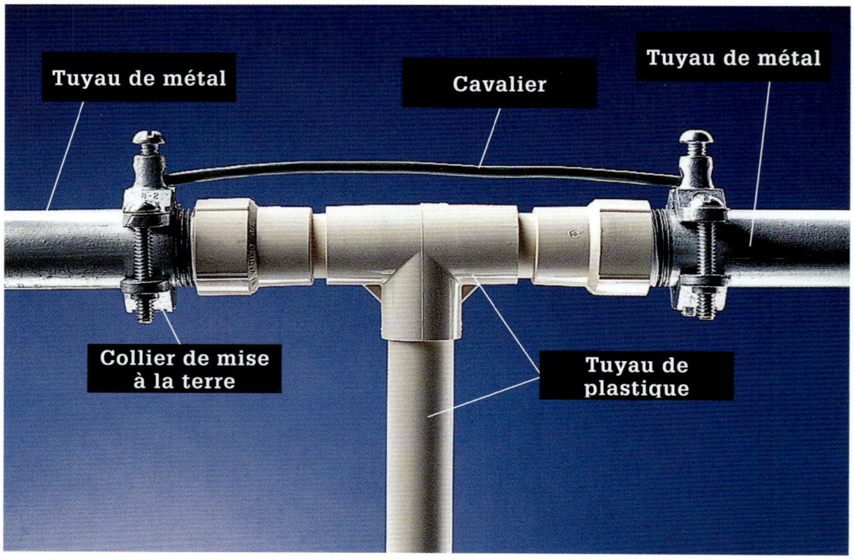

Attention ! L'installation électrique est souvent mise à la terre par le biais de la tuyauterie métallique. Si vous ajoutez des tuyaux de plastique à votre plomberie métallique, assurez-vous que la mise à la terre demeure intacte. Utilisez des colliers de mise à la terre et un cavalier, que vous trouverez dans toutes les quincailleries, pour contourner le tuyau de plastique et compléter le circuit électrique. Les colliers doivent être solidement attachés au métal nu, des deux côtés du tuyau de plastique.

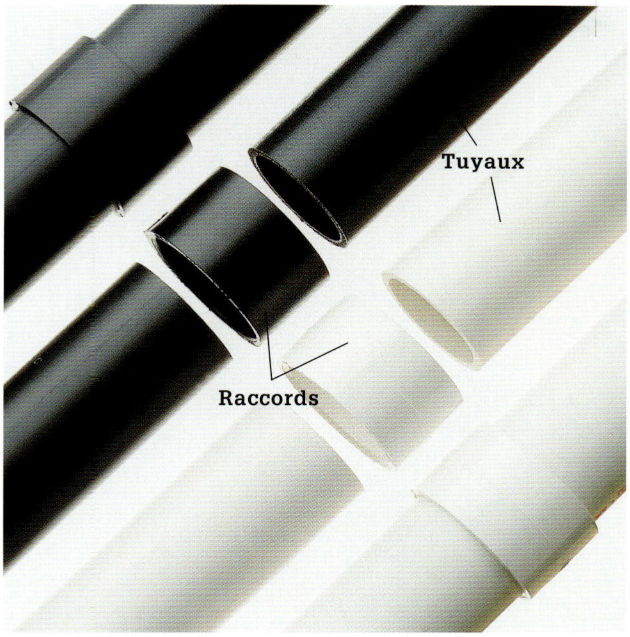

Sur les tuyaux de plastique rigide, on fixe les raccords avec de la colle à solvant. Celle-ci dissout une fine couche de plastique et soude ainsi le raccord au tuyau.

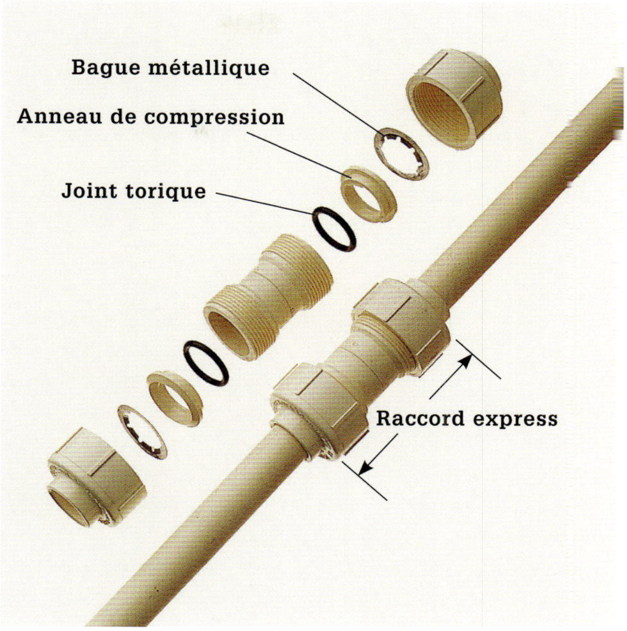

Le raccord express sert à joindre les tuyaux de PVCC. Le raccord comprend une bague métallique, un anneau de compression en plastique et un joint torique en caoutchouc.

Marques de catégorie des tuyaux de plastique

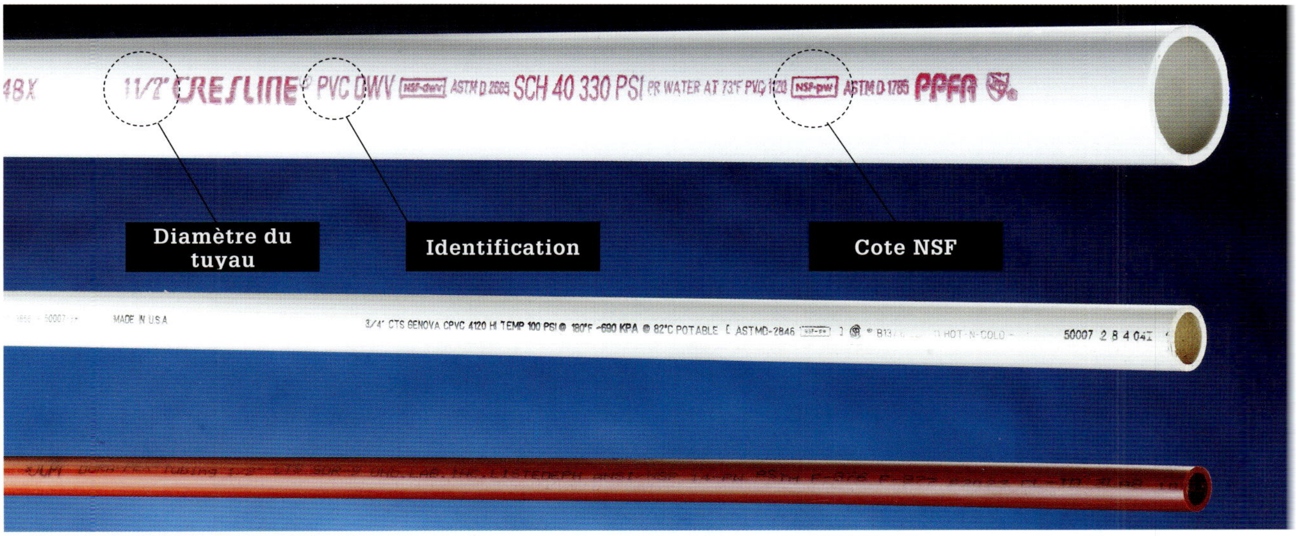

Les tuyaux de plastique portent trois marques importantes. *L'identification du matériau :* utilisez le PVC pour les siphons et tuyaux d'évacuation, et le PVCC ou le polyéthylène réticulé pour les tuyaux d'alimentation. Le PE est réservé à l'alimentation en eau froide à l'extérieur. *La cote NSF* (National Sanitation Foundation) indique l'utilisation à laquelle le tuyau est destiné : pour les siphons et tuyaux d'évacuation des éviers, choisissez un tuyau de PVC sur lequel figure la cote DWV (système d'égout). Pour l'alimentation en eau, choisissez un tuyau de PVCC ou de PEX sur lequel figure une cote PW (pression d'eau). *Le diamètre du tuyau* est également indiqué : le diamètre intérieur des tuyaux de PVC d'évacuation mesure généralement de 1 ¼ po à 4 po, tandis que celui des tuyaux d'alimentation en PVCC ou en PEX mesure de ½ po à ¾ po.

Coupe et raccordement des tuyaux de plastique rigide

Coupez les tuyaux de plastique rigide (ABS, PVC ou PVCC) à l'aide d'un coupe-tuyau ou de n'importe quelle scie. Exécutez toujours une coupe bien droite pour assurer l'étanchéité des joints.

Joignez les tuyaux de plastique rigide avec des raccords de plastique et de la colle à solvant conçue spécialement pour le matériau à joindre. Par exemple, n'employez pas une colle à solvant pour ABS sur un tuyau de PVC. Certaines colles à solvant tout usage ou « universelles » peuvent être utilisées sur tous les plastiques.

La colle à solvant durcit en 30 secondes environ ; il vous faut donc vérifier le bon ajustement des tuyaux et raccords avant de coller le premier joint. Pour obtenir de meilleurs résultats, les surfaces de plastique doivent être amaties à l'aide d'un tissu d'émeri et d'une couche d'apprêt liquide avant la réalisation du joint.

Les colles à solvant et les apprêts liquides sont toxiques et inflammables. Travaillez dans un endroit bien ventilé et rangez ces produits à l'écart de toute source de chaleur.

On peut se servir d'un raccord express pour joindre des tuyaux de plastique rigide ou souple à des tuyaux de cuivre.

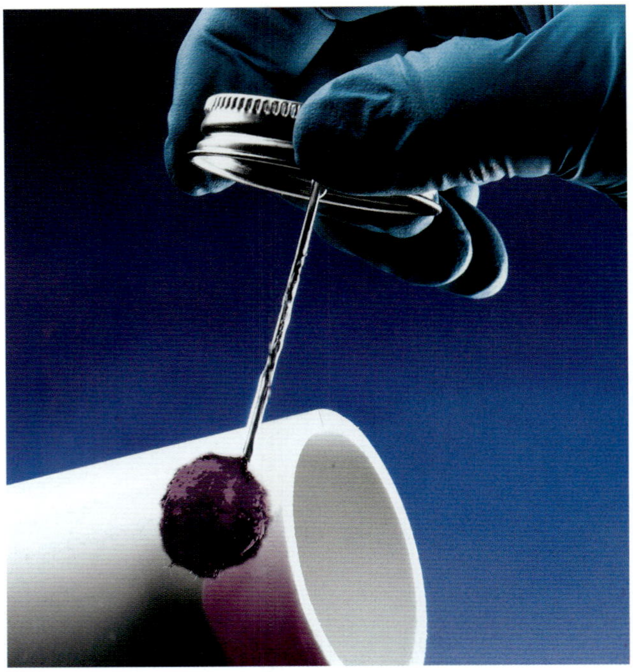

Outils et matériel ▸

Mètre à ruban
Crayon-feutre
Pince multiprise
Gants
Sécateur pour tuyau de plastique (ou scie à onglet ou scie à métaux)
Couteau universel
Tuyaux et raccords de plastique
Tissu d'émeri
Apprêt pour tuyau de plastique
Colle à solvant
Chiffon
Vaseline

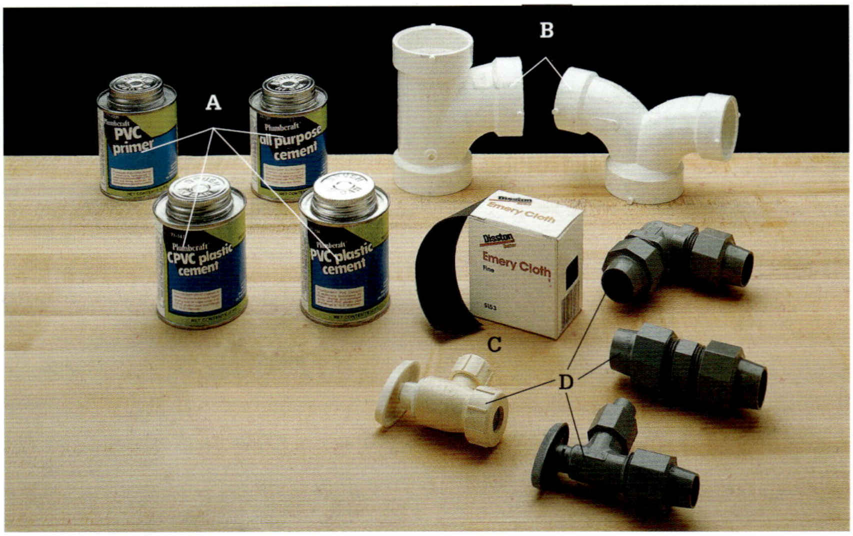

Matériel spécialement conçu pour le plastique : colles à solvant et apprêt (A), raccords à coller (B), tissu d'émeri (C), raccords express en plastique (D).

Mesure d'un tuyau de plastique

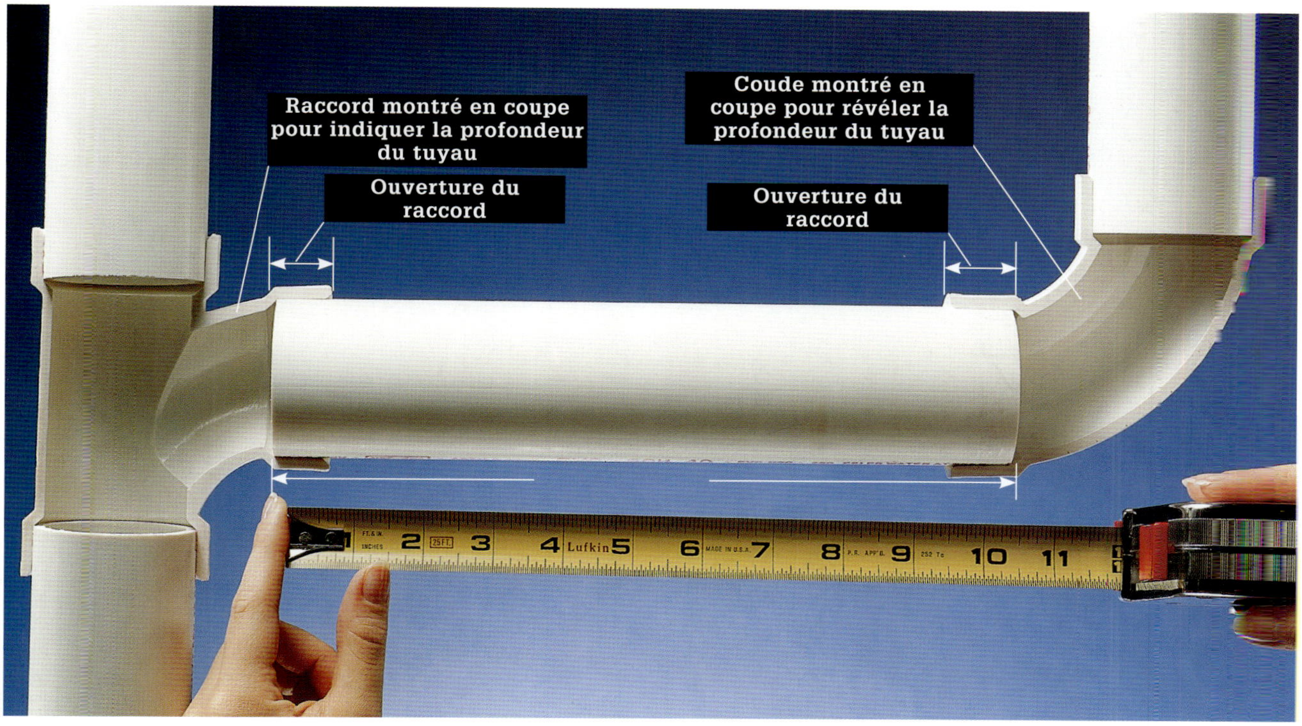

Déterminez la longueur du tuyau dont vous avez besoin en mesurant la distance séparant le fond des ouvertures des deux raccords (montrés en coupe). Marquez le tuyau avec un crayon-feutre.

Coupe d'un tuyau de plastique rigide

Coupe-tuyau : Serrez l'outil sur le tuyau, de manière que le couteau se trouve sur le trait de crayon-feutre. Faites tourner l'outil autour du tuyau, en resserrant la vis tous les deux tours, jusqu'à ce que le tuyau soit coupé.

Scie à onglet : Cette scie manuelle ou électrique vous permet d'exécuter des coupes parfaitement droites sur tous les types de plastique.

Scie à métaux : Fixez solidement le tuyau dans un étau ; gardez la lame de la scie bien droite pendant que vous tranchez le tuyau.

Utilisation de la colle à solvant sur un tuyau de plastique rigide

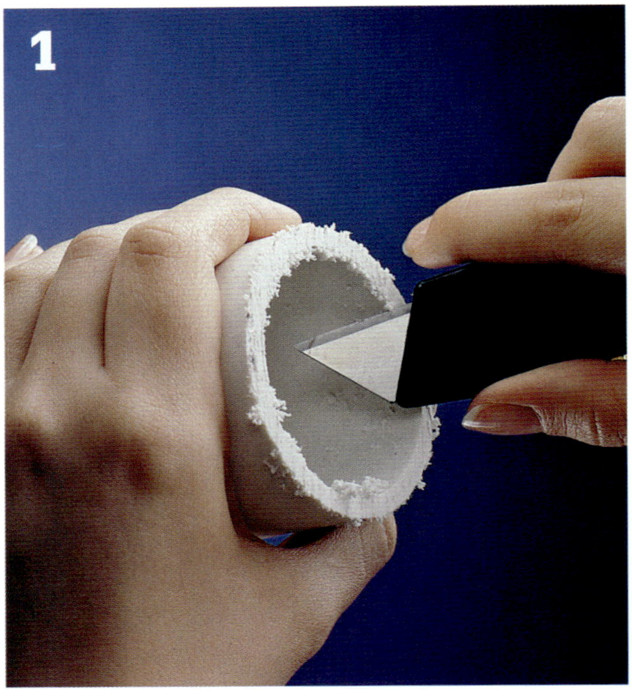

Ébarbez le tuyau à l'aide d'un couteau universel.

Vérifiez le bon ajustement des tuyaux et du raccord. L'extrémité du tuyau devrait s'appuyer contre le fond de l'ouverture du raccord.

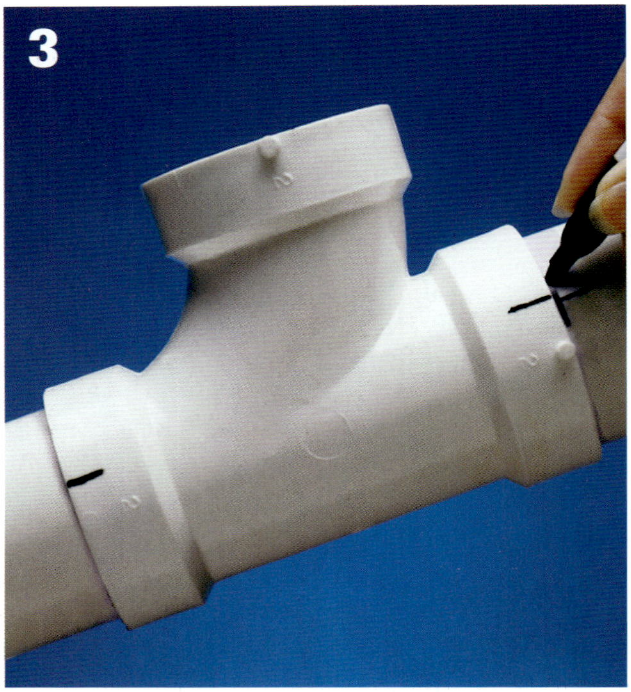

Sur le tuyau, indiquez la profondeur de l'ouverture du raccord, puis détachez les pièces. Nettoyez l'extrémité du tuyau et l'ouverture du raccord avec un tissu d'émeri.

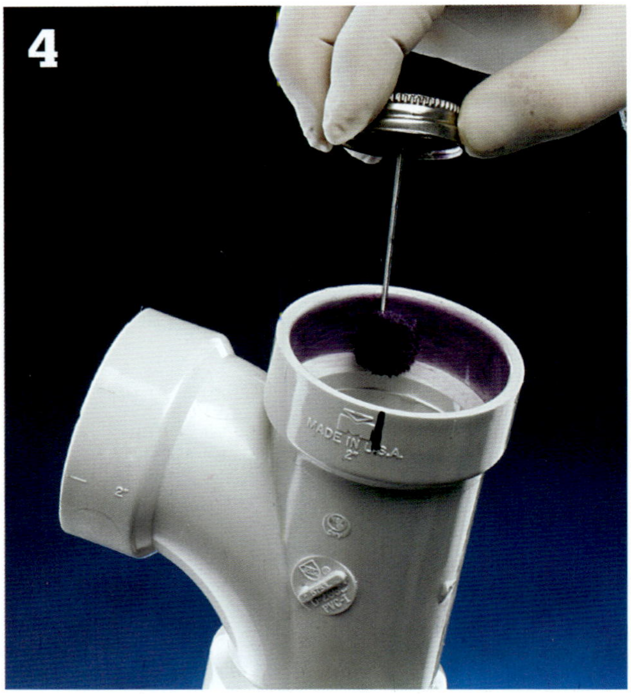

Appliquez une couche d'apprêt à plastique sur l'extrémité des tuyaux et sur la paroi intérieure des ouvertures du raccord. L'apprêt amatit la surface du plastique, ce qui améliore l'étanchéité du joint.

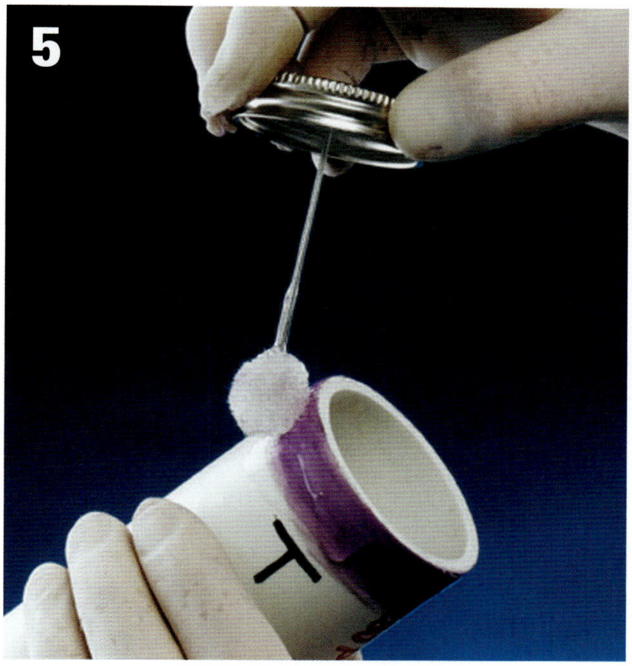

Appliquez une épaisse couche de colle à solvant sur l'extrémité du tuyau, et une fine couche sur la paroi intérieure de l'ouverture du raccord. Travaillez rapidement : la colle durcit en une trentaine de secondes.

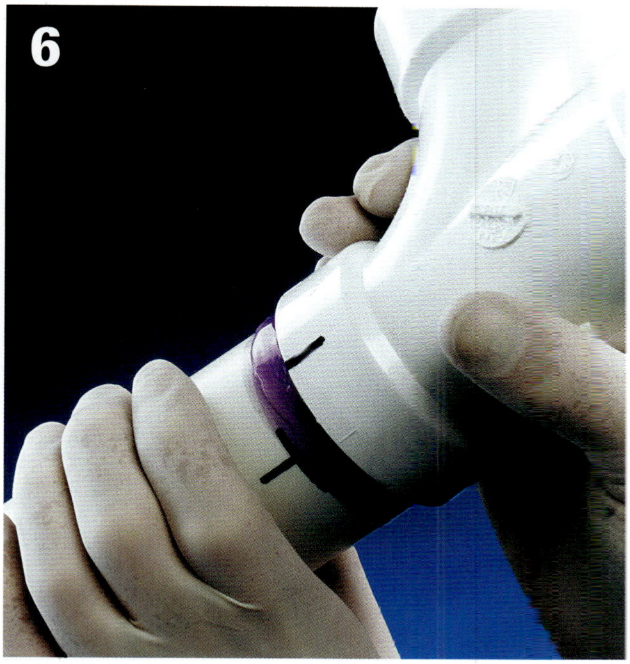

Insérez rapidement le tuyau dans le raccord, en décalant d'environ 2 po les repères d'alignement. Poussez sur le tuyau jusqu'à l'appuyer contre le fond de l'ouverture du raccord.

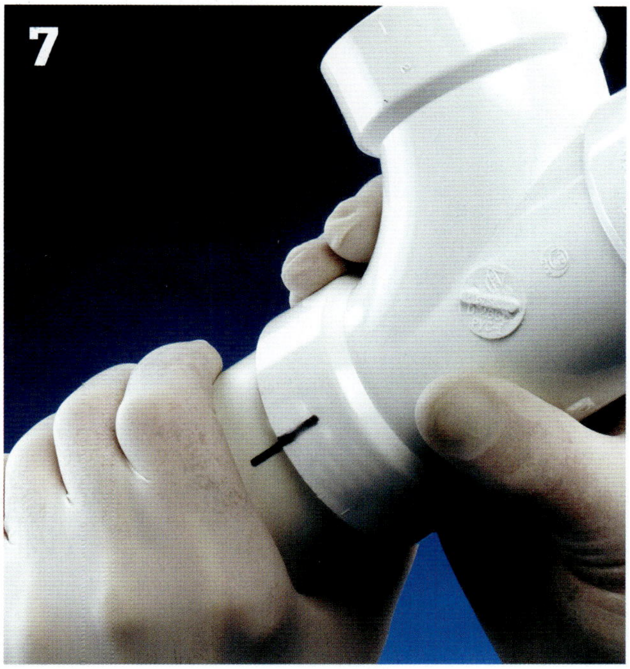

Faites tourner le tuyau pour étaler la colle, jusqu'à ce que les repères d'alignement coïncident. Tenez fermement l'assemblage pendant une vingtaine de secondes pour que les pièces ne se déplacent pas.

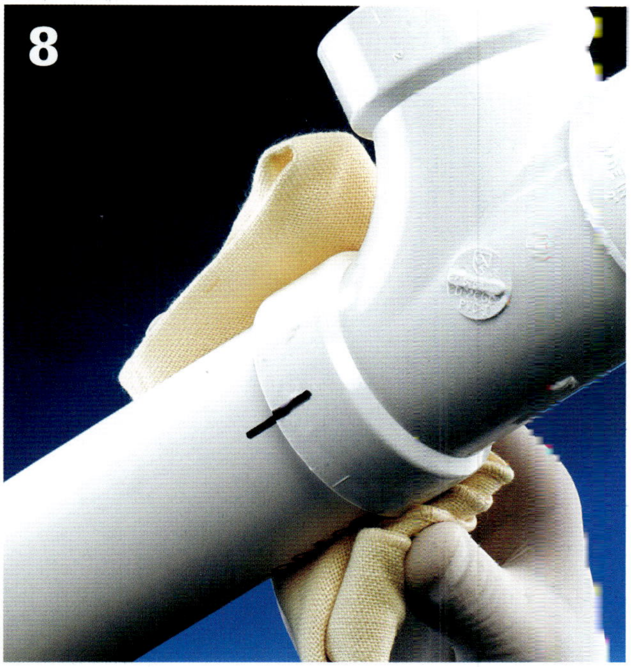

Essuyez l'excédent de colle avec un chiffon et laissez le joint sécher pendant une demi-heure sans y toucher.

Le tuyau de cuivre

Le cuivre est le matériau idéal pour les tuyaux d'alimentation en eau. Il résiste à la corrosion, et sa surface lisse favorise la circulation de l'eau. Les tuyaux de cuivre sont offerts en plusieurs diamètres, mais la plupart des circuits d'alimentation en eau sont faits de tuyaux de ½ po ou de ¾ po. Ils peuvent être souples ou rigides.

Tous les codes autorisent l'utilisation du tuyau de cuivre rigide pour les circuits domestiques d'alimentation en eau. Il en existe trois types – M, L et K –, déterminés par l'épaisseur de la paroi. Le type M est le plus mince et le moins coûteux, ce qui le rend avantageux pour vos travaux de plomberie.

Les codes imposent généralement l'utilisation du tuyau rigide de type L dans les plomberies commerciales. Du fait qu'il est solide et facile à braser, certains plombiers – ainsi que vous-même – pourraient le préférer aux autres. Le type K, dont la paroi est la plus épaisse, est utilisé le plus souvent pour les conduites d'eau souterraines.

Le tuyau de cuivre souple est offert en deux types : L et K. Tous deux sont approuvés pour les circuits domestiques d'alimentation en eau, bien que le tuyau de cuivre souple de type L serve surtout aux canalisations de gaz. Du fait qu'il est souple et qu'il résiste aux gels légers, le type L peut être installé dans les parties du circuit d'alimentation en eau qui ne sont pas chauffées, tels les vides sanitaires. Le type K est utilisé pour les conduites d'eau souterraines.

Un troisième type de cuivre, appelé DWV, est utilisé pour les systèmes d'égout. Mais on s'en sert rarement, puisque la plupart des codes autorisent désormais pour ces systèmes l'utilisation des tuyaux de plastique, peu coûteux.

Le raccordement des tuyaux de cuivre se fait généralement au moyen de raccords brasés, de raccords à compression ou de raccords à collet (voir le tableau ci-dessous). Respectez toujours les exigences du code de plomberie qui s'appliquent aux divers types de tuyaux et de raccords.

Le raccord brasé sert souvent à joindre deux tuyaux de cuivre. Un raccord bien brasé (pages 296-299) est solide et durable. On peut aussi joindre ces tuyaux à l'aide de raccords à compression (pages 300-301) ou de raccords à collet (pages 302-303). Consultez le tableau ci-dessous.

Tuyaux et raccords de cuivre ▸

	Cuivre rigide			Cuivre souple		
Raccordement	Type M	Type L	Type K	Type L	Type K	Commentaires
Raccord brasé	oui	oui	oui	oui	oui	Méthode de raccordement peu coûteuse, solide et fiable. Requiert une certaine habileté.
Raccord à compression	oui	non recommandé		oui	oui	Facile à utiliser. Permet une réparation ou un remplacement facile des tuyaux et raccords. Plus coûteux que le raccord brasé. Convient surtout au cuivre souple.
Raccord à collet	non	non	non	oui	oui	En réserver l'utilisation pour le tuyau de cuivre souple. Utilisé généralement dans les canalisations de gaz. Requiert une certaine habileté.

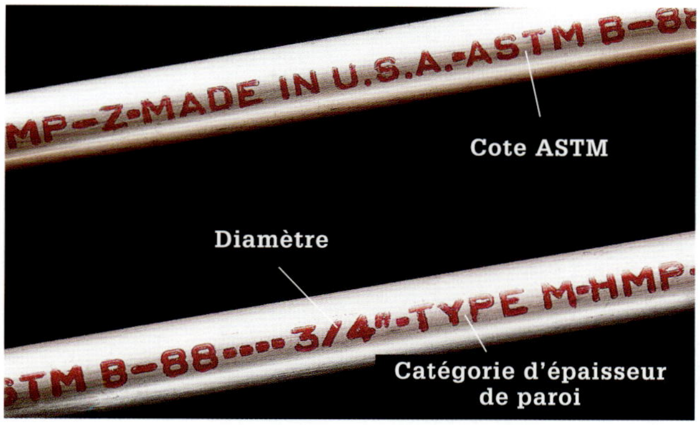

Sur le tuyau sont indiqués le diamètre, la catégorie d'épaisseur de la paroi et l'homologation de l'ASTM (American Society for Testing and Materials). Le tuyau de type M porte des lettres rouges ; celui de type L des lettres bleues.

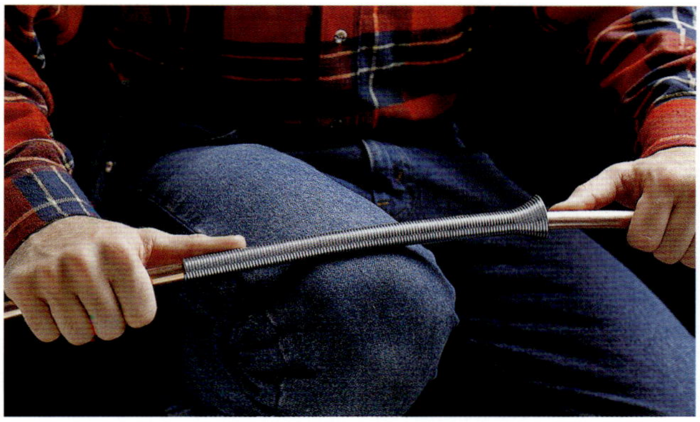

Pour éviter que le tuyau plie, courbez-le à l'aide d'un ressort à cintrer. Choisissez un ressort à cintrer qui convienne au diamètre extérieur du tuyau. En faisant tourner le ressort, glissez-le sur le tuyau. Courbez lentement le tuyau jusqu'à ce qu'il décrive l'angle voulu (jamais plus de 90º).

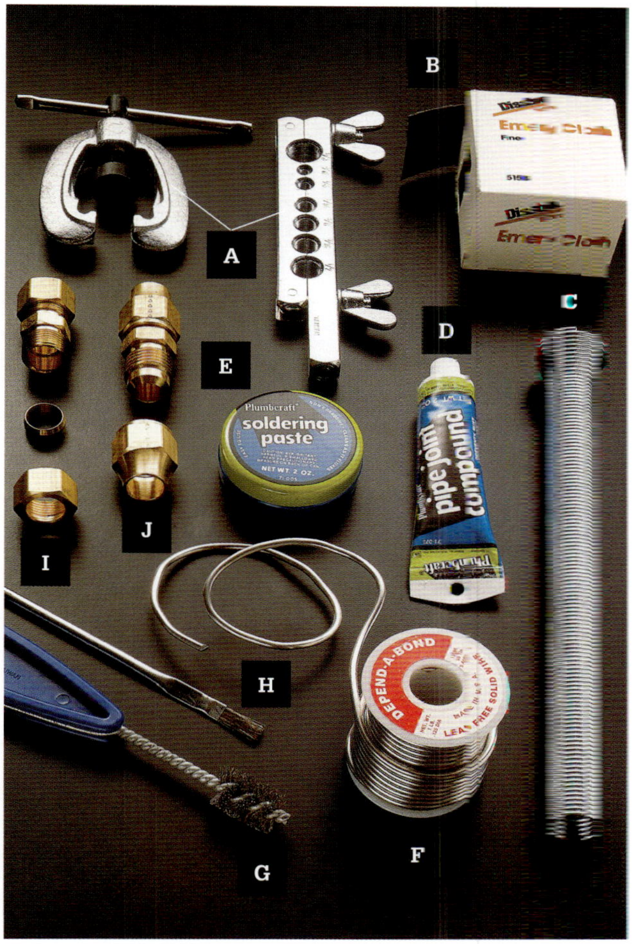

Matériel et outils spécialisés pour le cuivre : appareils à collet (A), tissu d'émeri (B), ressort à cintrer (C), pâte à joints (D), pâte à braser autonettoyante (décapant) (E), brasure sans plomb (F), brosse métallique (G), brosse à décapant (H), raccord à compression (I), raccord à collet (J).

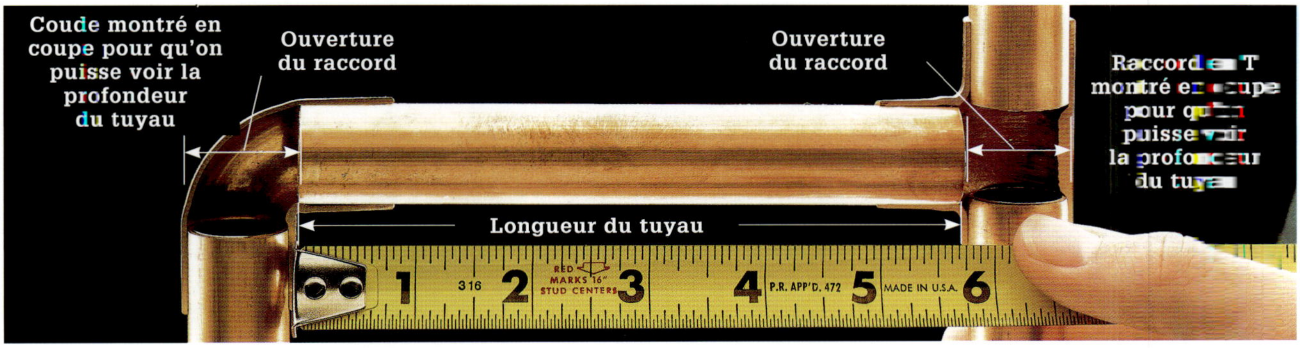

Pour déterminer la longueur du tuyau de cuivre dont vous aurez besoin, mesurez la distance séparant le fond des ouvertures des raccords (montrés en coupe). Marquez le tuyau au crayon-feutre.

Coupe et brasage d'un tuyau de cuivre

Le meilleur outil pour couper un tuyau de cuivre souple ou rigide reste le coupe-tuyau. Il exécute la coupe uniforme et droite essentielle à la création d'un raccordement étanche. Ébavurez le bord du tuyau à l'aide d'un alésoir ou d'une lime ronde.

Vous pouvez aussi utiliser une scie à métaux pour couper un tuyau de cuivre ; celle-ci est particulièrement pratique dans les endroits trop exigus pour que vous puissiez vous servir d'un coupe-tuyau. Efforcez-vous de faire une coupe uniforme et droite.

Pour braser un raccordement de tuyau, il suffit de chauffer au chalumeau au propane le raccord de laiton ou de cuivre jusqu'à ce qu'il soit assez chaud pour faire fondre la brasure. La brasure est aspirée par la chaleur dans l'espace situé entre le tuyau et le raccord, où elle crée un joint étanche. Un raccord surchauffé ou mal chauffé n'aspirera pas la brasure. Pour que le joint soit étanche, il faut que tuyaux et raccords soient propres et secs.

Outils et matériel ▸

- Coupe-tuyau à embout aléseur (ou scie à métaux et lime ronde)
- Brosse métallique
- Brosse à décapant
- Chalumeau au propane
- Allumoir de soudeur (ou allumettes)
- Clé à molette
- Pince multiprise
- Tuyau de cuivre
- Raccords de cuivre
- Tissu d'émeri
- Pâte à braser (décapant)
- Tôle
- Brasure sans plomb
- Chiffon

Avant de braser des tuyaux installés, protégez le bois contre la chaleur du chalumeau, à l'aide de deux tôles métalliques (18 po sur 18 po) de calibre 26. Une fois que vous les aurez achetées (quincaillerie ou maisonnerie), conservez-les afin de les utiliser dans tous vos travaux de brasage.

Conseils de brasage ▸

Soyez prudent durant le brasage du cuivre. Les tuyaux et raccords deviennent brûlants ; laissez-les refroidir avant d'y toucher.

Gardez le joint sec lorsque vous brasez un tuyau installé en bouchant celui-ci avec du pain. Le pain absorbera l'humidité qui risquerait de compromettre le brasage et de provoquer des piqûres. Il se désintégrera lorsque vous réalimenterez la tuyauterie.

Prévenez les accidents en refermant le chalumeau dès que vous avez fini de vous en servir. Assurez-vous que le robinet est complètement fermé.

Coupe des tuyaux de cuivre souple et rigide

Placez sur le tuyau le coupe-tuyau et serrez-en la vis de manière que les deux rouleaux soient appuyés sur le tuyau et que le couteau circulaire se trouve sur la ligne tracée.

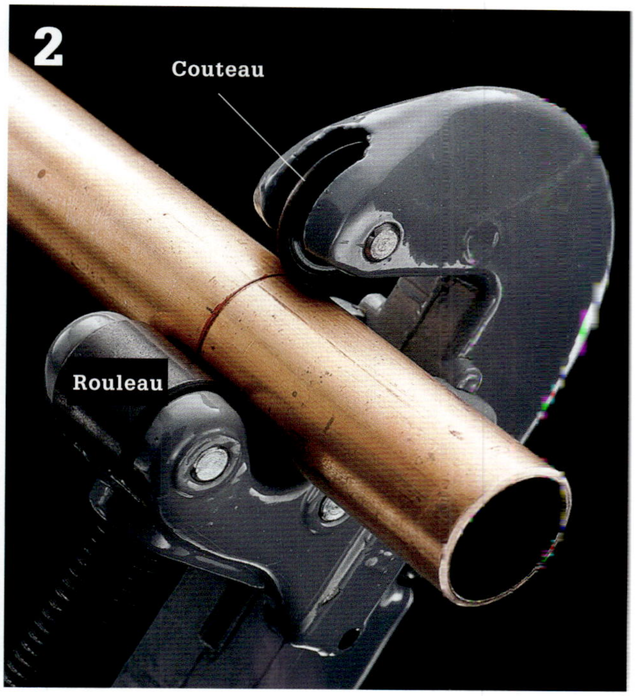

Faites tourner le coupe-tuyau d'un tour pour tracer une ligne droite continue autour du tuyau.

Faites tourner le coupe-tuyau dans le sens inverse. Tous les deux tours, resserrez un peu la vis, jusqu'à ce que la coupe soit exécutée.

Ébavurez le bord intérieur du tuyau coupé avec l'embout aléseur du coupe-tuyau ou avec une lime ronde.

Brasage des tuyaux et raccords de cuivre

Nettoyez les extrémités des tuyaux en les frottant avec le tissu d'émeri. Pour qu'un joint étanche se forme avec la brasure, le tuyau doit être exempt de saleté et de graisse.

Nettoyez l'intérieur du raccord à l'aide d'une brosse métallique ou d'un tissu d'émeri.

À l'aide d'une brosse à décapant, appliquez une mince couche de décapant sur l'extrémité de chaque tuyau, sur environ 1 po.

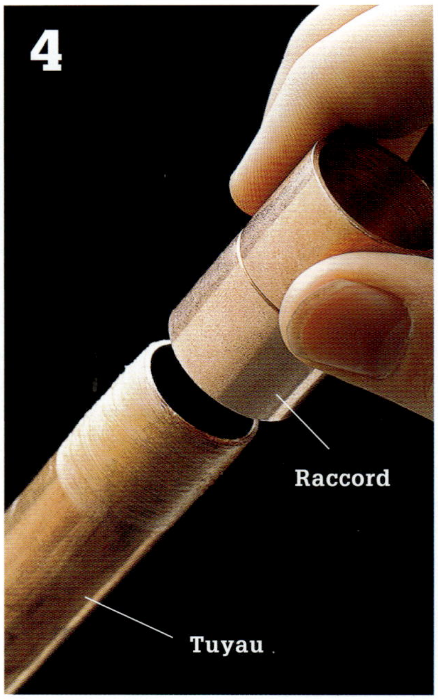

Assemblez chaque joint en insérant le tuyau dans le raccord, jusqu'au fond. Faites tourner le raccord pour étendre uniformément le décapant.

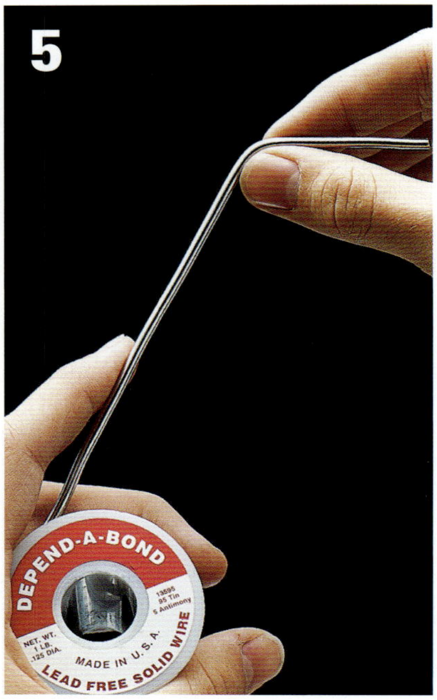

Déroulez de 8 po à 10 po de brasure. Repliez à un angle de 90° les deux premiers pouces.

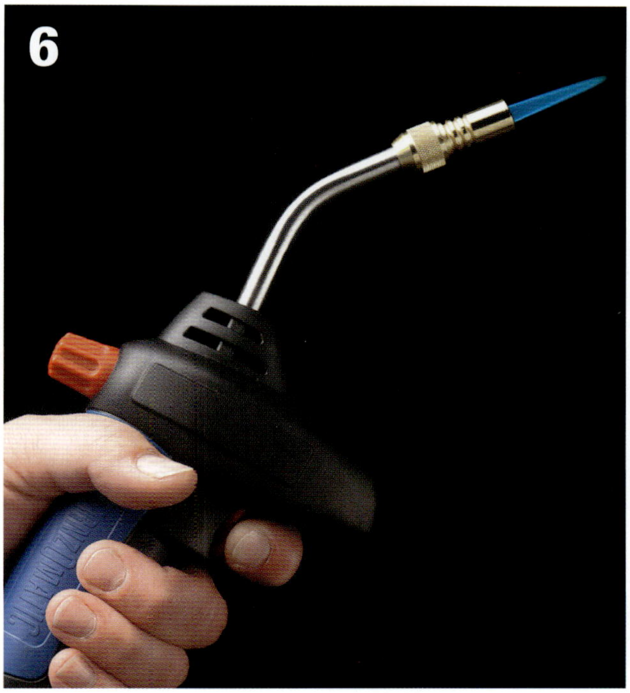

Ouvrez le robinet du chalumeau et allumez la flamme à l'aide d'un allumoir.

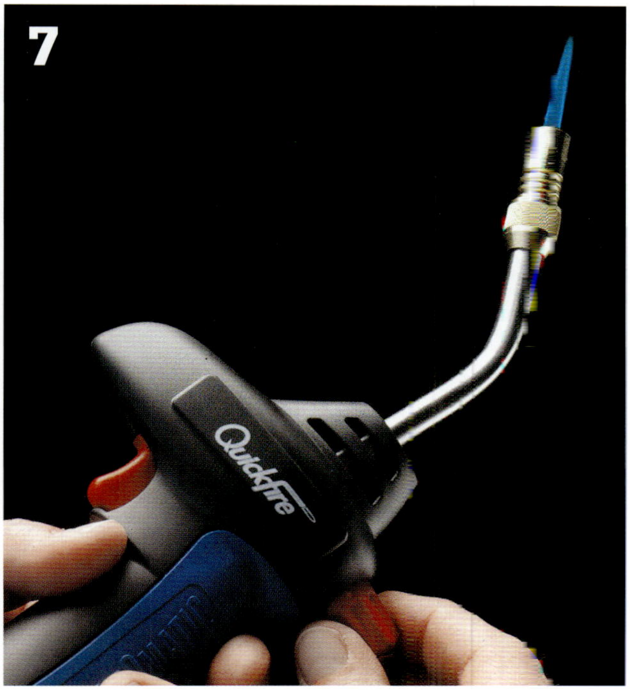

Réglez le robinet du chalumeau jusqu'à ce que la flamme intérieure mesure de 1 po à 2 po de longueur.

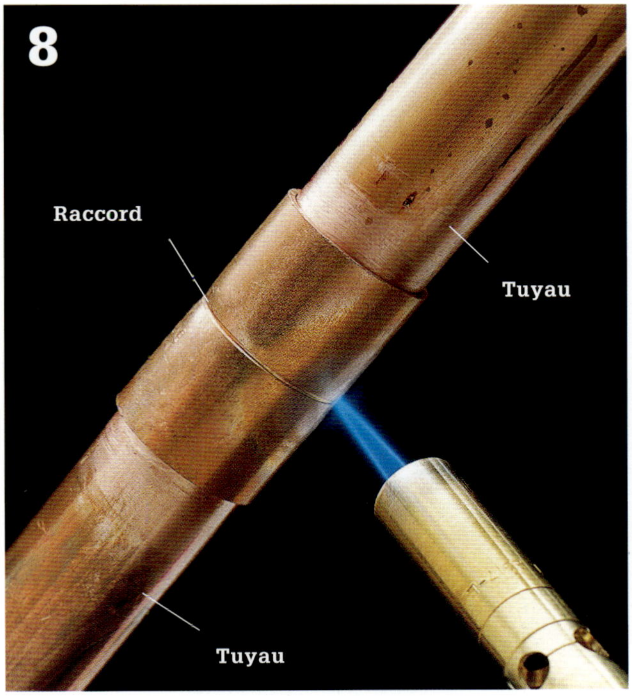

Chauffez le milieu du raccord avec la pointe de la flamme pendant 4 ou 5 secondes, jusqu'à ce que le décapant commence à grésiller.

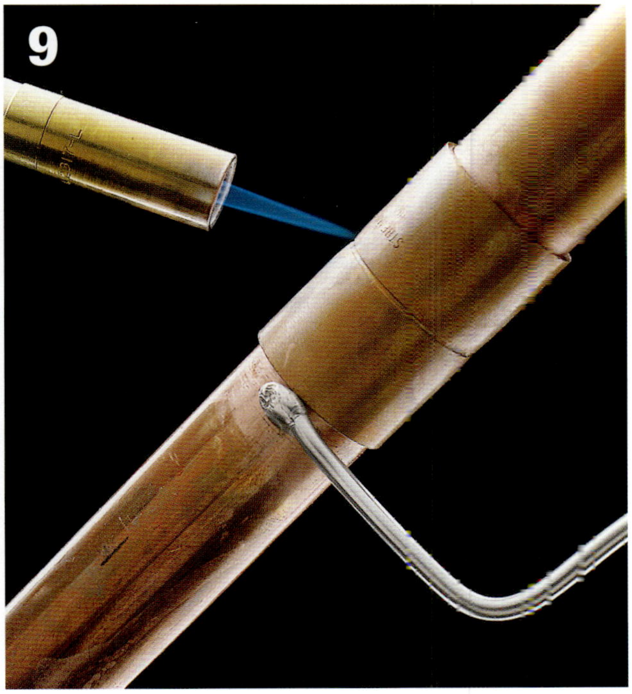

Chauffez l'autre côté du raccord pour distribuer uniformément la chaleur. Placez sur le tuyau le bout du fil à braser ; s'il fond, c'est que le tuyau est assez chaud pour être brasé.

(suite à la page suivante)

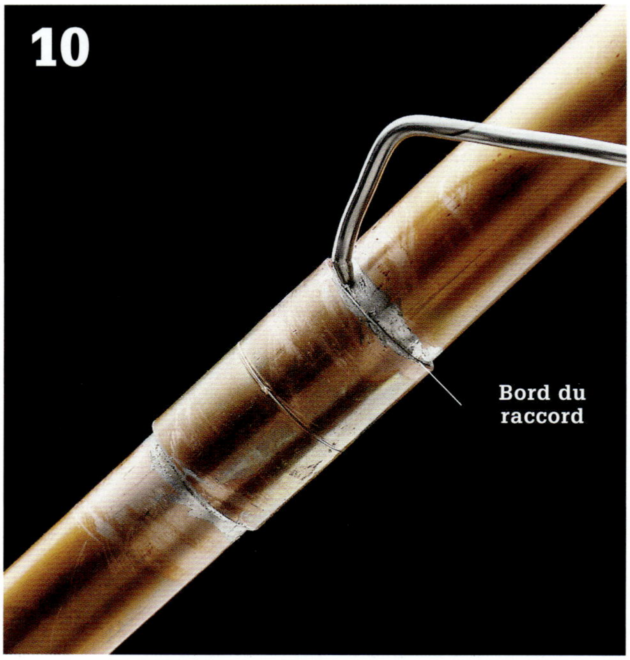

Lorsque le tuyau est assez chaud pour faire fondre le fil, retirez le chalumeau ; poussez rapidement de ½ po à ¾ po de brasure dans chaque joint, en laissant l'action capillaire entraîner dans le joint la brasure fondue. Un joint bien brasé présentera un mince cordon de brasure sur le bord du raccord.

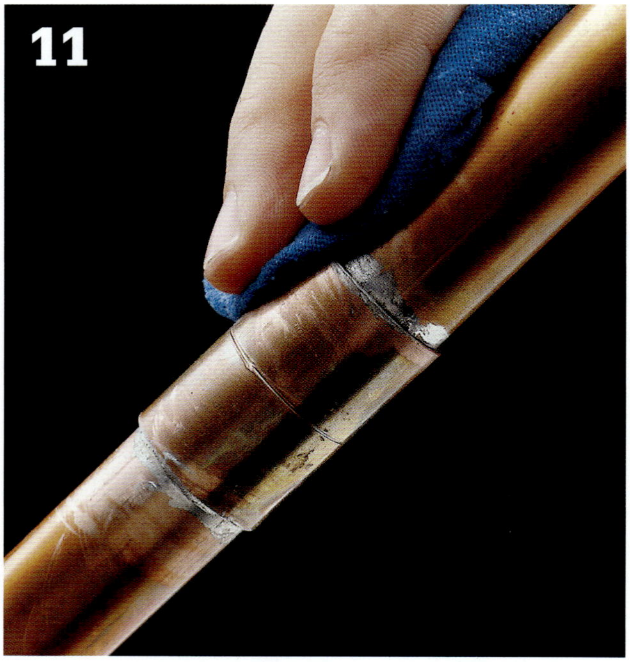

Laissez le joint refroidir un peu avant d'essuyer l'excédent de brasure avec un chiffon sec. Prudence ! Le tuyau sera chaud. Si le joint fuit après la réalimentation en eau, démontez-le et reprenez le brasage.

Brasage d'un robinet de laiton

À l'aide d'une clé à molette, retirez la tige du robinet afin que la chaleur du brasage n'en endommage pas les pièces de caoutchouc ou de plastique. Préparez les tuyaux de cuivre et assemblez le joint.

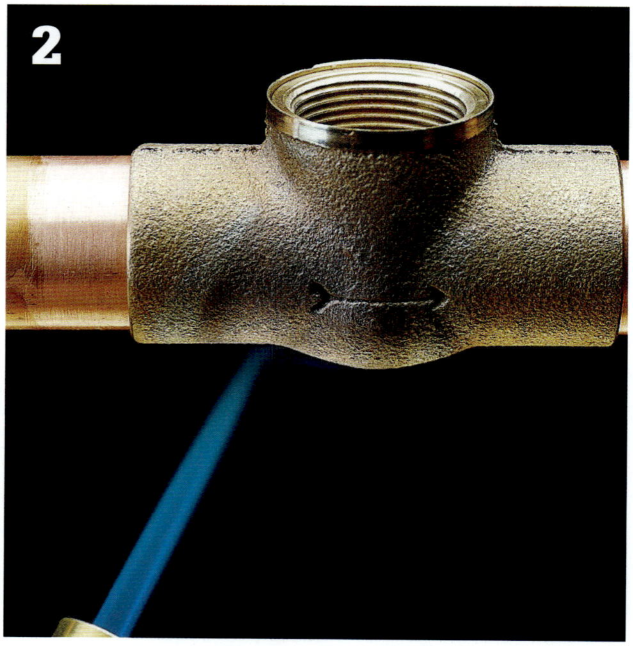

Allumez le chalumeau au propane et chauffez uniformément le corps du robinet en y déplaçant la flamme. Le laiton étant plus dense que le cuivre, il faut le chauffer plus longtemps avant que le joint n'aspire la brasure. Appliquez la brasure, laissez le métal refroidir, et réassemblez le robinet.

Démontage d'un joint brasé

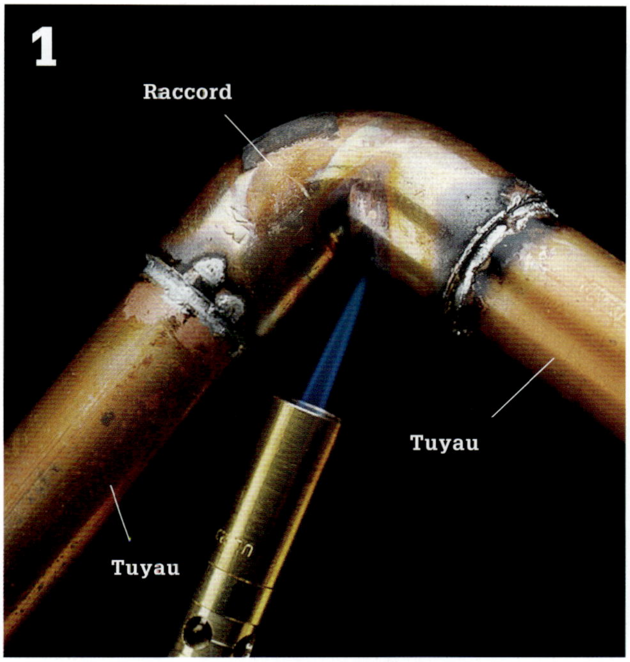

Fermez la vanne principale d'alimentation en eau; vidangez le circuit en ouvrant le robinet se trouvant le plus haut dans la maison ainsi que celui qui se trouve le plus bas. Allumez un chalumeau au propane et dirigez-en la flamme sur le raccord, jusqu'à ce que la brasure devienne luisante et qu'elle commence à fondre.

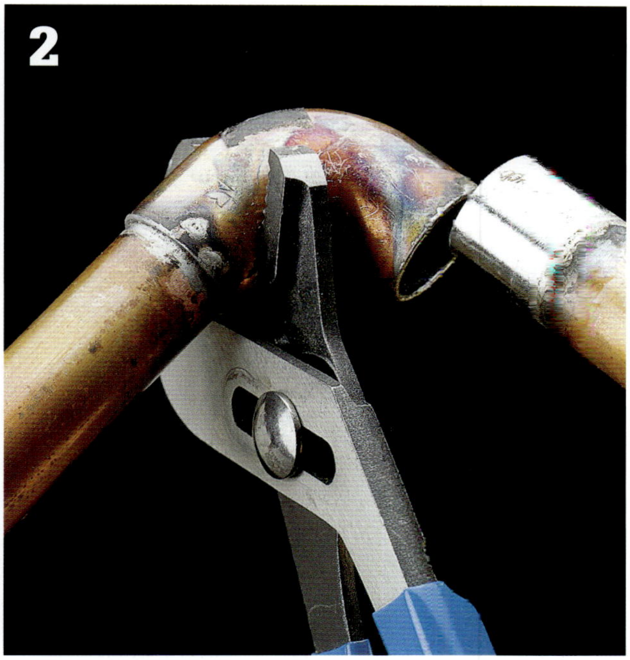

À l'aide d'une pince multiprise, détachez les tuyaux du raccord.

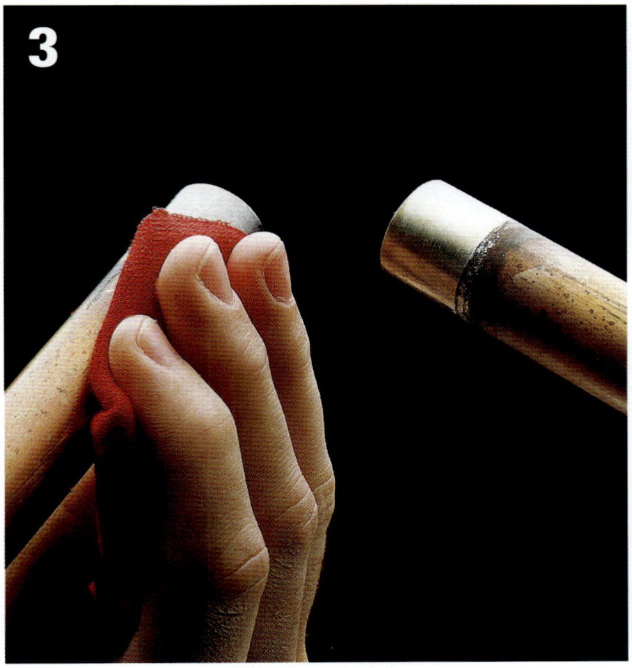

Enlevez la vieille brasure en chauffant au chalumeau les extrémités des tuyaux. À l'aide d'un chiffon sec, essuyez rapidement et avec soin la brasure fondue. Prudence! les tuyaux sont chauds.

À l'aide d'un tissu d'émeri, polissez les extrémités jusqu'à atteindre le métal nu. Ne réutilisez jamais un vieux raccord.

Utilisation d'un raccord à compression

Le raccord à compression sert aux raccordements qui devront plus tard être démontés. Vu qu'il est facile à démonter, le raccord à compression est souvent utilisé pour l'installation des tuyaux d'alimentation et des robinets d'arrêt des appareils. Lorsque le brasage est trop difficile ou dangereux à cause d'un espace réduit ou mal ventilé, tel un vide sanitaire, mieux vaut opter pour le raccord à compression.

Le raccord à compression est le plus souvent utilisé avec un tuyau de cuivre souple, lequel est assez mou pour assurer un contact parfait avec la bague de compression et, du coup, une bonne étanchéité. Il sert également au raccordement du tuyau de cuivre rigide de type M. Consultez le tableau de la page 292.

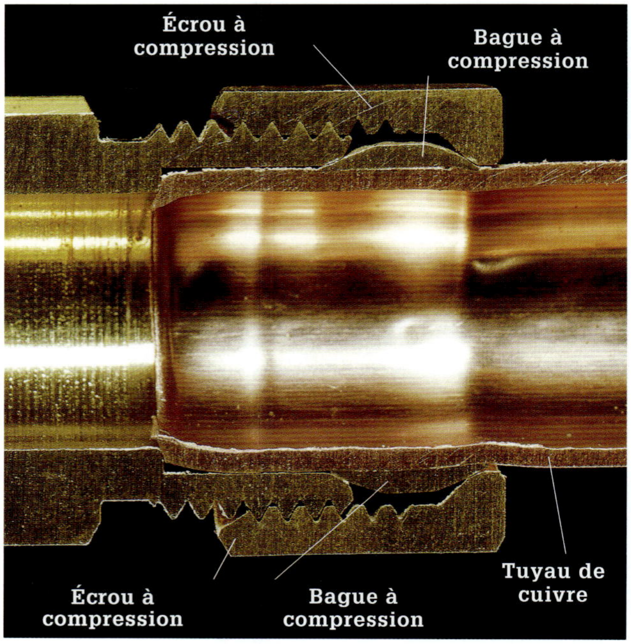

Sur cette vue en coupe du raccord à compression, on voit comment l'écrou à compression fileté pousse la bague à compression contre le tuyau de cuivre pour créer un joint étanche. Pour améliorer l'étanchéité du joint, enduisez de pâte à joints la bague de compression avant d'assembler le raccord à compression.

Outils et matériel ▸

- Crayon-feutre
- Coupe-tuyau ou scie à métaux
- Clés à molette
- Raccords à compression en laiton
- Pâte à joints ou ruban de téflon

Jonction d'un tuyau d'alimentation au robinet d'arrêt d'un appareil à l'aide d'un raccord à compression

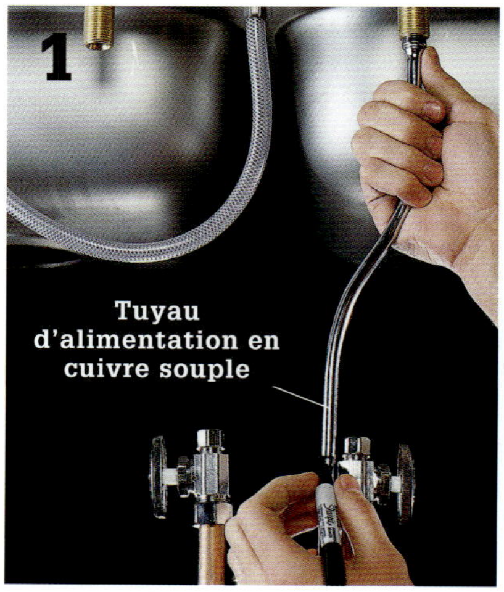

Courbez le tuyau d'alimentation. Déterminez-en la longueur en tenant compte du ½ po qui doit entrer dans le robinet. Coupez le tuyau.

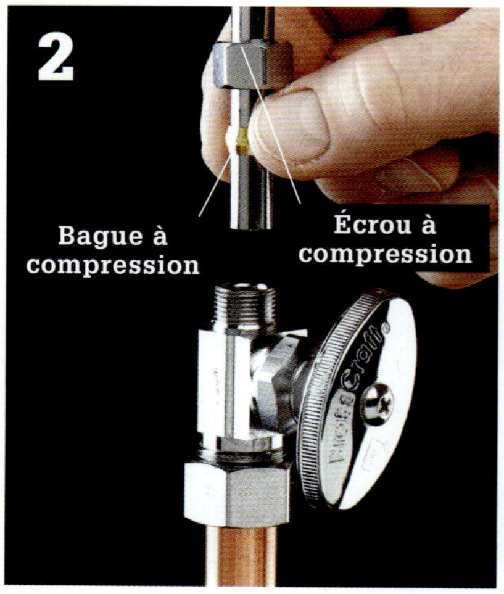

Glissez l'écrou à compression sur l'extrémité du tuyau, les filets faisant face au robinet d'arrêt. Glissez ensuite la bague à compression.

Appliquez une couche de pâte à joints ou enroulez du ruban de téflon sur la bague à compression, afin que le joint soit étanche.

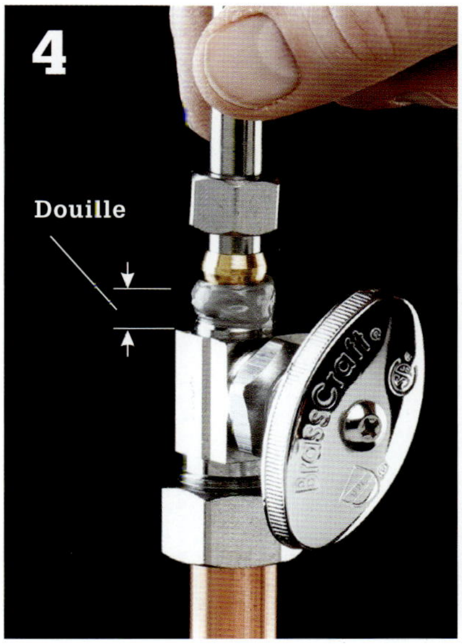

Insérez l'extrémité du tuyau dans le raccord, de manière qu'elle touche le fond de la douille de ce dernier.

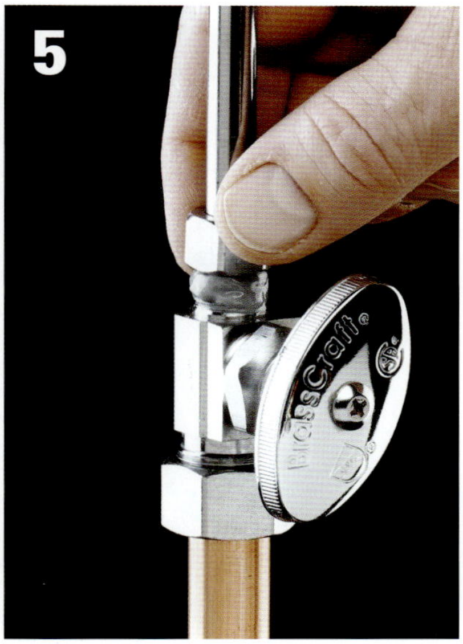

Glissez la bague et l'écrou à compression jusqu'aux filets du robinet d'arrêt. Serrez l'écrou à la main.

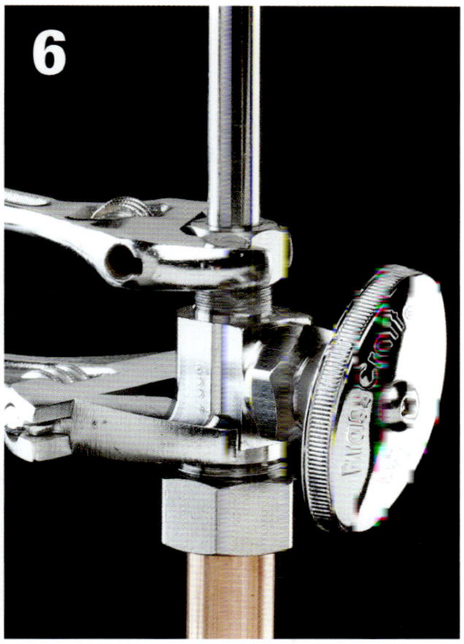

Serrez – mais pas trop – l'écrou à compression à l'aide de deux clés à molette. Réalimentez le circuit et vérifiez s'il y a une fuite. Si c'est le cas, resserrez légèrement l'écrou.

Jonction de deux tuyaux de cuivre à l'aide d'un raccord à compression

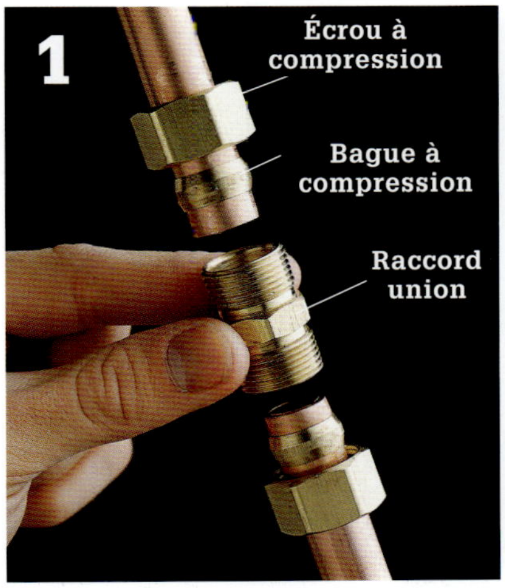

Glissez les écrous et les bagues à compression sur l'extrémité des tuyaux. Installez un raccord union entre les tuyaux.

Appliquez une couche de pâte à joints ou enroulez un ruban de téflon sur les bagues à compression ; vissez les écrous à compression au raccord union fileté.

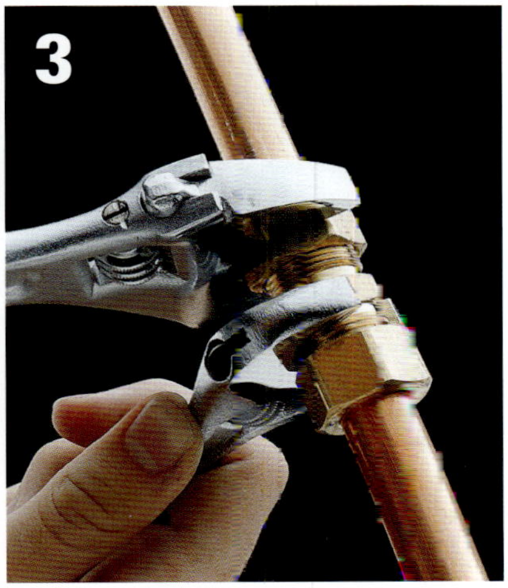

Saisissez le milieu du raccord union avec une clé à molette. Utilisez une autre clé pour serrer d'un tour complet chacun des écrous à compression. Réalimentez la tuyauterie. Si le raccord fuit, resserrez légèrement les écrous.

Utilisation d'un raccord à collet

Le raccord à collet est surtout utilisé sur les canalisations de gaz en cuivre souple, mais il l'est aussi sur les tuyaux d'alimentation en eau faits de cuivre souple. Cependant, on ne peut l'utiliser si le raccordement est caché dans un mur. Vérifiez les dispositions du code du bâtiment à ce sujet.

Le raccord à collet est facile à débrancher. Utilisez-le dans les endroits où il serait difficile ou dangereux de braser, tels les vides sanitaires.

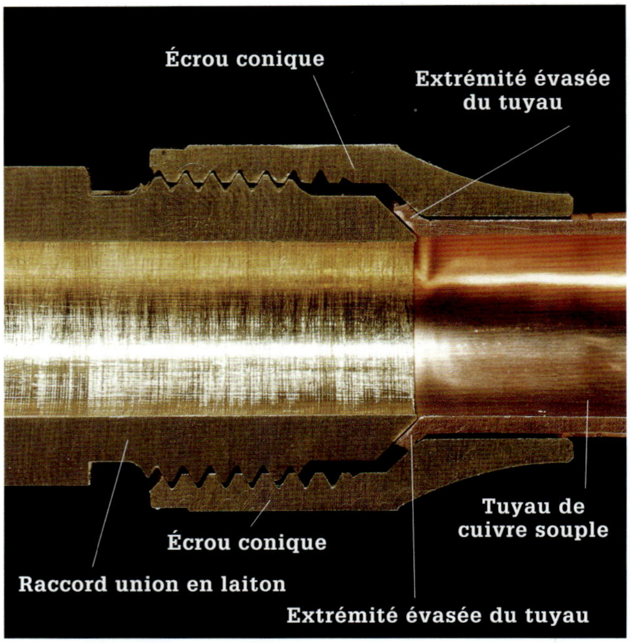

Sur cette vue en coupe du raccord à collet, on voit comment le bout évasé du tuyau de cuivre souple forme un joint étanche avec l'extrémité du raccord union.

Outils et matériel ▸

Appareil à collets en deux pièces
Clés à molette
Raccords à collets de laiton

Joint de deux tuyaux de cuivre à l'aide d'un raccord union à collet

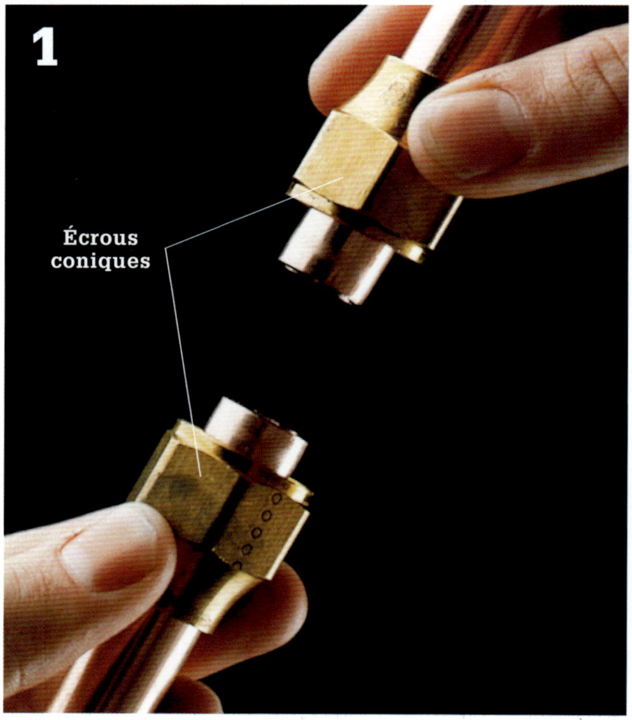

Glissez les écrous coniques sur les bouts des tuyaux avant d'évaser ces derniers. Ébavurez l'intérieur du tuyau pour rendre le bord lisse.

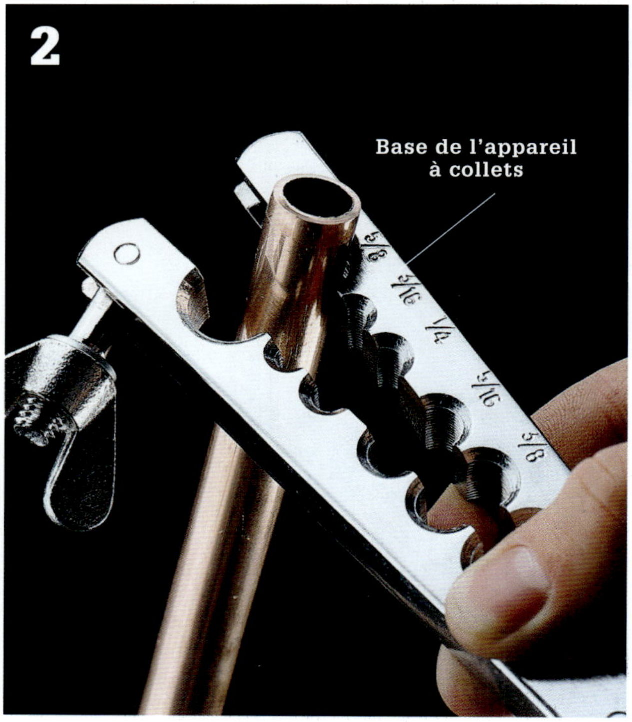

Choisissez l'ouverture de l'appareil qui correspond au diamètre extérieur du tuyau. Ouvrez l'appareil et glissez le bout du tuyau dans l'ouverture.

Saisissez le tuyau dans l'appareil. Le bout du tuyau doit être au niveau de la surface plate de l'appareil.

Glissez l'étrier sur la base de l'appareil. Centrez la pointe à évaser sur le bout du tuyau (médaillon). Faites tourner la poignée de l'étrier pour évaser le bout du tuyau. L'évasement est terminé lorsque la poignée ne peut plus tourner.

Retirez l'étrier. Sortez le tuyau de l'appareil. Répétez la procédure pour évaser le bout de l'autre tuyau.

Placez le raccord union à collet entre les bouts évasés des deux tuyaux et vissez les écrous coniques au raccord union.

Saisissez le milieu du raccord union à l'aide d'une clé à molette. Servez-vous d'une autre clé pour serrer les écrous coniques d'un tour complet. Réalimentez la tuyauterie et, en cas de fuite, resserrez les écrous.

Le tuyau de fer galvanisé

On trouve souvent le tuyau de fer galvanisé dans les vieilles maisons, où il sert à l'alimentation en eau et aux petites conduites d'évacuation. On le reconnaît à son zingage qui lui donne une couleur argentée, et à ses raccords filetés.

Avec le temps, les tuyaux et raccords de fer galvanisé finissent par rouiller et doivent être remplacés. Une faible pression d'eau est peut-être le signe que de la corrosion s'est accumulée dans les tuyaux. Les obstructions se produisent généralement dans les coudes. N'essayez pas de nettoyer l'intérieur des tuyaux de fer galvanisé ; enlevez-les dès que possible et remplacez-les.

On peut se procurer les tuyaux et raccords de fer galvanisé dans la plupart des quincailleries et des maisonneries. Lorsque vous en achetez, précisez-en le diamètre intérieur. Des bouts de tuyaux filetés, appelés mamelons, sont offerts en longueurs allant de 1 po à 1 pi. Si vous avez besoin d'un tuyau plus long, demandez au quincaillier de le couper à la longueur souhaitée et de le fileter.

Les vieux tuyaux de fer galvanisé sont parfois difficiles à réparer. Souvent, les raccords sont rouillés, et ce qui semblait n'être qu'un petit travail peut rapidement devenir une longue corvée. Lorsque vous voulez remplacer un raccord qui fuit, par exemple, vous constaterez peut-être, une fois le tuyau coupé, que les tuyaux adjacents doivent aussi être remplacés. Dans le cas de longues réparations, vous pouvez boucher les tuyaux ouverts et réalimenter le reste de la maison en eau. C'est pourquoi, avant d'entreprendre toute réparation, il est judicieux de disposer d'un bon stock de mamelons et de bouchons adaptés au diamètre de vos tuyaux.

Le démontage des tuyaux et raccords de fer galvanisé prend beaucoup de temps. Lorsque vous le faites, commencez à l'extrémité d'un parcours et détachez les pièces l'une après l'autre. Se rendre au milieu d'une tuyauterie pour remplacer un tronçon de tuyau peut devenir une tâche longue et ennuyeuse. Servez-vous plutôt d'un raccord à trois pièces, appelé raccord union, lequel permet d'enlever un tronçon de tuyau ou un raccord sans devoir démonter toute la tuyauterie.

Note : Il arrive que l'on confonde le fer galvanisé et le « fer noir », tous deux offerts dans des formats et avec des raccords semblables. Le fer noir est réservé aux canalisations de gaz.

Outils et matériel ▸

- Mètre à ruban
- Scie alternative avec lame à métaux ou scie à métaux
- Clés à tuyau
- Chalumeau au propane
- Brosse métallique
- Mamelons
- Bouchons
- Raccord union
- Pâte à joints
- Raccords de rechange (au besoin)

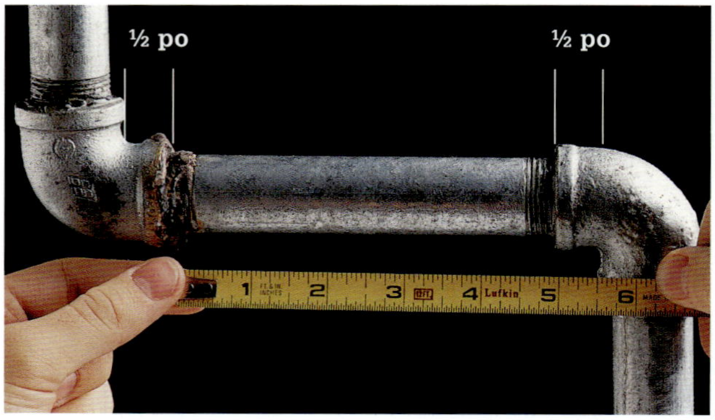

Mesurez l'ancien tuyau ; ajoutez ½ po à chaque extrémité pour tenir compte des filets insérés dans le raccord. Basez-vous sur cette mesure pour acheter les pièces.

Enlèvement et remplacement d'un tuyau de fer galvanisé

Coupez le tuyau de fer galvanisé à l'aide d'une scie alternative munie d'une lame à métaux ou à l'aide d'une scie à métaux.

Saisissez le raccord avec une clé à tuyau. Utilisez une autre clé pour dévisser le tuyau. Placez les clés de manière que leurs mâchoires s'ouvrent dans des directions opposées. Déplacez toujours le manche de la clé dans la direction de son ouverture.

Enlevez les raccords rouillés à l'aide de deux clés à tuyau; l'une servira à faire tourner le raccord, l'autre à retenir le tuyau. Les mâchoires des clés doivent s'ouvrir dans des directions opposées. Nettoyez les filets avec une brosse métallique.

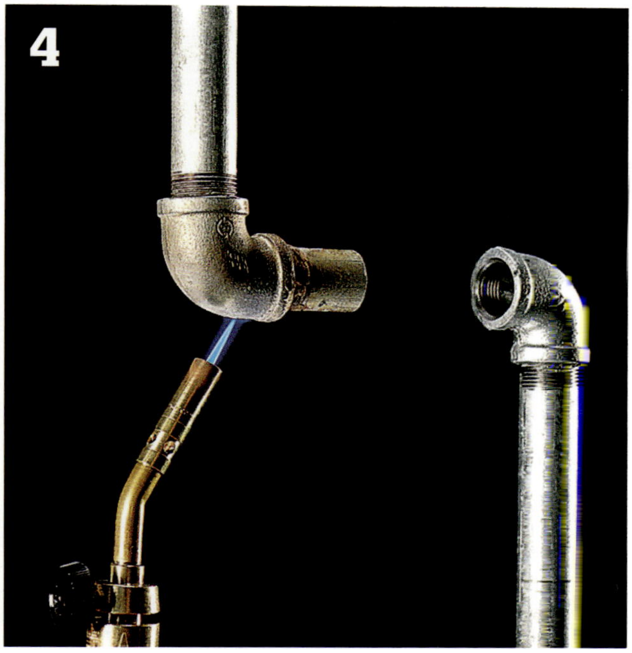

Chauffez pendant 5-10 secondes les raccords récalcitrants avec un chalumeau au propane pour en faciliter l'enlèvement. Protégez le bois et les matériaux inflammables à l'aide de deux tôles.

(suite à la page suivante)

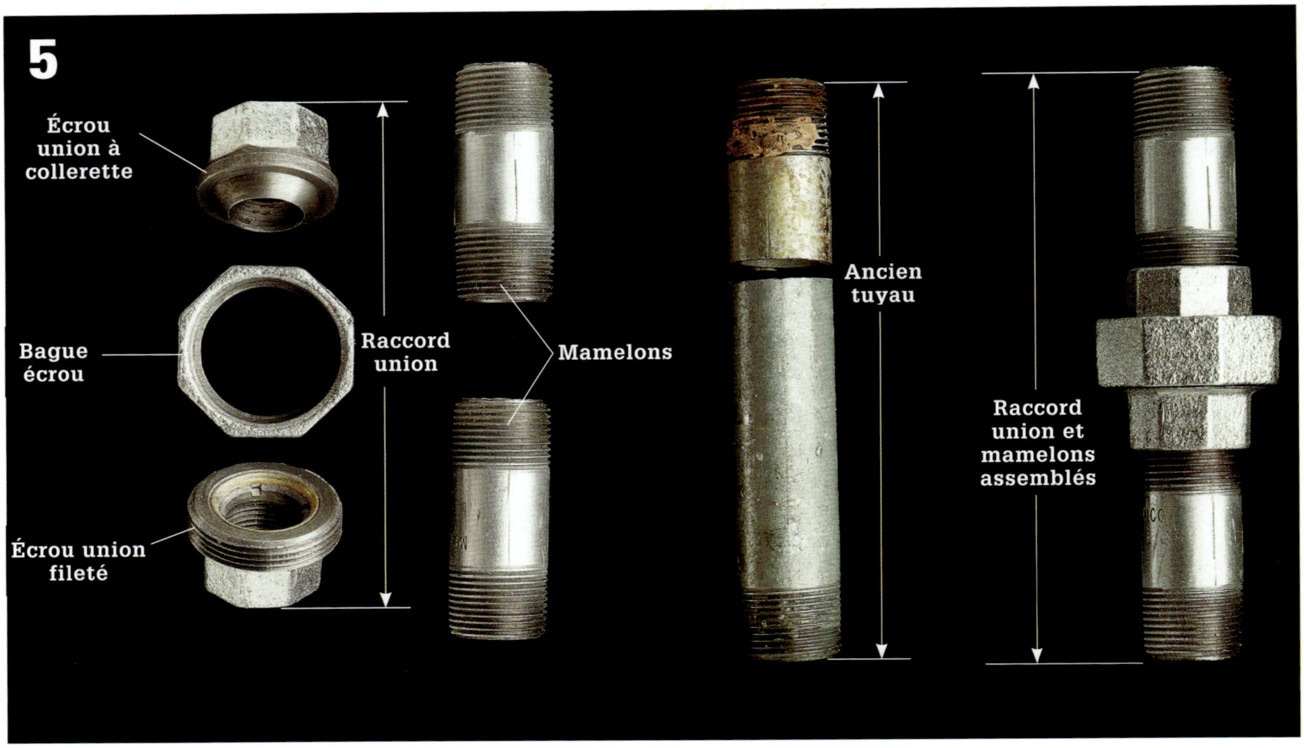

Remplacez un tronçon de tuyau de fer galvanisé par un raccord union et deux mamelons (tuyaux filetés). Une fois assemblés, le raccord union et les mamelons doivent avoir la même longueur que le tronçon remplacé.

Appliquez un cordon de pâte à joints sur les filets des tuyaux et mamelons. Avec un doigt, étendez uniformément la pâte sur les filets.

Vissez les nouveaux raccords aux tuyaux. Serrez les raccords en vous servant de deux clés à tuyau. Laissez un écart de ⅛ po par rapport à l'alignement pour permettre le montage du raccord union.

Vissez le premier mamelon dans le raccord ; serrez-le à l'aide d'une clé à tuyau.

Glissez une bague écrou sur le mamelon installé, puis vissez au mamelon l'écrou union que vous serrerez à l'aide d'une clé à tuyau.

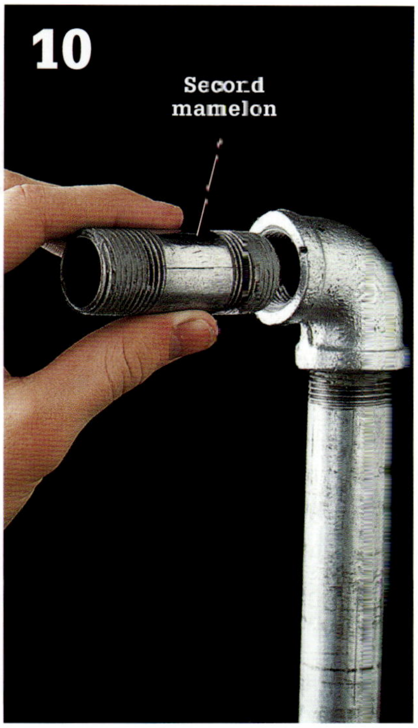

Vissez un deuxième mamelon sur l'autre raccord et serrez-le à l'aide d'une clé à tuyau.

Vissez au deuxième mamelon l'écrou union fileté et serrez-le. Alignez les tuyaux pour que la collerette de l'écrou union puisse entrer dans l'écrou union fileté.

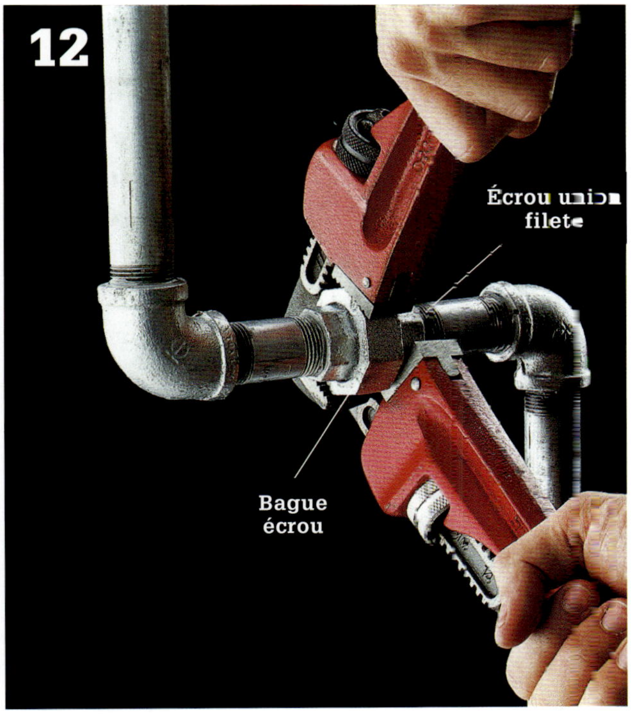

Terminez le raccordement en vissant la bague écrou à l'écrou union fileté. Serrez la bague écrou avec des clés à tuyau.

Le tuyau de fonte

Dans les vieilles maisons, on trouve des tuyaux de fonte dans le système d'égout (surtout la colonne de chute principale et le tuyau d'égout). On reconnaît le tuyau de fonte à sa couleur foncée, à sa surface rugueuse et à son diamètre imposant, qui est généralement de 3 po et plus pour les tuyaux d'évacuation.

Les tuyaux de fonte peuvent rouiller de part en part, et les raccords à emboîtement (ci-dessous) peuvent fuir. Si votre maison date de plus de 30 ans, vous devrez peut-être remplacer l'un de ces tuyaux ou raccords.

La fonte est lourde, et difficile à couper et à raccorder. Un tronçon de 5 pi de tuyau de fonte de 4 po de diamètre pèse environ 60 lb. C'est pour cette raison que les tuyaux de fonte qui fuient sont généralement remplacés par des tuyaux de PVC. On peut se servir d'un raccord à collier (ci-dessous) pour joindre facilement un tuyau de PVC à un tuyau de fonte.

Traditionnellement, c'est avec un coupe-tuyau à chaîne que l'on coupait la fonte (voir page 310), mais les scies alternatives à vitesse variable d'aujourd'hui font le travail aussi facilement et sûrement. Utilisez une lame à métaux longue et réglez la scie à une vitesse basse. Portez des lunettes de protection et un protecteur d'ouïe.

Outils et matériel ▸

- Mètre à ruban
- Craie
- Clés à molette
- Scie alternative (ou coupe-tuyau à chaîne loué)
- Clé à douille à cliquet
- Tournevis
- Fixations de colonne montante ou supports à courroie
- Deux blocs de bois
- Vis à panneau mural de 2 ½ po
- Raccords à colliers
- Tuyau de plastique de remplacement

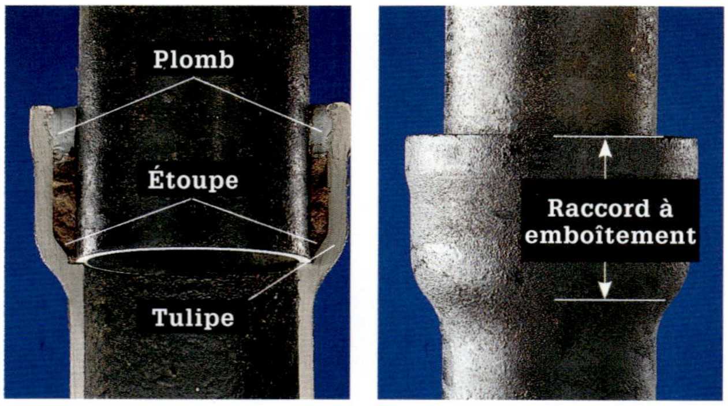

Le raccord à emboîtement (vue en coupe, à gauche) peut servir à joindre deux vieux tuyaux de fonte. Le tuyau comporte alors un bout uni et un bout évasé en tulipe, le bout uni de l'un des tuyaux étant enfoncé dans la tulipe de l'autre. Le joint est alors scellé avec un produit d'étanchéité (étoupe) et du plomb. En cas de fuite, il faut découper tout le raccord et le remplacer par un tuyau de plastique.

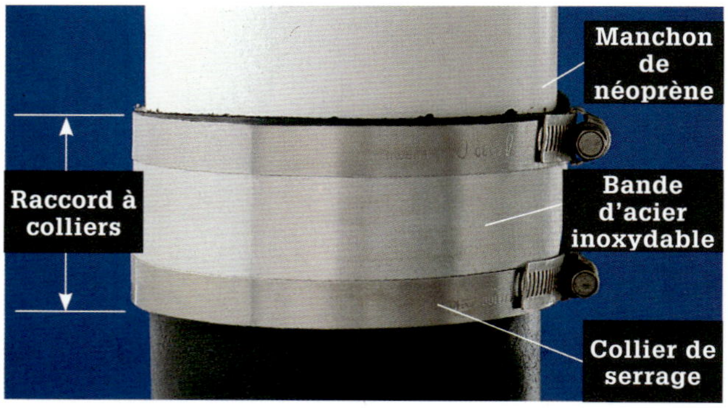

On se sert d'un raccord à colliers pour remplacer un tuyau de fonte qui fuit par un tuyau de plastique PVC ou ABS. Joignez le nouveau tuyau de plastique à l'ancien tuyau de fonte avec un raccord à colliers, comprenant un manchon de néoprène qui scelle le joint. Des colliers de serrage à vis, en acier inoxydable, maintiennent les tuyaux ensemble.

Avant de couper un parcours horizontal d'évacuation en fonte, veillez à ce qu'il soit soutenu par des supports à courroie à intervalles de 5 pi et à proximité de tous les raccordements.

Avant de couper un parcours vertical en fonte, veillez à ce qu'il soit soutenu à tous les étages de la maison au moyen de fixations de colonne montante. Ne coupez jamais un tuyau non soutenu.

Enlèvement et remplacement d'un tronçon de tuyau de fonte

Tracez à la craie sur le tuyau les deux lignes de coupe. Si vous remplacez un raccord à emboîtement, tracez les lignes à au moins 6 po de chaque côté de la tulipe.

Soutenez la partie inférieure du tuyau à l'aide d'une fixation de colonne montante, appuyée sur la sablière ou sur le plancher.

Soutenez la partie supérieure du tuyau en installant une fixation de colonne montante à 6 po du tronçon de tuyau à remplacer. Fixez des cales aux poteaux muraux avec des vis à panneau mural de 2 ½ po. Placez ces cales de manière qu'elles soutiennent la fixation.

(suite à la page suivante)

Enroulez la chaîne du coupe-tuyau autour du tuyau, en alignant les couteaux circulaires sur l'une des lignes de coupe.

En suivant les instructions du fabricant de l'outil, serrez la chaîne puis faites céder le tuyau.

Répétez la procédure sur l'autre ligne de coupe, puis retirez le tronçon de tuyau coupé.

Coupez un bout de tuyau de plastique PVC qui sera d'environ ½ po plus court que le tronçon de fonte enlevé.

Glissez un raccord à colliers et un manchon de néoprène sur les extrémités du tuyau de fonte.

Assurez-vous que le tuyau de fonte repose bien sur la bague séparatrice moulée à l'intérieur du manchon.

Repliez le bout de chaque manchon jusqu'à ce que la bague séparatrice moulée devienne visible.

Placez le tuyau de plastique de manière qu'il soit bien aligné avec les tuyaux de fonte.

Dépliez le bout des manchons pour que ceux-ci recouvrent les extrémités du tuyau de plastique.

Glissez les bandes d'acier et les colliers de serrage sur les manchons de néoprène.

Serrez les colliers à l'aide d'une clé à douille à cliquet ou d'un tournevis.

Réparation des robinets de sectionnement et des robinets à bec fileté

Le robinet de sectionnement permet de couper la circulation d'eau dans une partie de l'installation de plomberie. Si un tuyau éclate ou qu'un appareil fuit, vous pouvez couper l'eau dans le circuit concerné pour procéder à la réparation. Le robinet à bec fileté sert souvent à raccorder un tuyau d'arrosage ou le tuyau d'un appareil électroménager.

Ces deux types de robinets fuient lorsque les rondelles ou joints d'étanchéité sont usés. Vous trouverez les pièces de rechange dans la même trousse universelle de rondelles servant à la réparation des robinets à compression. Enduisez de graisse résistant à la chaleur les rondelles de remplacement afin qu'elles demeurent souples et qu'elles ne se fendillent pas.

N'oubliez pas de couper l'eau avant d'entreprendre le travail.

Outils et matériel ▸

Tournevis	Trousse universelle de rondelles
Clé à molette	Graisse résistant à la chaleur

Réparation d'un robinet à bec fileté qui fuit

Retirez la vis du volant et enlevez-le. Dévissez l'écrou de presse-garniture à l'aide d'une clé à molette.

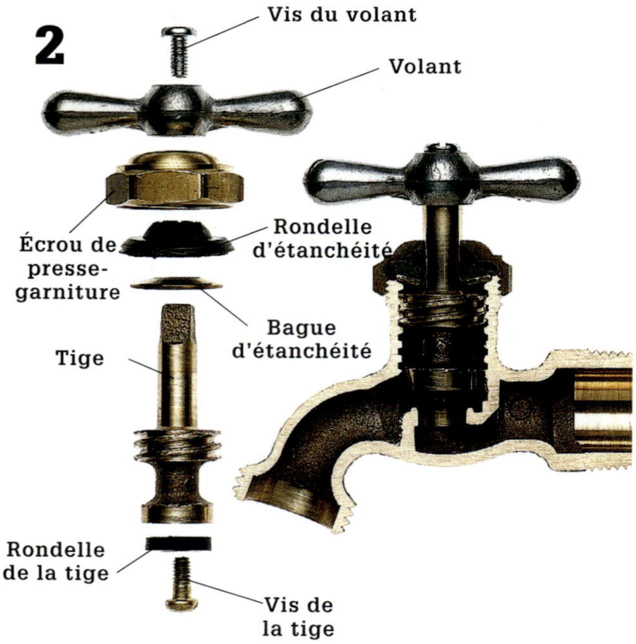

Dévissez la tige et retirez-la du corps. Retirez la vis et remplacez la rondelle de la tige. Remplacez la rondelle d'étanchéité ; remontez le robinet.

Types courants de robinets de sectionnement

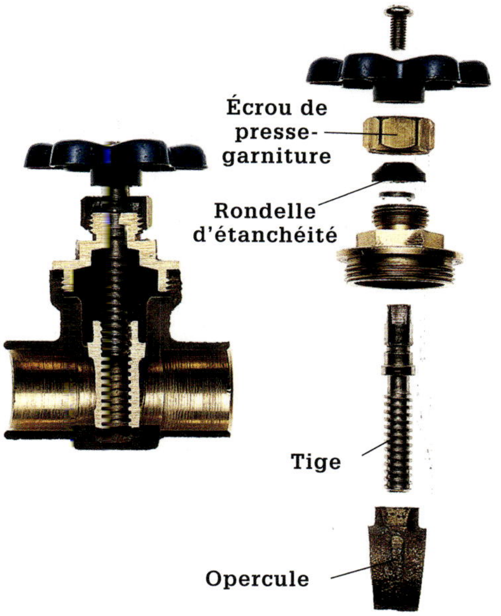

Le robinet-vanne comporte un organe d'obturation mobile en laiton, appelé « opercule », qui monte ou descend pour commander le passage de l'eau. Le robinet-vanne peut fuir autour du volant. Pour réparer la fuite, remplacez la rondelle d'étanchéité ou le cordon d'étanchéité situé sous l'écrou de presse-garniture.

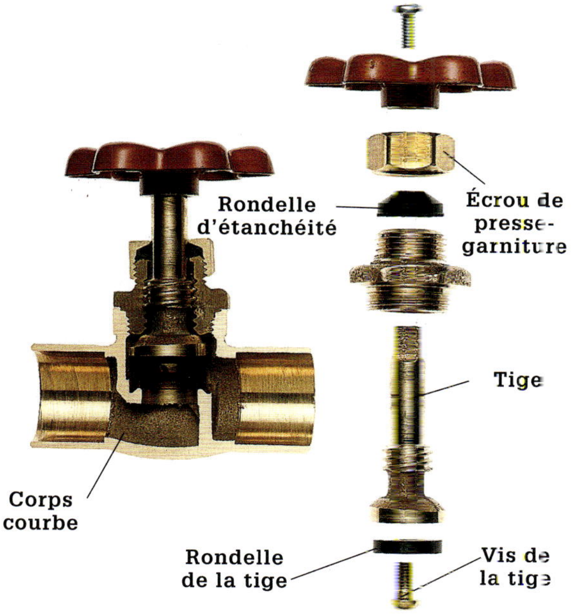

Le robinet à soupape possède un corps courbe. Réparez les fuites au volant en remplaçant la rondelle d'étanchéité. Si le robinet coule même lorsqu'il est fermé, remplacez la rondelle de la tige.

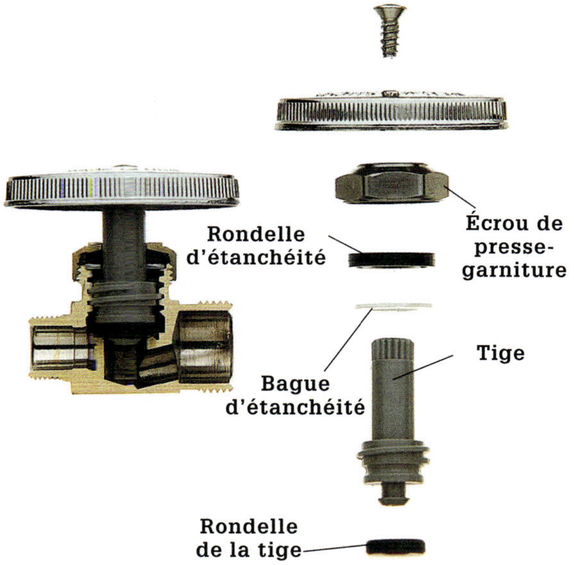

Le robinet d'arrêt commande l'alimentation en eau d'un ou plusieurs appareils. Il comporte une tige en plastique munie d'une rondelle d'étanchéité et d'une rondelle de tige à engagement par pression. Réparez une fuite à la tige en remplaçant la rondelle d'étanchéité. Si le robinet complètement fermé coule encore, remplacez la rondelle de la tige. On vend des robinets d'arrêt munis de plusieurs sorties ; ils servent à alimenter plusieurs appareils à la fois.

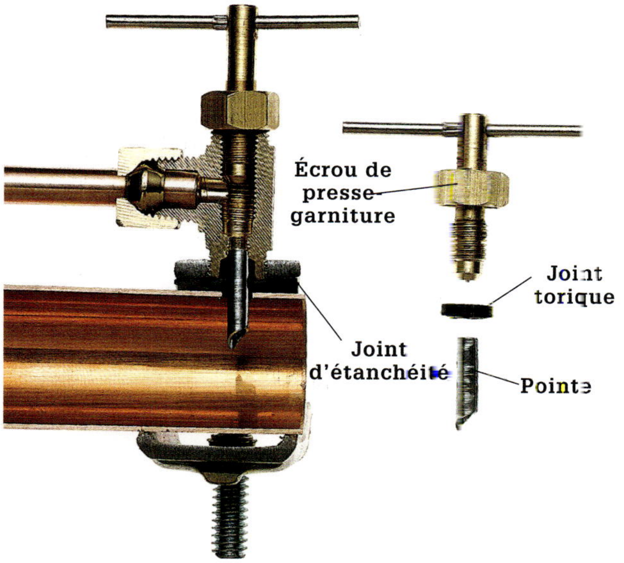

Le robinet-vanne à étrier est un petit raccord qui sert souvent à brancher à un tuyau de cuivre une machine à glaçons de réfrigérateur ou un filtre à eau fixé à l'évier. Il contient une pointe métallique creuse qui perfore le tuyau à la première fermeture du robinet. L'étanchéité est assurée par un joint de caoutchouc. Certains codes interdisent l'utilisation de ce type de robinet. Mieux vaut utiliser un robinet d'arrêt à deux sorties ou un raccord en T.

Installation et réparation d'un robinet d'arrosage

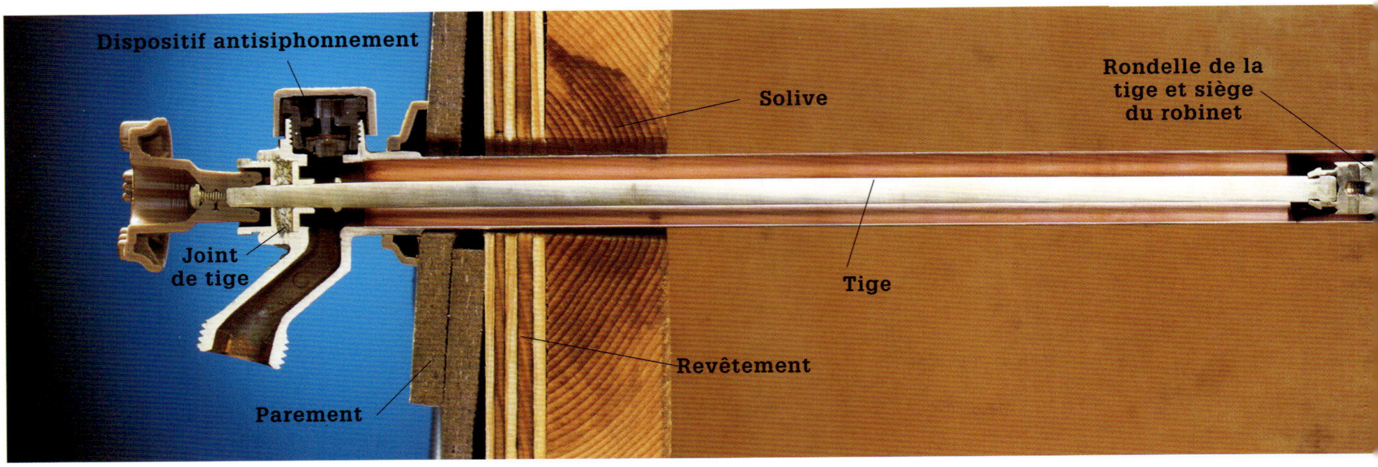

Le robinet d'arrosage est un robinet à compression installé sur le mur extérieur de la maison. Pour réparer une fuite, remplacez la rondelle de la tige et le joint torique.

Le gel peut endommager le robinet d'arrosage. Pour réparer un tuyau éclaté, suivez les instructions des pages 404-405. Pour prévenir l'éclatement des tuyaux, prenez les précautions suivantes avant l'hiver: fermez le robinet d'arrêt intérieur, détachez le tuyau d'arrosage et ouvrez le robinet d'arrosage pour le vidanger.

Le robinet d'arrosage à l'épreuve du gel est muni d'une longue tige qui se prolonge d'au moins 6 po à l'intérieur de la maison, ce qui offre une protection contre le gel. Installez en pente le tuyau provenant du robinet d'arrêt, de manière que le robinet d'arrosage se vide chaque fois qu'on le ferme.

N'oubliez pas de couper l'eau avant d'entreprendre le travail.

Outils et matériel ▸

- Tournevis
- Pince multiprise
- Crayon
- Perceuse droite ou ordinaire
- Foret à trois pointes de 1 po
- Pistolet à calfeutrer
- Scie à métaux ou coupe-tuyau
- Chalumeau au propane
- Trousse universelle de rondelles
- Robinet d'arrosage
- Scellant à la silicone
- Vis de 2po résistant à la corrosion
- Tuyau de cuivre
- Raccord en T
- Ruban d'étanchéité
- Adaptateur fileté
- Robinet d'arrêt
- Papier d'émeri
- Pâte à braser (décapant)
- Brasure

Réparation d'un robinet d'arrosage

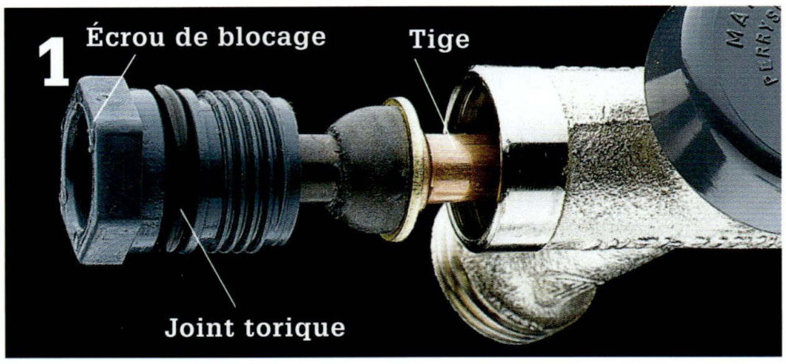

Ôtez le volant; à l'aide d'une pince multiprise, desserrez l'écrou de blocage. Enlevez la tige. Remplacez le joint torique se trouvant sur la tige ou sur l'écrou.

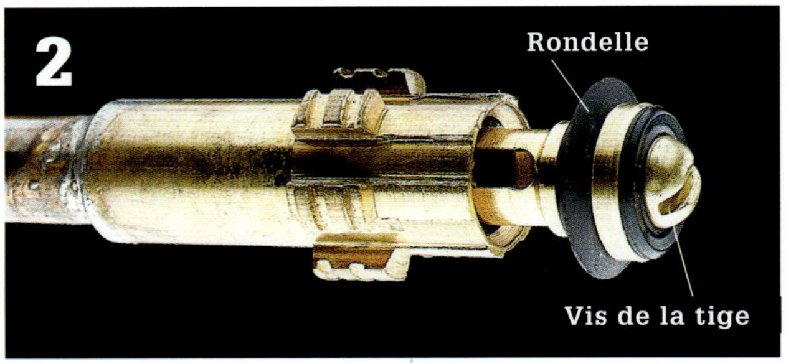

Enlevez la vis de laiton de la tige et remplacez la rondelle. Remontez le robinet.

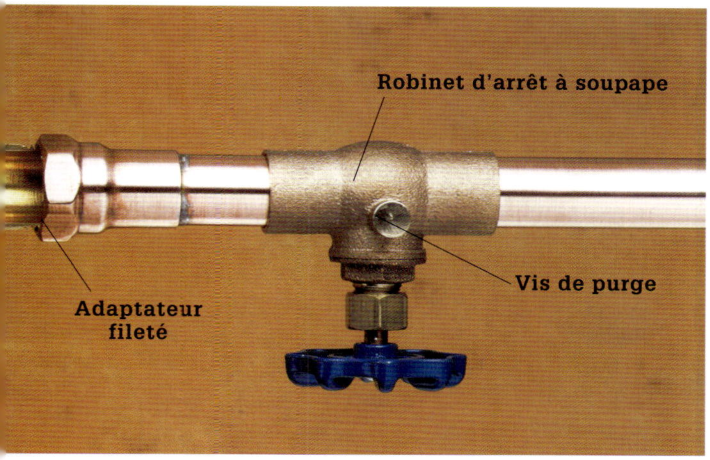

Le robinet d'arrosage à l'épreuve du gel est monté contre la solive de rive ; sa tige se prolonge de 6 po à 30 po à l'intérieur de la maison, ce qui offre une protection contre le gel. Le tuyau provenant du robinet d'arrêt est installé en pente, pour faciliter l'écoulement de l'eau. Si le robinet d'arrosage commence à fuir, on peut remplacer la rondelle de la tige et le joint torique (ou le cordon d'étanchéité). Si la tuyauterie est en cuivre, le robinet d'arrosage est raccordé à un tuyau d'alimentation en eau froide au moyen d'un adaptateur fileté, de deux tronçons de tuyau brasés et d'un robinet d'arrêt. Un raccord en T (non illustré) est installé sur le tuyau d'eau froide.

Installation d'un robinet d'arrosage

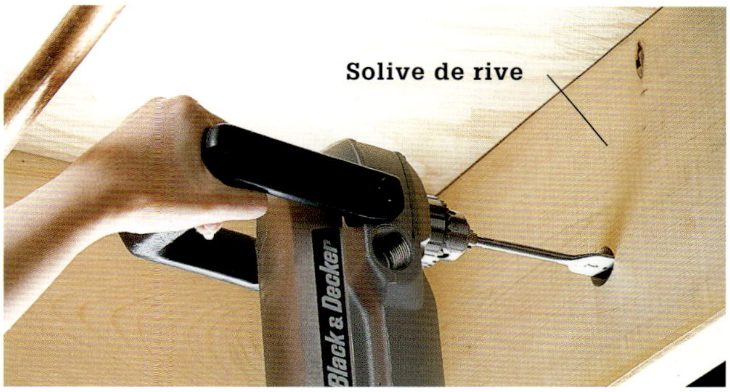

Déterminez l'endroit où pratiquer une ouverture de passage pour le robinet. Marquez sur la solive de rive un point situé un peu plus bas que le tuyau d'eau froide le plus proche. Avec un foret à trois pointes de 1 po, pratiquez une ouverture dans la solive, le revêtement et le parement.

Appliquez un épais cordon de scellant à la silicone sous la bride du robinet ; insérez le robinet dans l'ouverture et fixez-le au parement à l'aide de vis de 2 po résistant à la corrosion. Ouvrez le robinet. Essuyez l'excédent de scellant.

Marquez le tuyau d'eau froide, coupez-le et installez-y le raccord en T. Enroulez du ruban d'étanchéité autour des filets du robinet d'arrosage.

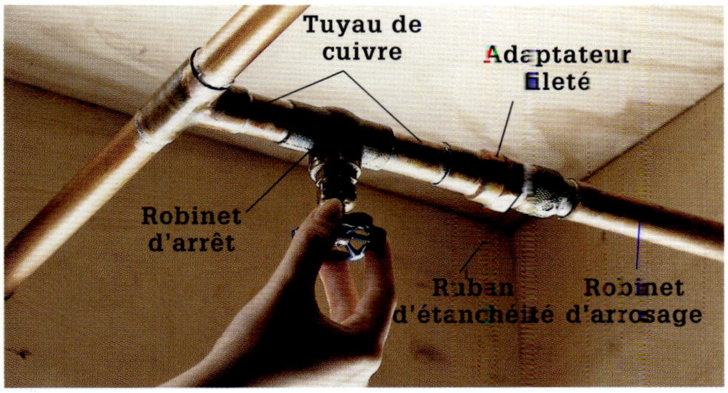

Reliez le raccord en T au robinet d'arrosage à l'aide d'un adaptateur fileté, d'un robinet d'arrêt et de deux tronçons de tuyau de cuivre. Préparez les tuyaux et brasez les joints. Ouvrez l'eau et refermez le robinet d'arrosage lorsque l'eau s'en écoule normalement.

Installation d'un lavabo sur pied

La popularité du lavabo sur pied, plus que celle de tout autre type de lavabo, varie au fil des ans ; mais, même durant les périodes où il n'est plus à la mode, il reste demandé. Vous le trouverez le plus fréquemment dans les petits cabinets de toilette, auxquels convient son faible encombrement. En outre, depuis quelque temps, les décorateurs ont retrouvé un attrait aux minces lavabos sur pied jumelés – pour lui et pour elle –, qui n'occupent pas tout le champ visuel dans la décoration de la salle de bain.

Le principal inconvénient du lavabo sur pied, c'est qu'il n'offre pas d'espace de rangement. Son avantage pratique : il masque la tuyauterie qui offense la vue de certains propriétaires.

Le lavabo sur pied s'installe de deux façons. En règle générale, les lavabos bon marché que l'on trouve dans les maisonneries s'accrochent au mur, comme les lavabos ordinaires, leur pied ayant une fonction exclusivement décorative. Mais certains lavabos sur pied (surtout haut de gamme) comportent un pied structural qui supporte en tout ou en grande partie le poids du lavabo.

Le lavabo sur pied se présente dans de nombreux styles. Il est pratique dans les petits cabinets de toilette ; il cache la tuyauterie et donne à la pièce un aspect fini.

Installation d'un lavabo sur pied

Posez une pièce de bois de 2 x 4 entre deux poteaux muraux, à l'endroit où vous allez installer le lavabo. Le revêtement mural situé derrière le lavabo doit être imperméable.

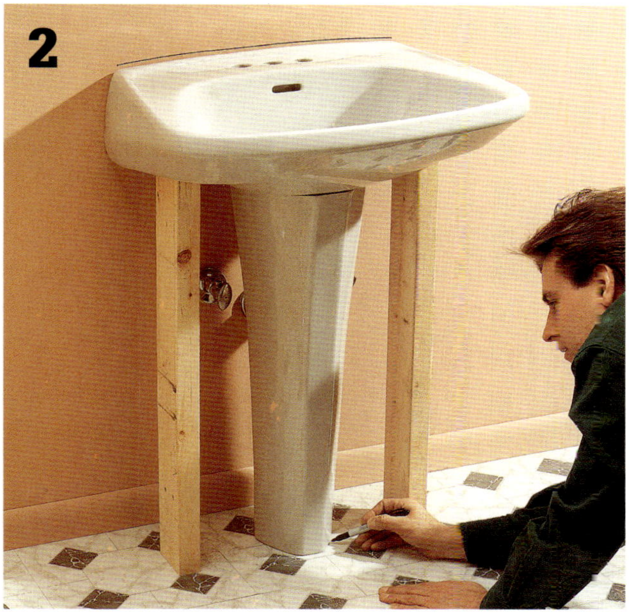

Mettez le lavabo et son pied dans leur future position (supportez-les avec des pièces de bois de 2 x 4). Tracez sur le mur le bord supérieur du lavabo, et, sur le plancher, le pourtour du pied. En passant un crayon dans les trous de montage, marquez des repères sur le mur et sur le sol.

Retirez le lavabo et son pied. Pratiquez des avant-trous sur les marques faites sur le mur et le sol. Fixez le pied sur le sol à l'aide de tire-fond.

Installez le robinet, puis posez le lavabo sur son pied. Alignez les trous de montage sur les avant-trous du mur. À l'aide d'une clé à cliquet, enfoncez des tire-fond munis de rondelles dans le support fixé entre les poteaux, sans trop les serrer.

Raccordez les tuyaux d'évacuation et d'alimentation. Une fois l'installation terminée, étendez un cordon de pâte à calfeutrer entre le lavabo et le mur.

Installation d'un comptoir-lavabo intégré

La plupart des comptoirs de salle de bain installés aujourd'hui sont des comptoirs-lavabos intégrés (monoblocs) constitués de similimarbre ou d'autres matériaux massifs semblables. Ces comptoirs-lavabos intégrés sont pratiques, beaucoup sont peu coûteux, mais les styles et les couleurs sont limités.

Certains rénovateurs et décorateurs leur préfèrent encore l'originalité d'un lavabo à rebord incorporé qu'on insère dans un dessus de comptoir fait sur mesure. C'est là une solution qui offre évidemment beaucoup plus de possibilités et qui est relativement simple à mettre en œuvre.

Les comptoirs-lavabos intégrés sont fabriqués en formats standard et s'adaptent aux largeurs courantes des meubles-lavabos. Du fait que le lavabo et le dessus du comptoir sont faits du même matériau, ces ensembles ne fuient pas et ne requièrent pas de calfeutrage particulier.

Outils et matériel ▸

- Crayon
- Ciseaux
- Niveau à bulle
- Tournevis
- Pince multiprise
- Clé à cliquet
- Clé pour lavabo
- Carton
- Ruban-cache
- Mastic adhésif
- Tire-fond
- Pâte à calfeutrer pour baignoire et carreaux

Installation d'un comptoir-lavabo intégré

Posez le comptoir-lavabo sur des chevalets. Fixez le robinet et glissez la tirette de vidange dans le corps du robinet. Appliquez un cordon de mastic adhésif tout autour de la collerette de vidange et insérez-la dans l'ouverture du lavabo.

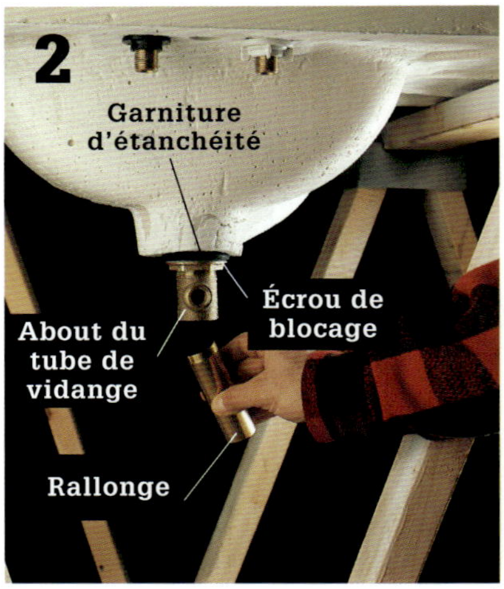

Introduisez la garniture d'étanchéité et l'écrou de blocage dans l'about, puis insérez celui-ci dans l'ouverture de vidange du lavabo et vissez-le à la collerette. Serrez solidement l'écrou. Ajoutez la rallonge et la tringlerie de la tirette de vidange.

Appliquez un cordon de pâte à calfeutrer pour baignoire et carreaux (ou un adhésif, si le fabricant du meuble le recommande) sur les bords supérieurs et sur les équerres de coin, s'il y en a.

Centrez le comptoir-lavabo sur le meuble, de façon que le débord soit égal de chaque côté et que le dosseret s'appuie sur le mur. Pressez sur le dessus pour l'enfoncer uniformément dans la pâte.

Armoires dotées d'équerres de coin : Fixez solidement le comptoir sur le meuble en enfonçant dans chaque équerre de coin (par en dessous) une vis qui pénétrera dans le comptoir. *Note : Le similimarbre et les autres matériaux massifs du genre requièrent des avant-trous et des gaines de vis en plastique.*

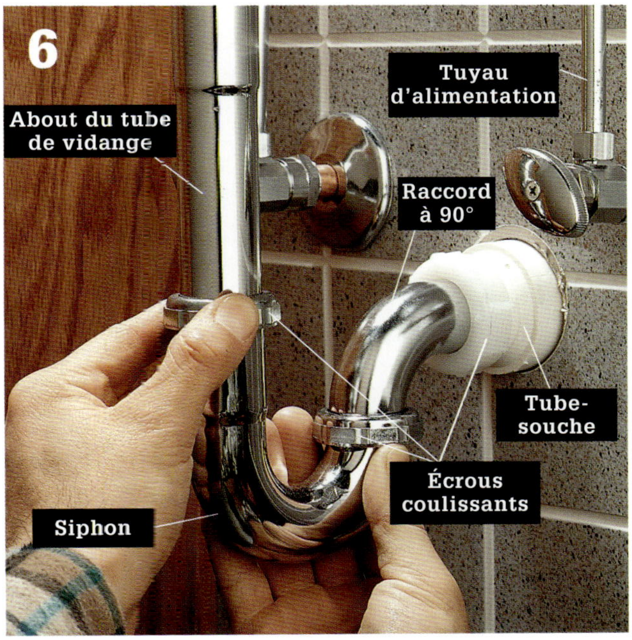

Avec un écrou coulissant, fixez le raccord à 90° sur le tube-souche sortant du mur. Avec des écrous coulissants, raccordez une extrémité du siphon à ce coude, et l'autre à l'about du tube de vidange. Raccordez les tuyaux d'alimentation aux abouts des robinets.

Appliquez un cordon de pâte à calfeutrer pour baignoire et carreaux entre le dosseret et le mur.

Installation d'un évier de cuisine à encastrer

La plupart des éviers à encastrer sont faciles à installer. Les éviers à encastrer destinés à être installés par un bricoleur sont faits de fonte émaillée, d'acier inoxydable, d'acrylique, de fibre de verre ou de résine. Vu son poids, l'évier de fonte reste à sa place et ne requiert pas de quincaillerie de montage. À part l'effort requis pour le soulever, c'est un évier facile d'installation. Les éviers en acier inoxydable et en acier émaillé, plus légers que ceux de fonte, nécessitent généralement des ferrures de montage sous le comptoir. Certains éviers d'acrylique et de résine se fixent simplement avec de la pâte à calfeutrer à base de silicone.

Si vous remplacez un évier, mais pas le comptoir, assurez-vous que le nouvel évier sera de grandeur égale ou supérieure à l'ancien. Il faut enlever tous les résidus de pâte à calfeutrer à l'aide d'acétone ou d'alcool dénaturé, faute de quoi la nouvelle pâte n'adhérera pas.

Outils et matériel ▸

- Pistolet à calfeutrer
- Clé pour lavabo
- Tournevis
- Évier
- Cadre d'évier
- Mastic adhésif ou pâte à calfeutrer à base de silicone
- Agrafes de fixation
- Scie sauteuse
- Crayon

Conseils d'achat ▸

- Lorsque vous achetez un évier, vous devez également vous procurer l'ensemble bonde et crépine, les agrafes et l'ensemble siphon.
- Optez pour un évier dont la cloison est plus basse que le pourtour de l'évier ; cela réduit les éclaboussures.
- Lorsque l'ouverture d'évacuation est située à l'arrière ou sur le côté de l'évier, il y a plus d'espace disponible dans l'armoire ménagée sous l'évier.
- Assurez-vous que les ouvertures destinées aux robinets conviendront à vos robinets.

L'évier à encastrer comporte un large rebord qui s'étend au-delà des bords de la découpe qui lui est destinée. Il est également muni à l'arrière d'une large bande sur laquelle s'installent les robinets.

Installation d'un évier à encastrer

Retournez l'évier et, sur le plan de travail, tracez-en le pourtour qui servira de repère pour la découpe. Les lignes de découpe seront parallèles aux lignes de pourtour, mais tracées à environ 1 po à l'intérieur de ces dernières, afin de créer une surface d'appui pour le rebord de l'évier. (Le cas échéant, servez-vous du gabarit de découpe fourni avec l'évier.)

Pratiquez un trou de départ, puis découpez le plan de travail à la scie sauteuse. Faites passer la lame tout près de la ligne. Du fait que le rebord de l'évier cachera les bords de l'ouverture, celle-ci n'a pas besoin d'être parfaite, mais essayez quand même de faire du beau travail.

Fixez tous les éléments de plomberie qui devraient logiquement être installés avant de déposer l'évier dans l'ouverture. Il est pratique d'avoir accès au dessous du rebord, surtout pour installer le corps du robinet, la douchette et la bonde.

Appliquez un cordon de pâte à calfeutrer à base de silicone autour de l'ouverture. Il est probable que le rebord de l'évier ne sera pas plat; par conséquent, appliquez la pâte dans la zone où il y aura contact avec l'évier.

Déposez l'évier dans l'ouverture. Essayez de le centrer dès le départ, afin de ne pas le déplacer par la suite, et de laisser le cordon de pâte intact et étanche. Si vous installez un lourd évier de fonte, n'y posez pas les bondes tout de suite, afin de pouvoir le saisir par les ouvertures du fond.

Dans le cas d'un évier muni d'agrafes de fixation, serrez celles-ci par le dessous à l'aide d'un tournevis ou d'une clé (selon le type d'agrafes). Il doit y avoir au moins trois agrafes par côté. Ne les serrez pas trop, de crainte d'aplatir ou de déformer le rebord de l'évier.

Réparation d'un robinet qui fuit

Un robinet qui fuit est le problème de plomberie le plus fréquent. La fuite se produit généralement lorsque les rondelles, joints toriques ou autres joints d'étanchéité qui se trouvent à l'intérieur du robinet s'usent ou s'encrassent. La réparation de la fuite est facile, mais les techniques de réparation varient selon le type de robinet. Avant d'entreprendre la réparation, déterminez le type du robinet et les pièces de rechange dont vous aurez besoin.

Il existe quatre types de robinets : le robinet à tournant sphérique, le robinet à cartouche, le robinet à disque et le robinet à compression. Certains modèles se reconnaissent facilement à leur apparence ; d'autres doivent être démontés aux fins d'identification.

Le modèle à compression est souvent utilisé pour les robinets à deux volants. Les robinets de ce type sont tous munis de rondelles ou de joints d'étanchéité qui doivent être remplacés de temps à autre. Les pièces de rechange ne coûtent pas cher, et la réparation est facile.

Les robinets à tournant sphérique, à cartouche et à disque sont connus sous l'appellation générique de « robinets sans rondelle ». Bon nombre de robinets sans rondelle sont commandés par un volant unique, bien que certains modèles à cartouche fassent appel à deux volants. Les robinets sans rondelle sont plus fiables que les robinets à compression et sont conçus de manière que leur réparation soit rapide.

Achetez toujours des pièces de remplacement identiques aux pièces d'origine du robinet que vous réparez. Dans le cas des robinets sans rondelle, les pièces sont identifiées au moyen d'une marque de commerce et d'un numéro de modèle. Pour être sûr d'acheter les bonnes pièces de rechange, apportez les pièces usées au magasin.

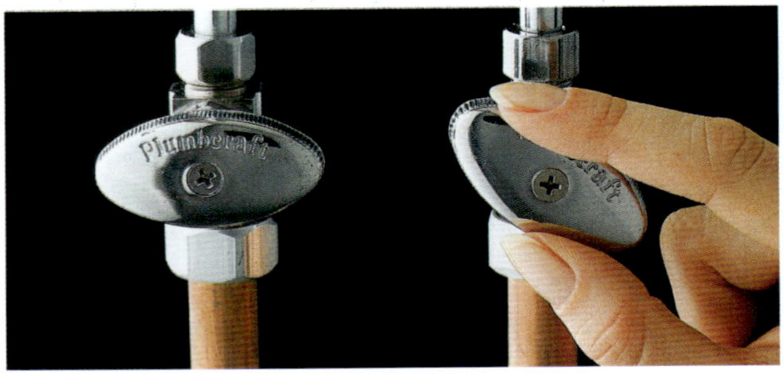

Coupez l'eau avant de réparer le robinet ; vous devez fermer soit les robinets d'arrêt de l'appareil, soit le robinet d'arrêt principal de la maison, situé près du compteur d'eau. Lorsque vous rouvrez les robinets d'arrêt après la réparation, laissez le robinet de l'appareil ouvert pour que s'échappe l'air emprisonné. Lorsque l'eau s'écoule uniformément, refermez le robinet de l'appareil.

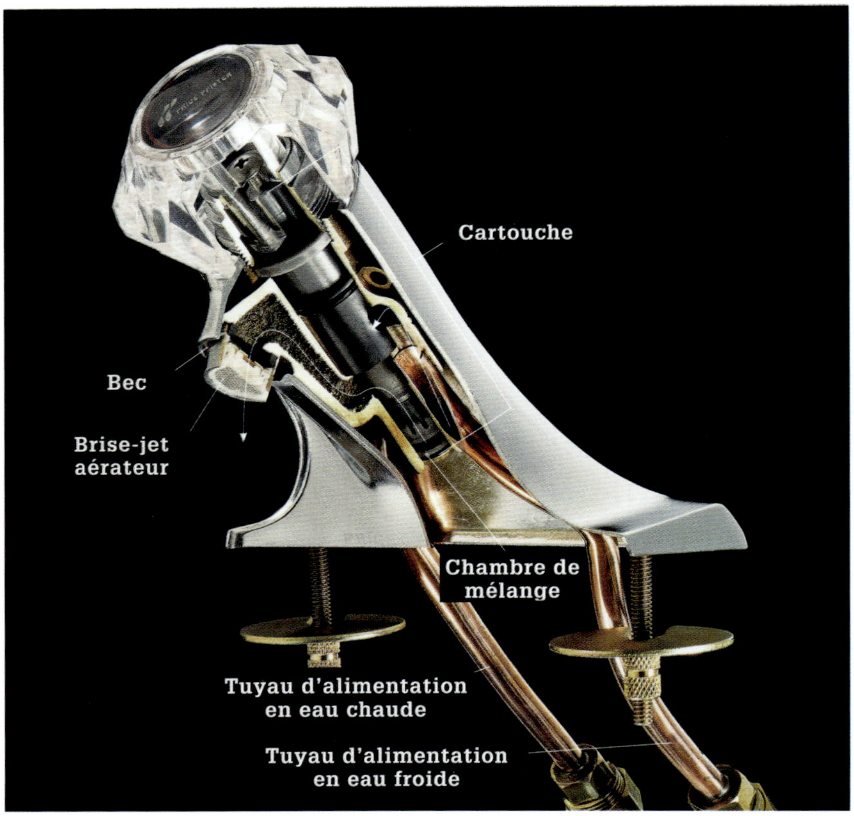

Le robinet typique est muni d'un volant unique relié à une cartouche creuse qui commande l'écoulement de l'eau chaude et de l'eau froide provenant des tuyaux d'alimentation et passant par la chambre de mélange. L'eau poussée hors du bec traverse le brise-jet aérateur. Lorsque des réparations sont nécessaires, remplacez toute la cartouche.

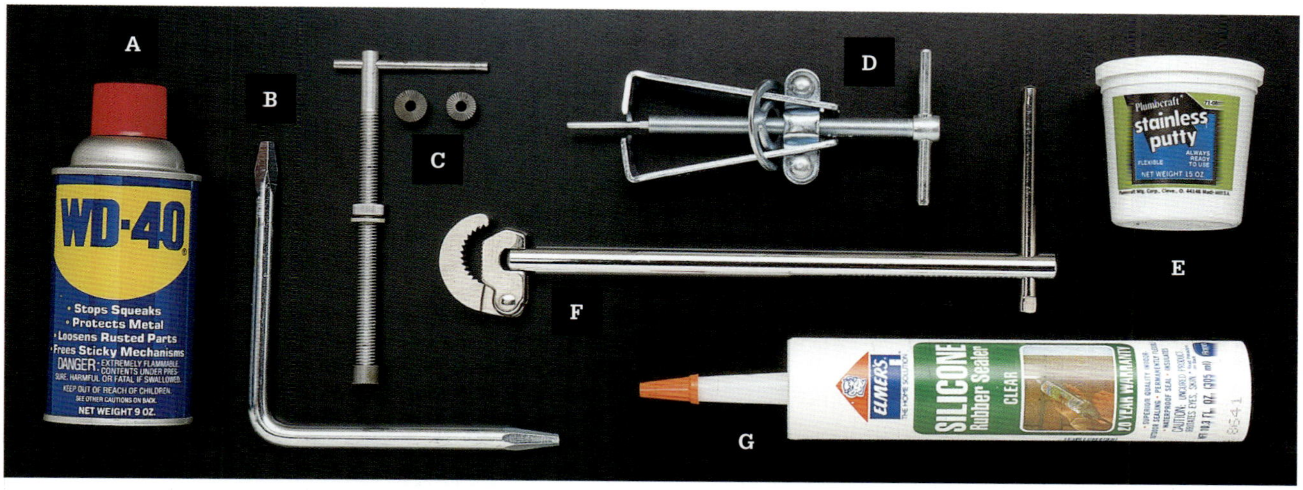

Outils et matériaux spécialisés pour la réparation des robinets : huile de dégrippage (A), clé à siège (B), rodoir à siège (C), arrache-volant (D), mastic adhésif (E), clé à lavabo (F), scellant à la silicone (G).

Identification du type de robinet

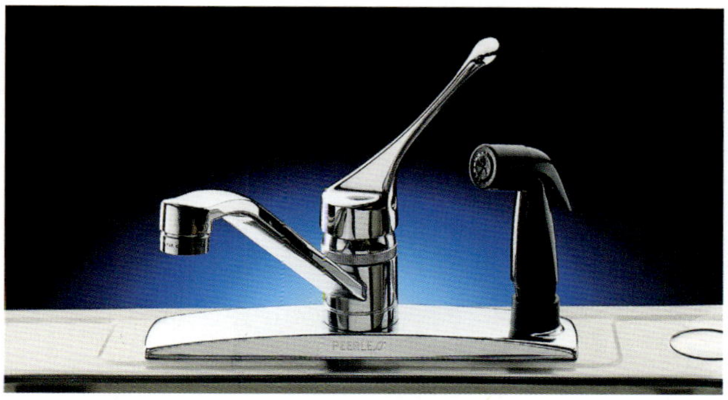

Le robinet à tournant sphérique comporte une manette montée sur un enjoliveur en forme de dôme. Si votre robinet correspond à cette description et qu'il est de marque Delta ou Peerless, il s'agit probablement d'un robinet à tournant sphérique. Consultez les instructions de réparation aux pages 324-325.

Le robinet à cartouche peut être muni d'une manette ou de deux volants. Les marques les plus populaires sont Price Pfister, Moen, Valley et Aqualine. Consultez les instructions de réparation aux pages 326-327.

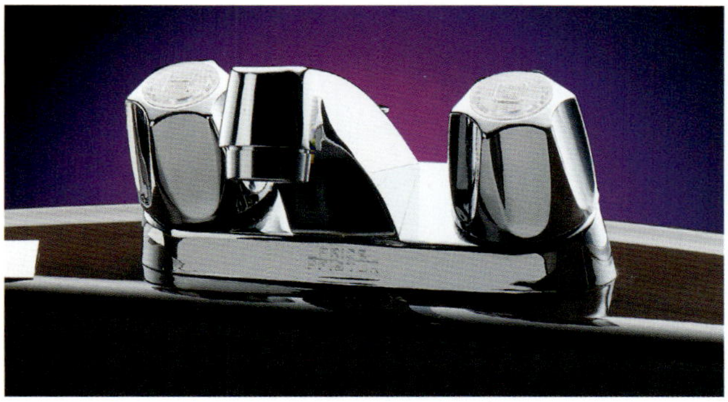

Le robinet à compression comporte deux volants. Lorsque vous le fermez, vous pouvez généralement sentir la compression d'une rondelle de caoutchouc à l'intérieur du robinet. Les marques de robinets à compression sont nombreuses. Consultez les instructions de réparation aux pages 328-329.

Le robinet à disque comporte une manette et un corps en laiton massif chromé. Si votre robinet est de marque American Standard ou Reliant, il est probablement à disque. Consultez les instructions de réparation aux pages 332-333.

Réparation d'un robinet à tournant sphérique

Le robinet à tournant sphérique est muni d'une manette ou d'une poignée unique; on le reconnaît à la boule creuse de métal ou de plastique, appelée «tournant», qu'il renferme. Beaucoup de ces robinets comportent sous la manette un chapeau arrondi à bordure moletée. Si le bec d'un robinet muni de ce type de chapeau fuit, essayez de resserrer le chapeau à l'aide d'une pince multiprise. Si cela ne donne rien, démontez le robinet et remplacez-en les pièces.

Les fabricants de robinets à tournant sphérique proposent plusieurs types de trousses de réparation. Certaines ne contiennent que des ressorts et des sièges en néoprène; les plus complets incluent la came et sa rondelle.

Ne remplacez le tournant que s'il est manifestement usé ou rayé. On trouve des tournants de rechange en métal et en plastique. Ceux de métal coûtent un peu plus cher, mais durent plus longtemps.

N'oubliez pas de couper l'eau avant d'entreprendre le travail.

Outils et matériel ▸

- Pince multiprise
- Clé hexagonale
- Tournevis
- Couteau universel
- Trousse de réparation de robinets à tournant sphérique
- Tournant (si nécessaire)
- Ruban-cache
- Joints toriques
- Graisse résistant à la chaleur

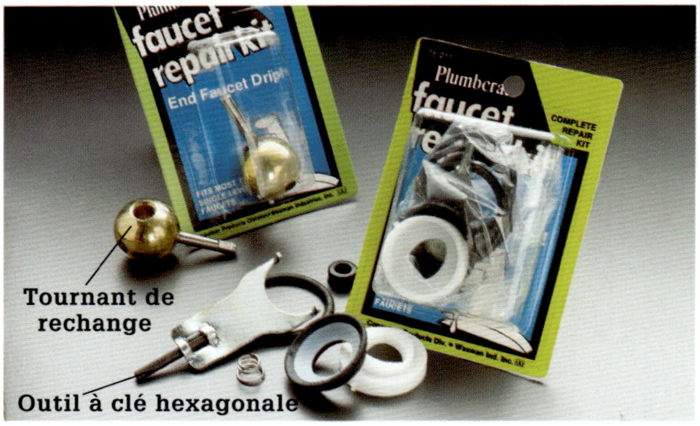

La trousse de réparation de robinets à tournant sphérique contient des sièges en caoutchouc, des ressorts, une came, une rondelle de came et des joints toriques de bec. Certaines renferment un petit outil à clé hexagonale servant à enlever la manette. Vérifiez bien si la trousse convient à votre modèle de robinet. On peut se procurer séparément un tournant de rechange, mais celui-ci n'est nécessaire que si le tournant actuel est manifestement usé.

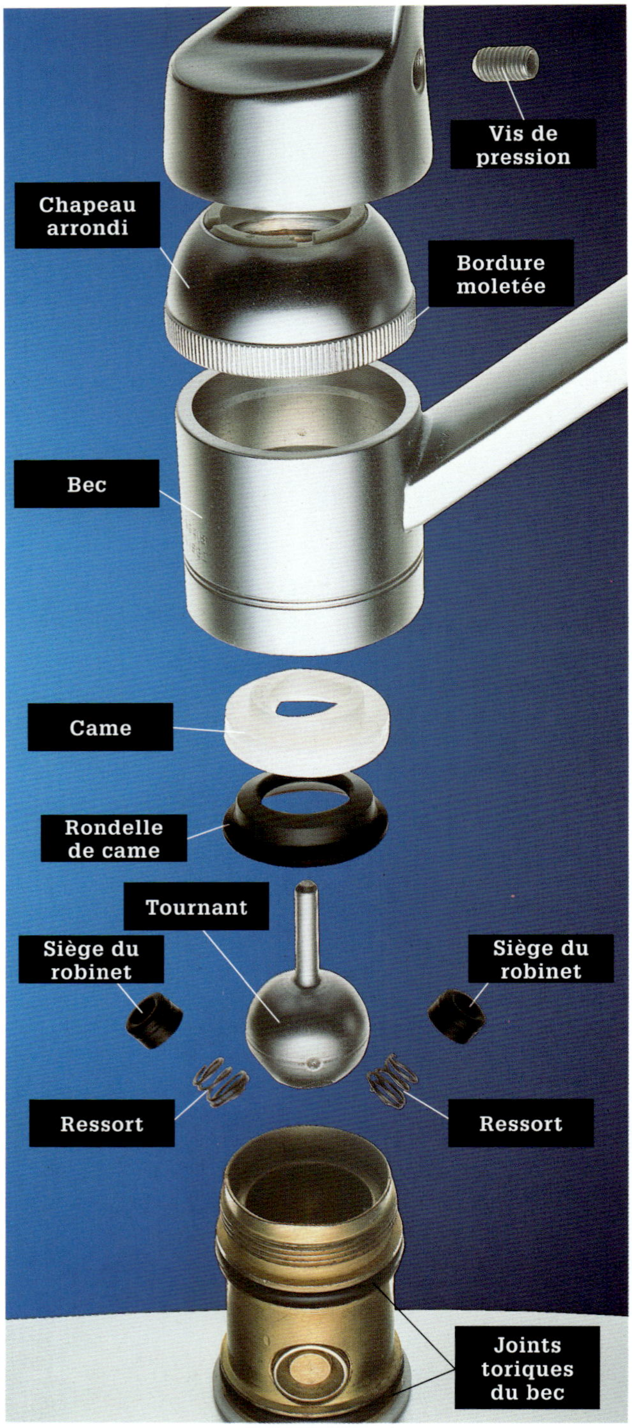

Le robinet à tournant sphérique contient une boule creuse qui commande la température et le débit d'eau. Une fuite au bec est généralement causée par des sièges ou des ressorts usés, ou par un tournant endommagé. Une fuite à la base du robinet est souvent due à l'usure des joints toriques.

Réparation d'un robinet à tournant sphérique

À l'aide d'une clé hexagonale, desserrez la vis de pression de la poignée. Retirez la poignée pour exposer le chapeau du robinet.

Retirez le chapeau avec une pince multiprise. Enroulez du ruban-cache autour des mâchoires de la pince pour ne pas égratigner le fini chromé.

Soulevez la came, la rondelle de came et le tournant. Vérifiez si le tournant ne serait pas usé.

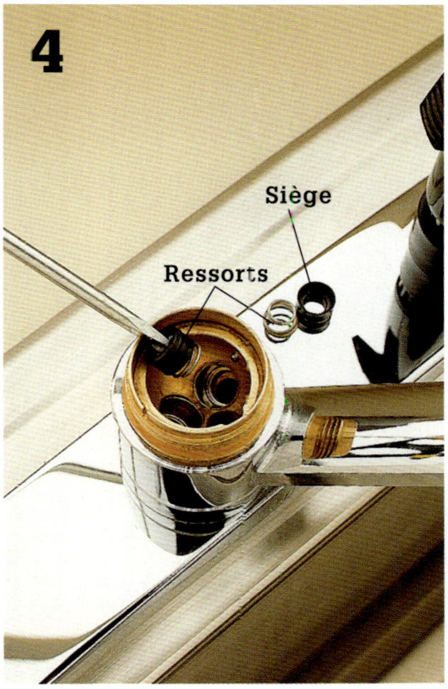

Plongez un tournevis dans le robinet pour en retirer les vieux ressorts et sièges de néoprène.

Enlevez le bec en le faisant tourner et en le tirant vers le haut. Coupez les vieux joints toriques; enduisez les nouveaux de graisse résistant à la chaleur et installez-les. Remettez le bec en place, en le poussant vers le bas jusqu'à ce que son col repose sur la bague de glissement en plastique. Installez les nouveaux ressorts et sièges.

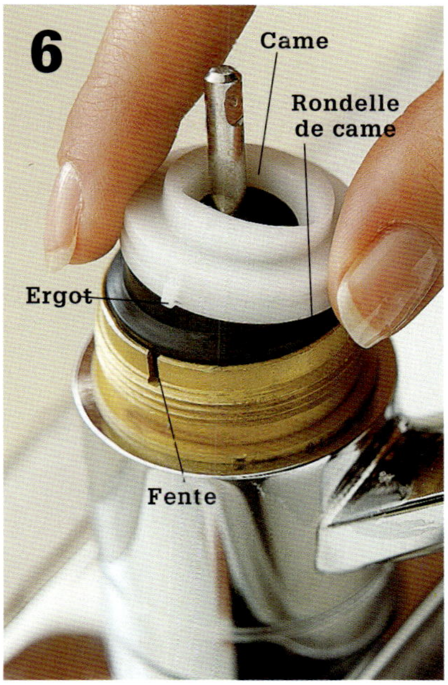

Insérez le tournant ainsi que la nouvelle came et sa rondelle. Faites entrer le petit ergot de la came dans la fente du corps du robinet. Revissez le chapeau du robinet et installez la manette.

Réparation d'un robinet à cartouche

On reconnaît un robinet à cartouche à l'étroite cartouche cylindrique de métal ou de plastique qu'il comporte. La plupart des robinets à manette sont de type à cartouche, même si certains robinets à deux volants le sont aussi.

Le remplacement de la cartouche, qui corrigera la plupart des fuites, est une réparation facile. Les cartouches se vendant en de nombreux styles, apportez l'ancienne au magasin pour en choisir une nouvelle.

Lorsque vous insérez la nouvelle cartouche, mettez-la dans la même position que l'ancienne. Si les commandes d'eau chaude et d'eau froide sont inversées, démontez de nouveau le robinet et faites tourner la cartouche sur 180°.

N'oubliez pas de couper l'eau avant d'entreprendre le travail.

Outils et matériel ▸

- Tournevis
- Pince multiprise
- Cartouche de rechange
- Couteau universel
- Joints toriques
- Graisse résistant à la chaleur

Les cartouches de rechange sont offertes en de nombreux styles. On peut en trouver pour les marques de robinets les plus populaires : Price Pfister, Moen, Kohler. Les joints toriques se vendent parfois séparément.

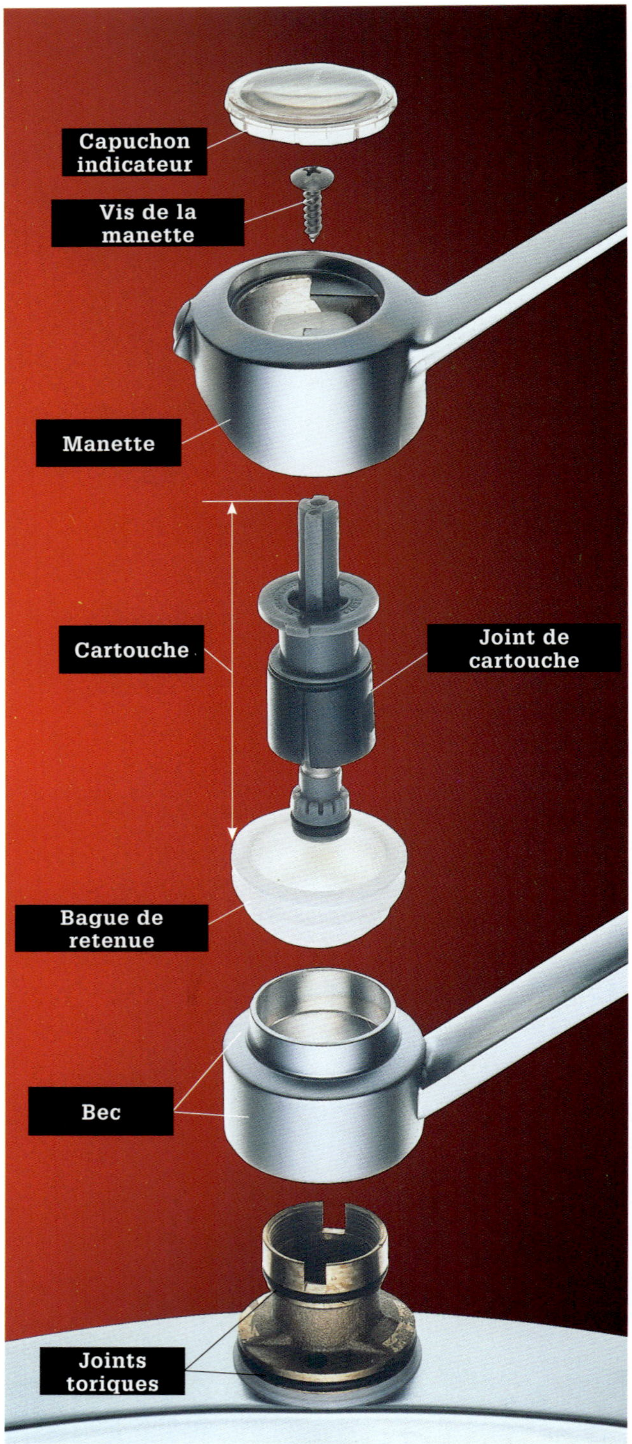

Le robinet à cartouche renferme une cartouche creuse qui se soulève et se tourne pour commander le débit et la température de l'eau. Une fuite au bec est due à l'usure des joints de la cartouche. Une fuite à la base du robinet est causée par l'usure des joints toriques.

Réparation d'un robinet à cartouche

Enlevez le capuchon indicateur et la vis qu'il cachait.

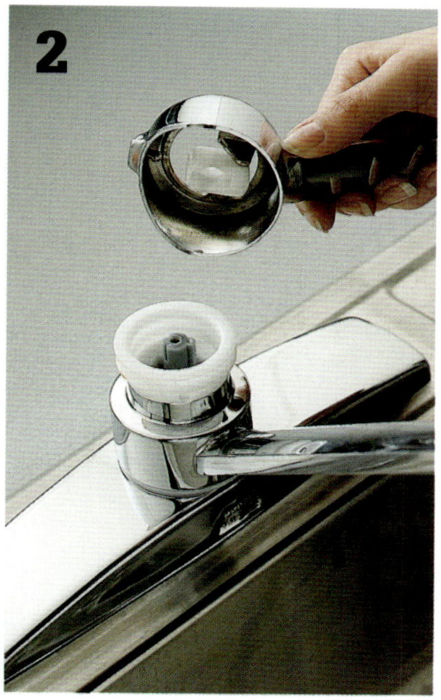

Enlevez la manette en la tirant vers le haut et en l'inclinant vers l'arrière.

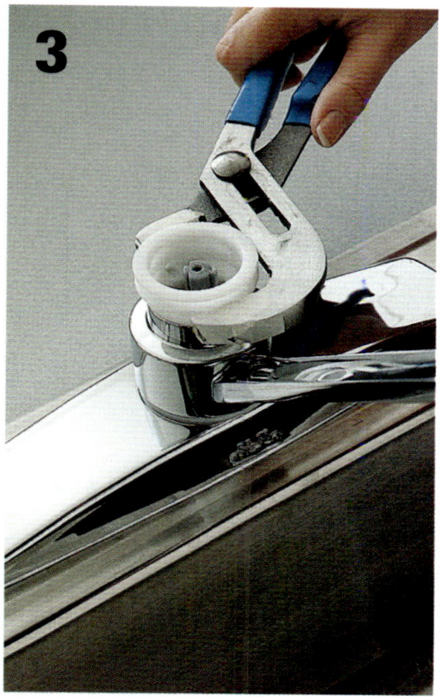

À l'aide d'une pince multiprise, retirez la bague de retenue filetée. Le cas échéant, enlevez aussi l'anneau d'arrêt retenant la cartouche en place.

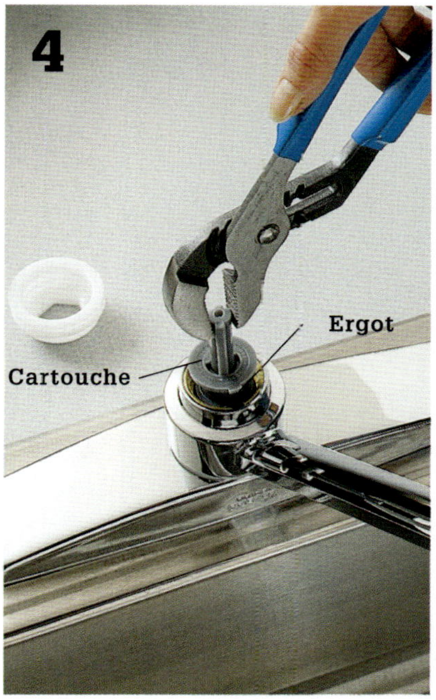

Saisissez le bout de la cartouche avec la pince multiprise, puis tirez-la vers le haut. Installez la nouvelle cartouche de manière que l'ergot soit orienté vers l'avant.

Enlevez le bec en le tirant vers le haut et en le faisant tourner. Coupez les vieux joints toriques avec un couteau universel. Enduisez les nouveaux de graisse résistant à la chaleur et installez-les.

Remettez le bec en place. Vissez la bague de retenue au corps du robinet et serrez-la avec la pince multiprise. Remettez en place la manette et sa vis, ainsi que le capuchon indicateur.

Réparation d'un robinet à compression

Le robinet à compression est muni de commandes séparées pour l'eau chaude et pour l'eau froide. Il comporte une tige filetée à l'intérieur du corps. Les types de tiges sont nombreux, mais toutes sont munies de rondelles ou de joints de néoprène servant à commander le passage de l'eau. Les fuites se produisent lorsque la rondelle de tige et le siège sont usés.

Sur les vieux robinets à compression, les volants sont souvent rouillés et difficiles à enlever. Pour faciliter l'enlèvement de ces volants, il faut louer dans un centre de location un outil spécial, appelé « arrache-volant ».

Lorsque vous remplacez une rondelle, inspectez avec le doigt le siège métallique à l'intérieur du corps du robinet. S'il vous semble rugueux, il faut le remplacer ou le roder.

N'oubliez pas de couper l'eau avant d'entreprendre le travail.

Outils et matériel ▸

- Tournevis
- Arrache-volant (si nécessaire)
- Pince multiprise
- Couteau universel
- Clé à siège ou rodoir (si nécessaire)
- Trousse universelle de rondelles
- Cordon d'étanchéité
- Graisse résistant à la chaleur
- Sièges de rechange (si nécessaire)

La trousse universelle de rondelles contient toutes les pièces nécessaires à la réparation de la plupart des robinets à compression. Choisissez une trousse offrant une variété de rondelles en néoprène, de joints toriques, de rondelles d'étanchéité et de vis en laiton.

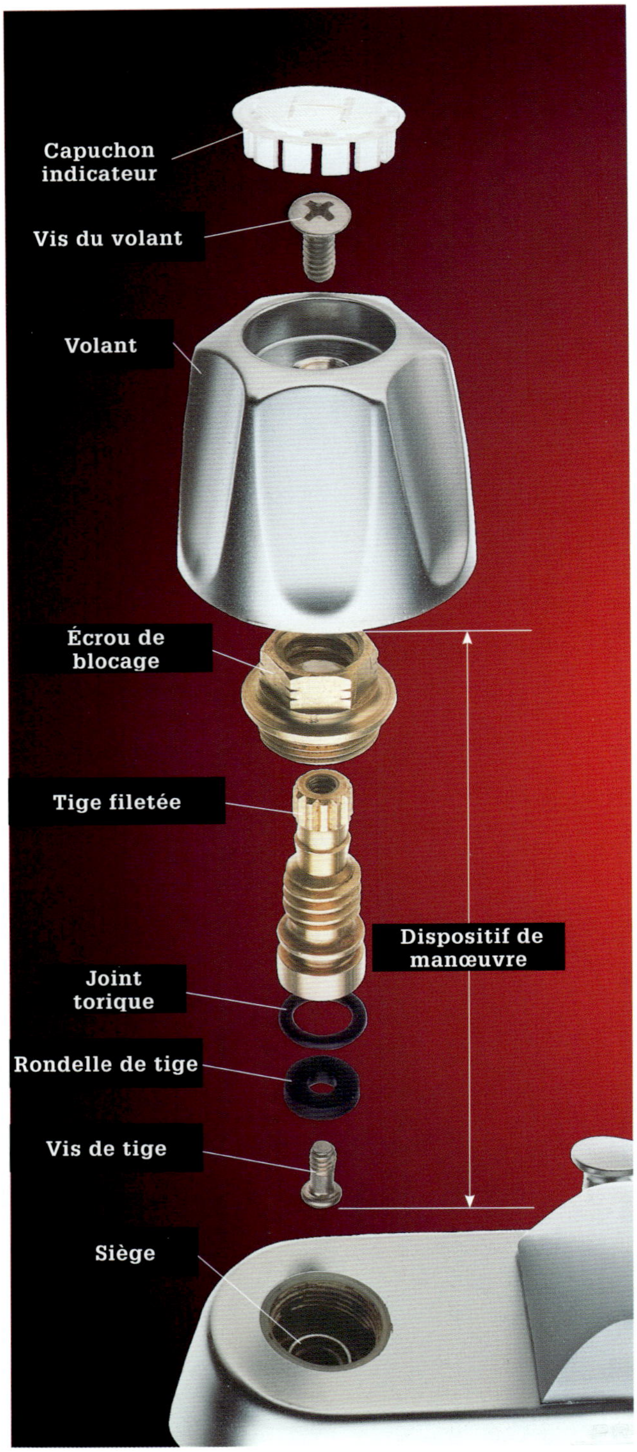

Le robinet à compression comporte un dispositif de manœuvre composé d'un écrou de blocage, d'une tige filetée, d'un joint torique, d'une rondelle de tige et d'une vis de tige. Une fuite au bec est généralement causée par l'usure de la rondelle, tandis qu'une fuite autour du volant l'est par l'usure du joint torique.

Conseils sur la réparation d'un robinet à compression ▸

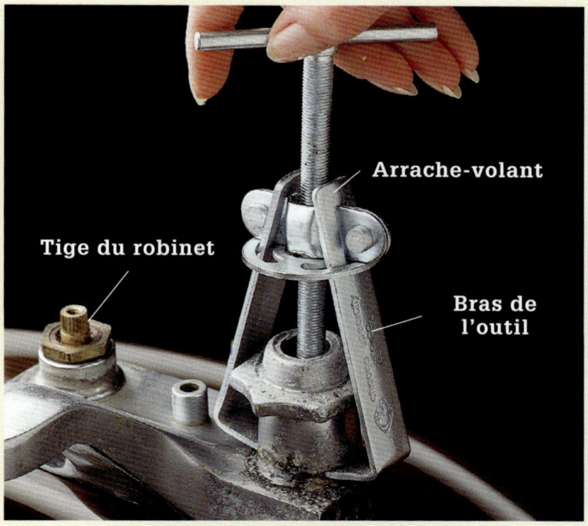

Retirez les volants coincés à l'aide d'un arrache-volant. Ôtez le capuchon indicateur et retirez la vis du volant. Placez les bras de l'outil sous le volant et vissez l'outil dans la tige du robinet jusqu'à ce que le volant soit libéré.

Un cordon d'étanchéité remplace le joint torique dans certains robinets à compression. Pour corriger une fuite autour du volant, enroulez un nouveau cordon autour de la tige, juste au-dessous de l'écrou de presse-garniture ou de blocage.

Types courants de robinets à compression

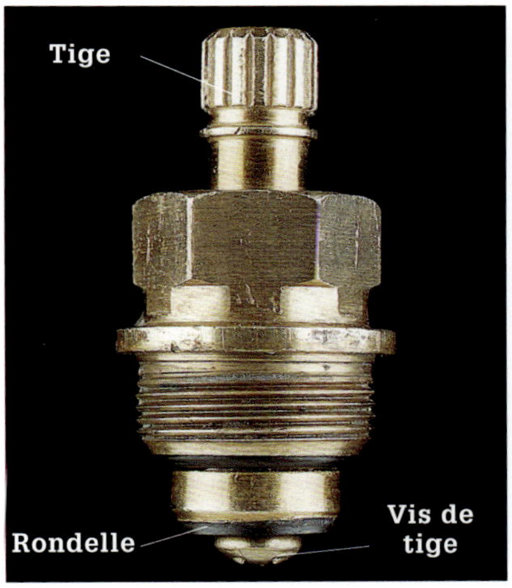

Tige standard : une vis de tige en laiton retient une rondelle de néoprène plate ou biseautée sur le bout de la tige filetée. Si la vis de tige est usée, remplacez-la.

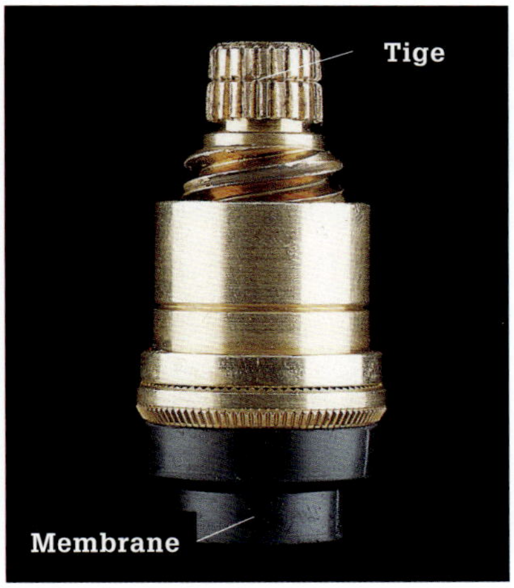

Tige *tophat* : une membrane enclenchable en néoprène remplace la rondelle standard. Corrigez une fuite en changeant la membrane.

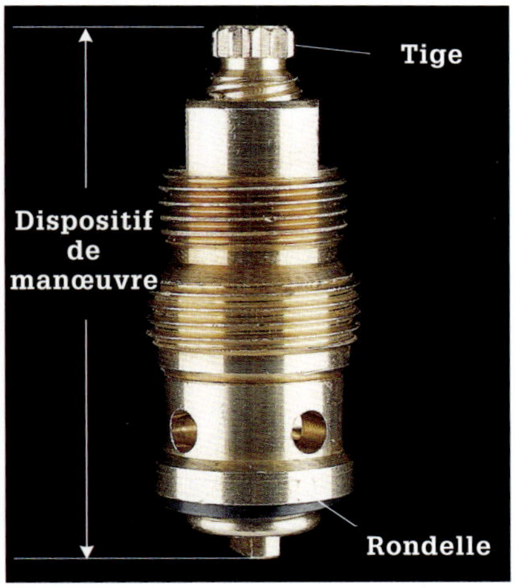

Tige à pression inversée : une rondelle biseautée est installée sur l'extrémité de la tige. Pour remplacer la rondelle, dévissez la tige du dispositif. Certaines tiges sont munies d'un petit écrou qui retient la rondelle.

Réparation d'un robinet à compression

Ôtez le capuchon indicateur et la vis du volant. Enlevez le volant en le tirant vers le haut. Au besoin, servez-vous d'un arrache-volant (page 329).

Avec une pince multiprise, dévissez le dispositif de tige du corps. Inspectez le siège pour en vérifier l'usure ; remplacez-le ou rodez-le, si nécessaire (page ci-contre). Si le corps du robinet ou la tige sont très usés, remplacez tout le robinet.

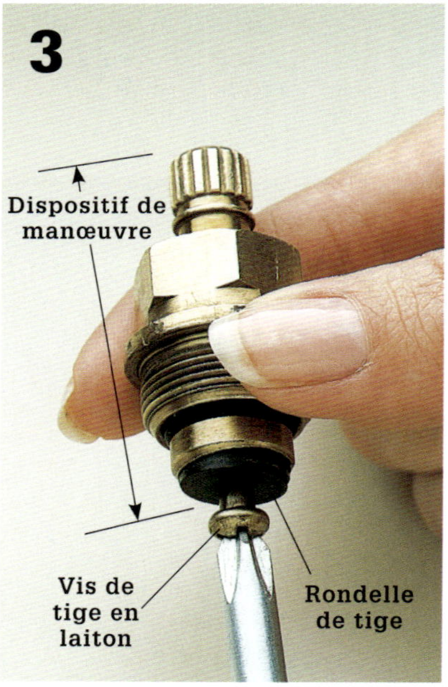

Retirez la vis en laiton de la tige. Retirez la rondelle de tige usée.

Dévissez l'écrou de blocage de la tige filetée.

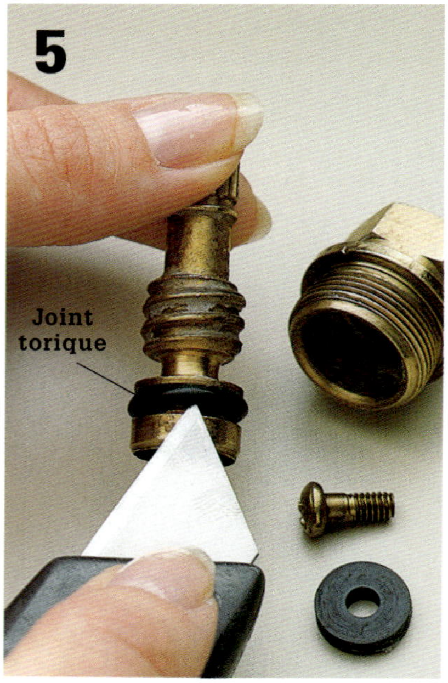

Coupez l'ancien joint torique et remplacez-le par un nouveau, parfaitement identique. Installez une nouvelle rondelle et une nouvelle vis de tige. Enduisez toutes les pièces de graisse résistant à la chaleur. Remontez le robinet.

Remplacement du siège d'un robinet à compression

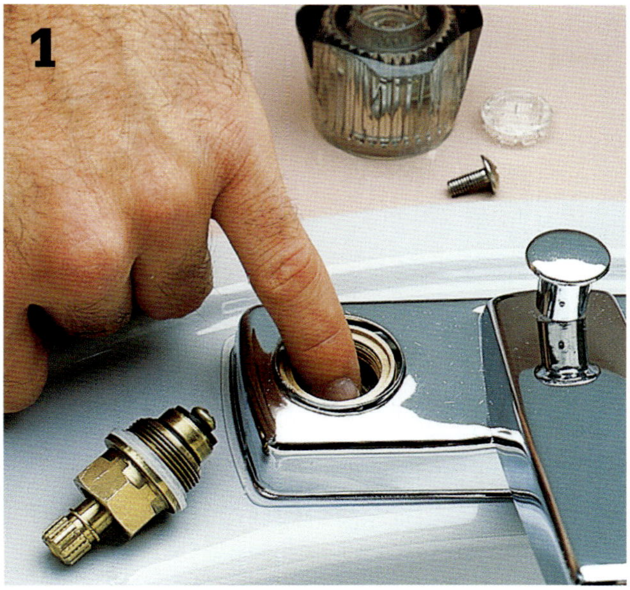

Vérifiez l'état du siège en passant le doigt sur le pourtour. Si le siège vous paraît rugueux, remplacez-le ou rodez-le avec un rodoir (ci-dessous).

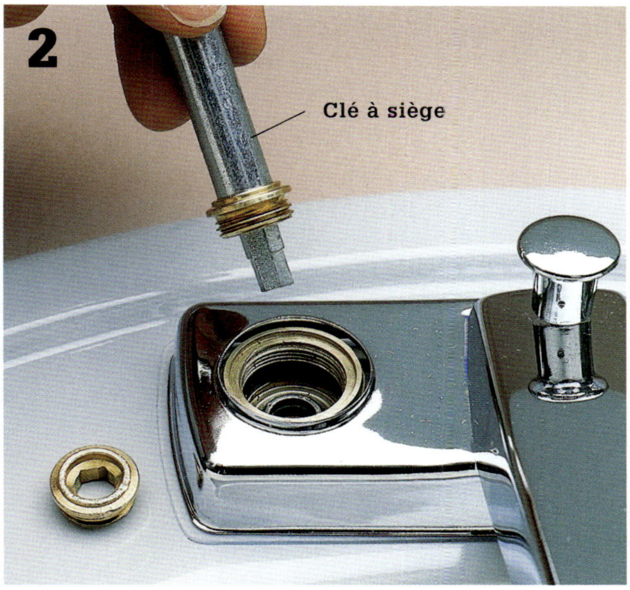

Retirez le siège à l'aide d'une clé à siège. Choisissez l'extrémité de la clé qui s'adapte au siège et insérez-la dans le robinet. Faites tourner la clé dans le sens inverse de celui des aiguilles d'une montre pour enlever le siège et remplacez celui-ci par un siège identique. Si le siège ne peut être enlevé, rodez-le à l'aide d'un rodoir (ci-dessous).

Rodage du siège d'un robinet à compression

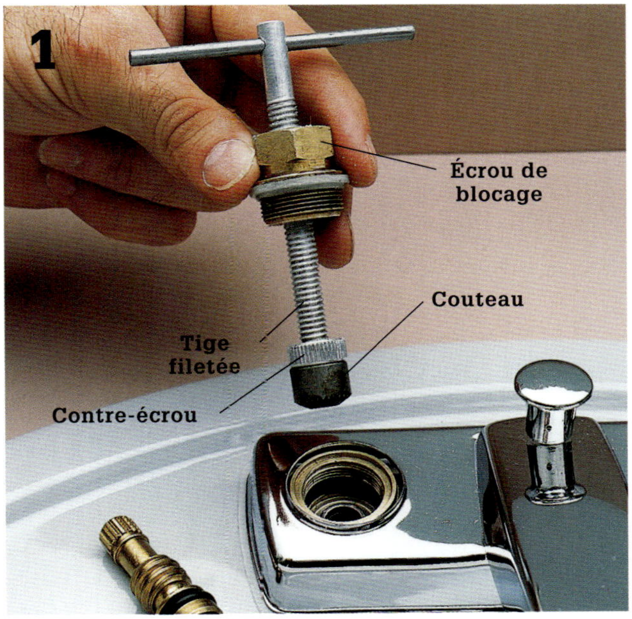

Choisissez un couteau adapté au diamètre intérieur de l'écrou de blocage. Faites glisser cet écrou sur la tige filetée du rodoir, puis attachez à la tige le contre-écrou et le couteau.

Vissez lâchement l'écrou de blocage dans le corps du robinet. Poussez légèrement sur le rodoir et faites-en tourner la poignée sur deux ou trois tours, dans le sens des aiguilles d'une montre. Remontez le robinet.

Réparation d'un robinet à disque

Le robinet à disque n'est muni que d'une seule manette, et son corps comporte une large cartouche contenant deux disques de céramique bien enclavés, lesquels commandent le passage de l'eau.

Le robinet à disque est un appareil de haute qualité facile à réparer. On peut réparer la plupart des fuites en soulevant la cartouche et en en nettoyant les orifices ainsi que les joints. Ne remplacez la cartouche que si le robinet continue de fuir après le nettoyage.

La réparation terminée, placez la manette du robinet à la position ON, puis ouvrez très lentement les robinets d'arrêt, de crainte qu'une brusque poussée d'air dans le robinet fasse craquer les disques de céramique. Lorsque l'eau s'écoule de manière continue, refermez le robinet à disque.

N'oubliez pas de couper l'eau avant d'entreprendre le travail.

Outils et matériel ▸

- Tournevis
- Tampon à récurer en fibre
- Cartouche de rechange (au besoin)

Une cartouche de rechange n'est requise que dans le cas où le robinet continue de fuir après le nettoyage. Une fuite continue est causée par un disque de céramique fissuré ou rayé. Les vis de montage et les joints de néoprène sont fournis avec la cartouche de rechange.

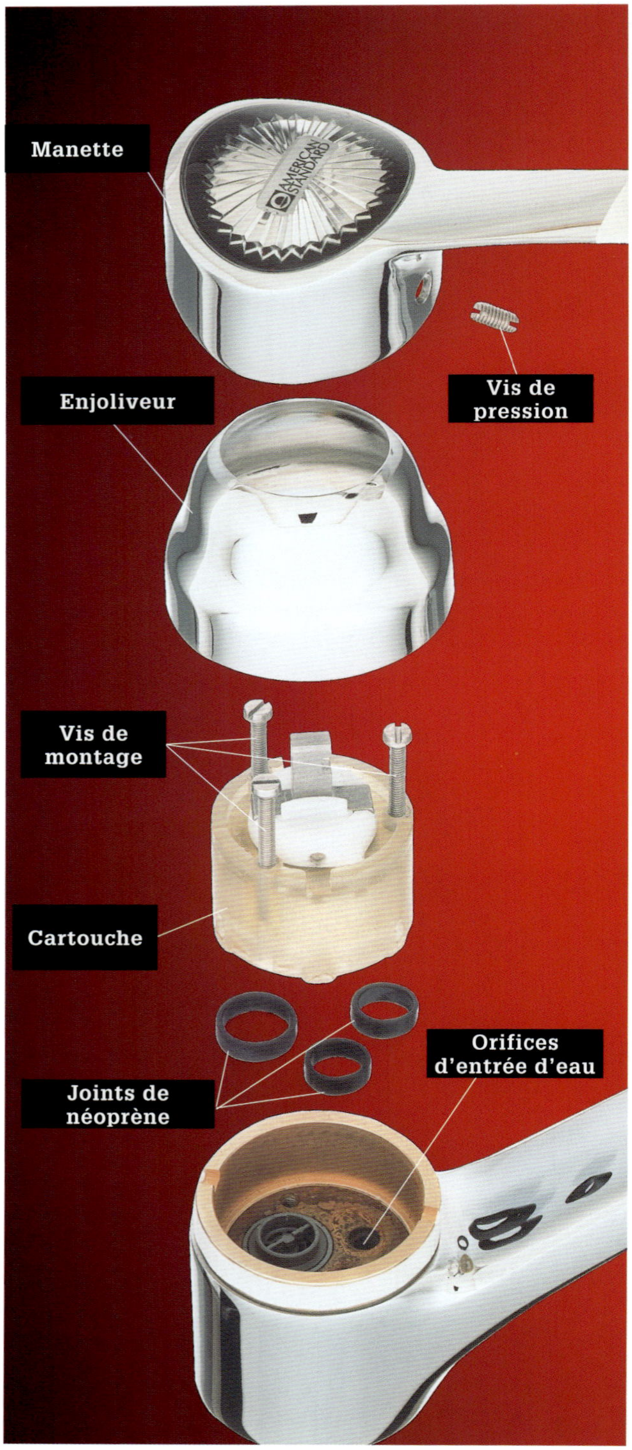

Le robinet à disque est muni d'une cartouche scellée contenant deux disques de céramique bien enclavés. La manette du robinet commande le passage de l'eau en alignant les disques. Une fuite au niveau du bec se produit lorsque les joints de néoprène ou les ouvertures de la cartouche sont encrassés.

Réparation d'un robinet à disque

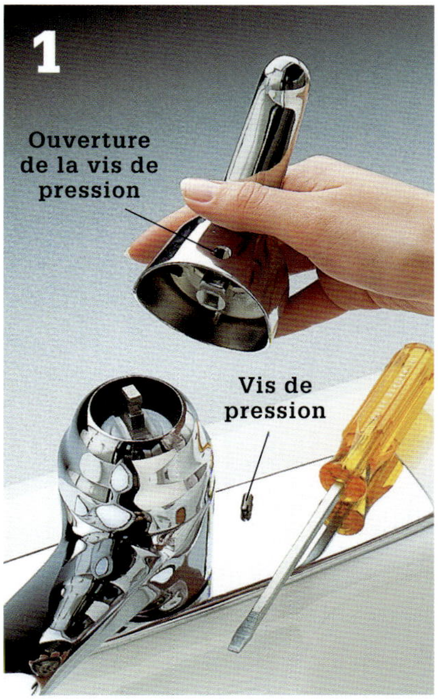

Poussez de côté le bec du robinet, puis levez la manette. Ôtez la vis de pression, puis enlevez la manette.

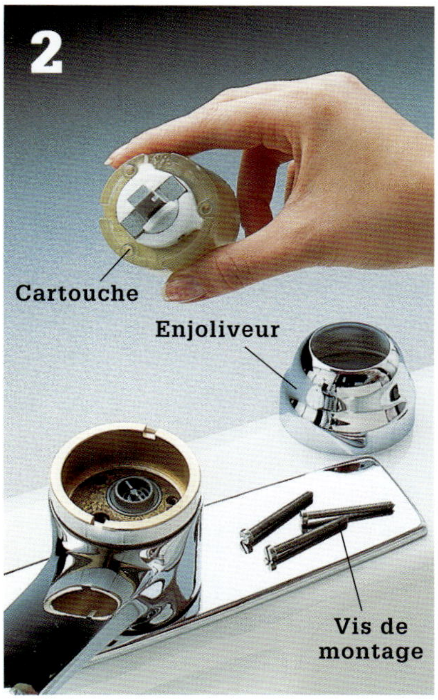

Enlevez l'enjoliveur. Ôtez les vis de montage de la cartouche et retirez-la.

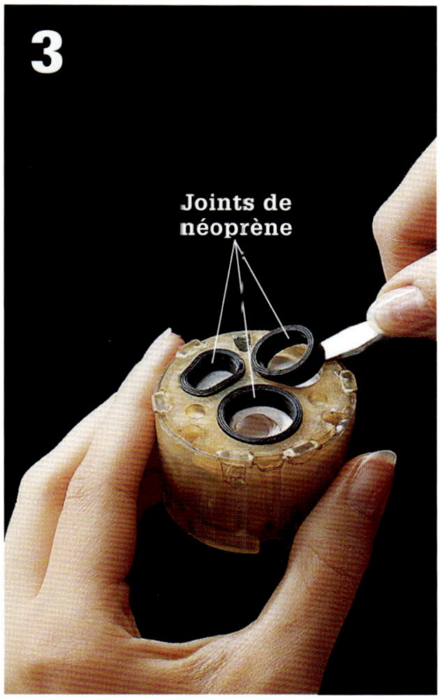

Enlevez les joints de néoprène insérés dans les orifices de la cartouche.

Nettoyez les orifices de la cartouche ainsi que les joints de néoprène avec un tampon à récurer. Rincez la cartouche à l'eau claire.

Remettez les joints dans les orifices de la cartouche et remontez le robinet. Placez la manette du robinet à la position ON, puis ouvrez lentement les robinets d'arrêt. Lorsque l'eau s'écoule normalement, refermez le robinet à disque.

Ne remplacez la cartouche que si le robinet continue à fuir après le nettoyage.

Remplacement d'un robinet d'évier

L'installation d'un nouveau robinet est simple et prend environ une heure. Avant d'acheter le nouveau robinet, mesurez le diamètre des ouvertures de l'évier ainsi que la distance séparant les abouts (de centre à centre). Assurez-vous que les abouts du nouveau robinet s'adaptent aux ouvertures de l'évier.

Choisissez un robinet provenant d'un fabricant réputé : les pièces de rechange seront plus faciles à trouver lorsque vous en aurez besoin. Les meilleurs robinets ont un corps en laiton massif. Ils sont faciles à installer et fonctionnent parfaitement durant des années. Certains modèles sans rondelles sont même garantis à vie.

Lorsque vous remplacez un robinet, remplacez également les tuyaux d'alimentation : ne réutilisez pas les anciens. La plupart des codes autorisent l'utilisation de tubes de plastique PB pour les tuyaux d'alimentation visibles sous un évier. Si les tuyaux d'alimentation ne sont pas munis de robinets d'arrêt, vous pouvez en installer en même temps que vous remplacerez le robinet.

N'oubliez pas de couper l'eau avant d'entreprendre le travail.

Outils et matériel ▸

- Clé pour lavabo ou pince multiprise
- Couteau à mastiquer
- Pistolet à calfeutrer
- Clés à molette
- Huile de dégrippage
- Scellant à la silicone ou mastic adhésif
- Robinet de rechange
- Deux tuyaux d'alimentation souples

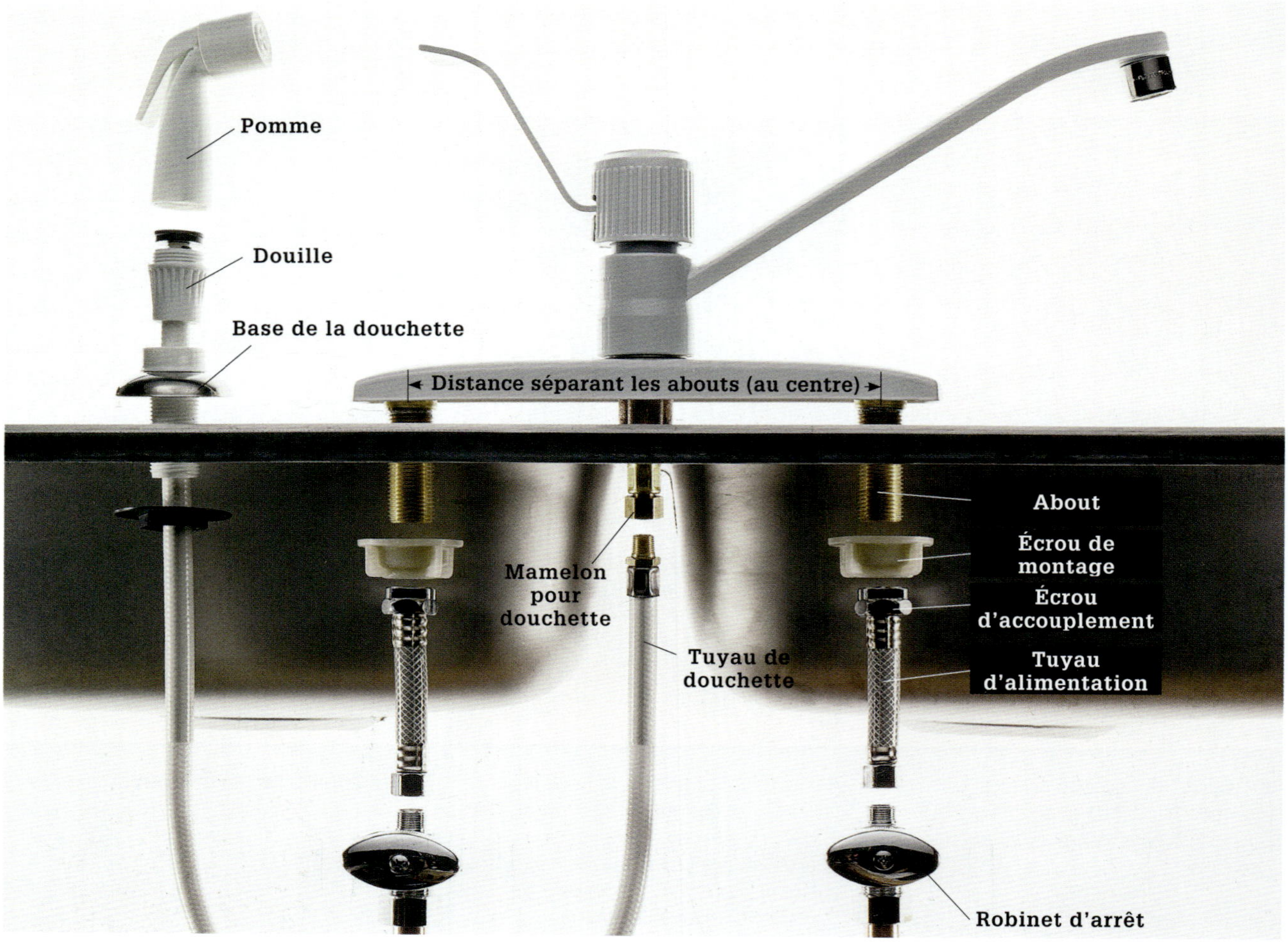

Enlèvement du vieux robinet d'évier

Vaporisez de l'huile de dégrippage sur les écrous d'accouplement et de montage des abouts. Enlevez ces écrous à l'aide d'une clé pour lavabo ou d'une pince multiprise.

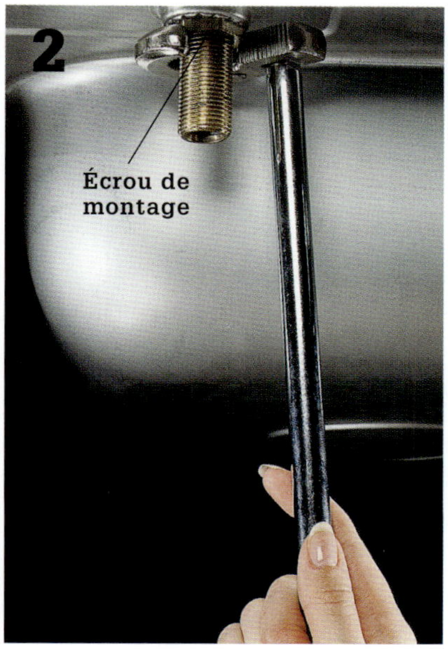

Enlevez les écrous de montage des abouts à l'aide d'une clé pour lavabo ou d'une pince multiprise. La clé pour lavabo est munie d'un long manche qui facilite le travail dans les endroits difficiles d'accès.

Retirez le robinet. À l'aide d'un couteau à mastiquer, enlevez le vieux mastic sur la surface de l'évier.

Variantes de raccordement des robinets

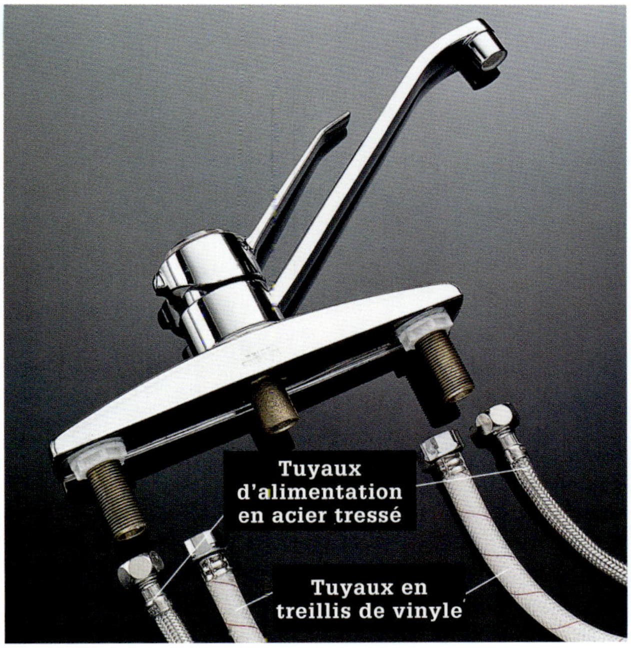

Nouveau robinet sans tuyaux d'alimentation : Achetez deux tuyaux d'alimentation. Ils sont offerts en acier tressé ou en treillis de vinyle (ci-dessus), en plastique PB (acceptés par la plupart des codes pour les tuyaux d'alimentation exposés) ou en cuivre chromé.

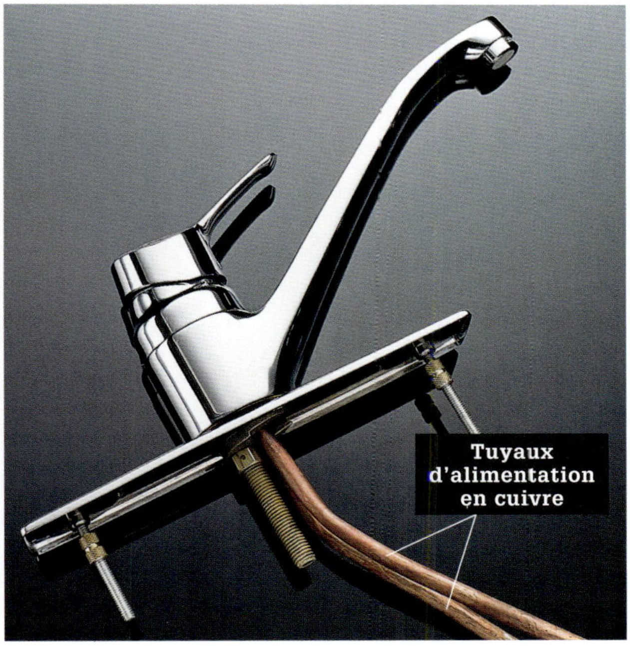

Nouveau robinet muni de tuyaux d'alimentation en cuivre : Branchez le robinet en attachant les tuyaux d'alimentation aux robinets d'arrêt, à l'aide de raccords à compression.

Installation d'un nouveau robinet d'évier

Appliquez un cordon de ¼ po de scellant à la silicone ou de mastic adhésif sur le pourtour de la base du robinet. Insérez les abouts du robinet dans les ouvertures de l'évier. Placez le robinet de manière que sa base soit parallèle à l'arrière de l'évier ; appuyez sur le robinet pour que le scellant soit bien étanche.

Vissez les rondelles métalliques de friction et les écrous de montage sur les abouts ; serrez-les avec une clé pour lavabo ou une pince multiprise. Essuyez l'excédent de mastic autour de la base du robinet.

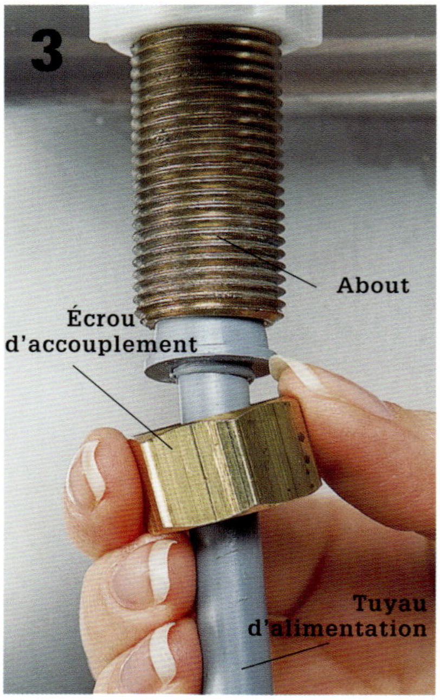

Raccordez les tuyaux d'alimentation souples aux abouts du robinet. Serrez les écrous d'accouplement avec une clé pour lavabo ou une pince multiprise.

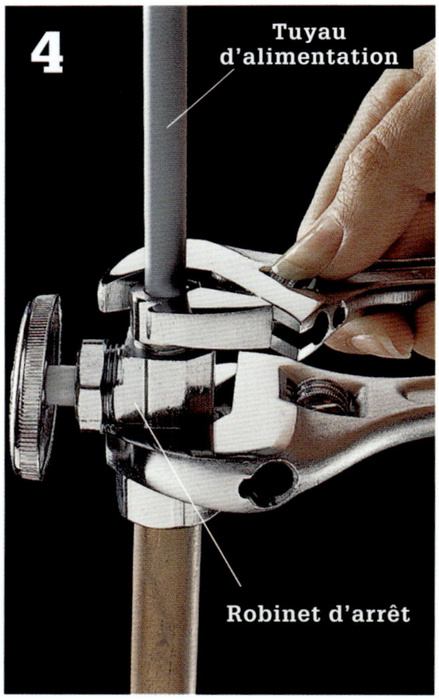

Joignez les tuyaux d'alimentation aux robinets d'arrêt en utilisant des raccords à compression (pages 300-301). Serrez les écrous à la main, puis resserrez-les d'un quart de tour à l'aide d'une clé à molette. Au besoin, retenez le robinet avec une autre clé durant le serrage.

Raccordement d'un robinet déjà muni de tuyaux d'alimentation

Attachez le robinet à l'évier en installant sur l'about fileté le joint de caoutchouc, la bague de retenue et le contre-écrou. Serrez le contre-écrou à l'aide d'une clé pour lavabo ou d'une pince multiprise. Certains robinets centraux sont munis d'une plaque décorative, que l'on fixe par-dessous en installant les rondelles et les contre-écrous sur les boulons de la plaque.

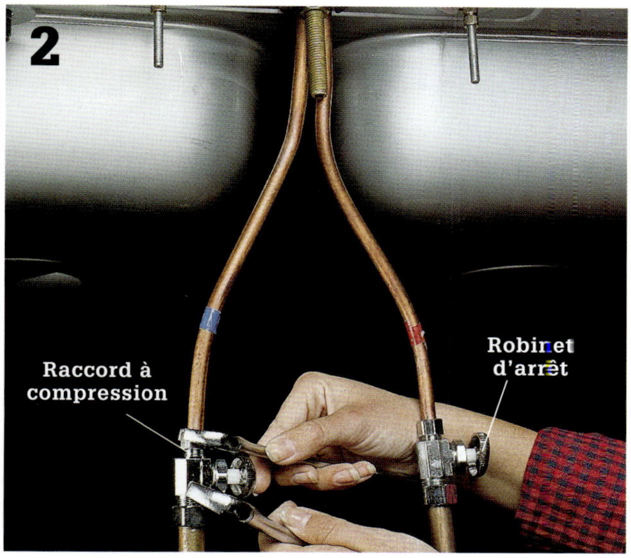

Avec des raccords à compression (pages 300-301), joignez aux robinets d'arrêt les tuyaux d'alimentation déjà montés. Raccordez le tuyau à bande rouge au tuyau d'eau chaude, et celui à bande bleue au tuyau d'eau froide.

Installation d'une douchette

Appliquez un cordon de ¼ po de scellant à la silicone ou de mastic adhésif sous le pourtour de la base de la douchette. Insérez l'about de la base dans l'ouverture de l'évier.

Placez une rondelle de friction sur l'about. Vissez l'écrou de montage sur l'about et serrez-le à l'aide d'une clé pour lavabo ou d'une pince multiprise. Essuyez l'excédent de mastic.

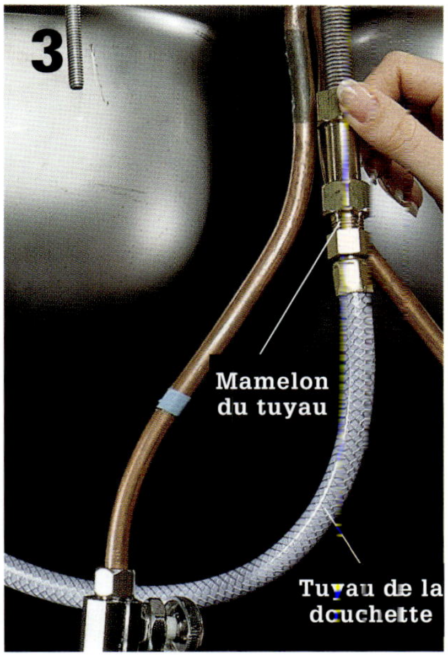

Vissez le tuyau de la douchette sur le mamelon situé sur la partie inférieure du robinet. Serrez-le d'un quart de tour avec une clé pour lavabo ou une pince multiprise.

Installation de robinets d'arrêt et de tuyaux d'alimentation

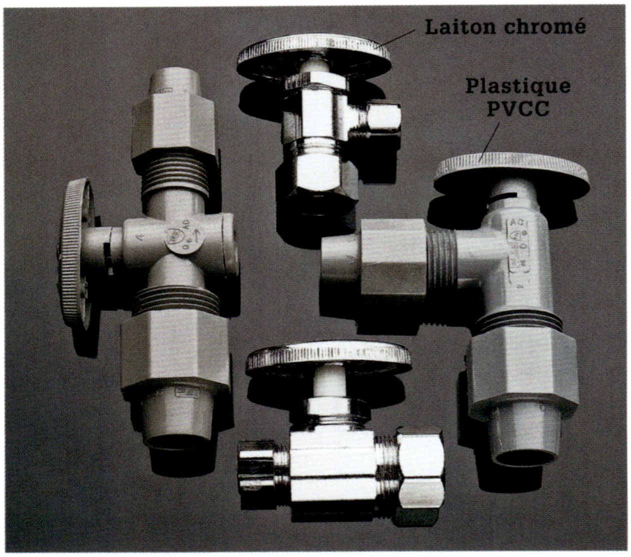

Le robinet d'arrêt permet de couper l'alimentation en eau d'un appareil qui doit être réparé. Fait de laiton chromé durable ou de plastique léger, il est offert en diamètres de ½ po et de ¾ po pour qu'on puisse l'adapter aux tuyaux d'alimentation courants.

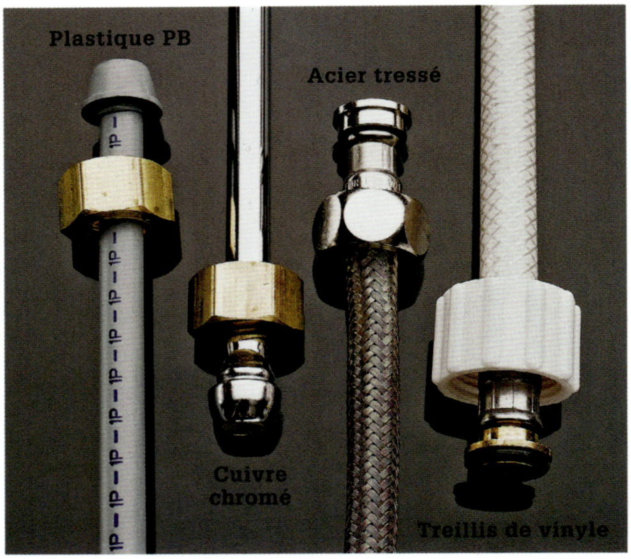

Les tuyaux d'alimentation raccordent les tuyaux d'eau aux robinets, toilettes et autres appareils. Ils sont offerts en diverses longueurs : 12 po, 20 po et 30 po. Les tuyaux de plastique PB et de cuivre chromé sont peu coûteux. Ceux d'acier tressé et de treillis de vinyle sont faciles à installer.

L'usure du robinet d'arrêt ou du tuyau d'alimentation peut provoquer des fuites sous les éviers et autres appareils. En cas de fuite, essayez d'abord de resserrer les raccords à l'aide d'une clé à molette. Si cela se révèle vain, remplacez le robinet d'arrêt et le tuyau d'alimentation.

Il existe plusieurs types de raccords de robinets d'arrêt. Dans le cas des tuyaux de cuivre, le robinet muni d'un raccord à compression est le plus facile à installer. Dans le cas des tuyaux de plastique, choisissez un robinet à raccord express. Pour les tuyaux de fer galvanisé, utilisez le robinet à filet femelle.

Les anciennes plomberies ont souvent été réalisées sans robinets d'arrêt. Lorsque vous remplacez ou réparez des appareils sanitaires, profitez-en pour en installer là où il n'y en a pas.

Outils et matériel ▸

- Scie à métaux
- Coupe-tuyau
- Clé à molette
- Ressort à cintrer
- Crayon-feutre
- Robinets d'arrêt
- Tuyaux d'alimentation
- Pâte à joints

Installation de robinets d'arrêt et de tuyaux d'alimentation

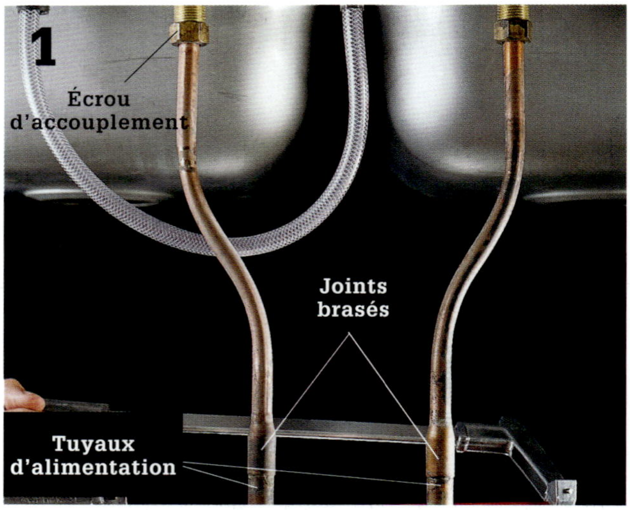

Coupez l'eau au robinet d'arrêt principal. Enlevez les vieux tuyaux d'alimentation. S'il s'agit de tuyaux de cuivre brasés, coupez-les juste en dessous du joint à l'aide d'une scie à métaux ou d'un coupe-tuyau. Veillez à ce que la coupe soit bien droite. Dévissez les écrous d'accouplement et jetez les vieux tuyaux.

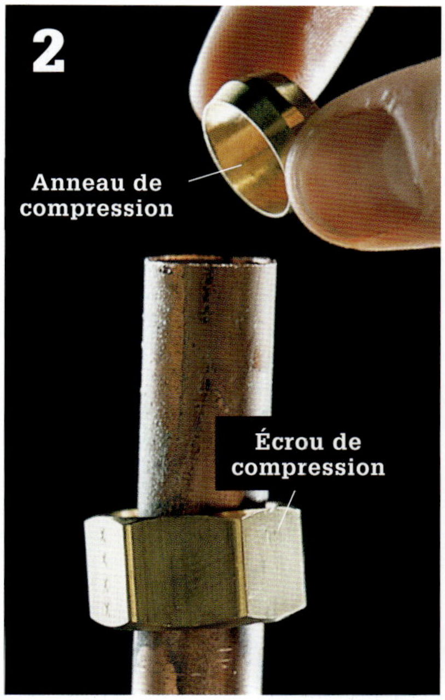

Glissez un écrou et un anneau de compression sur le tuyau de cuivre, le filet de l'écrou étant orienté vers le bout du tuyau.

Appliquez une couche de pâte à joints sur les filets du robinet d'arrêt ou sur l'anneau de compression. Vissez l'écrou de compression au robinet et serrez-le à l'aide d'une clé à molette.

À l'aide d'un ressort à cintrer, courbez un tuyau d'alimentation en cuivre chromé de manière qu'il relie l'about de l'appareil au robinet d'arrêt. Courbez-le lentement pour que le métal ne plie pas.

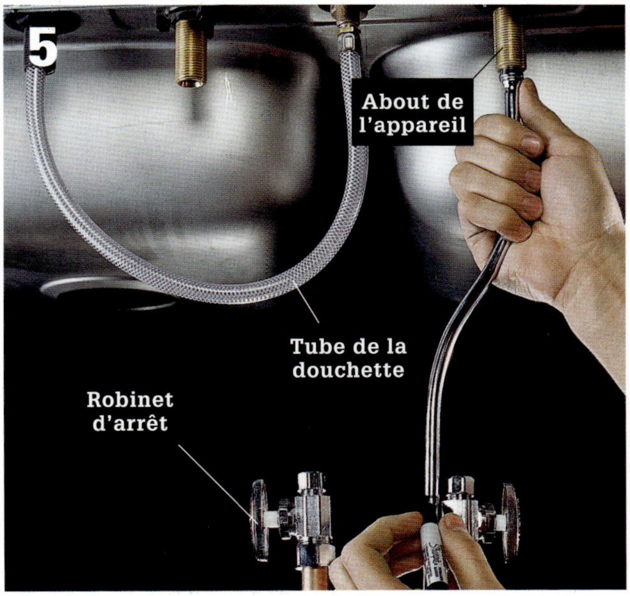

Placez le tuyau entre l'about de l'appareil et le robinet d'arrêt; tracez sur le tuyau une ligne indiquant où vous devrez le couper. Coupez-le à l'aide d'un coupe-tuyau.

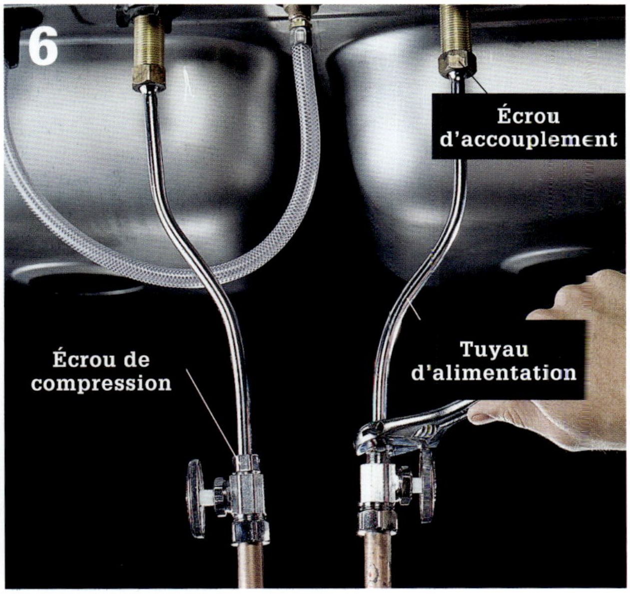

À l'aide d'un écrou d'accouplement, raccordez à l'about de l'appareil le bout évasé du tuyau; raccordez-en le bout uni au robinet d'arrêt avec un écrou et un anneau de compression (pages 300-301). Serrez tous les raccords avec une clé à molette.

Réparation des douchettes et des brise-jet aérateurs

Si la pression d'eau de la douchette vous paraît faible, ou si la poignée de celle-ci fuit, c'est généralement qu'un dépôt calcaire ou des sédiments obstruent les petites ouvertures de la pomme. Démontez la pomme et nettoyez-en les pièces. Si ce nettoyage ne règle pas le problème, il se peut que l'inverseur situé dans le corps du robinet soit défectueux. L'inverseur sert à diriger l'eau vers le bec du robinet ou vers la douchette, selon que vous appuyez ou non sur le bouton de celle-ci. Le nettoyage ou le remplacement de l'inverseur peut régler les problèmes de pression d'eau.

Lorsque vous réparez une douchette, vérifiez si le tuyau n'en serait pas plié ou fendillé ; remplacez-le s'il est endommagé.

Si la pression d'eau du bec du robinet vous semble faible ou si l'écoulement n'est que partiel, démontez le brise-jet aérateur et nettoyez-en les éléments. Le brise-jet aérateur est la petite pièce vissée au bec contenant un filtre métallique qui mélange de minuscules bulles d'air à l'eau. Vérifiez si le filtre ne serait pas obstrué par un dépôt calcaire ou par des sédiments. Si la pression est faible dans toute la maison, il se peut que les tuyaux de fer galvanisé soient corrodés. Remplacez-les par des tuyaux de cuivre.

Outils et matériel ▸

Tournevis
Pince multiprise
Pince à bec effilé
Petite brosse
Vinaigre
Trousse universelle de rondelles
Graisse résistant à la chaleur
Tuyau de douchette de rechange

Nettoyez le brise-jet aérateur et la douchette pour régler la plupart des problèmes de pression d'eau. Démontez le brise-jet ou la pomme de douchette ; servez-vous d'une petite brosse trempée dans du vinaigre pour enlever les sédiments.

Réparation de l'inverseur

Coupez l'eau. Retirez la manette et le bec du robinet (selon les instructions correspondant au type de robinet, pages 322-333).

Sortez l'inverseur du corps du robinet à l'aide d'une pince à bec effilé. Éliminez les dépôts calcaires et la saleté de l'inverseur avec une petite brosse trempée dans du vinaigre.

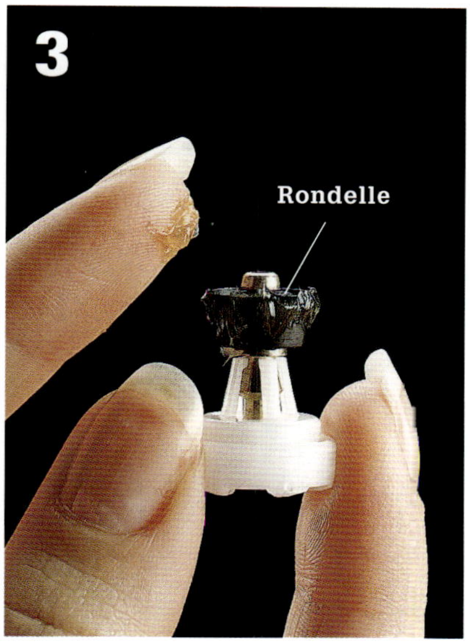

Si possible, remplacez les rondelles ou les joints toriques usés. Enduisez les nouvelles pièces de graisse résistant à la chaleur. Réinstallez l'inverseur et remontez le robinet.

Remplacement d'une douchette

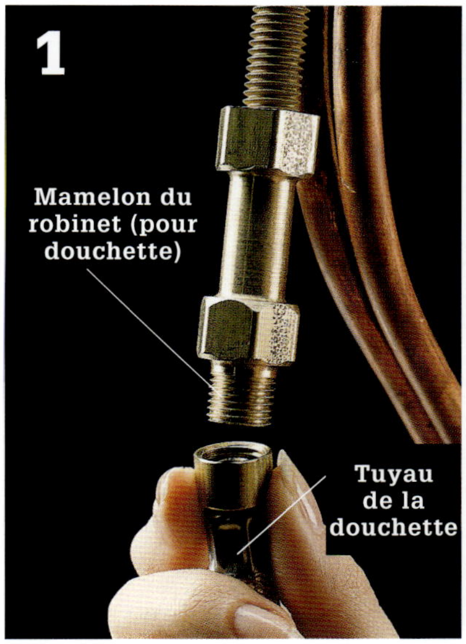

Coupez l'eau. À l'aide d'une pince multiprise, dévissez le tuyau de la douchette du mamelon du robinet. Tirez le tuyau par l'ouverture de l'évier.

Dévissez la pomme de la douille. Retirez la rondelle.

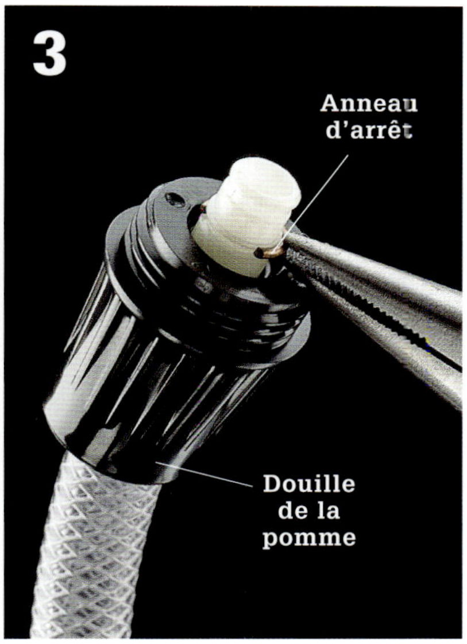

À l'aide d'une pince à bec effilé, retirez l'anneau d'arrêt et jetez le vieux tuyau. Au nouveau tuyau, attachez la douille, l'anneau de retenue, la rondelle et la pomme. Attachez le tuyau de la douchette au mamelon du robinet destiné à cette fin.

Plomberie d'une baignoire douche

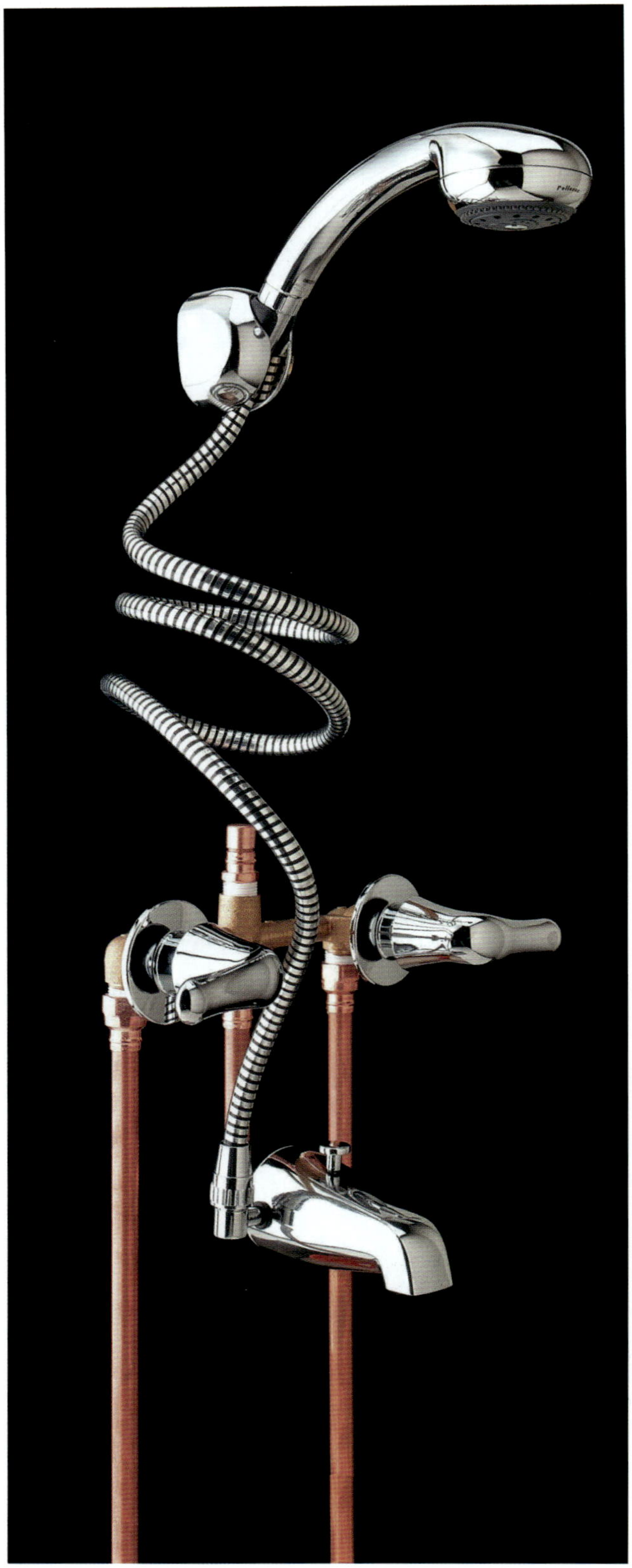

Les robinets des baignoires et douches se présentent dans les quatre mêmes styles de base que ceux des éviers ; les techniques de réparation des fuites sont identiques à celles décrites aux pages 322-333. Pour reconnaître le type du robinet défectueux, vous devrez peut-être en enlever le volant et le démonter.

Dans le cas d'une baignoire douche, la pomme de douche et le bec de la baignoire sont alimentés par les mêmes tuyaux d'eau chaude et d'eau froide et commandés par les mêmes robinets. L'installation combinée peut comporter trois robinets (ci-dessous), deux robinets ou un seul robinet (page ci-contre). Ce nombre vous renseigne sur le type de robinet dont il s'agit et sur les réparations qui peuvent être nécessaires.

Robinets de baignoire douche

L'installation à trois robinets (pages 344-345) comporte des robinets à compression ou à cartouche.

Dans une baignoire douche, un robinet inverseur ou un inverseur à opercule peut servir à diriger l'eau vers le bec de baignoire ou la pomme de douche. Dans les baignoires douches à trois robinets, celui du milieu commande un inverseur. Si l'écoulement de l'eau ne passe pas facilement du bec à la pomme, ou si l'eau continue à couler par le bec lorsqu'elle devrait sortir par la pomme de douche, c'est probablement que l'inverseur doit être nettoyé ou réparé (page 345).

Dans les baignoires douches à un et à deux robinets, un inverseur à opercule est commandé par un levier ou par un bouton situé sur le bec du robinet. Cet inverseur nécessite rarement des réparations, bien que le levier puisse parfois se briser, devenir lâche ou refuser de rester levé. S'il faut réparer l'inverseur à opercule d'un bec de baignoire, remplacez le bec entier (page 347).

Pour enlever d'une baignoire douche les robinets et inverseurs installés dans des cavités murales, servez-vous d'une clé à douille à cliquet munie d'une douille longue (page 347).

Si le jet de la pomme de douche est inégal, nettoyez-en les petits trous. Si la pomme refuse de rester en position levée, enlevez-la et remplacez le joint torique (page 350).

Pour ajouter une douche à une baignoire qui en est dépourvue, installez un adaptateur de douche à main (page 351). Plusieurs fabricants proposent des trousses de conversion qui permettent d'installer une douche à main en moins d'une heure.

L'installation à deux robinets comporte des robinets à compression ou à cartouche.

L'installation à robinet unique comporte des robinets à cartouche, à tournant sphérique ou à disque.

Réparation d'une installation à trois robinets

La baignoire douche à trois robinets comporte un robinet pour l'eau chaude, un pour l'eau froide et un troisième pour l'inverseur qui dirige l'eau soit vers le bec de la baignoire, soit vers la pomme de douche. La présence de robinets distincts pour l'eau chaude et l'eau froide indique qu'il s'agit de robinets à cartouche ou à compression. Recourez aux techniques de réparation décrites aux pages 326-327 dans le cas des robinets à cartouche, ou aux pages 330-331 dans celui des robinets à compression.

Si l'inverseur colle, si le débit d'eau est faible ou si l'eau sort par le bec de la baignoire lorsqu'elle est censée sortir de la pomme de douche, il faut réparer ou remplacer l'inverseur. La plupart des inverseurs ressemblent dans leur conception à des robinets à compression ou à cartouche. On peut réparer les inverseurs à compression, mais les inverseurs à cartouche doivent être remplacés.

N'oubliez pas de couper l'eau avant d'entreprendre le travail.

Outils et matériel ▸

Tournevis
Clé à molette ou pince multiprise
Clé à douille à cliquet munie d'une douille longue
Petite brosse métallique
Cartouche d'inverseur de rechange ou trousse universelle de rondelles
Graisse résistant à la chaleur
Vinaigre

Réparation d'un inverseur à compression

Au moyen d'un tournevis, enlevez le volant de l'inverseur ; dévissez ou arrachez la plaque décorative.

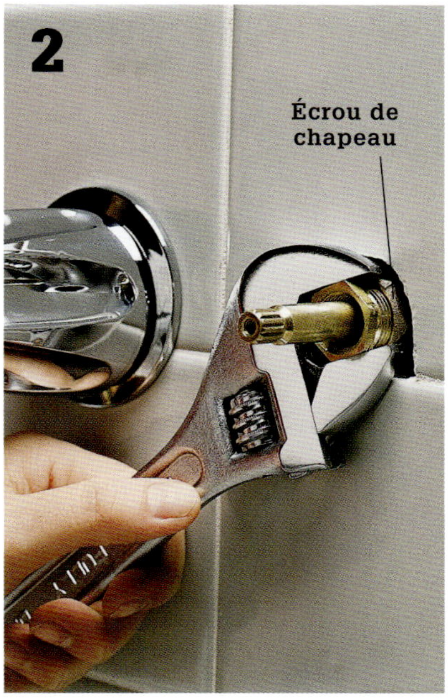

Retirez l'écrou de chapeau à l'aide d'une clé à molette ou d'une pince multiprise.

Dévissez la tige avec une clé à douille à cliquet munie d'une douille longue. Au besoin, brisez le mortier entourant l'écrou de chapeau (page 347, étape 2).

Enlevez la vis en laiton de la tige et remplacez la vieille rondelle par une rondelle identique. Si la vis est usée, remplacez-la.

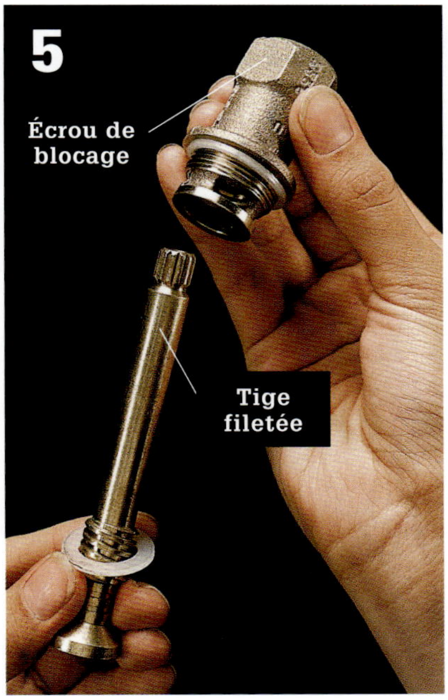

Dévissez la tige filetée de l'écrou de blocage.

À l'aide d'une petite brosse métallique trempée dans du vinaigre, éliminez les dépôts sur l'écrou. Enduisez toutes les pièces d'une graisse résistant à la chaleur et remontez l'inverseur.

Réparation d'une installation à deux robinets

Il peut s'agir de robinets à cartouche ou à compression. Recourez aux techniques de réparation décrites aux pages 326-327 dans le cas des robinets à cartouche, ou aux pages 330-331 dans celui des robinets à compression. Pour enlever les robinets installés dans des cavités murales, servez-vous d'une clé à douille à cliquet munie d'une douille longue pour retirer la tige.

Ce type d'installation comporte un inverseur à opercule, mécanisme simple logé dans le bec, qui permet de couper l'alimentation en eau du bec et de la diriger vers la pomme de douche. L'inverseur à opercule nécessite rarement des réparations, bien que le levier puisse parfois se briser, devenir lâche ou refuser de rester levé.

Si l'inverseur est défectueux, remplacez le bec de la baignoire. Ces becs sont peu coûteux et faciles à remplacer.

N'oubliez pas de couper l'eau avant d'entreprendre le travail.

Outils et matériel ▸

- Tournevis
- Clé hexagonale
- Clé à tuyau
- Pince multiprise
- Petit ciseau à froid
- Marteau à panne ronde
- Clé à douille à cliquet munie d'une douille longue
- Ruban-cache ou chiffon
- Pâte à joints
- Pièces de rechange au besoin

Conseils sur le remplacement d'un bec de baignoire ▸

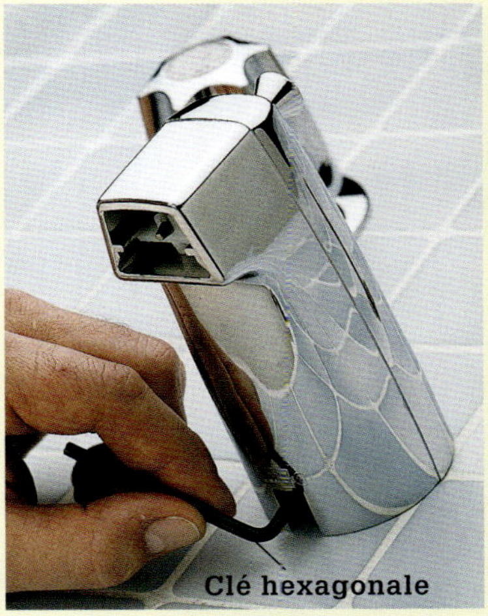

Cherchez sous le bec la petite fente d'accès indiquant qu'il est fixé au moyen d'une vis à tête hexagonale. Servez-vous d'une clé hexagonale pour la dévisser, puis faites glisser le bec pour le retirer.

S'il n'y a pas de fente d'accès : utilisez une clé à tuyau, ou insérez dans le bec un gros tournevis ou un manche de marteau, et faites tourner le bec dans le sens inverse de celui des aiguilles d'une montre.

Étalez de la pâte à joints sur les filets du mamelon de bec avant d'installer le nouveau bec.

Enlèvement d'un robinet encastré

Enlevez le volant. Servez-vous d'une pince multiprise pour dévisser la plaque décorative. Enroulez du ruban-cache sur les mâchoires de la pince pour ne pas abîmer la plaque.

Brisez le mortier entourant l'écrou de chapeau au moyen d'un marteau à panne ronde et d'un petit ciseau à froid.

À l'aide d'une clé à douille à cliquet munie d'une douille longue, dévissez l'écrou de chapeau. Retirez du corps du robinet l'écrou de chapeau ainsi que la tige.

Réparation d'une installation à robinet unique

Le robinet unique commande à la fois le débit et la température de l'eau. Ce peut être un robinet à tournant sphérique, à cartouche ou à disque.

Si l'installation à robinet unique fuit ou fonctionne mal, démontez-la, nettoyez le robinet et remplacez les pièces usées. Recourez aux techniques de réparation décrites aux pages 324-325 dans le cas des robinets à tournant sphérique ou aux pages 332-333 dans celui des robinets à disque de céramique. La technique de réparation d'un robinet unique à cartouche est expliquée sur la page ci-contre.

Un inverseur à opercule dirige l'eau soit vers la pomme de douche, soit vers le bec de la baignoire. L'inverseur à opercule nécessite rarement des réparations, bien que le levier puisse parfois se briser, devenir lâche ou refuser de rester levé. Si l'inverseur est défectueux, remplacez le bec de la baignoire (page 347).

Outils et matériel ▸

Tournevis
Clé à molette
Pince multiprise
Pièces de rechange (au besoin)

Réparation d'un robinet unique à cartouche

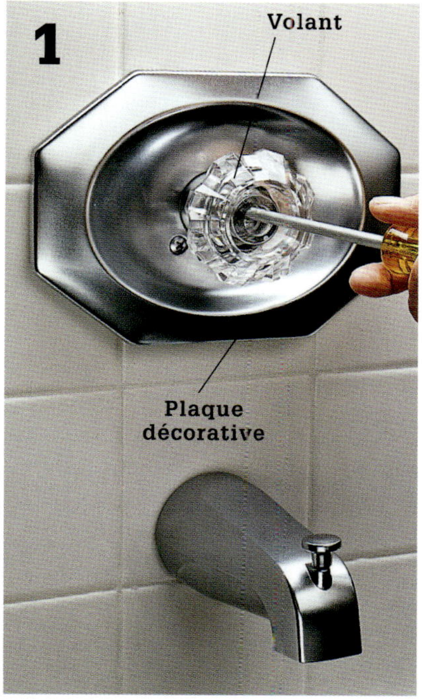

Avec un tournevis, enlevez le volant et la plaque décorative.

Coupez l'eau aux robinets d'arrêt intégrés ou au robinet d'arrêt principal.

Dévissez et enlevez la bague de retenue ou l'écrou de chapeau à l'aide d'une clé à molette.

Retirez la cartouche en saisissant l'extrémité du robinet avec une pince multiprise et en tirant doucement.

Rincez le corps du robinet à l'eau claire pour en éliminer les sédiments. Remplacez les joints toriques usés. Réinstallez la cartouche, puis vérifiez le bon fonctionnement du robinet. S'il est encore défectueux, remplacez la cartouche.

Réparation et remplacement d'une pomme de douche

Si le jet de la pomme de douche est inégal, nettoyez les orifices de sortie. Les orifices de sortie et d'entrée de la pomme ont tendance à se boucher à cause de dépôts minéraux. La pomme de douche est censée être orientable. Si elle refuse de rester en position ou si elle fuit, remplacez le joint torique appuyé contre la rotule.

On peut doter une baignoire d'une douche au moyen d'un adaptateur de douche à main. Vous trouverez des trousses complètes d'installation dans les quincailleries et les maisonneries.

Outils et matériel ▸

- Clé à molette ou pince multiprise
- Clé à tuyau
- Perceuse
- Foret pour verre et carreau de céramique (au besoin)
- Maillet
- Tournevis
- Ruban-cache
- Fil métallique fin (trombone)
- Graisse résistant à la chaleur
- Chiffon
- Joints toriques de rechange (au besoin)
- Chevilles à maçonnerie
- Trousse d'adaptateur de douche à main (facultatif)

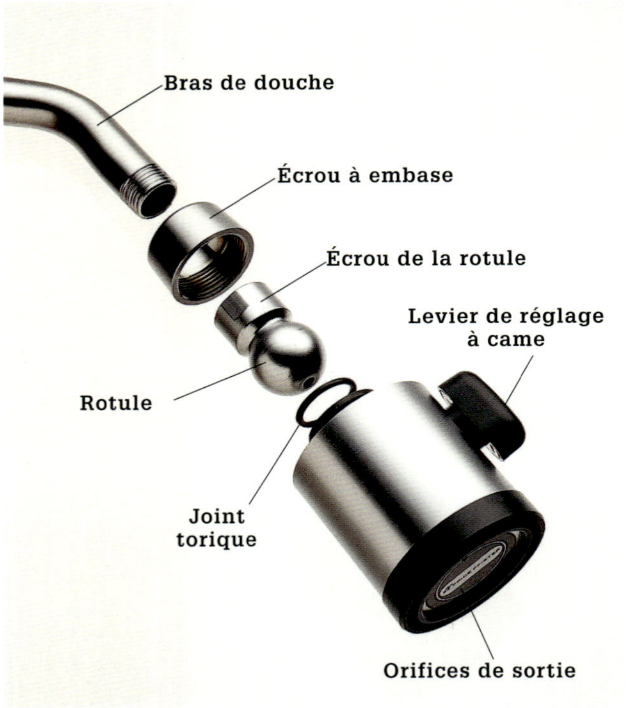

Il est facile de démonter une pomme de douche ordinaire en vue d'un nettoyage ou d'une réparation. Certaines sont munies d'un levier de réglage à came servant à modifier la puissance du jet.

Nettoyage et réparation d'une pomme de douche

Entourez de ruban-cache les mâchoires d'une clé à molette ou d'une pince multiprise, puis dévissez l'écrou de la rotule. Dévissez ensuite l'écrou à embase.

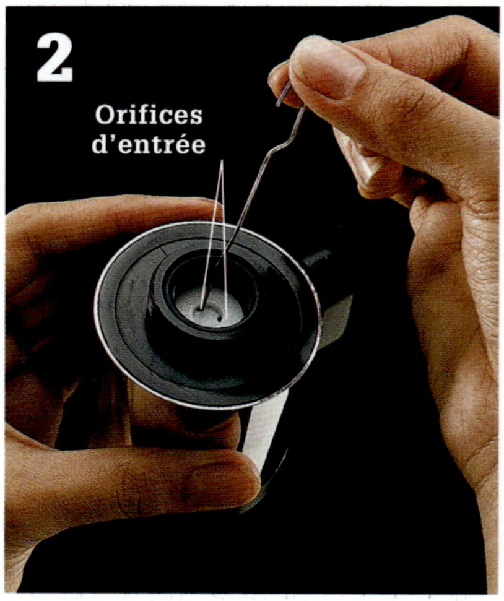

Nettoyez les orifices de sortie et d'entrée de la pomme avec un petit fil métallique. Rincez la pomme à l'eau claire.

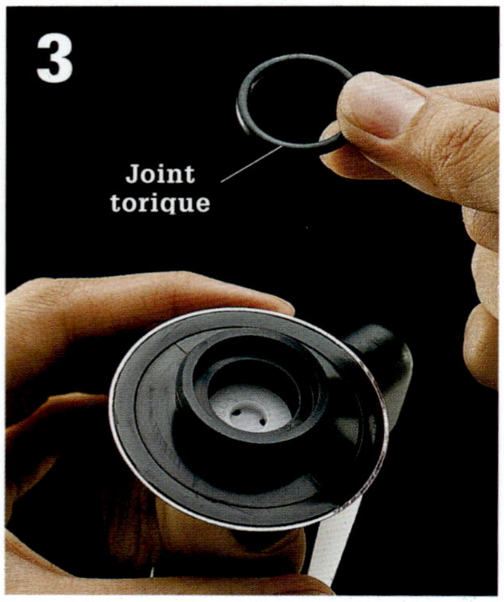

Remplacez le joint torique si nécessaire. Avant d'installer le nouveau joint torique, enduisez-le d'une graisse résistant à la chaleur.

Installation d'un adaptateur de douche à main

Enlevez le vieux bec de douche (page 347). À l'aide d'une clé à tuyau, installez le nouveau bec de la trousse, lequel est muni d'une sortie pour tuyau de douche. Enroulez un chiffon autour du bec pour ne pas en abîmer le fini chromé.

Attachez le tuyau souple de douche à la sortie située sur le bec. Serrez le raccord à l'aide d'une clé à molette ou d'une pince multiprise.

Déterminez l'endroit où fixer le support de la pomme. Tenez compte de la longueur du tuyau de douche et assurez-vous qu'il sera facile de sortir la pomme du support.

Marquez les endroits où seront enfoncées les vis du support. Servez-vous d'un foret pour verre et carreau de céramique pour pratiquer les trous dans lesquels vous pousserez les chevilles à maçonnerie.

Poussez les chevilles dans les trous en les frappant avec un maillet de bois ou de caoutchouc.

Fixez le support au mur et pendez-y la pomme de douche.

Défectuosités courantes des toilettes

L'engorgement est la cause la plus fréquente des défectuosités d'une toilette. Si la cuvette déborde ou ne se vide que difficilement, débouchez-la à l'aide d'un débouchoir ou d'un dégorgeoir à cuvette (page 374). Si le problème persiste, c'est probablement que l'obstruction se produit dans la colonne de chute (page 380).

La plupart des autres défectuosités se corrigent facilement par des réglages mineurs, sans démontage ni remplacement de pièces. Vous pouvez effectuer ces réglages en quelques minutes, au moyen d'outils courants (page 356).

Si des réglages mineurs ne corrigent pas la situation, des réparations sont nécessaires. Les pièces d'une toilette ordinaire sont faciles à démonter, et la plupart des réparations s'effectuent en moins d'une heure.

Une flaque d'eau permanente autour de la toilette peut être causée par une fissure dans la cuvette ou dans le réservoir. Une toilette endommagée doit être remplacée. L'installation d'une nouvelle toilette est un projet simple qui se réalise en trois ou quatre heures.

Une toilette ordinaire est composée d'un réservoir boulonné à la cuvette, et la chasse fonctionne par gravité. Vous la réparerez facilement en suivant les instructions des pages suivantes. Certaines toilettes monobloc font appel à un système de chasse haute pression compliqué. Vous pouvez procéder vous-même au réglage de ces toilettes, mais le remplacement des soupapes doit être confié à un plombier.

Défectuosité	Réparation
La manette de chasse grippe ou est difficile à actionner.	1. Réglez les tiges de levage (page 354). 2. Nettoyez et réglez la manette (page 354).
La manette de chasse est lâche.	1. Réglez la manette (page 354). 2. Rattachez au levier la chaîne ou les tiges de levage (page 354).
La chasse ne fonctionne pas du tout.	1. Vérifiez si l'alimentation en eau n'aurait pas été coupée. 2. Réglez la chaîne ou les tiges de levage (page 354).
La cuvette ne se vide pas complètement.	1. Réglez la chaîne ou les tiges de levage (page 354). 2. Réglez le niveau d'eau dans le réservoir (page 356). 3. Augmentez la pression de la toilette à pression de renfort (page 362).
La cuvette déborde ou la chasse se fait lentement.	1. Dégorgez la cuvette (page 374). 2. Dégorgez la colonne de chute (page 380).
L'eau s'écoule continuellement dans la cuvette.	1. Réglez la chaîne ou les tiges de levage (page 354). 2. Remplacez le flotteur non étanche. 3. Réglez le niveau de l'eau dans le réservoir (page 356). 4. Réglez et nettoyez la soupape de chasse (page 359). 5. Remplacez la soupape de chasse (page 359). 6. Réparez ou remplacez le robinet à flotteur (page 358). 7. Faites l'entretien de la soupape de la toilette à pression de renfort (page 362).
Il y a de l'eau sur le sol près de la cuvette.	1. Resserrez les boulons du réservoir et les raccords des tuyaux (page 360). 2. Isolez le réservoir pour prévenir la condensation (page 360). 3. Remplacez la bague de cire (page 361). 4. Remplacez le réservoir ou la cuvette qui présente une fissure (pages 364-366).

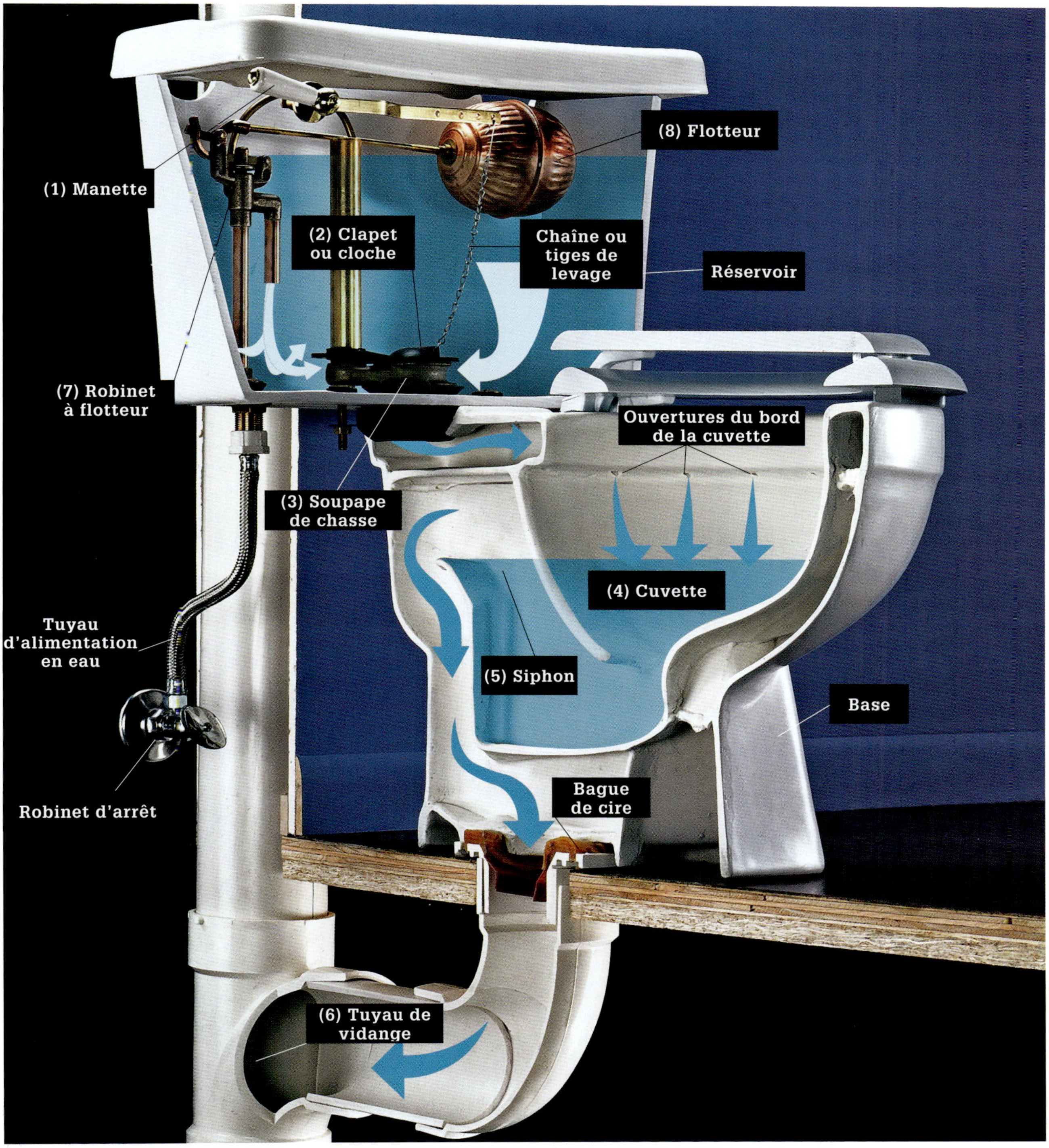

Fonctionnement d'une toilette : Lorsque vous poussez sur la manette (1), la chaîne de levage soulève un clapet ou une cloche (2). L'eau du réservoir se déverse rapidement dans la cuvette (4) par la soupape de chasse (3) située au fond du réservoir. Le contenu de la cuvette est alors chassé dans le siphon (5), jusque dans le tuyau de vidange (6). Une fois le réservoir vide, le clapet retombe sur son siège et en scelle l'ouverture. Un robinet d'alimentation en eau, appelé robinet à flotteur (7), remplit alors le réservoir. Le flotteur (8) commandant ce robinet repose sur la surface de l'eau. Une fois le réservoir rempli, le flotteur provoque automatiquement la fermeture du robinet à flotteur.

Réglages mineurs

Des réglages mineurs de la manette ainsi que de la chaîne ou des tiges de levage peuvent corriger bon nombre des défectuosités d'une toilette.

Si la manette grippe ou est difficile à actionner, ôtez le couvercle du réservoir et nettoyez l'écrou de montage de la manette. Redressez la tige de levage si elle est déformée.

Si la cuvette ne se vide pas complètement à moins de tenir la manette enfoncée, c'est probablement que la chaîne de levage a trop de jeu.

Si la chasse ne fonctionne pas du tout, il se peut que la chaîne de levage soit cassée ou détachée du levier de la manette.

Si l'eau s'écoule continuellement dans la cuvette (page ci-contre), c'est peut-être que la tige de levage est déformée, que la chaîne n'est pas libre ou qu'un dépôt calcaire s'est formé sur l'écrou de montage de la manette. Nettoyez et réglez l'écrou ainsi que la tige ou la chaîne de levage pour régler le problème.

Outils et matériel ▸

Clé à molette
Pince à bec effilé
Tournevis
Petite brosse métallique
Vinaigre

Réglage de la manette ainsi que de la chaîne ou des tiges de levage

Nettoyez et réglez l'écrou de montage pour que la manette fonctionne correctement. Il s'agit d'un écrou à filetage renversé : desserrez-le en le tournant dans le sens des aiguilles d'une montre. Enlevez les dépôts avec une brosse trempée dans le vinaigre.

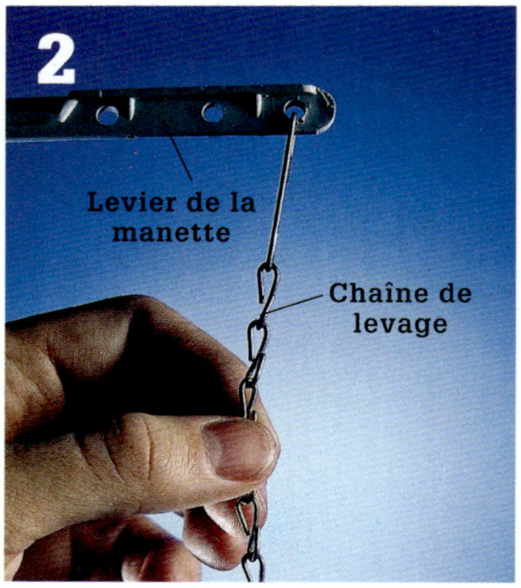

Réglez la chaîne de levage de manière qu'elle pende verticalement et que son jeu soit d'environ ½ po. Réglez le jeu en accrochant la chaîne dans un autre trou du levier ou en en retirant un maillon à l'aide d'une pince à bec effilé. Remplacez la chaîne si elle est cassée.

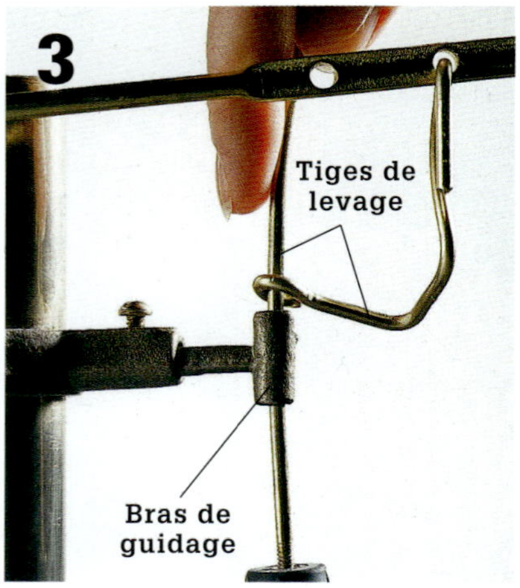

Redressez la tige de levage (toilettes sans chaîne) de manière que les tiges soient droites et fonctionnent en douceur lorsque la manette est actionnée. Il arrive souvent que la manette grippe à cause de la déformation d'une tige.

Réparation d'une toilette qui coule continuellement

Un bruit d'écoulement d'eau continu se produit lorsque l'eau continue d'entrer dans le réservoir après la fin du cycle de chasse. Cet écoulement peut faire gaspiller près d'une centaine de litres d'eau par jour.

Pour arrêter cet écoulement, agitez un peu la manette de chasse. Si le bruit cesse, c'est que vous devez régler la manette ou les tiges (ou la chaîne) de levage (page ci-contre).

Si vous entendez encore le bruit de l'eau qui s'écoule, ôtez le couvercle du réservoir et vérifiez si le flotteur ne frotterait pas contre la paroi du réservoir. Si c'est le cas, déformez le levier du flotteur pour éloigner ce dernier de la paroi. Le flotteur devrait être étanche. Pour vérifier s'il fuit ou non, dévissez-le du levier et agitez-le. S'il y a de l'eau à l'intérieur du flotteur, remplacez-le.

Si ces réglages mineurs n'éliminent pas le problème, vous devrez sans doute régler ou réparer le robinet à flotteur ou la soupape de chasse (photo de droite). Observez les instructions données aux pages suivantes.

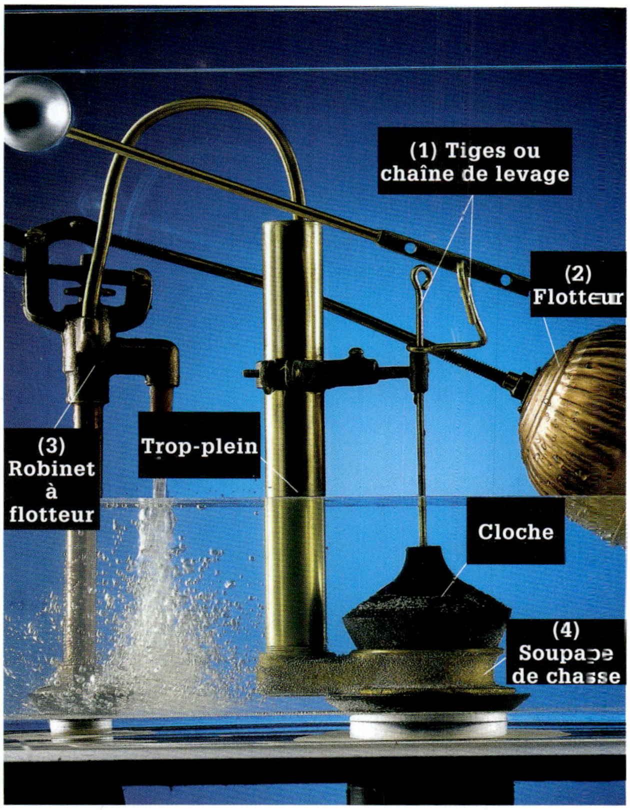

Le bruit d'un écoulement d'eau continu peut avoir des causes diverses : Les tiges de levage (1) (ou la chaîne) sont déformées ; le flotteur (2) frotte contre la paroi du réservoir ou n'est pas étanche ; le robinet à flotteur (3) n'interrompt pas l'arrivée d'eau une fois le réservoir rempli ; la soupape de chasse (4) laisse l'eau s'écouler dans la cuvette. Vérifiez d'abord l'état des tiges de levage et du flotteur. Si des réparations et réglages mineurs de ces pièces n'éliminent pas le problème, vous devrez réparer le robinet à flotteur ou la soupape de chasse (ci-dessous).

Outils et matériel ▸

- Tournevis
- Petite brosse métallique
- Éponge
- Clés à molette
- Clé à ergots ou pince multiprise
- Trousse universelle de rondelles
- Flotteur (si nécessaire)
- Joints d'étanchéité du robinet à flotteur
- Papier d'émeri
- Tampon à récurer en fibre
- Clapet ou cloche
- Soupape de chasse (si nécessaire)

Inspectez le trop-plein si vous entendez encore le bruit d'écoulement continu après avoir réglé le flotteur et les tiges de levage. Si vous voyez de l'eau couler dans le trop-plein, vous devrez réparer le robinet à flotteur. Réglez d'abord le robinet à flotteur de manière à abaisser le niveau d'eau dans le réservoir (page 356). Si le problème subsiste, réparez ou remplacez le robinet à flotteur (page 358). S'il n'y a pas d'eau qui coule dans le trop-plein, vous devrez réparer la soupape de chasse (page 359). Vérifiez d'abord si le clapet (ou la cloche) ne serait pas usé ; remplacez-le au besoin. Si le problème subsiste, remplacez la soupape de chasse.

Réglage du robinet à flotteur destiné à modifier le niveau d'eau

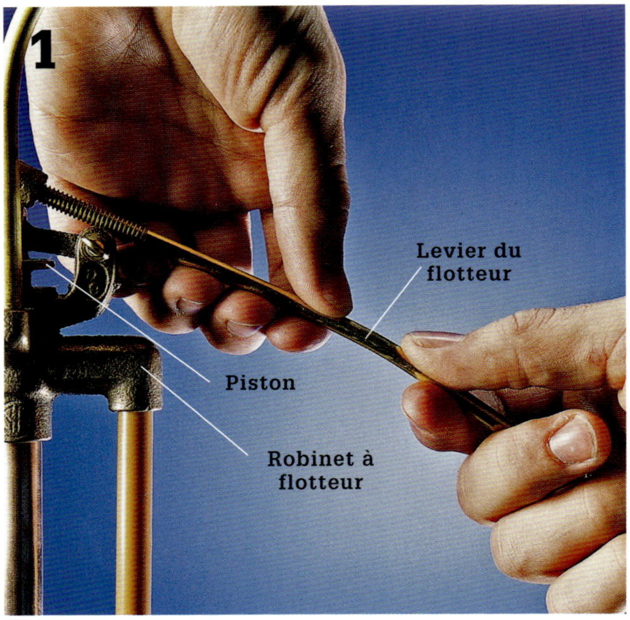

Le robinet à flotteur et à piston traditionnel, fait de laiton, commande le passage de l'eau par l'intermédiaire d'un piston de laiton attaché au levier du flotteur. Pour faire monter le niveau de l'eau dans le réservoir, recourbez le levier du flotteur vers le haut ; pour l'abaisser, recourbez légèrement le levier vers le bas.

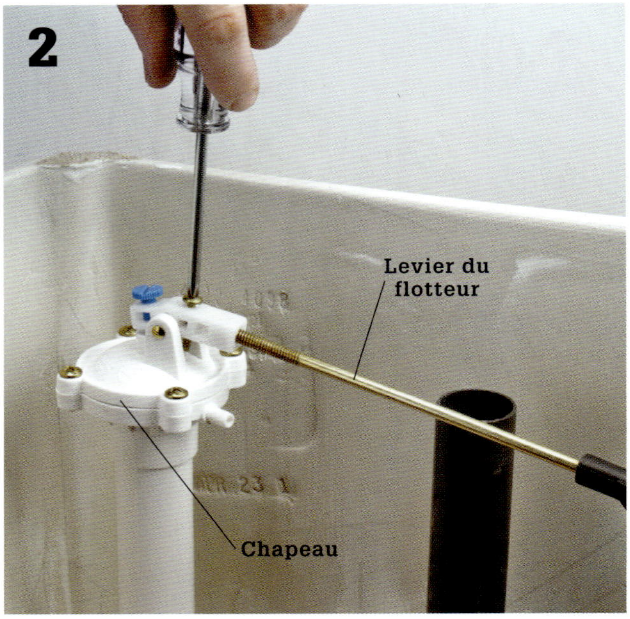

Le robinet à membrane avec flotteur, généralement fait de plastique, comporte un large chapeau contenant une membrane de caoutchouc. Pour faire monter le niveau de l'eau dans le réservoir, faites tourner la vis de réglage dans le sens des aiguilles d'une montre ; pour le faire baisser, faites-la tourner dans le sens contraire.

Le robinet à coupelle flottante, fait de plastique, est facile à régler. Pour faire monter le niveau de l'eau dans le réservoir, pincez l'agrafe élastique de la tige de levage et faites glisser la coupelle flottante sur son axe vers le haut. Pour abaisser le niveau de l'eau, faites glisser la coupelle vers le bas.

Le robinet à dispositif sensible à la pression, comme son nom l'indique, commande le niveau de l'eau au moyen d'un dispositif sensible à la pression. Pour faire monter le niveau de l'eau dans le réservoir, tournez la vis de réglage d'un demi-tour à la fois dans le sens des aiguilles d'une montre ; pour le faire baisser, tournez-la dans le sens inverse. *Note : Ce type de robinet n'étant plus autorisé par le code, il faudrait le remplacer.*

Réparation d'un robinet à flotteur et à piston

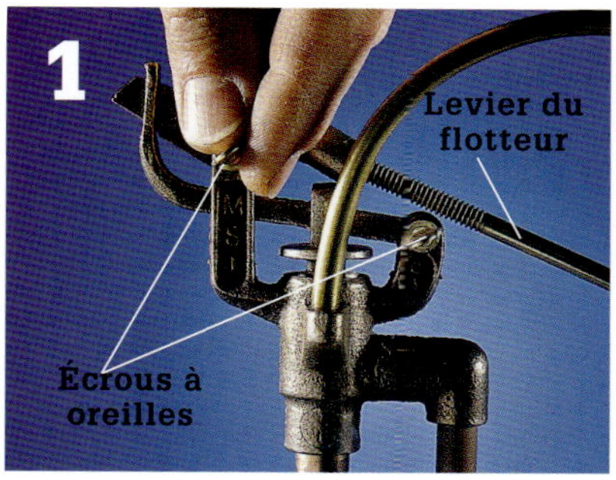

Coupez l'eau et vidangez le réservoir. Enlevez les écrous à oreilles du robinet. Faites glisser le levier du flotteur et enlevez-le.

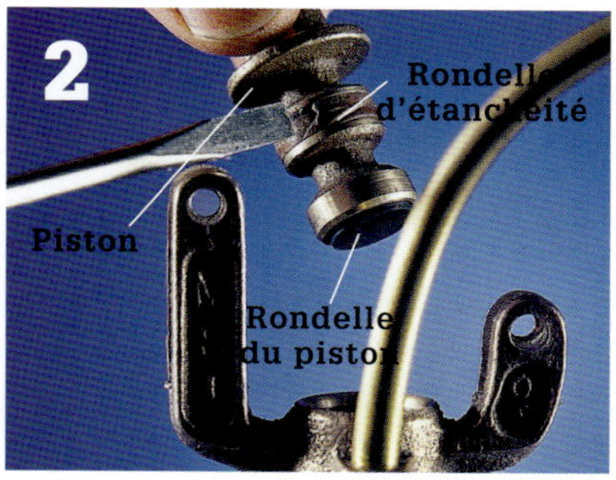

Tirez sur le piston pour l'enlever. Arrachez la rondelle d'étanchéité ou le joint torique. Arrachez la rondelle du piston. (Enlevez la vis de la tige, au besoin.)

Installez les rondelles de rechange. À l'aide d'une brosse métallique, nettoyez l'intérieur du robinet, puis remontez-le.

Réparation d'un robinet à membrane avec flotteur

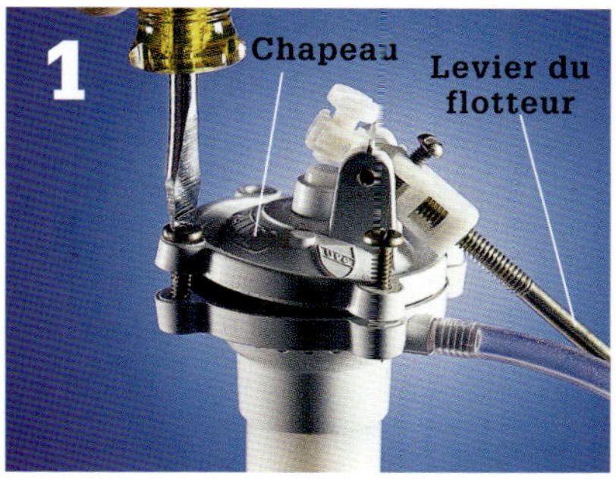

Coupez l'eau et vidangez le réservoir. Retirez les vis du chapeau.

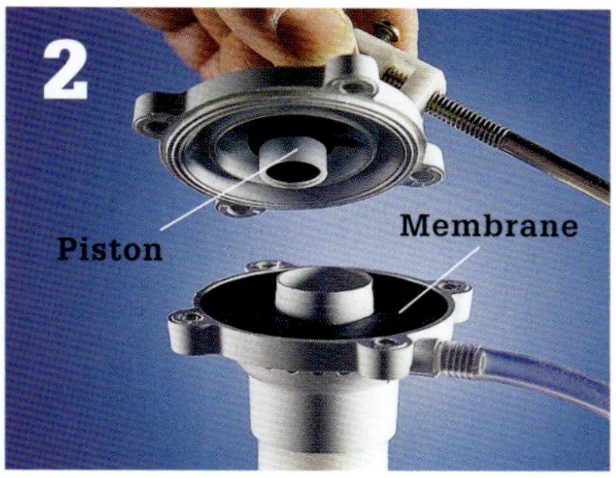

Enlevez le levier du flotteur encore attaché au chapeau. Vérifiez si la membrane et le piston ne seraient pas usés.

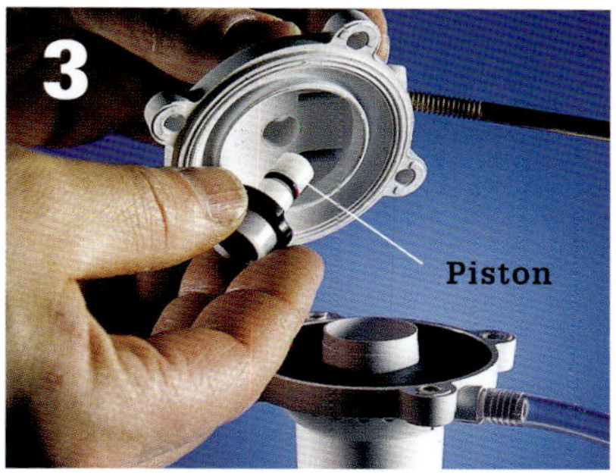

Remplacez toutes les pièces trop rigides ou fendillées. Si le robinet est trop usé, remplacez-le.

Réparation d'un robinet à coupelle flottante

Coupez l'eau et vidangez le réservoir. Enlevez le couvercle du robinet.

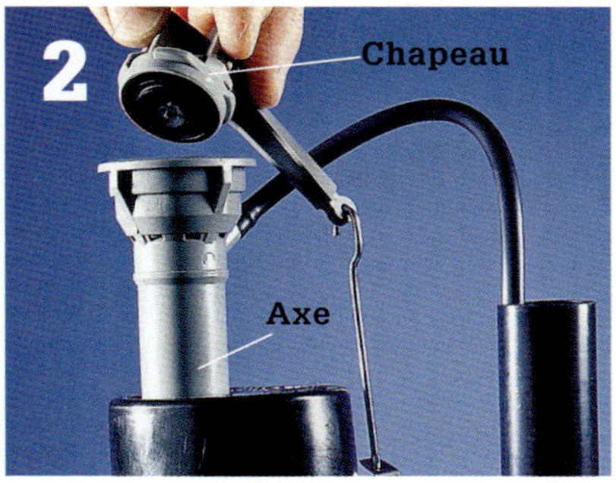

Enlevez le chapeau en le poussant vers le bas et en le faisant tourner dans le sens contraire à celui des aiguilles d'une montre. Nettoyez l'intérieur du robinet à l'aide d'une brosse métallique.

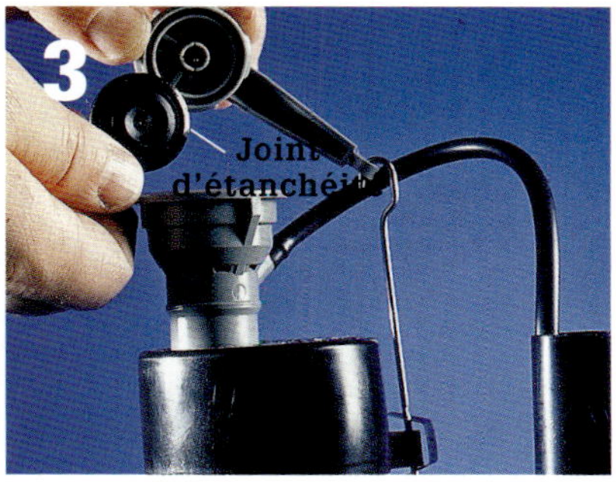

Remplacez le joint d'étanchéité du robinet. Si le robinet est trop usé, remplacez-le.

Installation d'un nouveau robinet à flotteur

Coupez l'eau et vidangez le réservoir. Enlevez l'eau qui y reste avec une éponge. À l'aide d'une clé à molette, ôtez l'écrou d'accouplement du tuyau d'alimentation ainsi que l'écrou de montage du robinet à flotteur. Enlevez le vieux robinet à flotteur.

Desserrez l'anneau de blocage au pied de la colonne du nouveau robinet à flotteur. Ajustez la hauteur de la colonne de façon que le dessus du robinet soit à 1 po du sommet du réservoir de la toilette. Resserrez l'anneau.

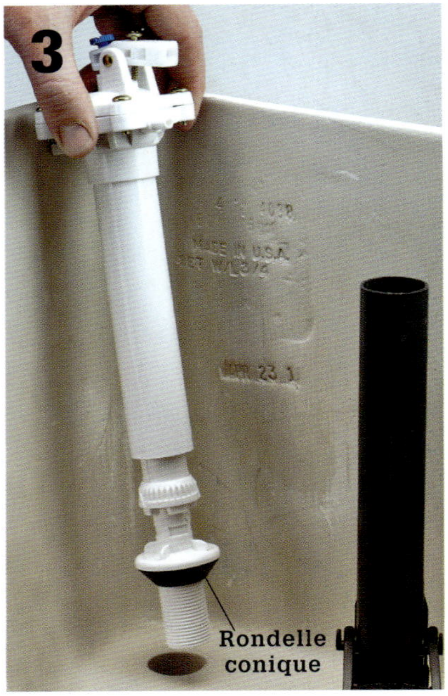

Installez une rondelle conique sur l'about du nouveau robinet et insérez l'about dans l'ouverture du réservoir.

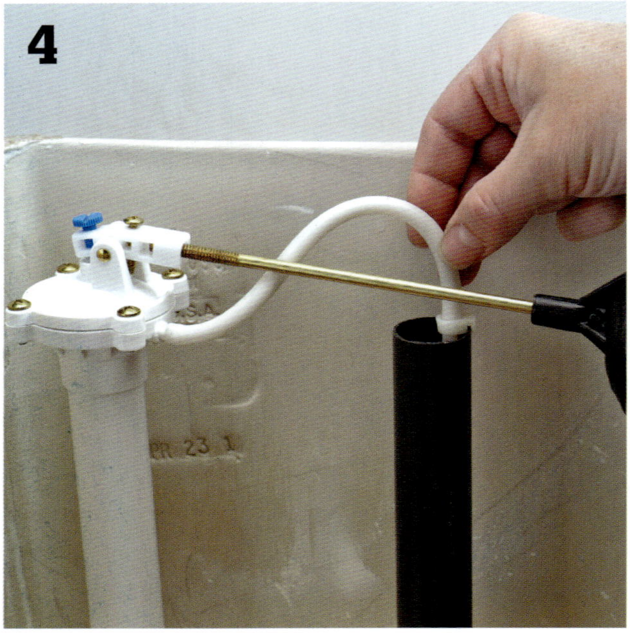

Vissez le levier du flotteur dans le robinet ; orientez-le de manière qu'il passe devant le trop-plein. Vissez le flotteur sur son levier. Placez le tube de remplissage de manière qu'il entre dans le tuyau de trop-plein.

Vissez sur l'about du robinet l'écrou de montage et l'écrou d'accouplement du tuyau d'alimentation, puis serrez-les. Rouvrez l'eau et vérifiez l'étanchéité du dispositif.

Réglage et nettoyage de la soupape de chasse

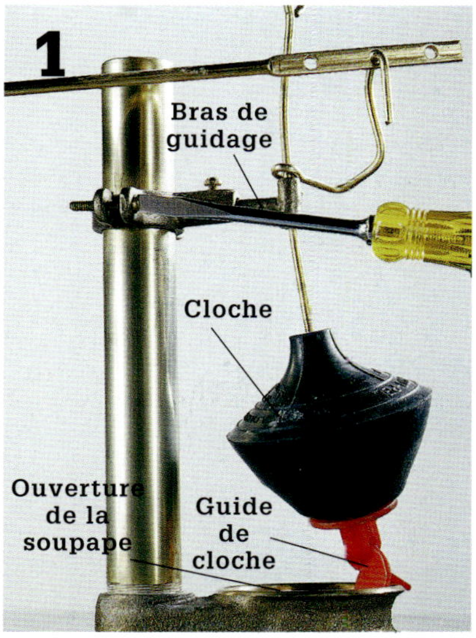

Réglez la cloche (ou le clapet) de manière qu'elle se trouve directement au-dessus de la soupape. Pour modifier la position de la cloche, vous devez en desserrer le bras de guidage. (Certaines cloches sont également munies d'un guide qui facilite leur mise en place dans la soupape.)

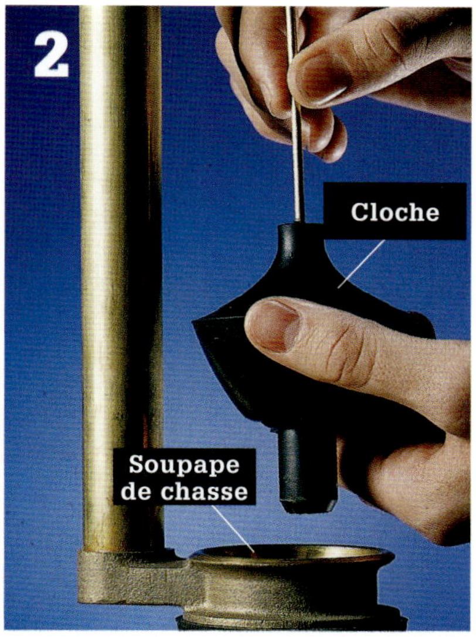

Remplacez la cloche si elle est fissurée ou usée. La cloche est munie d'un raccord fileté qui se visse sur la tige de levage. Nettoyez l'ouverture de la soupape à l'aide d'un papier d'émeri (soupape en laiton) ou d'un tampon à récurer en fibre (soupape en plastique).

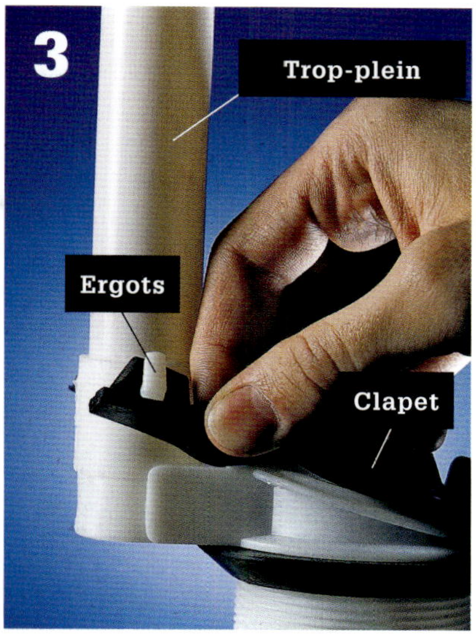

Remplacez le clapet s'il est usé. Le clapet est retenu au trop-plein par des ergots.

Installation d'une soupape de chasse

Coupez l'eau et débranchez le robinet à flotteur (page ci-contre, étape 1). Enlevez le réservoir (page 361, étapes 1-2). Enlevez l'ancienne soupape de chasse en desserrant l'écrou à l'aide d'une clé à ergots ou d'une pince multiprise.

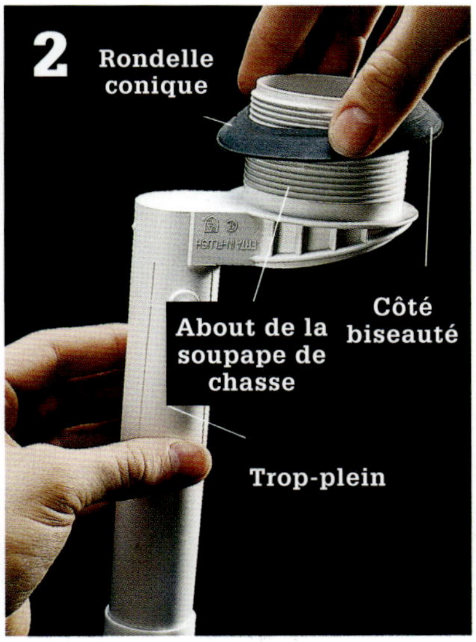

Faites glisser la rondelle conique sur l'about de la nouvelle soupape, la face biseautée de la rondelle étant orientée vers l'extrémité de l'about. Insérez la soupape dans l'ouverture du réservoir, de manière que le trop-plein fasse face au robinet à flotteur.

Vissez l'écrou sur l'about de la soupape et serrez-le à l'aide d'une clé à ergots ou d'une pince multiprise. Placez la rondelle sur l'about, puis réinstallez le réservoir.

Réparation d'une toilette qui fuit

La présence d'eau sur le plancher, près de la toilette, peut s'expliquer de bien des manières. La fuite doit être corrigée le plus tôt possible pour que l'humidité n'endommage pas le sous-plancher.

Commencez par vérifier l'étanchéité de tous les raccordements. Si de l'eau dégoutte du réservoir par temps humide, ce n'est peut-être que de la condensation. Pour corriger la situation, vous devez installer une chemise isolante en mousse à l'intérieur du réservoir. En outre, un réservoir fissuré peut fuir ; remplacez-le si c'est le cas.

Si l'eau fuit autour de la base de la toilette, c'est peut-être parce que la vieille bague de cire n'assure plus l'étanchéité de l'évacuation (photo ci-dessous) ou que la base de la toilette est fissurée. Si la fuite se produit pendant ou juste après la chasse, remplacez la bague de cire. Si la fuite est constante, c'est que la base de la toilette est fissurée : remplacez-la. Les nouvelles toilettes sont souvent vendues avec la soupape de chasse et le robinet à flotteur déjà installés. Si ce n'est pas le cas de la vôtre, vous devrez acheter ces pièces.

Le code du bâtiment prescrit désormais l'installation d'une toilette à faible débit de 6 litres (1,6 gallon) dans les nouvelles constructions et les projets de rénovation. Reportez-vous aux instructions d'installation d'une toilette à la page 366.

Outils et matériel ▸

- Éponge
- Clé à molette
- Couteau à mastiquer
- Clé à cliquet
- Tournevis
- Trousse d'isolation du réservoir
- Nettoyant abrasif
- Chiffon
- Bague de cire
- Mastic adhésif

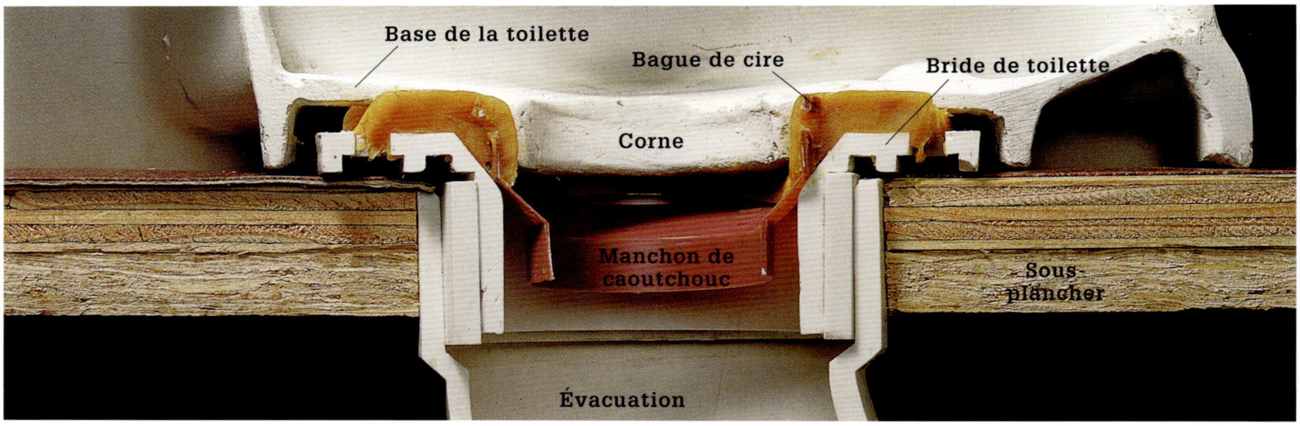

Resserrez légèrement tous les raccordements. Servez-vous d'une clé à cliquet pour resserrer les boulons du réservoir, et d'une clé à molette pour resserrer l'écrou de montage du robinet à flotteur ainsi que l'écrou d'accouplement du tuyau d'alimentation. *Attention ! Ne serrez pas trop les boulons du réservoir, vous risqueriez de le faire craquer.*

Isolez le réservoir avec une chemise isolante pour prévenir la condensation d'eau. Coupez l'eau ; videz le réservoir et nettoyez-le avec un nettoyant abrasif. Découpez les panneaux de mousse aux dimensions de l'avant, de l'arrière, du fond et des côtés du réservoir. Fixez-les avec une colle à l'épreuve de l'eau (fournie dans la trousse d'isolation). Laissez cette colle sécher selon le mode d'emploi.

Enlèvement de la toilette et de la bague de cire

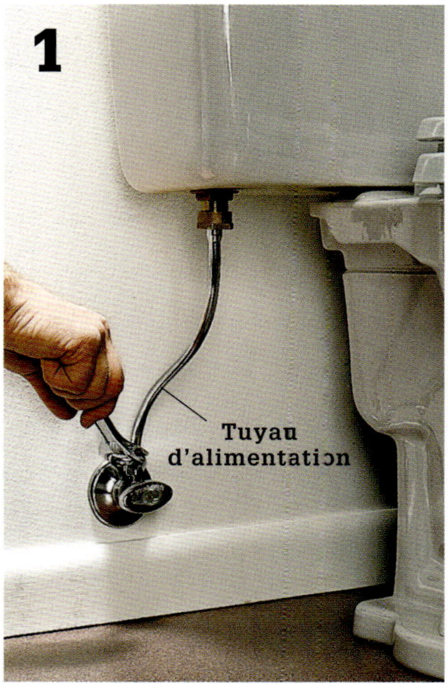

Coupez l'eau et vidangez le réservoir. Servez-vous d'une éponge pour enlever l'eau qui y reste. Avec une clé à molette, détachez le tuyau d'alimentation.

Enlevez les écrous des boulons du réservoir à l'aide d'une clé à douille à cliquet. Retirez soigneusement le réservoir et mettez-le de côté.

Avec un tournevis, arrachez les cache-boulons de la base de la toilette. Servez-vous d'une clé à molette pour enlever les écrous des boulons.

Posez un pied de chaque côté de la cuvette et faites-la balancer latéralement jusqu'à ce que le joint d'étanchéité se brise. Soulevez la cuvette avec précaution et posez-la sur le sol, sur le côté. De l'eau peut s'écouler du siphon.

Enlevez la vieille cire de la bride. Bouchez l'ouverture du drain avec un chiffon mouillé, pour que les gaz d'égout ne se répandent pas dans la maison.

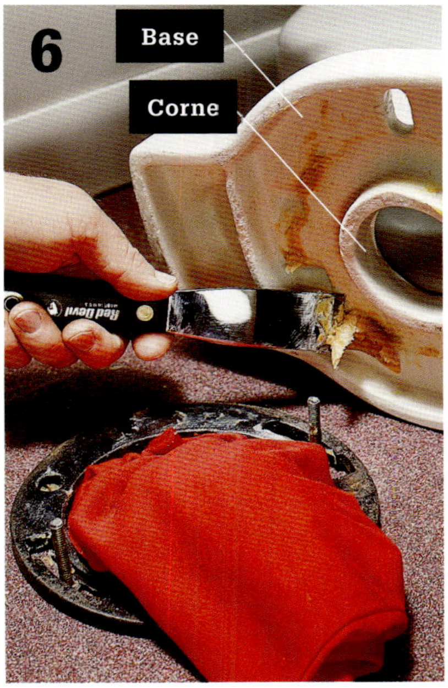

Si vous réinstallez la même toilette, enlevez d'abord de la corne et de la base la vieille cire et la pâte à joints. *Note : Pour l'installation d'une toilette, reportez-vous aux pages 364-366.*

Réparation d'une toilette à pression de renfort

Une toilette à pression de renfort peut présenter les mêmes défectuosités qu'une toilette ordinaire : écoulement continu de l'eau et faiblesse de la chasse. Les causes des défectuosités sont différentes, mais les réparations sont tout aussi faciles.

Pour fonctionner efficacement, la toilette à pression de renfort requiert une certaine pression d'eau, de l'ordre de 20 lb/po² à 80 lb/po². Une pression inférieure sera source de problèmes. Par conséquent, en cas de défectuosité de la toilette, commencez par vérifier la pression d'alimentation en eau.

Si cette pression est adéquate, nettoyez la grille du raccord d'alimentation de la toilette pour qu'un débit maximal alimente le réservoir. Si elle est insuffisante, demandez conseil à un plombier ou à votre fournisseur d'eau.

Avant toute réparation, fermez le robinet d'arrêt de la toilette à pression de renfort et actionnez la chasse pour dégager la pression du réservoir.

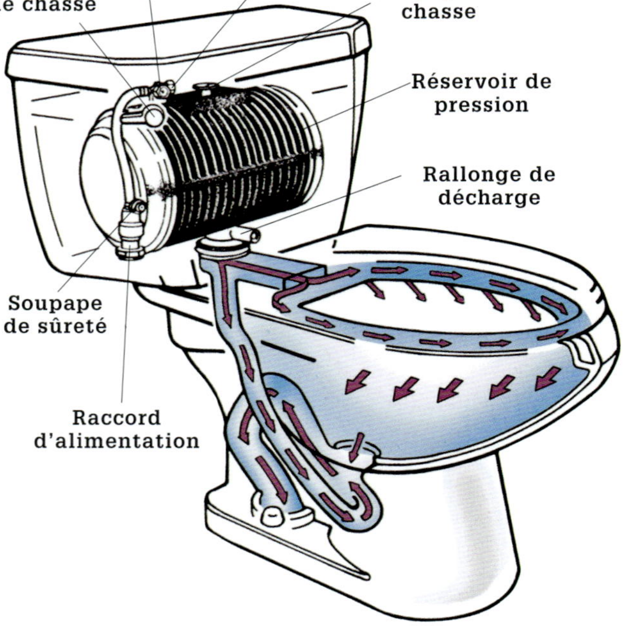

Une toilette à pression de renfort fait appel à la pression plutôt qu'au volume d'eau pour assurer une chasse adéquate. La manette de chasse est reliée à une tige, laquelle pousse sur l'actionneur de la cartouche de chasse.

Outils et matériel ▸

Clé à molette	Pince multiprise
Brosse à poils souples	Grand seau

Vérification et amélioration de la pression d'eau

Fermez le robinet d'arrêt de la toilette et actionnez la chasse. Avec une clé à molette ou une pince multiprise, desserrez l'écrou d'accouplement retenant le tuyau d'alimentation au raccord d'alimentation de la toilette, sous le réservoir.

Placez l'extrémité du tuyau d'alimentation dans un grand seau. En notant l'heure, ouvrez complètement le robinet d'arrêt pendant 30 secondes, puis refermez-le. Mesurez l'eau accumulée dans le seau ; il devrait y en avoir plus d'un gallon.

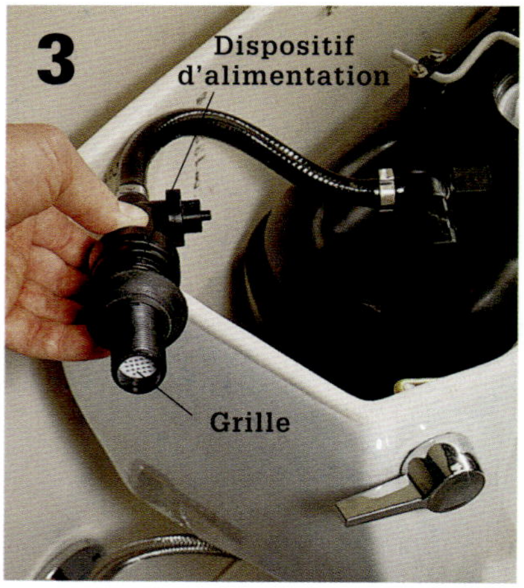

Placez un seau sous le raccord d'alimentation. Retirez l'écrou de ce raccord et sortez de l'ouverture du réservoir le dispositif d'alimentation. Inspectez la grille du raccord ; nettoyez-la avec une brosse à poils souples. Réinstallez le dispositif et le tuyau d'alimentation.

Élimination de l'écoulement continu de l'eau

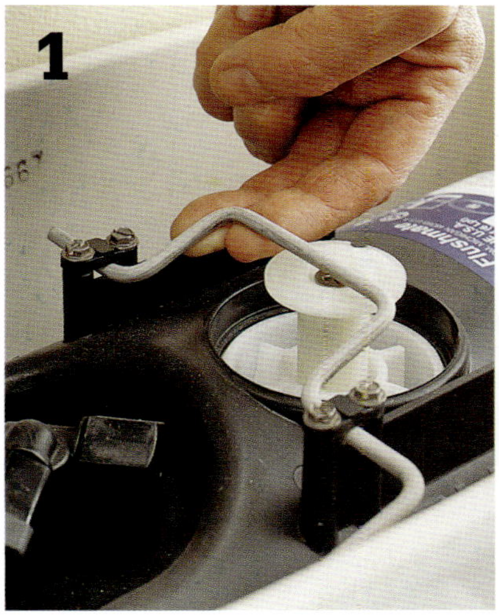

Fermez le robinet d'arrêt de l'appareil et actionnez la chasse. Soulevez la tige de l'actionneur. Il devrait y avoir un écart de ⅛ po entre la tige et le dessus de l'actionneur. Pour régler la tige, desserrez la vis de pression et faites tourner l'actionneur pour le faire monter ou descendre.

Dévissez la cartouche de chasse avec les poignées de la pince multiprise.

Vérifiez l'usure des joints toriques. S'ils sont trop usés, remplacez la cartouche. Réinstallez la cartouche et serrez-la. Rétablissez l'alimentation en eau de la toilette et laissez le réservoir se remplir. Si l'eau s'écoule après le remplissage, poussez sur l'actionneur. Si cette manœuvre met fin à l'écoulement, resserrez la cartouche d'un quart de tour à la fois, jusqu'à ce que l'écoulement cesse complètement. Si l'écoulement continue, desserrez la cartouche d'un quart de tour, jusqu'à ce que l'écoulement cesse.

Correction d'un débit trop faible

La toilette étant alimentée, appuyez sur l'actionneur pour déclencher la chasse. Lorsque s'amorce le cycle de chasse de l'appareil, soulevez l'actionneur avec précaution. Cette manœuvre rince le système à l'eau pour le nettoyer des débris.

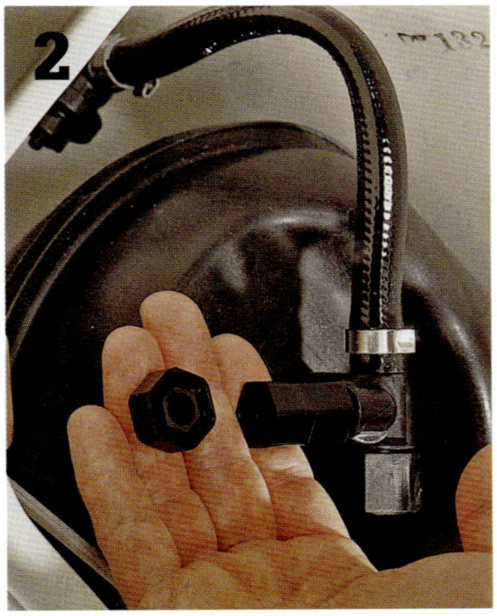

Vérifiez le fonctionnement de l'injecteur d'air; retirez-en le bouchon et actionnez la chasse. Regardez dans l'injecteur pour vous assurer que le clapet de plastique se retire et écoutez. Vous devriez entendre une aspiration d'air. Si vous ne l'entendez pas, dévissez l'injecteur. Nettoyez l'injecteur, le clapet, le ressort et le bouchon.

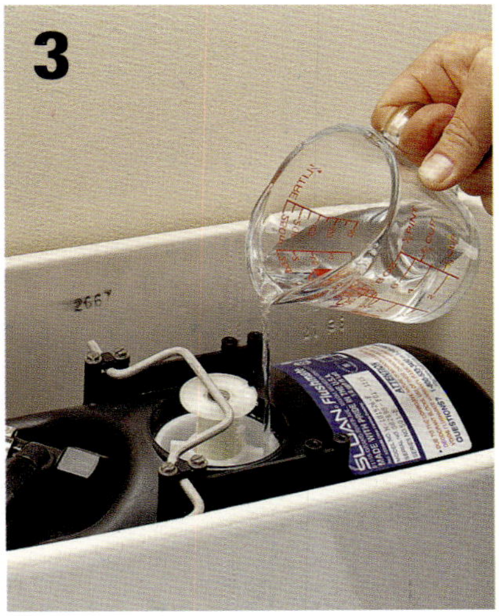

Vérifiez l'étanchéité de la cartouche. Fermez le robinet d'arrêt de l'appareil et actionnez la chasse. Versez une tasse d'eau sur le dessus de la cartouche, puis rouvrez le robinet d'arrêt. Si des bulles sortent du centre de la cartouche, remplacez-la.

Installation d'une toilette

La plupart des toilettes autres que les modèles haut de gamme sont composées de deux éléments distincts : un réservoir et une cuvette en porcelaine vitrifiée. Il existe aussi des toilettes dont le réservoir est intégré à la cuvette, mais elles coûtent de deux à trois fois plus cher que les modèles ordinaires.

Dans les nouvelles constructions et les rénovations, les codes du bâtiment exigent depuis plusieurs années l'installation de toilettes à faible débit (1,6 gallon, soit 6 litres par chasse) qui économisent l'eau. Après quelques problèmes initiaux liés à la faiblesse du jet d'eau des nouvelles toilettes, les ingénieurs des fabricants ont amélioré les dispositifs de chasse et de siphon. Les nouveaux modèles de toilettes à faible débit sont considérablement plus efficaces que ceux fabriqués à partir des années 1980 jusqu'au milieu des années 1990. La plupart se vendent à prix raisonnable et ne requièrent plus la double chasse.

Outils et matériel

- Clé à molette
- Clé à douille à cliquet ou clé pour lavabo
- Tournevis
- Bague de cire et manchon
- Mastic adhésif
- Boulons de sol
- Boulons de réservoir et rondelles de caoutchouc
- Boulons d'abattant et écrous de montage

Installation d'une toilette : fixez la cuvette au sol avant d'y monter le réservoir. Les appareils de porcelaine sont fragiles et se fissurent facilement ; manipulez-les avec soin.

Installation d'une toilette

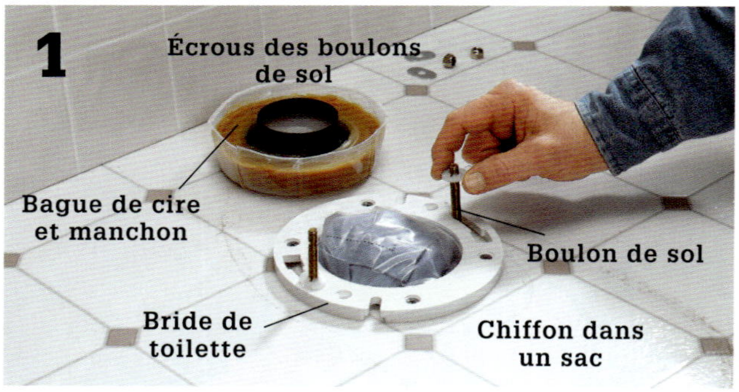

Placez un chiffon dans un sac de plastique. Glissez de nouveaux boulons de laiton dans les fentes de la bride de toilette, et faites-les tourner sur ¼ de tour pour les bloquer. Posez les anneaux de retenue de plastique ou les rondelles et écrous supplémentaires sur les boulons, afin de fixer ces derniers sur la bride. Déballez la bague de cire et placez-la sur la bride.

Déposez la nouvelle cuvette sur la bague de cire, les ouvertures alignées sur les boulons. Pressez la cuvette sur la bague et mettez-la de niveau au besoin, en glissant des pièces de monnaie sous le côté trop bas. Installez sur les boulons de sol les rondelles et les écrous, que vous visserez un peu à la fois, en alternance. Ne les serrez pas trop. Avec une scie à métaux, tranchez les boulons juste au-dessus des écrous ; posez les capuchons. Appliquez un cordon de pâte à calfeutrer pour baignoire et carreaux autour de la base de la cuvette.

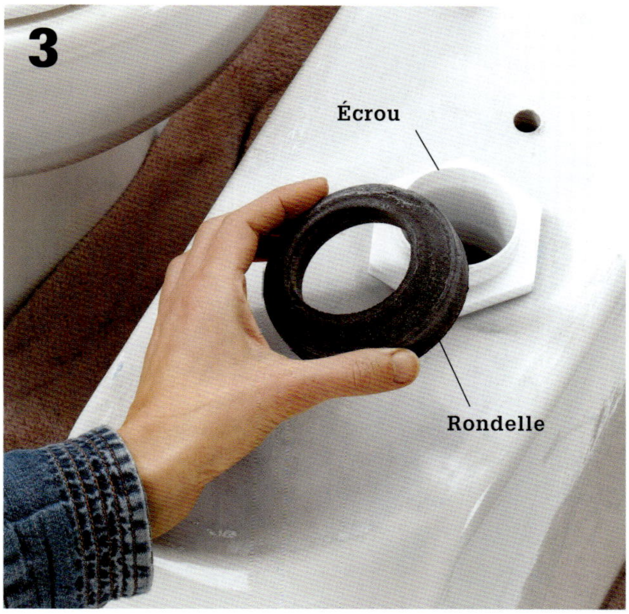

Installez le réservoir. Certains sont déjà munis d'une soupape de chasse et d'un robinet de remplissage. Si le vôtre ne l'est pas, insérez la soupape de chasse dans l'ouverture du réservoir et serrez l'écrou sur l'extrémité filetée de la soupape. Posez une rondelle de mousse sur l'ecrou.

Au besoin, réglez le robinet de remplissage selon les instructions du fabricant. Ces robinets peuvent être ajustés en fonction des dimensions du réservoir.

Installez le robinet de remplissage dans le réservoir. Poussez vers le bas sur l'about du robinet (pas sur le dessus) tout en y serrant à la main l'écrou de retenue (l'écrou se pose à l'extérieur du réservoir). N'utilisez pas de clé de serrage.

Tandis que le réservoir repose sur le dos, glissez une rondelle de caoutchouc sur chacun des boulons du réservoir. Dans le réservoir, insérez les boulons dans les ouvertures. Par-dessous le réservoir, posez une rondelle et un écrou hexagonal de laiton sur chaque boulon. Serrez les écrous à la main, plus ¼ de tour à la clé. Ne les serrez pas trop.

(suite à la page suivante)

Placez le réservoir sur la cuvette en prenant soin d'aligner la rondelle de mousse sur l'ouverture d'entrée d'eau et les boulons sur les trous qui leur sont destinés. Installez sur chaque boulon une rondelle de caoutchouc, suivie d'une rondelle de laiton et d'un écrou à oreilles. Serrez les écrous uniformément.

Vous pouvez immobiliser les boulons de l'intérieur du réservoir à l'aide d'un gros tournevis à lame plate. Vous devez serrer les écrous, pas les boulons. Vous pouvez presser un peu sur un côté, sur l'arrière ou sur le devant du réservoir pour le mettre de niveau, tandis que vous serrez les écrous à la main. Ne les serrez pas trop de crainte de fissurer le réservoir. Le réservoir devrait être de niveau et solide.

Raccordez le tuyau d'alimentation à l'about fileté du robinet de remplissage au moyen de l'écrou d'accouplement fourni. Rouvrez l'eau et vérifiez l'étanchéité de l'installation.

Installez l'abattant sur la cuvette en insérant vers le bas les boulons de l'abattant dans les ouvertures de la cuvette et en y vissant les écrous.

Toilette à broyeur ▸

Dans les endroits où il est impossible d'installer une toilette traditionnelle, la toilette à broyeur peut être une solution, par exemple si vous souhaitez ajouter un cabinet d'aisances dans le sous-sol. Cet appareil sanitaire broie les excréments et les évacue par un tuyau de ¾ po jusqu'à un tuyau de renvoi existant. La plupart de ces appareils peuvent également éliminer les eaux usées d'un lavabo et d'une douche.

Placez le broyeur à l'endroit voulu. Raccordez-en les entrées aux tuyaux de renvoi de 1 ½ po du lavabo, de la baignoire ou de la douche. Raccordez aussi l'orifice de décharge du broyeur (par un tuyau de cuivre ou de PVC) à une canalisation d'évacuation de ¾ po, elle-même raccordée à la colonne de chute ou à un tuyau d'égout secondaire. Dans le cas de certains modèles, le parcours d'évacuation peut atteindre 12 pi verticalement et 150 pi horizontalement, pourvu qu'une pente de ¼ po par pied soit maintenue. Lisez attentivement les instructions du fabricant pour connaître les limites de votre appareil et les chutes de pression associées aux changements de direction de la canalisation.

Une fois tous les raccordements effectués sur le broyeur, installez la cuvette devant celui-ci, en alignant la sortie de la cuvette sur le connecteur en accordéon du broyeur. Marquez la position des ouvertures de la cuvette destinées aux tire-fond de montage. Retirez la cuvette et pratiquez les trous du diamètre requis par les tire-fond. Joignez la cuvette et le broyeur selon les instructions du fabricant, puis fixez la cuvette sur le plancher. L'installation du réservoir de la toilette sur la cuvette et le branchement d'arrivée d'eau se font de la manière habituelle. Un évent doit être prévu conformément à la réglementation locale et aux instructions du fabricant.

La toilette à broyeur doit être branchée dans une prise de 120 V à disjoncteur de fuite à la terre située à au moins 40 po de l'appareil. Bien entendu, le broyeur ne fonctionnera pas durant les pannes de courant. Ne jetez pas de papier autre qu'hygiénique dans la toilette. N'accrochez aucun distributeur ou bloc de produit désinfectant dans le réservoir ni dans la cuvette.

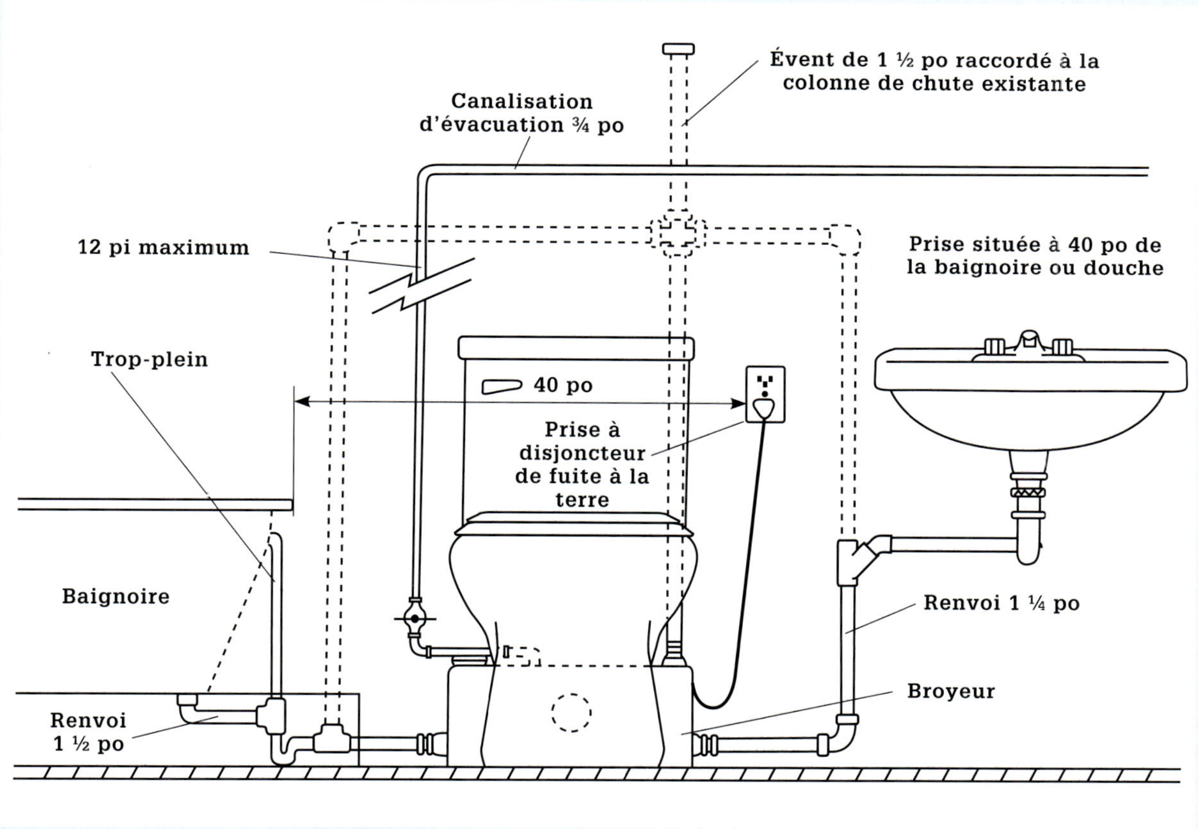

Un système de toilette à broyeur peut normalement se raccorder à une cuvette, à un lavabo, à une baignoire et à une douche. Le diagramme indique la disposition de la tuyauterie d'une installation type. Consultez les codes locaux avant l'installation.

Dégorgement et réparation des tuyaux d'évacuation

Dégorgez les tuyaux d'évacuation à l'aide d'un débouchoir, d'un furet ou d'un ajutage à expansion. Le débouchoir chasse les obstructions par pression d'air. C'est un outil efficace et d'utilisation facile, que vous devez utiliser en premier lieu.

Le furet est muni d'un serpentin souple que l'on pousse dans le tuyau d'évacuation pour le déboucher. Le furet est facile à utiliser, mais requiert un peu d'expérience : vous devrez apprendre à « sentir » si le serpentin entre en contact avec un bouchon de savon ou s'il le fait avec un coude de la tuyauterie (pages 372-373).

L'ajutage à expansion se raccorde à un tuyau d'arrosage et déloge les obstructions par pression d'eau. Cet outil est surtout efficace pour déboucher les avaloirs de sol (page 379).

N'utilisez qu'en dernier recours les produits chimiques de débouchage à base d'acide, que l'on vend dans les quincailleries et les supermarchés. Ils dissolvent les obstructions, mais risquent d'endommager les tuyaux. Il faut les manipuler avec prudence et en lire attentivement le mode d'emploi.

Un entretien régulier des tuyaux d'évacuation les gardera libres de toute obstruction. Chaque semaine, faites couler de l'eau chaude du robinet dans les tuyaux d'évacuation afin d'en éliminer les débris et les dépôts de savon et de graisse. Ou bien, tous les six mois, versez dans les tuyaux un produit de débouchage non caustique (à base de sulfure de cuivre ou d'hydroxyde de sodium), sans danger pour la tuyauterie.

Occasionnellement, une fuite peut se produire dans un tuyau d'évacuation ou autour de l'ouverture d'évacuation. La plupart de ces fuites se corrigent facilement : il suffit de resserrer un peu les raccords des tuyaux. Si c'est l'ouverture d'évacuation de l'évier qui fuit, réparez ou remplacez-en le dispositif d'évacuation (page 371).

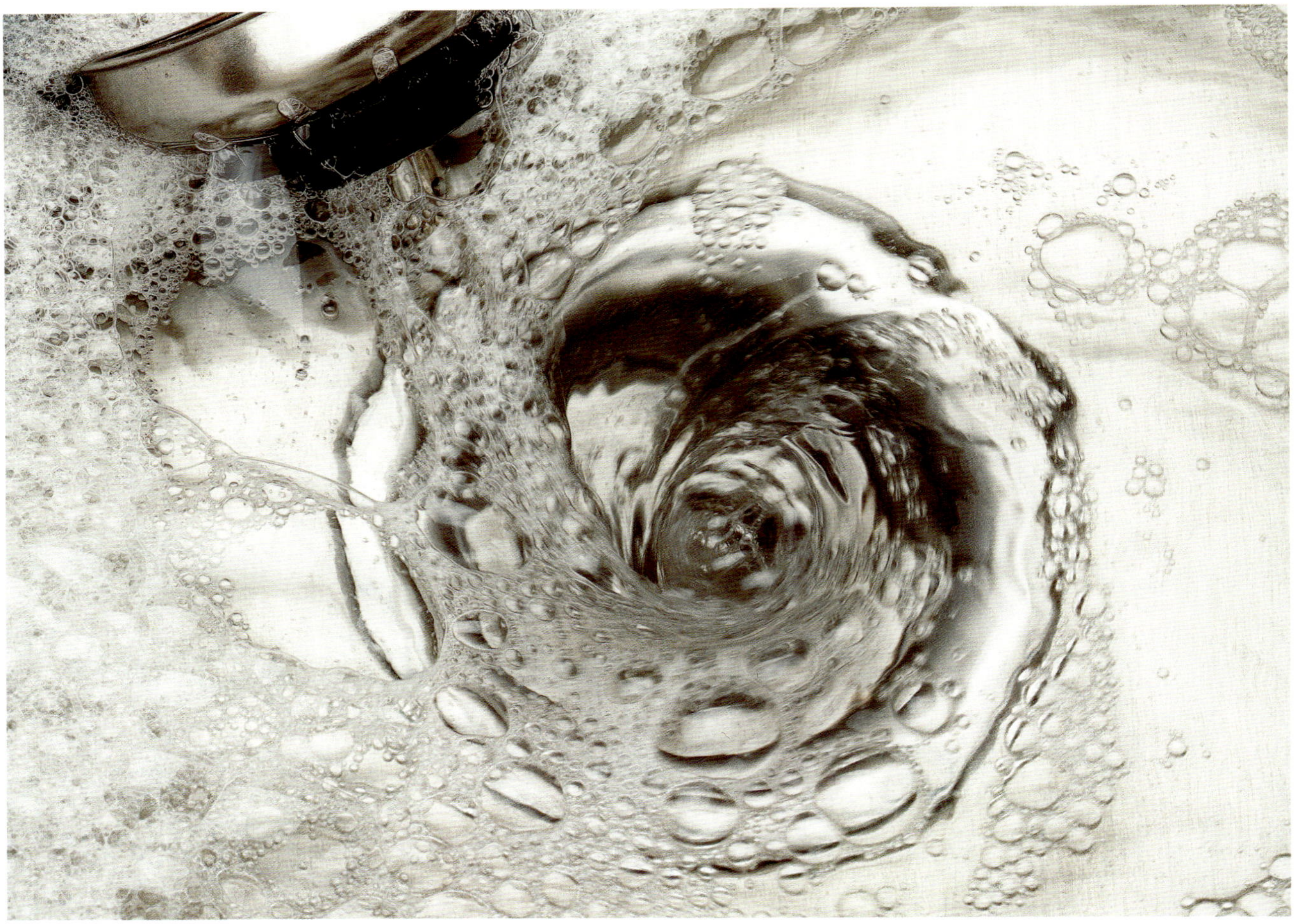

Dégorgement d'un évier ou d'un lavabo

Tous les éviers et lavabos sont munis d'un siphon et d'un tuyau d'évacuation. S'ils se bouchent, c'est généralement à cause d'une accumulation de savon et de cheveux dans le siphon ou dans le tuyau d'évacuation. Pour corriger la situation, utilisez un débouchoir, démontez le siphon et nettoyez-le (page 370), ou servez-vous d'un furet (pages 372-373).

Bon nombre de lavabos retiennent l'eau au moyen d'un bouchon mécanique appelé clapet d'obturation. Si l'eau de l'évier s'évacue malgré la fermeture de ce clapet, ou si l'eau s'évacue trop lentement lorsqu'il est ouvert, vous devrez le nettoyer et le régler (page 370).

Outils et matériel ▸

Débouchoir
Pince multiprise
Petite brosse métallique
Tournevis
Chiffon
Seau
Joints d'étanchéité de rechange

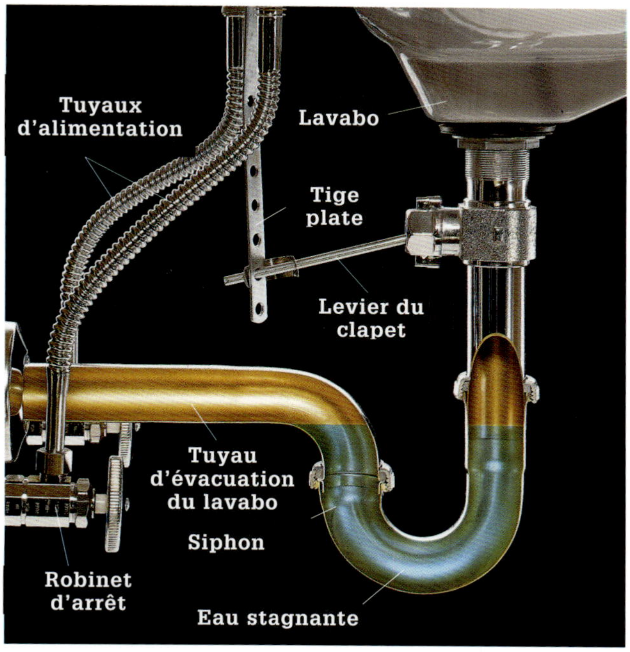

Le siphon retient de l'eau qui scelle le tuyau d'évacuation et empêche les gaz d'égout de se répandre dans la maison. Chaque fois que de l'eau est évacuée de l'évier, elle chasse et remplace l'eau qui stagnait dans le siphon. La forme du siphon et du tuyau

Dégorgement au débouchoir d'un lavabo

Enlevez le clapet d'obturation. Certains clapets se soulèvent tout simplement, d'autres doivent être au préalable tournés dans le sens contraire à celui des aiguilles d'une montre. Dans le cas d'un vieux clapet, vous devrez peut-être en enlever le levier pour le libérer.

Avec un chiffon mouillé, bouchez l'ouverture de trop-plein du lavabo pour empêcher l'air de casser le vide créé par le débouchoir. Placez la cloche du débouchoir sur l'ouverture d'évacuation et faites couler assez d'eau pour la recouvrir. Pour chasser l'obstruction, faites de rapides mouvements verticaux avec le manche du débouchoir.

Nettoyage et réglage d'un dispositif d'évacuation à clapet d'obturation

Relevez complètement la tirette du clapet (position fermée). Dévissez l'écrou de blocage retenant le levier du clapet. Enlevez du tuyau le levier afin de libérer le clapet.

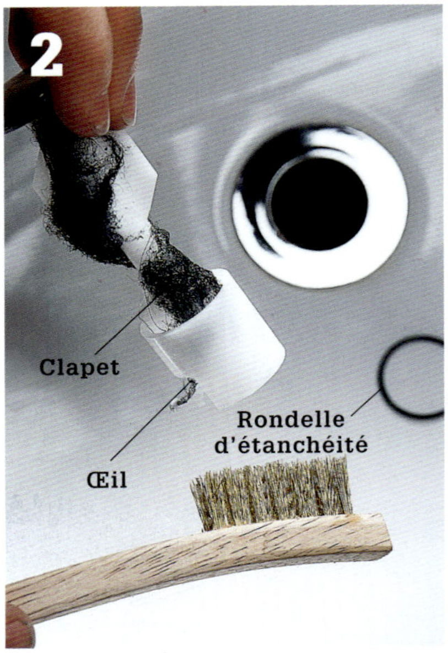

Retirez le clapet et nettoyez-le avec une petite brosse métallique. Vérifiez si la rondelle d'étanchéité ne serait pas usée ou endommagée ; remplacez-la au besoin. Réinstallez le clapet.

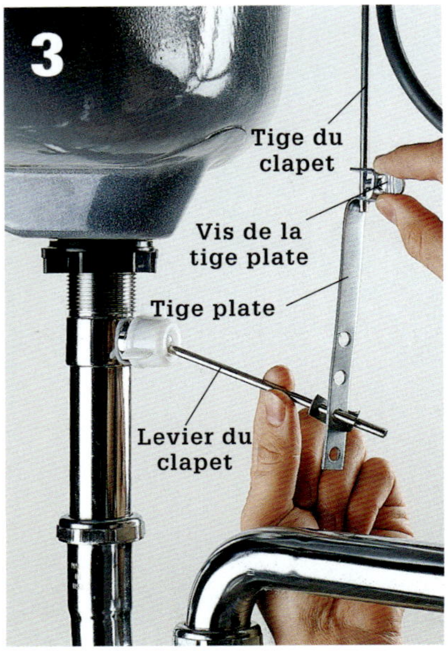

Si le lavabo ne se vide pas encore correctement, réglez la tige plate. Desserrez la vis de la tige plate, que vous ferez ensuite glisser le long du levier pour régler la position du clapet. Resserrez la vis de la tige plate.

Enlèvement et nettoyage d'un siphon de lavabo

Placez un seau sous le siphon ; desserrez les écrous coulissants à l'aide d'une pince multiprise. Dévissez ces écrous à la main et éloignez-les du raccordement. Tirez sur le siphon.

Nettoyez le siphon avec une petite brosse métallique. Vérifiez si les rondelles des écrous coulissants ne seraient pas usées et remplacez-les au besoin. Réinstallez le siphon ; resserrez les écrous coulissants.

Réparation d'une fuite à la crépine d'un évier

Une fuite constatée sous un évier peut résulter du manque d'étanchéité du joint entre le manchon de la crépine et l'orifice d'évacuation de l'évier. Pour vérifier s'il y a fuite, fermez le clapet d'obturation et remplissez l'évier. Sous l'évier, inspectez le dispositif de crépine pour voir s'il fuit.

Pour corriger une fuite, il faut enlever et nettoyer le manchon, puis remplacer les joints d'étanchéité usés et le mastic détérioré. Ou encore achetez un nouveau dispositif de crépine, en vente dans les maisonneries.

Outils et matériel ▸

- Pince multiprise
- Clé à ergots
- Marteau
- Couteau à mastiquer
- Mastic adhésif
- Pièces de rechange (au besoin)

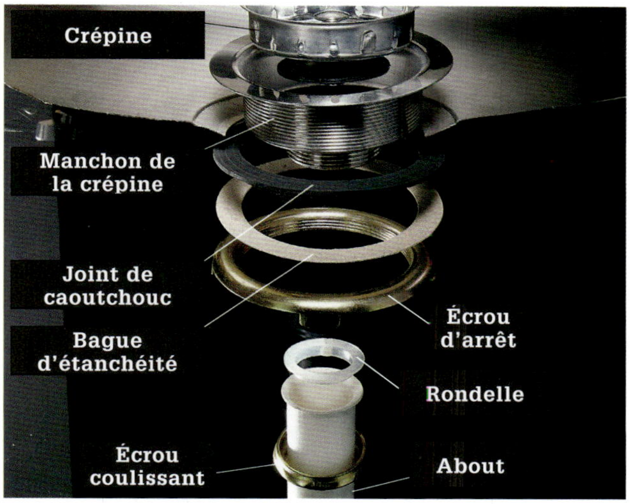

Le dispositif de crépine relie l'évier à la canalisation d'évacuation. Une fuite peut se produire à l'endroit où le manchon de la crépine s'appuie contre le bord de l'ouverture d'évacuation de l'évier.

Réparation d'une crépine qui fuit

À l'aide d'une pince multiprise, dévissez les écrous coulissants aux deux extrémités de l'about. Débranchez l'about du siphon et du manchon de la crépine, et retirez-le.

Enlevez l'écrou d'arrêt à l'aide d'une clé à ergots. Dévissez complètement l'écrou et retirez le dispositif de crépine. Au besoin, coupez l'écrou.

Avec un couteau à mastiquer, enlevez le vieux mastic de l'orifice d'évacuation. Si vous réutilisez l'ancien manchon, ôtez le vieux mastic déposé sous la bride du manchon. Vous devez remplacer les joints et les rondelles.

Appliquez un cordon de mastic adhésif sur le bord de l'orifice d'évacuation. Poussez le manchon de la crépine dans cette ouverture. Sous l'évier, installez sur le manchon un nouveau joint de caoutchouc, puis une bague d'étanchéité en métal ou en fibre. Réinstallez l'écrou d'arrêt et serrez-le. Réinstallez l'about.

Dégorgement au furet de la canalisation d'évacuation d'un appareil

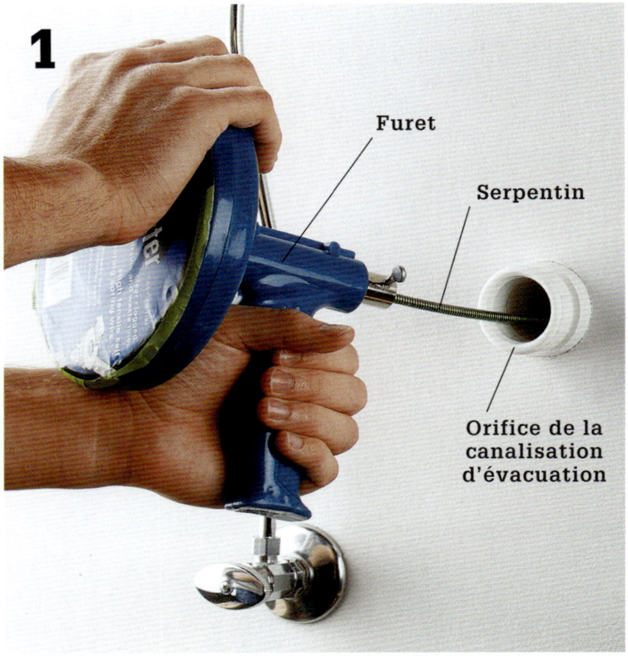

Enlevez le siphon (page 370). Poussez dans la canalisation le serpentin du furet jusqu'à ce que celui-ci y rencontre une résistance. Cette résistance signifie généralement que l'extrémité du serpentin a atteint un coude de la canalisation d'évacuation.

Verrouillez le furet de manière qu'une longueur d'au moins 6 po de serpentin dépasse de l'orifice. Tournez la manivelle dans le sens des aiguilles d'une montre pour que l'extrémité du serpentin aille au-delà du coude de la canalisation.

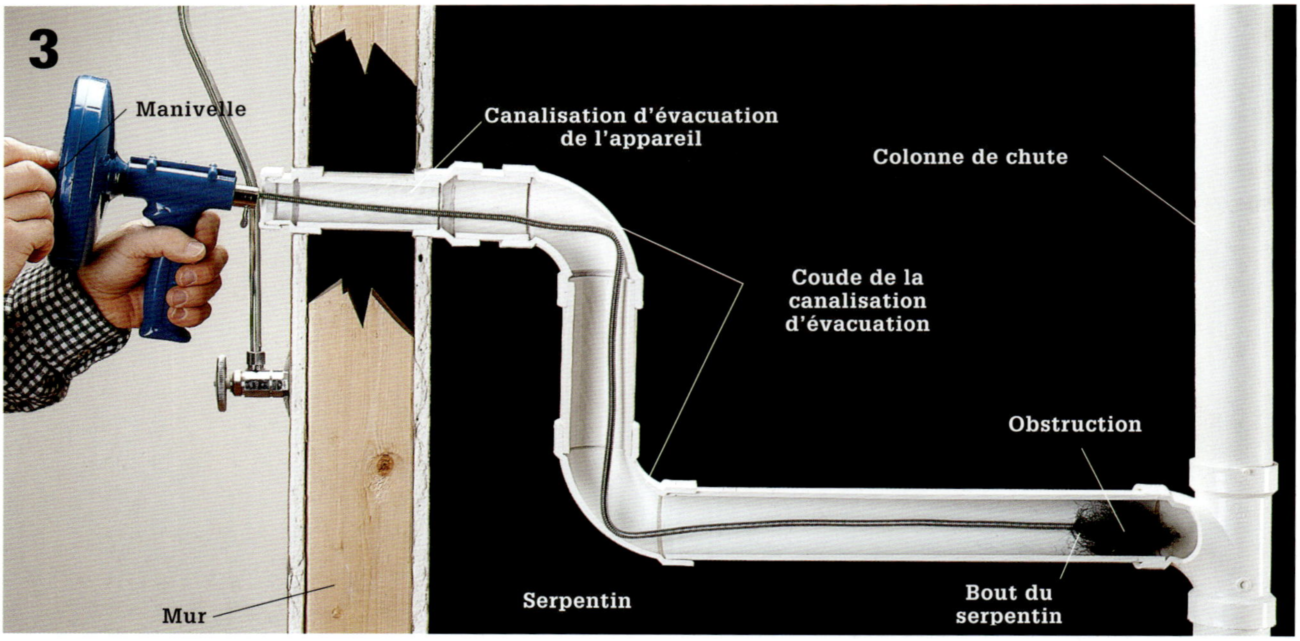

Déverrouillez le furet et continuez de pousser le serpentin dans l'orifice jusqu'à ce que ce dernier atteigne une résistance solide. Verrouillez le furet et tournez la manivelle dans le sens des aiguilles d'une montre. Une résistance solide qui empêche le serpentin d'avancer signale que l'obstruction a été atteinte. Certains bouchons, tels une accumulation de cheveux ou un morceau d'éponge, peuvent parfois être saisis par le bout du serpentin et retirés de la canalisation (étape 4). Une résistance continue qui permet au serpentin d'avancer lentement est sans doute le fait d'une accumulation de savon (étape 5).

Pour sortir l'obstruction de la canalisation, déverrouillez le furet et tournez la manivelle dans le sens des aiguilles d'une montre. Si l'obstruction ne peut être retirée, rebranchez le siphon et servez-vous du furet pour déboucher la canalisation d'évacuation la plus proche ou encore la colonne de chute (pages 380-381).

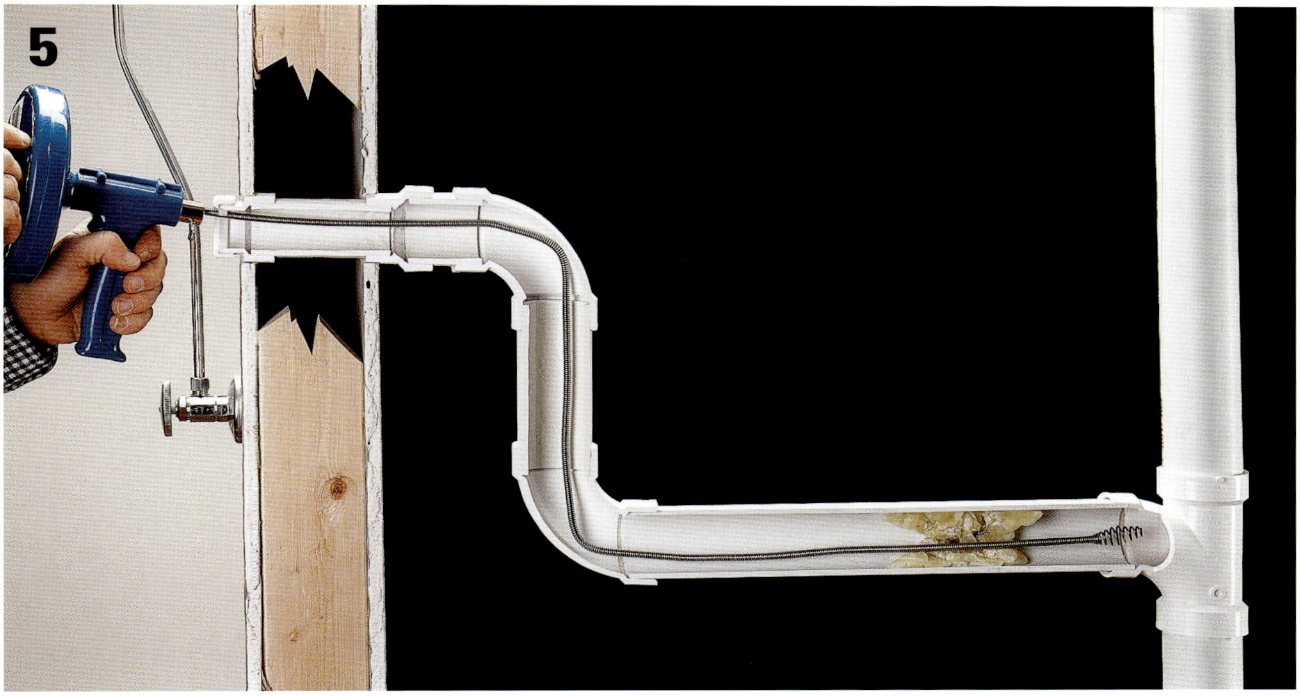

Une résistance continue indique la présence d'un bouchon de savon. Passez au travers de cette obstruction en faisant tourner la manivelle du furet dans le sens des aiguilles d'une montre tout en continuant de pousser sur la poignée du furet. Répétez l'opération deux ou trois fois, puis sortez le serpentin. Rebranchez le siphon. Rincez le circuit avec de l'eau chaude pour en chasser les débris.

Dégorgement d'une cuvette de toilette

Si une toilette se bouche, c'est généralement qu'un objet est coincé dans le siphon de la cuvette. Pour la déboucher, utilisez un débouchoir à épaulement ou un dégorgeoir à cuvette.

Une toilette dont l'évacuation est lente peut être partiellement bouchée. Débouchez-la avec un débouchoir à épaulement ou un dégorgeoir à cuvette. Il arrive que cette lenteur de l'évacuation signale un blocage dans la colonne de chute. Dans ce cas, débloquez la colonne de chute de la manière indiquée à la page 381.

Outils et matériel ▸

Débouchoir à épaulement
Dégorgeoir à cuvette
Seau

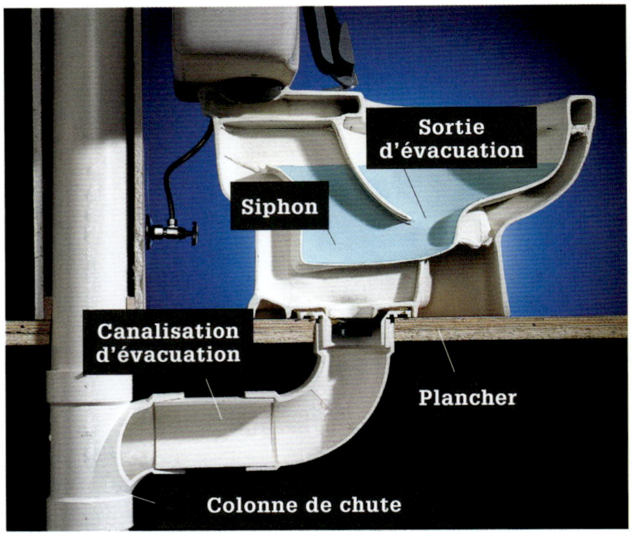

Le dispositif d'évacuation d'une toilette comporte une sortie d'évacuation et un siphon intégré. Ce dispositif est raccordé à une canalisation d'évacuation et à la colonne de chute.

Dégorgement d'une toilette au moyen d'un débouchoir

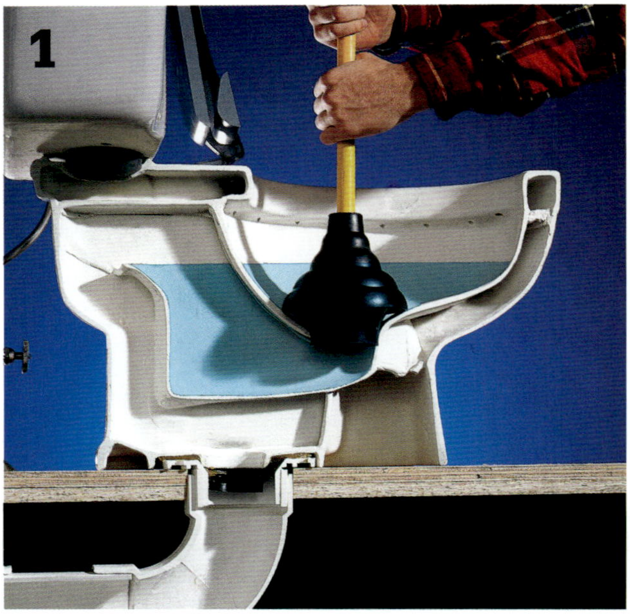

Placez la ventouse du débouchoir à épaulement dans la sortie d'évacuation et imprimez-y un rapide mouvement de va-et-vient. Versez un seau d'eau dans la cuvette pour en chasser les débris. Si l'évacuation ne se fait pas, répétez la manœuvre ou débouchez la toilette à l'aide d'un dégorgeoir à cuvette.

Dégorgement d'une toilette au moyen d'un dégorgeoir

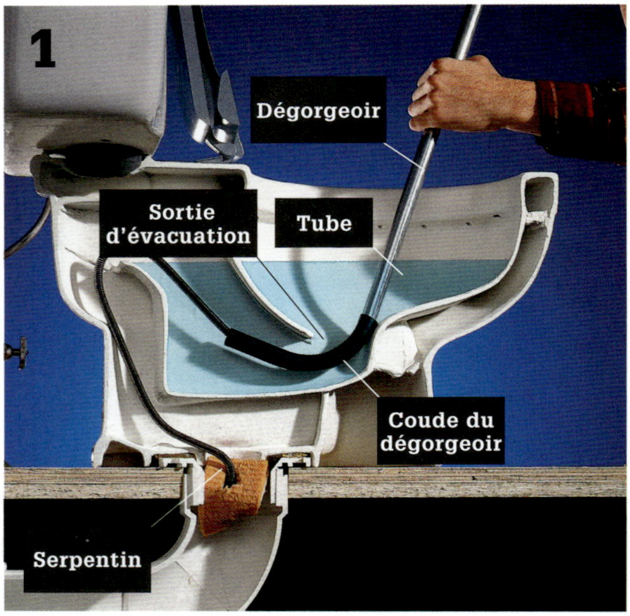

Insérez le coude du dégorgeoir dans la sortie d'évacuation et poussez le serpentin dans le siphon. Tournez la manivelle dans le sens des aiguilles d'une montre pour saisir l'obstruction. Continuez de faire tourner la manivelle tout en retirant l'obstruction du siphon.

Dégorgement de la canalisation d'évacuation d'une douche

Ce sont généralement des cheveux qui bouchent la canalisation d'évacuation d'une douche. Enlevez la crépine et regardez s'il y a une obstruction dans le tuyau (voir ci-dessous). On peut se servir d'un fil métallique pour retirer facilement certaines obstructions.

Les obstructions récalcitrantes peuvent être éliminées à l'aide d'un débouchoir ou d'un furet.

Outils et matériel ▸

- Tournevis
- Lampe de poche
- Débouchoir
- Furet
- Fil métallique rigide

Le dispositif d'évacuation d'une douche est composé d'un bac en pente, d'un orifice d'évacuation, d'un siphon ainsi que d'une canalisation d'évacuation raccordée à une conduite d'évacuation secondaire ou à la colonne de chute.

Dégorgement de la canalisation d'évacuation d'une douche

Vérifiez si le dispositif de crépine ne serait pas obstrué. Pour ce faire, enlevez la crépine à l'aide d'un tournevis. Regardez à la lampe de poche s'il y a des cheveux près de l'orifice d'évacuation. Servez-vous d'un fil métallique rigide pour les retirer.

Servez-vous d'un débouchoir pour éliminer la plupart des obstructions. Placez la ventouse du débouchoir sur l'orifice d'évacuation, et faites couler assez d'eau dans la douche pour recouvrir le bord du débouchoir. Exercez un rapide mouvement de va-et-vient vertical sur le manche.

Délogez les obstructions rebelles à l'aide d'un furet. Servez-vous de cet outil de la manière expliquée dans les pages 372-373.

Dégorgement et réglage du dispositif d'évacuation d'une baignoire

Si la baignoire se vide lentement ou ne se vide plus du tout, retirez et nettoyez le dispositif d'évacuation. Les deux types de dispositifs d'évacuation – à piston et à clapet d'obturation – retiennent les cheveux et autres débris qui causent les obstructions.

Si le nettoyage du dispositif d'évacuation ne règle pas le problème, c'est probablement que la canalisation d'évacuation de la baignoire est obstruée. Dégagez-la à l'aide d'un débouchoir ou d'un furet. Poussez toujours un chiffon mouillé dans l'orifice du trop-plein ; celui-ci empêchera l'entrée d'air de casser le vide causé par le débouchoir. Si vous utilisez un furet, insérez-en toujours le serpentin dans l'orifice du trop-plein.

Si la baignoire ne retient pas l'eau lorsque le clapet d'obturation est fermé, ou si elle continue de se vider trop lentement après le nettoyage du dispositif d'évacuation, c'est que ce dispositif a besoin d'être réglé. Retirez-le et suivez les instructions de la page ci-contre.

Outils et matériel ▸

- Débouchoir
- Tournevis
- Petite brosse métallique
- Pince à bec effilé
- Furet
- Vinaigre
- Graisse résistant à la chaleur
- Chiffon

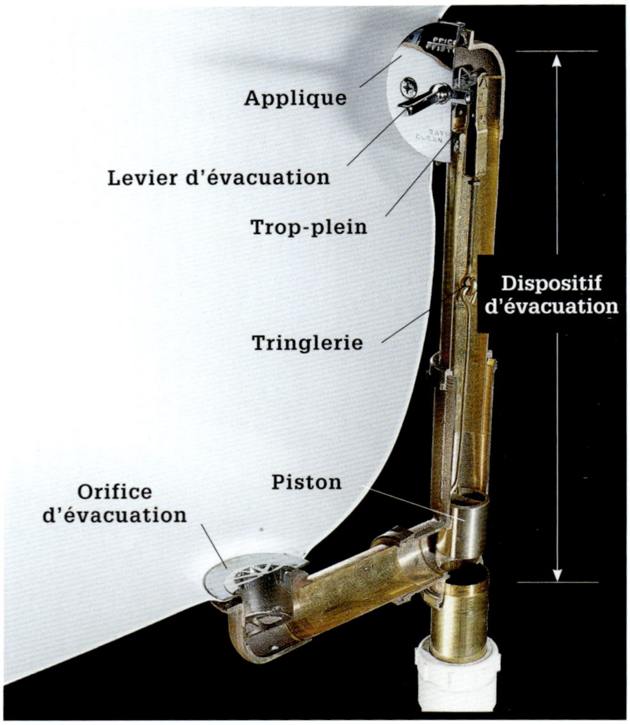

Le dispositif d'évacuation à piston est muni d'un bouchon de laiton creux appelé piston qui glisse verticalement dans le tuyau de trop-plein pour bloquer le passage de l'eau. Ce piston est actionné par un levier et par une tringlerie traversant le trop-plein.

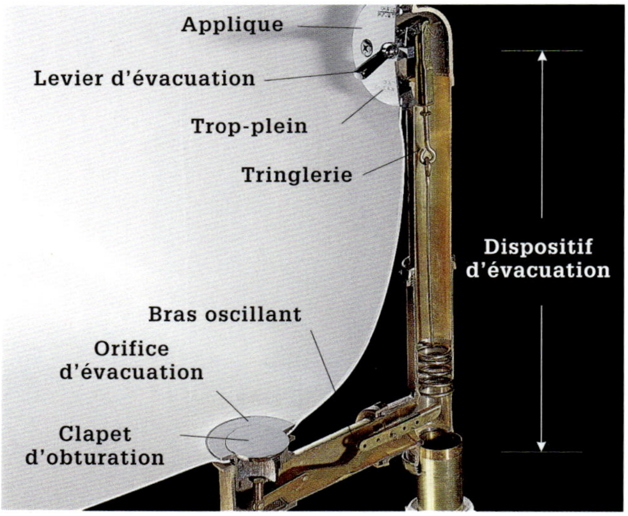

Le dispositif d'évacuation à clapet d'obturation est muni d'un bras oscillant qui pivote pour ouvrir ou fermer le clapet d'obturation métallique. Ce bras est mû par un levier d'évacuation et par une tringlerie traversant le trop-plein.

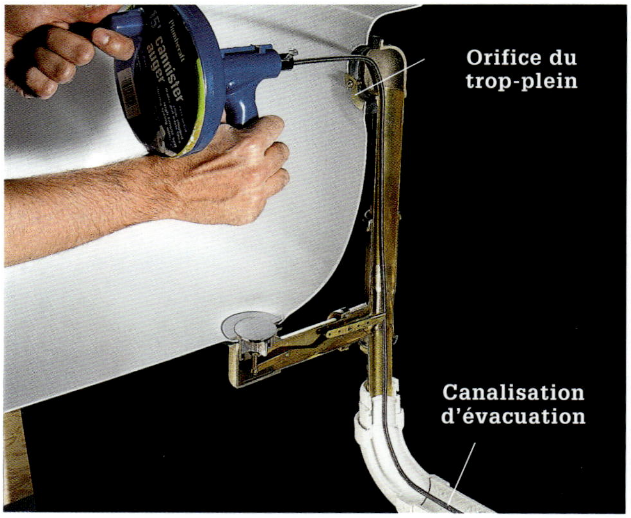

Débouchez la canalisation d'évacuation de la baignoire en faisant passer le serpentin du furet dans l'orifice du trop-plein. Enlevez d'abord l'applique du trop-plein et sortez avec précaution la tringlerie (page ci-contre). Poussez le serpentin du furet dans l'orifice, jusqu'à ce que celui-ci rencontre une résistance (page 372). Une fois l'opération terminée, réinstallez la tringlerie. Ouvrez le clapet d'obturation et faites couler de l'eau chaude pour chasser tous les débris.

Nettoyage et réglage du dispositif d'évacuation à piston

Enlevez les vis de l'applique du trop-plein. Avec précaution, ôtez l'applique et sortez la tringlerie et le piston du trop-plein.

Nettoyez la tringlerie et le piston avec une petite brosse métallique trempée dans du vinaigre. Lubrifiez-les avec une graisse résistant à la chaleur.

Réglez l'écoulement et corrigez les fuites en réglant la tringlerie. À l'aide d'une pince à bec effilé, dévissez l'écrou d'arrêt de la tige filetée. Vissez la tige sur environ ⅛ po. Serrez l'écrou et réinstallez le dispositif.

Nettoyage et réglage d'un dispositif d'évacuation à clapet d'obturation

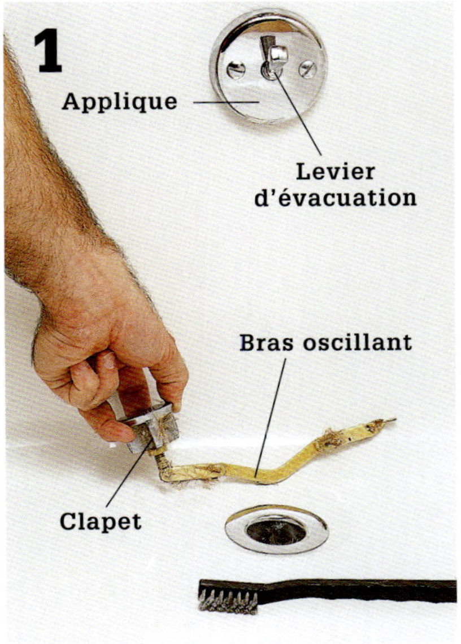

Placez le levier d'évacuation en position ouverte. Par l'orifice d'évacuation, retirez avec précaution le clapet d'obturation et le bras oscillant. Avec une petite brosse métallique, enlevez du bras oscillant cheveux et débris.

Enlevez les vis de l'applique. Retirez l'applique ; sortez du trop-plein le levier d'évacuation et la tringlerie. Éliminez cheveux et débris. Enlevez la rouille de la tringlerie avec une petite brosse métallique trempée dans le vinaigre, puis lubrifiez-la avec une graisse résistant à la chaleur.

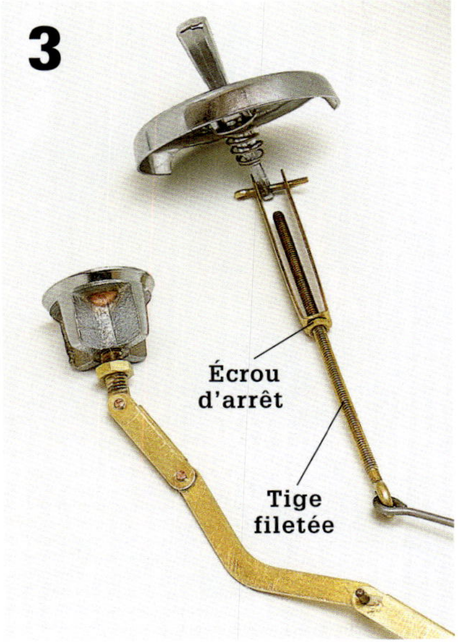

Améliorez l'écoulement et corrigez les fuites en réglant la tringlerie. Desserrez l'écrou d'arrêt de la tige filetée. Relevez la tige en la vissant sur environ ⅛ po. Serrez l'écrou et réinstallez le dispositif.

Dégorgement d'un siphon tambour

Dans les anciennes maisons, les problèmes d'évacuation du lavabo ou de la baignoire peuvent être causés par l'obstruction des canalisations d'évacuation raccordées à un siphon tambour. Retirez le couvercle du siphon tambour et débouchez chacune des canalisations d'évacuation à l'aide d'un furet.

Le siphon tambour est généralement incrusté dans le plancher, près de la baignoire. On le reconnaît à son couvercle ou bouchon plat vissé, de niveau avec le plancher. Il est parfois installé la tête en bas sous le plancher, de manière que l'on ait accès au bouchon de l'étage inférieur.

Outils et matériel ▸

- Clé à molette
- Furet
- Chiffons ou serviettes
- Huile de dégrippage
- Ruban d'étanchéité

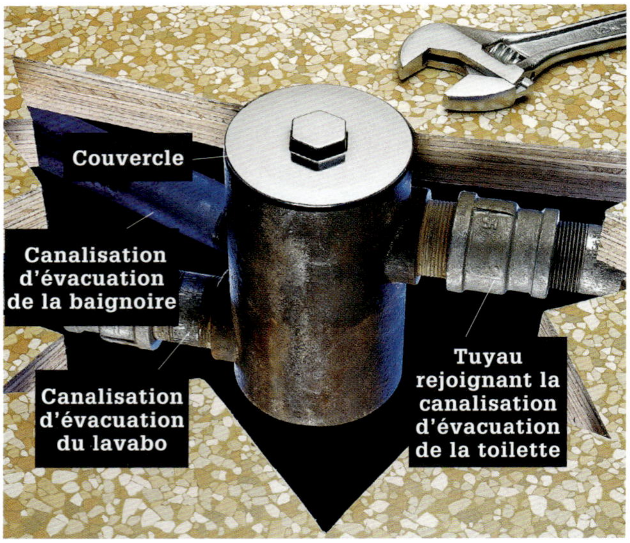

Le siphon tambour est un réservoir cylindrique de plomb ou de fonte, auquel se raccorde généralement la canalisation d'évacuation de plusieurs appareils. N'étant pas raccordé à un tuyau d'évent, il n'est plus approuvé pour les nouvelles installations.

Dégorgement du siphon tambour

Avant d'ouvrir le siphon, placez des chiffons ou des serviettes autour de l'ouverture, pour absorber l'eau qui pourrait refouler.

Avec une clé à molette, retirez le couvercle du siphon. Travaillez avec précaution : les anciens siphons tambours sont parfois faits de plomb et se fragilisent au fil des ans. Si le couvercle résiste, appliquez de l'huile de dégrippage pour en lubrifier les filets.

Utilisez un furet (pages 372-373) pour déboucher chacune des canalisations. Enroulez du ruban d'étanchéité autour des filets du couvercle ; revissez-le. Rincez toutes les canalisations d'évacuation en faisant couler de l'eau chaude pendant cinq minutes.

Dégorgement des avaloirs de sol

Lorsque l'eau refoule sur le plancher d'un sous-sol, c'est qu'il y a une obstruction dans la canalisation d'évacuation, dans le siphon ou dans la canalisation d'égout. Servez-vous d'un furet ou d'un ajutage à expansion pour déboucher la canalisation d'évacuation et le siphon. Pour déboucher la canalisation d'égout, suivez les instructions des pages 382-385.

L'ajutage à expansion est particulièrement utile pour déboucher les avaloirs de sol. Il suffit d'attacher l'ajutage à un tuyau d'arrosage et de l'insérer dans l'avaloir. Une fois rempli d'eau, l'ajutage pourra libérer un puissant jet d'eau qui délogera l'obstruction.

Outils et matériel ▸

Clé à molette
Tournevis
Furet
Ajutage à expansion
Tuyau d'arrosage

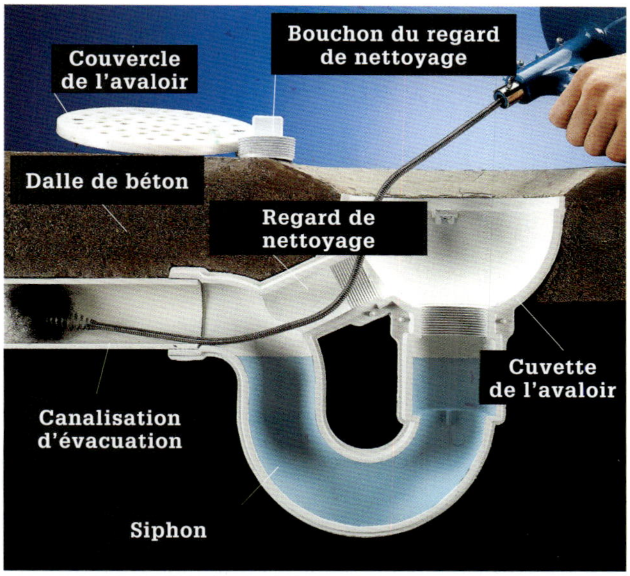

Débouchez l'avaloir de sol à l'aide d'un furet. Enlevez le couvercle de l'avaloir, puis, avec une clé, dévissez le bouchon du regard de nettoyage se trouvant dans la cuvette de l'avaloir. Poussez le serpentin du furet par le regard directement dans la canalisation d'évacuation.

Dégorgement de l'avaloir à l'aide d'un ajutage à expansion

Raccordez l'ajutage à un tuyau d'arrosage. Raccordez le tuyau à un robinet à bec fileté.

Retirez le couvercle de l'avaloir ainsi que le bouchon du regard de nettoyage. Insérez complètement l'ajutage dans l'orifice du regard et ouvrez l'eau. L'ajutage sera efficace au bout de quelques minutes.

Dégorgement des canalisations d'évacuation principale et secondaires

Si le débouchoir ou le furet ne vient pas à bout de l'obstruction dans la canalisation d'évacuation de l'appareil, il se peut que cette obstruction se loge dans la canalisation d'évacuation secondaire, dans la colonne de chute ou dans la canalisation d'égout.

Commencez par recourir au furet pour déboucher la canalisation d'évacuation secondaire la plus proche de l'appareil sanitaire concerné. L'accès à une canalisation d'évacuation secondaire se fait par le regard de nettoyage situé à l'extrémité de cette canalisation. Puisque des eaux usées peuvent s'être accumulées dans le tuyau, ouvrez le regard avec précaution. Placez un seau, des chiffons et des journaux sous celui-ci. Tenez-vous à l'écart, jamais sous le regard, durant le dévissage du bouchon ou du couvercle.

Si le nettoyage au furet de la canalisation d'évacuation secondaire ne règle pas le problème, c'est peut-être que l'obstruction se situe dans la colonne principale. Pour nettoyer celle-ci, faites entrer le serpentin du furet dans le tuyau d'évent, sur le toit. Assurez-vous que le serpentin du furet est assez long pour rejoindre l'extrémité de la colonne. Si ce n'est pas le cas, vous pouvez emprunter ou louer un autre furet. Soyez toujours très prudent lorsque vous travaillez sur le toit ou sur une échelle.

Si la colonne de chute n'est pas obstruée, vérifiez l'état de la canalisation d'égout. Trouvez le regard de nettoyage principal, qui est généralement un raccord en Y situé au bas de la colonne de chute. Retirez le bouchon ; poussez le serpentin du furet dans le regard.

La canalisation d'égout de certaines vieilles maisons est munie d'un siphon de maison, qui est un raccord en U situé à l'endroit où la canalisation d'égout sort de la maison. La plus grande partie de ce raccord se trouve sous le sol, mais il se reconnaît à ses deux ouvertures. Nettoyez-le avec un furet.

Si le serpentin du furet rencontre une résistance solide dans la canalisation, retirez-le et inspectez-en l'extrémité. La présence de radicelles indique que la canalisation est obstruée par des racines d'arbre ; la présence de terre sur l'extrémité du serpentin indique que la canalisation s'est affaissée.

Pour enlever les racines d'arbre de la canalisation, utilisez un dégorgeoir mécanique (page 382) que vous pouvez vous procurer dans un centre de location d'outils. Il s'agit toutefois d'un gros outil, très lourd. Avant de le louer, évaluez si, compte tenu du prix de la location et de vos aptitudes, vous ne feriez pas mieux de recourir à un service de nettoyage d'égout. Si vous décidez de louer l'outil, demandez au locateur un mode d'emploi complet.

Dans le cas d'une canalisation affaissée, recourez à un service de nettoyage d'égouts.

Outils et matériel ▸

- Clé à molette ou clé à tuyau
- Furet
- Ciseau à froid
- Marteau à panne ronde
- Seau
- Chiffons
- Huile de dégrippage
- Bouchons de regard de nettoyage (si requis)
- Pâte à joints

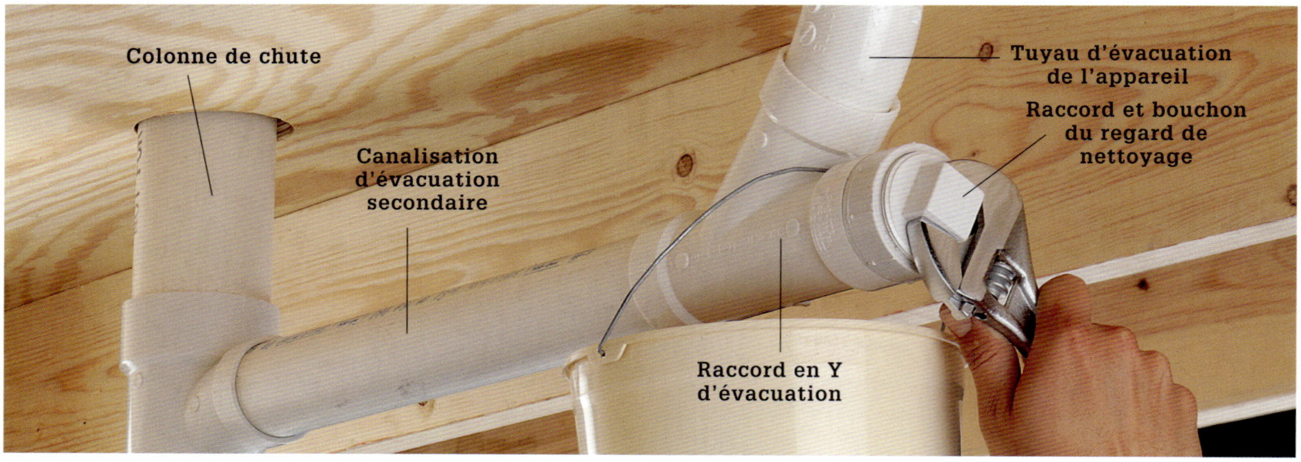

Pour dégorger une canalisation d'évacuation secondaire, trouvez le regard de nettoyage situé à l'extrémité de cette canalisation. Placez un seau sous le regard. À l'aide d'une clé à molette, dévissez lentement le bouchon du regard. Débouchez la canalisation à l'aide d'un furet (pages 372-373).

Pour déboucher la colonne de chute, faites entrer le serpentin du furet dans le tuyau d'évent, sur le toit. Soyez toujours très prudent lorsque vous travaillez sur le toit ou sur une échelle.

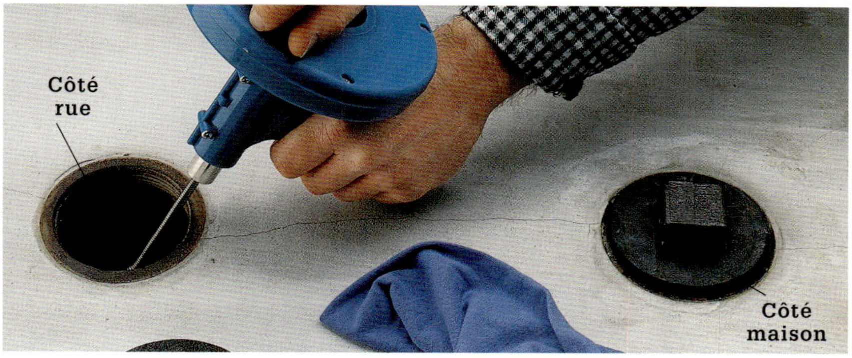

Débouchez le siphon de maison de la canalisation d'égout à l'aide d'un furet. Retirez lentement le bouchon du « côté rue » uniquement. Si de l'eau en sort durant le dévissage, c'est que l'obstruction se trouve dans la partie de la canalisation d'égout qui est en aval du siphon. S'il n'y a pas d'écoulement d'eau, essayez de déboucher le siphon avec un furet. S'il n'y a pas d'obstruction dans le siphon, refermez-en l'ouverture « côté rue » et retirez le bouchon de l'ouverture « côté maison ». Servez-vous du furet pour déloger toute obstruction située entre le siphon de maison et la colonne principale.

Enlèvement et remplacement du bouchon de nettoyage de la canalisation d'évacuation principale

À l'aide d'une grosse clé à tuyau, enlevez le bouchon du regard de nettoyage. Si le bouchon ne veut pas tourner, versez de l'huile de dégrippage sur sa circonférence ; attendez 10 minutes, puis essayez de nouveau de le dévisser. Placez des chiffons et un seau sous le raccord.

Si le bouchon résiste, essayez de le faire tourner avec un ciseau à froid et un marteau à panne ronde. Placez la lame du ciseau sur le bord du bouchon et donnez-y des coups de marteau pour que le bouchon tourne dans le sens inverse des aiguilles d'une montre. Si le bouchon résiste encore, cassez-le à coups de ciseau. Enlevez-en tous les morceaux.

Remplacez l'ancien bouchon par un bouchon de plastique. Appliquez de la pâte à joints sur les filets du bouchon de rechange et vissez celui-ci dans le raccord.

Autre solution : Utilisez un bouchon de caoutchouc à expansion, lequel est muni d'un écrou à oreilles qui comprime le cœur de caoutchouc entre deux plaques métalliques. Le caoutchouc écrasé prend une forme convexe qui crée un joint étanche.

Utilisation du dégorgeoir mécanique

Si le débouchoir et le furet ne viennent pas à bout de l'obstruction, il vous reste une avenue à emprunter avant de faire appel à un service de nettoyage professionnel. La plupart des centres de location d'outils gardent en stock des dégorgeoirs mécaniques de divers formats. Ces appareils électriques fonctionnent de la même manière que les furets manuels, mais avec beaucoup plus de force. Muni d'une tarière de récupération, d'une tête d'aspic ou d'un couteau, le dégorgeoir mécanique récupérera l'obstruction, la chassera ou la détruira.

Lisez attentivement le mode d'emploi et renseignez-vous auprès du conseiller du centre de location. Un dégorgeoir mécanique mal utilisé peut causer des dommages considérables à votre tuyauterie. Il est conçu pour être introduit au-delà du siphon ou dans le regard d'une canalisation, de manière que l'utilisateur n'ait pas à le faire passer de force dans le siphon. Ne faites jamais fonctionner le dégorgeoir dans une cuvette, car il risquerait d'égratigner la porcelaine, voire de la casser.

Outils et matériel ▸

- Dégorgeoir mécanique avec furet de ½ po de diamètre et de 50 pi de longueur
- Protection oculaire
- Rallonge mise à la terre
- Pince multiprise
- Clés
- Gants de cuir épais
- Huile de dégrippage
- Ruban de téflon
- Tournevis

Lorsque l'obstruction est tenace, il faut louer un dégorgeoir mécanique. Le dégorgeoir pour service moyen illustré ici convient au débouchage des avaloirs de sol et des canalisations d'évacuation secondaires.

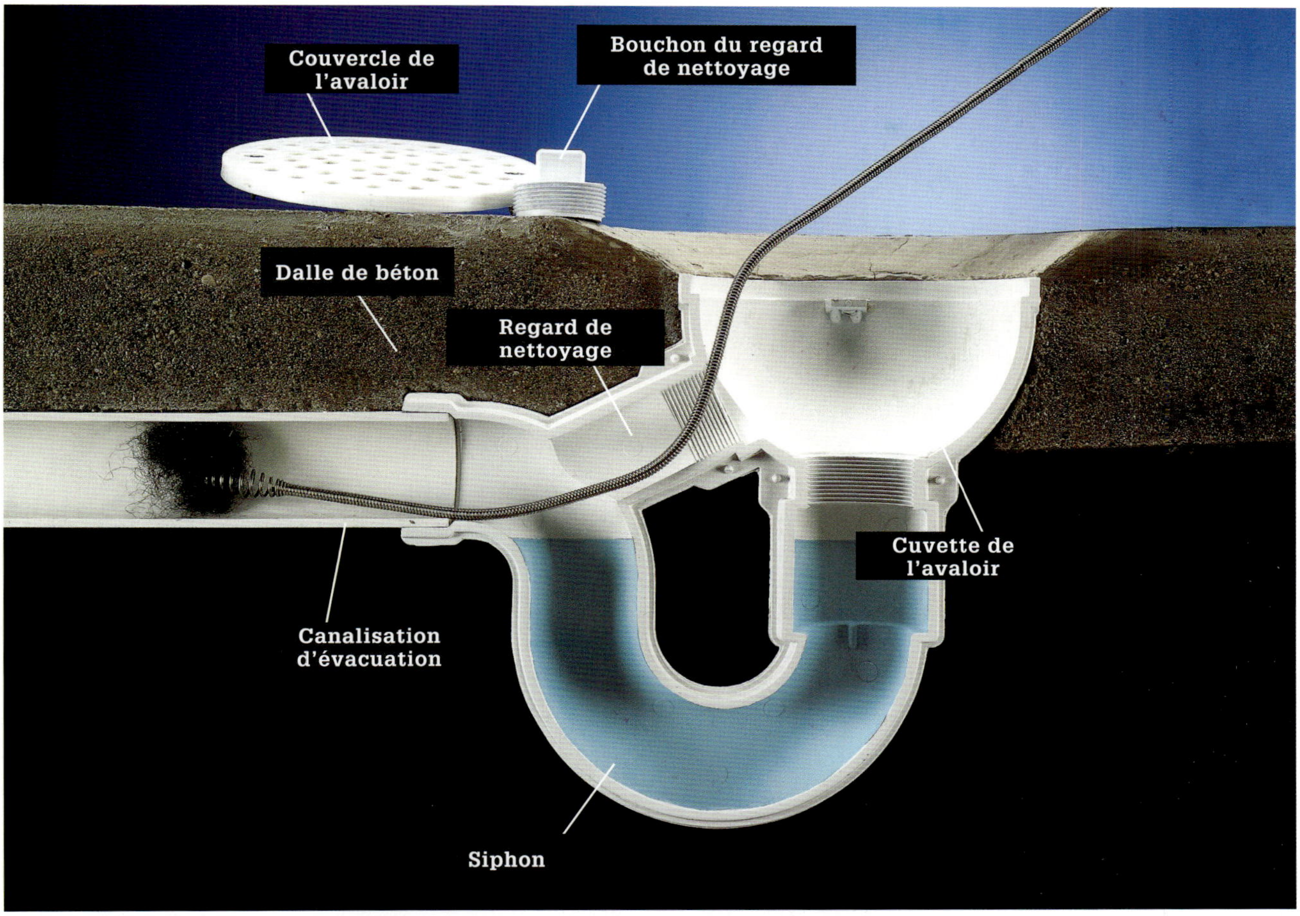

Une obstruction particulièrement tenace peut se former dans un avaloir de sol, surtout si celui-ci n'est pas muni d'un couvercle. Le furet d'un dégorgeoir mécanique introduit dans le regard de nettoyage peut parcourir plus de 50 pi pour aller déloger une obstruction. Cet outil de location est offert en plusieurs formats ; il peut servir à déboucher les canalisations d'évacuation des douches et baignoires, les canalisations d'évacuation secondaires, voire des colonnes de chute ou des canalisations d'égout de 3 po à 4 po de diamètre.

Conseils sur les outils ▸

Le dégorgeoir mécanique peut être muni de trois types d'embouts. La tarière de récupération servira à saisir l'obstruction et à la sortir du tuyau. Quant à la tête d'aspic, elle pénétrera dans l'obstruction ; elle y créera un avant-trou destiné au couteau, lequel détruira les obstructions les plus tenaces (souvent des racines d'arbre).

Dégorgement d'un avaloir de sol

Retirez le couvercle de l'avaloir à l'aide d'un tournevis. Vous verrez sur la paroi de la cuvette de l'avaloir le bouchon du regard de nettoyage ; enlevez-le avec votre pince multiprise la plus grosse. Ce regard vous permet de contourner le siphon. Si le bouchon vous résiste, appliquez sur les filets une huile de dégrippage que vous laisserez travailler pendant 30 minutes. Si vous n'arrivez toujours pas à enlever le bouchon, louez une clé plus grosse. Vous pouvez également faire passer le furet par le siphon, s'il le faut.

Méthode de nettoyage ▸

Si vous décidez de nettoyer une canalisation dont le diamètre est important, il se peut que vous ayez à ouvrir un regard de nettoyage derrière lequel des eaux usées se sont accumulées sur une hauteur de 10 pi à 20 pi. Soyez prudent ! Une fois desserré, le bouchon risque de s'arracher, et un puissant jet d'eau d'égout pourrait être projeté. Voici quelques précautions à prendre :

Dans la mesure du possible, retirez le siphon ou le bouchon de regard le plus proche du niveau auquel l'eau s'est accumulée. Introduisez-y le furet du dégorgeoir. Assurez-vous que le dégorgeoir et ses connexions électriques ne seront pas arrosés si l'eau est projetée hors du regard de nettoyage.

Utilisez d'abord l'embout tête d'aspic afin que l'eau s'écoule par un trou de petit diamètre, avant d'élargir le trou avec un couteau. Dans un regard de nettoyage de 3 po ou 4 po de diamètre, utilisez successivement trois embouts : la tête d'aspic, un petit couteau, puis un couteau plus gros.

Louez un dégorgeoir électrique muni d'un furet de ½ po de diamètre et d'au moins 50 pi de longueur. Le centre de location devrait vous fournir un dégorgeoir du bon format, une rallonge mise à la terre, des gants de cuir épais et une protection oculaire. Le dégorgeoir sera accompagné d'embouts : une tête d'aspic, un couteau et, peut-être, une tarière de récupération convenant à une canalisation de 2 po de diamètre. Attachez d'abord la tête d'aspic (l'appareil étant débranché).

Portez des vêtements serrés et attachez vos cheveux. Placez le dégorgeoir dans un endroit sec, dans un rayon de 3 pi de l'avaloir. Branchez l'appareil dans une prise à disjoncteur de fuite à la terre. Portez la protection oculaire et les gants. Vous aurez en main un câble d'acier qui tournera, et vous risquez d'être exposé à des bactéries dangereuses et à des produits chimiques de débouchage. Placez la pédale d'interrupteur à un endroit commode, où vous l'utiliserez facilement, sans devoir passer au-dessus du tambour ou des courroies exposées du dégorgeoir. Assurez-vous que le commutateur de marche avant et arrière FOR/REV est en position de marche avant (*forward*) (médaillon). Poussez à la main le furet dans la canalisation ou le regard, avant d'allumer le dégorgeoir.

Un dégorgeoir fixe (par opposition à un dégorgeoir de type pistolet) est commandé par une pédale ; vous pouvez ainsi le mettre en marche et l'arrêter avec le pied.

En tenant le furet avec vos deux mains gantées, appuyez sur la pédale pour faire démarrer le dégorgeoir. Poussez lentement le furet plus loin dans l'ouverture. Si la rotation ralentit ou s'il devient impossible de pousser le furet, tirez dessus, puis poussez-le de nouveau. N'exercez pas de pression sur le furet. Le furet doit tourner lorsque le moteur tourne, faute de quoi il risque de se déformer ou de plier (le tambour devrait être muni d'un embrayage prévenant ces dommages). Si l'outil se coince dans l'obstruction, passez de la marche avant à la marche arrière, puis de nouveau à la marche avant.

Faites avancer le furet peu à peu en tirant dessus chaque fois qu'il semble se prendre, puis en poussant dessus lorsqu'il recommence à tourner. Ne laissez jamais le furet cesser de tourner lorsque le moteur de l'appareil tourne. Une fois l'obstruction brisée (ou accrochée, si vous utilisez la tarière de récupération), retirez le furet de la canalisation. Tirez le furet tout en continuant de faire tourner le tambour en marche avant. Si possible, demandez à quelqu'un de rincer le furet avant qu'il s'enroule. Une fois l'embout proche de l'ouverture, relâchez la pédale pour arrêter la machine. Laissez le furet s'immobiliser avant de le rentrer à la main dans le tambour.

Une fois la canalisation débouchée, faites passer le furet dans le siphon. Finissez de nettoyer le furet. Enroulez (dans le sens des aiguilles d'une montre) du ruban de téflon sur les filets du bouchon. Vissez le bouchon. Faites couler de l'eau chaude par un tuyau relié au robinet d'eau chaude de l'évier de service (ou servez-vous d'un seau) pour chasser les débris dans le siphon et dans la canalisation.

Réparation d'un chauffe-eau

Les chauffe-eau sont conçus en vue d'un entretien facile: tous sont munis de panneaux de service amovibles qui vous permettront d'enlever et de remplacer aisément les pièces usées. N'achetez que des pièces de rechange conformes à la spécification de votre chauffe-eau. La plupart de ceux-ci portent une plaque signalétique (page 392) indiquant tous les renseignements dont vous avez besoin, notamment la pression nominale du réservoir ainsi que la tension et la puissance des éléments chauffants électriques.

L'entretien annuel préviendra beaucoup de défectuosités du chauffe-eau. Vidangez-le et vérifiez le fonctionnement de la soupape de sûreté une fois l'an. Réglez le thermostat à une température plus basse afin de réduire le risque que le chauffe-eau soit endommagé par une surchauffe. (*Note: La température de l'eau peut influer sur l'efficacité du lave-vaisselle automatique. Consultez la notice du fabricant pour connaître la température recommandée.*) Un chauffe-eau dure en moyenne 10 ans, mais, grâce à un entretien régulier, vous pourrez en prolonger la vie utile jusqu'à 20 ans, voire plus longtemps.

N'installez pas de chemise isolante autour d'un chauffe-eau au gaz, car celle-ci risquerait de nuire à l'apport d'air nécessaire à la ventilation de l'appareil. Beaucoup de fabricants interdisent l'utilisation de telles chemises. Pour économiser l'énergie, isolez plutôt les tuyaux d'eau chaude à l'aide de manchons isolants, que vous trouverez dans les maisonneries.

La soupape de sûreté est un dispositif de sécurité essentiel qui doit être inspecté au moins une fois l'an et remplacé au besoin. Lorsque vous remplacez cette soupape, coupez l'alimentation en eau et laissez s'écouler du réservoir quelques dizaines de litres d'eau.

Le remplacement d'un chauffe-eau n'est pas une tâche compliquée, mais vérifiez d'abord la réglementation locale, qui pourrait exiger que ce soit un plombier agréé qui se charge du raccordement au gaz, par exemple, ou qu'un électricien raccorde le chauffe-eau électrique.

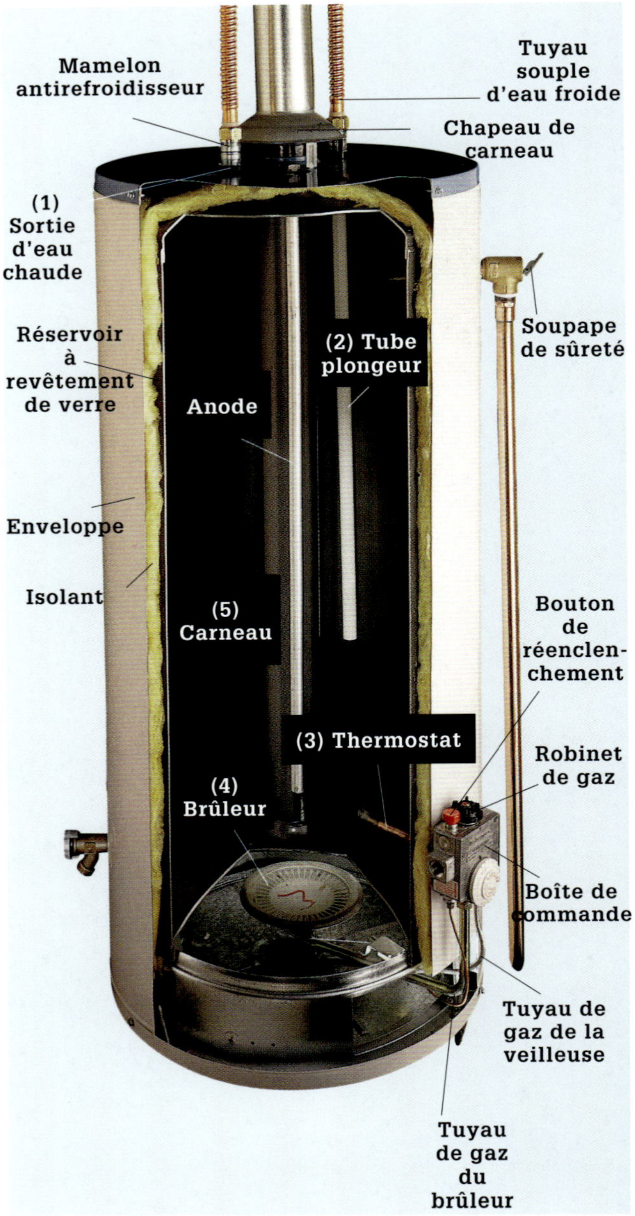

Fonctionnement du chauffe-eau au gaz: L'eau chaude quitte le chauffe-eau par la sortie d'eau chaude (1), tandis que l'eau froide y entre par le tube plongeur (2). Lorsque la température de l'eau baisse, le thermostat (3) ouvre la soupape de gaz, et la veilleuse allume le brûleur (4). Les gaz de combustion sont évacués par le carneau (5). Lorsque l'eau atteint la température de consigne, le thermostat referme la soupape de gaz, ce qui éteint le brûleur. Le thermocouple permet d'éviter les fuites de gaz en interrompant l'alimentation en gaz si la veilleuse s'éteint. L'anode prévient la corrosion du réservoir en attirant les éléments corrosifs de l'eau. La soupape de sûreté protège le réservoir contre une accumulation de vapeur, qui risquerait de le faire éclater.

Défectuosité	Réparation
Absence ou insuffisance d'eau chaude	1. Chauffe-eau au gaz : vérifiez si le gaz est bien ouvert ; rallumez la veilleuse (page 389). Chauffe-eau électrique : assurez-vous que le courant n'est pas coupé ; remettez le thermostat en marche (page 390). 2. Vidangez une partie du réservoir pour en chasser les sédiments (voir photo ci-dessous). 3. Isolez les tuyaux d'eau chaude pour réduire les pertes de chaleur. 4. Chauffe-eau au gaz : nettoyez le brûleur et remplacez le thermocouple (pages 388-389). Chauffe-eau électrique : remplacez l'élément chauffant ou le thermostat (pages 390-391). 5. Augmentez la valeur de consigne du thermostat.
Fuite à la soupape de sûreté	1. Réduisez la valeur de consigne du thermostat (voir photo ci-dessous). 2. Installez une nouvelle soupape de sûreté (page 394, étapes 10 et 11). 3. Installez un dispositif antibélier (page 407).
La veilleuse refuse de rester allumée	Nettoyez le brûleur et remplacez le thermocouple (pages 388-389).
Fuite d'eau à la base du réservoir	Remplacez immédiatement le chauffe-eau (pages 392-399).

Conseils pour l'entretien du chauffe-eau ▸

Nettoyez le chauffe-eau une fois par an en laissant s'écouler quelques dizaines de litres d'eau. Cette vidange annuelle chasse les sédiments pouvant causer de la corrosion et une perte d'efficacité.

Baissez le thermostat à 120 °F (49 °C). Une température plus basse réduit le risque que l'appareil soit endommagé par une surchauffe, en plus de réduire votre consommation d'énergie.

Réparation d'un chauffe-eau au gaz

Si votre chauffe-eau au gaz ne réchauffe pas l'eau, vérifiez la veilleuse. Enlevez les panneaux de service intérieur et extérieur pour vous assurer qu'elle est allumée. Rallumez-la au besoin (page 397, étapes 20 à 23). Lorsque le chauffe-eau fonctionne, les panneaux intérieur et extérieur doivent être en place. Si le chauffe-eau fonctionne sans ces panneaux, des courants d'air risquent d'éteindre la veilleuse.

Si vous n'arrivez pas à allumer la veilleuse, c'est peut-être que le thermocouple est usé. Le thermocouple – mince fil de cuivre courant de la boîte de commande jusqu'au brûleur – est un dispositif de sécurité conçu pour fermer le gaz dès que s'éteint la veilleuse. Un thermocouple neuf ne coûte pas cher et s'installe en quelques minutes.

Si la veilleuse est allumée, mais que le brûleur ne l'est pas, ou si la flamme du brûleur est jaune et qu'elle dégage de la fumée, nettoyez le brûleur et le tuyau de gaz de la veilleuse. Nettoyez-les tous les ans pour améliorer l'efficacité énergétique de l'appareil et pour en prolonger la vie utile.

Le chauffe-eau au gaz doit être bien ventilé. Si vous sentez de la fumée provenant de l'appareil, éteignez-le et assurez-vous que le conduit d'évacuation n'est pas encrassé de suie. Remplacez ce conduit s'il est rouillé.

N'oubliez pas de couper le gaz avant de commencer le travail.

Outils et matériel ▸

Clé à molette
Aspirateur
Pince à bec effilé
Fil métallique fin
Thermocouple de rechange

Nettoyage du brûleur et remplacement du thermocouple

Coupez le gaz en mettant à la position d'arrêt OFF le robinet de gaz situé sur la boîte de commande. Attendez 10 minutes que le gaz se dissipe.

À l'aide d'une clé à molette, débranchez de la boîte de commande les tuyaux de gaz de la veilleuse et du brûleur, ainsi que le thermocouple.

Enlevez les panneaux de service intérieur et extérieur de la chambre du brûleur.

Tirez doucement vers le bas sur le tuyau de gaz de la veilleuse, sur celui du brûleur ainsi que sur le thermocouple pour les détacher de la boîte de commande. Faites basculer légèrement le brûleur pour le sortir de sa chambre.

Dévissez le brûleur du mamelon du tuyau de gaz. Nettoyez le petit orifice du mamelon à l'aide d'un fin fil métallique. Passez l'aspirateur sur les buses et dans la chambre du brûleur.

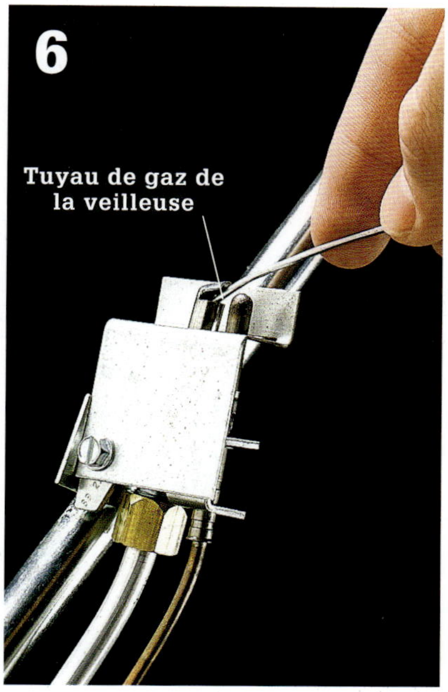

Nettoyez le tuyau de gaz de la veilleuse avec un fil métallique. Aspirez les particules. Vissez le brûleur sur le mamelon du tuyau de gaz.

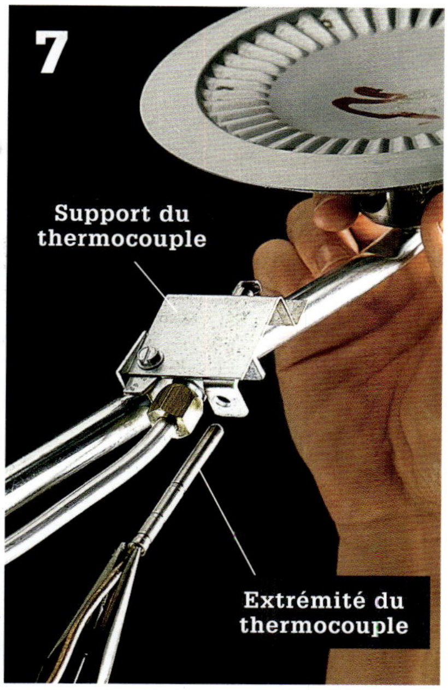

Enlevez le vieux thermocouple de son support. Installez-en un nouveau en en poussant l'extrémité dans le support jusqu'à ce qu'elle s'y enclenche.

Mettez le brûleur dans sa chambre. Faites entrer la patte plate du brûleur dans la fente du support de montage situé dans la partie inférieure de la chambre.

Rattachez à la boîte de commande les tuyaux de gaz et le thermocouple. Rétablissez l'alimentation en gaz. Vérifiez l'étanchéité de l'installation (page 396, étape 19). Allumez la veilleuse (page 397, étapes 20-23).

Vérifiez si la flamme de la veilleuse entoure bien l'extrémité du thermocouple. Au besoin, servez-vous d'une pince à bec effilé pour ajuster le bout du thermocouple jusqu'à ce que la flamme l'entoure. Réinstallez les panneaux de service intérieur et extérieur.

Réparation d'un chauffe-eau électrique

Dans un chauffe-eau électrique, la défectuosité la plus fréquente, c'est un élément chauffant grillé. Pour déterminer lequel des deux éléments ne fonctionne plus, vérifiez la température de l'eau chaude à un robinet : si l'eau est tiède, remplacez l'élément supérieur ; si l'eau est très chaude pendant un court laps de temps et qu'ensuite elle devient froide, remplacez l'élément inférieur.

Si le remplacement de l'élément ne règle pas le problème, remplacez le thermostat, situé derrière le panneau de service latéral du chauffe-eau.

N'oubliez pas de couper le courant et de vous assurer que les fils ne sont plus alimentés avant d'y toucher (page 398, étape 4).

Outils et matériel ▸

Tournevis
Gants
Vérificateur de tension
Pince multiprise
Ruban-cache
Élément ou thermostat de rechange
Joint d'étanchéité de rechange
Pâte à joints

Remplacement d'un thermostat électrique

Coupez le courant au tableau de distribution principal. Retirez le panneau de service situé sur le côté du chauffe-eau et assurez-vous que le courant ne circule plus (page 398, étape 4).

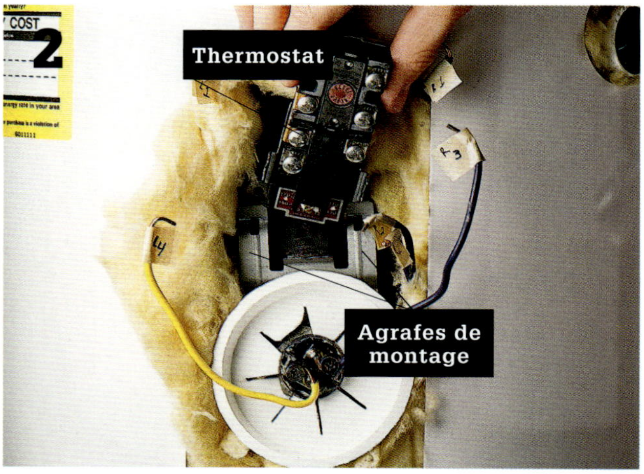

Étiquetez les connexions à l'aide de ruban-cache, puis détachez les fils du thermostat. Retirez le thermostat de ses agrafes. Insérez le nouveau thermostat dans les agrafes et rebranchez les fils.

3

Appuyez sur le bouton de réenclenchement du thermostat, puis, à l'aide d'un tournevis, réglez-le à la température souhaitée. Remettez l'isolant et le panneau de service. Rétablissez le courant.

Remplacement d'un élément chauffant

Retirez le panneau de service du chauffe-eau. Coupez le courant l'alimentant (page 390, étape 1). Fermez les robinets d'arrêt et videz le réservoir (page 393, étape 3).

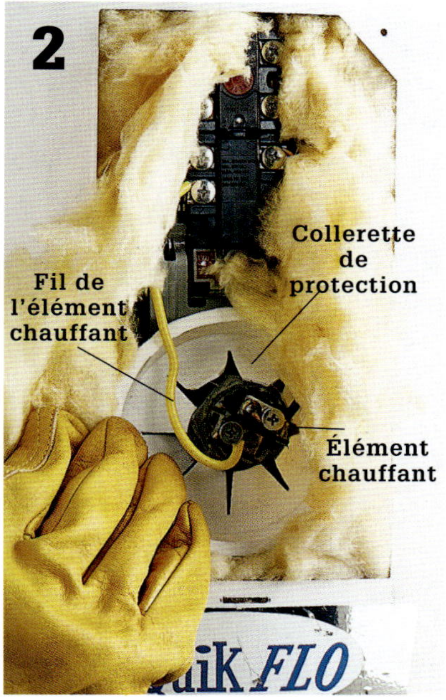

Enfilez des gants protecteurs et poussez soigneusement l'isolant sur le côté. Attention : vérifiez si le courant a bien été coupé (page 398, étape 4). Détachez les fils de l'élément ; enlevez la collerette de protection.

Dévissez l'élément à l'aide d'une pince multiprise. Enlevez le vieux joint d'étanchéité de l'ouverture du chauffe-eau. Enduisez de pâte à joints les deux côtés d'un nouveau joint.

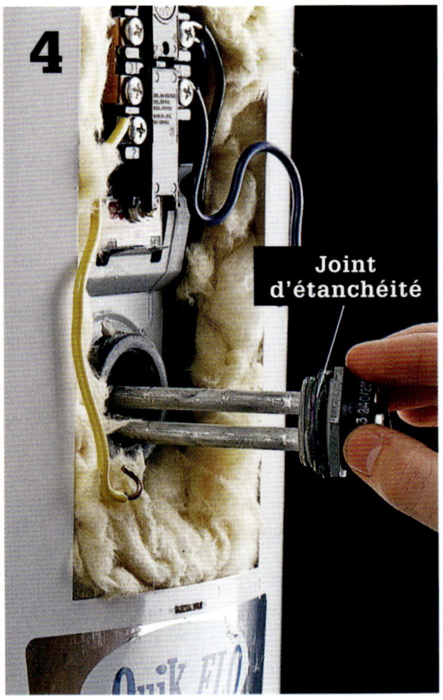

Glissez le nouveau joint sur l'élément, puis vissez ce dernier dans le réservoir. Serrez-le à l'aide d'une pince multiprise.

Remettez la collerette de protection et rebranchez tous les fils. Ouvrez tous les robinets d'eau chaude de la maison, puis ouvrez les robinets d'arrêt du chauffe-eau. Lorsque l'eau s'écoulera normalement de tous les robinets, refermez-les.

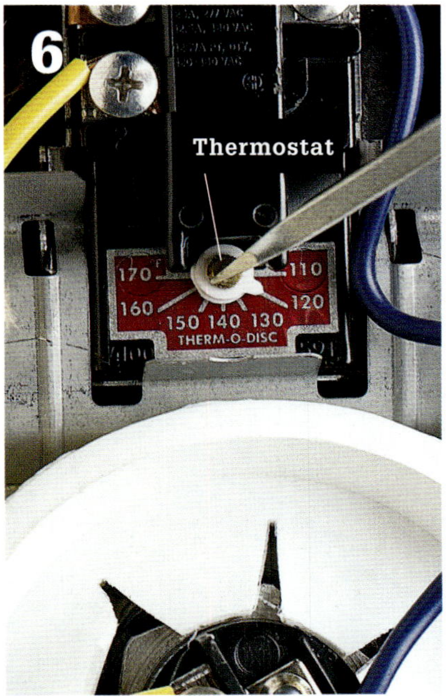

À l'aide d'un tournevis, réglez le thermostat à la température désirée. Appuyez sur le bouton de réenclenchement du thermostat. Remettez l'isolant sur le thermostat. Réinstallez le panneau de service ; rétablissez le courant.

Remplacement d'un chauffe-eau

Il faut remplacer sans tarder un chauffe-eau qui fuit, afin de prévenir les dégâts d'eau. La fuite se produit lorsque la corrosion perfore le réservoir interne de l'appareil.

Lorsque vous achetez un chauffe-eau électrique, choisissez-en un dont la tension correspond à celle de l'ancien. Si vous achetez un chauffe-eau au gaz, prévoyez un dégagement de 6 po ou plus autour de l'appareil. La contenance des chauffe-eau varie de 30 à 65 gallons (90 à 273 litres). Un chauffe-eau de 40 ou 50 gallons (180 ou 225 litres) est suffisant pour une famille de quatre personnes.

Les chauffe-eau à haut rendement énergétique possèdent un isolant en mousse de polyuréthane et offrent généralement une garantie prolongée. Ils peuvent coûter plus cher à l'achat, mais leur coût global durant leur vie utile sera moindre.

La soupape de sûreté s'achète généralement à part. Achetez-en une qui convienne à la pression de service de l'appareil.

Outils et matériel ▸

- Clés à tuyau
- Scie à métaux ou coupe-tuyau
- Tournevis
- Marteau
- Diable pour électroménagers
- Niveau
- Petite brosse métallique
- Chalumeau au propane
- Clé à molette
- Vérificateur de tension (chauffe-eau électrique)
- Seau
- Cales de bois
- Vis à tôle n° 4 de ⅜ po
- Soupape de sûreté
- Adaptateurs mâles filetés
- Brasure
- Deux mamelons antirefroidisseurs
- Ruban d'étanchéité
- Tuyaux d'eau souples
- Tuyau de cuivre de ¾ po
- Pâte à joints
- Éponge
- Ruban-cache

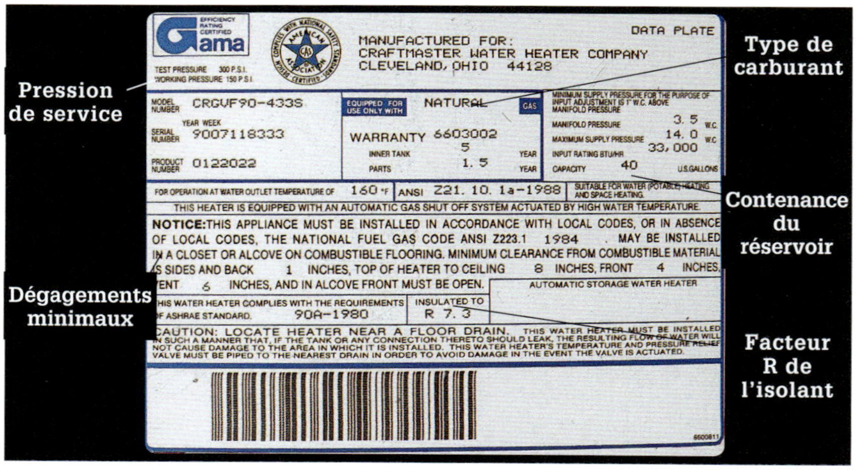

La plaque signalétique fixée sur la paroi du chauffe-eau fournit les renseignements suivants : la contenance du réservoir, le facteur R de l'isolant et la pression de service (en lb/po²). Les chauffe-eau les plus efficaces ont un facteur R de 7 ou davantage. La plaque signalétique d'un chauffe-eau électrique indique la tension et la puissance nominales des éléments chauffants et des thermostats. Les chauffe-eau portent également une étiquette jaune ÉnerGuide (photo du haut) énumérant les frais d'exploitation annuels de l'appareil. Ces estimations sont fondées sur des moyennes nationales. Le prix de l'énergie peut varier d'une région à l'autre.

Remplacement d'un chauffe-eau au gaz

Coupez le gaz en faisant tourner le levier du robinet jusqu'à ce qu'il soit perpendiculaire à la canalisation de gaz. Attendez 10 minutes, le temps que le gaz se dissipe. Coupez l'eau aux robinets d'arrêt de l'appareil.

À l'aide de clés à tuyau, débranchez la canalisation de gaz au raccord union ou encore au raccord à collet situé sous le robinet d'arrêt. Démontez et conservez les tuyaux et raccords de gaz.

Videz le chauffe-eau en ouvrant le robinet à bec fileté situé sur la paroi de l'appareil. Videz l'eau dans des seaux, ou raccordez un tuyau au robinet et laissez l'eau s'écouler dans un avaloir de sol.

Détachez les tuyaux d'eau chaude et d'eau froide de la partie supérieure du chauffe-eau. S'il s'agit de tuyaux de cuivre brasés, utilisez une scie à métaux ou un coupe-tuyau pour les sectionner juste au-dessous des robinets d'arrêt. La coupe doit être bien droite.

Détachez le conduit d'échappement en enlevant les vis à tôle. Servez-vous du diable à électroménagers pour enlever le vieux chauffe-eau.

(suite à la page suivante)

Placez le nouveau chauffe-eau de manière que la boîte de commande se trouve près de la canalisation de gaz. Veillez à ce que l'accès au panneau de service de la chambre du brûleur soit aisé.

Mettez le chauffe-eau de niveau en glissant des cales de bois sous ses pattes.

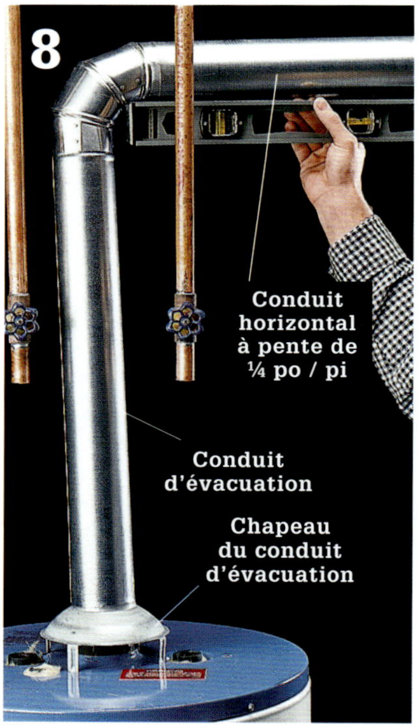

Placez le chapeau de manière que ses pattes s'insèrent dans les fentes du chauffe-eau. Vérifiez la pente ascendante du conduit horizontal, laquelle devrait être de ¼ po par pied, pour que les fumées ne refoulent pas dans la maison.

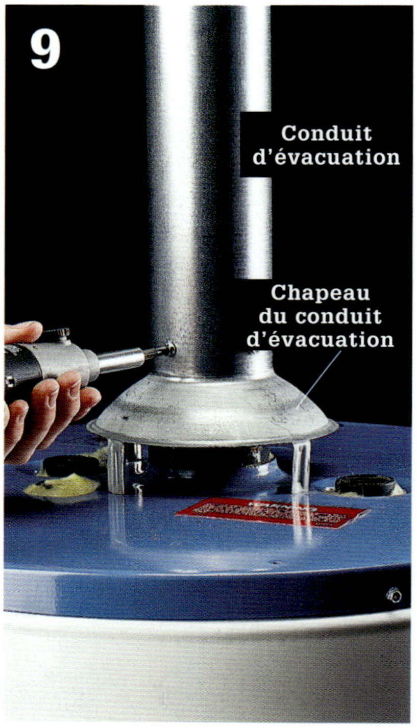

Attachez le chapeau au conduit d'évacuation en installant des vis à tôle nº 4 de ⅜ po à intervalles de 4 po sur la circonférence du conduit.

Enroulez du ruban d'étanchéité sur les filets d'une nouvelle soupape de sûreté. Avec une clé à tuyau, vissez la soupape dans l'ouverture du réservoir.

Raccordez un bout de tuyau de cuivre ou de CPVC à la soupape de sûreté à l'aide d'un adaptateur mâle fileté. L'extrémité du tuyau doit se trouver à environ 3 po du sol.

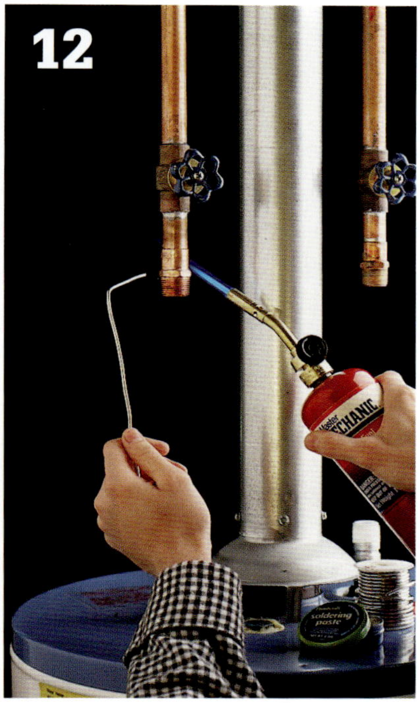

Brasez un adaptateur mâle fileté à chacun des tuyaux d'eau. Laissez les tuyaux refroidir, puis enroulez du ruban d'étanchéité autour des filets des adaptateurs.

Enroulez du ruban d'étanchéité autour des filets de deux mamelons antirefroidisseurs. Observez attentivement les mamelons : le code de couleurs et les flèches d'orientation vous aideront à les installer correctement.

À l'aide d'une clé à tuyau, vissez le mamelon bleu à l'entrée d'eau froide et le rouge à la sortie d'eau chaude. Installez le mamelon d'eau froide en orientant la flèche vers le bas ; orientez vers le haut la flèche du mamelon d'eau chaude.

Raccordez les tuyaux d'eau aux mamelons antirefroidisseurs au moyen de tuyaux souples. Resserrez les raccords avec une clé à molette.

(suite à la page suivante)

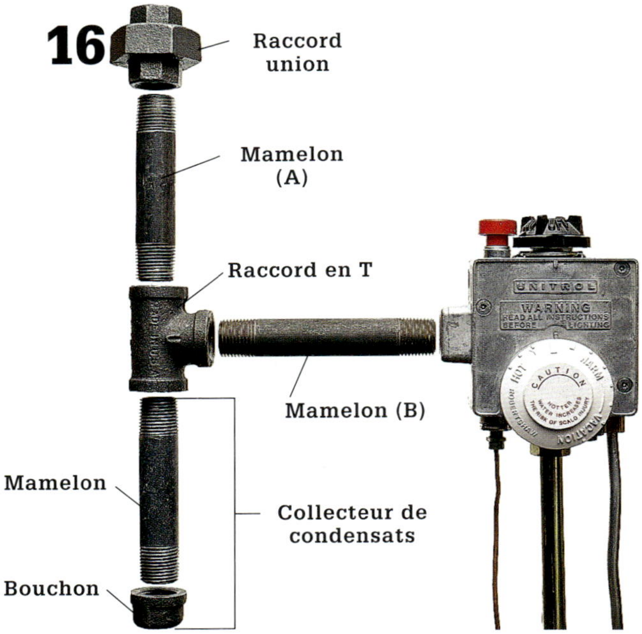

Vérifiez si les tuyaux et raccords de gaz que vous avez enlevés de l'ancien chauffe-eau peuvent convenir au nouveau (étape 2). Vous aurez peut-être besoin d'un ou deux nouveaux mamelons de fer noir si votre nouveau chauffe-eau est plus grand ou plus petit que l'ancien. Pour les tuyaux de gaz, utilisez toujours du fer noir et non pas du fer galvanisé. Le mamelon à bouchon, appelé collecteur de condensats, protège le brûleur en attrapant les particules de saleté.

Servez-vous d'une petite brosse métallique pour nettoyer les filets des tuyaux, enduisez-les ensuite de pâte à joints. Montez les raccords de la canalisation de gaz dans l'ordre suivant : mamelon de la boîte de commande (1), raccord en T (2), mamelon vertical (3), raccord union (4), mamelon vertical (5), bouchon (6).

Variante : Si la canalisation de gaz est faite de cuivre souple, utilisez un raccord à collet pour relier la canalisation de gaz au chauffe-eau.

Pour rétablir l'alimentation en eau du chauffe-eau, ouvrez d'abord tous les robinets d'eau chaude de la maison, puis les robinets d'arrêt (entrée et sortie) du chauffe-eau. Lorsque l'eau s'écoule normalement des robinets d'eau chaude, refermez-les.

Ouvrez le robinet de gaz situé sur la canalisation de gaz (étape 1). Pour en vérifier l'étanchéité, appliquez de l'eau savonneuse sur chacun des raccords. S'il y a fuite, des bulles se formeront. Dans ce cas, resserrez les raccords qui fuient à l'aide d'une clé à tuyau.

Placez le robinet de gaz situé sur la boîte de commande à la position veilleuse (*PILOT*). Réglez à votre gré la commande de température située sur la partie avant de la boîte.

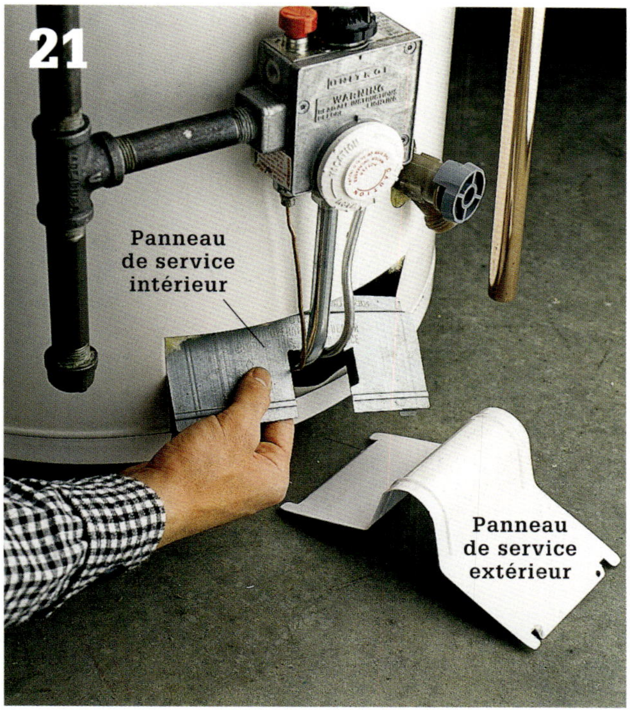

Enlevez les panneaux de service extérieur et intérieur de la chambre du brûleur.

Craquez une allumette, tenez la flamme près de l'extrémité du tuyau de gaz de la veilleuse, dans la chambre du brûleur. N'approchez pas le visage de l'ouverture.

En continuant de tenir l'allumette enflammée, appuyez sur le bouton de réenclenchement situé sur le dessus de la boîte de commande. Lorsque la veilleuse s'allume, gardez le bouton enfoncé encore une minute. Mettez le robinet de gaz situé sur la boîte de commande à la position de marche ON. Réinstallez les panneaux de service intérieur et extérieur.

Remplacement d'un chauffe-eau électrique de 220/240 V

Coupez le courant au tableau de distribution principal, en enlevant le fusible du circuit ou en déclenchant le disjoncteur. Videz le chauffe-eau et détachez-en les tuyaux d'eau.

Retirez l'un des panneaux de service des éléments du chauffe-eau.

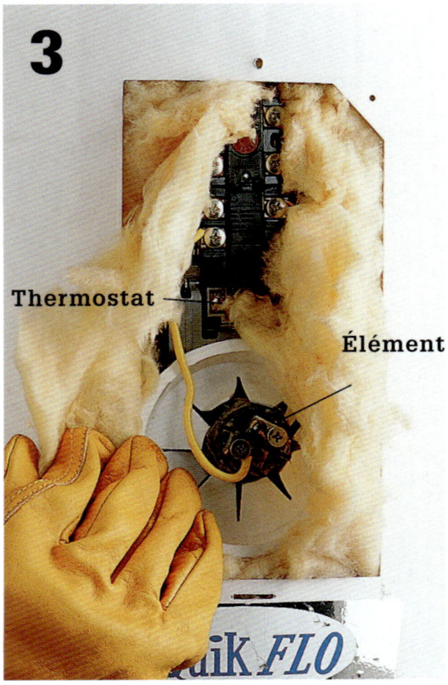

Les mains gantées, repliez l'isolant pour exposer le thermostat. *Attention : Ne touchez pas aux fils avant de vous être assuré qu'ils ne sont plus sous tension.*

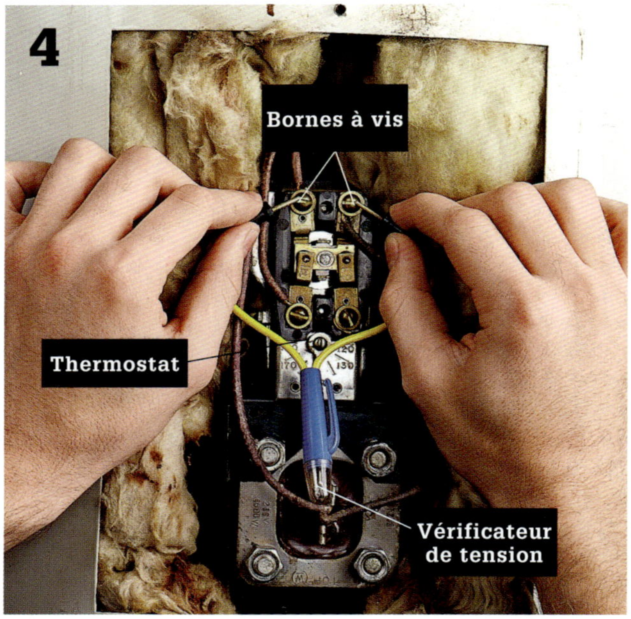

Vérifiez si le courant a bien été coupé en plaçant les sondes d'un vérificateur de tension sur les deux bornes supérieures du thermostat. Si l'ampoule du vérificateur s'allume, c'est que les fils sont encore sous tension ; déclenchez le disjoncteur principal et effectuez une nouvelle vérification.

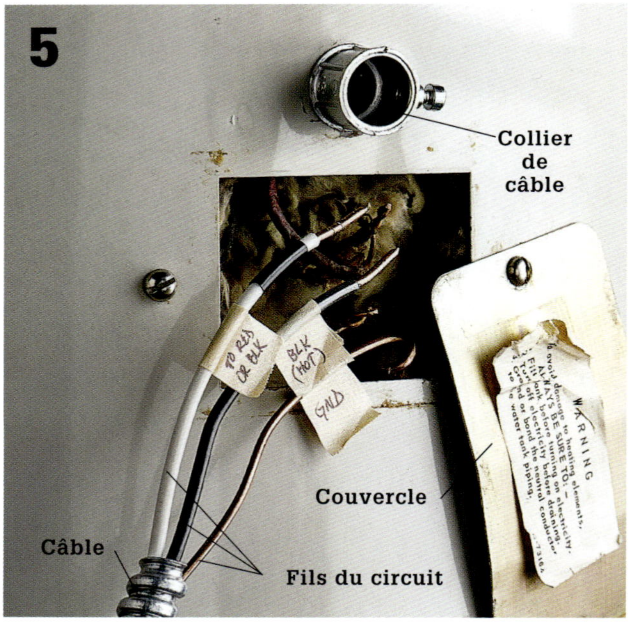

Retirez le couvercle de la boîte électrique située sur le côté ou sur le dessus du chauffe-eau. Étiquetez tous les fils avec du ruban-cache, puis détachez-les. Desserrez le collier du câble, puis enlevez les fils en les faisant passer dans le collier. Enlevez l'ancien chauffe-eau et mettez le nouveau à sa place.

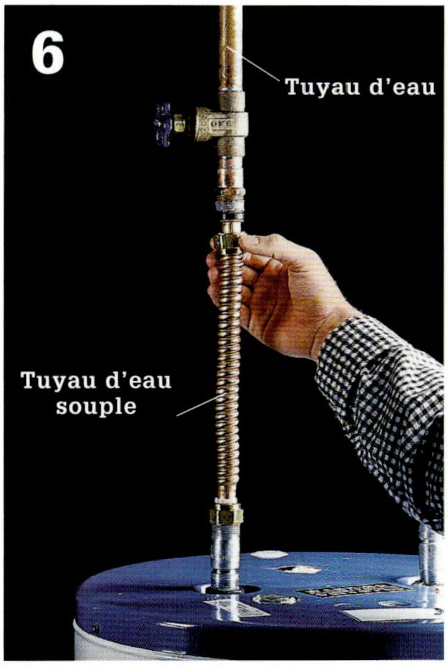

Raccordez les tuyaux d'eau et la soupape de sûreté selon la méthode établie pour le chauffe-eau au gaz (pages 394-395, étapes 10 à 15). Ouvrez tous les robinets d'eau chaude de la maison ; une fois que l'eau s'en écoulera normalement, refermez-les.

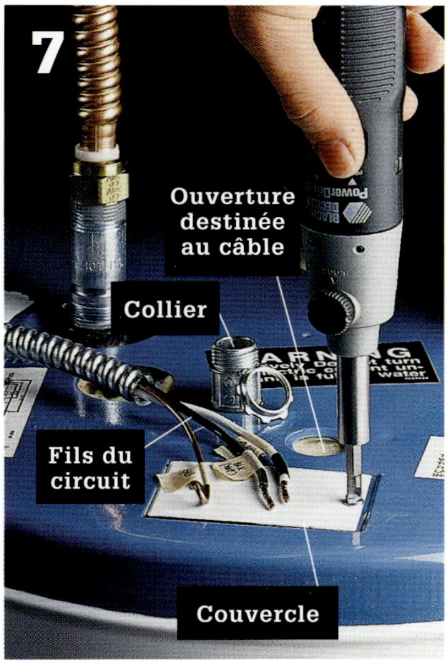

Retirez le couvercle de la boîte électrique du nouveau chauffe-eau. Faites passer les fils dans le collier, puis dans l'ouverture supérieure du chauffe-eau destinée aux câbles. Attachez le collier au chauffe-eau.

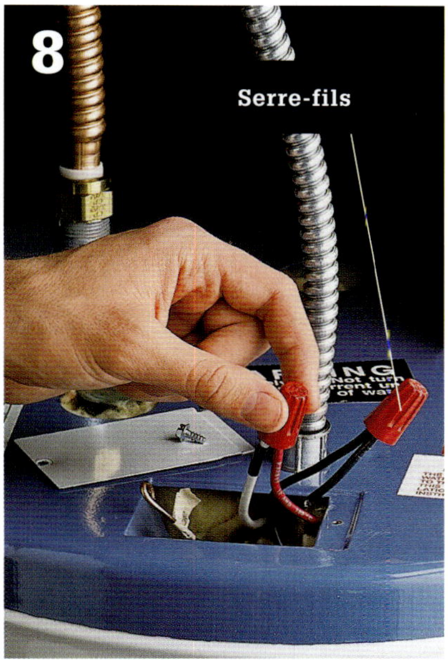

À l'aide de serre-fils, reliez les fils du circuit aux fils du chauffe-eau.

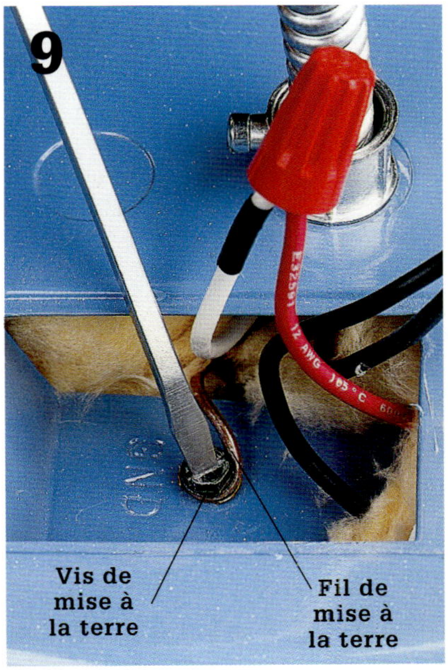

Attachez le fil de cuivre nu ou le fil vert de mise à la terre à la vis de mise à la terre de l'appareil. Remettez le couvercle sur la boîte.

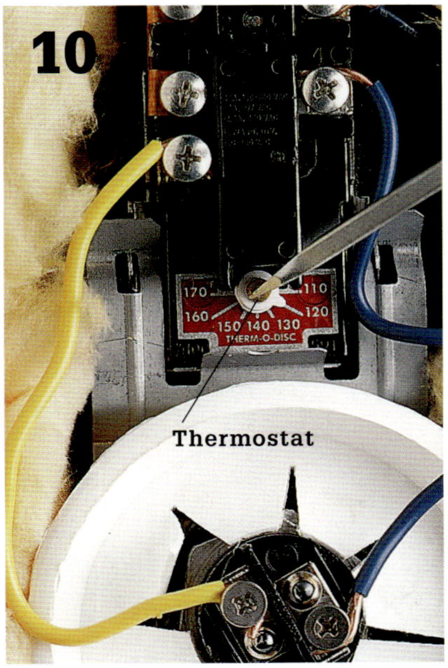

Enlevez les panneaux de service fixés à la paroi du chauffe-eau (étapes 2 et 3). Avec un tournevis, réglez le thermostat à la température désirée.

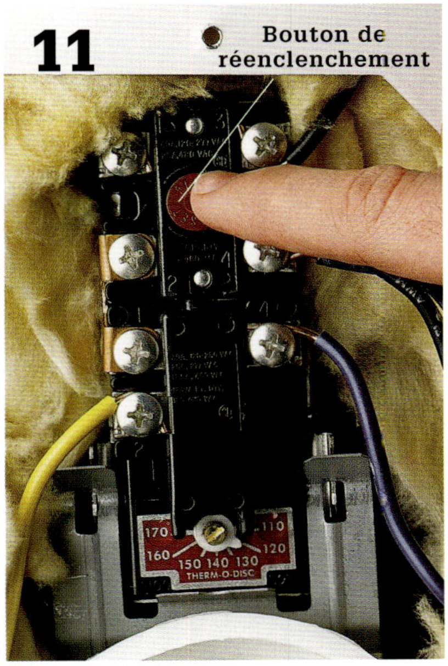

Appuyez sur le bouton de réenclenchement des thermostats. Remettez l'isolant à sa place. Réinstallez les panneaux de service. Rétablissez le courant.

Entretien d'un adoucisseur d'eau

L'adoucisseur d'eau réduit la teneur de l'eau en minéraux « durs », comme le magnésium et le calcium, et les remplace par du sodium ou du potassium, ce qui contribue à prolonger la vie utile de la tuyauterie et des appareils.

L'adoucisseur ne comporte que quelques pièces mécaniques : des soupapes pour commander l'entrée d'eau dans le réservoir et sa sortie, ainsi qu'une minuterie qui régule le processus de régénération durant lequel le réservoir de résine est rechargé par le réservoir de saumure.

Si votre eau devient dure, c'est peut-être que le réservoir de saumure a besoin de pastilles de sel ou de potassium supplémentaires. Vu la variation de la consommation, vérifiez la qualité de l'eau toutes les semaines, jusqu'à ce que vous puissiez déterminer la fréquence approximative du remplacement de pastilles dans votre cas particulier (en général, tous les deux mois).

L'eau dure peut également résulter d'une minuterie mal réglée. Régler la minuterie de manière que l'appareil fonctionne plus souvent pourrait suffire à vous procurer un approvisionnement continu en eau adoucie. En outre, la teneur en fer de l'eau la rend dure. Vérifiez-la de temps à autre ou ajoutez un filtre à l'adoucisseur afin d'y réduire l'arrivée de fer.

C'est dans le réservoir de saumure ou dans le dispositif de commande que des réparations sont généralement requises. Inspectez la conduite de saumure tous les deux ans pour y déceler les dépôts de sédiments (provenant de la source d'eau) ou de matières étrangères (provenant du sel ou du potassium). Si le dispositif de commande doit être réparé, retirez-le et portez-le au détaillant de votre localité. Les instructions concernant l'enlèvement de ce dispositif se trouvent dans le guide de l'utilisateur de votre appareil.

Outils et matériel ▸

Pince à bec effilé
Tournevis
Poire de cuisine ou entonnoir

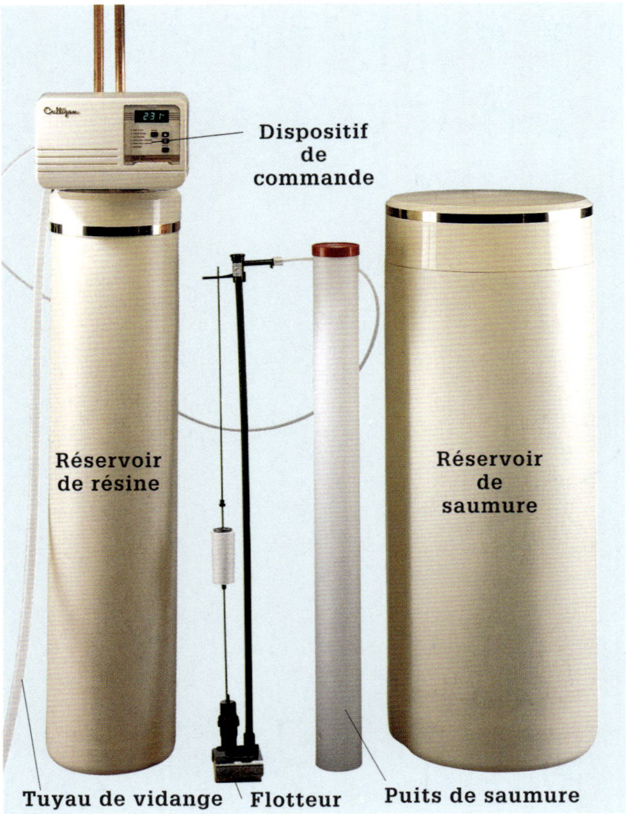

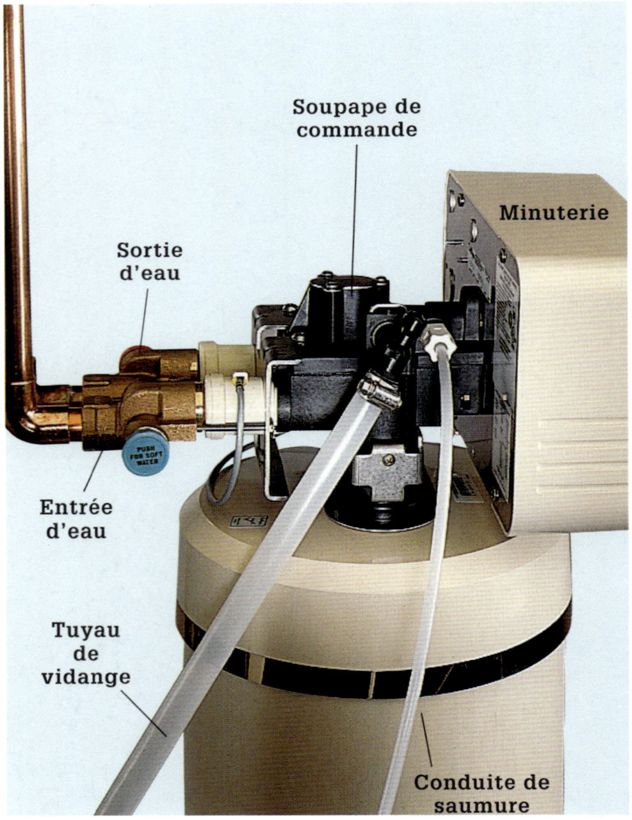

L'adoucisseur d'eau comporte deux réservoirs : un réservoir de résine (à gauche) et un de saumure (à droite). Dans le réservoir de saumure se trouvent le puits de saumure et le flotteur (au centre).

Inspection et nettoyage de la conduite de saumure

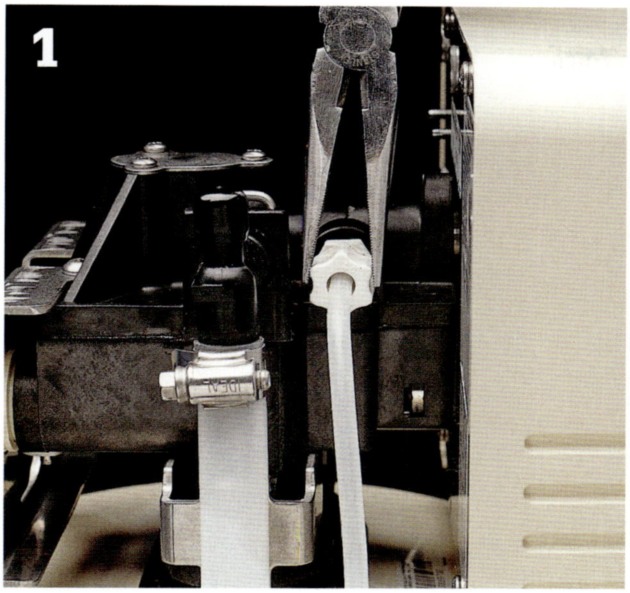

Débranchez l'adoucisseur de sa prise de courant. Pour faire dériver l'alimentation en eau, servez-vous du robinet de dérivation, ou bien fermez le robinet d'entrée et ouvrez le robinet d'eau le plus proche. Réglez le cadran de la minuterie à *BACKWASH* (lavage à contre-courant). Avec une pince à bec effilé, enlevez l'écrou à compression qui unit la conduite de saumure au dispositif de commande. Inspectez la conduite pour y déceler toute obstruction.

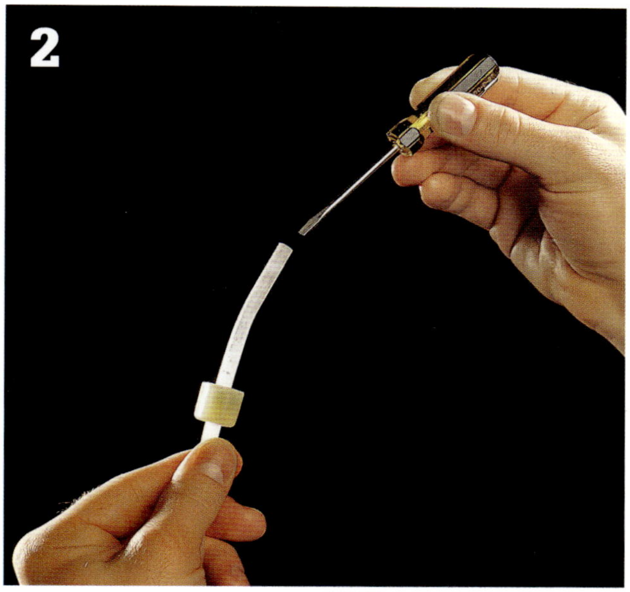

À l'aide d'un petit tournevis, éliminez de la conduite les particules ou résidus. Rincez la conduite à l'eau tiède (pour ce faire, servez-vous d'un entonnoir ou d'une poire), puis réinstallez-la.

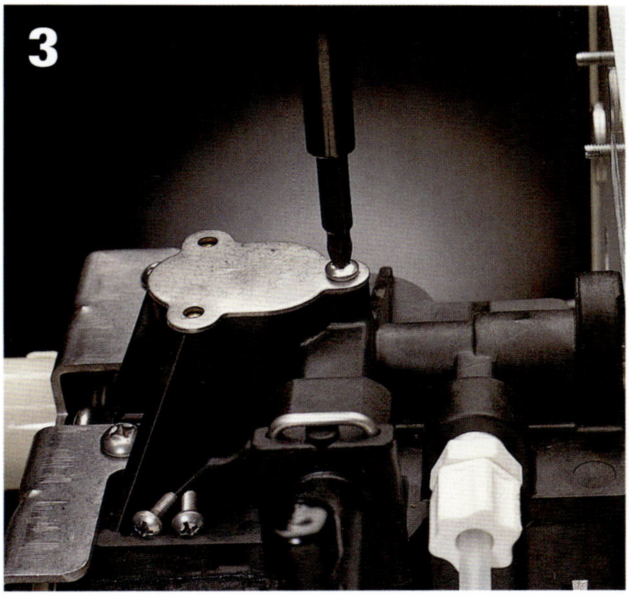

Inspectez ensuite l'injecteur de saumure. Ne rebranchez pas l'adoucisseur ; ne modifiez pas non plus l'alimentation ni le cadran de commande. Pour avoir accès à l'injecteur, souvent situé directement sous le raccord de la conduite de saumure, enlevez le couvercle avec un tournevis. Dévissez l'injecteur du boîtier.

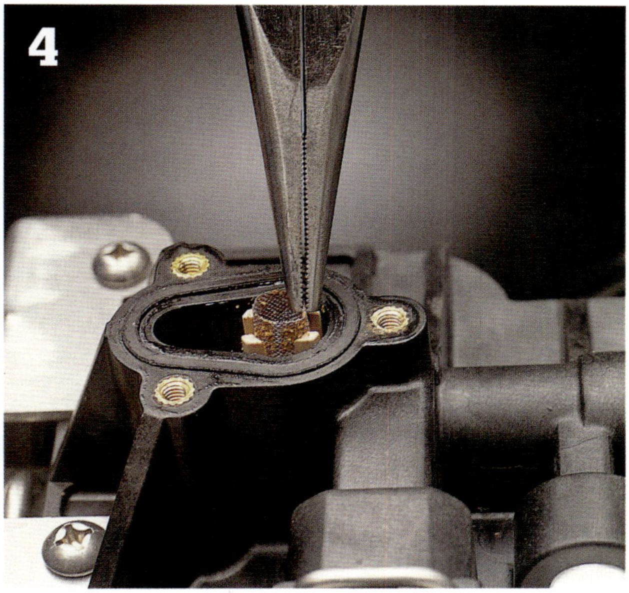

Retirez la grille recouvrant l'injecteur ; lavez-la à l'eau savonneuse. Nettoyez l'injecteur en soufflant dedans ou en l'essuyant avec un chiffon doux. N'utilisez pas d'objets pointus de crainte d'égratigner le métal et d'endommager l'injecteur. Réinstallez la grille ; vissez l'injecteur dans le boîtier. Remettez le couvercle. Remettez le robinet de dérivation dans sa position initiale (ou ouvrez le robinet d'entrée et refermez le robinet d'eau que vous aviez ouvert). Remettez le cadran de commande à sa position initiale et rebranchez l'adoucisseur.

Entretien d'une installation septique

Certains foyers ne sont pas raccordés à un réseau d'égout municipal ; les eaux usées y sont généralement traitées dans une installation septique privée.

L'installation septique se compose d'un bassin de rétention souterrain qui alimente un réseau de tuyaux déployé dans un champ d'épandage. Les eaux usées du foyer sont dirigées vers le système d'égout, puis vers la fosse septique. Une fois dans la fosse, les matières solides se séparent des liquides et se déposent au fond, où des microorganismes les décomposent.

La décomposition de ces déchets crée un effluent liquide. Dans une installation traditionnelle, cet effluent quitte le réservoir dans une conduite qui l'achemine vers une boîte de raccordement étanche. Celle-ci dirige l'effluent dans un champ d'épandage, composé de plusieurs tuyaux perforés posés sur un lit de gravier ou d'un autre matériau non compacté. L'effluent passe par les trous des tuyaux perforés et se purifie en traversant les couches de sol et de roc, avant de rejoindre la nappe phréatique.

Dans une installation septique à monticule, le champ d'épandage est construit dans un monticule. Un deuxième réservoir, appelé « station de relèvement », renferme une pompe qui pousse l'effluent liquide dans le champ d'épandage surélevé. On recourt à ce type d'installation septique lorsque le type de sol ou la hauteur de la nappe phréatique rend impossible l'utilisation d'une installation traditionnelle.

Dans la fosse septique, le stockage et la décomposition des eaux usées produisent du méthane. Comme le système d'égout d'une maison raccordée à un réseau d'égout municipal, l'installation septique doit être munie d'un tuyau d'aération pour que ce gaz s'échappe. Sans ce tuyau, la pression s'exerçant dans la fosse atteindrait rapidement un degré dangereux.

Les matières solides non décomposées s'accumulent au fond de la fosse septique, formant une couche de boues de plus en plus épaisse. Avec le temps, la fosse se remplit et ces boues doivent être retirées par pompage. La fréquence de vidange de la plupart des fosses septiques est de 1 an à 3 ans, selon la capacité de la fosse et le nombre d'utilisateurs.

Quand une fosse septique n'est pas vidée et qu'elle devient trop remplie, les déchets solides ne se séparent plus des liquides, mais quittent la fosse et atteignent le champ d'épandage, où ils obstruent le lit de gravier et empêchent l'effluent de passer. Lorsque cela se produit, le champ doit être creusé, et le matériau non compacté doit être remplacé.

L'installation septique fait appel à un processus naturel de décomposition ; c'est lorsqu'on n'intervient pas qu'elle fonctionne le mieux. N'essayez pas d'accélérer la décomposition à l'aide de levures ou autres additifs biologiques.

L'entretien périodique de la fosse et l'élimination des déchets devraient garder votre installation septique en bon état pendant 20 ans ou plus. Cependant, si l'installation a été négligée pendant des années, il faudra peut-être remplacer tout le champ d'épandage.

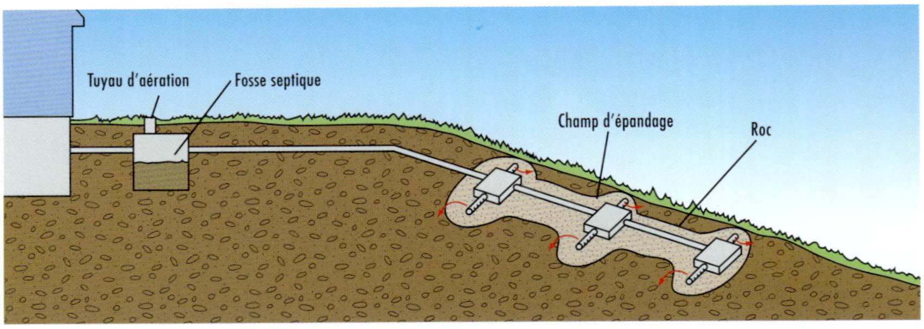

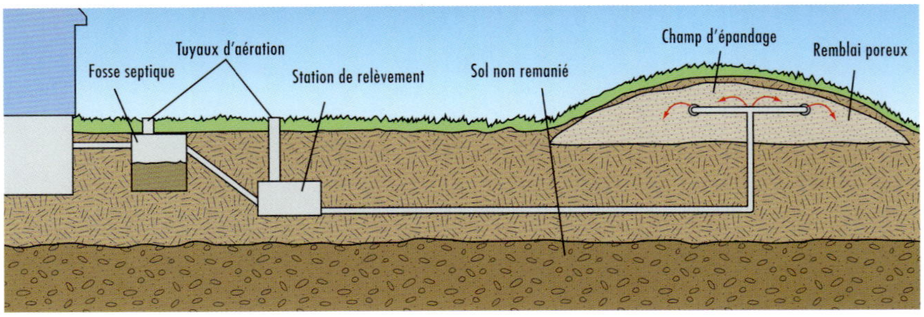

Dans une installation septique traditionnelle (photo du haut), c'est la gravité qui achemine l'effluent vers le champ d'épandage. Dans une installation à monticule, une pompe pousse l'effluent vers un champ d'épandage surélevé.

Entretien de l'installation septique ▸

Faites inspecter et vidanger votre fosse régulièrement.	Si la fosse est négligée, l'installation septique cessera de fonctionner correctement ; le refoulement des eaux usées présentera un risque grave pour la santé de votre famille. Les experts recommandent de vider la fosse tous les ans ou tous les deux ans.
Évitez d'utiliser des produits chimiques.	Les produits chimiques et agents antibactériens puissants tuent les bactéries essentielles au bon fonctionnement de l'installation septique. Ne versez pas les produits suivants dans les toilettes et drains de la maison : Produits de débouchage Peintures et diluants Nettoyants chimiques Chlore (notamment les nettoyants automatiques pour cuvettes) Savons antibactériens
Limitez les rejets de déchets de cuisine.	Les matières grasses alimentaires nuisent au fonctionnement de l'installation septique en se déposant dans les tuyaux, en gênant la décomposition bactérienne dans le réservoir et en obstruant le matériau non compacté du champ d'épandage. Les broyeurs à déchets surchargent l'installation et doublent parfois la vitesse d'accumulation des boues dans le réservoir. Jetez la graisse alimentaire et les restes d'aliments à la poubelle ou sur le tas de compost.
Limitez les rejets d'eau.	Les rejets d'eau excessifs accélèrent la circulation des eaux usées dans l'installation. Réparez promptement les appareils qui fuient. Les bactéries n'ont plus le temps de faire leur travail, et trop de matières solides atteignent le champ d'épandage. Dirigez l'eau des gouttières loin de l'installation d'égout de la maison. Ne videz pas une piscine ou une cuve à remous dans le système d'égout de la maison.
N'utilisez jamais d'additifs pour activer la décomposition.	Les additifs biologiques destinés à stimuler la croissance bactérienne font souvent plus de mal que de bien. Ces additifs excitent les bactéries anaérobies dans la fosse septique ; leur activité accrue provoque le rejet dans le champ d'épandage de matières solides non dissoutes.

Dépannage de l'installation septique

Si votre installation septique fonctionne mal, il n'y a pas grand-chose qu'un propriétaire puisse faire. Mais si vous êtes en mesure de déceler ce mauvais fonctionnement, vous pourrez prolonger la vie utile de l'installation et, probablement, faire des économies.

Si vos drains sont lents ou qu'ils ne fonctionnent pas du tout, c'est peut-être que le tuyau d'égout principal de la maison est obstrué ou que l'installation septique est engorgée. Vérifiez d'abord le tuyau d'égout principal. Pour le déboucher, utilisez un dégorgeoir mécanique (photo à droite), jamais de produits chimiques.

Si le tuyau d'égout principal de la maison n'est pas bouché, le mauvais fonctionnement de l'installation septique est peut-être causé par le colmatage du champ d'épandage, par l'absence de bactéries dans l'installation ou par le fait que la fosse est pleine.

À part la lenteur des drains, les autres signes de mauvais fonctionnement de l'installation sont la présence d'eau foncée à la surface du champ d'épandage et l'odeur d'égout à l'intérieur ou à proximité de la maison.

Tous ces symptômes peuvent indiquer un problème sérieux. Les déchets organiques humains sont considérés comme des déchets dangereux et leur élimination est rigoureusement réglementée. Vous ne devez pas assurer vous-même l'entretien courant de votre installation septique.

Les fosses septiques dégagent du méthane, un gaz explosif, et peuvent contenir des virus mortels. Demandez à des spécialistes d'inspecter votre installation septique et d'en assurer l'entretien.

Réparation d'un tuyau gelé ou éclaté

Si un tuyau éclate, fermez immédiatement le robinet d'arrêt principal de la maison. Réparez-le temporairement à l'aide d'une bride et d'une plaquette de caoutchouc (page ci-contre).

C'est généralement le gel de l'eau qu'il contient qui fait éclater le tuyau. Au moyen de gaines isolantes en mousse, protégez contre le gel les tuyaux qui courent dans les vides sanitaires et les espaces non chauffés.

Un tuyau gelé, mais non éclaté empêchera l'eau de s'acheminer vers les robinets et appareils. Il est facile de dégeler un tuyau, mais plus compliqué de repérer l'emplacement exact du bouchon de glace. Laissez ouvert le robinet qui ne fonctionne plus. Cherchez le tuyau qui l'alimente, et les endroits où ce tuyau court à proximité d'un mur extérieur ou dans une zone non chauffée. Dégelez le tuyau à l'aide d'un sèche-cheveux ou d'un pistolet thermique (ci-dessous).

Il se peut que les vieux raccords ou les tuyaux corrodés fuient ou éclatent. Réparez-les en suivant les instructions des pages 286-315.

Outils et matériel ▸

- Pistolet thermique ou sèche-cheveux
- Gants
- Lime métallique
- Tournevis
- Manchon isolant pour tuyau
- Bride et plaquette de caoutchouc

Avant toute réparation d'urgence, fermez le robinet d'arrêt principal de la maison, généralement situé près du compteur d'eau.

Réparation d'un tuyau obstrué par un bouchon de glace

Dégelez le tuyau à l'aide d'un pistolet thermique ou d'un sèche-cheveux. Réglez le pistolet à une chaleur faible et gardez-le en mouvement afin de ne pas surchauffer le tuyau.

Laissez refroidir le tuyau, puis protégez-le contre le gel avec un manchon isolant. Protégez ainsi tous les tuyaux courant dans les vides sanitaires et dans les endroits non chauffés.

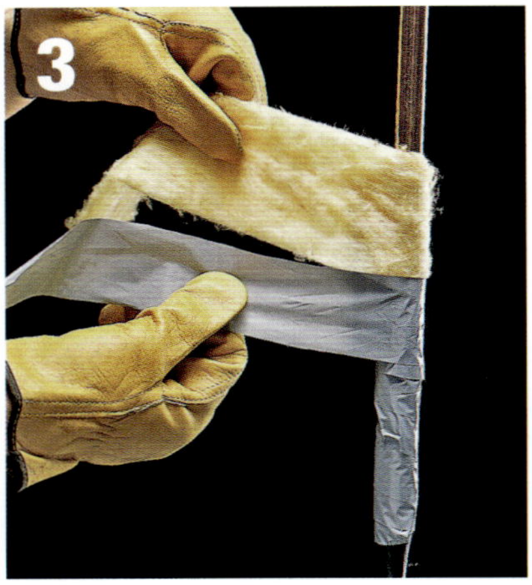

Variante : Protégez les tuyaux avec une bande isolante en fibre de verre et un ruban étanche. Pour une protection maximale, enroulez la bande sans la comprimer.

Réparation temporaire d'un tuyau éclaté

Fermez le robinet d'arrêt principal de la maison. Chauffez doucement le tuyau avec un pistolet thermique ou un sèche-cheveux. Gardez en mouvement la buse de l'appareil. Une fois le tuyau dégelé, laissez-le se vider.

Lissez les arêtes du métal éclaté à l'aide d'une lime métallique.

Placez la plaquette de caoutchouc sur la fissure ; les bords de la plaquette doivent se trouver du côté opposé à la fissure.

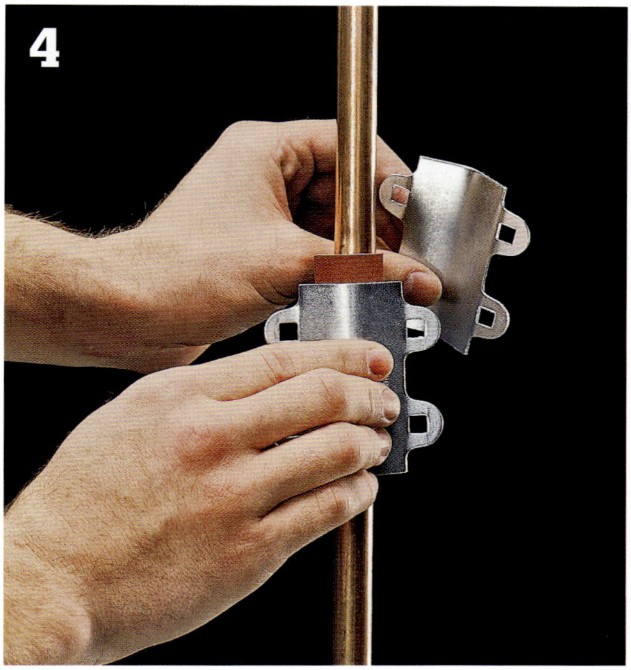

Installez les deux brides métalliques sur la plaquette de caoutchouc.

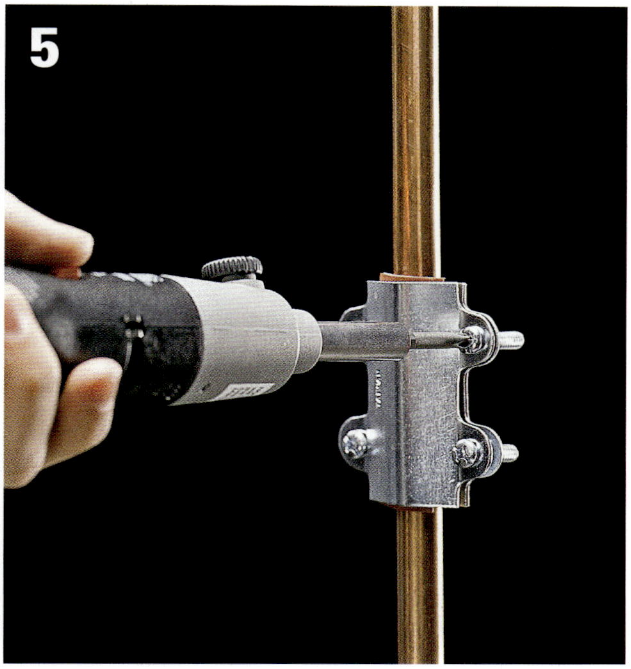

Avec un tournevis, fixez solidement les brides. Ouvrez l'eau et vérifiez l'étanchéité de la réparation. S'il y a fuite, resserrez les vis. *Attention ! Cette réparation n'est que provisoire. Remplacez dès que possible le tronçon de tuyau éclaté.*

Réduction des bruits dans la plomberie

Les tuyaux peuvent émettre un bruit assez fort lorsqu'on ferme abruptement un robinet, ou que se ferme la soupape d'un lave-linge ou autre appareil automatique. L'arrêt soudain de la circulation d'eau crée une onde de choc, appelée coup de bélier, qui se propage dans la tuyauterie. De plus, le cognement de tuyaux contre un poteau ou une solive peut faire du bruit.

Les coups de bélier dans la tuyauterie sont désagréables à entendre, mais il y a pire. Ils peuvent en effet provoquer des dommages et éventuellement la rupture des tuyaux et raccords. Si la soupape de sûreté de votre chauffe-eau coule, ce n'est peut-être pas en raison d'un défaut de la soupape, mais parce qu'il y a des pointes subites de pression dans le réseau de tuyaux.

Mettez fin aux coups de bélier en installant un dispositif antibélier sur la canalisation d'alimentation. Ces amortisseurs de choc, peu coûteux, prennent peu de place et peuvent donc être installés tout près de la source de chocs (ce qui est d'ailleurs souhaitable), qu'il s'agisse du robinet d'un évier ou d'un électroménager. On peut les installer à la verticale ou à l'horizontale sans que leur efficacité soit le moindrement modifiée. Contrairement aux colonnes d'air traditionnelles, le dispositif antibélier ne peut se remplir d'eau, ce qui signifie qu'il sera efficace pendant toute la vie utile du réseau.

Pour faire taire les tuyaux qui cognent contre les poteaux ou solives, installez des coussins faits d'isolant pour tuyau. Assurez-vous que les supports des tuyaux sont bien tendus, et que tous les tuyaux sont solidement soutenus.

Outils et matériel ▸

- Couteau universel
- Scie alternative ou scie à métaux
- Chalumeau au propane (pour le cuivre)
- Clés à tuyau (pour le fer galvanisé)
- Isolant pour tuyau en caoutchouc mousse
- Tuyaux et raccords au besoin

Installez des coussins de caoutchouc mousse pour empêcher les tuyaux de cogner contre les poteaux et les solives.

Les tuyaux lâches peuvent cogner contre les étriers des solives ou s'y frotter. Installez des coussins de caoutchouc mousse sur les tuyaux pour éliminer le bruit.

Installation d'un dispositif antibélier

Coupez l'alimentation en eau et vidangez les tuyaux. Mesurez et découpez un tronçon dans un tuyau horizontal pour le remplacer par un raccord en T.

Posez un raccord en T aussi près que possible du robinet qui est à l'origine des coups de bélier.

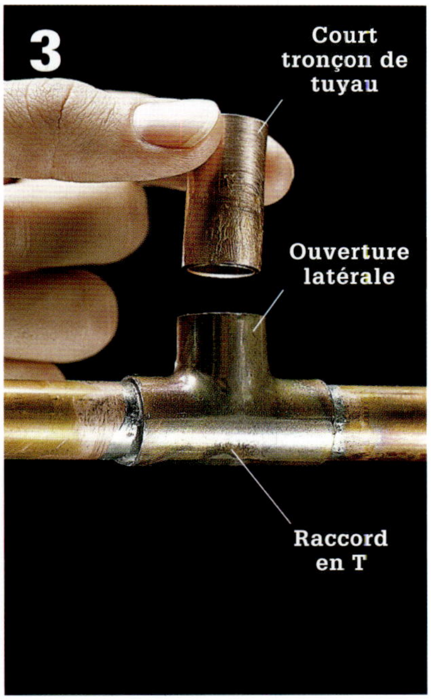

Installez dans l'ouverture libre du raccord en T un court tronçon de tuyau sur lequel vous fixerez un raccord fileté où sera vissé le tube antibélier (étape 4).

Installez un raccord fileté du format indiqué par le fabricant du dispositif antibélier.

Enroulez du ruban d'étanchéité sur les filets du dispositif avant de l'installer à la main. Pour le serrer, servez-vous de deux clés à molette, l'une pour immobiliser le raccord, l'autre pour faire tourner le dispositif antibélier. Évitez de le serrer à l'excès. Remettez la pression d'eau et vérifiez l'étanchéité de l'installation.

Installation d'un broyeur à déchets

Le broyeur à déchets est un appareil qui fait depuis longtemps partie d'une cuisine moderne et dont la plupart d'entre nous ne peuvent se passer pour se débarrasser des restes de table, qui rejoignent grâce à lui les eaux usées. Si vous devez remplacer votre broyeur actuel, vous constaterez que c'est une tâche plutôt simple, surtout si vous achetez un broyeur du même modèle que l'ancien. Dans ce cas, vous pourrez probablement réutiliser le dispositif de montage, le manchon et la tuyauterie de vidange déjà en place.

La plupart des broyeurs à déchets ne peuvent fonctionner que si un interrupteur mural est activement tenu en position de marche : le broyeur s'arrête sitôt le bouton relâché. La puissance nominale des broyeurs varie de ⅓ à 1 HP. Les modèles les plus puissants se bloquent moins facilement et leur moteur, moins sollicité, dure plus longtemps. Bien entendu, ils coûtent plus cher que les broyeurs moins puissants.

Le broyeur est relié à un interrupteur installé dans une boîte électrique murale, située au-dessus du plan de travail. Si votre cuisine n'est pas câblée en vue de l'installation d'un broyeur à déchets, consultez un guide de bricolage spécifique aux installations électriques ou un électricien. Le raccordement de l'appareil est simple (seulement deux fils à relier), mais confiez la tâche à un électricien si vous n'êtes pas sûr de vous.

Outils et matériel

- Tournevis
- Pince multiprise
- Clé à mâchoires (facultative)
- Marteau
- Scie à métaux ou coupe-tuyau
- Furet
- Mastic adhésif
- Serre-fils
- Colliers de serrage
- Fournitures de vidange d'évier
- Raccord en Y fileté

Un broyeur qui fonctionne bien et qui est utilisé correctement peut contribuer à prévenir le blocage des tuyaux en empêchant les gros morceaux de matières organiques de tomber accidentellement dans le système d'évacuation.

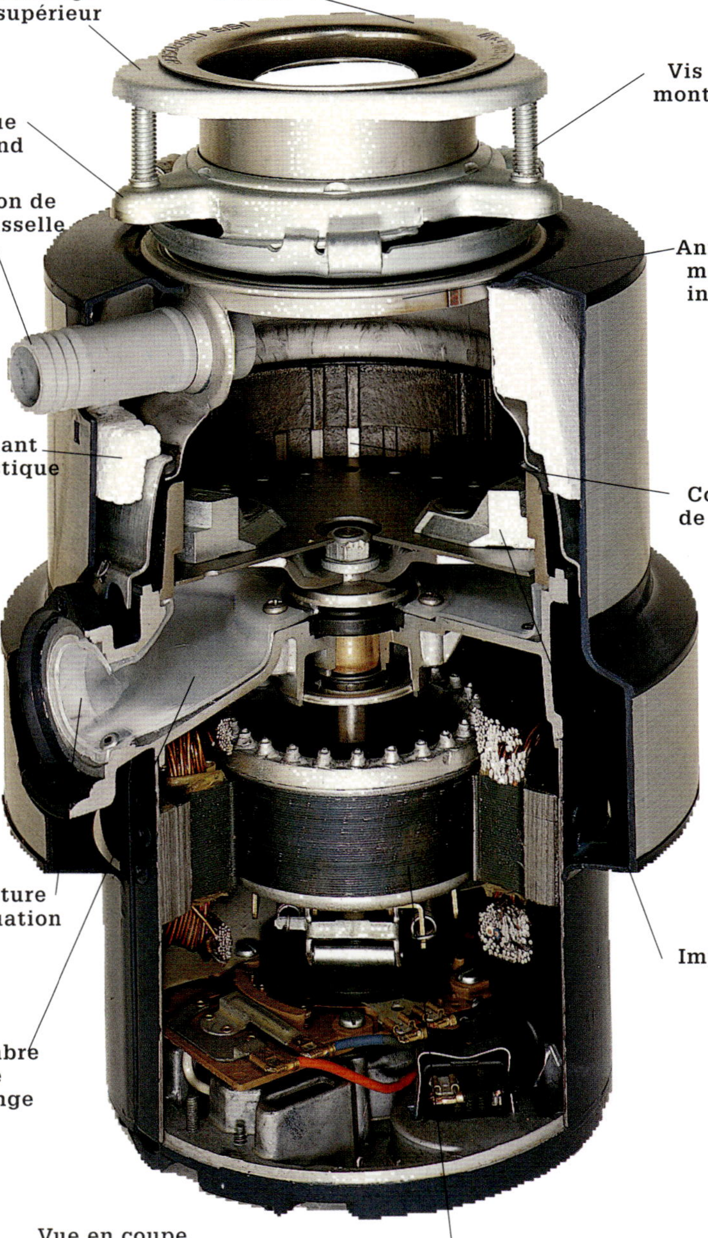

Vue en coupe

Le broyeur pulvérise les déchets alimentaires qui sont ensuite évacués par le drain de l'évier. Un broyeur de bonne qualité sera équipé d'un moteur d'une puissance minimale de ½ HP et à auto-inversion prévenant le blocage. Recherchez aussi l'isolation acoustique à la mousse, la couronne de broyage en fonte et l'interrupteur automatique de surcharge qui protège le moteur en cas de surchauffe. Les meilleurs broyeurs sont protégés par une garantie de cinq ans.

Le broyeur se fixe directement sur le manchon d'évier fourni, qui remplace celui de l'évier. Une bague de retenue, engagée dans une rainure du manchon, empêche l'anneau de montage supérieur et la bague de fond de glisser vers le bas durant le serrage des vis de montage qui pousseront l'anneau de montage supérieur contre la bague de fond. Un joint de fibre assure l'étanchéité du raccordement sous l'évier.

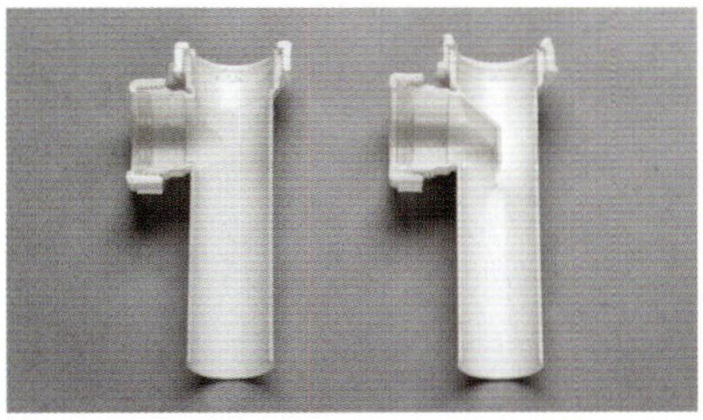

Les raccords en T des éviers doivent être munis d'une chicane si on y branche un broyeur ou un lave-vaisselle. Cette chicane empêchera la vidange de remonter dans le tuyau d'évacuation et dans l'évier. Cependant, elle réduit de moitié la capacité d'évacuation, ce qui peut causer un refoulement dans le lave-vaisselle ou le broyeur. La plupart des codes interdisent d'utiliser un raccord en T sans chicane. Le moyen le plus sûr de contourner la difficulté consiste à installer des tuyaux d'évacuation et siphons distincts sur un raccord en Y fixé sur le siphon de l'évier (photo de la page ci-contre).

Installation d'un broyeur à déchets

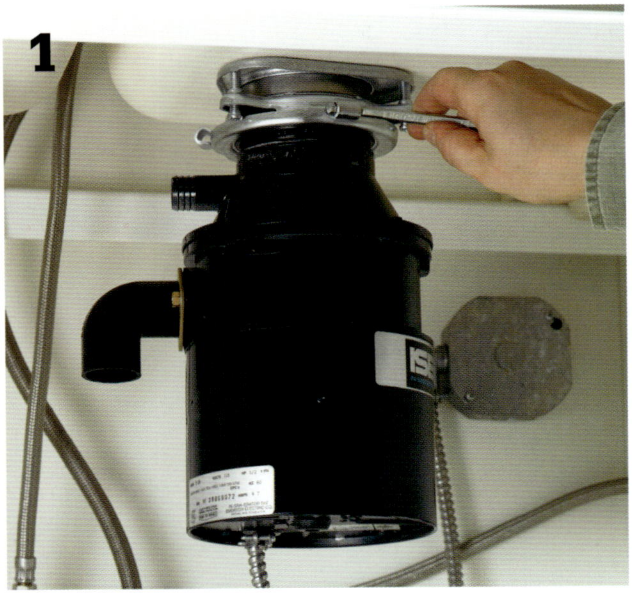

Enlevez l'ancien broyeur s'il y en a un. Vous devrez d'abord détacher les siphons et tuyaux d'évacuation. Si l'ancien broyeur comporte une clé spéciale destinée à desserrer les pattes de montage, servez-vous-en ; sinon, utilisez un tournevis. Avant d'enlever le broyeur, si vous travaillez seul, placez sous celui-ci un objet solide qui le supportera. IMPORTANT : Coupez le courant au tableau de distribution principal avant d'enlever le broyeur. Détachez les fils de liaison, protégez-les avec des serre-fils et poussez-les dans la boîte électrique.

Conseil ▸

Variante : Si vous installez un broyeur dans un évier où il n'y en avait pas, enlevez le manchon et l'about de l'évier. Grattez le vieux mastic adhésif et nettoyez soigneusement l'ouverture de l'évier avec de l'essence minérale.

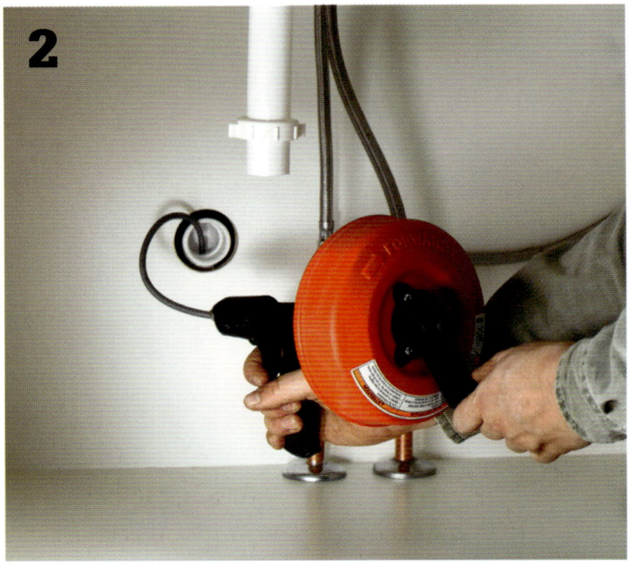

Nettoyez le tuyau d'évacuation jusqu'à la canalisation secondaire avant l'installation. Enlevez d'abord le siphon et le bras de siphon.

Démontez le dispositif de montage, puis séparez les anneaux de montage supérieur et inférieur, ainsi que la bague de fond. Retirez aussi la bague de retenue du manchon (voir la photo de la page précédente).

Appliquez un mince cordon de mastic adhésif autour de l'ouverture de l'évier. Introduisez-y le manchon, qui devrait reposer solidement sur le cordon.

Glissez le joint de fibre et la bague de fond sur le manchon, en travaillant sous l'évier. Veillez à ce que la bague de fond soit orientée dans le même sens qu'avant le démontage du dispositif de montage.

Insérez l'anneau de montage supérieur sur le manchon, les têtes fendues des vis étant visibles et accessibles. En tenant les trois éléments sur le manchon, glissez la bague de retenue jusque dans la rainure. Serrez les trois vis de montage sur l'anneau supérieur jusqu'à ce que leurs extrémités s'appuient fermement sur la bague de fond (médaillon). C'est la tension créée par ces vis qui stabilise le broyeur et réduit les vibrations.

Raccordez les fils électriques avant de poser le broyeur sur le dispositif de montage. Si vous avez rétabli le courant, coupez-le de nouveau au tableau de distribution principal. Retirez la plaque du broyeur. Attachez le fil blanc et le fil noir de la boîte électrique respectivement au fil blanc et au fil noir du broyeur. Posez un petit serre-fils sur chaque connexion et enroulez-y du ruban isolant. Attachez aussi le fil vert de la boîte électrique à la borne de mise à la terre du broyeur.

(suite à la page suivante)

Faites sauter le bouchon de l'ouverture du broyeur avec un gros tournevis et un maillet si vous avez l'intention d'y raccorder un lave-vaisselle ; sinon n'enlevez pas le bouchon. Récupérez le bouchon dans le boîtier du broyeur.

Suspendez le broyeur à l'anneau de montage fixé sur le manchon de l'évier. Pour ce faire, tenez le broyeur contre l'anneau de montage supérieur de manière que les trois ergots de montage se trouvent directement sous les trois vis de montage. Faites ensuite tourner le broyeur, jusqu'à ce que les ergots se verrouillent et que le broyeur soit solidement retenu.

Attachez le tuyau d'évacuation selon les instructions du fabricant. Le raccordement doit être parfaitement étanche, faute de quoi le broyeur fuira. Tournez le broyeur si cela vous facilite l'accès à l'ouverture d'évacuation.

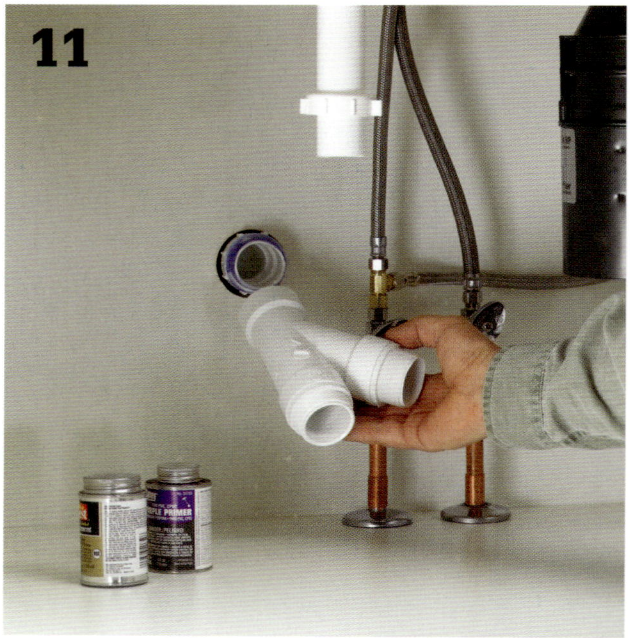

Attachez un raccord en Y à l'about d'évacuation, de manière à y joindre le tuyau d'évacuation du broyeur et celui de l'évier. Voyez à la page 409 (coin inférieur droit) pourquoi vous ne devriez pas vous contenter de raccorder l'évacuation du broyeur au siphon de l'évier. Au besoin, ajustez la tuyauterie d'évacuation de l'évier de façon à pouvoir relier le siphon de l'évier au raccord en Y.

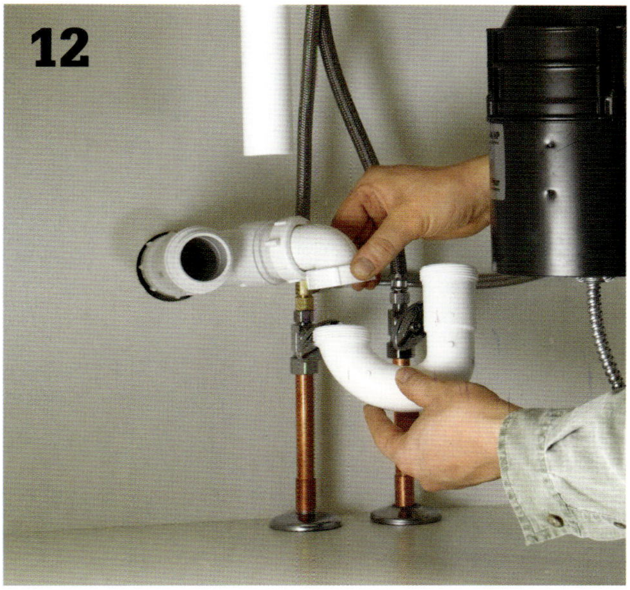

Installez dans l'une des ouvertures du raccord en Y un bras de siphon destiné au broyeur. Attachez ensuite au bras soit un siphon, soit un ensemble rallonge-siphon qui permettra d'aligner l'extrémité basse du siphon sur l'extrémité du tuyau d'évacuation du broyeur.

Faites tourner le broyeur afin que l'extrémité du tuyau d'évacuation de celui-ci se trouve au-dessus de l'ouverture du siphon ; assurez-vous qu'ils pourront être raccordés. Si le tuyau d'évacuation est trop long, coupez-le à la bonne longueur avec une scie à métaux. S'il est trop court, ajoutez-y une rallonge filetée. Il se peut que vous deviez d'abord raccourcir le tuyau d'évacuation pour avoir le dégagement requis par l'installation du raccord coulissant sur la rallonge. Glissez sur le tuyau d'évacuation un écrou coulissant et une rondelle de compression oblique, et raccordez-le au siphon.

Raccordez le tuyau d'évacuation du lave-vaisselle à l'orifice d'entrée située en haut du broyeur. Vous aurez peut-être besoin d'une trousse de raccordement de lave-vaisselle.

Verrouillez le broyeur dans le dispositif de montage, après vous être assuré qu'il fonctionne bien et qu'il ne fuit pas. Pour le verrouiller, faites tourner à l'aide d'un tournevis l'un des ergots de montage jusqu'à ce qu'il entre en contact avec l'encoche de verrouillage.

Entretien d'un lave-vaisselle

Le lave-vaisselle, conçu pour durer longtemps, requiert peu d'entretien. Les quelques défectuosités qui risquent de se produire peuvent être corrigées assez facilement. Remplacez le joint d'étanchéité de la porte pour arrêter les fuites. Si le joint semble en bon état, réglez le dispositif de fermeture de la porte : desserrez les vis de retenue du dispositif, déplacez-le, puis resserrez les vis.

Remplacez le tuyau de vidange de l'appareil s'il est plié ou endommagé, de manière que la vidange se fasse adéquatement. Le déplacement du tuyau d'alimentation ou du tuyau de vidange qui s'appuie contre l'appareil réduira le niveau de bruit excessif.

L'engorgement du tuyau d'alimentation peut donner lieu à des inconvénients plus sérieux. Un filtre bouché ou un solénoïde défectueux peut empêcher le lave-vaisselle de se remplir adéquatement. Le nettoyage de la soupape d'entrée peut corriger la situation, mais la réparation du solénoïde requiert l'intervention d'un spécialiste.

Pour une plus grande sécurité, remplacez les tuyaux d'alimentation en eau par des tuyaux à armature tressée résistant à l'éclatement.

Débranchement du tuyau de vidange

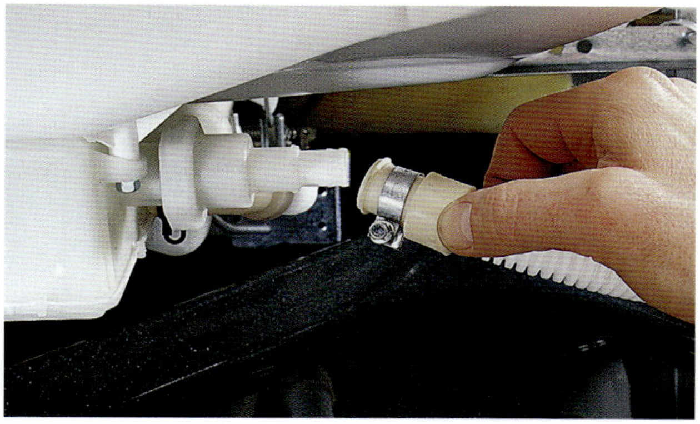

Coupez l'alimentation en eau ainsi qu'en électricité. Enlevez le panneau de service de l'appareil, retenu par des agrafes ou par des vis. Placez une assiette profonde ou un bol sous la pompe pour que s'y dépose l'eau qui reste peut-être dans le tuyau. Desserrez le collier de serrage du tuyau à l'aide d'une pince ou d'un tournevis. Détachez le tuyau de la pompe. Sous l'évier, détachez du tuyau d'évacuation de l'évier ou du broyeur à déchets l'autre extrémité du tuyau de vidange. Nettoyez le tuyau à l'eau et à l'eau de Javel, ou remplacez-le. Rétablissez le courant et l'alimentation en eau. Vérifiez le bon fonctionnement de la vidange du lave-vaisselle.

Remplacement du joint de la porte

Inspectez le joint de la porte. S'il est fissuré ou endommagé, remplacez-le. Coupez le courant au tableau de distribution principal. Retirez le panier inférieur de l'appareil. Enlevez l'ancien joint, en vous servant d'un tournevis pour soulever les pattes ou pour enlever les vis qui le retiennent. Faites tremper le nouveau joint dans de l'eau savonneuse tiède, pour l'assouplir et le lubrifier. Installez le nouveau joint en le poussant dans la rainure ou en l'y glissant. Si le joint est muni de vis ou d'agrafes, fixez-les. Commencez par le milieu de la porte, en allant vers les deux côtés.

Vérification de la soupape d'entrée et remplacement de la grille

Coupez le courant au tableau de distribution principal et coupez l'alimentation en eau. Retirez le panneau de service ; trouvez le raccord d'alimentation en eau. Détachez les fils des bornes de la soupape. Attachez à l'une des bornes la pince du vérificateur de continuité et placez la sonde sur l'autre. Si l'ampoule du vérificateur ne s'allume pas, c'est que le solénoïde est défectueux et qu'il doit être remplacé. Pour remplacer la soupape, placez dessous une poêle peu profonde, relâchez l'attache du tuyau de remplissage et détachez-le de la sortie de la soupape.

Détachez le tuyau d'alimentation en eau. Desserrez les vis du support de la soupape et enlevez-la. Enlevez le filtre avec un petit tournevis. Installez un nouveau filtre et remontez la soupape.

Installation électrique

L'énergie électrique qui est acheminée jusqu'à votre maison est produite dans de grandes centrales, par des turbines mues par l'eau, le vent ou la vapeur. À la sortie de la centrale, l'électricité entre dans d'énormes transformateurs élévateurs qui en augmentent la tension jusqu'à un demi-million de volts ou plus.

L'électricité, qui circule plus facilement à cette haute tension, est acheminée dans des lignes de transport vers les collectivités, souvent situées à des centaines de kilomètres de la centrale. Des transformateurs abaisseurs, situés dans des postes électriques, réduisent la tension du courant avant qu'il entre dans les lignes de distribution. Sur les poteaux, des transformateurs réduisent le courant à une tension de 120 V pour usage domestique.

Le courant est acheminé vers votre domicile par des câbles aériens ou enfouis jusqu'à un poteau appelé tête de branchement. Dans le cas de la plupart des maisons construites après 1950, trois fils de service sont reliés à la tête de branchement : deux fils sous tension de 120 V et un fil neutre. Les deux fils sous tension de 120 V peuvent être combinés au tableau de distribution pour alimenter les gros appareils à 240 V, tels le chauffe-eau et la sécheuse.

À son arrivée, le courant traverse un compteur qui mesure la consommation d'électricité. Il se rend ensuite au tableau de distribution, où il est réparti entre les divers circuits de la maison. Ce tableau contient des fusibles ou des disjoncteurs qui couperont le courant alimentant tel ou tel circuit en cas de surcharge ou de court-circuit. Certains appareils à puissance élevée, comme le four à micro-ondes, ont leur propre circuit pour que soient prévenues les surcharges.

La tension nominale déterminée par les fournisseurs d'électricité et les fabricants a changé au fil des ans : de 110 V à 115 V à 120 V, et de 220 V à 230 V à 240 V. De même, la tension nominale des prises, outils, luminaires et appareils électriques est passée de 115 V à 125 V. Ces changements ne nuisent pas au rendement des nouveaux appareils qui sont branchés sur d'anciens circuits. Dans vos calculs, servez-vous d'une tension nominale de 120 V ou de 240 V pour vos circuits.

Les centrales fournissent de l'électricité à des milliers de foyers et d'entreprises commerciales. Les transformateurs élévateurs augmentent la tension du courant produit par la centrale, afin que celui-ci circule plus facilement dans les lignes de transport à haute tension.

Les postes électriques sont situés près des collectivités qu'ils alimentent. La tension du courant y est réduite avant qu'il soit acheminé vers les lignes de distribution.

Les transformateurs installés dans les poteaux réduisent la tension du courant circulant dans les lignes de distribution : de 10 000 V à 120 V pour usage domestique.

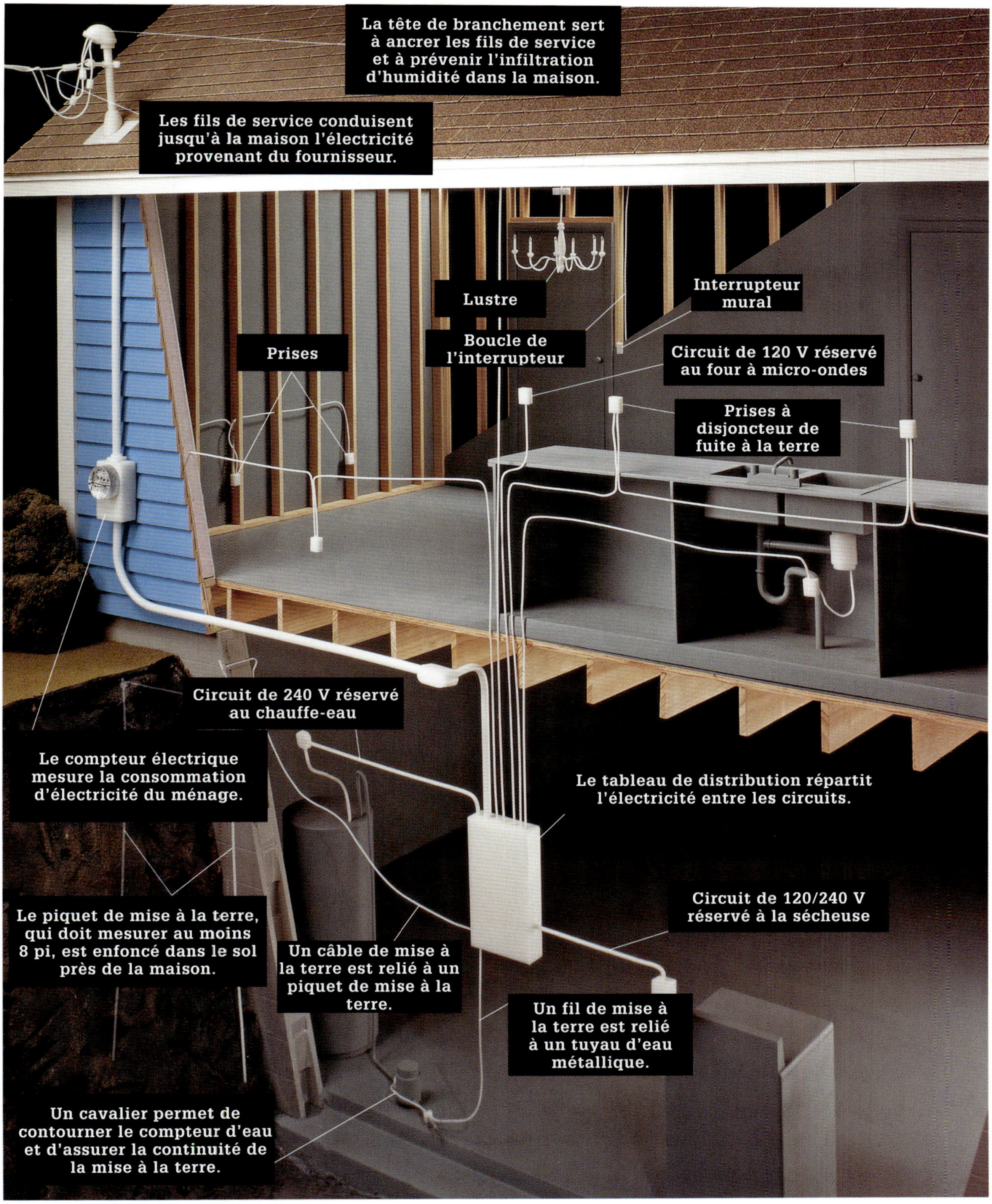
La tête de branchement sert à ancrer les fils de service et à prévenir l'infiltration d'humidité dans la maison.
Les fils de service conduisent jusqu'à la maison l'électricité provenant du fournisseur.
Lustre
Interrupteur mural
Prises
Boucle de l'interrupteur
Circuit de 120 V réservé au four à micro-ondes
Prises à disjoncteur de fuite à la terre
Circuit de 240 V réservé au chauffe-eau
Le compteur électrique mesure la consommation d'électricité du ménage.
Le tableau de distribution répartit l'électricité entre les circuits.
Circuit de 120/240 V réservé à la sécheuse
Le piquet de mise à la terre, qui doit mesurer au moins 8 pi, est enfoncé dans le sol près de la maison.
Un câble de mise à la terre est relié à un piquet de mise à la terre.
Un fil de mise à la terre est relié à un tuyau d'eau métallique.
Un cavalier permet de contourner le compteur d'eau et d'assurer la continuité de la mise à la terre.

Éléments de l'installation électrique

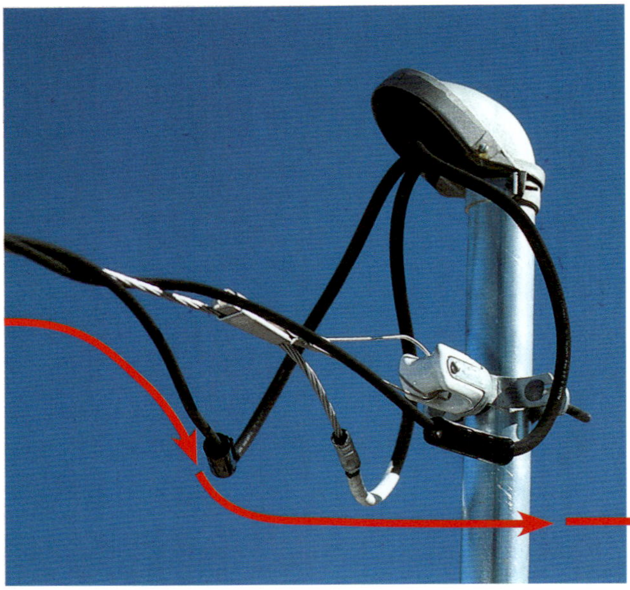

La tête de branchement ancre les trois fils de service qui alimentent la maison en courant standard de 240 V.

Le compteur électrique mesure la consommation du foyer. Généralement fixé sur un mur extérieur de la maison, il est relié à la tête de branchement. Il contient un mince disque qui tourne lorsque du courant est utilisé. Si vous croyez que le compteur est défectueux, communiquez avec votre fournisseur d'électricité, qui en est propriétaire.

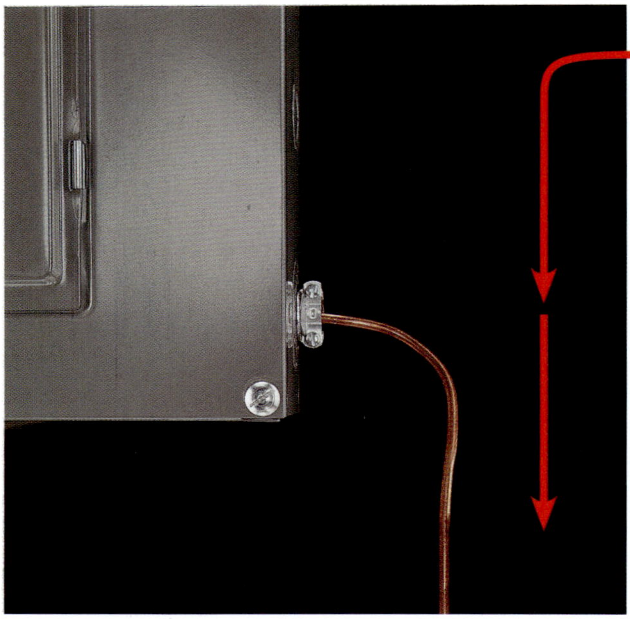

Le câble de mise à la terre relie l'installation électrique à la terre, par l'intermédiaire d'un tuyau d'eau ou, dans les anciennes installations, d'un piquet de mise à la terre. En cas de surcharge ou de court-circuit, le câble dirige sans danger l'excès de courant vers la terre.

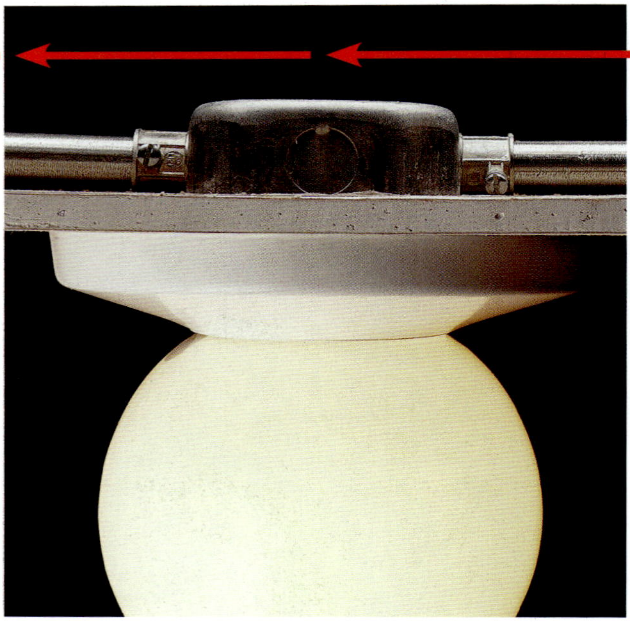

Les luminaires, directement reliés à l'installation électrique, sont généralement commandés par des interrupteurs muraux. Les deux types principaux sont le luminaire à lampe à incandescence et le luminaire à lampe fluorescente.

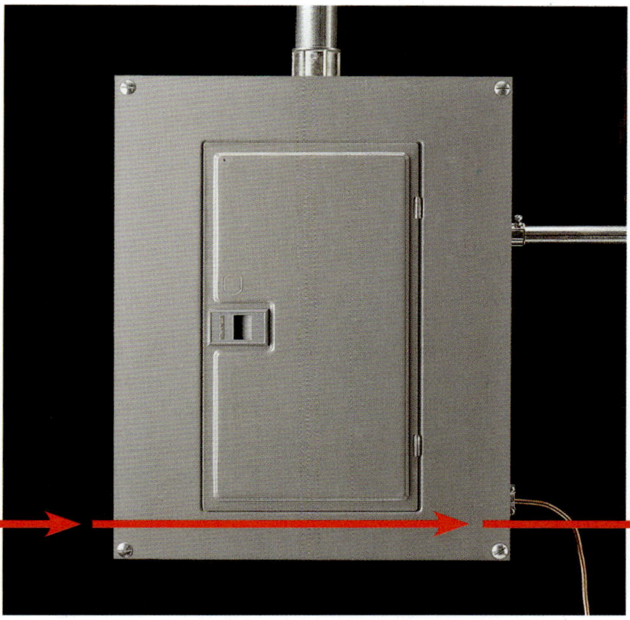

Le tableau de distribution principal, parfois appelé coffret de fusibles ou panneau de disjoncteurs, achemine le courant vers les circuits individuels. Chacun des circuits est protégé contre les surcharges et courts-circuits par un fusible ou un disjoncteur, lequel sert également à couper l'alimentation d'un circuit durant les réparations.

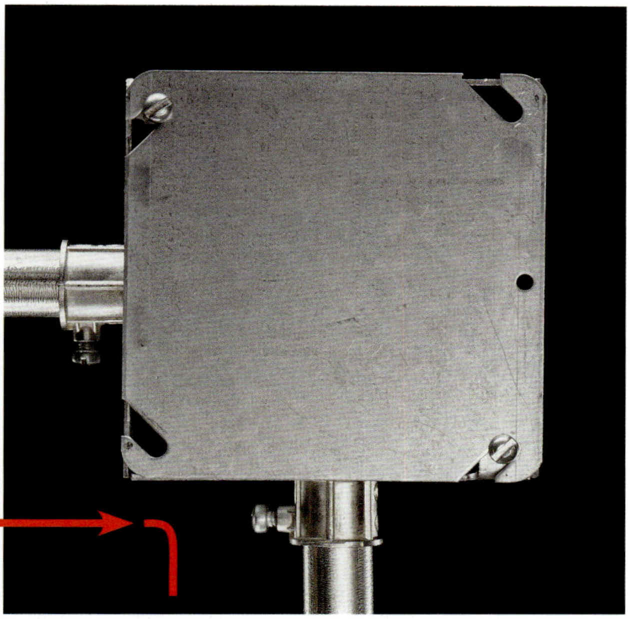

La boîte électrique renferme les connexions des conducteurs. Le *Code canadien de l'électricité* exige que toute épissure ou connexion de fils électriques soit protégée dans une boîte de plastique ou de métal.

L'interrupteur commande le passage du courant dans les fils sous tension. Il peut commander un luminaire, un ventilateur de plafond, un appareil électrique ou une prise de courant.

La prise de courant permet le branchement d'un appareil au circuit électrique. Les installations électriques effectuées après 1965 comportent surtout des prises de 125 V et 15 A, munies d'un troisième trou pour la broche de mise à la terre. La plupart des prises peuvent accepter deux fiches et s'appellent prises doubles.

Circuit électrique

Un circuit électrique est une boucle fermée qui, à partir du tableau de distribution principal, conduit le courant dans la maison, et le fait ensuite revenir à son point de départ. Un grand nombre d'interrupteurs, de prises de courant, de luminaires ou d'appareils peuvent être branchés sur un même circuit.

Le courant arrive dans le circuit dans des fils sous tension et retourne au tableau dans des fils neutres. Un code de couleur permet de reconnaître les fils : les fils sous tension sont rouges ou noirs, les fils neutres sont blancs ou gris pâle. Pour plus de sécurité, la plupart des circuits comportent également un fil de cuivre nu ou à gaine verte destiné à la mise à la terre. Ce fil réduit les risques de décharge électrique et, en cas de surcharge ou de court-circuit, dissipe l'excédent de courant. Le tableau de distribution est lui aussi muni d'un câble de mise à la terre, relié à un tuyau métallique d'eau ou à un piquet de mise à la terre enfoncé dans le sol.

Si un excès de courant se propage dans un circuit, il peut y avoir surcharge. Un fusible ou un disjoncteur protège chacun des circuits contre ce risque.

Le courant retourne au tableau de distribution le long d'un fil neutre. Là, il rejoint un fil du circuit principal et quitte la maison le long d'un gros fil neutre qui le renvoie à un transformateur installé dans un poteau.

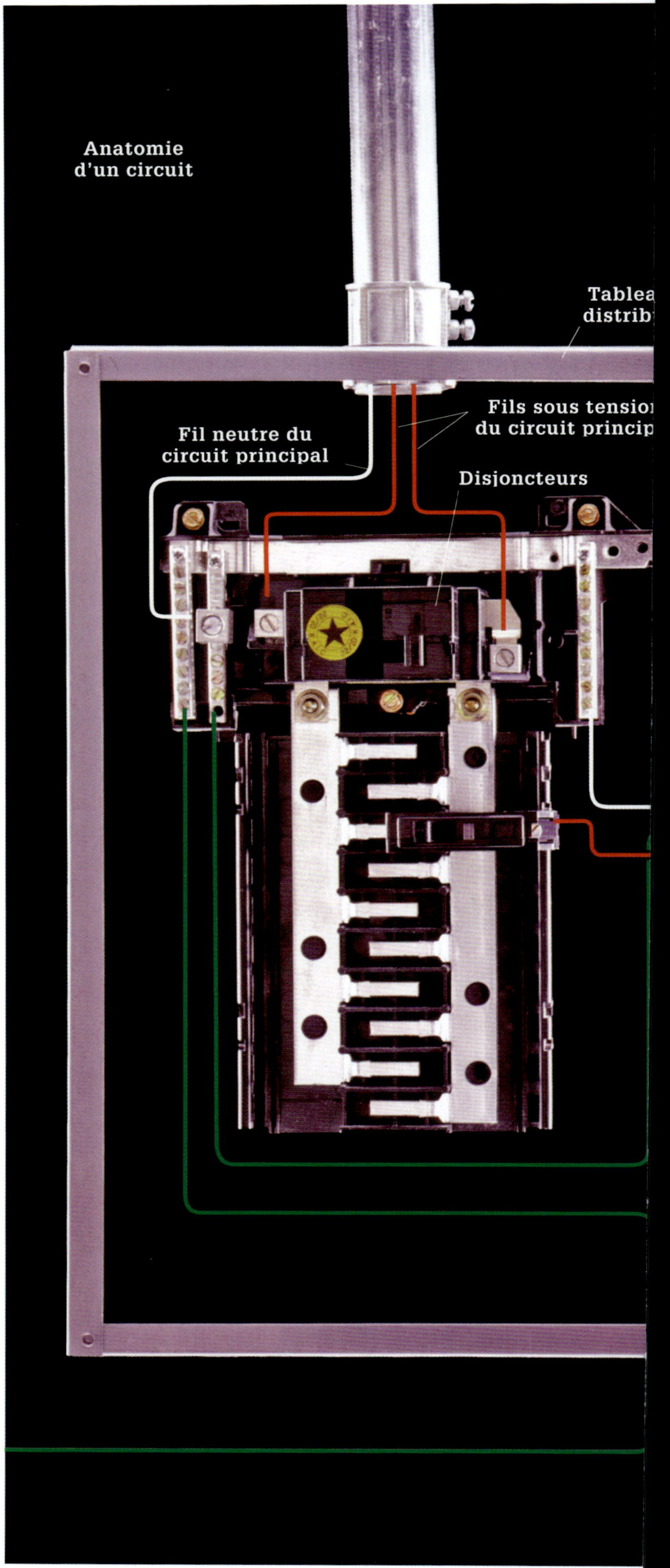

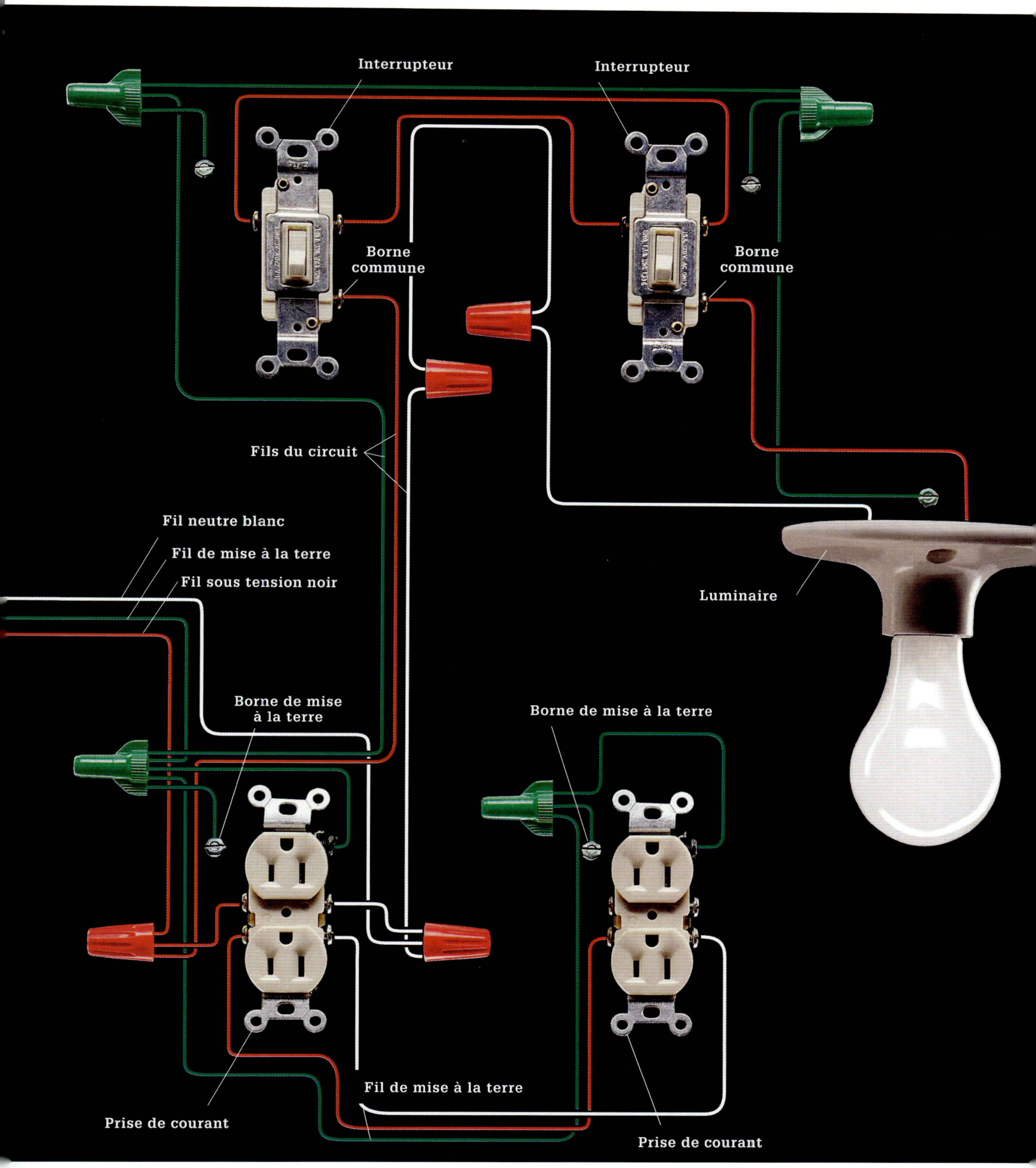
Interrupteur
Interrupteur
Borne commune
Borne commune
Fils du circuit
Fil neutre blanc
Fil de mise à la terre
Fil sous tension noir
Luminaire
Borne de mise à la terre
Borne de mise à la terre
Fil de mise à la terre
Prise de courant
Prise de courant

Règles de sécurité

Quiconque entreprend des travaux d'électricité doit se préoccuper avant tout de sa sécurité. Même si la plupart des réparations domestiques de cet ordre sont simples à exécuter, soyez toujours prudent et faites preuve de jugement lorsque vous travaillez sur des fils ou des appareils électriques. Le bon sens peut prévenir les accidents.

Voici la règle de sécurité fondamentale : coupez toujours l'alimentation en courant de la zone ou de l'appareil sur lequel vous travaillez. Au tableau de distribution principal, enlevez le fusible ou déclenchez le disjoncteur commandant le circuit sur lequel vous travaillez. À l'aide d'un vérificateur de tension, assurez-vous ensuite que le courant a été coupé. Ne rétablissez le courant qu'une fois terminé le remplacement ou la réparation.

Suivez les règles de sécurité illustrées sur ces deux pages. N'entreprenez jamais de travaux d'électricité qui exigent des compétences que vous n'avez pas. N'essayez jamais de réparer ou de remplacer le tableau de distribution principal ou la tête de branchement ; ces travaux, pour lesquels le fournisseur d'électricité doit couper l'alimentation de votre maison, sont du ressort d'un maître électricien.

Coupez le courant du circuit pertinent, à la boîte des fusibles ou au tableau de distribution principal, avant de commencer les travaux.

Dressez le plan des circuits de votre maison, afin de savoir quel circuit couper lorsque vous faites des travaux d'électricité.

Fermez la porte du tableau de distribution et placez-y une étiquette pour que personne ne rétablisse le courant par inadvertance pendant vos travaux d'électricité.

Laissez une lampe de poche près du tableau de distribution principal ; vérifiez-en périodiquement l'état des piles.

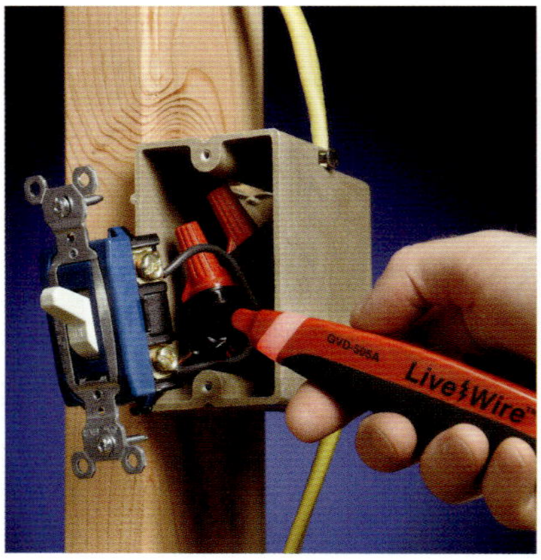

Vérifiez toujours si le courant circule ou non dans un appareil avant de procéder à sa réparation.

N'utilisez que des pièces et appareils homologués par l'UL (ULC ou LAC), parce qu'ils ont fait l'objet d'essais de sécurité.

Portez des chaussures à semelles de caoutchouc durant ces travaux ; lorsque le sol est humide, tenez-vous sur un tapis de caoutchouc ou sur des planches de bois sèches.

Utilisez des échelles de bois ou de fibre de verre lorsque vous travaillez à proximité de la tête de branchement.

Installez des prises à disjoncteur de fuite à la terre lorsque l'exige le code local ou national.

Protégez les enfants en posant des bouchons ou des cache-prise à l'épreuve des enfants.

Ne vous servez de rallonges que pour les raccordements temporaires. Ne les faites jamais courir sous les tapis ; ne les agrafez ni aux murs, ni aux plinthes, ni à aucune autre surface.

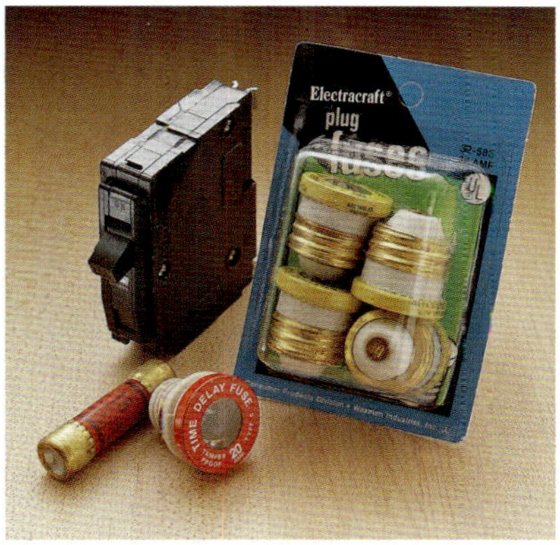

Installez des fusibles ou disjoncteurs de la bonne capacité. N'utilisez jamais un fusible ou un disjoncteur dont la capacité est supérieure à celle des fils du circuit.

Ne touchez pas aux tuyaux métalliques, aux robinets ou aux appareils de plomberie durant vos travaux d'électricité. Le métal pourrait fournir une voie de mise à la terre et faire circuler le courant dans votre corps.

Ne modifiez jamais les broches d'une fiche pour les adapter à une prise. Si possible, installez plutôt une nouvelle prise avec mise à la terre.

Ne pratiquez pas de trous dans les murs ou plafonds sans avoir au préalable coupé le courant alimentant les circuits qui y sont peut-être dissimulés. Servez-vous d'outils à double isolation.

Fusibles et disjoncteurs

Les fusibles et disjoncteurs, montés dans le tableau de distribution principal, sont des dispositifs de sûreté qui protègent les circuits électriques contre les courts-circuits et les surcharges.

La plupart des tableaux de distribution installés avant 1965 sont munis de fusibles qui commandent et protègent les circuits. Les fusibles à culot protègent les circuits de 120 V qui alimentent les luminaires et les prises. Le fusible à cartouche protège le circuit de 240 V d'un gros appareil ; il peut aussi servir de dispositif principal du tableau pour couper le courant dans toute la maison.

Chaque fusible contient un ruban conducteur en alliage métallique. En cas de surcharge d'un circuit, ce ruban fond, ce qui interrompt le passage du courant. La capacité du fusible doit correspondre à l'intensité nominale du circuit. Ne remplacez jamais un fusible par un autre qui soit de capacité supérieure.

La plupart des tableaux de distribution installés après 1965 contiennent des disjoncteurs plutôt que des fusibles. Le disjoncteur unipolaire protège un circuit de 120 V et le disjoncteur bipolaire, un circuit de 240 V. La capacité des disjoncteurs varie de 15 A à 100 A.

Le disjoncteur est muni d'une languette métallique permanente qui s'échauffe et se courbe sous l'effet de la tension électrique. En cas de surcharge, cette languette se courbe suffisamment pour déclencher le disjoncteur et ainsi interrompre le passage du courant. Si le disjoncteur se déclenche fréquemment même lorsque la demande est faible, il se peut que son mécanisme soit usé ; un électricien doit remplacer les disjoncteurs usés.

Lorsqu'un fusible brûle ou qu'un disjoncteur se déclenche, c'est généralement qu'il y a un trop grand nombre de luminaires ou d'appareils branchés qui sollicitent le circuit. Débranchez-en certains que vous brancherez sur d'autres circuits. Remplacez ensuite le fusible ou réarmez le disjoncteur. Si la panne se reproduit immédiatement, il se peut qu'il y ait un court-circuit dans l'installation. Si vous croyez que c'est le cas, recourez aux services d'un maître électricien.

Outils et matériel ▸

Pince arrache-fusible et vérificateur de continuité (pour fusible à cartouche seulement).
Fusible de rechange

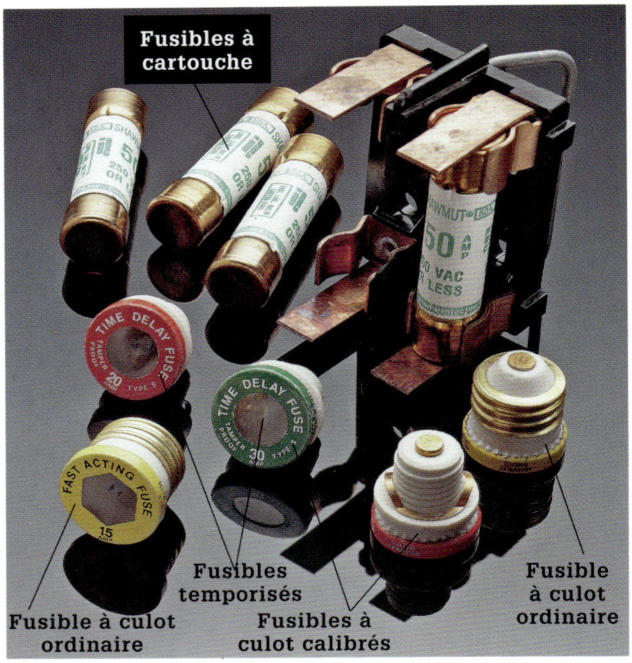

Les fusibles sont utilisés dans les vieux tableaux de distribution. Le fusible à culot protège généralement un circuit de 120 V, à intensité nominale de 15 A, 20 A ou 30 A. Le fusible à culot calibré a des filets qui ne s'adaptent qu'aux douilles correspondantes ; impossible donc d'installer le mauvais fusible dans un circuit. Le fusible temporisé peut supporter temporairement une surcharge de courant sans griller. Le fusible à cartouche protège un circuit de 240 V ; sa capacité varie de 30 A à 100 A.

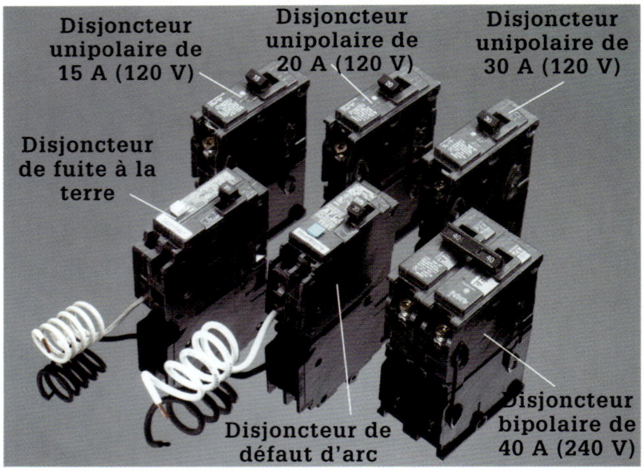

Les disjoncteurs sont utilisés dans la plupart des tableaux de distribution installés depuis les années 1960. Le disjoncteur unipolaire protège un circuit de 120 V. Le disjoncteur bipolaire d'une capacité de 15 A à 100 A protège un circuit de 240 V. Le disjoncteur de fuite à la terre et le disjoncteur de défaut d'arc fournissent une protection contre les décharges électriques dans tout un circuit.

Repérage et remplacement d'un fusible à culot brûlé

Au tableau de distribution principal, repérez le fusible brûlé. Si le ruban métallique du fusible a fondu (à droite), c'est qu'il y a eu surcharge du circuit. Si la fenêtre du fusible a noirci (à gauche), c'est qu'il y a eu court-circuit.

Dévissez le fusible en prenant soin de ne toucher qu'à sa bordure isolante. Remplacez-le par un fusible de même capacité.

Enlèvement, vérification et remplacement d'un fusible à cartouche

Retirez le bloc-fusibles en tirant avec force sur sa poignée.

À l'aide d'une pince arrache-fusible, retirez les fusibles du bloc.

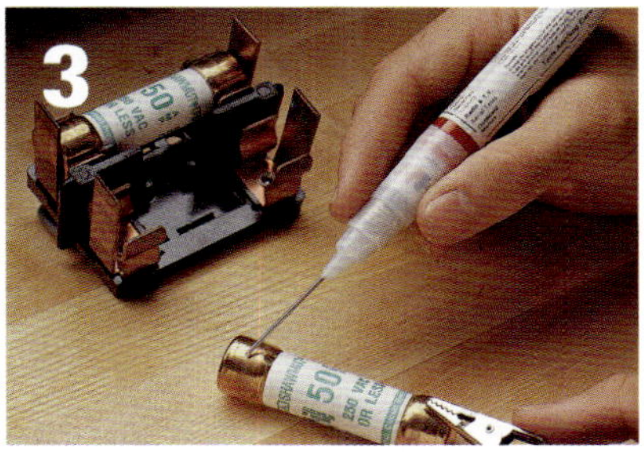

À l'aide d'un vérificateur de continuité, vérifiez chacun des fusibles à cartouche. Si le voyant du vérificateur s'allume, c'est que le fusible est bon. Dans le cas contraire, remplacez-le par un autre de même capacité.

Réarmement d'un disjoncteur

Ouvrez le tableau de distribution et repérez le disjoncteur déclenché : son levier sera à la position d'arrêt OFF ou quelque part entre les positions ON et OFF.

Réarmez le disjoncteur : poussez-en le levier jusqu'à la position d'arrêt OFF, puis ramenez-le à la position de marche ON.

Vérifiez le fonctionnement du disjoncteur de fuite à la terre et du disjoncteur de défaut d'arc en appuyant sur le bouton d'essai TEST. Le levier devrait alors basculer en position OFF. Si ce n'est pas le cas, c'est que le disjoncteur est défectueux et doit être remplacé par un maître électricien.

Évaluation d'un vieux câblage

Si le câblage de votre maison a été réalisé il y a plus de trente ans, il peut présenter certaines défectuosités reliées à l'âge. Bon nombre de celles-ci se révéleront au cours d'une inspection des boîtes électriques destinée au repérage des raccordements de fils sales, des brûlures d'arc électrique, des gaines de fil fissurées ou endommagées ou d'une accumulation de saletés.

Il est cependant difficile de repérer les défectuosités des câbles cachés dans les murs. Un vieux câble qui est poussiéreux ou dont la gaine isolante est endommagée peut laisser « fuir » le courant. La quantité de courant qui fuit à cause de la poussière est généralement trop faible pour qu'un disjoncteur se déclenche ou qu'un fusible grille. Néanmoins, du fait que le courant quitte son « chemin » normal, ces fuites font augmenter la consommation d'électricité de la même manière qu'un robinet qui goutte entraîne un gaspillage d'eau.

Ce type de fuite électrique, qui s'appelle « court-circuit de haute résistance », peut générer de la chaleur et doit être considéré comme un risque d'incendie.

Il est possible de détecter les courts-circuits de haute résistance en se servant du compteur d'électricité pour vérifier les câbles de chaque circuit. L'objectif de la vérification est de déterminer si de l'électricité est consommée même lorsque aucun luminaire ou appareil n'est en fonction. Pour ce faire, vous devez mettre en position ON tous les interrupteurs de manière à activer les fils sous tension du circuit, puis interrompre la consommation d'électricité en enlevant toutes les ampoules et tous les tubes fluorescents, et en débranchant toutes les lampes et tous les appareils.

Observez ensuite le compteur d'électricité, généralement situé à l'extérieur de la maison, près de la tête de branchement. Si le disque du compteur tourne quand même, c'est qu'un court-circuit de haute résistance provoque une fuite d'électricité quelque part dans le câblage. Ces courts-circuits consomment de très petites quantités d'électricité ; vous devrez donc observer le disque pendant au moins une minute pour détecter un mouvement.

Si cette vérification révèle l'existence d'un court-circuit de haute résistance dans votre câblage, confiez-en la réparation à un maître électricien.

Outils et matériel ▸

Tournevis
Serre-fils
Ruban-cache
Crayon

Repérage d'un court-circuit de haute résistance dans un vieux câblage

Mettez tous les interrupteurs de luminaires à la position ON. N'oubliez pas d'allumer les luminaires des placards, du sous-sol et de l'extérieur de la maison.

Interrompez toute consommation d'électricité en enlevant toutes les ampoules et tous les tubes fluorescents. Mettez tous les thermostats à la position OFF.

Débranchez toutes les lampes et tous les appareils.

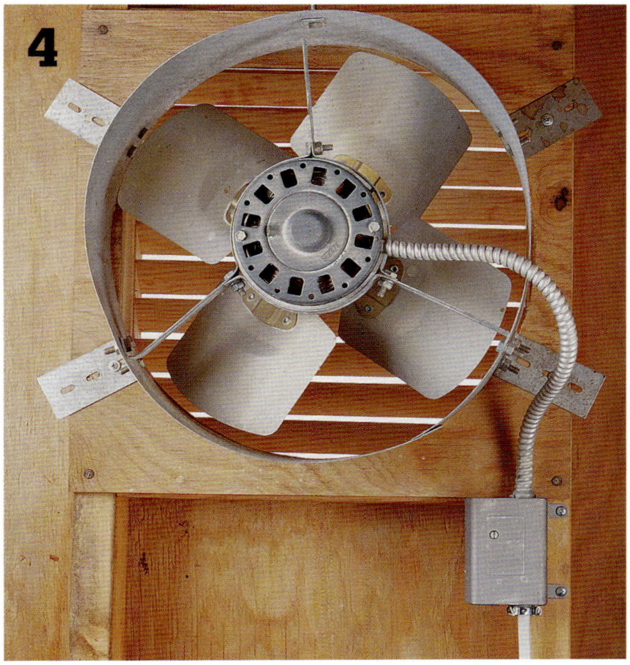

Coupez l'alimentation des appareils à connexion permanente en déclenchant les disjoncteurs correspondants ou en enlevant les fusibles au tableau de distribution principal. On compte parmi ces appareils les ventilateurs de grenier, le chauffe-eau et les ventilateurs de plafond.

Une fois le courant coupé, débranchez les fils du circuit de chacun des appareils à connexion permanente. Protégez le bout des fils à l'aide de serre-fils. Rétablissez ensuite le courant et assurez-vous que tous les interrupteurs muraux sont en position ON.

(suite à la page suivante)

Observez le disque du compteur pendant au moins une minute. S'il ne tourne pas, c'est que votre câblage est en bon état. S'il tourne, c'est qu'il y a un court-circuit de haute résistance quelque part dans le câblage : passez à l'étape 7.

Au tableau de distribution principal, coupez l'alimentation de tous les circuits en déclenchant les disjoncteurs ou en enlevant les fusibles. Ne déclenchez pas le disjoncteur principal. Observez le disque du compteur. S'il tourne, c'est que le court-circuit de haute résistance se trouve dans le tableau de distribution ou dans les fils de service. Dans ce cas, consultez un maître électricien. Si le disque ne tourne pas, passez à l'étape 8.

Rétablissez l'alimentation des circuits, un à la fois, au moyen du disjoncteur ou du fusible. Vérifiez si le disque du compteur tourne ou non. S'il ne tourne pas, c'est que le câblage du circuit est en bon état. Coupez l'alimentation de ce circuit, puis répétez la vérification sur le circuit suivant.

Si le disque du compteur tourne, c'est que le circuit est défectueux : marquez le disjoncteur ou le fusible avec du ruban-cache. Coupez l'alimentation de ce circuit et passez au circuit suivant.

Si le circuit comporte des interrupteurs tripolaires ou quadripolaires, actionnez le levier de chacun de ceux-ci un à la fois, et vérifiez chaque fois si le disque du compteur tourne ou non.

Pour chacun des circuits défectueux, notez les appareils, luminaires, interrupteurs, prises et boîtes de raccordement qu'il alimente. Pour vous guider, servez-vous du plan de câblage de votre maison.

Vérifiez de nouveau tous les luminaires et appareils du circuit défectueux pour vous assurer qu'ils ne consomment pas de courant. Si c'est le cas, débranchez-les et répétez la vérification.

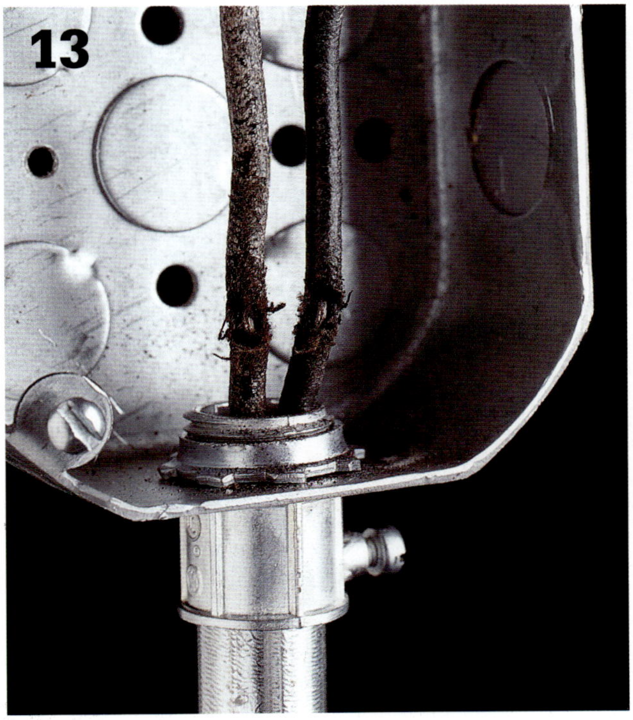

Inspectez les boîtes électriques du circuit défectueux pour y repérer les connexions encrassées, les gaines isolantes endommagées, les accumulations de saleté ou les brûlures d'arc.

Si les boîtes électriques sont en bon état, vous savez alors que le court-circuit de haute résistance se produit dans le câblage caché dans les murs. Dans ce cas, appelez un maître électricien.

Bloc-notes de l'inspecteur

Si un inspecteur en électricité visitait votre maison, il y découvrirait peut-être certaines irrégularités par rapport au *Code canadien de l'électricité*. Ces irrégularités ne provoquent pas nécessairement des défectuosités immédiates. En fait, il se peut que votre installation électrique ne vous ait causé aucun problème depuis de nombreuses années.

Toutefois, un câblage ou un appareil électrique non conforme au code risque de vous causer des ennuis et, souvent, de mettre en danger votre famille ou votre maison. De plus, vous pourriez avoir de la difficulté à vendre votre maison si l'installation électrique n'est pas conforme aux normes.

La plupart des codes de l'électricité se fondent sur le *National Electric Code* (NCE), publié et mis à jour tous les trois ans par la National Fire Protection Agency (NFPA). Ce code renferme la réglementation applicable à l'installation du câblage et des appareils électriques. Vous en trouverez un exemplaire dans la plupart des bibliothèques.

Les inspecteurs doivent connaître parfaitement le code, puisqu'ils doivent veiller à ce que la réglementation soit respectée, afin de prévenir des incendies et de protéger les personnes et les biens. Si vous avez besoin de renseignements à propos du câblage de votre maison, l'inspecteur de votre localité se fera un plaisir de vous les fournir.

Même si un ouvrage tel que le présent guide ne peut énumérer toutes les défectuosités de câblage susceptibles d'exister dans votre maison, nous avons mis au point un « bloc-notes de l'inspecteur » pour vous aider à repérer les plus fréquentes et pour vous expliquer comment les corriger. Durant vos travaux de réparation ou de remplacement du câblage, vous pourrez vous reporter à la présente section pour mieux repérer les conditions dangereuses.

Inspection du tableau de distribution

Problème : Taches de rouille à l'intérieur du tableau de distribution principal. L'eau s'infiltre dans la tête de branchement située à l'extérieur de la maison et parvient jusqu'à l'intérieur du tableau.

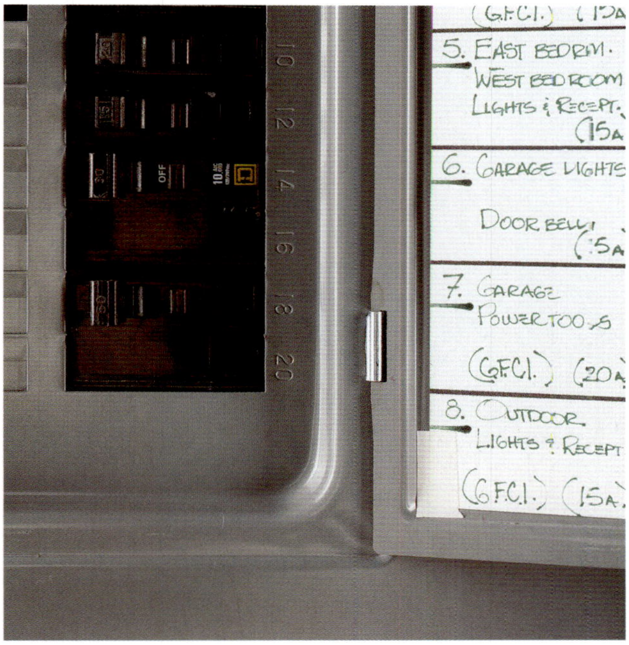

Solution : Demandez à un électricien d'examiner la tête de branchement et le tableau de distribution. Si le tableau ou les fils de service ont été endommagés, il faut les remplacer.

Problème : Voici une situation fréquente et des plus dangereuses. Une pièce de monnaie ou une autre pièce métallique placée derrière le fusible court-circuite ce dernier et empêche une surcharge de le faire griller. Cette situation particulièrement dangereuse peut provoquer la surchauffe du câblage.

Solution : Retirez la pièce de monnaie et remplacez le fusible. Demandez à un électricien d'examiner le tableau et le câblage des circuits. Si le fusible a été court-circuité pendant plusieurs années, il se peut que l'intégrité du câblage soit compromise et que celui-ci doive être remplacé.

(suite à la page suivante)

Problème : Raccordement de deux fils au même disjoncteur unipolaire, ce qui signale que le tableau est encombré. C'est une dangereuse infraction au code, à moins que le disjoncteur soit approuvé pour une telle connexion.

Solution : S'il reste de la place dans le tableau, installez un autre disjoncteur destiné au fil supplémentaire. S'il n'en reste pas, demandez à un électricien d'installer un tableau plus grand ou un tableau secondaire.

Reconnaître le fil d'aluminium ▸

Le fil d'aluminium, très économique, a remplacé le fil de cuivre dans bon nombre d'installations électriques réalisées à la fin des années 1960 et au début des années 1970, lorsque le prix du cuivre était élevé. On reconnaît le fil d'aluminium à sa couleur argent et à la marque AL imprimée sur sa gaine. Une variante de ce fil est faite d'aluminium enrobé d'une mince couche de cuivre.

Au début des années 1970, on a constaté que le fil tout en aluminium présente des dangers s'il est raccordé à une prise ou à un interrupteur muni de bornes à vis de laiton ou de cuivre. Du fait que le taux de dilatation et de contraction de l'aluminium est différent de celui du cuivre, les raccordements sont susceptibles de se desserrer. Dans certains cas, un incendie s'est produit.

Le câblage d'aluminium existant est considéré comme sécuritaire si les bonnes méthodes d'installation ont été suivies et si les fils ont été raccordés à des prises et des interrupteurs spécialement conçus pour être utilisés avec le fil d'aluminium. Si le câblage de votre maison est en aluminium, faites-le inspecter par un maître électricien. L'aluminium enrobé de cuivre ne présente pas de risques.

Pendant une brève période, les prises et les interrupteurs ayant reçu l'homologation de compatibilité AL-CU des laboratoires UL ou ULC ont été utilisés avec les fils d'aluminium et les fils de cuivre. Toutefois, ces prises et interrupteurs se sont révélés dangereux lorsqu'ils étaient raccordés à des fils d'aluminium. Les prises et les interrupteurs AL-CU ne doivent jamais être utilisés avec des fils d'aluminium.

En 1971, des prises et des interrupteurs destinés à être utilisés avec des fils d'aluminium ont été lancés sur le marché ; ils portent la marque CO/ALR. Désormais, ce sont les seuls dispositifs dont l'utilisation avec les fils d'aluminium est autorisée. Si des prises ou des interrupteurs ne portant pas la marque CO/ALR sont reliés à votre câblage d'aluminium, remplacez-les par des dispositifs portant cette marque.

Les prises ou des interrupteurs dont la patte de montage ne porte pas de marque de compatibilité ne doivent jamais être utilisés avec les fils d'aluminium ; ils ont été conçus pour être utilisés avec des fils de cuivre seulement.

Inspection du cavalier de mise à la terre

Problème : Il n'y a pas de cavalier de mise à la terre ou bien celui-ci est débranché. Dans la plupart des maisons, ce cavalier est attaché à un tuyau, d'un côté ou de l'autre du compteur d'eau. Du fait que la mise à la terre n'est plus assurée, la situation est devenue dangereuse et doit être corrigée immédiatement.

Solution : À l'aide de brides de serrage, attachez un cavalier de mise à la terre de chaque côté du compteur. Servez-vous d'un fil de cuivre nu de calibre 6 (système de 150 A ou moins) ou de calibre 4 (système de 200 A).

Défectuosités fréquentes des câbles

Problème : Le câble, qui court sur les solives ou les poteaux, est fixé au bord de ces éléments de charpente. Le code de l'électricité interdit ce type d'installation dans les aires exposées, tels les greniers et sous-sols non finis.

Solution : Protégez le câble en pratiquant des trous dans les éléments de charpente, à au moins 2 po de leur bord. Faites ensuite passer le câble dans ces trous.

(suite à la page suivante)

Problème : En courant sur les solives ou sur les poteaux, le câble pend. Il pourrait être accidentellement accroché et endommagé.

Solution : À l'aide d'agrafes en plastique, ancrez le câble aux éléments de charpente, à au moins 1 ¼ po du bord de ceux-ci. Un câble NM (non métallique) doit être agrafé à intervalles de 4 ½ pi et à moins de 12 po de chacune des boîtes électriques.

Problème : Le câble enfilé dans les trous pratiqués dans les solives ou poteaux passe tout près du bord de l'élément de charpente. Un câble NM (vue en coupe) peut facilement être endommagé si l'on enfonce un clou ou une vis dans l'élément de charpente, au cours d'une rénovation par exemple.

Solution : Installez une plaque métallique pour protéger le câble. Vous trouverez ces plaques dans les quincailleries et les maisonneries.

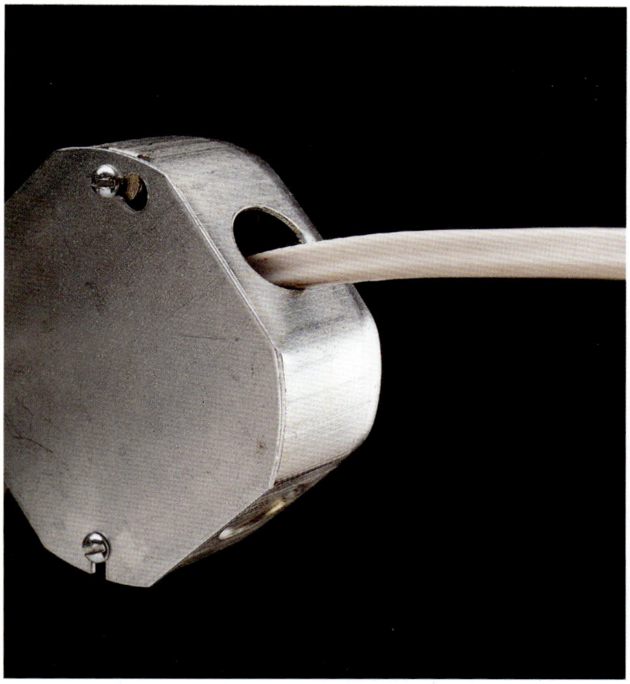

Problème : Un câble non attaché par une bride entre dans la boîte électrique. L'enveloppe du câble risque de frotter sur les bords de la débouchure et de s'endommager. *(Note : dans le cas d'une boîte en plastique, la bride n'est pas nécessaire si le câble est ancré aux éléments de charpente à 12 po ou moins de la boîte.)*

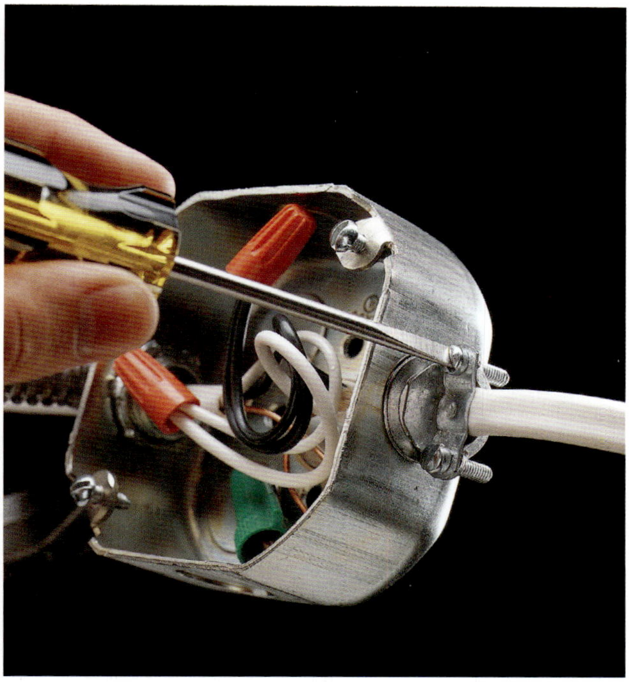

Solution : Ancrez le câble à la boîte électrique à l'aide d'une bride de câble. Plusieurs types de brides sont offerts dans les quincailleries et les maisonneries.

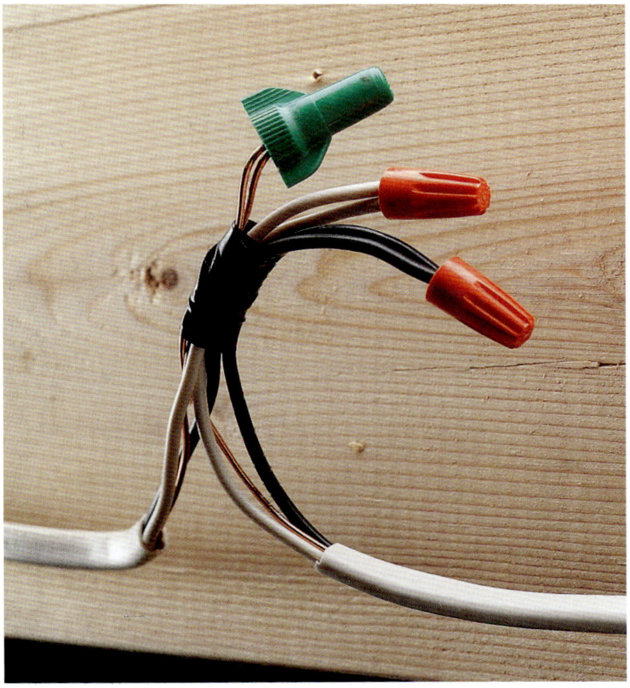

Problème : Une épissure n'est pas protégée par une boîte électrique. Les épissures exposées peuvent créer des étincelles, en plus de présenter un risque de choc ou d'incendie.

Solution : Rendez votre installation conforme au code en enfermant l'épissure dans une boîte électrique de métal ou de plastique. Assurez-vous que la boîte est assez grande pour le nombre de câbles à protéger.

Vérification des raccordements

Problème : Deux fils ou plus sont rattachés à la même borne à vis. On trouve ce type de raccordement dans les vieilles installations. Il est aujourd'hui interdit par le code.

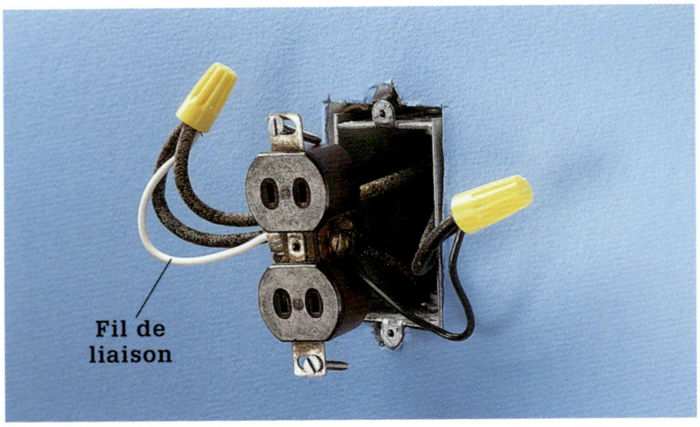

Solution : Détachez les fils de la borne. À l'aide d'un serre-fils, joignez-les à un fil de liaison. Raccordez à la borne l'autre extrémité du fil de liaison.

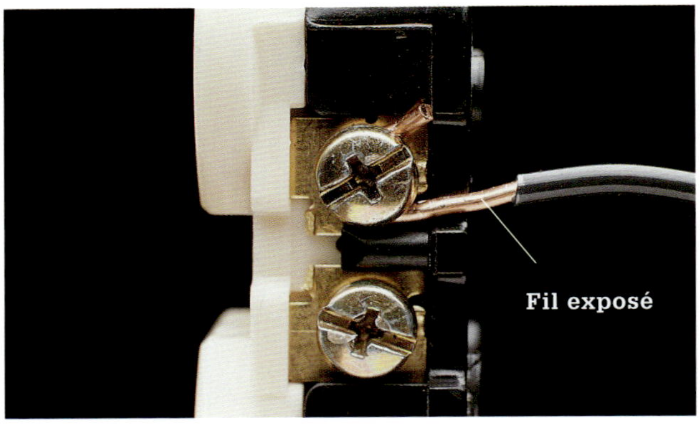

Problème : La partie dénudée du fil est visible au-delà de la borne. Un fil exposé peut causer un court-circuit s'il touche à la boîte métallique ou à un autre fil.

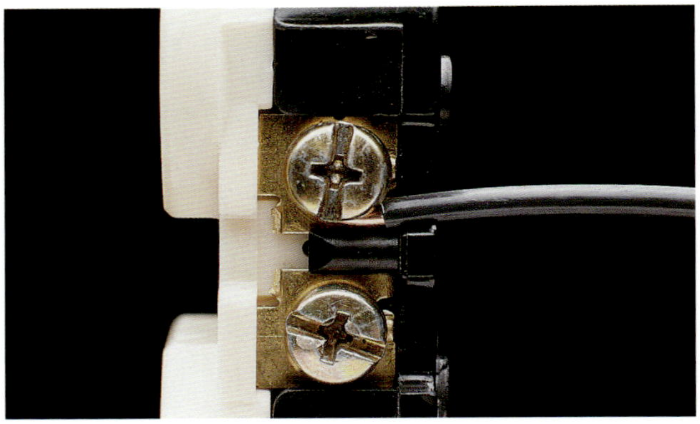

Solution : Coupez l'extrémité du fil et raccordez-le de nouveau à la borne. Dans un raccordement bien fait, toute la partie dénudée du fil s'enroule autour de la borne, et la gaine isolante touche à la tête de la vis.

Problème : Les fils sont raccordés avec du ruban isolant. On a beaucoup utilisé le ruban isolant autrefois dans les anciennes installations, mais il peut se détériorer avec le temps et laisser les fils à découvert dans la boîte électrique.

Solution : Remplacez le ruban isolant par des serre-fils. Vous devrez peut-être couper une partie de l'extrémité dénudée des fils pour que le serre-fils les recouvre entièrement.

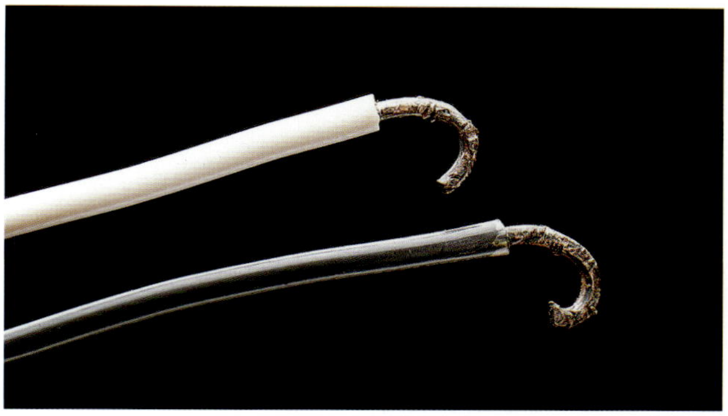

Problème : Des entailles et des éraflures sur le fil entravent la circulation du courant. Ce fil pourrait surchauffer.

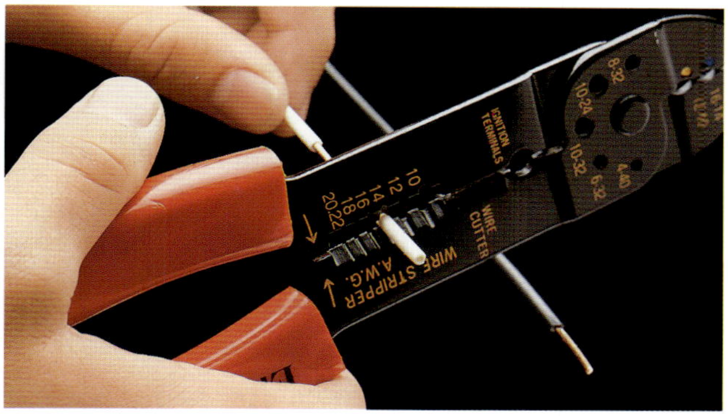

Solution : Coupez la partie endommagée du fil. Dénudez-le sur environ ¾ po et raccordez-le à sa borne à vis.

Inspection de la boîte électrique

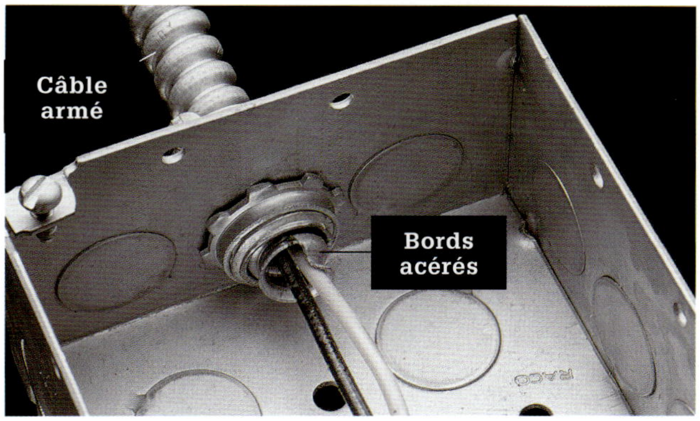

Problème : Le câble armé n'est pas muni d'un manchon protecteur. Le bord acéré de l'armure pourrait endommager l'isolant des fils et ainsi créer un risque de choc ou d'incendie.

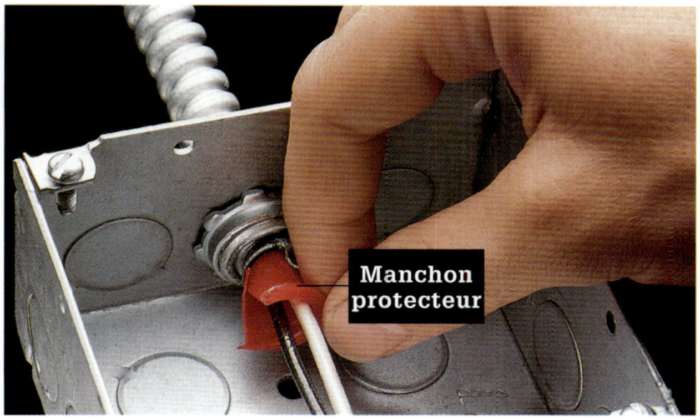

Solution : Protégez l'isolant des fils en installant un manchon de plastique ou de fibre autour des fils. Vous trouverez ces manchons dans les quincailleries. Remplacez les fils endommagés.

Problème : L'isolant des fils est fissuré ou endommagé. Si le fil nu est exposé, un court-circuit pourrait se produire et présenter un risque de choc ou d'incendie.

Solution : Enveloppez temporairement de ruban isolant les fils endommagés. Les fils de circuit endommagés doivent être remplacés par un électricien.

(suite à la page suivante)

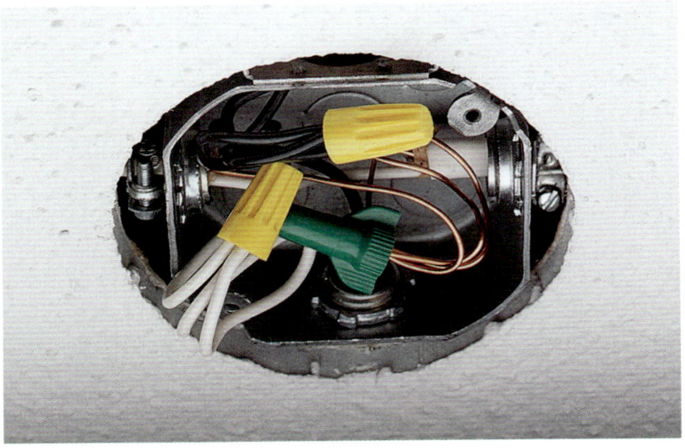

Problème : Une boîte électrique ouverte présente un risque d'incendie si un court-circuit y crée des étincelles.

Solution : Recouvrez entièrement la boîte à l'aide d'un couvercle métallique que vous pouvez acheter dans une quincaillerie. La boîte doit demeurer accessible ; il est interdit de l'enfermer derrière un plafond ou un mur.

Problème : Les fils trop courts sont difficiles à manipuler. Le code exige que, dans une boîte électrique, tous les fils aient une longueur libre d'au moins 6 po.

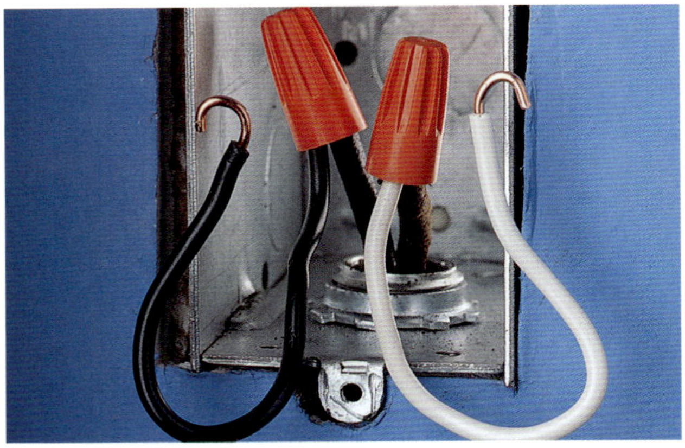

Solution : Rallongez les fils trop courts en les raccordant à des fils de liaison à l'aide de serre-fils. Le fil de liaison doit être de même calibre et de même couleur que le fil qu'il rallonge, et mesurer au moins 6 po de longueur.

Problème : Une boîte électrique encastrée est dangereuse, surtout si la surface du mur ou du plafond est inflammable, comme les panneaux de bois par exemple. Le code interdit ce type d'installation.

Solution : Ajoutez des anneaux de prolongement de manière que la face de la boîte électrique soit à fleur de mur. On trouve des anneaux de tous les formats dans les quincailleries.

Problème : Dans une boîte électrique ouverte, les étincelles d'un court-circuit présentent un risque d'incendie. La poussière et la saleté peuvent causer un dangereux court-circuit de haute résistance (page 426). Durant vos travaux, vérifiez toujours s'il n'y aurait pas une accumulation de poussière ou de saleté dans les boîtes électriques.

Solution : Passez l'aspirateur dans la boîte (utilisez le suceur à bec effilé). Avant de le faire, assurez-vous que le courant a été coupé au tableau de distribution principal.

Problème : Une boîte électrique encombrée (vue en coupe) rend les réparations difficiles. Ce type de situation est interdit parce que les fils s'endommagent facilement durant l'installation de l'interrupteur ou de la prise.

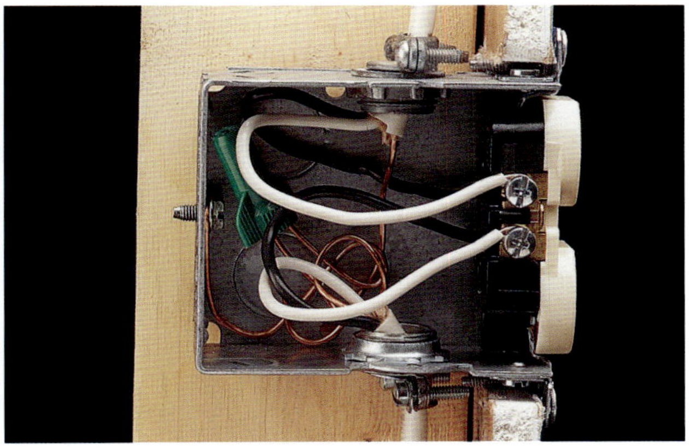

Solution : Remplacez la boîte actuelle par une boîte plus profonde.

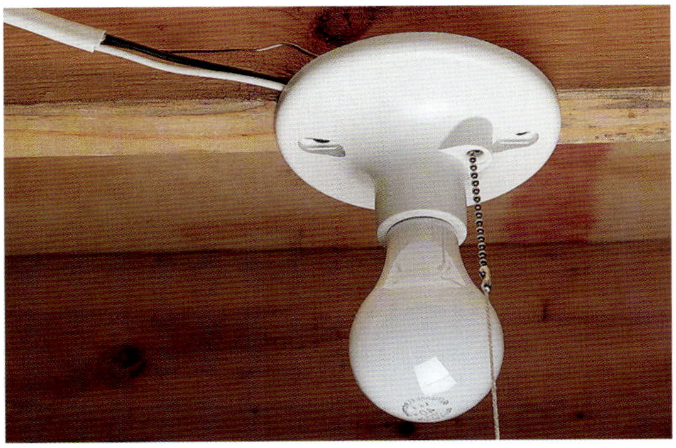

Problème : Le luminaire est installé sans boîte électrique. Ce type d'installation expose les raccordements et ne soutient pas le luminaire.

Solution : Installez une boîte électrique approuvée pour protéger les raccordements et pour soutenir le luminaire.

Défectuosités courantes des cordons électriques

Problème : Le cordon d'une lampe ou d'un appareil court sous une carpette. La circulation peut user l'isolant du cordon et causer un court-circuit susceptible de provoquer une décharge électrique ou un incendie.

Solution : Déplacez la lampe ou l'appareil de manière que le cordon reste visible. Remplacez les cordons usés.

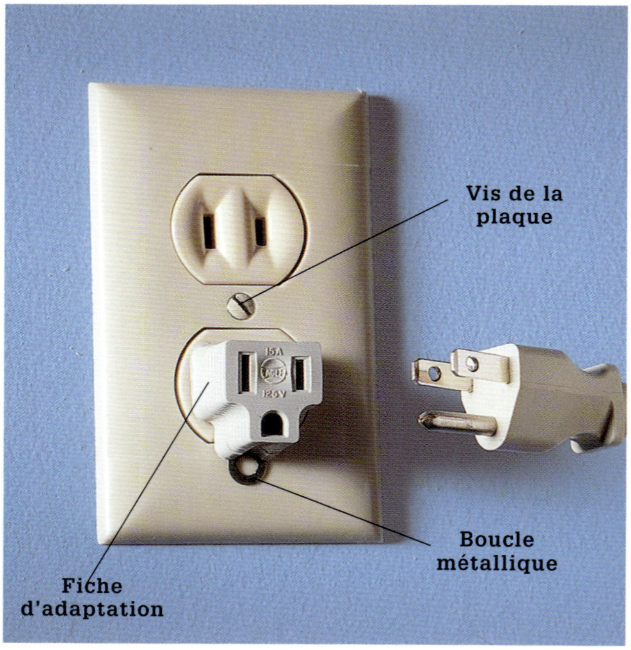

Problème : Une fiche à deux lames et à une broche n'entre pas dans une prise à deux fentes. N'utilisez pas de fiche d'adaptation à moins que la boucle métallique de celle-ci soit solidement raccordée à la vis de la plaque.

Solution : Installez une prise mise à la terre à deux fentes et à un trou si la boîte électrique permet la mise à la terre. Installez une prise à disjoncteur de fuite à la terre dans les cuisines et salles de bain, ou si la boîte électrique n'est pas mise à la terre.

Problème : La fiche d'une lampe ou d'un appareil est craquelée, ou le cordon est usé près de la fiche. Les fiches et les cordons usés présentent des risques de choc et d'incendie.

Solution : Coupez la partie endommagée du cordon et installez-y une nouvelle fiche. On trouve des fiches de rechange dans les magasins d'électroménagers et les maisonneries.

Problème : La capacité de la rallonge est trop faible par rapport à la puissance de l'outil ou de l'appareil. Une rallonge de trop faible capacité peut surchauffer ; l'isolant fondra et les fils seront exposés.

Solution : Utilisez une rallonge dont la puissance et l'intensité nominales correspondent ou sont supérieures à celles de l'outil ou de l'appareil. Une rallonge ne doit servir que temporairement. N'en utilisez jamais pour des installations permanentes.

Inspection des prises et des interrupteurs

Problème : Une fiche de raccordement multiple installée en permanence peut surcharger un circuit et provoquer la surchauffe de la prise.

Solution : Utilisez une plaque multiprise munie d'une protection intégrée contre les surcharges. Cette installation doit être temporaire. Si des prises supplémentaires sont souvent requises, rénovez le câblage.

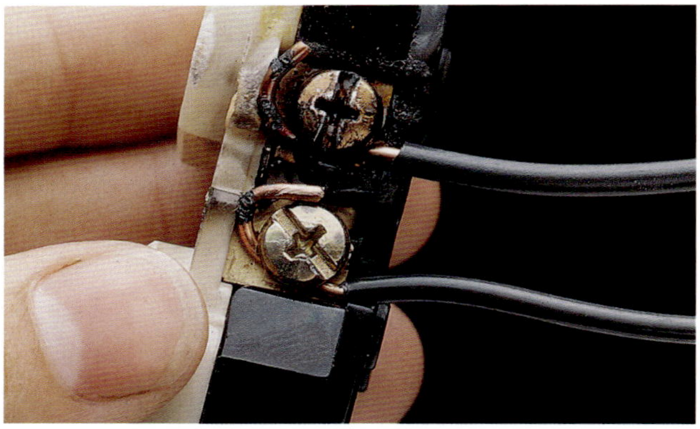

Problème : Des brûlures situées près des bornes indiquent qu'il y a eu des arcs électriques ; ceux-ci sont généralement causés par un raccordement lâche des fils.

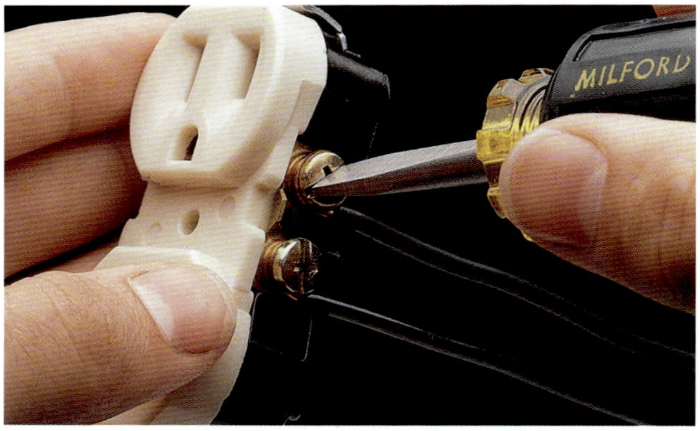

Solution : Nettoyez les fils avec un papier de verre fin ; remplacez la prise si les dommages sont importants. Assurez-vous que les fils sont solidement raccordés aux bornes.

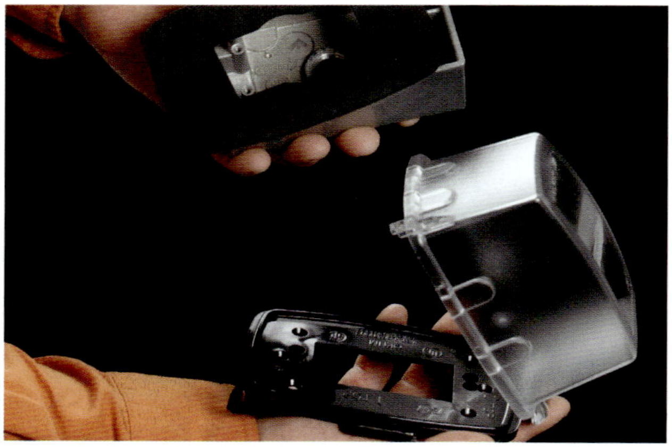

Problème : Une boîte électrique extérieure laisse pénétrer l'eau lorsque la prise est utilisée.

Solution : Remplacez la vieille boîte de prise (qui n'est plus conforme au code) par une boîte munie d'un couvercle bombé qui protège les fiches contre l'eau lorsqu'elles sont insérées dans les fentes de la prise à disjoncteur de fuite à la terre.

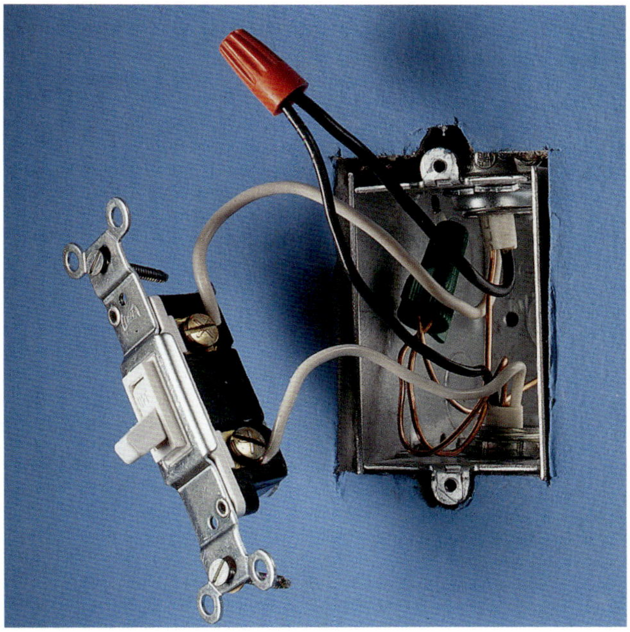

Problème : Les fils blancs neutres sont reliés à l'interrupteur. Même si celui-ci semble bien fonctionner, ce raccordement est dangereux du fait que le luminaire reste sous tension même lorsqu'il est en position OFF.

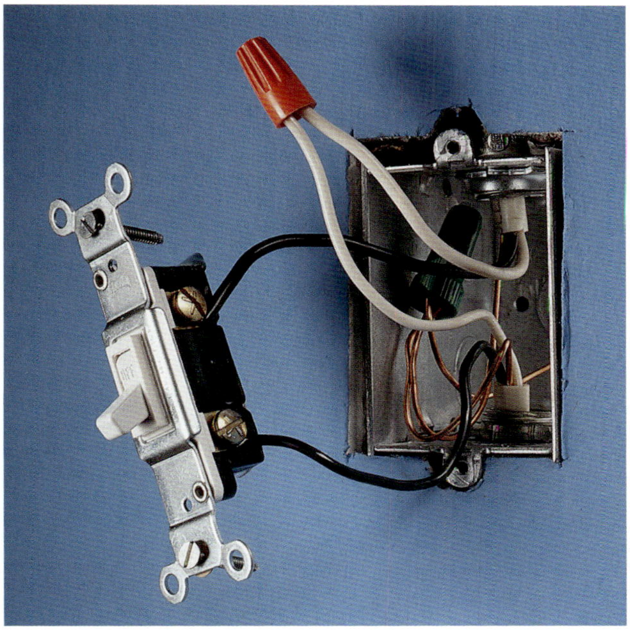

Solution : Raccordez les fils noirs à l'interrupteur. Reliez ensemble les fils blancs à l'aide d'un serre-fils.

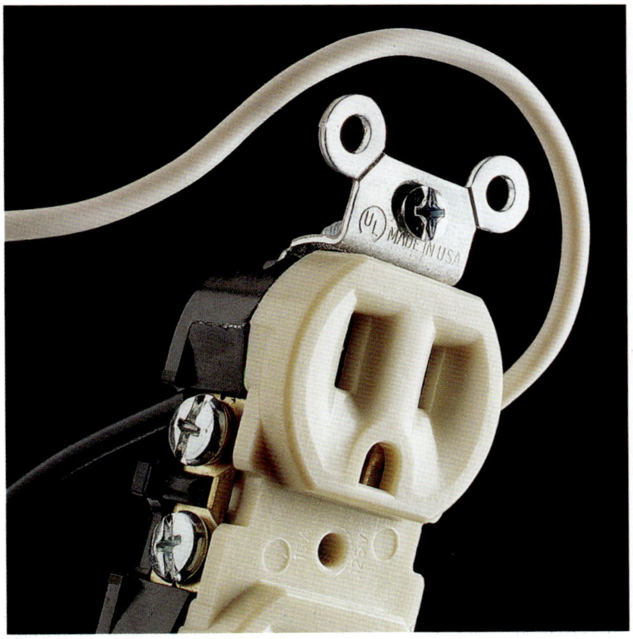

Problème : Les fils blancs neutres sont reliés aux bornes en laiton de la prise, et les noirs aux bornes argentées. Ce raccordement est dangereux parce que la tension circule dans la longue fente censément neutre de la prise.

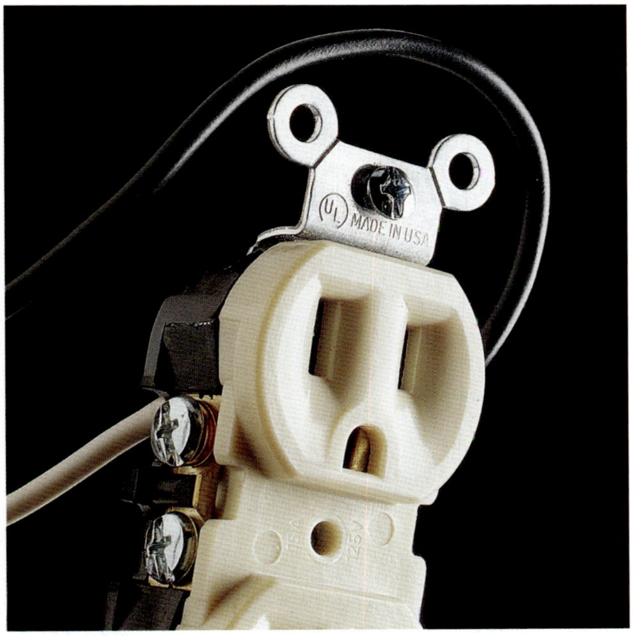

Solution : Inversez les raccordements : reliez les fils noirs aux bornes de laiton, et les blancs aux bornes argentées. La tension circulera dès lors dans la fente courte de la prise.

Défectuosités des prises de courant

Les prises de courant domestiques, ne comportant aucune pièce mobile susceptible de s'user, fonctionnent durant des années sans entretien. La plupart des problèmes associés aux prises sont en fait causés par une défectuosité des lampes et appareils, ou des fiches et cordons. Cependant, le fait de brancher et de débrancher fréquemment des appareils risque d'user les contacts métalliques de la prise. Toute prise qui ne retient plus solidement les fiches doit être remplacée. En outre, les anciennes prises faites de plastique dur risquent de sécher et de se fissurer en vieillissant. Il faut alors les remplacer.

Une connexion lâche peut aussi causer une défectuosité. Elle risque de provoquer des étincelles (arc) ou le déclenchement d'un disjoncteur, ou encore une accumulation de chaleur dans la prise, ce qui peut provoquer un incendie.

Plusieurs causes peuvent expliquer le relâchement d'une connexion, notamment les vibrations causées par les pas sur le sol ou par la circulation dans la rue. De plus, les fils s'échauffant et se refroidissant inévitablement à l'usage, il se produit une dilatation et une contraction légères des extrémités. À cause de ces mouvements, les fils peuvent se détacher des bornes dans les prises.

Toutes les prises de courant ne sont pas identiques. Lorsque vous devez en remplacer une, choisissez-en une nouvelle de même intensité nominale. Le remplacement accidentel d'une prise de 15 A par une prise de 20 A est une erreur fréquente.

La prise de courant la plus ancienne, utilisée au début des années 1900, n'était qu'une modification d'une lampe vissable.

La prise de courant polarisée, devenue la norme durant les années 1920, comporte des fentes de longueur différente qui orientent la circulation du courant pour une plus grande sécurité.

La prise à disjoncteur de fuite à la terre est un dispositif de sécurité moderne qui, à la moindre variation de courant, coupe instantanément l'alimentation.

Voir le Bloc-notes de l'inspecteur ▸

Vérification des raccordements (pages 436-437)

Inspection de la boîte électrique (pages 437-439)

Inspection des prises et des interrupteurs (pages 442-443)

Défectuosité	Réparation
Le disjoncteur se déclenche constamment ou le fusible saute dès qu'il est remplacé.	1. Remplacez ou réparez le cordon usé ou endommagé de la lampe ou de l'appareil. 2. Branchez certains appareils ou certaines lampes sur d'autres circuits pour éviter les surcharges. 3. Resserrez toutes les connexions lâches (page 455). 4. Nettoyez l'extrémité sale ou oxydée des fils (page 454).
Une lampe ou un appareil ne fonctionne pas.	1. Assurez-vous que la lampe ou l'appareil est bien branché. 2. Remplacez les ampoules brûlées. 3. Réparez ou remplacez les cordons usés ou endommagés. 4. Resserrez toutes les connexions lâches (page 455). 5. Nettoyez l'extrémité sale ou oxydée des fils (page 454). 6. Réparez ou remplacez toute prise défectueuse (pages 454-455).
La prise ne retient pas solidement les fiches.	1. Réparez ou remplacez les fiches usées ou endommagées. 2. Remplacez la prise défectueuse (pages 454-455).
La prise est chaude au toucher ; il se produit un bourdonnement ou des étincelles lorsque la fiche est branchée ou débranchée.	1. Branchez certains appareils ou certaines lampes sur d'autres circuits pour éviter les surcharges. 2. Resserrez toutes les connexions lâches (page 455). 3. Nettoyez l'extrémité sale ou oxydée des fils (page 454). 4. Remplacez la prise défectueuse (pages 454-455).

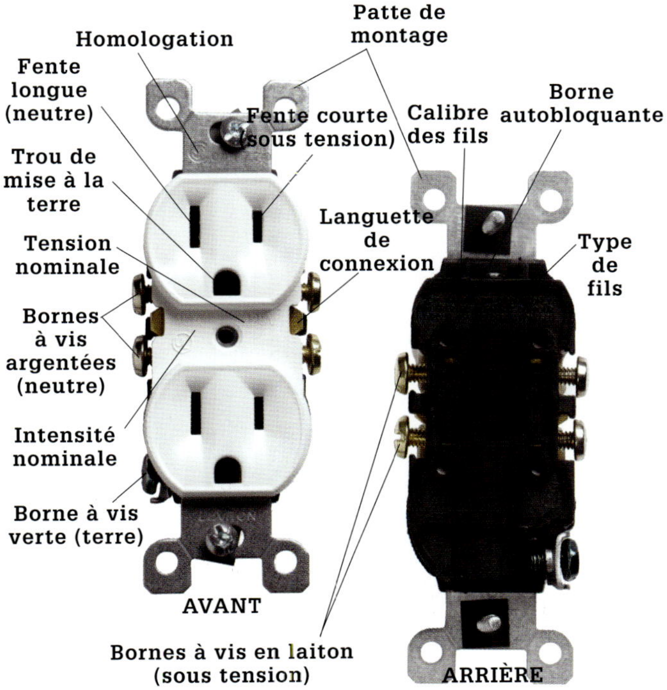

Une prise double standard peut recevoir deux fiches. Chacune des moitiés de la prise comporte une longue fente (neutre), une fente plus courte (sous tension) et un trou (mise à la terre) en forme de U, dans lesquels se logent les trois broches d'une fiche. Cette configuration garantit que la connexion sera polarisée et mise à la terre.

Les fils sont attachés à des bornes à vis ou à des bornes autobloquantes, et une languette unit les bornes, permettant ainsi diverses configurations de câblage. Les prises sont munies de pattes de montage grâce auxquelles on peut les fixer aux boîtes électriques.

Les marques d'homologation « UL » ou « UND. LAB. INC. LIST » apparaissant sur la face avant ou arrière de la prise indiquent que celle-ci répond aux normes de sécurité strictes établies par Underwriters Laboratories (UL).

La tension et l'intensité nominales de la prise sont également indiquées sur celle-ci (le plus souvent 15 A, 125 V). Les prises marquées « CU » ou « COPPER » seront utilisées avec un fil de cuivre plein. Celles marquées « CU-CLAD ONLY » sont réservées au fil d'aluminium enrobé de cuivre. Seules les prises marquées « CO/ALR » peuvent être utilisées avec le fil d'aluminium plein (page 432). Le *Code canadien de l'électricité* interdit aujourd'hui l'utilisation de prises marquées « AL/CU » avec le fil d'aluminium plein.

Câblage des prises de courant

On peut câbler de plusieurs manières une prise double de 120 V. Les configurations les plus courantes sont illustrées sur ces pages.

Les configurations de câblage peuvent différer légèrement des illustrations, selon les types de prise et de câble utilisés, ou la technique de câblage de l'électricien. Pour effectuer des réparations et des remplacements fiables, étiquetez chaque fil avec du ruban-cache pour indiquer sa position sur les bornes de la prise actuelle.

Les prises sont câblées soit en tant que prises terminales, soit en tant que prises intermédiaires, que l'on peut distinguer selon le nombre de câbles entrant dans la boîte de la prise. Le câblage de type terminal ne comporte qu'un câble puisque le circuit se termine à la prise. Le câblage de type intermédiaire en comporte deux, vu que le circuit continue à s'acheminer vers d'autres prises, interrupteurs ou appareils.

Dans une prise à circuit divisé (illustration à la page ci-contre), chacune des moitiés de la prise est reliée à un circuit séparé, de manière qu'on puisse y brancher deux appareils de forte puissance sans qu'un disjoncteur se déclenche ou qu'un fusible saute. Cette configuration est semblable à celle d'une prise commandée par un interrupteur. Le code requiert qu'une prise commandée par interrupteur soit installée dans les pièces qui ne sont pas munies d'un luminaire intégré commandé par un interrupteur mural.

Ces deux derniers types de prises (prise à circuit divisé et prise commandée par interrupteur) sont reliés à deux fils sous tension ; soyez donc particulièrement prudent lorsque vous les réparez ou les remplacez. Assurez-vous que la languette de connexion unissant les deux bornes à vis sous tension a bien été enlevée.

On trouve fréquemment des prises à deux fentes dans les vieilles maisons. Aucun fil de mise à la terre n'y est relié, mais la boîte peut être mise à la terre au moyen d'un câble armé ou d'un tube protecteur.

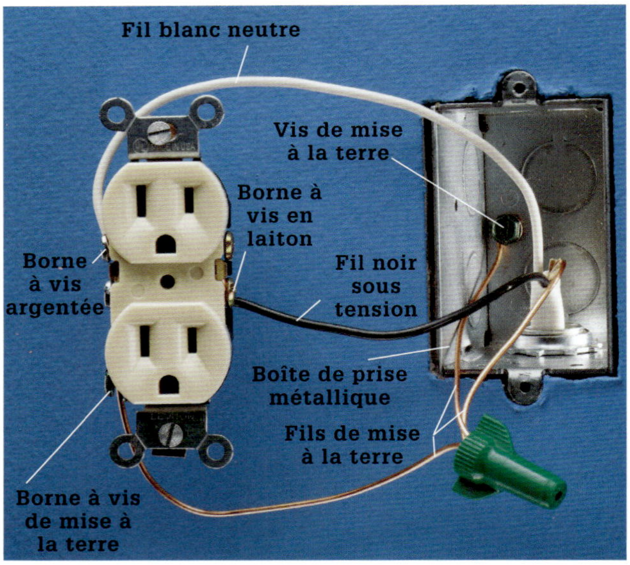

Si un seul câble entre dans la boîte, c'est qu'il s'agit d'une prise terminale. Le fil noir sous tension y est attaché à une borne de laiton, et le fil blanc neutre à une borne argentée. Si la boîte est faite de métal, le fil de mise à la terre est raccordé, au moyen d'un fil de liaison, aux vis de mise à la terre de la prise et de la boîte. Dans une boîte de plastique, le fil de mise à la terre est directement raccordé à la borne de mise à la terre de la prise.

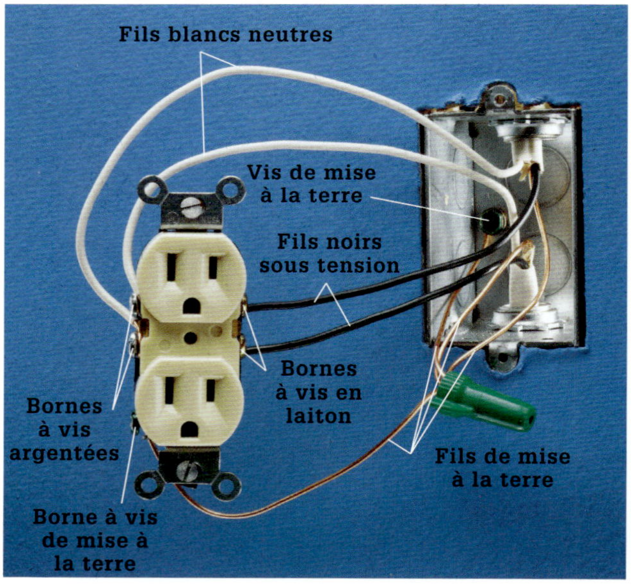

Si deux câbles entrent dans la boîte, c'est qu'il s'agit d'une prise intermédiaire. Les fils noirs sous tension y sont attachés aux bornes de laiton, et les fils blancs neutres aux bornes argentées. Le fil de mise à la terre est raccordé, au moyen d'un fil de liaison, aux vis de mise à la terre de la prise et de la boîte.

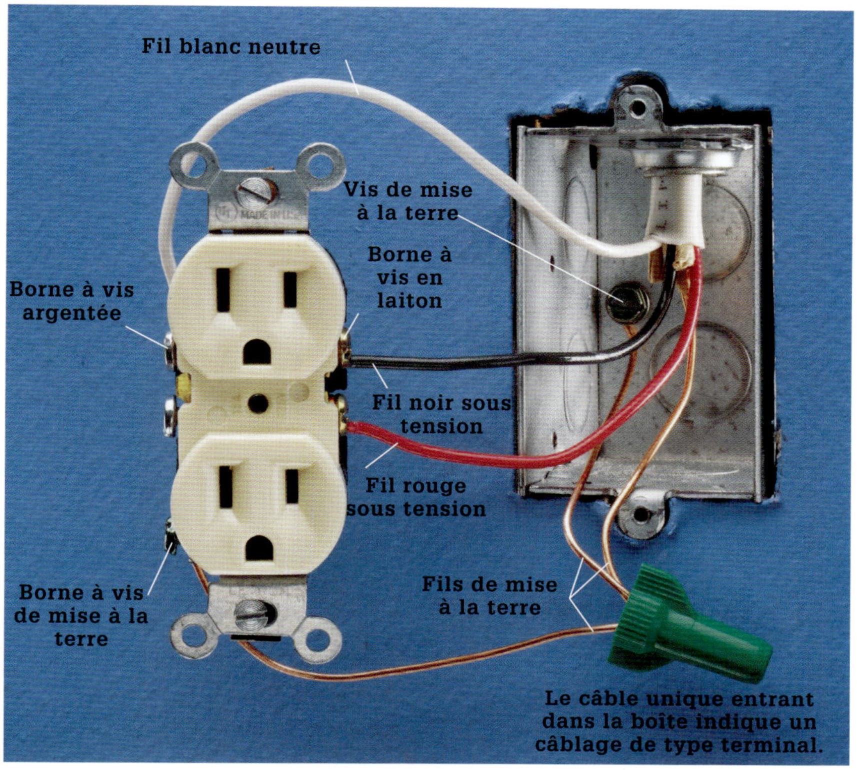

Les prises à circuit divisé sont reliées à un fil noir sous tension, à un fil rouge sous tension, à un fil blanc neutre et à un fil nu de mise à la terre. Ce type de câblage est analogue à celui d'une prise commandée par un interrupteur. Les fils sous tension sont raccordés aux bornes de laiton, et la languette de connexion joignant ces bornes a été enlevée. Le fil blanc relié à une borne argentée, et la languette de connexion du côté neutre est intacte. Le fil de mise à la terre est raccordé, au moyen d'un fil de liaison, à la borne de mise à la terre de la prise et à la vis de mise à la terre de la boîte.

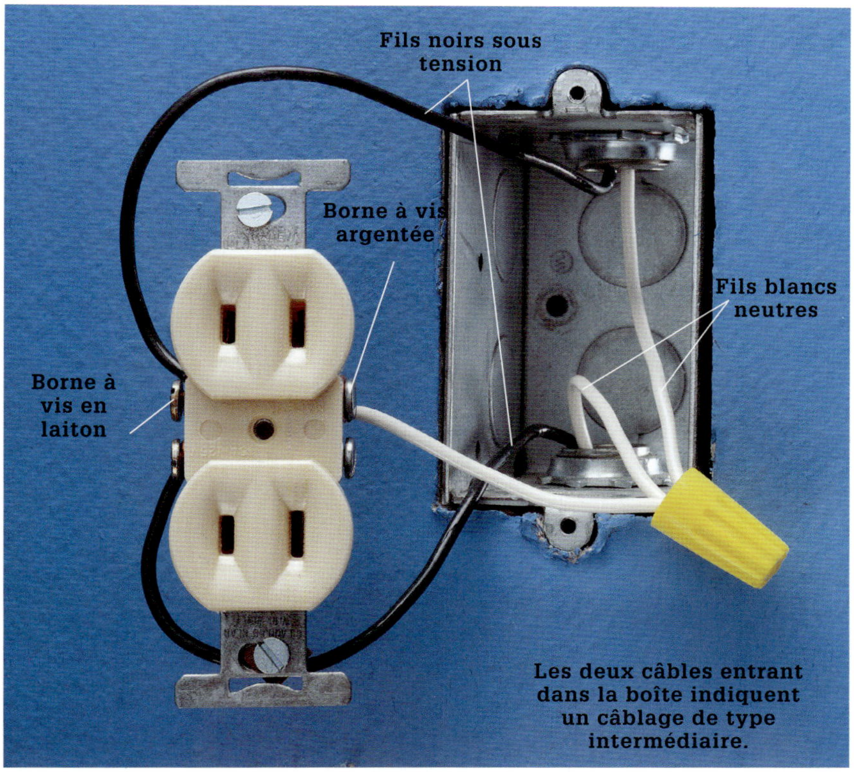

On trouve souvent des prises à deux fentes dans les vieilles maisons. Les fils noirs sous tension sont reliés aux bornes de laiton, et les fils blancs neutres sont raccordés, au moyen d'un fil de liaison, à une borne argentée. Les prises à deux fentes peuvent être remplacées par des prises à trois trous pourvu que la boîte métallique soit munie d'un dispositif de mise à la terre. Vous pouvez aussi les remplacer par des prises à disjoncteur de fuite à la terre qui portent une étiquette indiquant l'absence de mise à la terre de l'équipement.

Types de prises de courant

Dans une maison, on trouve généralement plusieurs types de prises de courant. Chacune est conçue pour accepter tel ou tel type de fiche et jouer un rôle particulier.

Les prises de courant domestiques fournissent soit une tension standard, soit une haute tension. Même si les tensions nominales ont légèrement changé au fil des ans, les prises standard sont calibrées à 110, 115, 120 ou 125 V. Aux fins de remplacement d'une prise, on considérera ces tensions comme identiques. Les prises de courant haute tension sont calibrées à 220, 240 ou 250 V et peuvent, elles aussi, être considérées comme identiques.

Pour remplacer une prise, vérifiez l'intensité nominale du circuit au tableau de distribution principal et achetez une prise de même intensité.

15 A, 120 V. Prise polarisée à deux fentes, courante avant 1960. Les fentes de longueurs différentes acceptent les fiches polarisées.

15 A, 120 V. Prise à deux fentes de longueur différente, avec trou de mise à la terre en U ; elle est obligatoire dans toutes les nouvelles installations électriques.

20 A, 120 V. Prise à deux fentes et à un trou de mise à la terre, dont l'une des fentes a la forme d'un T. Elle est destinée aux gros appareils ou outils portatifs qui requièrent un courant de 20 A.

15 A, 240 V. Prise pour climatiseur de fenêtre : elle se présente sous la forme d'une prise simple ou d'une moitié de prise double, dont l'autre moitié est câblée pour le service de 120 V.

30 A, 120/240 V. Prise pour sécheuse : fournit une haute tension aux éléments chauffants, et 120 V aux lampes et à la minuterie.

50 A, 120/240 V. Prise pour cuisinière : fournit une haute tension aux éléments chauffants, et 120 V à la montre, à la minuterie et aux lampes.

Anciens modèles de prises

Même si les anciens modèles de prises sont différents des nouveaux, la plupart continuent de bien fonctionner. Observez les quelques règles qui suivent lorsque vous évaluez ou remplacez une vieille prise :

- Ne remplacez jamais une vieille prise par une nouvelle dont la tension nominale est différente ou dont l'intensité nominale est supérieure.
- Remplacez toute prise à deux fentes non polarisée par une prise à deux fentes polarisée.
- Si la boîte électrique n'offre aucun moyen de mise à la terre, installez une prise à disjoncteur de fuite à la terre (page 457).
- En cas de doute, demandez l'avis d'un maître électricien.

Ne modifiez jamais les broches d'une fiche pour qu'elles s'adaptent à une vieille prise : vous risqueriez d'éliminer la mise à la terre ou la polarisation fournie par la fiche.

Les prises non polarisées ont des fentes de longueur égale et n'acceptent pas les fiches modernes. Ne modifiez jamais les broches d'une fiche polarisée pour qu'elles s'adaptent aux fentes d'une vieille prise.

Vu leur facilité d'installation, les prises montées en saillie étaient répandues durant les années 1940 et 1950. Souvent, le câble courait dans un creux, en arrière de la plinthe. Ces prises ne sont généralement pas mises à la terre.

Les prises doubles en céramique, fabriquées durant les années 1930, sont polarisées, mais non mises à la terre. Elles sont câblées pour le service de 120 V.

Les prises à verrouillage par rotation sont destinées aux fiches verrouillables. Une petite languette située sur l'une des broches de la fiche empêche celle-ci de se détacher de la prise.

La prise double en céramique a la forme d'un sablier. La prise illustrée est calibrée pour 250 V, mais pour 5 A seulement. La réglementation en interdirait l'installation aujourd'hui.

Prises haute tension

Les prises haute tension servent à alimenter en courant les gros appareils : machine à laver, sécheuse, chauffe-eau et climatiseur. La forme distinctive de leurs fentes (page 448) prévient le branchement accidentel d'une fiche calibrée pour 120 V.

On peut câbler une fiche haute tension de deux façons. Dans une prise haute tension standard, la tension est conduite à la prise par deux fils, chacun transportant 120 V maximum. Un fil neutre blanc n'est pas nécessaire, mais un fil de mise à la terre doit être relié à la prise et à sa boîte. Un tube protecteur peut également assurer la mise à la terre, de la boîte électrique de la prise jusqu'au tableau de distribution.

Une sécheuse ou une cuisinière requièrent parfois un courant de tension normale (120 V) pour l'alimentation des lampes, de la minuterie et de la montre. Dans ce cas, un fil neutre blanc est relié à la prise, et l'appareil lui-même divise le courant d'arrivée en deux circuits : l'un à 120 V et l'autre à 240 V.

Réparez ou remplacez une prise haute tension au moyen des techniques expliquées aux pages 454-455. Il est essentiel d'identifier et d'étiqueter tous les fils de l'ancienne prise afin de pouvoir les brancher aux bonnes bornes de la nouvelle prise.

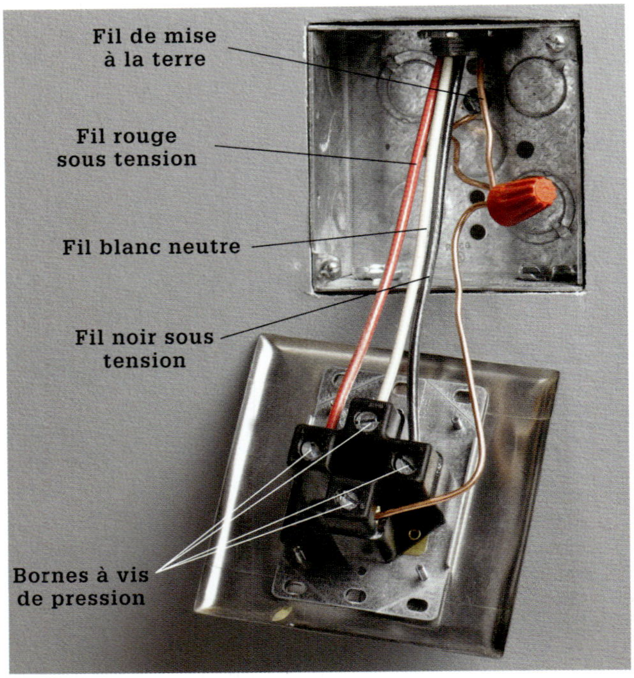

Une prise calibrée à 120/240 V comporte deux fils d'alimentation transportant chacun 120 V, un fil blanc neutre et un fil de cuivre nu pour la mise à la terre. Les raccordements sont faits à l'aide des bornes à vis de pression situées à l'arrière de la prise.

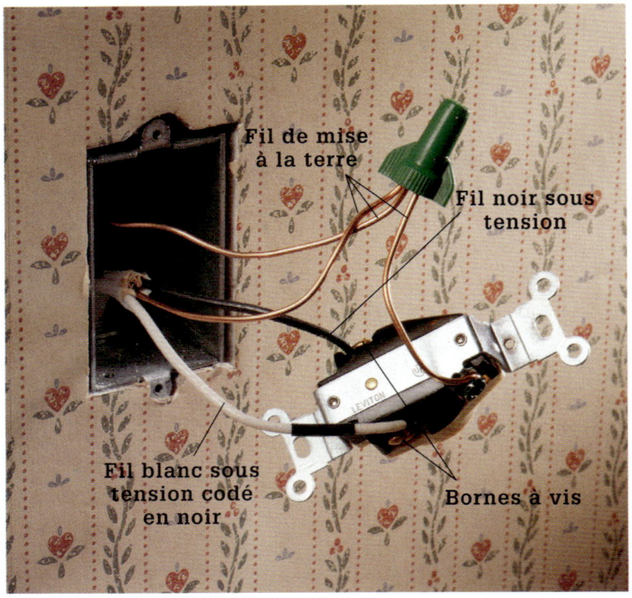

Une prise standard calibrée à 240 V comporte deux fils d'alimentation sous tension, mais pas de fil neutre. Un fil de mise à la terre est raccordé à la prise et à la boîte métallique au moyen d'un fil de liaison.

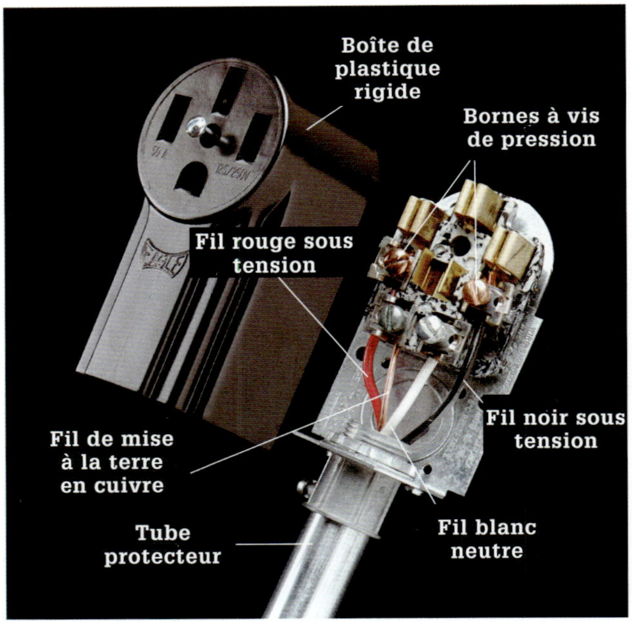

La prise calibrée à 240 V et montée en saillie est enfermée dans une boîte de plastique rigide que l'on peut installer sur un mur de béton ou de blocs. On trouve souvent ce type de prise dans le sous-sol et dans les aires de service.

Bouchons de protection et autres accessoires

Des accessoires vous permettront de rendre vos prises sans danger pour les enfants ou de les adapter en vue d'autres utilisations. Avant d'installer un accessoire, lisez attentivement les instructions du fabricant.

Si vous avez des enfants en bas âge, enfichez des bouchons de protection dans les prises ou posez-y un couvercle pour prévenir les décharges électriques accidentelles.

Les bouchons de plastique ne conduisent pas le courant, et il est à peu près impossible à un enfant en bas âge de les enlever. Quant au couvercle de prise, fixé directement à la prise par-dessus les fiches, il empêche le débranchement des cordons.

Les prises inviolables constituent un bon moyen de prévenir les décharges électriques. Un couvercle en thermoplastique bloque les fentes de la prise, à moins qu'on y insère simultanément les deux broches d'une fiche, ce qui empêche l'entrée de tout autre objet. Servez-vous d'un couvercle de prise (médaillon) pour protéger les prises ordinaires.

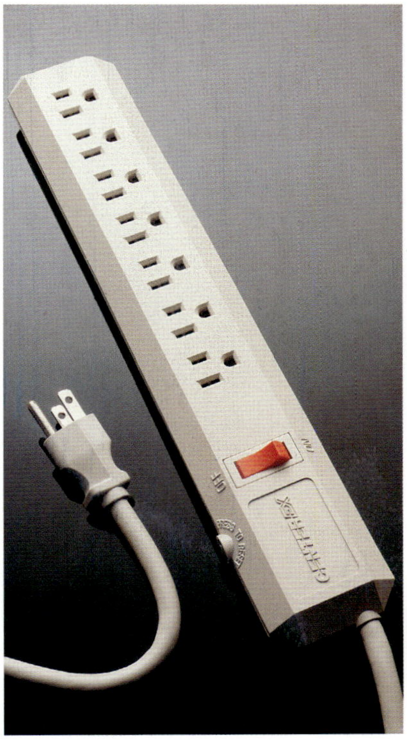

Branchez plusieurs fiches dans la même prise grâce à une plaque multiprise. Celle-ci doit être munie d'un disjoncteur ou d'un fusible intégré pour la protection contre les surcharges.

Protégez le matériel électronique, tels un ordinateur et une chaîne audio, au moyen d'un dispositif de protection contre les surtensions. Celui-ci empêchera que des variations de courant soudaines endommagent les câblages ou circuits sensibles.

La prise murale encastrée permet de brancher une horloge et de la suspendre à fleur de mur.

Vérification des prises : tension, mise à la terre et polarité

Pour vérifier la mise sous tension, la mise à la terre et la polarité d'une prise de courant ou d'un autre appareil, on peut se servir d'un vérificateur de tension, peu coûteux et d'emploi facile. Mais ce vérificateur est moins sensible qu'un multimètre à sélection automatique de gamme. Dans certains cas, le vérificateur de tension ne détectera pas la présence d'une faible tension dans un circuit ; vous risquez alors de croire qu'un circuit est débranché alors qu'il ne l'est pas : dangereuse erreur. En outre, les petites sondes du vérificateur vous font trop vous approcher de bornes et de fils sous tension. Le vérificateur de tension à sondes (ou le vérificateur enfichable) convient à une vérification ou à une confirmation rapide. Cependant, pour obtenir l'indication la plus fiable, achetez un multimètre et apprenez à vous en servir.

Les meilleurs multimètres sont à affichage numérique et à sélection automatique de gamme. Contrairement aux multimètres manuels, le modèle à sélection automatique de gamme ne requiert pas que vous régliez la gamme de tension pour donner une indication juste. De plus, il peut servir à exécuter d'autres fonctions diagnostiques, comme la vérification des fusibles, la mesure de tension des piles, la vérification du câblage interne des appareils et l'essai des appareils d'éclairage.

Outils et matériel ▸

Multimètre
Vérificateur de tension à sondes
Vérificateur enfichable
Tournevis

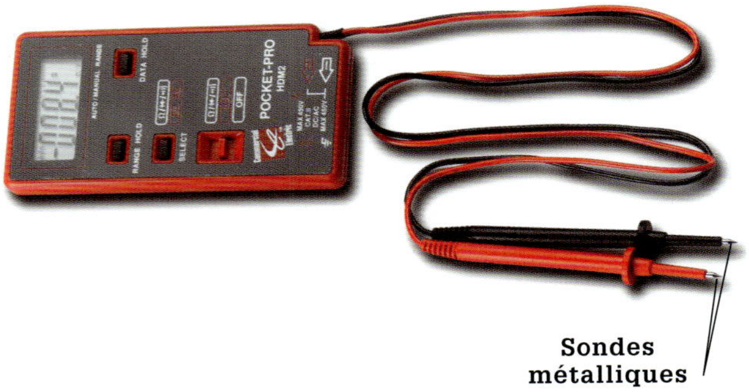

Utilisation du vérificateur enfichable

Servez-vous d'un vérificateur enfichable pour vérifier une prise à deux fentes et un trou. Branchez-le dans la prise alimentée. Les trois voyants du vérificateur s'allumeront en diverses combinaisons selon la défectuosité de la prise. Un code d'interprétation est fourni avec le vérificateur ou y est imprimé.

Vérification rapide de la mise sous tension

Servez-vous d'un vérificateur de tension pour vous assurer qu'une prise n'est pas alimentée avant d'en retirer la plaque. Placez une sonde dans chacune des fentes de la prise. Si l'ampoule ne s'allume pas, retirez la plaque pour avoir accès à la prise et à ses bornes. Confirmez l'absence de tension dans les bornes en vous servant d'un multimètre.

Vérification de la mise sous tension d'une prise

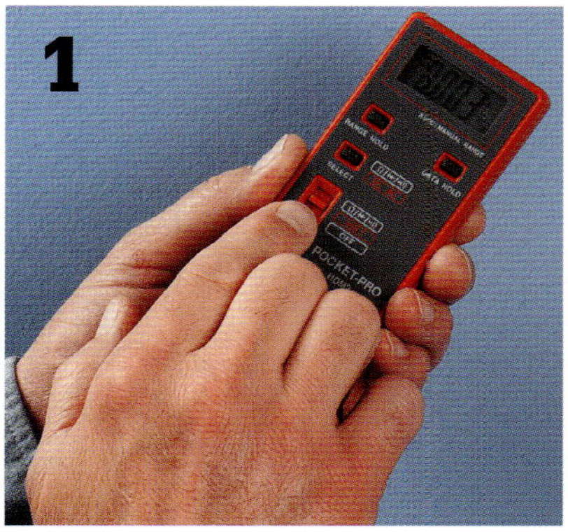

Réglez l'appareil pour le courant alternatif. Branchez le câble de la sonde noire dans la prise commune du multimètre marquée COM, et celui de la sonde rouge dans la prise marquée V.

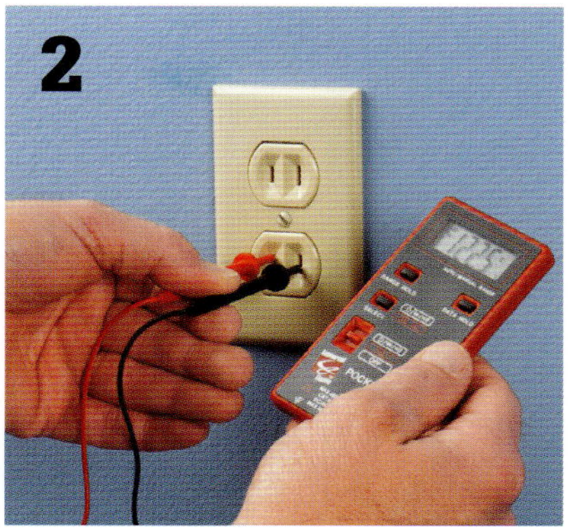

Insérez les sondes dans les fentes de la même prise (sans égard à la couleur de la sonde). Si la prise est alimentée et que le courant y circule normalement, le multimètre indiquera une tension (généralement de 115 V à 125 V).

Si le multimètre indique 0 ou une tension très faible (moins de 1 V ou 2 V), c'est que la prise n'est pas alimentée. Vous pouvez retirer la plaque et travailler sur la prise. (Mieux vaut toutefois confirmer l'absence de courant en plaçant les sondes directement sur les bornes à vis de la prise.)

Vérification de la mise sous tension d'un fil

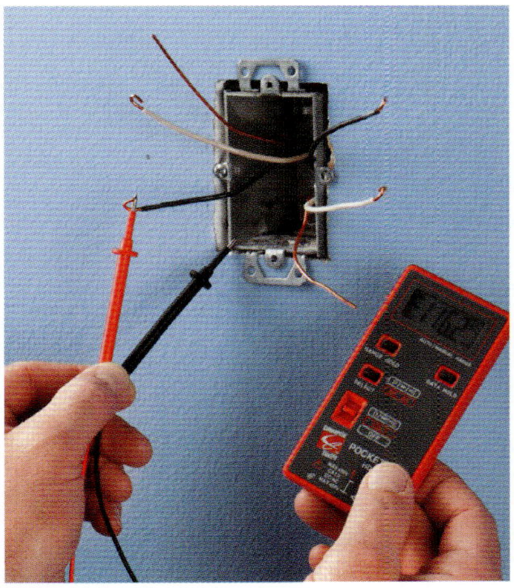

Lorsqu'une prise ou un interrupteur se trouve au milieu d'un circuit, il est difficile de déterminer quels sont les fils sous tension. Servez-vous d'un multimètre. Coupez le courant. Enlevez la prise et séparez les fils. Rétablissez le courant. Placez l'une des sondes d'un multimètre sur un fil de terre nu ou sur la boîte métallique mise à la terre ; placez l'autre sonde sur l'extrémité de chacun des fils, l'un après l'autre. Le multimètre indiquera lequel des fils est sous tension.

Vérification de la mise à la terre d'une prise à deux fentes

Assurez-vous que la prise est alimentée. Placez l'une des sondes du vérificateur ou du multimètre dans la fente courte (sous tension) de la prise, et l'autre sur la vis de la plaque (la vis ne doit pas être peinte). L'appareil indiquera une tension si la prise est mise à la terre. Si ce n'est pas le cas, passez à l'étape 2.

Placez l'une des sondes dans la fente longue (neutre) de la prise, et l'autre sur la vis de la plaque. Si l'appareil indique une tension, c'est que le fil sous tension et le fil neutre ont été inversés. Si ce n'est pas le cas, c'est que la boîte électrique n'est pas mise à la terre.

Réparation et remplacement des prises

Les prises de courant sont faciles à réparer. Après avoir coupé l'alimentation du circuit de la prise, enlevez-en la plaque et inspectez-la pour déceler les défectuosités évidentes : raccordement desserré ou défait, ou encore extrémités des fils sales ou oxydées. Rappelez-vous que la défectuosité d'une prise peut nuire au bon fonctionnement des autres prises du même circuit. Si la cause de la défectuosité de la prise n'est pas évidente, vérifiez la tension des autres prises du circuit.

Lorsque vous remplacez une prise, vérifiez sur le tableau de distribution principal l'intensité nominale du circuit et achetez une prise ayant la même intensité nominale.

Lorsque vous installez une nouvelle prise, testez toujours la mise à la terre. N'installez jamais une prise à deux fentes et un trou s'il n'y a pas de mise à la terre. Installez plutôt une prise polarisée à deux fentes ou une prise à disjoncteur de fuite à la terre.

Outils et matériel ▸

- Vérificateur de tension
- Tournevis
- Aspirateur (au besoin)
- Papier de verre fin
- Pâte antioxydante
- Ruban-cache (au besoin)

Réparation d'une prise

Coupez le courant au tableau de distribution principal. Au moyen du vérificateur de tension, vérifiez si la prise est alimentée (page 452). S'il s'agit d'une prise double, vérifiez-en les deux moitiés. Enlevez la plaque à l'aide d'un tournevis.

Enlevez les vis retenant la prise à la boîte. Retirez délicatement a prise de sa boîte, sans toucher aux fils nus.

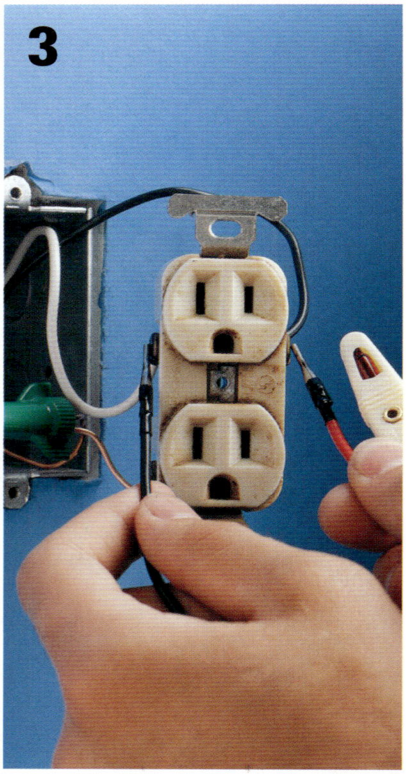

Confirmez que l'alimentation a bien été coupée à l'aide du vérificateur de tension (page 452). Si des fils sont attachés aux deux paires de bornes à vis, vérifiez les deux. L'ampoule du vérificateur ne devrait pas s'allumer. Si elle s'allume, retournez au tableau de distribution pour couper le bon circuit.

Resserrez toutes les connexions à l'aide d'un tournevis. Prenez garde de ne pas trop serrer les vis afin ce ne pas en endommager les filets.

Vérifiez s'il n'y aurait pas de poussière ou de saleté dans la boîte ; le cas échéant, nettoyez-la avec le suceur à bec effilé d'un aspirateur.

Réinstallez la prise ; rétablissez le courant au tableau de distribution. À l'aide du vérificateur de tension, assurez-vous que la prise réinstallée est alimentée. Si ce n'est pas le cas, avant de la remplacer, vérifiez les autres prises du circuit.

Remplacement d'une prise

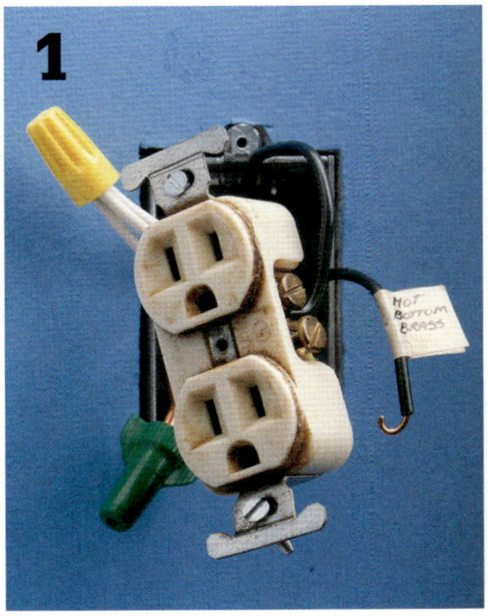

Pour remplacer une prise, franchissez les étapes 1 à 3 de la page ci-contre. Le courant coupé, étiquetez chacun des fils quant à leur raccordement aux bornes à vis Pour ce faire, utilisez du ruban-cache et un marqueur.

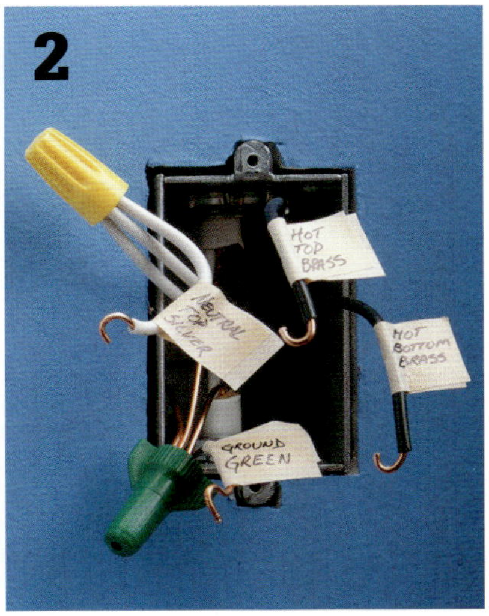

Débranchez tous les fils et enlevez la prise.

Remplacez l'ancienne prise par une prise dont la tension et l'intensité nominales correspondent à celles du circuit. Installez la plaque. Rétablissez l'alimentation. Confirmez l'alimentation de la prise avec un vérificateur de tension ou un multimètre.

Installation d'une prise à disjoncteur de fuite à la terre

La prise à disjoncteur de fuite à la terre est un dispositif de sécurité qui protège l'utilisateur contre les décharges électriques causées par un appareil défectueux, ou encore par une fiche ou un cordon usé. Cette prise perçoit les légères variations de courant et peut couper l'alimentation en 1/40 de seconde seulement.

Ce type de prise est désormais obligatoire dans la salle de bain, la cuisine, le garage, les vides sanitaires, le sous-sol non fini ainsi qu'en plein air. Consultez le *Code canadien de l'électricité* pour connaître les exigences relatives à l'installation d'une prise à disjoncteur de fuite à la terre. La plupart de ces prises sont munies de bornes à vis ordinaires, mais certaines comportent des fils qui doivent être reliés au moyen de serre-fils. Le boîtier de la prise à disjoncteur étant plus gros que celui d'une prise ordinaire, il vous faudra peut-être remplacer une boîte électrique trop petite par une plus grande.

Cette prise peut être câblée de manière à ne protéger qu'elle-même (type terminal), ou de manière à protéger tous les interrupteurs, prises et luminaires installés en aval jusqu'à la fin du circuit (type intermédiaire).

Vu l'extrême sensibilité de la prise à disjoncteur de fuite à la terre, elle est surtout efficace dans une installation de type terminal. Plus le nombre de prises protégées par une même prise à disjoncteur est élevé, plus fréquemment cette dernière coupera l'alimentation à cause des légères fluctuations normales du courant.

Outils et matériel ▸

Vérificateur de tension
Tournevis
Serre-fils
Ruban-cache

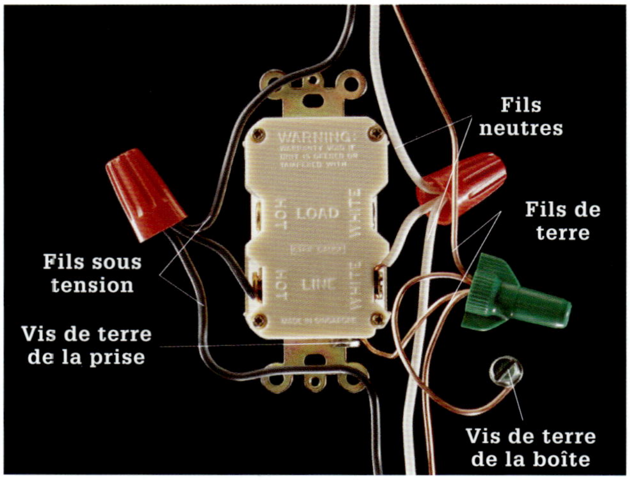

Dans une prise à disjoncteur câblée de manière à ne protéger qu'elle-même (vue de l'arrière), les fils sous tension et neutre ne seront raccordés qu'aux bornes marquées *LINE*. Cette prise peut être câblée en tant que prise terminale ou en tant que prise intermédiaire.

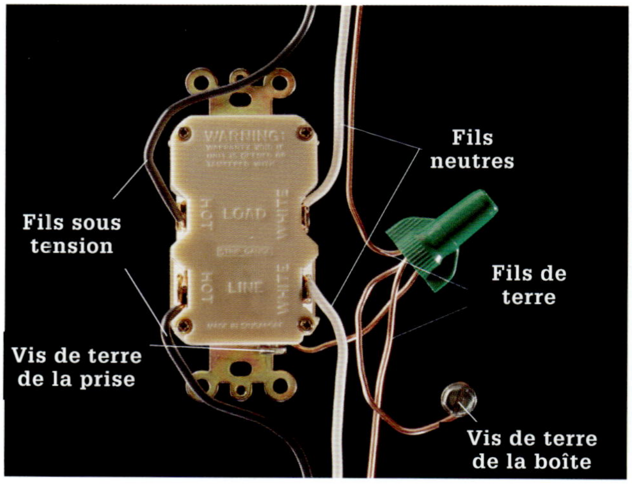

Dans une prise à disjoncteur câblée de manière à protéger plusieurs autres appareils (vue de l'arrière), une paire de fils sous tension et neutre seront raccordés aux bornes marquées *LINE*, et une autre à celles marquées *LOAD*. Une prise de ce type ne peut être câblée qu'en tant que prise intermédiaire.

Installation d'une prise à disjoncteur de type terminal

Coupez le courant au tableau de distribution principal. Utilisez un vérificateur de tension pour confirmer que les deux moitiés de la prise ne sont plus alimentées (page 452). Vérifiez les deux moitiés de la prise.

Enlevez la plaque ; desserrez les vis de montage. Retirez délicatement la prise de sa boîte en prenant garde de ne pas toucher aux fils. Avec le vérificateur de tension, confirmez que le courant ne circule plus.

Détachez tous les fils blancs neutres des bornes argentées de l'ancienne prise.

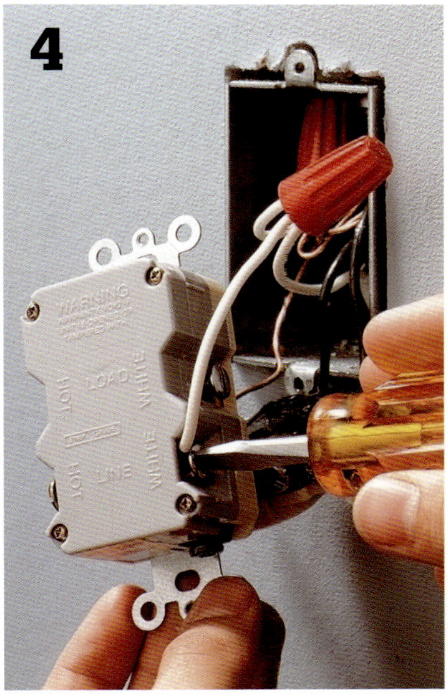

Au moyen d'un serre-fils, joignez tous les fils blancs neutres à un fil de liaison et raccordez ce cernier à la borne de la prise à disjoncteur marquée *WHITE LINE* (voir photo de la page précédente).

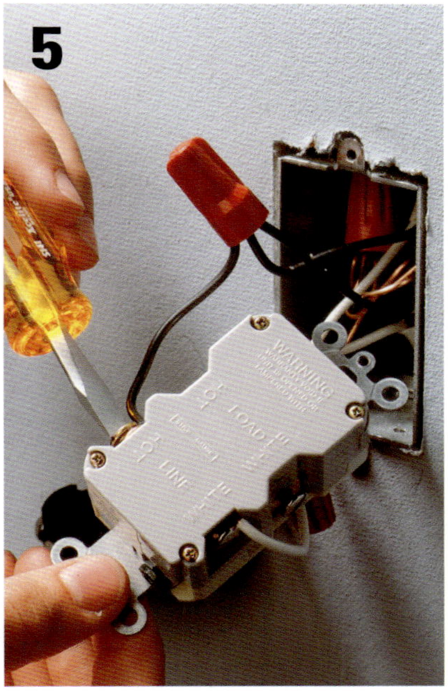

Détachez tous les fils noirs sous tension des bornes de laiton de l'ancienne prise. Au moyen d'un serre-fils, joignez-les à un fil de liaison que vous raccorderez à la borne de la prise à disjoncteur marquée *HOT LINE*.

S'il y a un fil de mise à la terre, raccordez-le à la borne verte de terre de la nouvelle prise. Installez la prise dans la boîte et posez le couvercle. Rétablissez le courant et vérifiez le fonctionnement de la prise selon les instructions du fabricant.

Installation d'une prise à disjoncteur de type intermédiaire

Servez-vous d'un plan des circuits de votre maison pour trouver l'endroit où installer la prise à disjoncteur. Marquez-y toutes les prises que celle-ci protégera.

Au tableau de distribution principal, coupez le courant alimentant le circuit. Confirmez à l'aide du vérificateur de tension que plus aucune prise n'est alimentée. Vérifiez les deux moitiés des prises doubles.

Enlevez la plaque de la prise que vous remplacerez. Desserrez les vis de montage. Retirez avec soin la prise de sa boîte, en prenant garde de ne pas toucher aux fils nus. Avec le vérificateur de tension, assurez-vous que l'alimentation a bien été coupée.

Détachez tous les fils noirs sous tension et écartez-les les uns des autres de manière qu'ils ne touchent à rien. Rétablissez le courant au tableau de distribution ; utilisez le vérificateur de tension pour trouver le fil noir d'« alimentation », qui transporte le courant du tableau vers la prise. Soyez prudent : il s'agit de la vérification d'un fil remis temporairement sous tension.

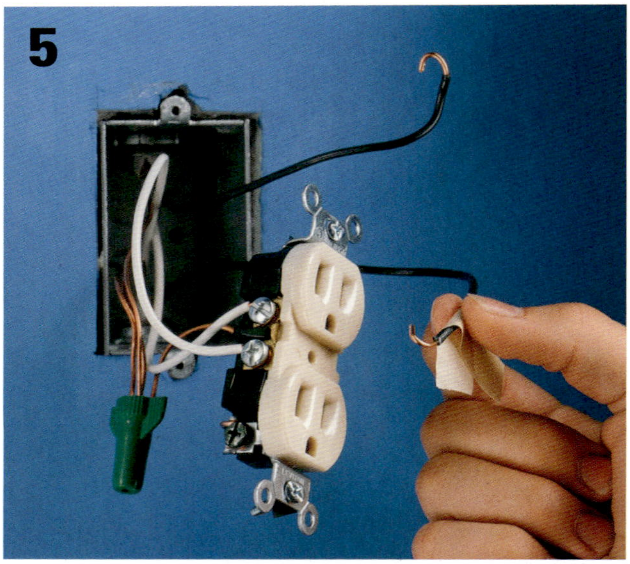

Dès que vous avez repéré le fil d'alimentation, coupez le courant au tableau de distribution. Étiquetez le fil avec du ruban-cache pour pouvoir le reconnaître.

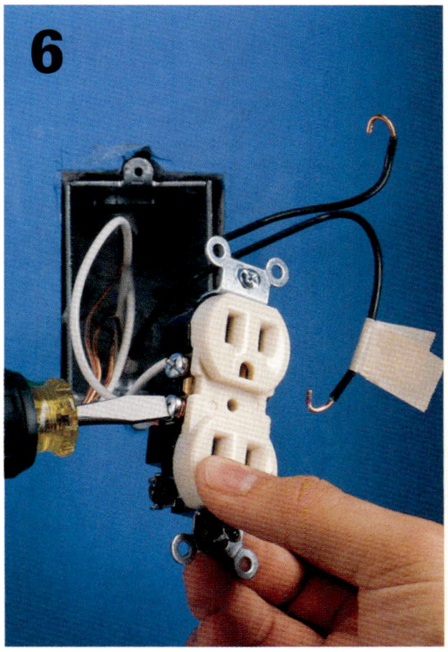

Détachez les fils blancs neutres de l'ancienne prise ; avec du ruban-cache, étiquetez le fil blanc d'alimentation : ce sera celui qui se trouve dans le même câble que le fil noir d'alimentation.

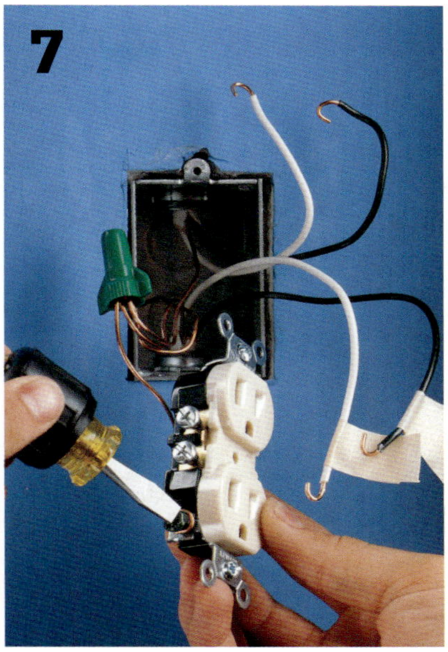

Détachez de la borne de mise à la terre de l'ancienne prise le fil de mise à la terre. Enlevez la prise. Branchez le fil de mise à la terre à la borne de mise à la terre de la prise à disjoncteur.

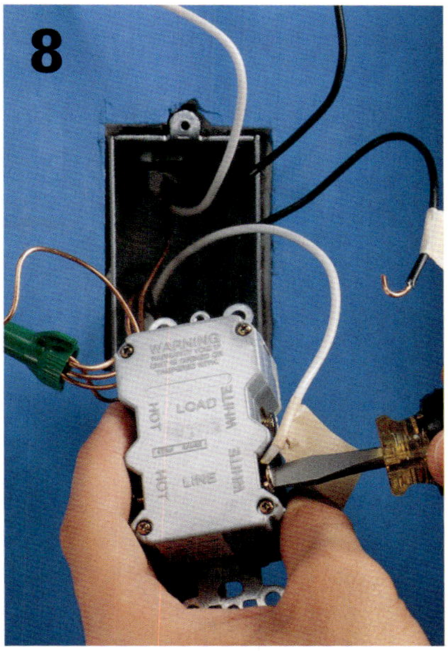

Branchez le fil blanc d'alimentation à la borne de la prise à disjoncteur marquée *WHITE LINE*, et le noir à la borne marquée *HOT LINE*.

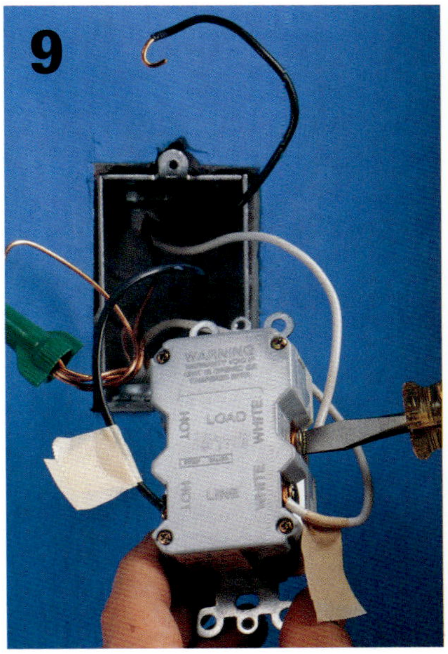

Branchez l'autre fil blanc neutre à la borne de la prise à disjoncteur marquée *WHITE LOAD*.

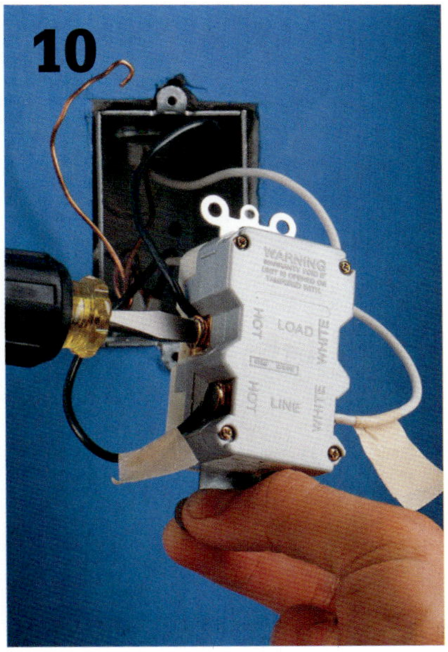

Branchez l'autre fil noir sous tension à la borne de la prise à disjoncteur marquée *HOT LOAD*.

Rentrez avec soin tous les fils dans la boîte. Installez la prise à disjoncteur dans sa boîte ; installez la plaque. Au tableau de distribution principal, rétablissez le courant. Vérifiez le fonctionnement de la prise en suivant les instructions du fabricant.

Défectuosités courantes des interrupteurs

Du fait qu'en moyenne on l'allume et on l'éteint plus de mille fois l'an, les connexions d'un interrupteur peuvent se desserrer, et ses pièces finissent par s'user. Il faut réparer ou remplacer l'interrupteur qui ne fonctionne plus en douceur.

Les méthodes de réparation ou de remplacement varient en fonction du type d'interrupteur et de sa position dans le circuit. Examinez les photos des pages 448-449 pour déterminer le type et la configuration de raccordement de l'interrupteur que vous devez réparer. Le style de chaque interrupteur peut varier d'un fabricant à l'autre, mais les types de base sont universels.

Vous pouvez remplacer la plupart des interrupteurs muraux ordinaires par des interrupteurs spéciaux, par exemple par une minuterie ou par un interrupteur électronique. Lorsque vous installez un interrupteur spécial, assurez-vous d'abord qu'il est compatible avec la configuration du câblage de la boîte électrique.

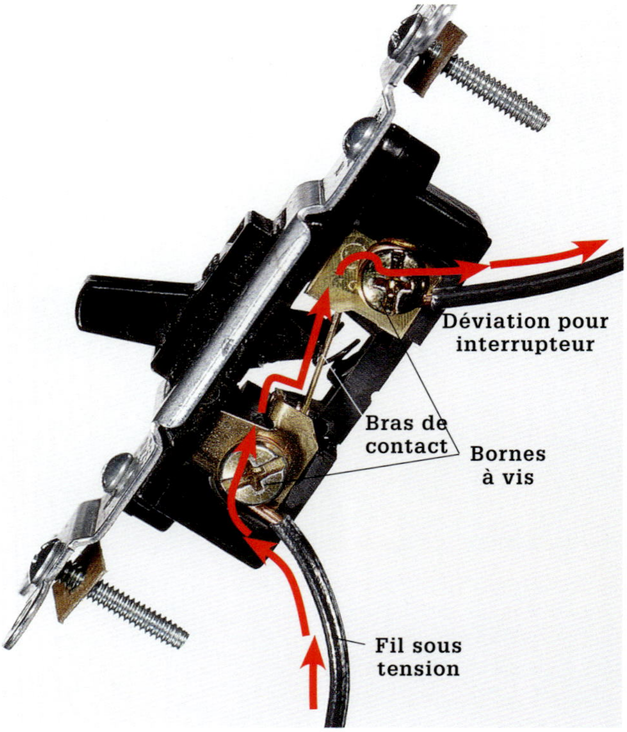

L'interrupteur mural typique comporte un bras de contact qui ouvre et ferme le circuit. Lorsque l'interrupteur est en position ON, le bras complète le circuit entre les bornes à vis, le courant passe dans le fil noir sous tension et se rend au luminaire. Lorsque l'interrupteur est en position OFF, le bras s'éloigne et coupe le circuit : le courant ne passe plus. Une défectuosité peut être causée par une connexion lâche aux bornes ou par l'usure du bras de contact.

Voir le Bloc-notes de l'inspecteur ▸

Défectuosités fréquentes des câbles (pages 433-435)
Vérification des raccordements (pages 436-437)
Inspection des prises et des interrupteurs (pages 442-443)

L'interrupteur rotatif à rupture brusque est répandu dans les installations datant de 1900 à 1920. On fait tourner le bouton dans le sens des aiguilles d'une montre pour allumer et éteindre le luminaire. L'interrupteur est contenu dans un boîtier de céramique.

L'interrupteur à bouton-poussoir a été utilisé de 1920 jusque vers 1940. Beaucoup sont encore en fonction, et on en trouve des reproductions pour les projets de restauration.

L'interrupteur à levier a été lancé durant les années 1930. Le mécanisme de ce modèle ancien est monté dans un boîtier de céramique scellé par une couche de papier isolant.

Défectuosité	Réparation
Le fusible saute ou le disjoncteur se déclenche lorsqu'on met l'interrupteur à la position ON.	1. Resserrez toute connexion lâche de l'interrupteur (pages 474-475). 2. Branchez certains appareils ou certaines lampes sur d'autres circuits pour éviter les surcharges. 3. Vérifiez l'interrupteur et remplacez-le au besoin (pages 474-475). 4. Remplacez ou réparez l'appareil ou le luminaire défectueux (pages 480-499).
Le luminaire ou l'appareil installé en permanence ne fonctionne pas.	1. Remplacez l'ampoule grillée. 2. Vérifiez si un fusible n'aurait pas sauté ou si un disjoncteur ne se serait pas déclenché, pour vous assurer que le circuit est alimenté (page 425). 3. Vérifiez s'il n'y aurait pas une connexion lâche dans l'interrupteur (pages 474-475). 4. Vérifiez l'interrupteur et remplacez-le au besoin (pages 474-475). 5. Remplacez ou réparez l'appareil ou le luminaire défectueux (pages 480-499).
Le luminaire clignote.	1. Vissez bien l'ampoule. 2. Vérifiez s'il n'y aurait pas une connexion lâche dans l'interrupteur (pages 474-475). 3. Remplacez ou réparez le luminaire ou l'interrupteur (pages 480-499).
L'interrupteur bourdonne ou est chaud au toucher.	1. Resserrez toute connexion lâche de l'interrupteur (pages 474-475). 2. Vérifiez l'interrupteur et remplacez-le au besoin (pages 480-499). 3. Branchez certains appareils ou certaines lampes sur d'autres circuits pour réduire la charge.
Le levier ne reste pas à la position choisie.	Remplacez l'interrupteur usé (pages 474-475).

L'interrupteur à levier, amélioré durant les années 1950, est aujourd'hui le plus répandu. Il est le premier type d'interrupteur à avoir été muni d'un boîtier de plastique scellé protégeant le mécanisme d'interruption interne contre la poussière et l'humidité.

L'interrupteur à mercure s'est répandu au début des années 1960. Le passage du courant est assuré par un petit tube scellé rempli de mercure. Plus cher que les autres types d'interrupteur, celui-ci a l'avantage d'être durable : certains sont garantis pendant 50 ans.

L'interrupteur électronique à détecteur de mouvement comporte un capteur infrarouge qui détecte le mouvement et allume automatiquement les luminaires dès que l'on entre dans la pièce. Il peut fournir une certaine protection contre les intrus.

Interrupteurs muraux

Il existe trois types d'interrupteurs muraux. Si vous voulez réparer ou remplacer un interrupteur, vous devez d'abord en connaître le type.

Les interrupteurs unipolaires commandent des luminaires à partir d'un seul endroit. Les interrupteurs tripolaires, qui les commandent de deux endroits, sont toujours installés en paires. Les interrupteurs quadripolaires, qui sont combinés à une paire d'interrupteurs tripolaires, commandent des luminaires à partir de trois endroits ou plus.

Déterminez le type d'interrupteur en comptant le nombre de ses bornes. L'interrupteur unipolaire en compte deux, le tripolaire trois, et le quadripolaire quatre.

La plupart des interrupteurs sont munis d'une borne à vis de mise à la terre reconnaissable à sa couleur verte.

Lorsque vous remplacez un interrupteur, achetez-en un qui comporte le même nombre de bornes que l'ancien. La position des bornes peut varier selon le fabricant, mais cela ne modifie en rien le fonctionnement de l'interrupteur.

Dans la mesure du possible, raccordez les interrupteurs au moyen des bornes à vis au lieu des bornes autobloquantes. Certains interrupteurs spéciaux (pages 468-469) sont munis de fils de liaison au lieu de bornes et se raccordent aux fils du circuit au moyen de serre-fils.

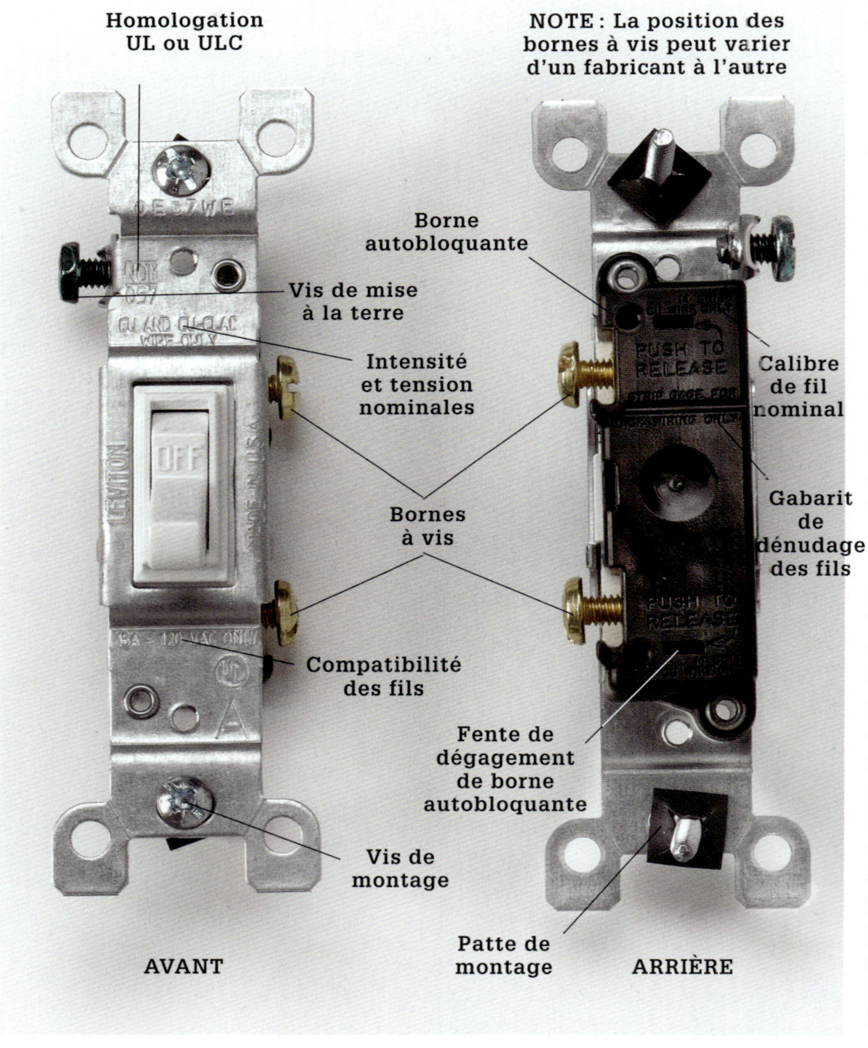

L'interrupteur mural est raccordé aux fils du circuit par des bornes à vis ou par des bornes autobloquantes situées à l'arrière de l'interrupteur. Il comporte parfois un gabarit indiquant la longueur de gaine à enlever des fils du circuit pour la connexion.
Le boîtier de l'interrupteur est attaché à une patte de montage métallique permettant de l'installer dans une boîte électrique. Plusieurs marques indiquent les valeurs nominales sur la patte de montage et sur l'arrière de l'interrupteur. L'abréviation UL ou UND. LAB. INC. LIST signifie que l'interrupteur répond aux normes de sécurité de l'organisme d'homologation Underwriters Laboratories (ou des Laboratoires des Assureurs du Canada). Une marque indique également l'intensité et la tension nominales de l'interrupteur. Les interrupteurs muraux standard sont cotés à 15 A, 120 V. Les tensions de 110 V, 120 V et 125 V sont considérées comme identiques.
Pour l'installation d'un interrupteur mural standard, choisissez du fil de calibre 12 ou 14. Pour les installations électriques comportant du fil de cuivre plein, choisissez exclusivement des interrupteurs portant la marque COPPER ou CU. Dans le cas des câblages d'aluminium (page 432), n'utilisez que des interrupteurs portant la marque CO/ALR. Le *Code canadien de l'électricité* interdit aujourd'hui l'utilisation d'interrupteurs portant la marque AL/CU dans les installations électriques en fil d'aluminium.

Interrupteur unipolaire

L'interrupteur unipolaire est le plus répandu de tous les interrupteurs muraux. Son levier, généralement marqué ON et OFF, sert à commander d'un seul endroit un luminaire, un appareil ou une prise. Il comporte deux bornes à vis et une vis de mise à la terre. Lorsque vous installez un interrupteur unipolaire, veillez à ce que la marque ON soit visible lorsque le levier est soulevé.

Dans un interrupteur unipolaire correctement câblé, un fil sous tension est attaché à chacune des deux bornes. Cependant, la couleur des fils et leur nombre varieront selon la situation de l'interrupteur dans le circuit.

Si deux câbles entrent dans la boîte, c'est que l'interrupteur est situé au milieu d'un circuit. Dans ce cas, les deux fils sous tension reliés à l'interrupteur sont noirs.

Si un seul câble entre dans la boîte, l'interrupteur se trouve à la fin d'un circuit. Dans ce type d'installation, l'un des fils sous tension est noir, et l'autre généralement blanc. Le fil blanc sous tension est parfois étiqueté avec du ruban isolant noir ou de la peinture noire, pour que l'on sache qu'il est alimenté.

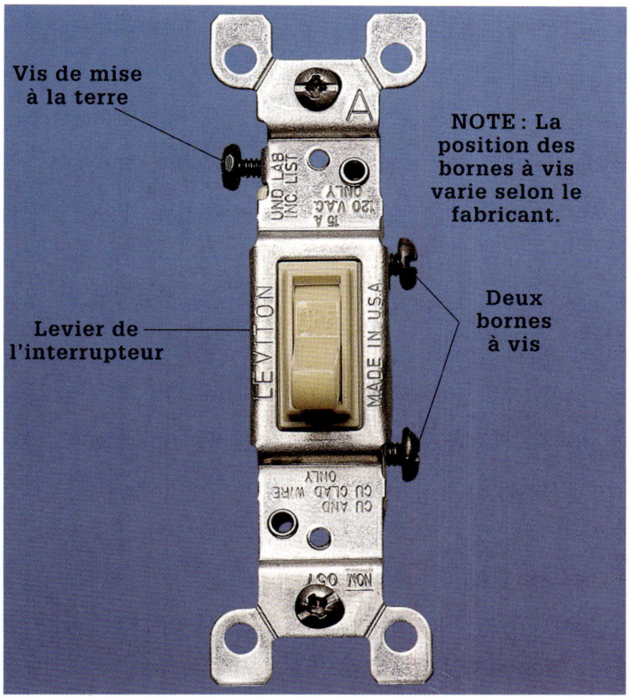

Installations typiques d'un interrupteur unipolaire

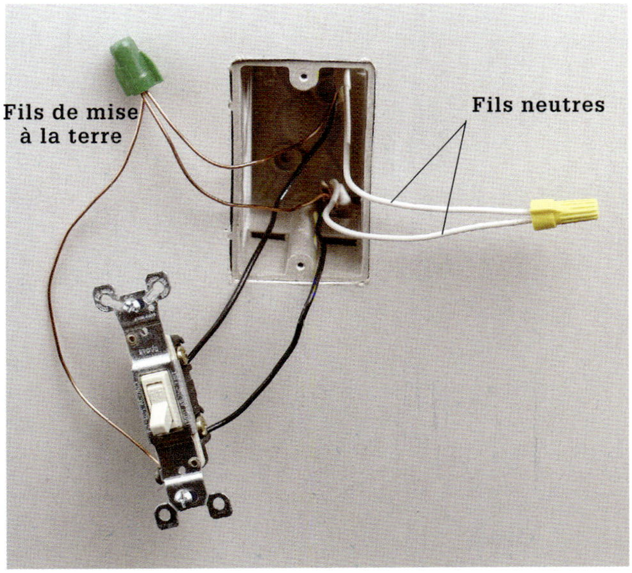

Deux câbles entrent dans la boîte si l'interrupteur est situé au milieu d'un circuit. Chaque câble renferme un fil blanc et un fil noir isolés ainsi qu'un fil de mise à la terre en cuivre nu. Les fils noirs sous tension sont raccordés aux bornes à vis de l'interrupteur. Les fils blancs neutres sont reliés entre eux par un serre-fils. Les fils de terre sont raccordés au moyen d'un fil de liaison à la boîte mise à la terre.

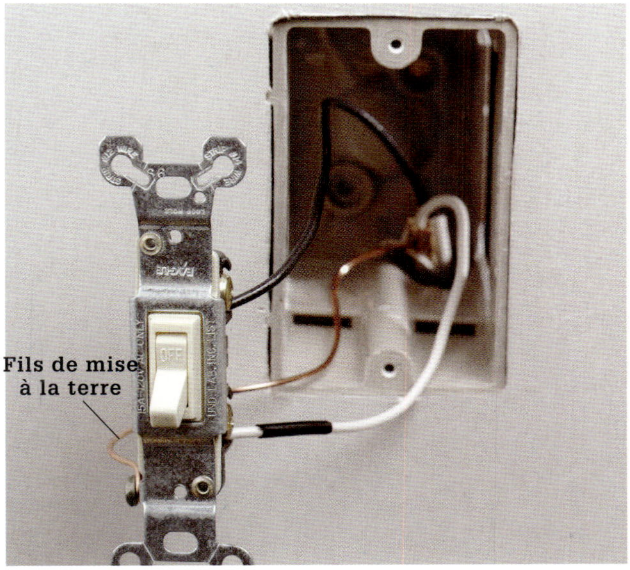

Un seul câble entre dans la boîte si l'interrupteur est situé à la fin d'un circuit. Le câble renferme un fil blanc et un fil noir isolés ainsi qu'un fil de mise à la terre en cuivre nu. Dans ce type d'installation, les deux fils isolés sont sous tension. Le fil blanc est parfois étiqueté avec du ruban isolant noir ou de la peinture noire, pour que l'on sache qu'il est alimenté. Le fil de terre est raccordé à la vis de mise à la terre.

Interrupteur tripolaire

Les interrupteurs tripolaires comportent trois bornes à vis et ne sont pas marqués ON/OFF. Toujours installés en paires, ils commandent un luminaire à partir de deux endroits.

L'une des bornes de l'interrupteur tripolaire est plus foncée que les autres ; c'est la borne commune, dont la position varie d'un fabricant à l'autre. Avant de débrancher un interrupteur tripolaire, étiquetez toujours le fil qui est relié à la borne commune, car il faudra l'attacher à la borne commune du nouvel interrupteur.

Les deux autres bornes, appelées bornes de liaison, sont interchangeables ; inutile d'étiqueter les fils qui y sont attachés.

Du fait que les interrupteurs tripolaires sont toujours installés en paires, il peut être difficile de repérer celui des deux qui cause une défectuosité. Il est probable que le plus utilisé des deux sera la cause du problème, mais vous devrez peut-être les vérifier tous deux pour le confirmer.

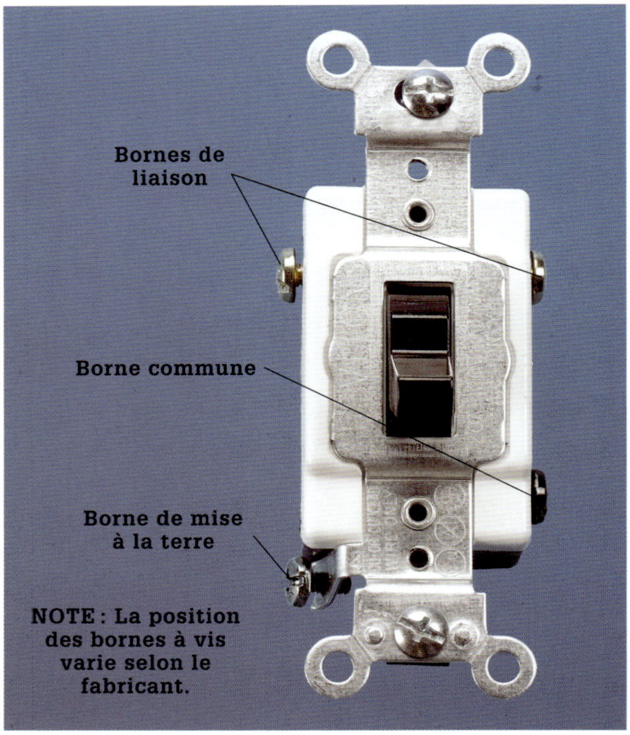

Installations typiques d'un interrupteur tripolaire

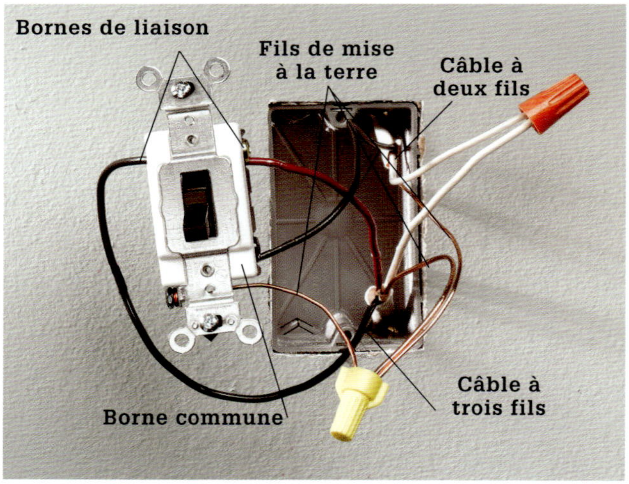

Deux câbles entrent dans la boîte si l'interrupteur est situé au milieu d'un circuit. L'un des câbles renferme deux fils isolés et un fil de terre en cuivre nu ; l'autre comporte trois fils isolés et un fil de terre. Le fil noir du câble à deux fils est relié à la borne commune. Le fil noir et le fil rouge du câble à trois fils sont raccordés aux bornes de liaison. Les fils blancs neutres sont unis par un serre-fils, et les fils de terre sont raccordés par un fil de liaison à la boîte métallique mise à la terre.

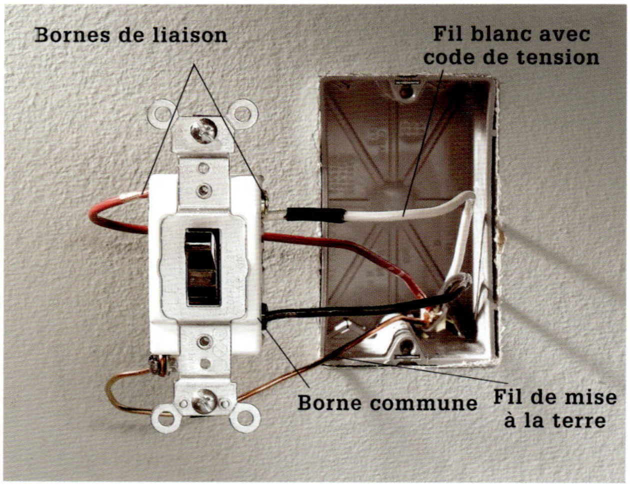

Un seul câble entre dans la boîte si l'interrupteur est situé à la fin d'un circuit. Le câble renferme un fil noir, un fil rouge, un fil blanc ainsi qu'un fil de terre en cuivre nu. Le fil noir doit être raccordé à la borne commune, plus sombre que les deux autres bornes à vis. Le fil blanc (codé pour indiquer qu'il est sous tension) et le fil rouge sont attachés aux bornes de liaison. Le fil de terre en cuivre nu est relié à la boîte métallique mise à la terre.

Interrupteur quadripolaire

Les interrupteurs quadripolaires comportent quatre bornes à vis et ne sont pas marqués ON/OFF. Ils s'installent toujours entre une paire d'interrupteurs tripolaires, afin qu'un luminaire puisse être commandé à partir de trois endroits ou davantage. L'interrupteur quadripolaire est souvent installé dans les très grandes pièces contenant plusieurs aires distinctes, par exemple une cuisine donnant sur une salle à manger. Les défectuosités sont parfois causées par des connexions lâches ou par l'usure des pièces de l'interrupteur quadripolaire ou de l'un des interrupteurs tripolaires (page ci-contre).

Dans une installation typique, deux câbles à trois fils entrent dans la boîte de l'interrupteur quadripolaire. Dans la plupart des interrupteurs quadripolaires, le fil blanc et le fil rouge de l'un des câbles doivent être attachés à la paire de bornes à vis supérieure, et ceux de l'autre câble à la paire inférieure. Cependant, puisque la configuration des interrupteurs et du câblage peut varier, étudiez toujours le diagramme de câblage qui accompagne l'interrupteur.

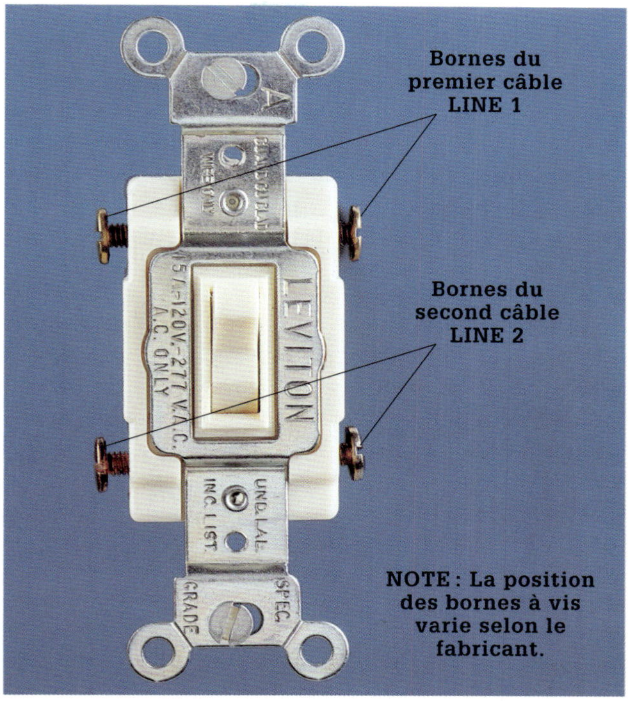

Installation typique d'un interrupteur quadripolaire

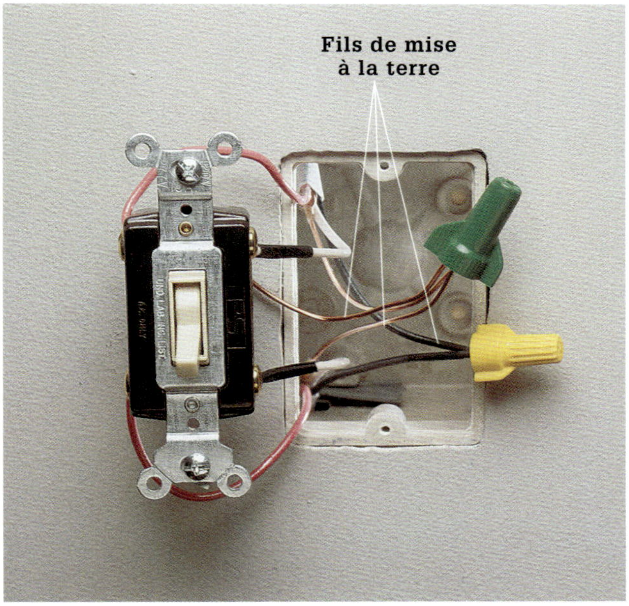

Quatre fils sont raccordés à un interrupteur quadripolaire. Le fil blanc et le fil rouge de l'un des câbles sont attachés à la paire supérieure de bornes à vis, et ceux de l'autre câble à la paire inférieure.

Variante : Sur l'arrière de certains interrupteurs quadripolaires, un guide de câblage a été imprimé pour simplifier l'installation. Sur l'interrupteur illustré, deux fils de même couleur seront reliés aux bornes marquées *LINE 1*, et l'autre paire le sera aux bornes marquées *LINE 2*.

Interrupteur double

L'interrupteur double comporte deux leviers dans un seul boîtier, de sorte que deux luminaires ou appareils puissent être commandés à partir d'une seule boîte d'interrupteur.

Dans la plupart des installations, les deux moitiés de l'interrupteur sont alimentées par le même circuit. Dans le cas de cette installation sur circuit unique, trois fils sont raccordés à l'interrupteur. Un fil d'« alimentation » conduit le courant vers les deux moitiés de l'interrupteur. Les autres fils le conduisent vers le luminaire ou l'appareil.

Dans de rares cas, les deux moitiés de l'interrupteur sont alimentées par des circuits différents. Dans cette installation sur deux circuits, quatre fils sont reliés à l'interrupteur, et la languette de connexion reliant deux des bornes est enlevée (photo ci-dessous).

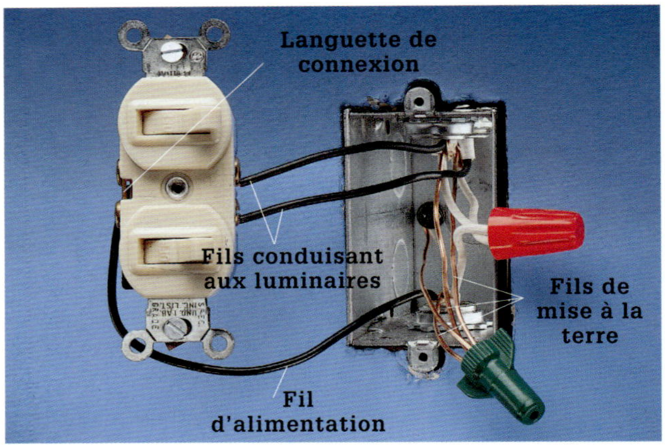

Installation sur circuit unique : Trois fils noirs sont attachés à l'interrupteur. Le fil noir d'alimentation conduisant le courant vers la boîte est raccordé au côté de l'interrupteur qui est muni d'une languette de connexion. Les fils conduisant le courant vers le luminaire ou l'appareil sont raccordés au côté de l'interrupteur qui est dépourvu d'une languette. Les fils blancs neutres sont joints au moyen d'un serre-fils.

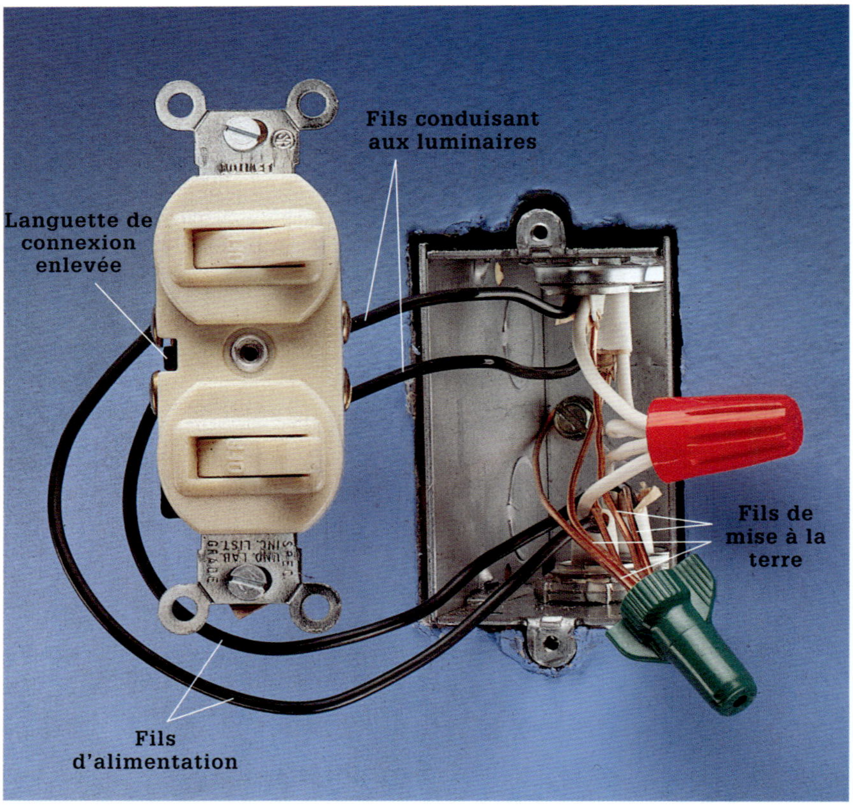

Installation sur deux circuits : Quatre fils noirs sont reliés à l'interrupteur. Les fils d'alimentation conduisant le courant de la source vers la boîte sont raccordés au côté de l'interrupteur qui est muni d'une languette de connexion, et cette languette est enlevée (photo de droite). Les fils conduisant le courant de l'interrupteur vers le luminaire ou l'appareil sont raccordés au côté de l'interrupteur qui n'a pas de languette. Les fils blancs neutres sont joints au moyen d'un serre-fils.

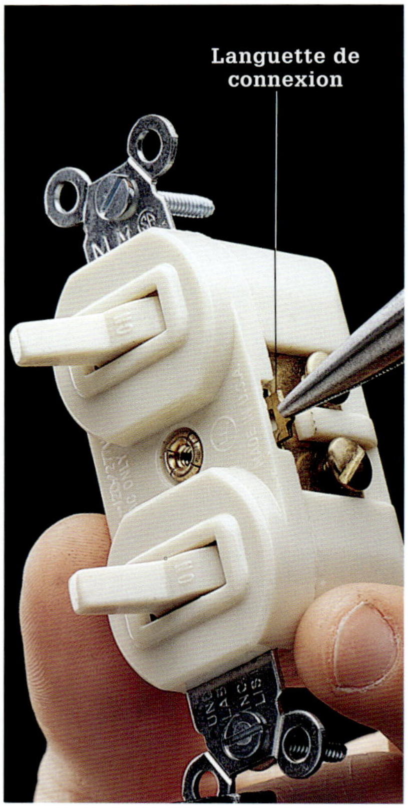

Enlevez la languette de connexion de l'interrupteur utilisé dans une installation sur deux circuits (à l'aide d'une pince à bec effilé ou d'un tournevis).

Interrupteur à veilleuse

L'interrupteur à veilleuse est muni d'une ampoule qui s'allume quand le courant le traverse pour se rendre à un luminaire ou à un appareil. On l'utilise surtout lorsque le luminaire ou l'appareil commandé n'est pas visible de l'endroit où se trouve l'interrupteur. Les luminaires du sous-sol et du garage ainsi que le ventilateur d'évacuation du grenier sont souvent commandés par un interrupteur à veilleuse.

L'interrupteur à veilleuse requiert la connexion des fils neutres. Une boîte dans laquelle n'arrive qu'un seul câble à deux fils ne contient que des fils sous tension; elle ne peut donc servir à loger ce type d'interrupteur, qui requiert un fil neutre.

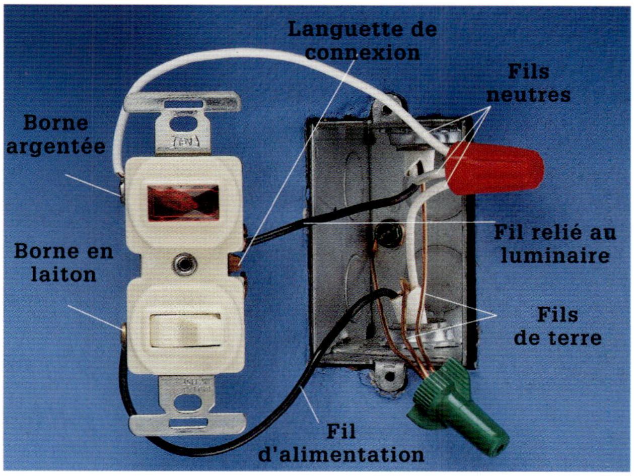

Câblage d'un interrupteur à veilleuse: Trois fils sont reliés à l'interrupteur. Un fil noir constitue le fil d'alimentation qui conduit le courant vers la boîte. Il est raccordé à la borne en laiton située du côté de l'interrupteur qui n'est pas muni d'une languette de connexion. Les fils blancs neutres sont reliés à la borne argentée au moyen d'un fil de liaison. Le fil noir conduisant le courant vers le luminaire ou l'appareil est raccordé à la borne située du côté de l'interrupteur qui est muni d'une languette de connexion.

Interrupteur-prise

L'interrupteur-prise combine une prise mise à la terre et un interrupteur unipolaire. Si une pièce de la maison manque de prises, on peut remplacer l'un des interrupteurs unipolaires par un interrupteur-prise.

L'interrupteur-prise requiert la connexion des fils neutres. Une boîte dans laquelle n'arrive qu'un seul câble à deux fils ne contient que des fils sous tension; elle ne peut donc servir à loger ce type d'interrupteur, qui requiert un fil neutre.

L'interrupteur-prise peut s'installer de deux façons différentes. Dans la plupart des installations, la prise reste sous tension même lorsque l'interrupteur est en position OFF (photo de droite).

Dans de rares cas, l'interrupteur-prise est câblé de manière que l'interrupteur commande la prise: pour ce faire, il suffit d'inverser les fils sous tension et d'attacher le fil d'alimentation à la borne en laiton située sur le côté de l'interrupteur qui est dépourvu d'une languette de connexion.

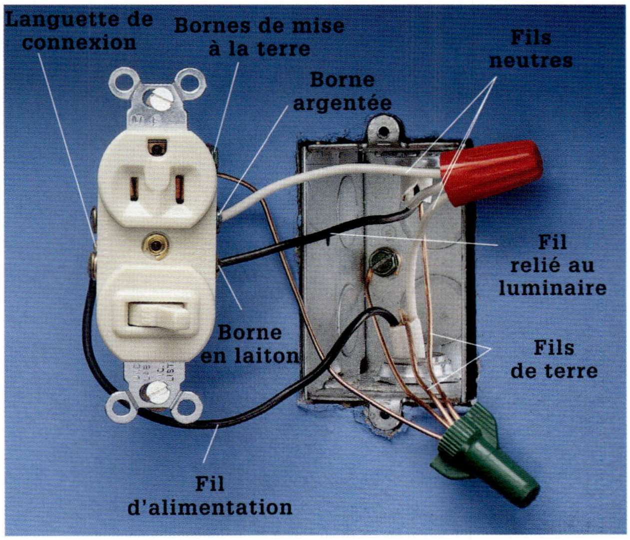

Câblage d'un interrupteur-prise: Trois fils sont reliés à cet interrupteur. L'un des fils sous tension constitue le fil d'alimentation qui conduit le courant vers la boîte. Il est raccordé sur le côté de l'interrupteur qui est muni d'une languette de connexion. L'autre fil sous tension, qui conduit le courant vers le luminaire ou l'appareil, est raccordé à la borne en laiton située du côté de l'interrupteur qui n'est pas muni d'une languette de connexion. Le fil blanc neutre est relié à la borne argentée au moyen d'un fil de liaison. Les fils de terre doivent être reliés au moyen d'un fil de liaison à la vis de mise à la terre verte de l'interrupteur-prise et à la boîte métallique mise à la terre.

Interrupteurs spéciaux

Il existe plusieurs types d'interrupteurs spéciaux. Le gradateur (pages 478-479) permet de faire varier l'intensité de l'éclairage dans la salle à manger ou la salle de jeu. L'interrupteur temporisé et la minuterie (ci-dessous) commandent automatiquement des luminaires ou des ventilateurs d'évacuation. Les nouveaux interrupteurs électroniques (page ci-contre) sont commodes et peuvent ajouter à la sécurité. Faciles à installer, ils sont durables et requièrent rarement des réparations.

La plupart des interrupteurs spéciaux comportent des fils de liaison, au lieu de bornes, qui se relient aux fils du circuit au moyen de serre-fils. Certaines minuteries motorisées requièrent une connexion à un fil neutre et ne peuvent être installées dans des boîtes où n'arrive qu'un seul câble à deux fils sous tension.

Si un interrupteur spécial ne fonctionne pas correctement, vous pourrez peut-être le mettre à l'essai au moyen d'un vérificateur de continuité. On peut vérifier la continuité des minuteries et interrupteurs temporisés, mais pas celle des gradateurs. Dans le cas des interrupteurs électroniques, on peut vérifier la continuité des interrupteurs manuels, mais les caractéristiques automatiques ne peuvent être mises à l'essai.

Minuterie

La minuterie est munie d'un cadran de commande alimenté que l'on peut régler afin que s'allument et s'éteignent automatiquement certains luminaires une fois par jour. Elle sert généralement à commander l'éclairage extérieur.

La minuterie est munie de trois fils. Le fil noir de celle-ci est raccordé au fil sous tension conduisant le courant vers la boîte ; le fil rouge est relié au fil qui achemine le courant vers le luminaire, et le fil restant, neutre, doit être relié aux fils neutres du circuit. Une boîte ne comportant qu'un câble est dépourvue de fils neutres et ne peut donc servir à loger une minuterie.

Après une panne de courant, le cadran de la minuterie doit être réglé à la bonne heure.

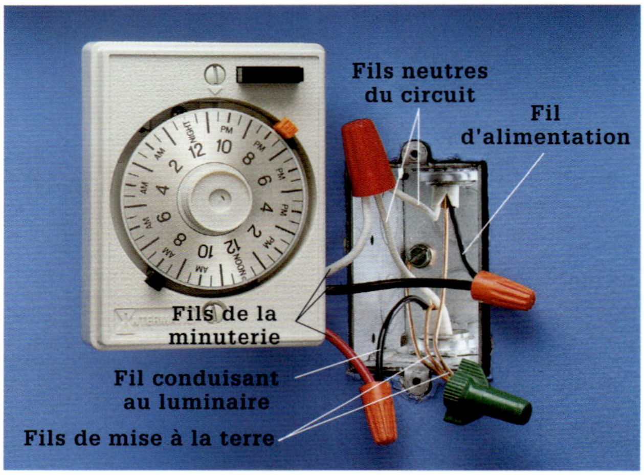

Interrupteur temporisé

L'interrupteur temporisé est muni d'un cadran à ressort que l'on remonte à la main pour que s'éteigne un luminaire au bout de 1 à 60 minutes. On l'utilise généralement pour les ventilateurs d'évacuation, les ventilateurs de salle de bain et les lampes à infrarouge.

Les fils noirs de l'interrupteur sont reliés aux fils noirs sous tension du circuit. Si la boîte contient des fils blancs neutres, ceux-ci sont joints avec un serre-fils. Les fils de mise à la terre en cuivre nu sont reliés à la boîte métallique mise à la terre au moyen d'un fil de liaison.

Puisque l'interrupteur temporisé ne requiert pas de fil neutre, on peut l'installer dans une boîte à un ou à deux câbles.

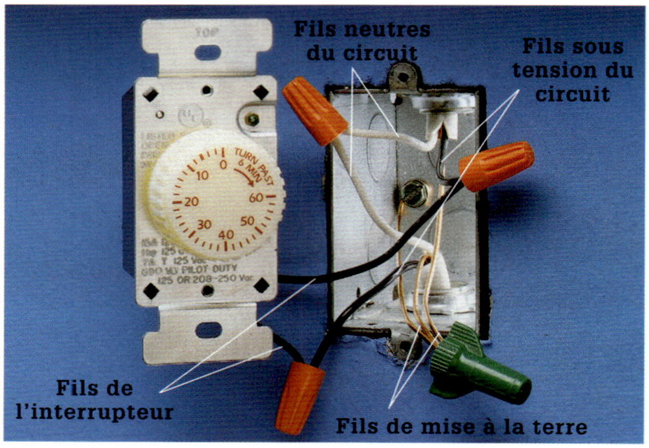

Interrupteur automatique

L'interrupteur automatique émet un étroit faisceau infrarouge qui détecte le mouvement. Si on passe la main dans le faisceau, un signal électronique commande à l'interrupteur de se mettre en position de marche ou d'arrêt. Certains sont munis d'un gradateur manuel.

On peut remplacer n'importe quel interrupteur unipolaire standard par un interrupteur automatique, particulièrement pratique pour les enfants ou pour les personnes handicapées.

Ne requérant pas de connexion à un fil neutre, l'interrupteur automatique peut être installé dans une boîte à un ou à deux câbles. Les fils de l'interrupteur sont raccordés aux fils sous tension du circuit au moyen de serre-fils.

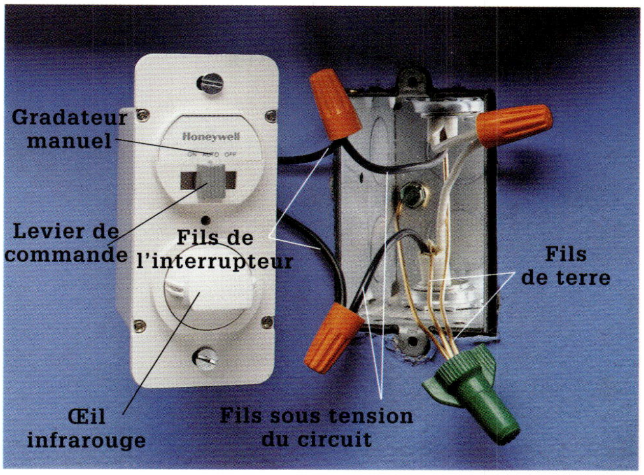

Interrupteur à détection de mouvement

L'interrupteur à détection de mouvement émet un large faisceau infrarouge qui détecte le mouvement dans une grande zone et réagit automatiquement en allumant un luminaire. Une commande de temporisation éteint le luminaire après que le mouvement a cessé.

La plupart du temps, il est muni d'une commande manuelle prioritaire; les modèles plus perfectionnés comportent un réglage de sensibilité et une commande d'arrêt temporisé réglable.

Cet interrupteur ne requiert pas de fil neutre. Il peut donc être installé dans une boîte à un ou à deux câbles. Ses fils sont raccordés aux fils sous tension du circuit au moyen de serre-fils.

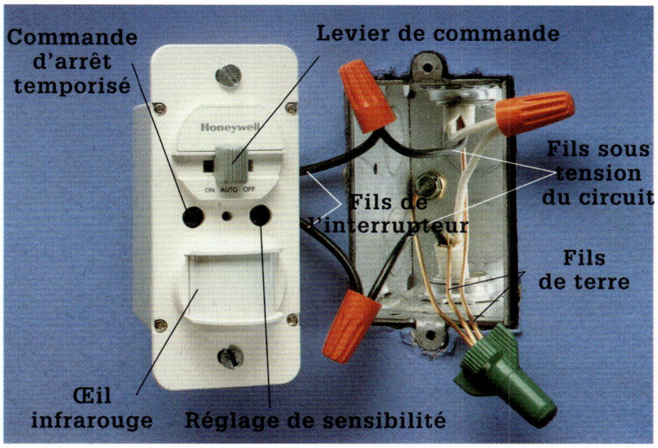

Interrupteur programmable

L'interrupteur programmable, le plus avancé de tous, possède des commandes numériques et peut stocker jusqu'à quatre cycles d'ouverture-fermeture par jour. Il sert souvent à des fins de sécurité: le propriétaire met l'interrupteur en fonction lorsqu'il s'absente. Les experts en sécurité affirment que l'éclairage programmé est un agent de dissuasion du crime. Pour une plus grande sécurité, l'interrupteur doit être réglé pour allumer et éteindre les luminaires de manière irrégulière.

Cet interrupteur ne requiert pas de fil neutre. Il peut donc être installé dans une boîte à un ou à deux câbles. Ses fils sont raccordés aux fils sous tension du circuit au moyen de serre-fils.

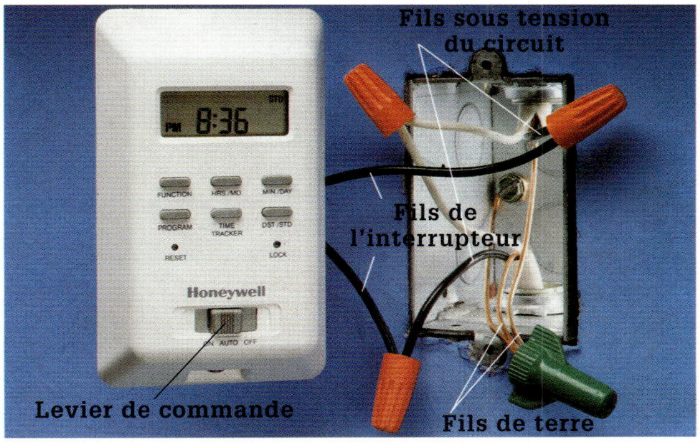

Vérification de la continuité d'un interrupteur

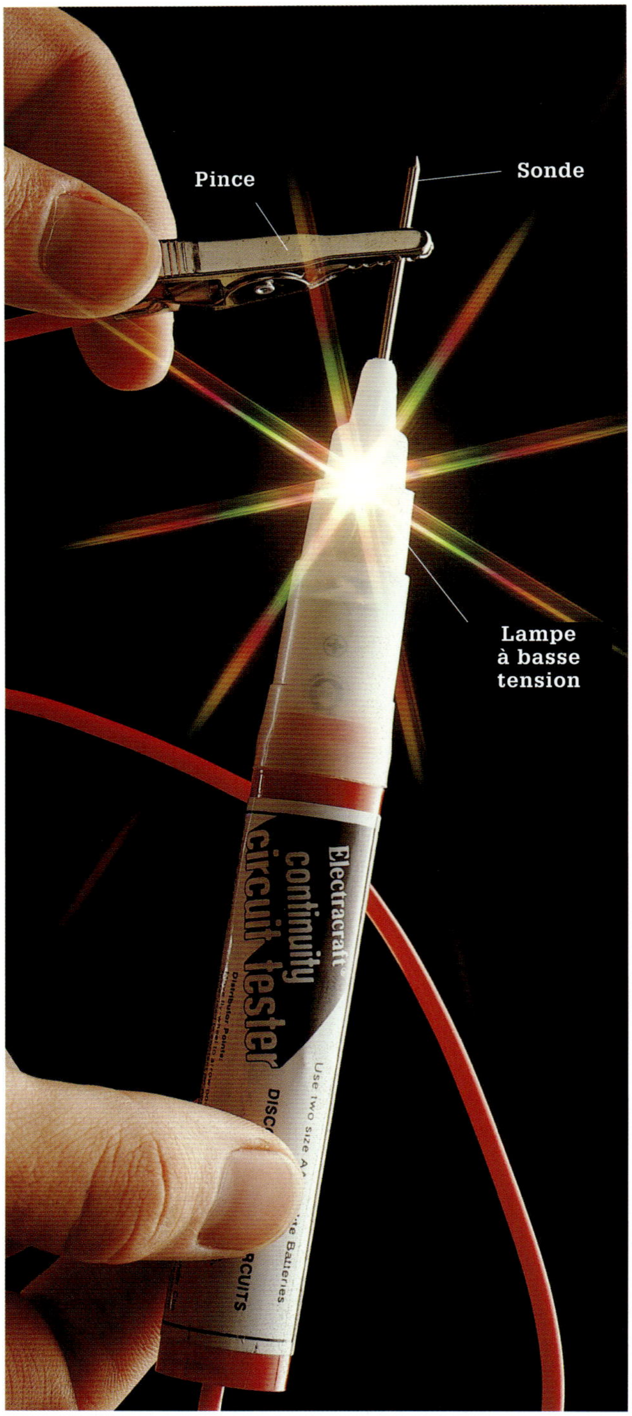

Le vérificateur de continuité utilise le courant produit par une pile pour indiquer si les circuits métalliques des interrupteurs et autres appareils électriques sont ou non interrompus. Avant de vous servir du vérificateur, assurez-vous toujours qu'il fonctionne : placez-en la pince sur la sonde ; la lampe devrait s'allumer. Si ce n'est pas le cas, remplacez la pile ou la lampe.

Il se peut que les pièces internes d'un interrupteur qui fonctionne mal soient usées ou brisées. On peut confirmer l'usure interne au moyen d'un vérificateur de continuité, appareil à pile servant à détecter une coupure dans le circuit métallique de l'interrupteur. Remplacez l'interrupteur que le vérificateur révèle défectueux.

N'utilisez jamais le vérificateur de continuité sur des fils alimentés. Coupez toujours le courant et débranchez l'interrupteur avant d'en vérifier la continuité.

Il est impossible de vérifier la continuité de certains interrupteurs spéciaux, des gradateurs par exemple. On peut vérifier celle des éléments manuels des interrupteurs électroniques, mais pas celle de leurs éléments automatiques.

Outils et matériel ▸

Vérificateur de continuité

Vérification d'un interrupteur unipolaire

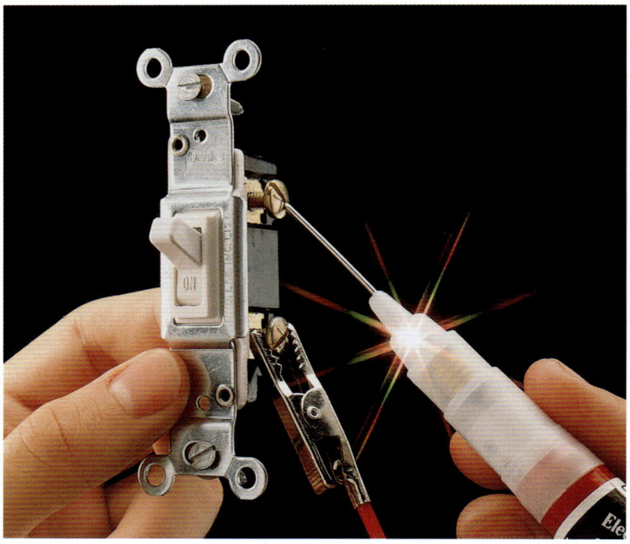

Attachez la pince du vérificateur à l'une des bornes, et placez la sonde sur l'autre. Faites basculer le levier de l'interrupteur de la position ON à la position OFF. Si l'interrupteur est en bon état, la lampe du vérificateur ne s'allumera que lorsque le levier de l'interrupteur sera à ON.

Vérification d'un interrupteur tripolaire

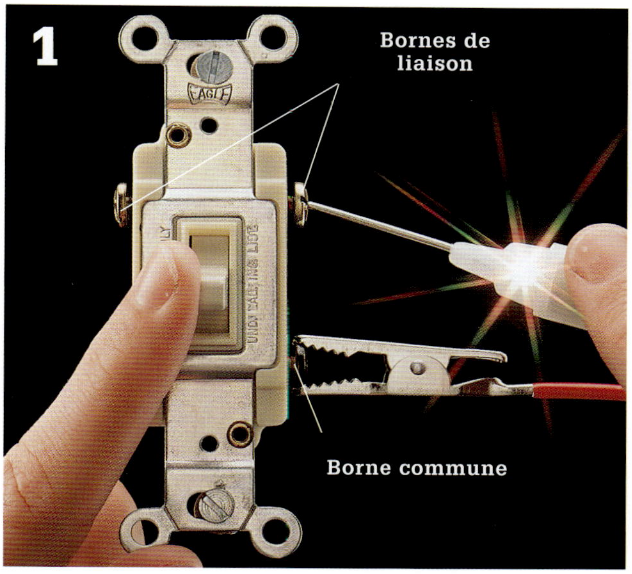

Attachez la pince du vérificateur à la borne commune sombre. Placez-en la sonde sur l'une des bornes de liaison. Actionnez le levier de l'interrupteur. Si celui-ci est en bon état, la lampe du vérificateur s'allumera lorsque le levier sera à l'une des positions, mais pas à l'autre.

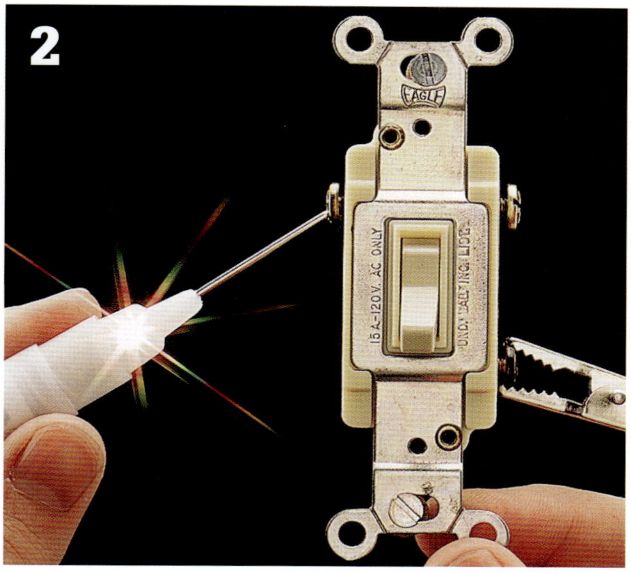

Placez la sonde du vérificateur sur l'autre borne de liaison ; actionnez le levier de l'interrupteur. Si celui-ci est en bon état, la lampe du vérificateur s'allumera lorsque le levier sera à l'autre position par rapport à celle qui faisait allumer la lampe à l'étape 1.

Vérification d'un interrupteur quadripolaire

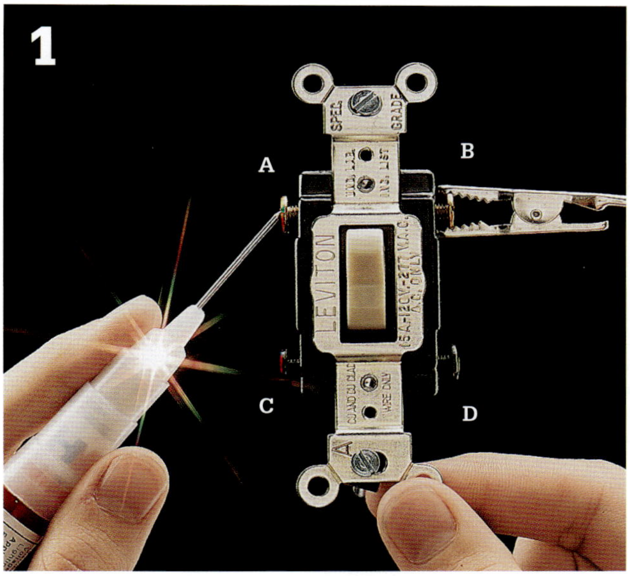

Vérifiez la continuité de l'interrupteur en attachant la pince du vérificateur et en en plaçant la sonde sur chacune des paires de bornes (A-B, C-D, A-D, B-C, A-C, B-D). L'essai devrait démontrer la continuité des chemins entre les différentes paires de bornes. Placez le levier de l'interrupteur dans l'autre position et répétez l'essai, qui devrait révéler la même continuité.

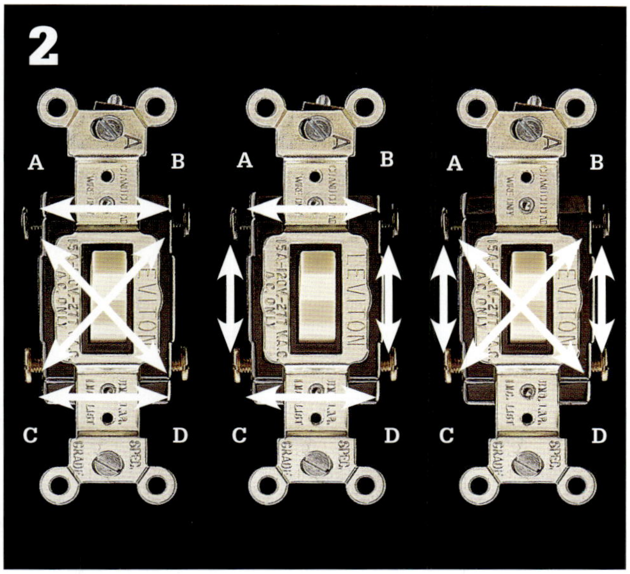

Si l'interrupteur est en bon état, la vérification révélera quatre chemins continus entre les bornes, deux pour chacune des positions du levier. Si ce n'est pas le cas, c'est que l'interrupteur est défectueux ; remplacez-le. (La configuration des chemins peut varier selon le fabricant de l'interrupteur. La photo ci-dessus illustre les trois configurations possibles.)

Vérification d'un interrupteur à veilleuse

Pour vérifier le fonctionnement de la veilleuse, placez le levier à la position ON. Vérifiez si le luminaire ou l'appareil commandé fonctionne. Si l'interrupteur fait fonctionner le luminaire, mais que la veilleuse ne s'allume pas, c'est que la veilleuse est défectueuse ; remplacez l'interrupteur.

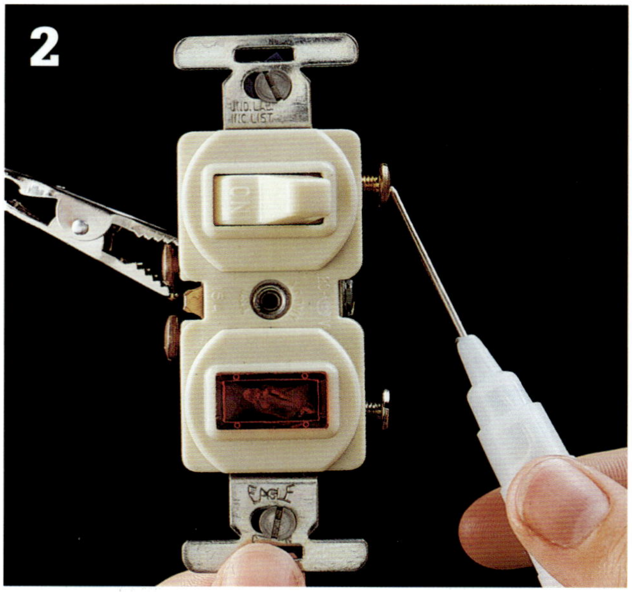

Pour vérifier le fonctionnement de l'interrupteur, débranchez-le. Placez-en le levier à la position ON ; attachez la pince du vérificateur à la borne supérieure de l'un des côtés, et placez-en la sonde sur la borne supérieure du côté opposé. Si l'interrupteur est en bon état, la lampe du vérificateur s'allumera lorsque le levier sera à ON, mais pas lorsqu'il sera à OFF.

Vérification d'une minuterie

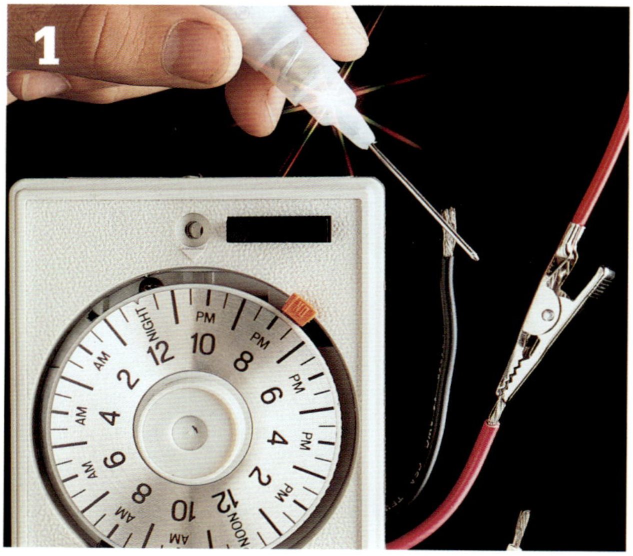

Attachez la pince du vérificateur au fil rouge de la minuterie et placez-en la sonde sur le fil noir sous tension. Faites tourner le cadran dans le sens des aiguilles d'une montre jusqu'à ce que la languette marquée ON dépasse la flèche. La lampe du vérificateur devrait s'allumer. Si ce n'est pas le cas, c'est que la minuterie est défectueuse ; remplacez-la.

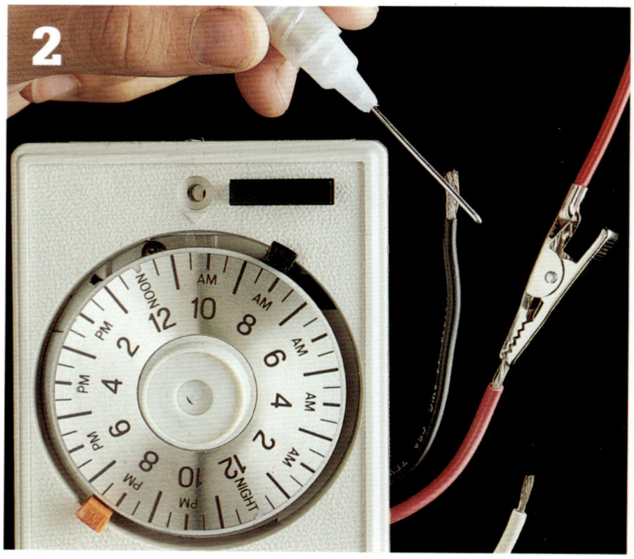

Faites tourner le cadran dans le sens des aiguilles d'une montre jusqu'à ce que la languette marquée OFF dépasse la flèche. La lampe du vérificateur devrait rester éteinte. Si elle s'allume, c'est que la minuterie est défectueuse ; remplacez-la.

Vérification d'un interrupteur-prise

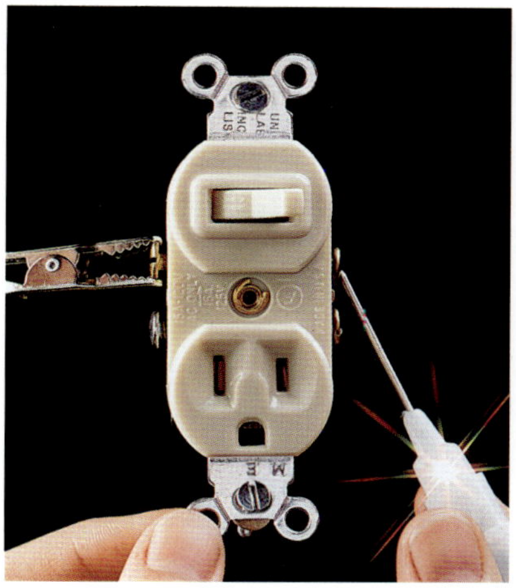

Attachez la pince du vérificateur à l'une des bornes supérieures. Placez la sonde sur la borne supérieure du côté opposé. Faites basculer le levier de l'interrupteur de la position ON à la position OFF. Si l'interrupteur fonctionne bien, la lampe du vérificateur s'allumera lorsque le levier sera à ON, mais pas lorsqu'il sera à OFF.

Vérification d'un interrupteur double

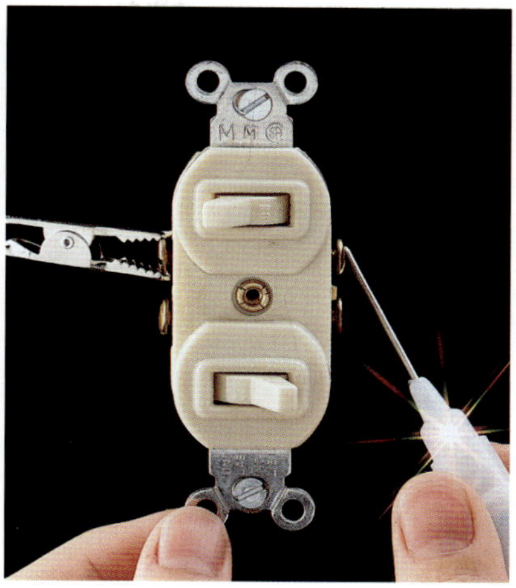

Vérifiez chacune des moitiés de l'interrupteur en attachant la pince du vérificateur à une borne et en plaçant la sonde sur la borne du côté opposé. Faites basculer le levier de la position ON à la position OFF. Si l'interrupteur est en bon état, la lampe du vérificateur s'allumera lorsque le levier sera à ON, mais pas lorsqu'il sera à OFF. Répétez l'essai sur l'autre paire de bornes. Si l'une ou l'autre des moitiés est défectueuse, remplacez l'interrupteur.

Vérification d'un interrupteur temporisé

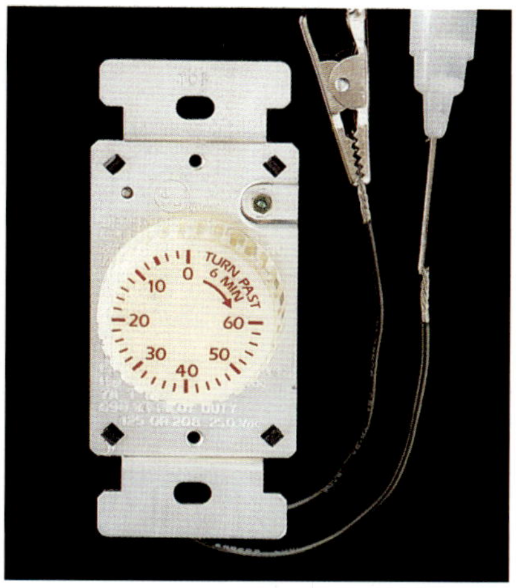

Attachez la pince du vérificateur à l'un des fils de l'interrupteur et placez-en la sonde sur l'autre fil. Réglez le cadran à quelques minutes. Si l'interrupteur est en bon état, la lampe du vérificateur restera allumée jusqu'à l'expiration du délai choisi.

Vérification du fonctionnement manuel des interrupteurs électroniques

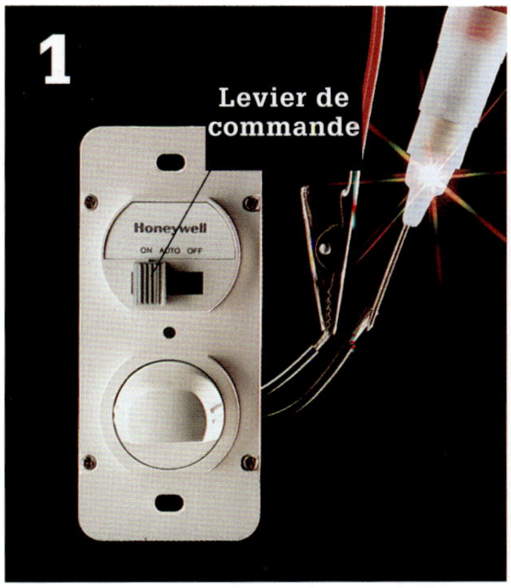

Interrupteur automatique : Attachez la pince du vérificateur à l'un des fils noirs et placez-en la sonde sur l'autre. Glissez le levier de la position ON à la position OFF. Si l'interrupteur fonctionne bien, la lampe du vérificateur s'allumera lorsque le levier sera à ON, mais pas lorsqu'il sera à OFF.

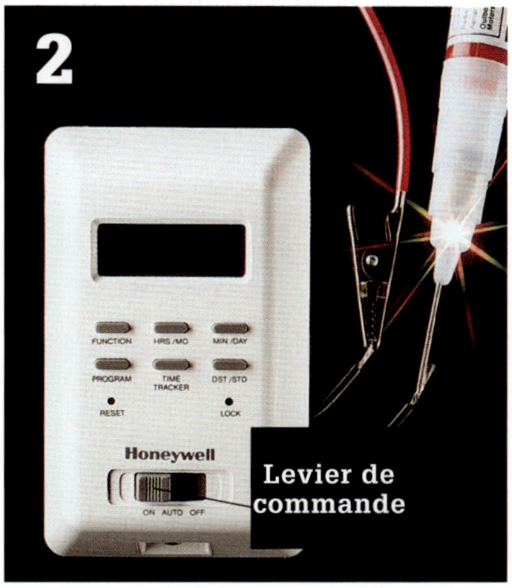

Interrupteur programmable : Attachez la pince du vérificateur à l'un des fils et placez-en la sonde sur l'autre. Glissez le levier de la position ON à la position OFF. Si l'interrupteur fonctionne bien, la lampe du vérificateur s'allumera lorsque le levier sera à ON, mais pas lorsqu'il sera à OFF.

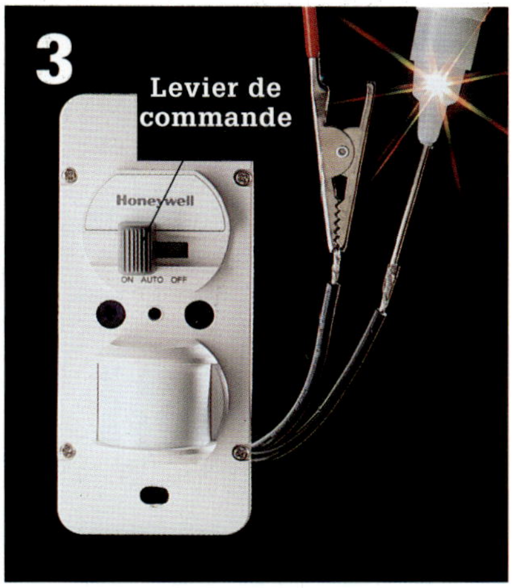

Interrupteur à détection de mouvement : Attachez la pince du vérificateur à l'un des fils et placez-en la sonde sur l'autre. Glissez le levier de la position ON à la position OFF. Si l'interrupteur fonctionne bien, la lampe du vérificateur s'allumera lorsque le levier sera à ON, mais pas lorsqu'il sera à OFF.

Réparation et remplacement des interrupteurs

La plupart des défectuosités sont causées par des connexions lâches. Si le fusible grille ou si le disjoncteur se déclenche lorsque vous actionnez l'interrupteur, c'est sans doute qu'un fil détaché entre en contact avec la boîte métallique. Une connexion lâche peut aussi faire bourdonner ou surchauffer l'interrupteur.

Il arrive que l'interrupteur cesse de fonctionner parce que ses pièces internes sont usées. Pour vérifier si c'est le cas, enlevez l'interrupteur et vérifiez-en la continuité (pages 470-471). Si cette vérification révèle que l'interrupteur est défectueux, remplacez-le.

Outils et matériel ▸

Tournevis
Vérificateur de tension
Vérificateur de continuité
Pince à usages multiples
Papier de verre fin
Pâte antioxydante (pour câblage d'aluminium)
Ruban-cache

Réparation ou remplacement d'un interrupteur unipolaire

Au tableau de distribution principal, coupez le courant alimentant l'interrupteur. Enlevez la plaque.

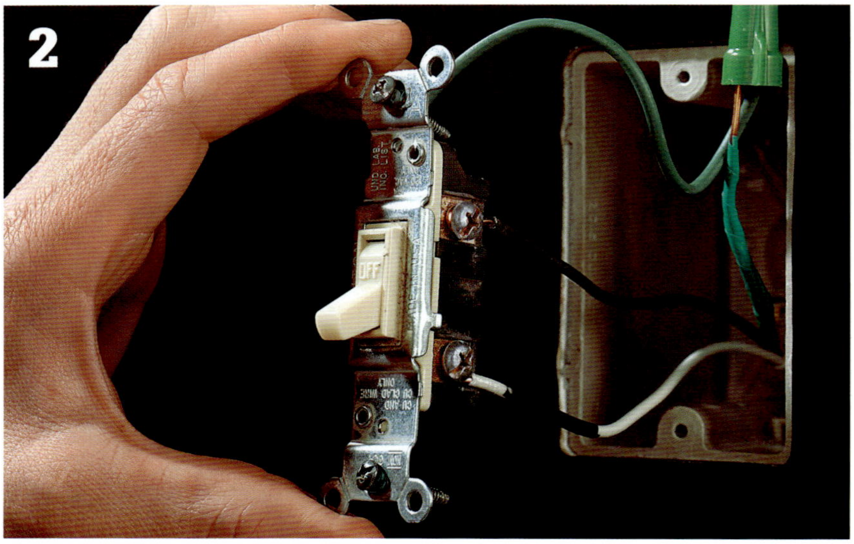

Enlevez les vis retenant l'interrupteur dans la boîte. En tenant les pattes de montage, retirez l'interrupteur de la boîte. Ne touchez pas aux fils nus ni aux bornes avant de vous être assuré qu'ils ne sont plus alimentés.

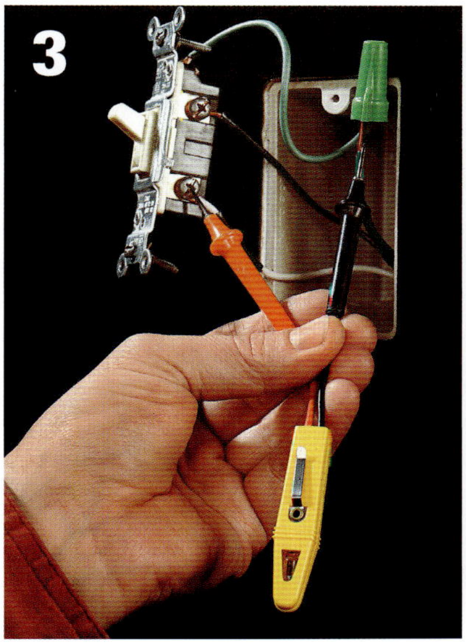

Placez l'une des sondes du vérificateur de tension sur la boîte métallique mise à la terre ou sur le fil de terre en cuivre nu, et l'autre sur chacune des bornes. La lampe du vérificateur ne devrait pas s'allumer. Si elle s'allume, c'est que le courant arrive encore à la boîte. Coupez le courant du bon circuit au tableau de distribution.

Détachez les fils du circuit et enlevez l'interrupteur. Vérifiez-en la continuité. S'il est défectueux remplacez-le. Si les fils du circuit sont trop courts, allongez-les à l'aide de fils de liaison (page 438).

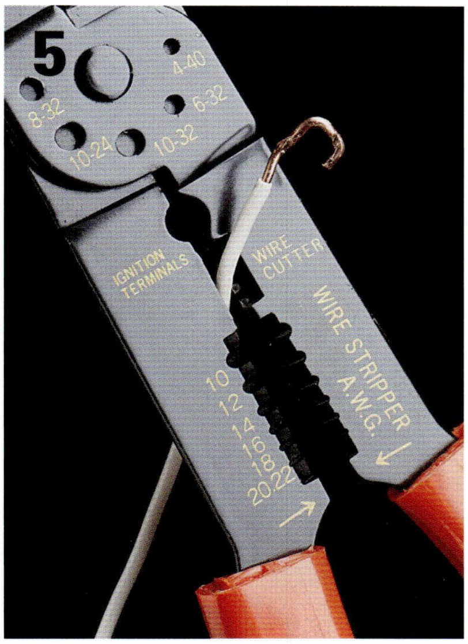

Si les fils sont rayés ou éraflés, utilisez une pince à usages multiples pour en couper la partie endommagée et pour les dénuder sur environ ¾ po.

Nettoyez les fils de cuivre nu sales ou noircis en les ponçant avec un papier de verre fin. Si le fil est en aluminium, appliquez-y une couche de pâte antioxydante avant de le raccorder.

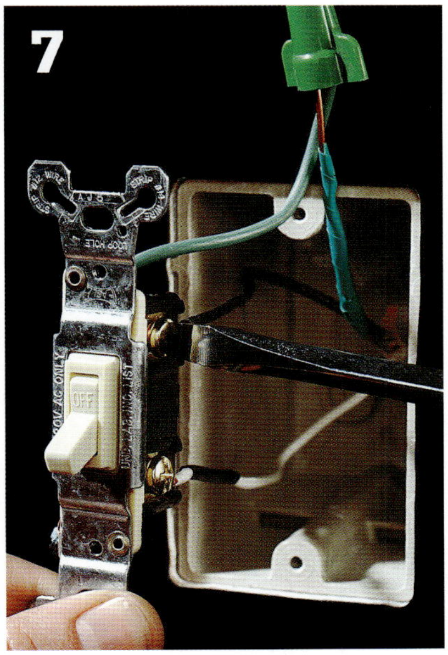

Attachez les fils aux bornes. Resserrez les vis, mais pas trop, de crainte d'en endommager les filets.

Réinstallez l'interrupteur, en poussant les fils avec soin dans la boîte. Vissez la plaque et rétablissez le courant au tableau de distribution principal.

Réparation ou remplacement d'un interrupteur tripolaire

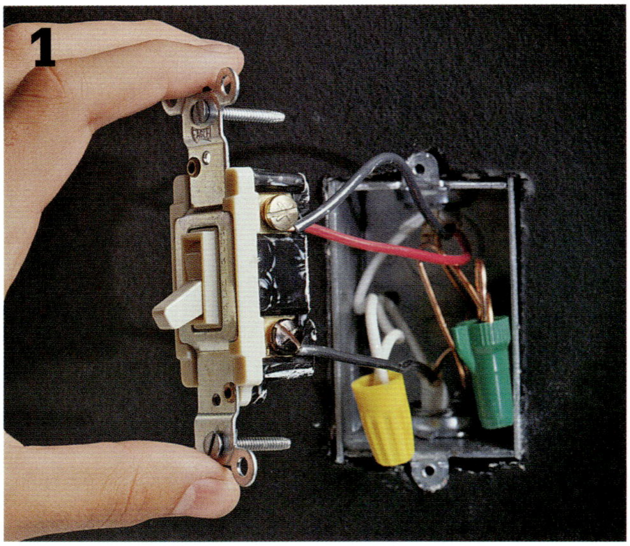

Au tableau de distribution principal, coupez le courant alimentant l'interrupteur. Enlevez la plaque et les vis de montage de l'interrupteur. En tenant avec soin les pattes de montage, retirez l'interrupteur de la boîte. Ne touchez pas aux fils nus ni aux bornes avant de vous être assuré qu'ils ne sont plus alimentés.

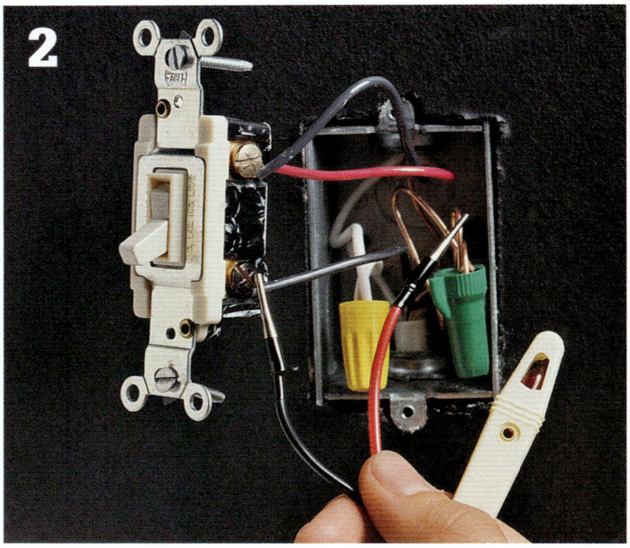

Placez l'une des sondes du vérificateur de tension sur la boîte métallique mise à la terre ou sur le fil de terre en cuivre nu ; placez l'autre sonde sur chacune des deux bornes. La lampe du vérificateur ne devrait pas s'allumer. Si elle s'allume, c'est que le courant parvient encore à la boîte. Coupez le courant du bon circuit au tableau de distribution.

Repérez la borne commune (plus sombre que les autres) ; avec du ruban-cache, étiquetez le fil « commun » qui y est relié. Détachez les fils ; enlevez l'interrupteur. Vérifiez-en la continuité (pages 470-471). S'il est défectueux, remplacez-le. Inspectez les fils ; s'ils sont rayés ou éraflés, coupez-en l'extrémité endommagée et dénudez-les.

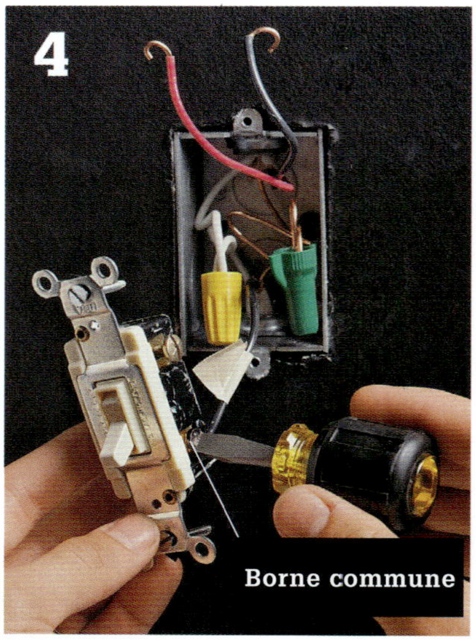

Raccordez à la borne commune le fil étiqueté « commun ». Sur la plupart des interrupteurs tripolaires, cette borne est noire ; parfois, le mot *COMMON* est imprimé à l'arrière de l'interrupteur. Si l'interrupteur est muni d'une borne de mise à la terre, raccordez-la aux fils de mise à la terre du circuit à l'aide d'un fil de liaison.

Raccordez les deux autres fils du circuit aux bornes à vis. Ces fils sont interchangeables et se raccordent à l'une ou à l'autre des bornes. Poussez avec soin les fils dans la boîte. Réinstallez l'interrupteur ; vissez-en la plaque. Rétablissez le courant au tableau de distribution principal.

Réparation ou remplacement d'un interrupteur quadripolaire

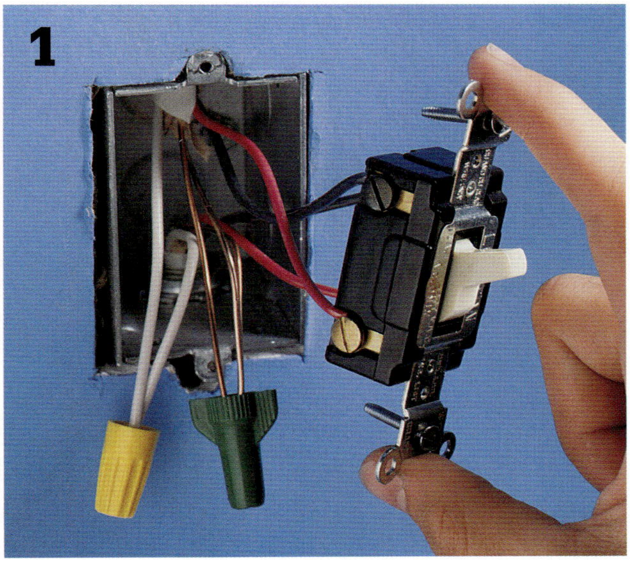

Au tableau de distribution principal, coupez le courant alimentant l'interrupteur. Enlevez la plaque et les vis de montage de l'interrupteur. En tenant avec soin les pattes de montage, retirez l'interrupteur de la boîte. Ne touchez pas aux fils nus ni aux bornes avant de vous être assuré qu'ils ne sont plus alimentés.

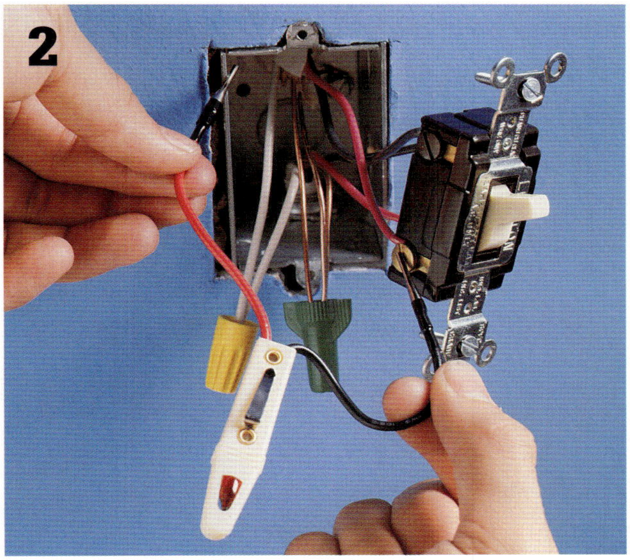

Placez l'une des sondes du vérificateur de tension sur la boîte métallique mise à la terre ou sur le fil de mise à la terre en cuivre nu ; placez l'autre sonde sur chacune des deux bornes. La lampe du vérificateur ne devrait pas s'allumer. Si elle s'allume, c'est que le courant parvient encore à la boîte. Coupez le courant du bon circuit au tableau de distribution.

Détachez les fils et inspectez-les. S'ils sont rayés ou éraflés, coupez-en l'extrémité et dénudez-les. Vérifiez la continuité de l'interrupteur (pages 471-472). S'il est défectueux, remplacez-le.

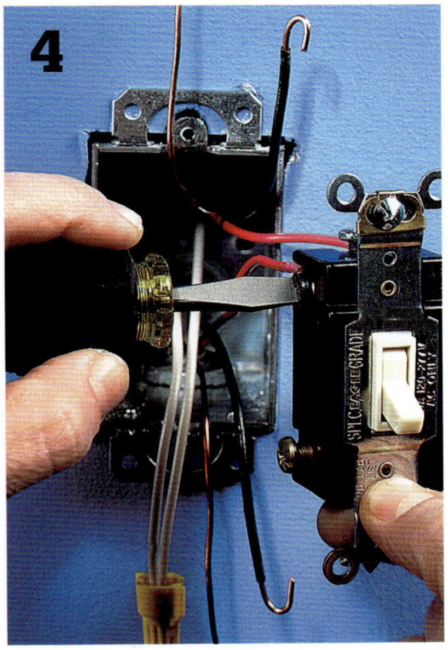

Raccordez deux fils de l'un des câbles aux bornes de laiton supérieures.

Raccordez les autres fils à l'autre paire de bornes. À l'aide d'un fil de liaison, reliez les fils de mise à la terre à la vis de mise à la terre. Poussez avec soin les fils dans la boîte. Réinstallez l'interrupteur ; vissez-en la plaque. Rétablissez le courant au tableau de distribution principal.

Gradateur

Le gradateur permet de faire varier l'intensité de l'éclairage. On l'installe souvent dans la salle à manger, la salle de jeu ou la chambre.

Tout interrupteur unipolaire standard peut être remplacé par un gradateur si la boîte de l'interrupteur est assez grande, le corps du gradateur étant plus large que celui de l'interrupteur. En outre, le gradateur dégage un peu de chaleur, laquelle doit être dissipée. C'est pourquoi il ne faut pas installer un gradateur dans une boîte trop petite ou dans laquelle se trouvent un trop grand nombre de fils de circuit. Suivez toujours les instructions d'installation du fabricant.

Dans les systèmes d'éclairage à interrupteurs tripolaires (page 462), remplacez ceux-ci par des gradateurs tripolaires spéciaux. Dans ce cas, les deux interrupteurs pourront allumer et éteindre les luminaires, et en faire varier l'intensité d'éclairage. Achetez un emballage de deux gradateurs tripolaires conçus pour fonctionner ensemble.

Il existe plusieurs types de gradateurs (voir la photo de droite). Tous sont munis de fils, plutôt que de bornes à vis, qui se raccordent aux fils du circuit au moyen de serre-fils. Certains comportent une vis de mise à la terre verte qui doit être reliée à la boîte métallique mise à la terre ou aux fils de terre en cuivre nu.

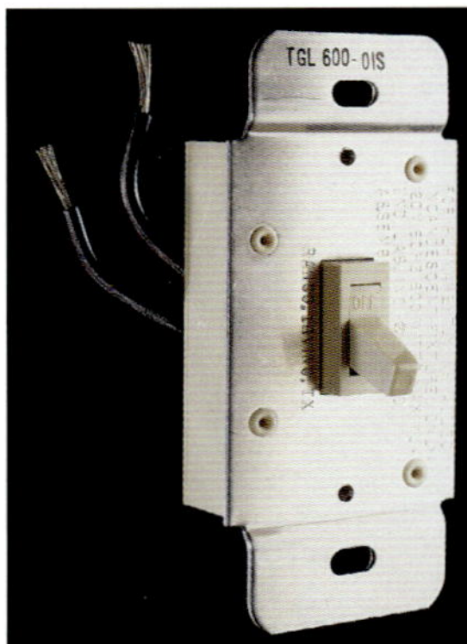

Le gradateur à levier ressemble à un interrupteur ordinaire. Il est offert en modèle unipolaire ou tripolaire.

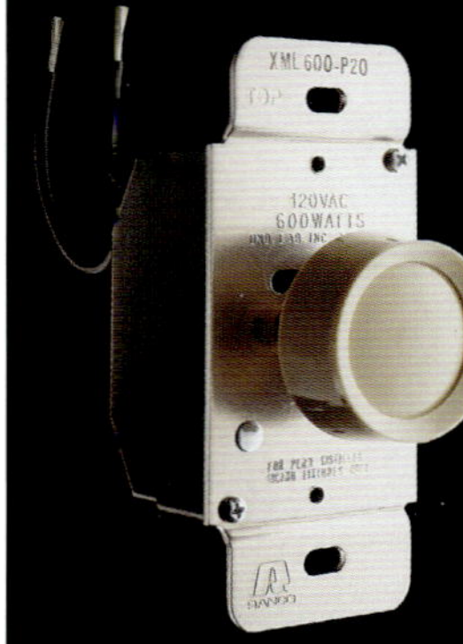

Le gradateur rotatif est le plus répandu de tous. On fait varier l'intensité de l'éclairage en tournant le bouton.

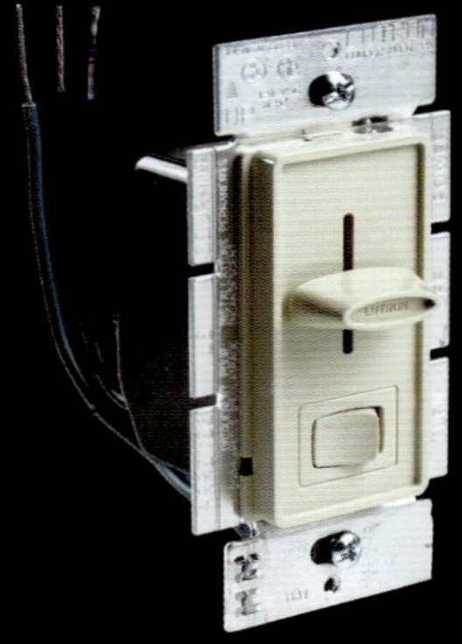

Le gradateur à glissière, illuminé, est facile à repérer dans l'obscurité.

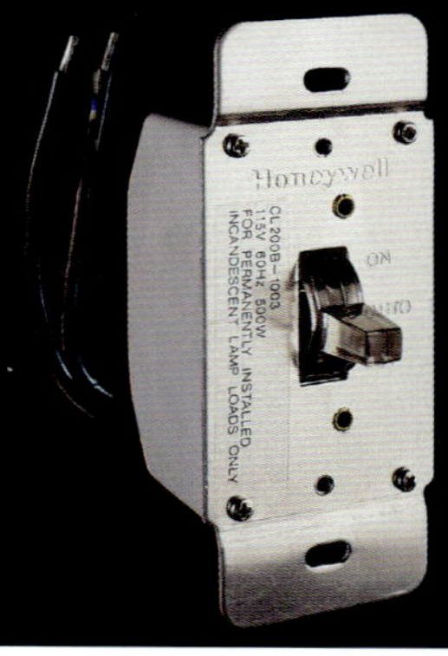

Le gradateur automatique, muni d'un capteur électronique, fait varier l'intensité de l'éclairage pour compenser les variations de la lumière naturelle. On peut aussi le faire fonctionner en mode manuel.

Outils et matériel ▸

Tournevis
Vérificateur de tension
Pince à bec effilé
Serre-fils
Ruban-cache

Installation d'un gradateur

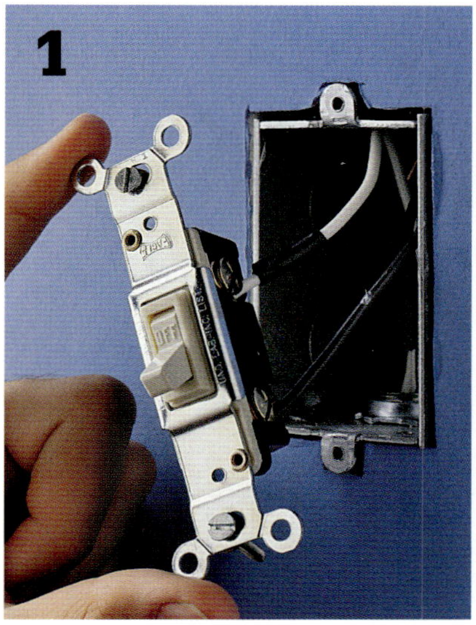

Au tableau de distribution principal, coupez le courant alimentant l'interrupteur. Enlevez la plaque et les vis de montage. En tenant avec soin les pattes de montage, retirez l'interrupteur de la boîte. Ne touchez pas aux fils nus ni aux bornes avant d'avoir confirmé qu'ils ne sont plus alimentés.

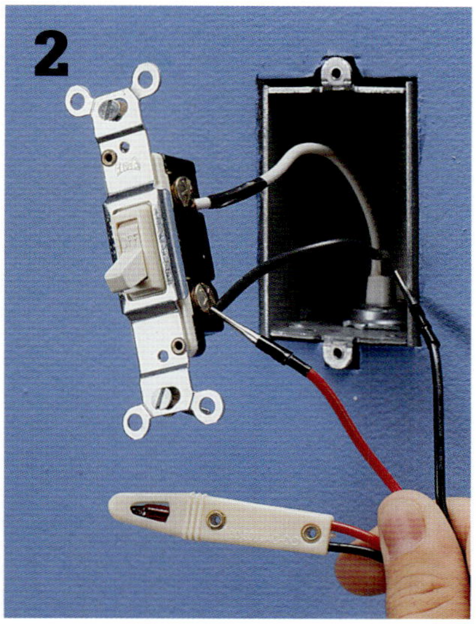

Placez l'une des sondes du vérificateur de tension sur la boîte métallique mise à la terre ou sur le fil de terre en cuivre nu ; placez l'autre sonde sur chacune des deux bornes. La lampe du vérificateur ne devrait pas s'allumer. Si elle s'allume, c'est que le courant parvient encore à la boîte. Coupez le courant du bon circuit au tableau de distribution.

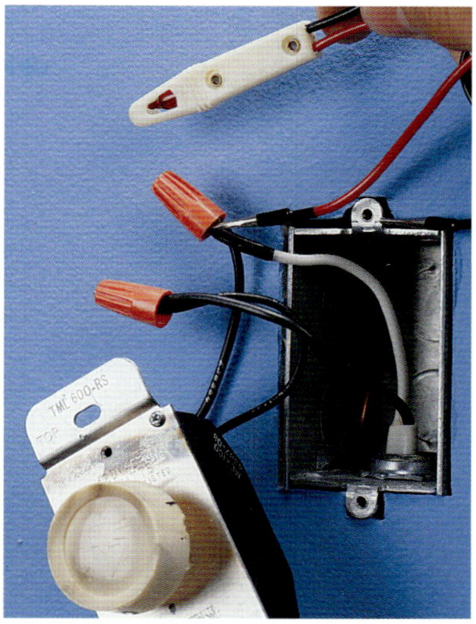

Si vous remplacez un vieux gradateur, placez l'une des sondes du vérificateur de tension sur la boîte métallique mise à la terre ou sur le fil de terre en cuivre nu ; placez l'autre sonde dans chacun des serre-fils. La lampe du vérificateur ne devrait pas s'allumer. Si elle s'allume, c'est que le courant arrive encore à la boîte. Coupez le courant du bon circuit au tableau de distribution.

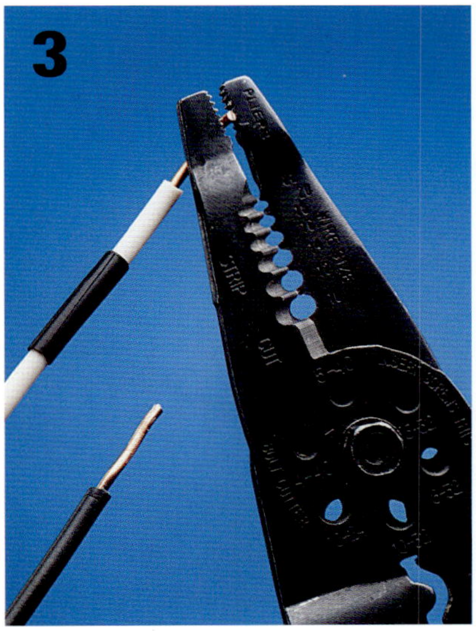

Détachez les fils du circuit et enlevez l'interrupteur. Redressez les fils du circuit ; coupez-en les extrémités, en ne laissant qu'environ ½ po de fil nu.

Au moyen de serre-fils, raccordez les fils du gradateur aux fils du circuit. Interchangeables, les fils du gradateur peuvent être attachés à l'un ou à l'autre des fils du circuit.

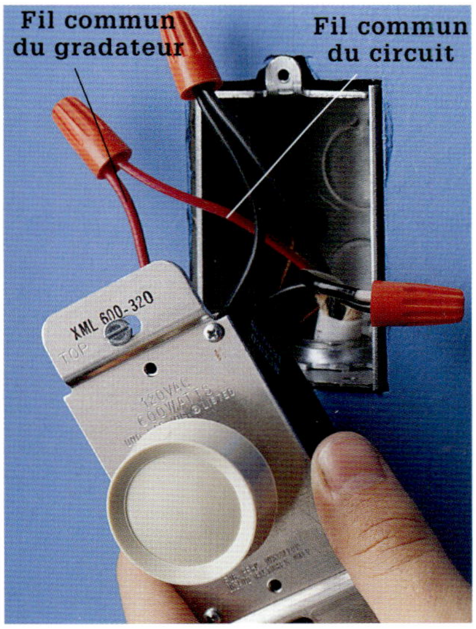

Le gradateur tripolaire comporte un fil supplémentaire. Ce fil « commun » doit être raccordé au fil « commun » du circuit. Si c'est un interrupteur tripolaire standard que vous remplacez par un gradateur, le fil commun du circuit sera attaché à la borne à vis la plus sombre de l'ancien interrupteur.

Réparation et remplacement d'un luminaire à lampe à incandescence

Les luminaires à lampe à incandescence sont installés en permanence au plafond ou sur un mur : applique murale, plafonnier, luminaire encastré et lustre. La plupart de ces luminaires sont faciles à réparer, à l'aide d'outils de base et de pièces peu coûteuses.

Lorsqu'un luminaire ne fonctionne pas, commencez toujours par vérifier si la lampe y est bien vissée et si elle ne serait pas grillée. C'est souvent la défectuosité de la lampe qui empêche le luminaire de fonctionner. Si le luminaire est commandé par un interrupteur mural, vérifiez-en le fonctionnement ; il se peut qu'il soit défectueux.

Un luminaire peut cesser de fonctionner si la douille ou les interrupteurs intégrés sont usés. La douille et l'interrupteur intégré de certains luminaires peuvent être retirés et réparés. Ces dispositifs sont généralement retenus à la base du luminaire par des vis de montage ou des attaches. D'autres luminaires, munis d'une douille et d'un interrupteur fixés en permanence, doivent être remplacés en cas de défectuosité.

Des dommages se produisent souvent lorsqu'on installe une lampe dont la puissance est supérieure à la limite du luminaire. Pour que le luminaire ne surchauffe pas et continue de bien fonctionner, n'utilisez que des lampes dont la puissance correspond à celle qui est imprimée sur le luminaire.

Les techniques de réparation des lampes fluorescentes diffèrent de celles des luminaires à lampe à incandescence. Pour réparer ou remplacer une lampe fluorescente, consultez les pages 494-497.

Outils et matériel ▸

- Vérificateur de tension
- Tournevis
- Vérificateur de continuité
- Pince à usages multiples
- Pièces de rechange nécessaires

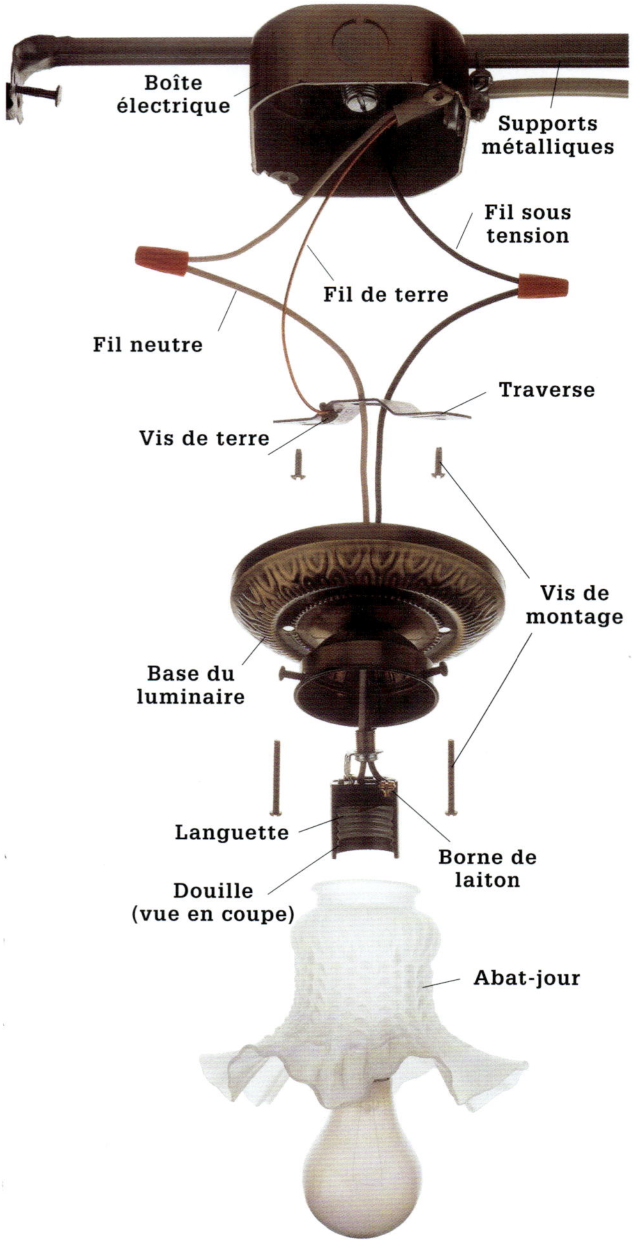

Dans un luminaire à lampe à incandescence ordinaire, un fil noir sous tension est généralement attaché à une borne à vis de laiton située sur la douille. Le courant atteint une petite languette au fond de la douille métallique et traverse le filament métallique de la lampe ; le filament s'échauffe et donne de la lumière. Le courant retourne au tableau de distribution principal en passant par la partie filetée de la douille et par le fil neutre blanc.

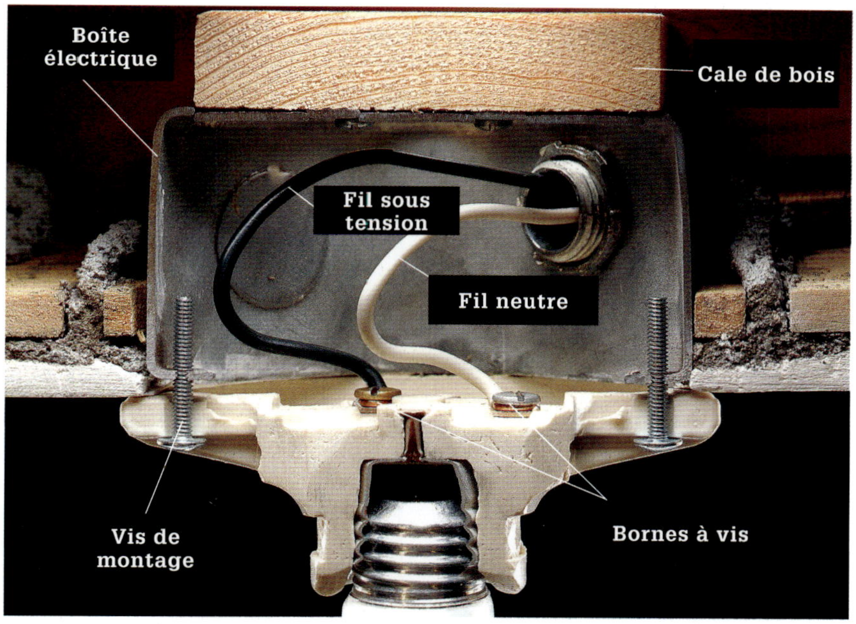

Avant 1959, les luminaires à lampe à incandescence (vue en coupe) étaient souvent directement fixés à une boîte électrique ou au lattis du plafond. Le code de l'électricité exige maintenant que le luminaire soit attaché à une traverse ancrée à la boîte électrique (page 484). Si votre luminaire est fixé au lattis, installez une boîte électrique approuvée, munie d'une traverse pour soutenir le luminaire.

Défectuosité	Réparation
Le luminaire installé au plafond ou sur le mur clignote ou ne s'allume pas.	1. Vérifiez si la lampe est bonne. 2. Vérifiez le fonctionnement de l'interrupteur mural ; réparez-le ou remplacez-le au besoin (pages 474-477). 3. Vérifiez la solidité des raccordements dans la boîte électrique. 4. Vérifiez la douille ; remplacez-la au besoin (pages 482-483). 5. Remplacez le luminaire (page 484).
L'interrupteur intégré du luminaire ne fonctionne pas.	1. Vérifiez si la lampe est bonne. 2. Vérifiez si les connexions des fils de l'interrupteur ne sont pas lâches. 3. Remplacez l'interrupteur (pages 474-477). 4. Remplacez le luminaire (page 484).
Le lustre clignote ou ne s'allume pas.	1. Vérifiez si la lampe est bonne. 2. Vérifiez le fonctionnement de l'interrupteur mural ; réparez-le ou remplacez-le au besoin (pages 474-477). 3. Vérifiez la solidité des raccordements dans la boîte électrique. 4. Vérifiez les douilles et les fils du luminaire ; remplacez-les au besoin (pages 482-483).
Le luminaire encastré clignote ou ne s'allume pas.	1. Vérifiez si la lampe est bonne. 2. Vérifiez le fonctionnement de l'interrupteur mural ; réparez-le ou remplacez-le au besoin (pages 474-477). 3. Vérifiez la solidité des raccordements dans la boîte électrique. 4. Vérifiez le luminaire ; remplacez-le au besoin (pages 484).

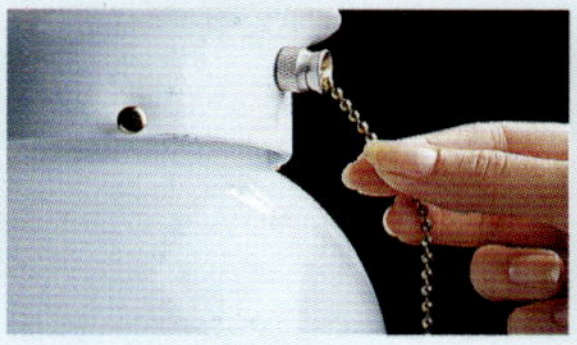

Enlèvement d'un luminaire et vérification de la douille

Coupez le courant alimentant le luminaire au tableau de distribution principal. Enlevez la lampe ainsi que le globe ou l'abat-jour. Retirez les vis de montage retenant la base du luminaire à la boîte électrique ou à la traverse. Dégagez soigneusement de la boîte la base du luminaire.

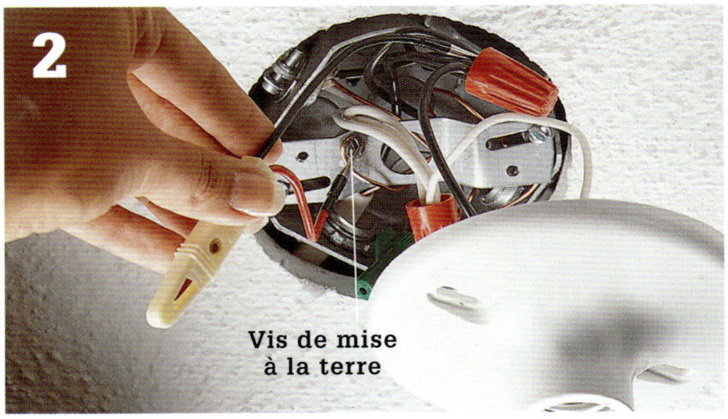

Vérifiez si le courant a bien été coupé : placez l'une des sondes du vérificateur de tension sur la vis verte de mise à la terre ; insérez l'autre sonde dans chacun des serre-fils. La lampe du vérificateur ne devrait pas s'allumer. Si elle s'allume, c'est que la boîte est encore alimentée. Retournez au tableau de distribution et coupez le courant du bon circuit.

Débranchez la base du luminaire en desserrant les bornes à vis. Si le luminaire est muni de fils de liaison plutôt que de bornes, retirez le luminaire en dévissant les serre-fils.

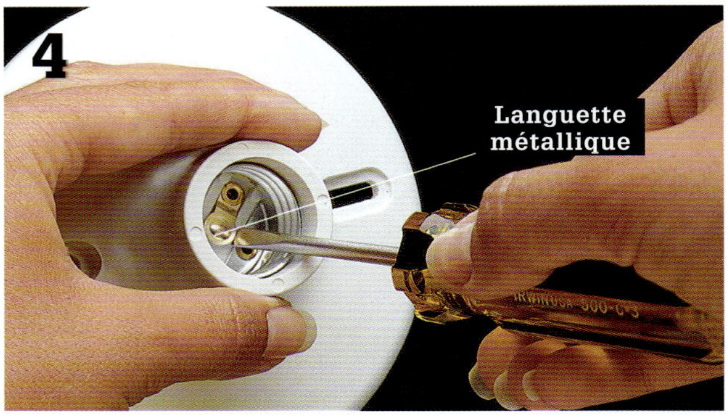

Réglez la languette métallique située au fond de la douille du luminaire en la faisant remonter légèrement avec la pointe d'un petit tournevis. Ce réglage améliorera le contact entre la douille et la lampe.

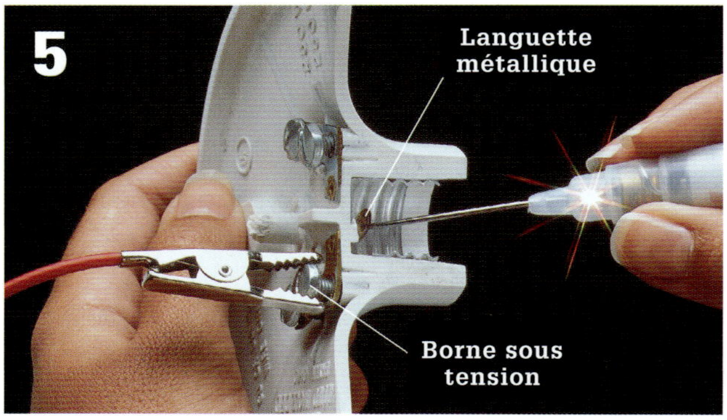

Vérifiez l'état de la douille (vue en coupe) en attachant la pince du vérificateur de continuité à la borne sous tension (ou au fil de liaison noir) et en plaçant la sonde sur la languette métallique située au fond de la douille. L'ampoule du vérificateur devrait s'allumer. Si elle ne s'allume pas, c'est que la douille est défectueuse et qu'elle doit être remplacée.

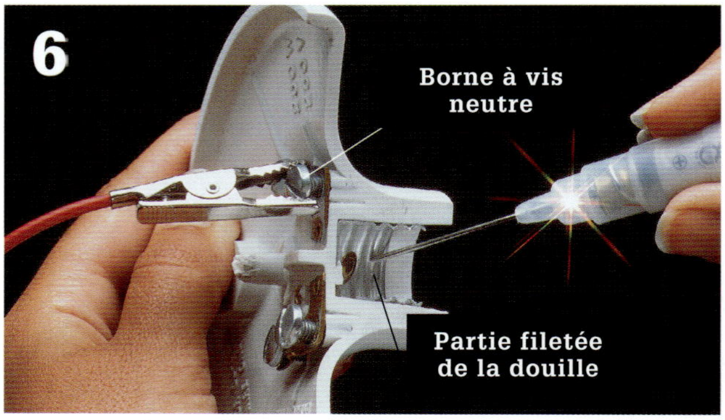

Attachez la pince du vérificateur de continuité à la borne neutre (ou au fil de liaison blanc) et placez la sonde sur la partie filetée de la douille. L'ampoule du vérificateur de continuité devrait s'allumer. Si elle ne s'allume pas, c'est que la douille est défectueuse et qu'elle doit être remplacée. S'il s'agit d'une douille permanente, remplacez le luminaire (page 484).

Remplacement d'une douille

Enlevez le luminaire (étapes 1 à 3 de la page ci-contre), puis retirez-en la douille. Celle-ci peut être fixée par une vis, par une attache ou par une bague de retenue. Détachez les fils reliés à la douille.

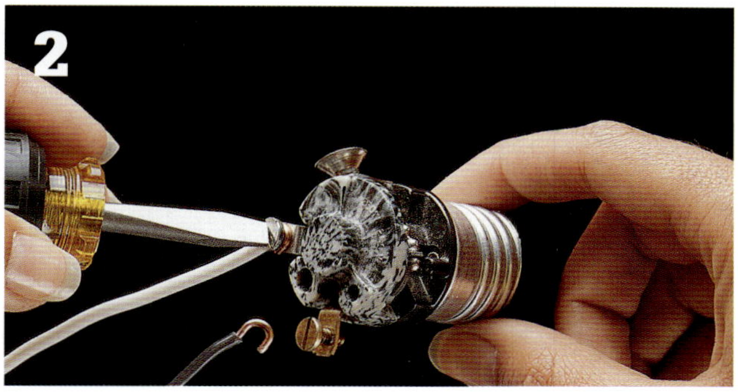

Procurez-vous une douille de remplacement identique à l'ancienne. Raccordez le fil blanc du circuit à la borne à vis argentée de la douille, et le fil noir à la borne de laiton. Fixez la douille à la base du luminaire et réinstallez celui-ci.

Vérification et remplacement d'un interrupteur intégré

Enlevez le luminaire (étapes 1 à 3 de la page ci-contre). Dévissez la bague de retenue maintenant l'interrupteur en place.

Étiquetez les fils raccordés aux fils de liaison de l'interrupteur. Débranchez les fils de liaison et retirez l'interrupteur.

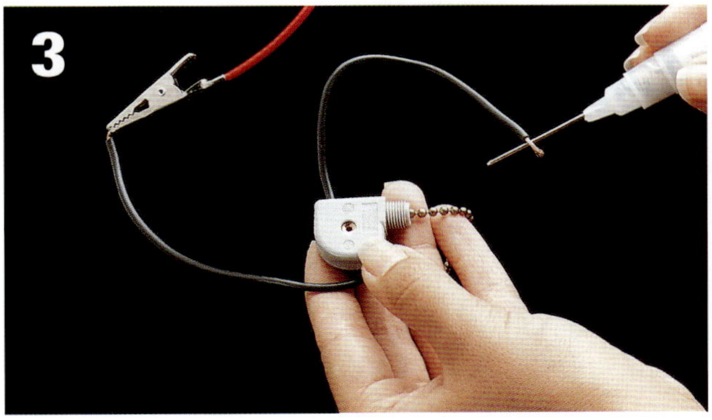

Vérifiez la continuité de l'interrupteur : attachez la pince du vérificateur de continuité à l'un des fils de liaison de l'interrupteur et placez la sonde sur l'autre fil. Faites fonctionner l'interrupteur. S'il est en bon état, la lampe du vérificateur s'allumera dans l'une des positions, mais pas dans les deux.

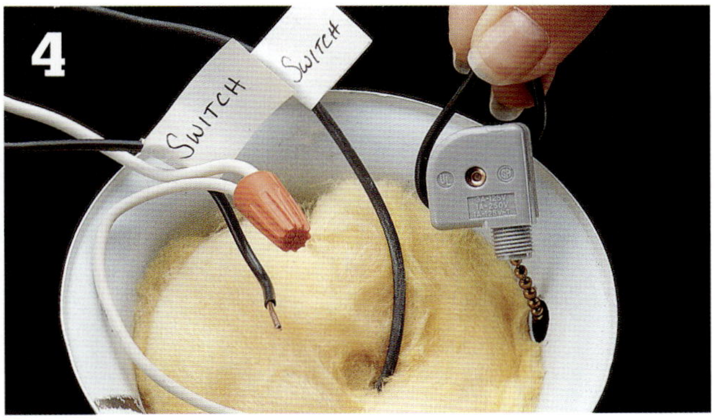

Si l'interrupteur est défectueux, remplacez-le par un autre identique. Réinstallez le luminaire et rétablissez le courant au tableau de distribution principal.

Remplacement d'un luminaire à lampe à incandescence

Coupez le courant et enlevez l'ancien luminaire, en suivant les instructions applicables aux luminaires standard (page 482, étapes 1 à 3) ou aux lustres (pages 488-489, étapes 1 à 4).

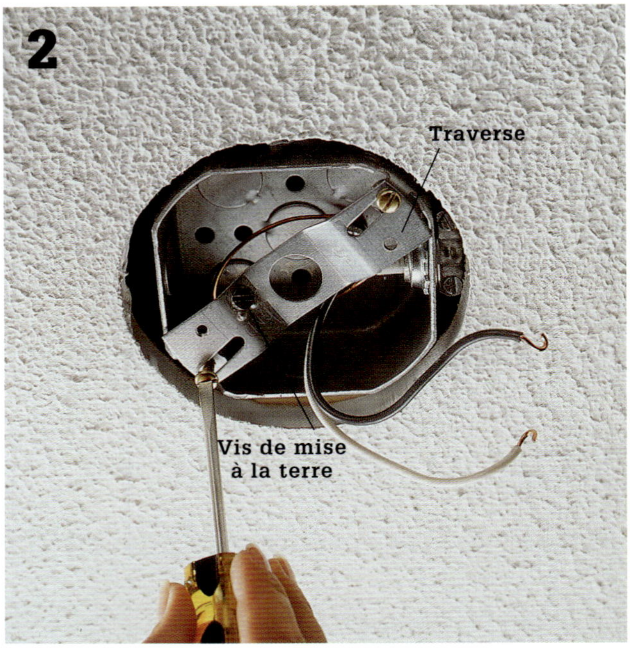

Attachez une traverse à la boîte électrique, si celle-ci n'en est pas déjà munie. La traverse, fournie avec le nouveau luminaire, comporte une vis de mise à la terre.

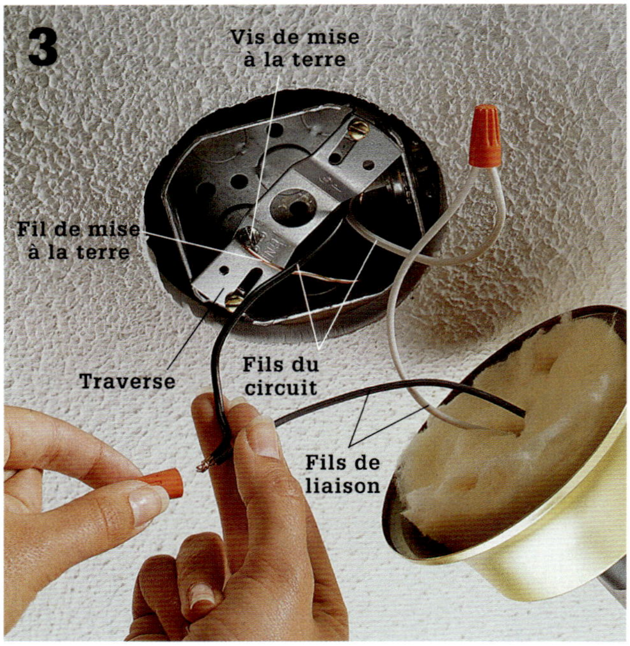

À l'aide de serre-fils, raccordez les fils du circuit aux fils de liaison du luminaire : le blanc avec le blanc, et le noir avec le noir. Avec un cavalier, joignez le fil de mise à la terre en cuivre nu à la vis de mise à la terre de la traverse.

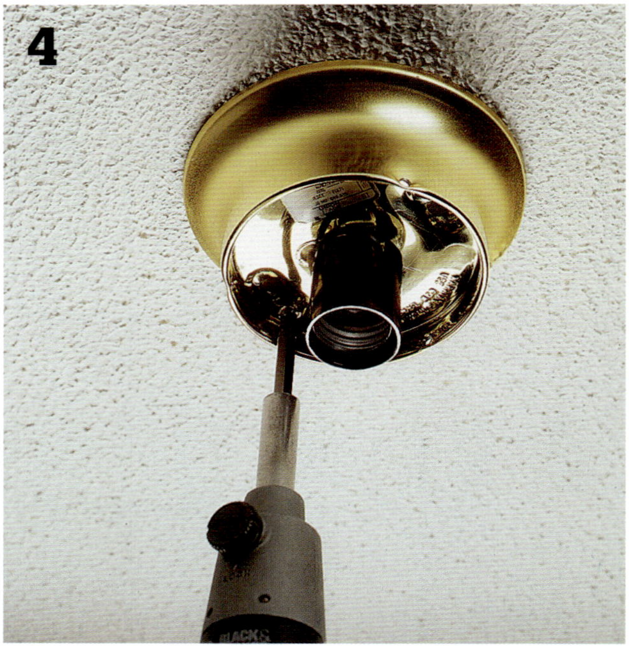

Fixez la base du luminaire à la traverse à l'aide des vis de montage. Installez une lampe dont la puissance est égale ou inférieure à celle qui est indiquée sur le luminaire. Installez le globe. Rétablissez le courant au tableau de distribution.

Réparation et remplacement d'un luminaire encastré

La plupart des défectuosités d'un luminaire encastré sont causées par l'accumulation de chaleur dans le boîtier qui fait fondre l'isolant entourant les fils de la douille. Sur certains luminaires encastrés, on peut enlever et remplacer les douilles dont les fils sont endommagés. Cependant, la douille de la plupart des nouveaux luminaires est inamovible : lorsque les fils de la douille sont endommagés, vous devez acheter un nouveau luminaire.

Choisissez un luminaire de remplacement identique à l'ancien. Installez-le dans le cadre de montage métallique déjà en place.

Sauf s'il s'agit d'un luminaire de catégorie IC (isolé et couvert), veillez à ce que le dégagement minimal entre le boîtier et tout isolant de construction soit partout d'au moins 3 po, afin que la chaleur puisse se dissiper.

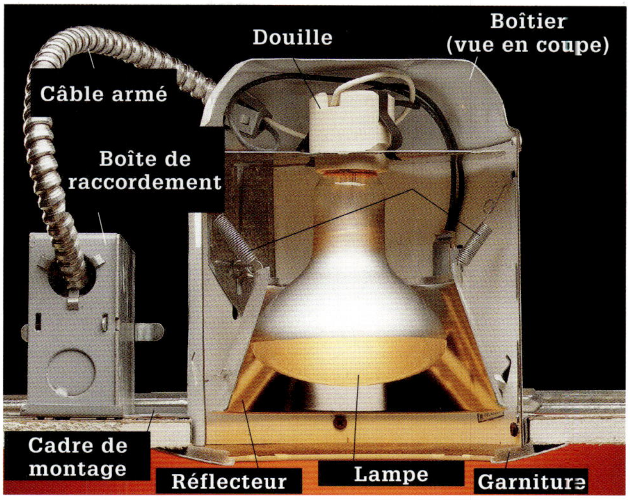

Enlèvement et vérification d'un luminaire encastré

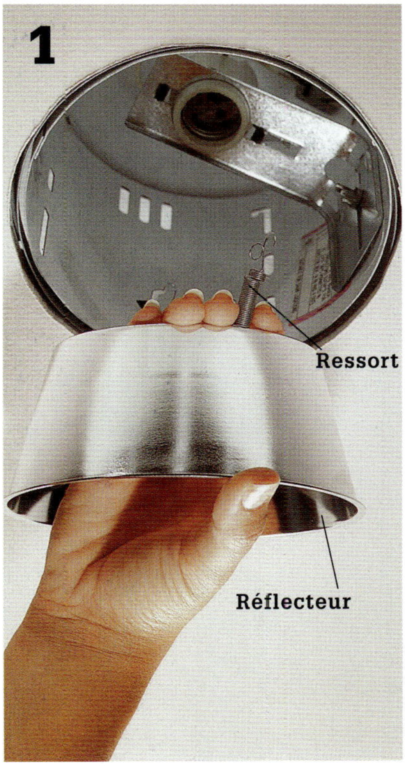

Au tableau de distribution principal, coupez le courant alimentant le luminaire. Enlevez la garniture, la lampe et le réflecteur, lequel est retenu au boîtier par de petits ressorts ou par des agrafes de montage.

Desserrez les vis ou les agrafes qui retiennent le boîtier au cadre de montage. Soulevez soigneusement le boîtier et poussez-le sur le côté dans la cavité du plafond.

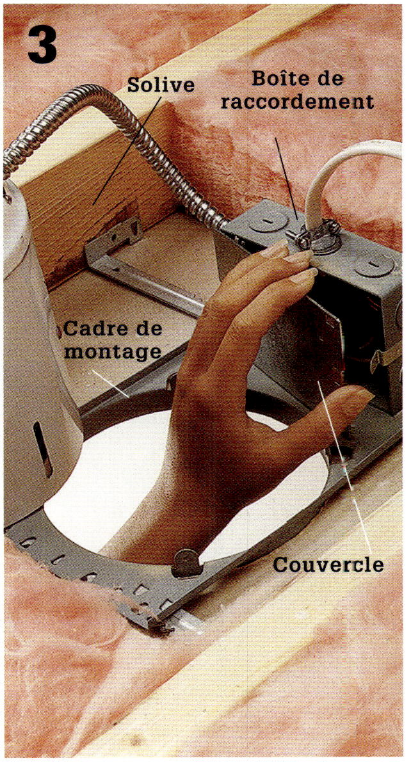

Retirez le couvercle de la boîte de raccordement, laquelle est fixée sur le cadre de montage installé entre les solives du plafond.

(suite à la page suivante)

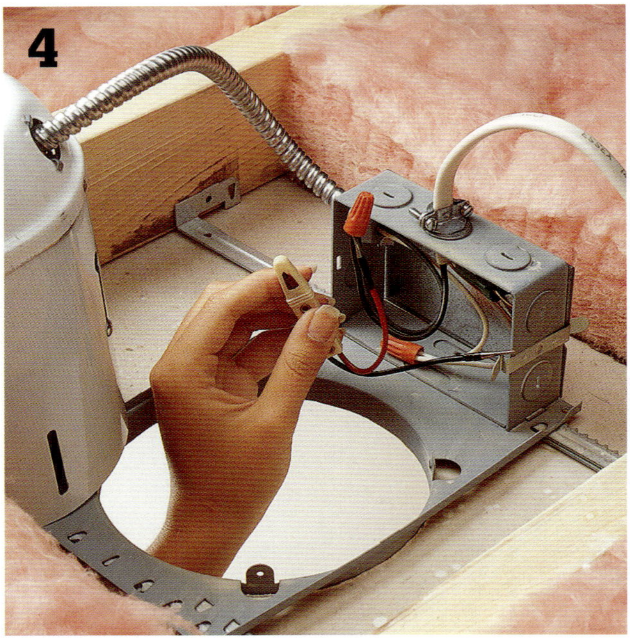

Assurez-vous que la boîte n'est pas sous tension : placez l'une des sondes du vérificateur de tension sur la boîte mise à la terre et insérez l'autre dans chacun des serre-fils. La lampe du vérificateur ne devrait pas s'allumer. Si elle s'allume, c'est que le courant parvient encore jusqu'à la boîte. Retournez au tableau de distribution et coupez l'alimentation du bon circuit.

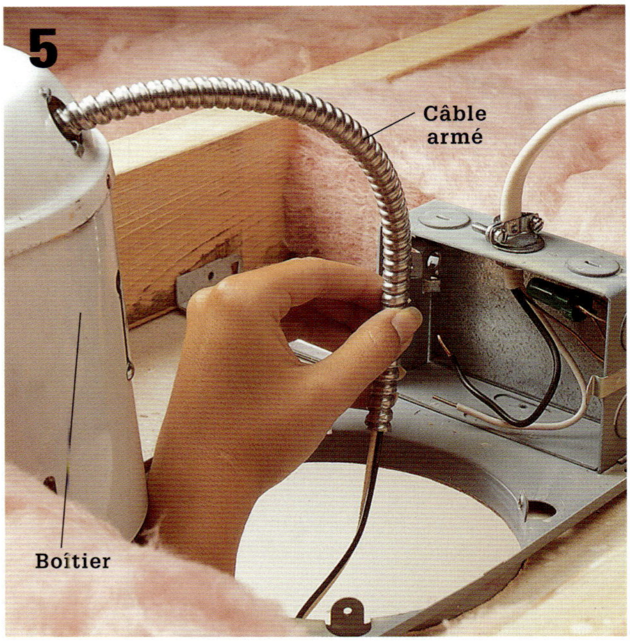

Débranchez le fil blanc et le fil noir du circuit en enlevant les serre-fils. Tirez le câble armé hors de la boîte de raccordement. Enlevez le boîtier en le faisant passer dans l'ouverture du cadre de montage.

Réglez la languette métallique située au fond de la douille en la soulevant légèrement avec la pointe d'un tournevis. Ce réglage en améliorera le contact avec la lampe.

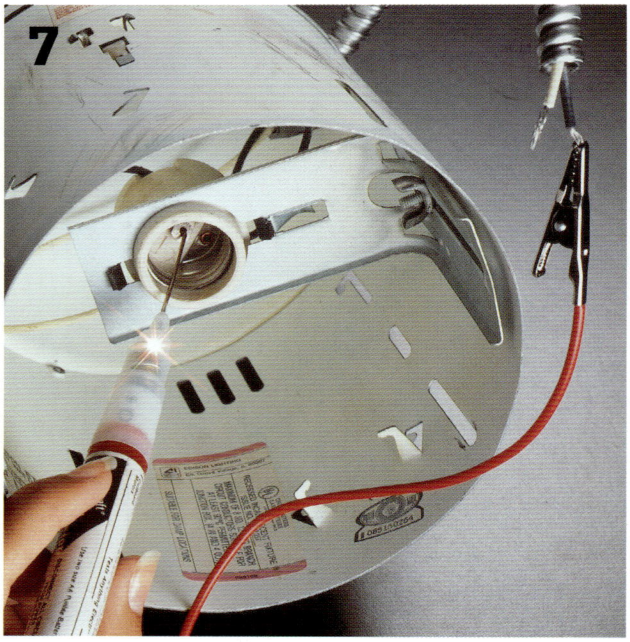

Vérifiez la douille : attachez la pince du vérificateur de continuité au fil noir du luminaire et placez la sonde sur la languette métallique située au fond de la douille. Attachez ensuite la pince au fil blanc du luminaire et placez la sonde sur les filets métalliques de la douille. Dans les deux cas, la lampe du vérificateur devrait s'allumer. Si elle ne s'allume pas, c'est que la douille est défectueuse. Remplacez-la (page 483) ou installez un nouveau luminaire (page ci-contre).

Remplacement d'un luminaire encastré

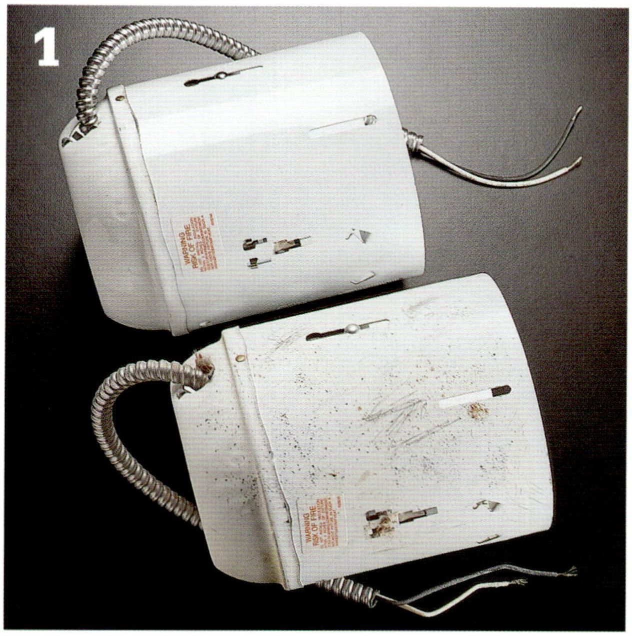

Retirez l'ancien luminaire (pages 485-486). Achetez un luminaire identique à l'ancien. Même si le nouveau luminaire est accompagné de son propre cadre de montage, il est plus facile de l'installer sur l'ancien cadre déjà en place.

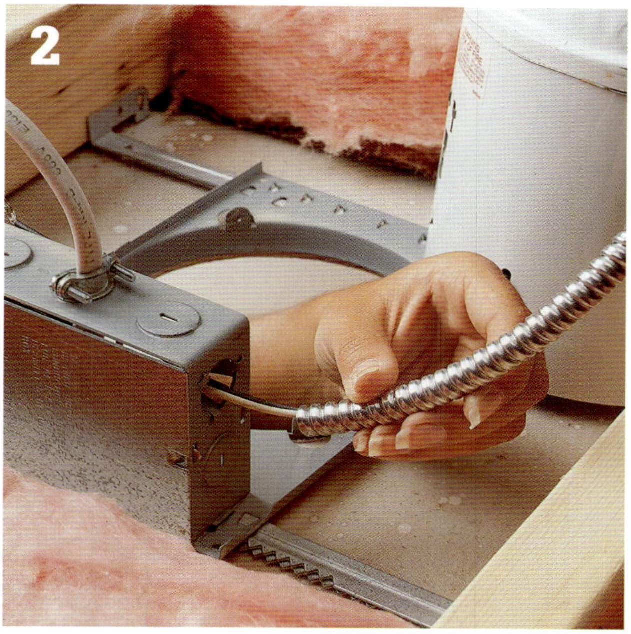

Introduisez le nouveau boîtier dans l'ouverture du plafond ; faites-en passer les fils dans le trou de la boîte de raccordement. Poussez le câble armé dans la boîte de raccordement pour le fixer.

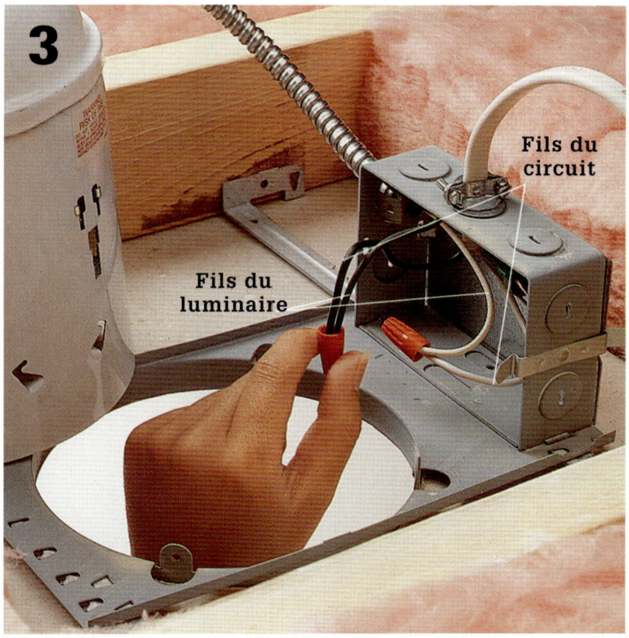

Au moyen de serre-fils, raccordez le fil blanc du luminaire au fil blanc du circuit, et le noir au noir. Remettez le couvercle de la boîte de raccordement. Gardez l'isolant de construction à une distance minimale de 3 po du boîtier et de la boîte de raccordement.

Mettez en place le boîtier dans le cadre de montage ; serrez les vis ou attachez les agrafes. Installez le réflecteur et la garniture. Insérez une lampe dont la puissance est égale ou inférieure à la puissance nominale indiquée sur le luminaire. Rétablissez le courant au tableau de distribution principal.

Réparation d'un lustre

La réparation d'un lustre requiert beaucoup de soin. Puisque les lustres sont généralement lourds et encombrants, il est préférable que vous vous fassiez aider pour l'enlever. Durant le travail, soutenez le lustre pour que son poids n'exerce pas de tension sur les fils électriques.

Les lustres comportent deux fils de luminaire qui partent de la boîte électrique, passent dans les mailles de la chaîne de soutien et rejoignent la base vide du lustre, où ils sont raccordés aux fils des douilles.

Les deux fils de luminaire sont identifiés. L'un présente une rayure en relief : il s'agit du fil neutre, qui est raccordé au fil blanc du circuit et au fil blanc de la douille. L'autre fil, lisse, est sous tension et relié aux fils noirs.

Certains nouveaux lustres comportent également un fil de mise à la terre qui traverse les mailles de la chaîne et se rend à la boîte électrique. Raccordez ce fil aux fils de terre de la boîte électrique.

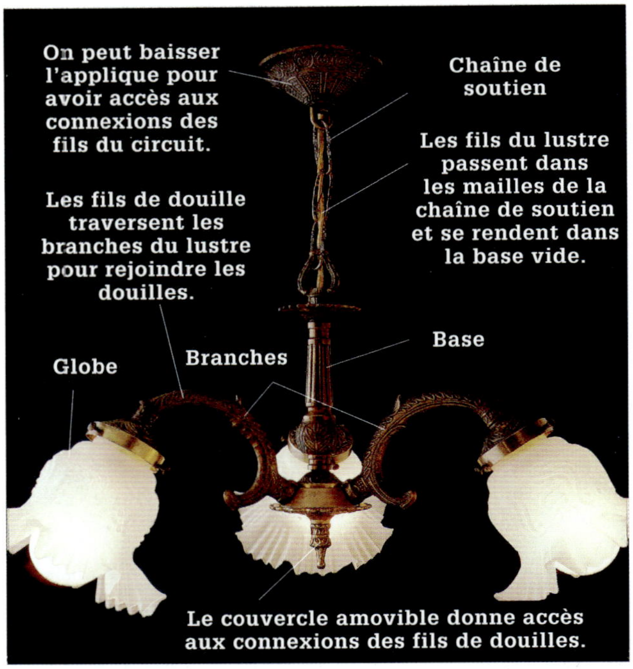

Réparation d'un lustre

Avec du ruban-cache, étiquetez toute lampe qui ne fonctionne pas. Au tableau de distribution principal, coupez le courant alimentant le lustre. Enlevez les lampes ainsi que les globes ou abat-jour.

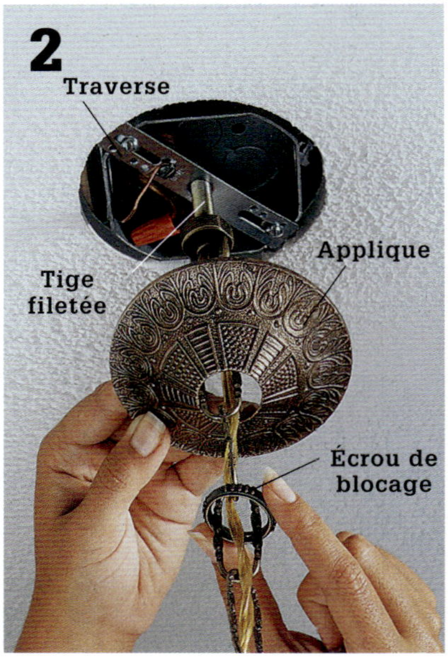

Dévissez l'écrou de blocage et éloignez l'applique de la boîte électrique. La plupart des lustres sont soutenus par une tige filetée fixée à une traverse.

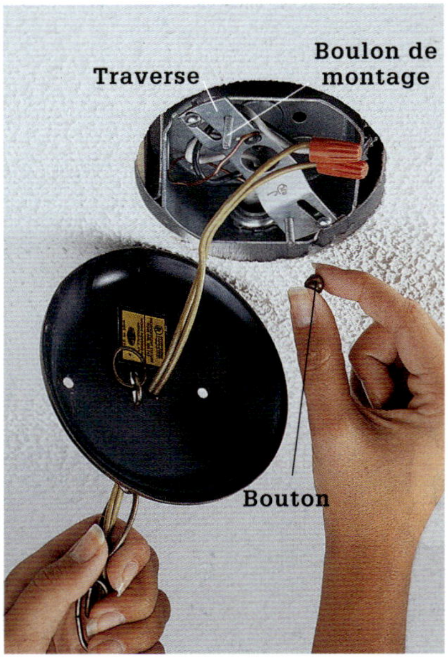

Variante de montage : certains lustres ne sont soutenus que par l'applique, elle-même boulonnée à la traverse de la boîte électrique. Ce type de lustre n'a pas de tige filetée.

Vérifiez si le courant a bien été coupé : placez l'une des sondes du vérificateur de tension sur la vis de mise à la terre verte et insérez l'autre dans chacun des serre-fils. La lampe du vérificateur ne devrait pas s'allumer. Si elle s'allume, c'est que le courant parvient encore jusqu'à la boîte. Retournez au tableau de distribution et coupez le courant du bon circuit.

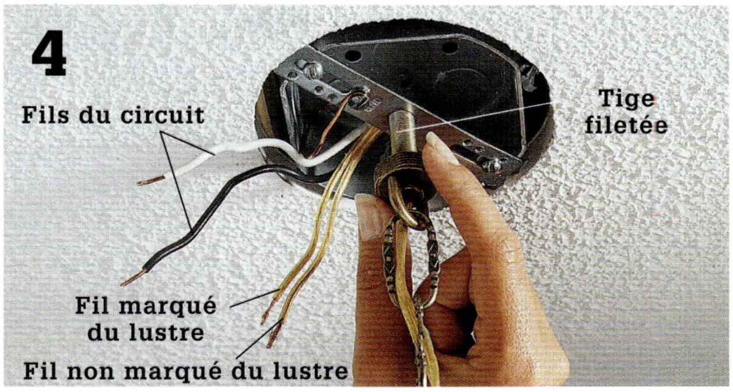

Détachez les fils du lustre en enlevant les serre-fils. Le fil marqué est neutre et relié au fil blanc du circuit. Le fil non marqué est sous tension et relié au fil noir du circuit. Dévissez la tige filetée. Avec précaution, enlevez le lustre et posez-le sur une surface plate.

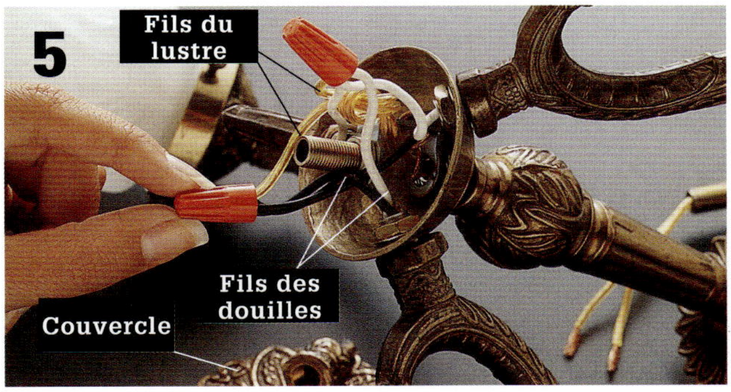

Retirez le couvercle du lustre pour exposer les connexions de l'intérieur de la base. Détachez du fil de lustre non marqué les fils noirs de douille, et du fil marqué les fils blancs de douille.

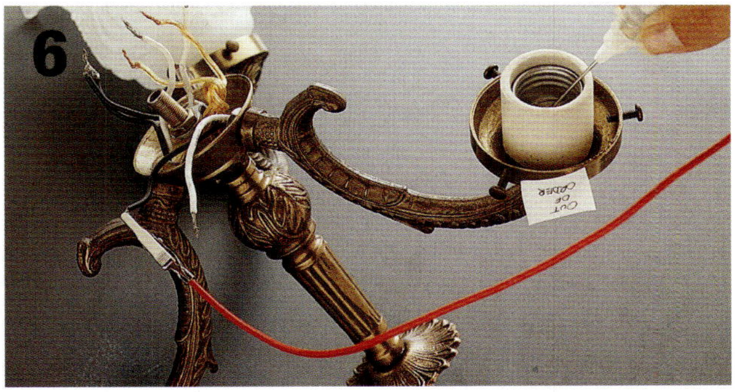

Vérifiez le fonctionnement de chacune des douilles suspectes en attachant la pince du vérificateur de continuité au fil noir de douille et en plaçant la sonde sur la languette métallique située au fond de la douille. Exécutez de nouveau cette vérification sur la partie filetée de la douille et sur le fil blanc de douille. La lampe du vérificateur devrait s'allumer dans les deux cas, sinon vous devez remplacer la douille défectueuse.

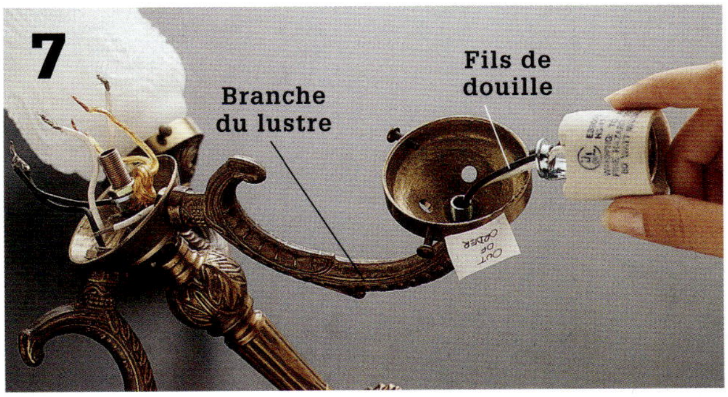

Pour enlever une douille défectueuse, desserrez les vis ou agrafes de montage, puis retirez la douille et ses fils de la branche du lustre. Installez une nouvelle douille en en faisant passer les fils dans la branche du lustre.

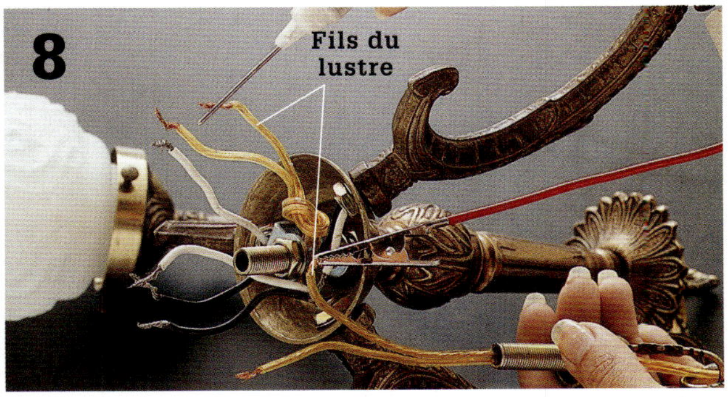

Assurez-vous de la continuité de chacun des fils du lustre en attachant la pince du vérificateur de continuité à l'une des extrémités du fil et en plaçant la sonde sur l'autre extrémité. Si la lampe du vérificateur ne s'allume pas, c'est que le fil est défectueux et qu'il doit être remplacé. Installez les nouveaux fils, au besoin, puis remontez le lustre et suspendez-le de nouveau.

Réparation d'un rail d'éclairage

Comme tous les autres luminaires, le rail d'éclairage est raccordé à une boîte électrique située dans le plafond. Les fils du circuit de cette boîte alimentent le rail le long de deux bandes métalliques. Chacun des spots du rail est muni d'un bras dont les contacts métalliques reçoivent le courant des bandes.

Les défectuosités les plus fréquentes du rail sont causées par l'encrassement ou la corrosion des contacts ou des bandes métalliques, ou par les douilles. Il est facile de réparer un rail parce que vous pouvez retirer individuellement les spots pour repérer la cause de la défectuosité.

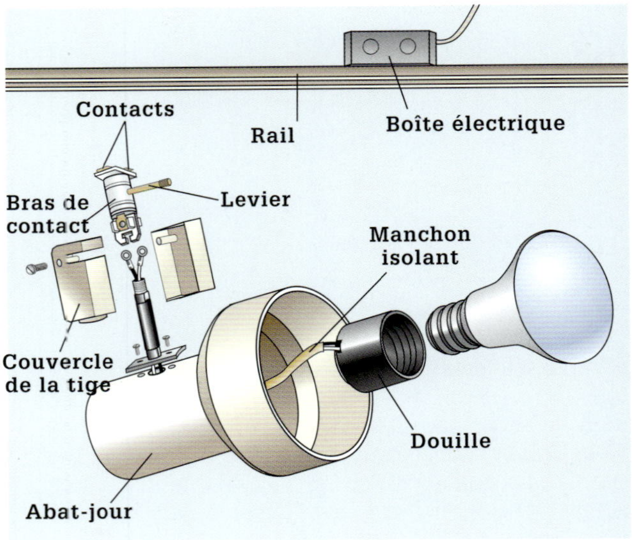

Le rail d'éclairage est alimenté par une boîte électrique à laquelle il est raccordé soit en son milieu, soit à l'une de ses extrémités. Dans le cas d'un rail à éléments multiples, des connecteurs spéciaux relient les éléments et en assurent l'alimentation.

Outils et matériel ▸

Tournevis
Vérificateur de continuité
Pince à usages multiples
Papier de verre fin
Raccords à sertir

Nettoyage des contacts

Coupez le courant alimentant le circuit au tableau de distribution principal. À l'aide du levier, détachez le spot du rail. Avec un papier de verre fin, nettoyez les bandes métalliques à l'endroit où se fait le contact avec le bras du spot.

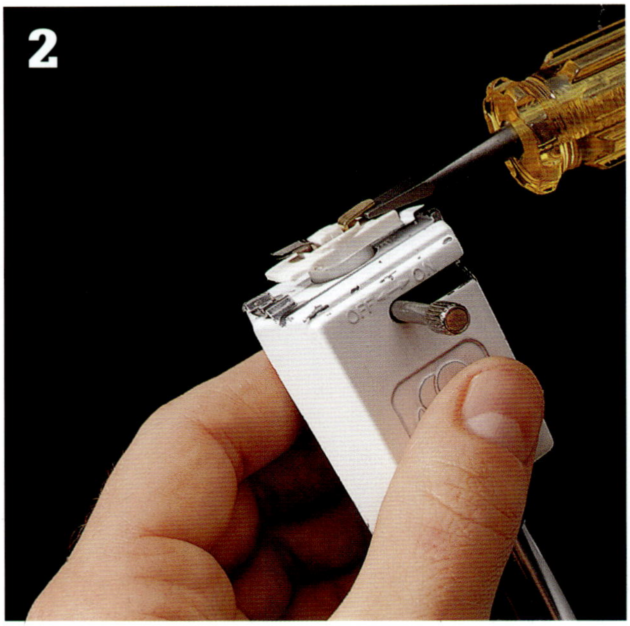

Poncez les contacts métalliques du bras du spot et relevez-les un peu à l'aide d'un tournevis. Réinstallez le spot et rétablissez le courant. Si le spot ne s'allume toujours pas, vérifiez la douille (page ci-contre).

Vérification et remplacement d'une douille de spot

Coupez le courant alimentant le rail au tableau de distribution principal. Enlevez le spot qui ne fonctionne pas. Desserrez les vis du couvercle de levier et ôtez-le.

Retirez les vis de la douille et vérifiez-la avec un vérificateur de continuité. Attachez la pince au contact de laiton du rail, puis placez la sonde sur la connexion du fil noir de la douille. Répétez la vérification sur le contact blanc et sur la connexion du fil blanc de la douille. Dans les deux cas, l'ampoule du vérificateur devrait s'allumer, sinon remplacez la douille.

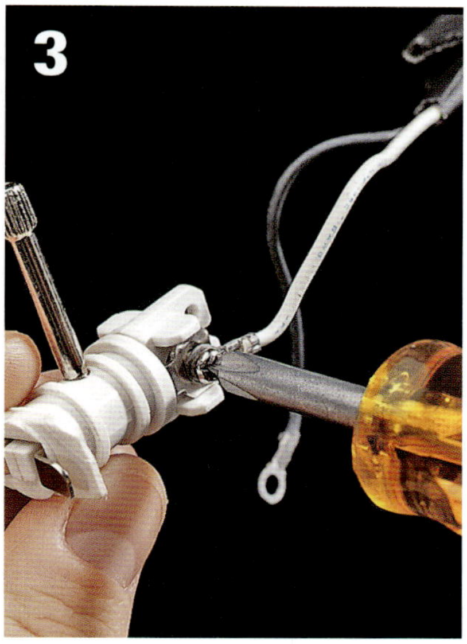

Pour enlever l'ancienne douille, tirez le bras de contact hors du couvercle de la tige. Détachez des bornes à vis les fils de la douille. Retirez de l'abat-jour la douille et ses fils. Si les fils se trouvent dans un manchon isolant, retirez-le et mettez-le de côté.

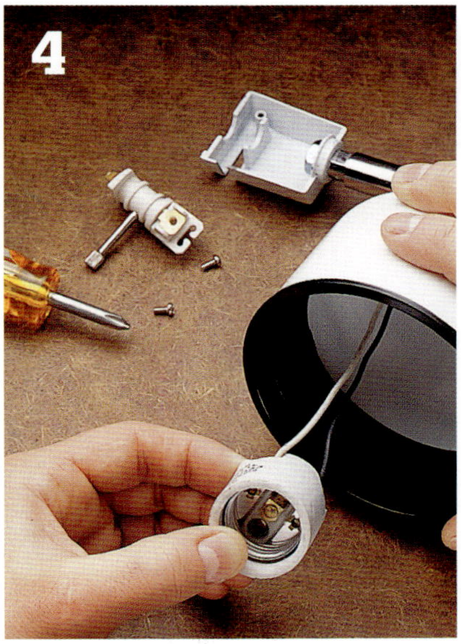

Achetez une douille de même puissance nominale que l'ancienne. Faites-en passer les fils dans l'ouverture de l'abat-jour et dans la tige. Fixez la douille sur l'abat-jour.

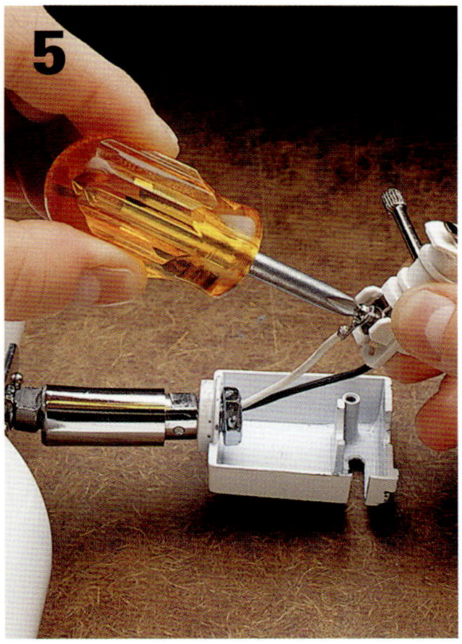

Avec une pince à usages multiples, dénudez les extrémités des fils sur environ ¼ po. Insérez chaque fil dans un raccord à sertir. Attachez les raccords aux bornes appropriées du bras de contact.

Réinstallez la douille et le bras de contact. Remettez le couvercle de la tige. Installez le spot sur le rail.

Réparation d'un ventilateur de plafond

Comme un ventilateur de plafond comporte des pièces mobiles qui tournent rapidement, il est plus souvent défectueux que bien d'autres appareils électriques. Son installation est relativement simple, mais sa réparation l'est moins. Ses réparations les plus fréquentes corrigent le tremblement des pales, qui cause un bruit excessif, et la défectuosité de l'interrupteur, généralement due au bris de la chaînette. Dans les deux cas, vous pouvez régler le problème sans enlever le ventilateur du plafond. Mais si vous n'aimez pas travailler dans une échelle ou les bras levés, enlevez le ventilateur pour en remplacer l'interrupteur.

Le ventilateur de plafond subit beaucoup de contraintes et de vibrations ; il n'est donc pas rare que l'interrupteur ou le moteur soit défectueux. Réduisez au minimum l'usure normale de l'appareil en veillant au bon équilibre des pales, afin que le ventilateur ne tremble pas.

Outils et matériel ▸

Tournevis
Pince à usages multiples
Interrupteur de rechange

Dépannage d'un ventilateur qui tremble

Commencez par resserrer toutes les vis retenant les pales à leurs supports, et les supports au moteur. Avec le temps, les vis ont tendance à se desserrer, ce qui cause souvent le tremblement du ventilateur.

Si le tremblement subsiste, essayez d'intervertir deux pales. Il arrive souvent que cela suffise à rééquilibrer le ventilateur. Si une pale est endommagée ou tordue, remplacez-la.

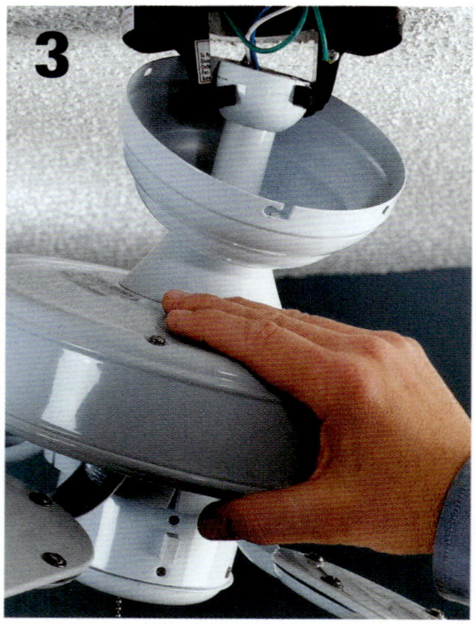

Si les pales sont bien fixées, mais que le tremblement subsiste, coupez le courant au tableau de distribution et enlevez le pavillon. Inspectez le support de montage et le raccordement de la tige avec le moteur. Resserrez tout élément lâche et réinstallez le pavillon.

Remplacement de l'interrupteur à chaînette du ventilateur de plafond

Coupez le courant alimentant le circuit au tableau de distribution. Retirez le couvercle du ventilateur pour exposer les fils. Vérifiez le câblage en plaçant l'une des sondes du vérificateur dans le serre-fils des fils noirs, et l'autre sur la vis de mise à la terre.

Trouvez l'interrupteur de plastique (auquel était attachée la chaînette, si elle est cassée). Vous devez remplacer l'interrupteur, qui peut être relié à la source de courant par des serre-fils ou par une soudure (coupez les fils). Les ventilateurs comportent quatre ou huit fils d'alimentation, selon le nombre de vitesses. Étiquetez les fils avant de retirer l'ancien interrupteur (c'est essentiel). Retirez l'interrupteur.

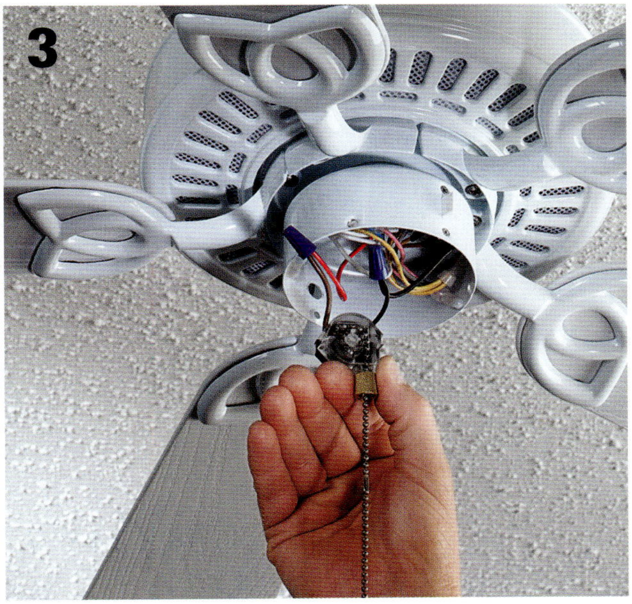

Achetez un nouvel interrupteur identique à l'ancien et raccordez-le selon la configuration de l'ancien. Si le ventilateur est récent, vous devrez sans doute insérer les fils du ventilateur dans l'interrupteur et les sertir (la plupart des interrupteurs s'accompagnent d'un mode d'installation).

Fixez l'interrupteur dans le boîtier et poussez soigneusement les fils dans ce dernier. Rétablissez le courant. Assurez-vous que l'interrupteur fonctionne avant de remettre le couvercle du ventilateur. (Si vous avez mal câblé l'interrupteur, il se peut que le ventilateur ne fonctionne qu'à certains réglages. Testez tous les réglages.) Remettez le couvercle.

Réparation et remplacement d'un luminaire à lampe fluorescente

Les lampes fluorescentes sont rarement défectueuses et consomment moins d'énergie que les lampes à incandescence. Un tube, qui dure environ trois ans, produit de deux à quatre fois plus de lumière par watt qu'une lampe à incandescence ordinaire.

En général, lorsque le luminaire à fluorescence fonctionne mal, c'est que le tube est usé. Si le tube donne une lumière qui tremblote ou qui n'est pas complète, enlevez-le et examinez-le. Une faible coloration grise du tube est normale. Mais s'il est noir aux extrémités, ou si ses broches sont déformées ou brisées, remplacez-le. Achetez un nouveau tube dont la puissance est identique à celle qui est indiquée sur la paroi de verre de l'ancien.

Du fait que les tubes fluorescents contiennent une petite quantité de mercure, débarrassez-vous-en de manière sécuritaire ; ne les brisez jamais. Informez-vous auprès de l'organisme de recyclage ou de santé communautaire de votre localité pour savoir comment vous en débarrasser.

Le luminaire à lampe fluorescente peut mal fonctionner si les douilles sont fissurées ou usées. Vous trouverez des douilles peu coûteuses dans les quincailleries et pourrez les installer en quelques minutes.

Si le luminaire ne fonctionne toujours pas après le remplacement du tube et des douilles, la défectuosité est sans doute due au ballast. Un ballast défectueux dégage parfois une substance huileuse noire et provoque le bourdonnement du luminaire. Vous pouvez remplacer un ballast, mais comparez les prix avant d'en acheter un ; il est parfois plus économique de remplacer le luminaire entier que d'acheter un nouveau ballast.

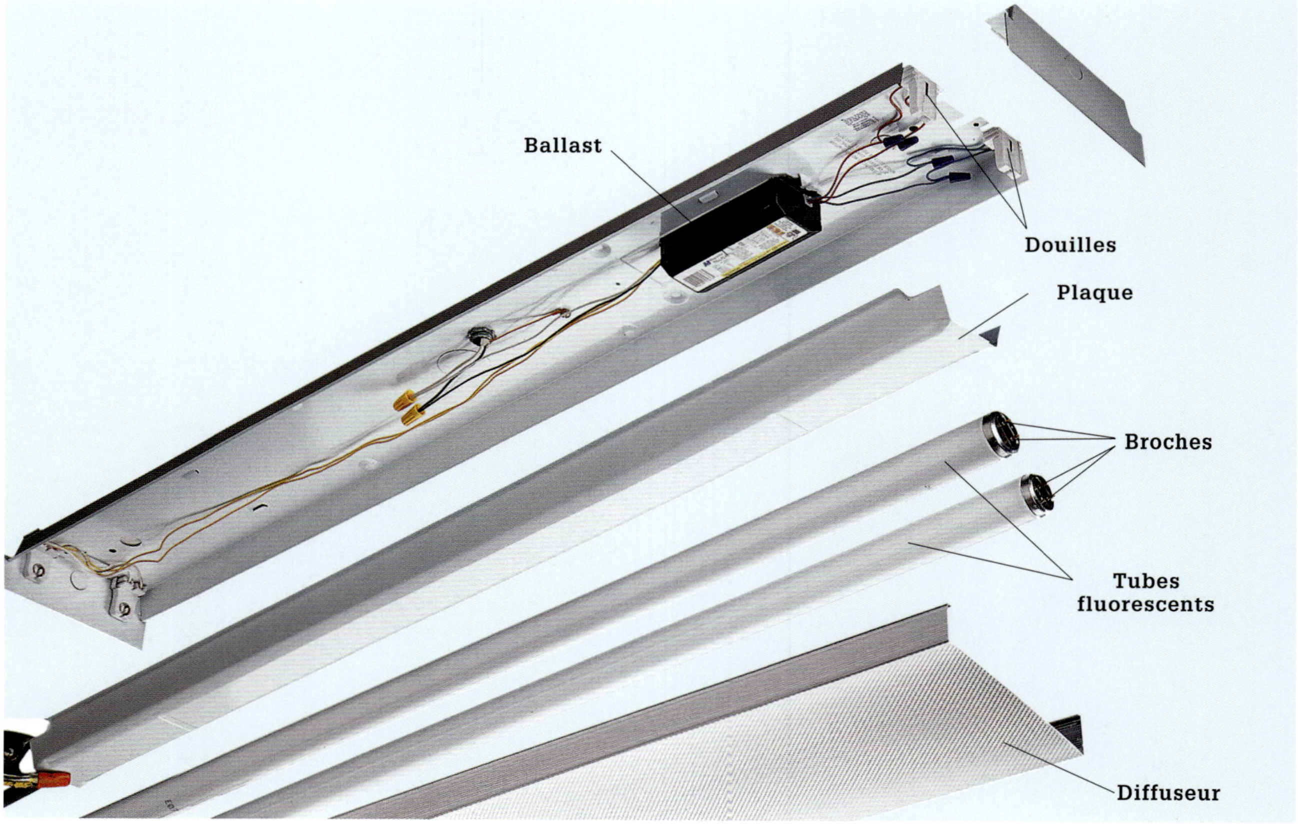

Dans une lampe fluorescente, le courant circule dans un tube rempli de gaz qui émet de la lumière sous l'effet de l'excitation électrique. Un diffuseur blanc translucide protège le tube et adoucit l'éclairage Une plaque protège un transformateur spécial appelé ballast, lequel sert à réguler le courant domestique de 120 V arrivant aux douilles. Les douilles transmettent le courant aux broches métalliques qui se prolongent à l'intérieur du tube.

Défectuosité	Réparation
Le tube tremblote ou ne s'allume pas complètement.	1. Faites tourner le tube pour vous assurer que le contact est bon entre les douilles et les broches. 2. Remplacez le tube (page 496) et le démarreur (le cas échéant) si le tube est décoloré ou si les broches sont déformées ou cassées. 3. Remplacez le ballast (page 498) si le coût est raisonnable, sinon remplacez tout le luminaire (page 499).
Le tube ne s'allume pas.	1. Vérifiez l'interrupteur mural ; réparez-le ou remplacez-le au besoin (pages 474-477). 2. Faites tourner le tube pour vous assurer que le contact est bon entre les douilles et les broches. 3. Remplacez le tube (page 496) et le démarreur (le cas échéant) si le tube est décoloré ou si les broches sont pliées ou cassées. 4. Remplacez les douilles si elles sont endommagées ou si le contact avec le tube n'est pas parfait (page 497). 5. Remplacez le ballast (page 498) ou tout le luminaire (page 499).
Présence d'une substance noire autour du ballast.	Remplacez le ballast (page 498) si le coût est raisonnable, sinon remplacez tout le luminaire (page 499).
Le luminaire bourdonne.	Remplacez le ballast (page 498) si le coût est raisonnable, sinon remplacez tout le luminaire (page 499).

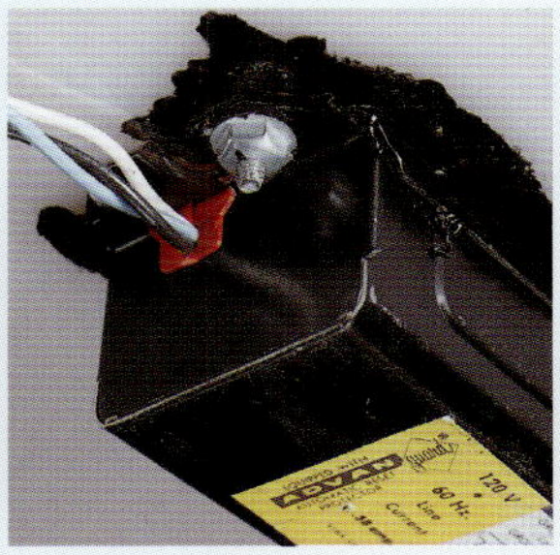

Outils et matériel ▸

Tournevis
Clé à douille à cliquet
Pince à usages multiples
Vérificateur de tension
Tubes de rechange
Démarreurs ou ballast (au besoin)
Luminaire complet (au besoin)

Les anciennes lampes fluorescentes sont parfois munies d'un petit dispositif cylindrique appelé démarreur, lequel est situé près de l'une des douilles. Lorsque la lumière du tube commence à trembloter, vous devez remplacer le tube et le démarreur. Coupez le courant ; enlevez le démarreur en poussant légèrement dessus et en le faisant tourner dans le sens inverse des aiguilles d'une montre. Installez un nouveau démarreur identique à l'ancien.

Remplacement d'un tube fluorescent

Au tableau de distribution principal, coupez le courant alimentant le luminaire. Retirez le diffuseur pour exposer le tube.

Enlevez le tube en le faisant tourner sur un quart de tour, dans un sens ou dans l'autre, et en le faisant glisser hors des douilles. Inspectez les broches du tube ; si elles sont pliées ou cassées, remplacez le tube.

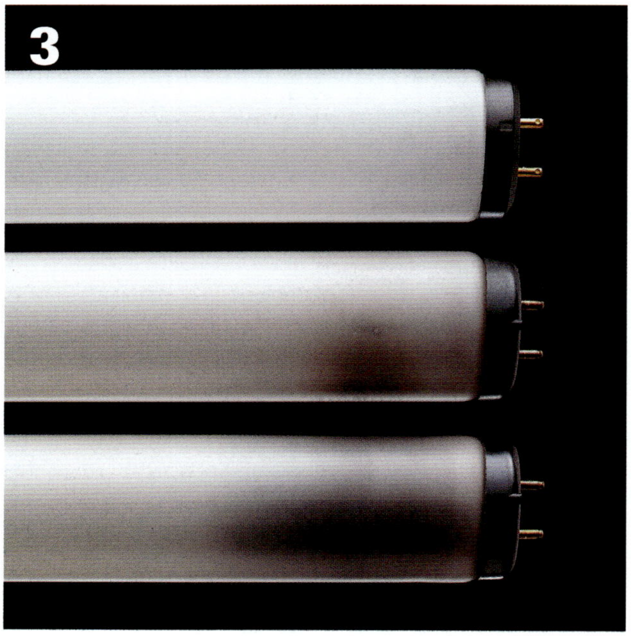

Inspectez les extrémités du tube. Celles d'un nouveau tube (en haut) ne sont pas tachées ; celles d'un tube installé qui fonctionne bien (au milieu) peuvent être grises ; celles d'un tube usé (en bas) sont noircies.

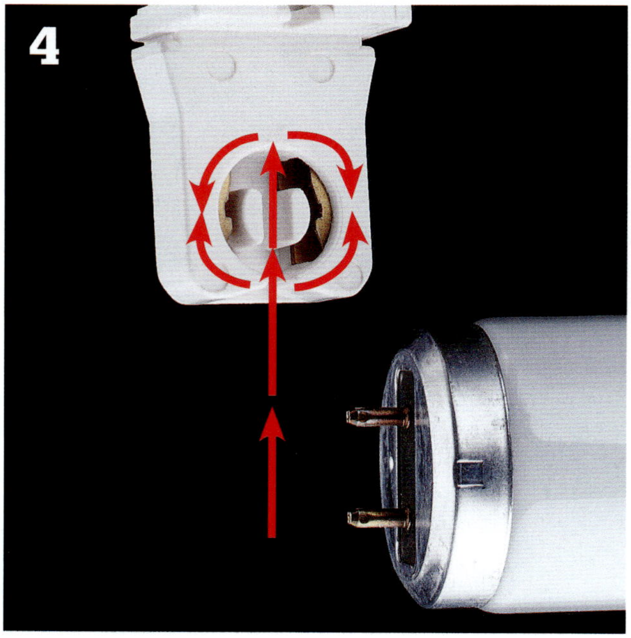

Installez un nouveau tube de même puissance nominale que l'ancien. Insérez-le de manière que les broches pénètrent complètement dans les douilles ; faites tourner le tube sur un quart de tour, dans un sens ou dans l'autre, jusqu'à ce qu'il soit verrouillé. Remettez le diffuseur et rétablissez le courant au tableau de distribution principal.

Remplacement d'une douille

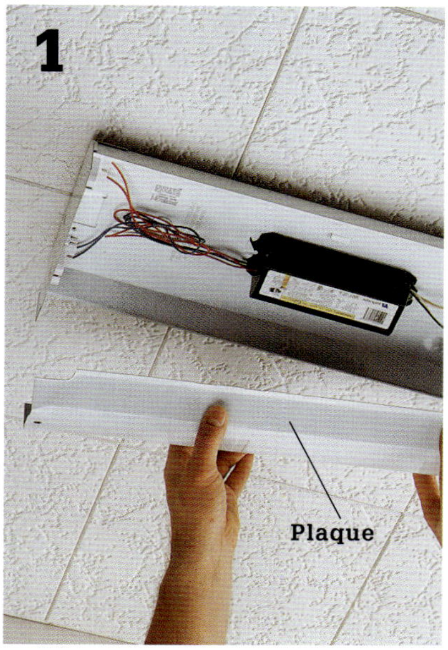

Coupez le courant du circuit au tableau de distribution principal. Enlevez le diffuseur, le tube et la plaque.

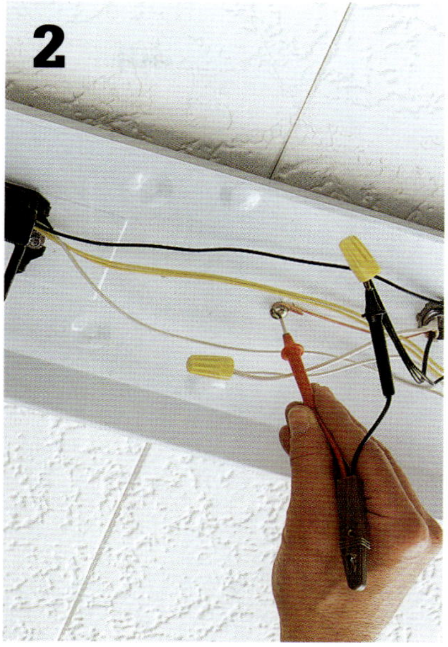

Vérifiez si l'alimentation a bien été coupée en plaçant l'une des sondes du vérificateur de tension sur la vis de mise à la terre et en insérant l'autre dans l'un des serre-fils, puis dans l'autre. L'ampoule du vérificateur ne doit pas s'allumer. Si elle s'allume, c'est que le courant parvient encore à la boîte. Retournez au tableau de distribution et fermez le bon circuit.

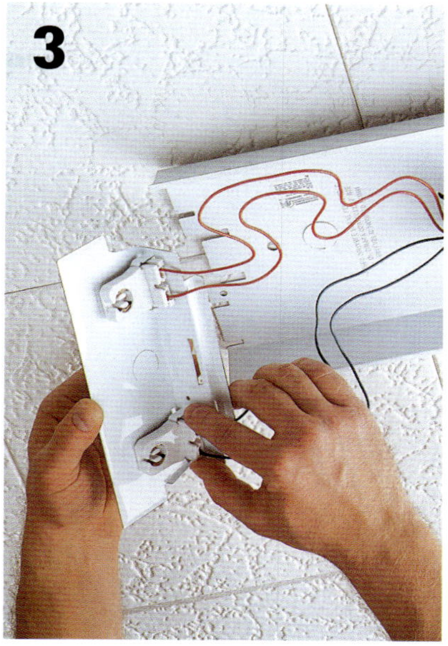

Enlevez la douille défectueuse de son logement. Certaines douilles glissent, d'autres doivent être dévissées.

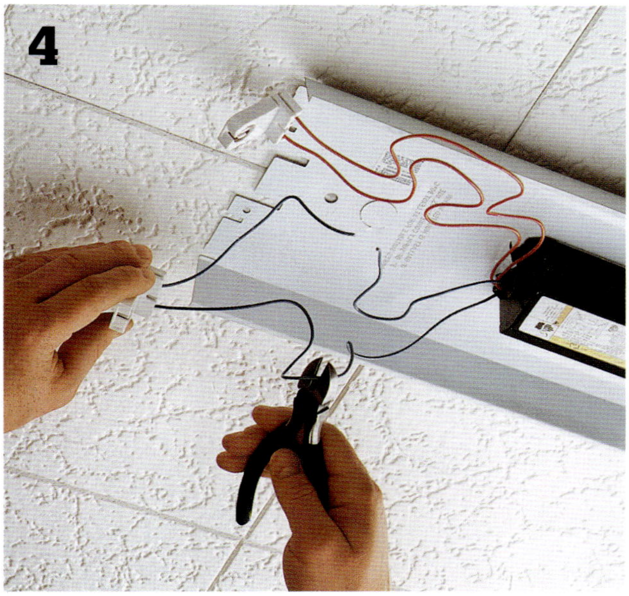

Détachez les fils de la douille. Dans le cas des bornes autobloquantes (ci-dessus), retirez les fils en insérant la pointe d'un petit tournevis dans les fentes de dégagement. Certaines douilles sont munies de bornes à vis, d'autres de fils attachés de manière permanente, qu'il faut couper pour enlever la douille.

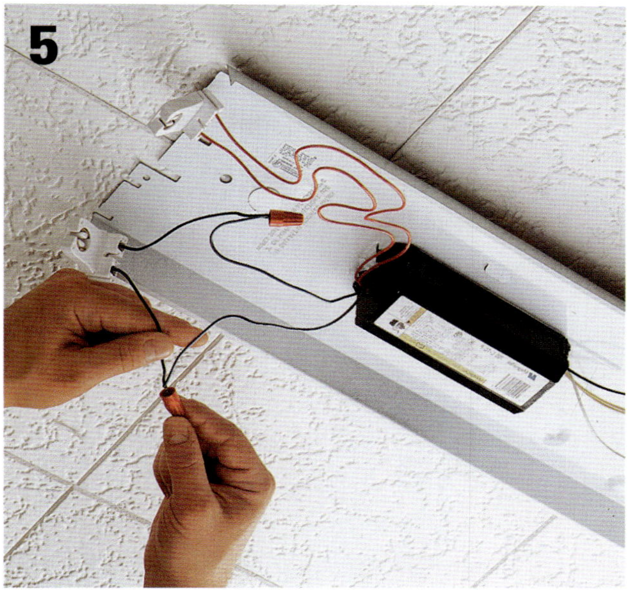

Installez une nouvelle douille. Si elle est munie de fils permanents, raccordez-les aux fils du ballast à l'aide de serre-fils. Posez la plaque, puis insérez bien le tube dans les douilles. Remettez en place le diffuseur. Rétablissez le courant au tableau de distribution.

Remplacement d'un ballast

Coupez le courant au tableau de distribution principal. Enlevez le diffuseur, le tube et la plaque. Confirmez la mise hors tension à l'aide d'un vérificateur de tension.

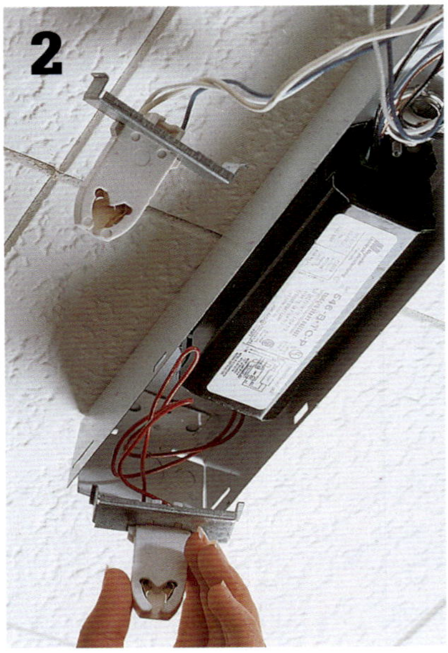

Retirez les douilles en les faisant glisser ou encore en les soulevant après avoir enlevé les vis de montage.

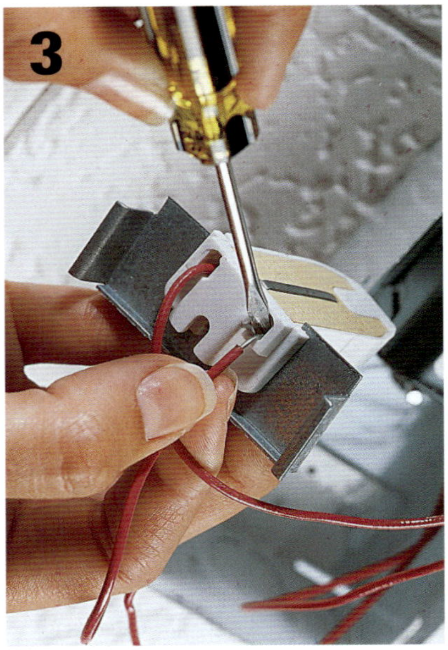

Détachez les fils des douilles en poussant la pointe d'un petit tournevis dans les fentes de dégagement (ci-dessus), en desserrant les bornes à vis, ou en coupant les fils à 2 po des douilles.

Enlevez l'ancien ballast avec une clé à douille à cliquet ou avec un tournevis. Tenez le ballast pour qu'il ne tombe pas sur le sol.

Installez un nouveau ballast ayant la même spécification que l'ancien.

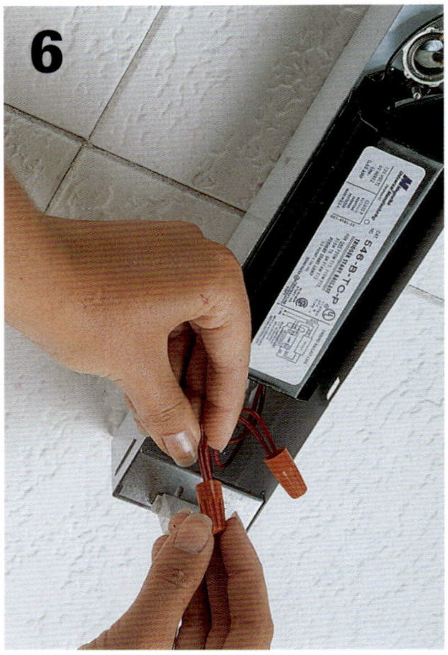

Attachez les fils du ballast aux fils des douilles au moyen de serre-fils, ou raccordez-les aux bornes à vis ou aux bornes autobloquantes. Réinstallez la plaque, le tube et le diffuseur. Rétablissez le courant au tableau de distribution principal.

Remplacement d'un luminaire à lampe fluorescente

Coupez le courant au tableau de distribution principal. Enlevez le diffuseur, le tube et la plaque. Confirmez la mise hors tension à l'aide d'un vérificateur de tension.

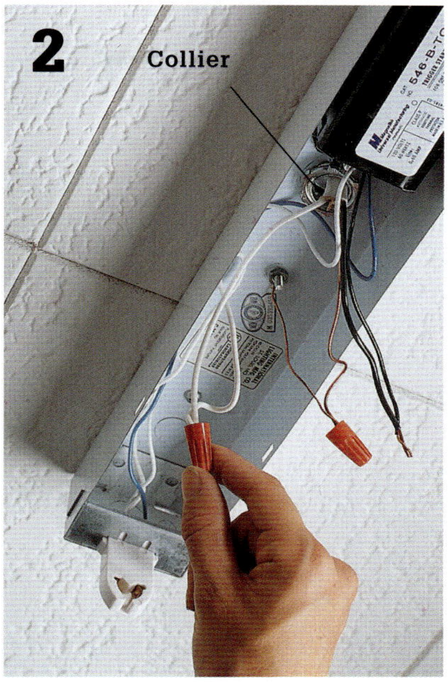

Détachez du luminaire les fils de circuit isolés et le fil de terre nu. Desserrez le collier qui retient les fils de circuit.

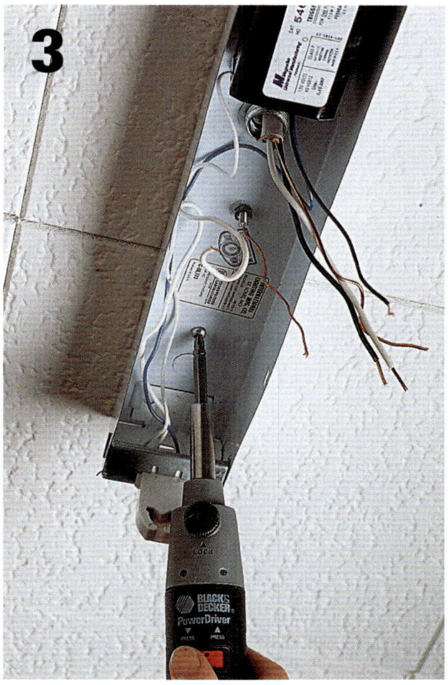

Retirez les vis retenant le luminaire au plafond ou au mur ; enlevez le luminaire avec soin. Soutenez-le pour qu'il ne tombe pas sur le sol.

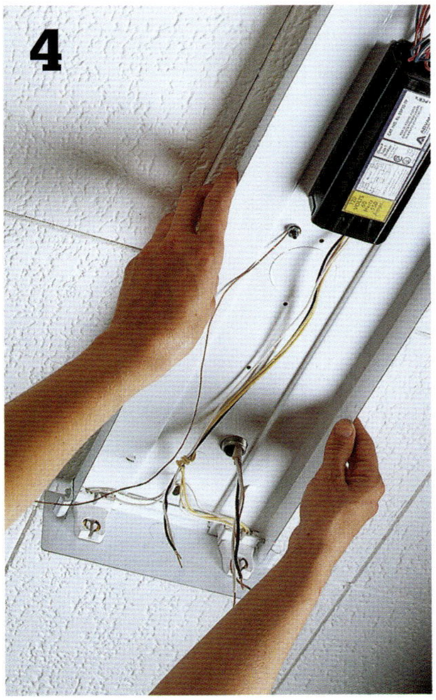

Mettez le nouveau luminaire dans la bonne position ; faites passer les fils de circuit dans la débouchure située à l'arrière du luminaire. Vissez le luminaire de manière qu'il soit solidement fixé aux éléments de charpente.

À l'aide de serre-fils, raccordez les fils du circuit aux fils du luminaire. Observez le schéma de câblage fourni avec le nouveau luminaire. Resserrez le collier servant à retenir les fils de circuit.

Installez la plaque du nouveau luminaire, les tubes et le diffuseur. Rétablissez le courant au tableau de distribution principal.

Remplacement d'une fiche

Remplacez toute fiche dont les broches sont déformées ou lâches, dont le boîtier est craqué ou endommagé, ou dont la plaque isolante est manquante. Une fiche endommagée présente des risques de choc et d'incendie.

On trouve des fiches de rechange qui s'adaptent aux styles de cordon les plus courants. Choisissez toujours une fiche analogue à celle que vous voulez remplacer. Les fiches pour cordon plat et les fiches autobloquantes servent aux petits appareils, telles les lampes et radios. Les fiches pour cordon rond sont généralement utilisées pour les gros appareils, notamment ceux dont la fiche actuelle comporte trois broches.

Certains appareils requièrent une fiche polarisée, munie d'une broche large et d'une étroite, qui s'adaptent aux fentes sous tension et neutre des prises standard.

S'il y a suffisamment d'espace dans le boîtier de la fiche, faites un nœud d'électricien avec les fils pour que le cordon soit solidement attaché à la fiche.

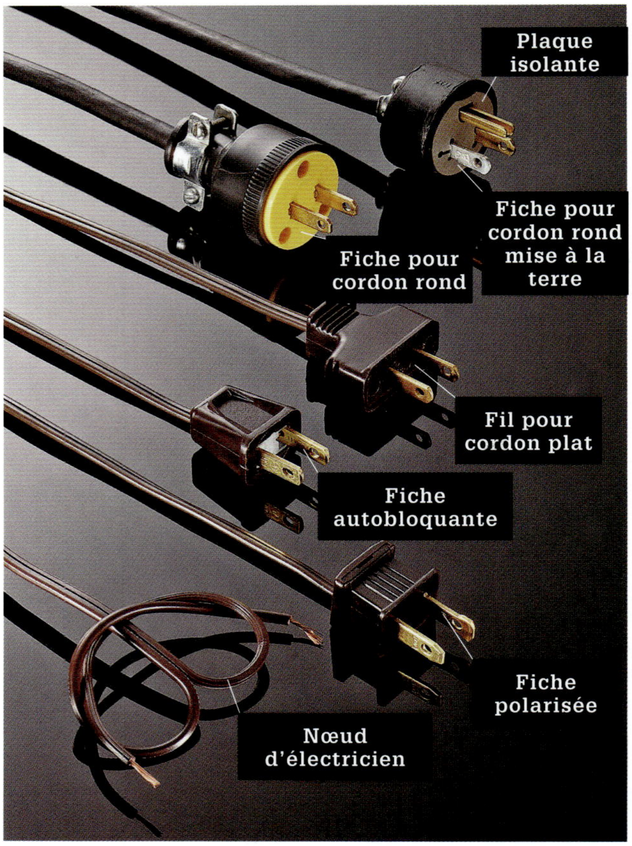

Outils et matériel ▸

Pince à usages multiples
Pince à bec effilé
Tournevis
Fiche de rechange

Installation d'une fiche autobloquante

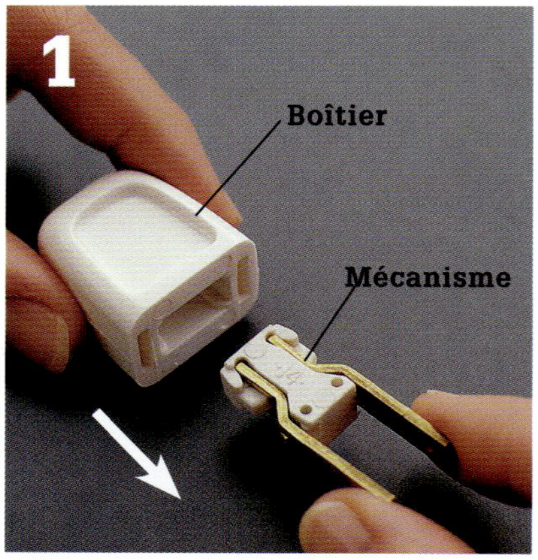

Pincez faiblement les broches de la fiche et retirez le mécanisme du boîtier. Coupez l'ancienne fiche du cordon plat à l'aide d'une pince à usages multiples, de manière que la coupe soit nette.

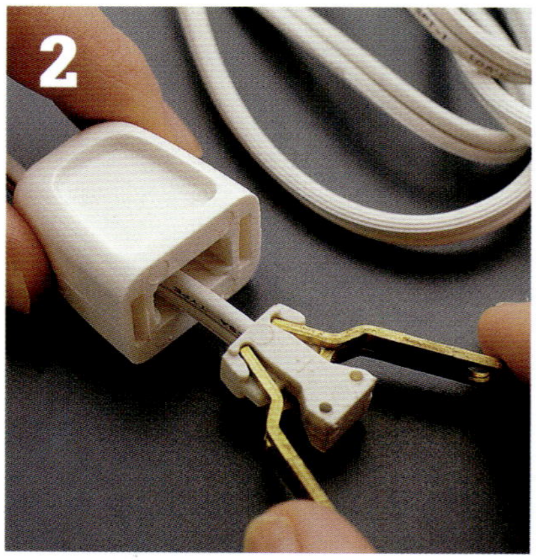

Faites entrer le cordon non dénudé par l'arrière du boîtier. Écartez les broches, puis insérez le cordon dans l'ouverture située à l'arrière du mécanisme. Pincez les broches : les dents métalliques du mécanisme pénétreront dans le cordon. Glissez le boîtier sur le mécanisme jusqu'à ce qu'il s'y enclenche.

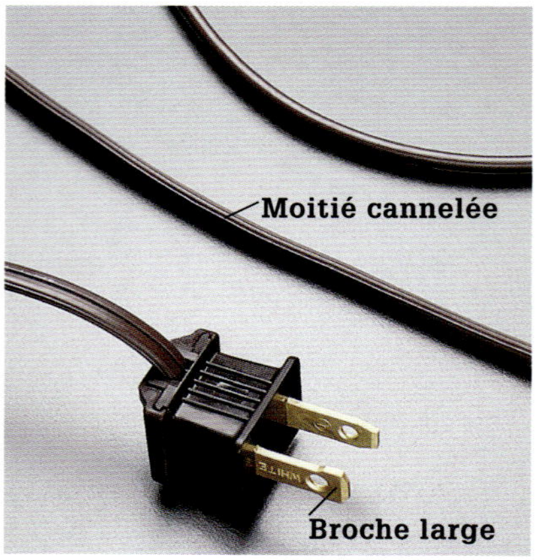

Variante : lorsque vous remplacez une fiche polarisée, veillez à ce que la moitié cannelée du cordon soit alignée sur la broche large (neutre) de la fiche.

Remplacement d'une fiche pour cordon rond

Avec une pince à usages multiples, coupez le cordon près de l'ancienne fiche. Enlevez la plaque isolante de la nouvelle fiche, et faites passer le cordon par l'arrière de celle-ci. Dénudez le cordon sur environ 3 po, puis dénudez chacun des fils qu'il contient sur environ ¾ po.

Faites un nœud d'électricien avec le fil noir et le blanc. Veillez à ce que ce nœud se trouve tout près de la gaine du cordon. Tirez sur le cordon pour que le nœud glisse dans le boîtier de la fiche.

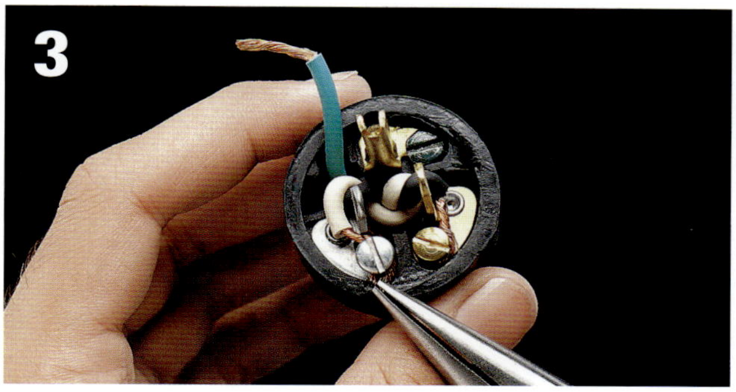

Accrochez le fil noir autour de la borne de laiton en en courbant la partie dénudée dans le sens des aiguilles d'une montre ; faites de même avec le fil blanc, autour de la borne argentée. S'il s'agit d'une fiche à trois broches, attachez le troisième fil à la vis de mise à la terre. Au besoin, coupez la partie superflue du fil de mise à la terre.

Serrez bien les vis, en veillant à ce que les fils de cuivre ne se touchent pas. Remettez la plaque isolante sur la fiche.

Remplacement d'une fiche pour cordon plat

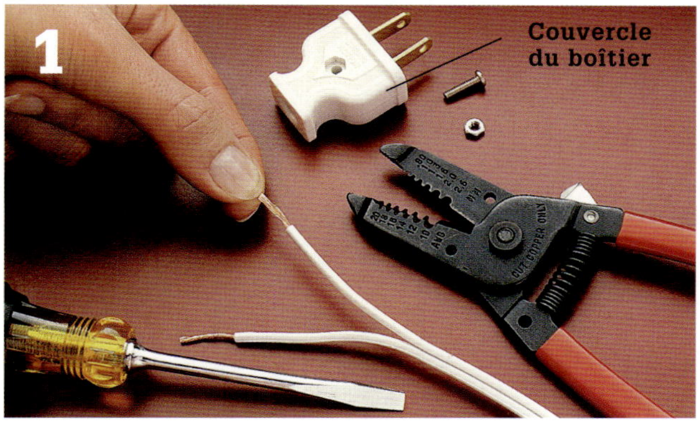

À l'aide d'une pince à usages multiples, coupez le cordon près de l'ancienne fiche. Séparez les deux moitiés du cordon plat sur environ 2 po. Dénudez l'extrémité de chacun des deux fils sur environ ¾ po. Enlevez le couvercle du boîtier de la nouvelle fiche.

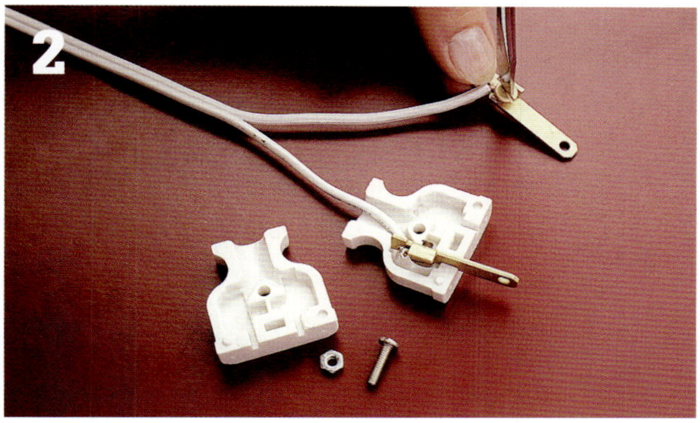

Courbez les extrémités des fils dans le sens des aiguilles d'une montre et accrochez-les aux bornes à vis. Serrez bien les vis. Remontez le boîtier de la fiche. Certaines fiches comportent une plaque isolante qu'il faut réinstaller.

Remplacement d'une douille de lampe

Outre le cordon et la fiche, c'est l'usure de la douille qui cause le plus souvent le mauvais fonctionnement d'une lampe. Quand c'est le cas, la défectuosité se situe généralement dans l'interrupteur intégré à la douille. La douille de rechange comprendra peut-être des pièces dont vous n'aurez pas besoin.

Avant de remplacer la douille de la lampe, qui n'est pas toujours en cause, vérifiez l'état du cordon, de la fiche et de l'ampoule. Vous vous éviterez peut-être des réparations inutiles.

Outils et matériel ▸

Douille de rechange
Vérificateur de continuité
Tournevis

Les types de douilles à interrupteur sont généralement interchangeables ; choisissez celle que vous préférez : (dans le sens des aiguilles d'une montre) douille à interrupteur rotatif, douille sans interrupteur, douille à chaînette, douille à bouton-poussoir.

Conseil ▸

Lorsque vous remplacez la douille, vous pouvez améliorer une lampe à interrupteur ordinaire en y installant une douille à interrupteur à trois positions.

Réparation ou remplacement d'une douille de lampe

Débranchez la lampe. Enlevez l'abat-jour, l'ampoule et la lyre (support d'abat-jour). Nettoyez la languette en la grattant avec un petit tournevis; soulevez-la un peu si elle est trop aplatie. Vissez l'ampoule, branchez la lampe. Si la lampe ne fonctionne pas, débranchez-la, enlevez l'ampoule et passez à l'étape suivante.

Pincez l'enveloppe de la douille près de la marque *PRESS* et enlevez-la. Sur les vieilles lampes, il se peut que la douille soit retenue à la base par des vis. Enlevez le manchon isolant en carton. Si celui-ci est endommagé, remplacez toute la douille.

Vérifiez si les fils sont bien attachés aux bornes à vis. Resserrez les connexions si nécessaire, puis remontez la lampe et faites-en l'essai. Si les connexions ne sont pas lâches, détachez les fils, sortez la douille de la lampe et passez à l'étape suivante.

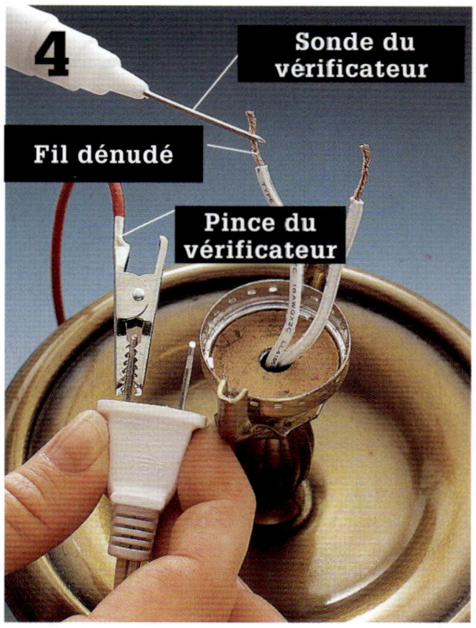

Avec un vérificateur de continuité, vérifiez l'état du cordon. Placez la pince du vérificateur sur l'une des lames de la fiche. Placez-en la sonde sur l'un des fils dénudés, puis sur l'autre. Répétez l'essai en plaçant la pince sur l'autre lame. Si l'ampoule du vérificateur ne s'allume pas dans l'un ou l'autre de ces essais, remplacez le cordon et la fiche. Faites de nouveau l'essai de la lampe.

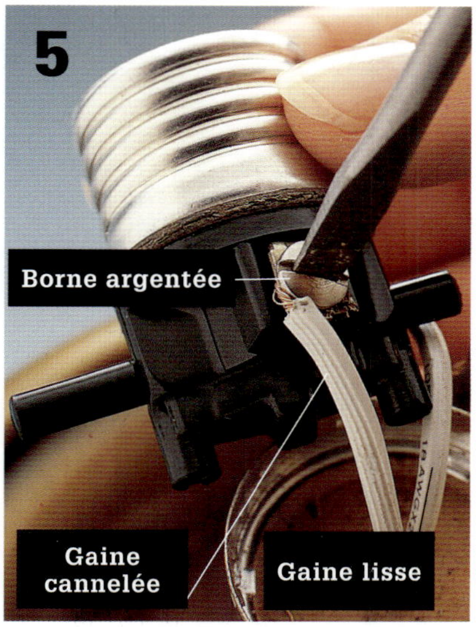

Si le cordon et la fiche fonctionnent bien, choisissez une douille de rechange dont la tension et l'intensité nominales sont les mêmes que celles de l'ancienne. L'un des fils du cordon est protégé par une gaine cannelée ou marquée: attachez ce fil à la borne argentée, et l'autre à la borne de laiton.

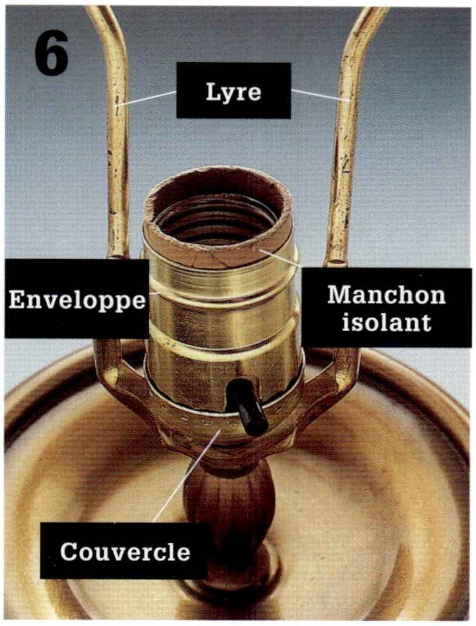

Glissez le manchon isolant et l'enveloppe sur la douille de manière que celle-ci et ses bornes soient complètement couvertes et que l'interrupteur entre dans la fente du manchon. Poussez l'ensemble dans le couvercle jusqu'à ce que la douille s'enclenche. Réinstallez la lyre, l'ampoule et l'abat-jour.

Installation d'une boîte électrique

Si vous repérez des jonctions de fils ou des épissures de câble exposées, installez une boîte électrique. Dans les vieilles maisons, il arrive souvent que les raccordements des fils aux luminaires soient exposés. On trouve fréquemment des épissures exposées (page 435) dans les aires où un câble NM court le long de poteaux ou solives découverts, dans un sous-sol non fini par exemple ou dans une salle de service.

Lorsque vous installez une boîte électrique, assurez-vous que le câble soit assez long pour qu'il y ait au moins 8 po de fil dans la boîte. Si les fils sont trop courts, servez-vous de fils de liaison pour les allonger (page 438). Si la boîte est métallique, veillez à ce que les fils de mise à la terre du circuit soient reliés à celle-ci au moyen de fils de liaison.

Outils et matériel ▸

Vérificateur de tension
Tournevis
Marteau
Vis ou clous
Boîte électrique
Brides de câble
Écrous de retenue
Fil de liaison
Serre-fils

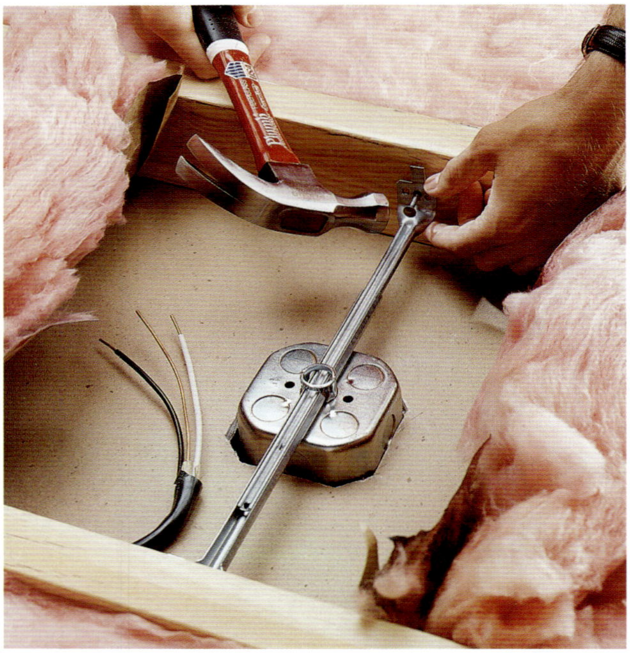

Toutes les jonctions de fils doivent être contenues dans une boîte électrique. Celle-ci protège le bois et les autres matériaux combustibles contre les étincelles électriques. La boîte doit toujours être ancrée à un poteau ou à une solive.

Installation d'une boîte électrique protégeant une épissure

Au tableau de distribution principal, coupez le courant alimentant le circuit. Enlevez prudemment le ruban ou les serre-fils de l'épissure exposée. Ne touchez pas à l'extrémité nue des fils avant d'avoir vérifié si le courant a bien été coupé.

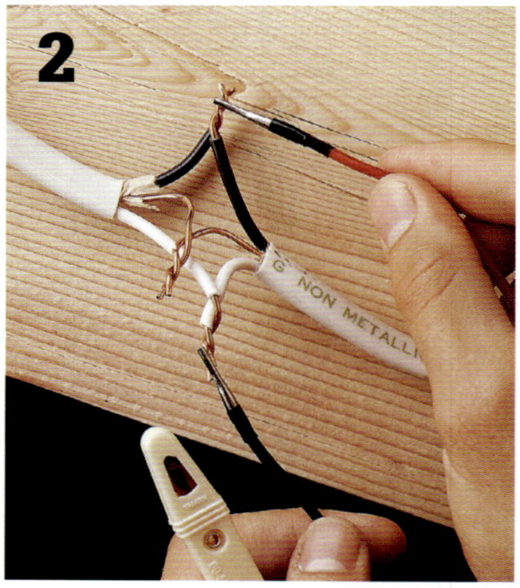

Vérifiez si le courant a bien été coupé. Placez l'une des sondes du vérificateur de tension sur les fils noirs (sous tension) et l'autre sur les fils blancs (neutres). Le voyant du vérificateur ne devrait pas s'allumer. S'il s'allume, c'est que le courant circule encore dans les fils. Retournez au tableau de distribution et coupez l'alimentation du bon circuit. Détachez les fils.

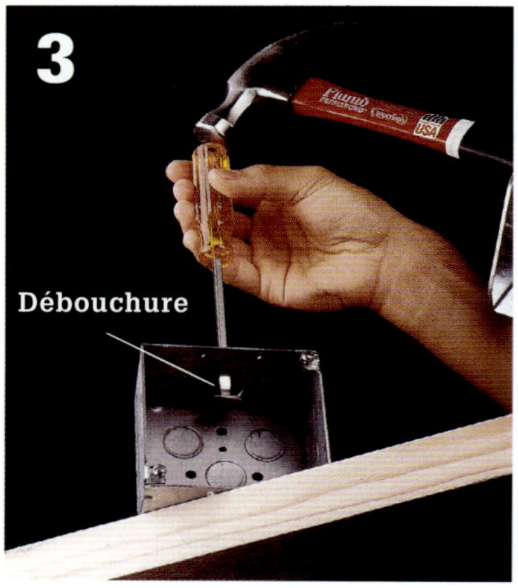

À l'aide d'un marteau et d'un tournevis, ouvrez une débouchure pour chacun des câbles qui entreront dans la boîte. Les autres débouchures doivent rester fermées.

Vissez ou clouez la boîte à un élément de charpente en bois.

Enfilez chacun des câbles dans une bride que vous serrerez à l'aide d'un tournevis. Ne la serrez pas trop de crainte d'endommager la gaine.

Insérez les câbles dans la boîte; installez un écrou de retenue sur chacune des brides de câble.

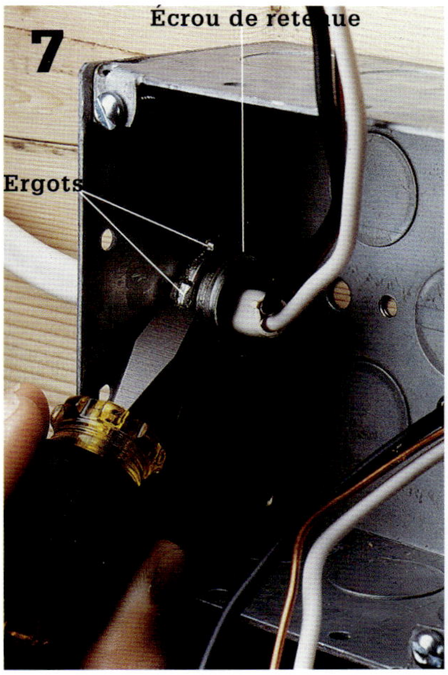

Serrez les écrous de retenue en poussant sur les ergots avec la pointe d'un tournevis.

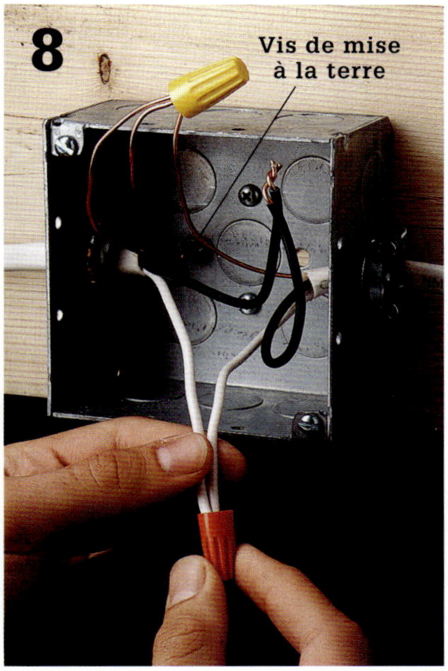

Raccordez les fils au moyen de serre-fils. À l'aide d'un fil de liaison, raccordez les fils de mise à la terre nus à la vis de mise à la terre (verte) se trouvant au fond de la boîte.

Repoussez avec soin les fils dans la boîte et installez-en le couvercle. Au tableau de distribution, rétablissez le courant alimentant le circuit. La boîte doit rester accessible : n'installez pas de cloison ou de plafond qui la cacherait.

Réparation et remplacement d'un carillon de porte

La plupart des défectuosités des carillons sont causées par des connexions lâches ou des interrupteurs (boutons) usés. Il suffit de quelques minutes pour resserrer les connexions ou remplacer l'interrupteur. Il se peut aussi que le transformateur soit brûlé ou que le carillon soit sale ou usé. Les deux sont faciles à remplacer. Du fait que le carillon fonctionne à basse tension, on peut procéder à l'entretien des interrupteurs ou du carillon sans couper le courant au tableau de distribution principal. Cependant, si vous remplacez le transformateur, vous devez couper le courant alimentant le circuit au tableau de distribution principal.

Dans la plupart des maisons, on trouve d'autres transformateurs basse tension en plus de celui du carillon. Ceux-ci alimentent les thermostats de chauffage et de climatisation ou d'autres appareils à basse tension. Lorsque vous vérifiez le fonctionnement d'un système de carillon ou que vous le réparez, vous devez d'abord trouver le bon transformateur. Celui du carillon a une tension nominale de 24 V ou moins. Il est souvent situé près du tableau de distribution principal ; dans certaines maisons, il y est attaché. Le transformateur des thermostats de chauffage et de climatisation est situé près du générateur de chaleur, et sa tension nominale est de 24 V ou plus.

Une coupure dans le câblage à faible tension peut également empêcher le carillon de fonctionner. Vous pouvez repérer cette coupure à l'aide d'un multimètre à pile. Si la vérification révèle qu'il y a coupure, de nouveaux câbles basse tension doivent être installés entre le transformateur et les interrupteurs, ou entre les interrupteurs et le carillon. Le remplacement de ces câbles est facile, mais prend du temps. Songez à confier cette tâche à un électricien.

Outils et matériel ▸

- Vérificateur de continuité
- Tournevis
- Multimètre
- Pince à bec effilé
- Coton-tige
- Alcool dénaturé
- Interrupteurs de rechange (au besoin)
- Ruban-cache
- Carillon de rechange (au besoin)

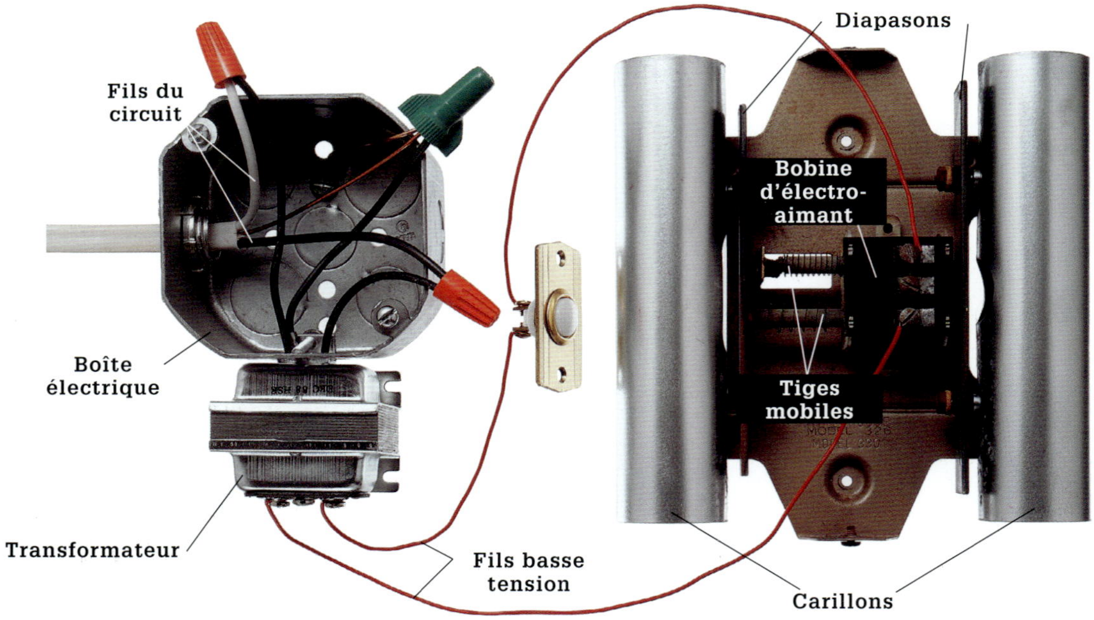

Le carillon est alimenté par un transformateur qui réduit la tension de 120 V à 24 V ou moins. Le courant circule du transformateur jusqu'à un ou plusieurs boutons de porte. Lorsque l'on appuie sur le bouton de porte, l'interrupteur qu'il renferme envoie le courant à une bobine d'électro-aimant située dans le carillon ; sous l'effet du champ magnétique, une tige mobile se déplace et heurte alors un diapason droit.

Vérification d'un système de carillon

Dévissez les vis qui retiennent le bouton au mur. Coupez le courant au tableau de distribution principal.

Enlevez le bouton avec soin.

Vérifiez les connexions des fils de l'interrupteur. Rattachez aux bornes les fils défaits. Appuyez sur le bouton. Si le carillon ne fonctionne pas, débranchez les fils du bouton et vérifiez-en la continuité.

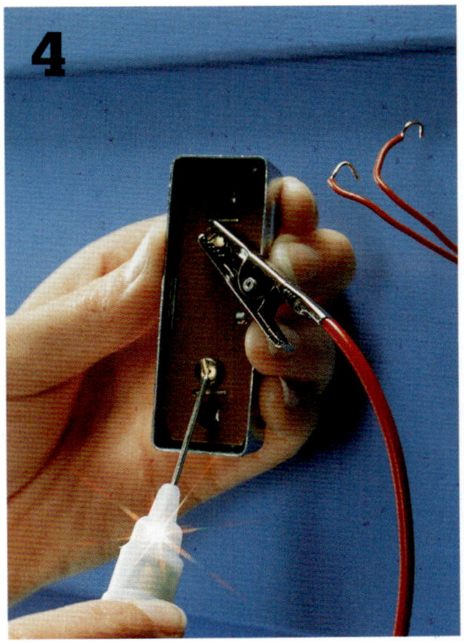

Attachez la pince du vérificateur de continuité à l'une des bornes à vis et placez la sonde sur l'autre. Enfoncez le bouton. Si la lampe du vérificateur ne s'allume pas, c'est que l'interrupteur est défectueux et qu'il doit être remplacé.

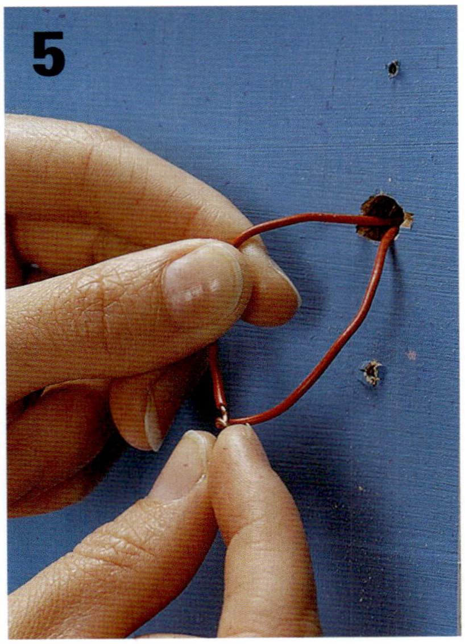

Reliez temporairement les fils du bouton pour vérifier les autres éléments du système de carillon.

Trouvez le transformateur, qui se trouve souvent près du tableau de distribution principal. Il se peut qu'il soit attaché à une boîte électrique ou installé directement sur le côté du tableau.

(suite à la page suivante)

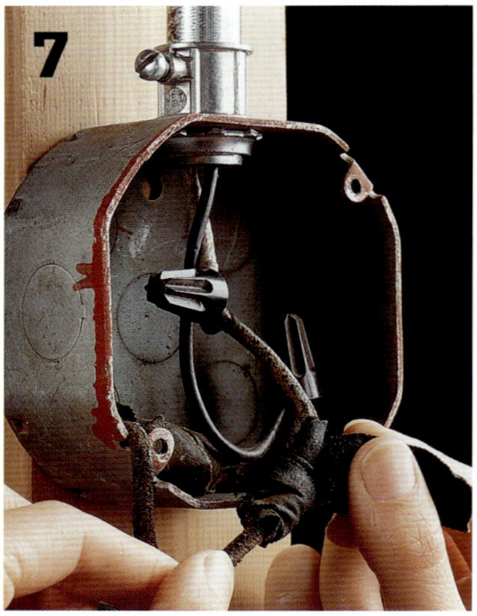

Confirmez qu'il s'agit bien du transformateur du carillon en lisant la tension nominale qui y est indiquée ; celle-ci sera de 24 V ou moins. Au tableau de distribution, coupez le courant alimentant le transformateur. Retirez le couvercle de la boîte électrique et vérifiez si elle est ou non alimentée (page 507, étape 3). Rattachez les fils lâches. Remplacez par des serre-fils les connexions faites avec du ruban isolant.

Remettez le couvercle sur la boîte. Inspectez les connexions des fils basse tension. Rattachez les fils lâches avec la pince à bec effilé. Au tableau de distribution principal, rétablissez le courant alimentant le transformateur.

Placez les sondes d'un multimètre sur les bornes basse tension du transformateur. Réglez le multimètre à une gamme de 50 V c.a. s'il n'est pas à sélection automatique de gamme. Si le transformateur fonctionne bien, le multimètre détectera un courant se situant à plus ou moins 2 V de la tension nominale de celui-ci. Si ce n'est pas le cas, c'est que le transformateur est défectueux ; il faut le remplacer.

Vérifiez le carillon. Retirez-en la plaque décorative. Inspectez les connexions des fils basse tension. Rattachez aux bornes les fils défaits.

Vérifiez si le carillon reçoit un courant adéquat. Placez les sondes du multimètre sur les bornes marquées *TRANSFORMER* et *FRONT*. Si l'écart entre la tension mesurée par le multimètre et la tension nominale du transformateur n'est pas supérieur à 2 V, le carillon reçoit un courant adéquat. Si le multimètre détecte un courant très faible ou nul, c'est qu'il y a une coupure dans le câblage basse tension. Il faut installer de nouveaux fils.

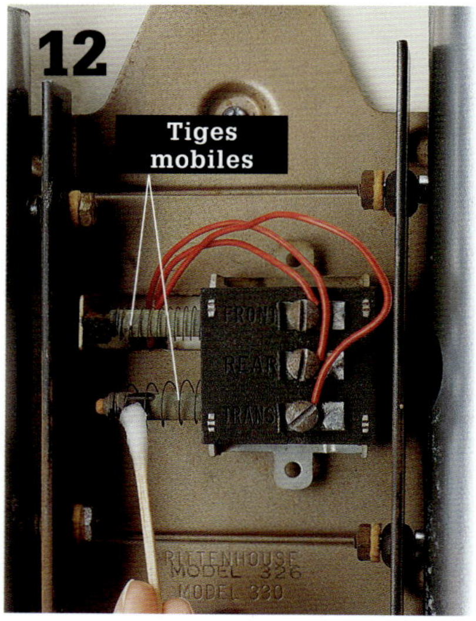

Nettoyez les tiges mobiles avec un coton-tige imbibé d'alcool dénaturé. Remontez les boutons. Vérifiez le fonctionnement du système en enfonçant l'un des boutons. Si le carillon ne fonctionne toujours pas, c'est qu'il est défectueux. Remplacez-le.

Remplacement du bouton d'un carillon

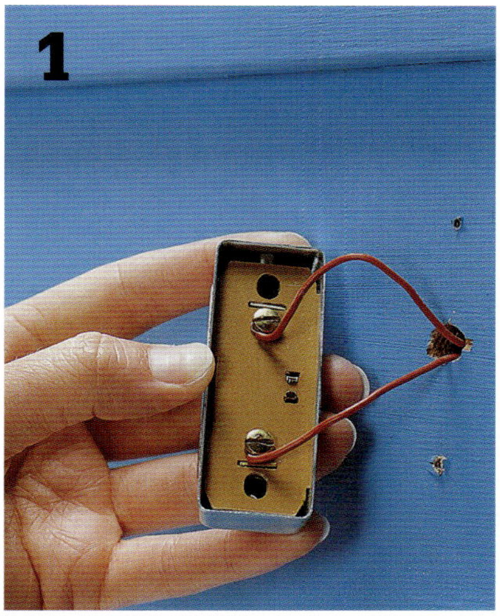

Retirez les vis de montage du bouton et éloignez-le du mur avec précaution. Coupez le courant au tableau de distribution principal.

Débranchez les fils du bouton. Collez-les sur le mur avec du ruban-cache pour les empêcher de tomber dans l'ouverture.

Achetez un nouveau bouton. Raccordez les fils aux bornes du nouveau bouton. (Les fils sont interchangeables : chacun peut être attaché à l'une ou à l'autre des bornes.) Fixez le bouton au mur.

Remplacement d'un carillon

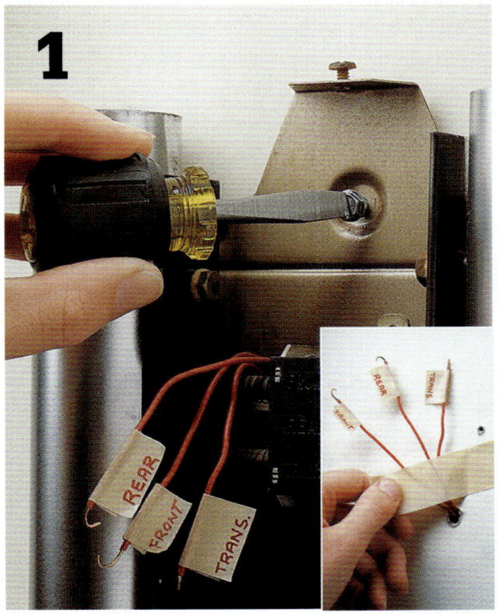

Au tableau de distribution, coupez le courant alimentant le carillon. Retirez la plaque décorative de l'ancien carillon. À l'aide de ruban-cache, étiquetez les fils basse tension en fonction de leur raccordement aux bornes *FRONT*, *REAR* ou *TRANS*, puis détachez-les. Enlevez le carillon. Avec du ruban-cache, collez les fils sur le mur pour les empêcher de glisser dans l'ouverture du mur (médaillon).

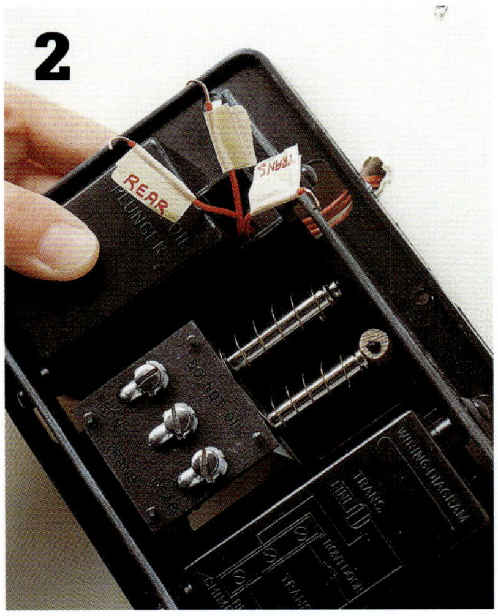

Achetez un nouveau carillon ayant la même tension nominale que l'ancien. Faites passer les fils basse tension dans l'ouverture située dans la base du nouveau carillon. Fixez le carillon au mur au moyen des vis de montage fournies dans la trousse d'installation.

Raccordez chacun des fils basse tension à la borne appropriée du nouveau carillon. Installez la plaque décorative. Rétablissez le courant au tableau de distribution principal.

Installation d'un détecteur câblé de fumée, de monoxyde de carbone ou de chaleur

Le détecteur de fumée et le détecteur de monoxyde de carbone (CO) sont des dispositifs de sécurité essentiels dans tout lieu habité. Le code de prévention des incendies exige que, dans toutes les nouvelles maisons, un détecteur de fumée câblé soit installé dans toutes les chambres et à tous les étages, y compris dans le sous-sol, le grenier et le garage attenant. Le détecteur de fumée doit être alimenté par son propre circuit de 15 A et être protégé par un disjoncteur de défaut d'arc (AFCI) lorsqu'il est installé dans une chambre à coucher.

La plupart des autorités compétentes recommandent également l'installation de détecteurs de CO à tous les étages d'une maison ainsi que dans toutes les chambres.

Le détecteur de chaleur qui, comme son nom l'indique, détecte la chaleur plutôt que la fumée, est utile dans les endroits – salles de service, sous-sols, greniers non finis – où les conditions ambiantes risquent de déclencher indûment un détecteur de fumée.

Les détecteurs câblés sont alimentés par un circuit électrique, mais sont munis d'une batterie de secours pour les pannes. Dans les nouvelles maisons, tous les détecteurs de fumée doivent être câblés en série, de manière que tous sonnent l'alarme où que se déclare l'incendie. Dans ce cas, assurez-vous d'acheter des détecteurs de même marque afin qu'ils soient compatibles. Avant de commencer l'installation, consultez le code en vigueur dans votre région.

Les détecteurs montés au plafond doivent se trouver à une distance minimale de 4 po du mur le plus proche. N'installez pas le détecteur à proximité d'une porte, d'une fenêtre ou d'un conduit d'aération, car cela pourrait nuire à son bon fonctionnement.

Outils et matériel ▸

- Tournevis
- Pince à usages multiples
- Fil de tirage
- Scie à guichet
- Boîte pour mur ou plafond
- Brides pour câbles (si les boîtes n'ont pas de brides intégrées)
- Câbles NM de calibre 14, à 2 fils et à 3 fils
- Détecteurs
- Serre-fils
- Disjoncteur unipolaire de 15 A

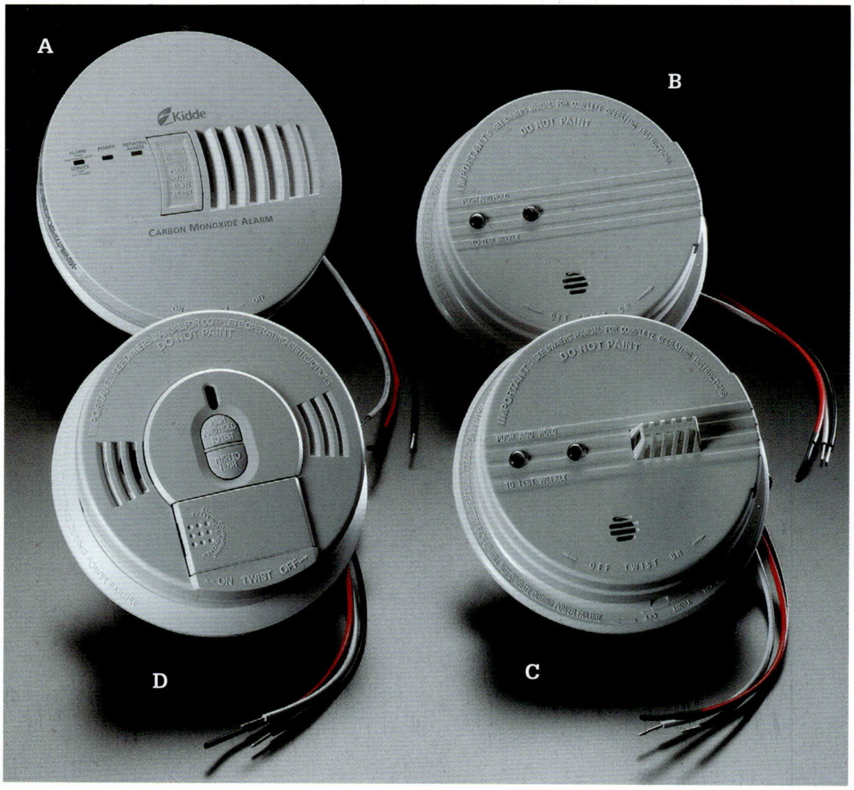

Les détecteurs de monoxyde de carbone câblés (A) se déclenchent lorsque ce gaz est présent dans l'atmosphère. Les détecteurs de fumée peuvent fonctionner par ionisation ou par cellule photoélectrique. Dans le détecteur de fumée par ionisation (B), un faible courant traverse une chambre d'analyse. Si de la fumée entre dans la chambre, elle provoque la rupture du courant et le déclenchement de l'alarme. Le détecteur à cellule photoélectrique (C) se déclenche lorsque la fumée coupe le rayon de lumière qu'il transmet. Quant au détecteur de chaleur (D), il retentira s'il détecte une zone de chaleur intense dans une pièce.

Câblage en série de plusieurs détecteurs de fumée

Faites courir un câble NM 14/2 du tableau de distribution jusqu'à la première boîte électrique de la série de détecteurs. Faites courir un câble NM 14/3 entre les boîtes des détecteurs restantes. Fixez le câble dans chaque boîte à l'aide d'une bride. Enlevez l'enveloppe du bout des câbles et dénudez l'extrémité des fils.

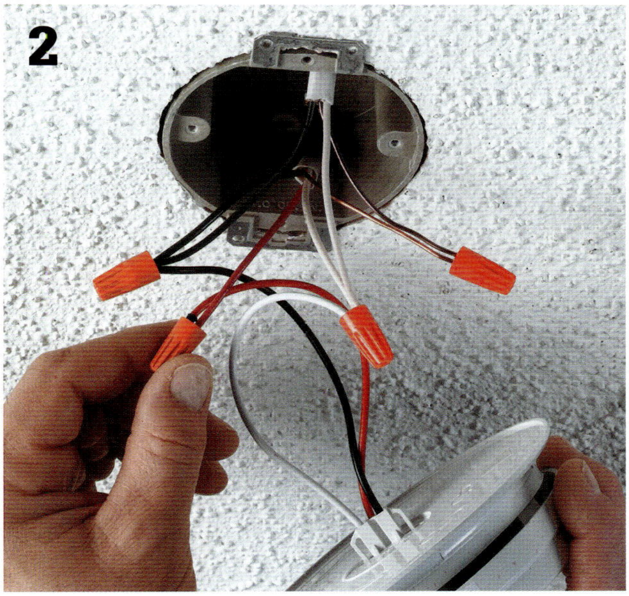

Branchez le premier détecteur de la série. Utilisez un serre-fils pour la connexion des fils de mise à la terre. Avec un serre-fils, reliez le fil noir du circuit au fil de liaison noir du détecteur et au fil noir se rendant au détecteur suivant. Faites de même avec les fils blancs. Joignez le fil de liaison rouge au fil de couleur restant du détecteur (en l'occurrence, rouge lui aussi).

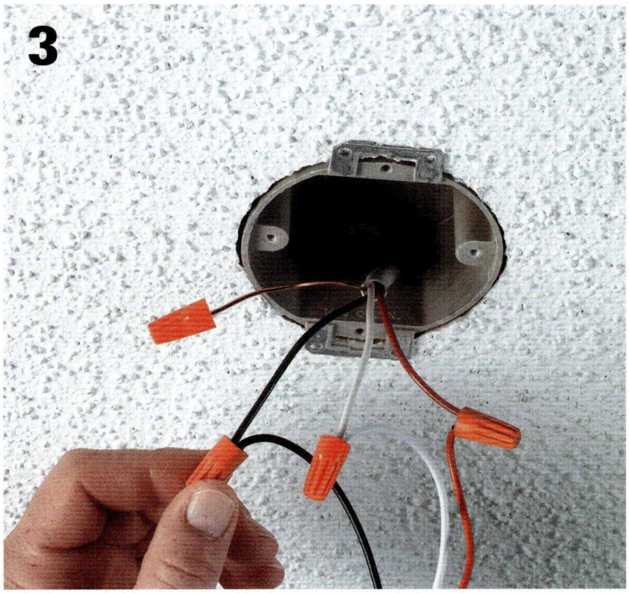

Raccordez les autres détecteurs de la série en reliant dans chaque boîte les fils de couleur identique. Raccordez toujours le fil de liaison rouge au fil de couleur restant du détecteur (en l'occurrence, rouge lui aussi). Ce fil de liaison rouge sert à relier tous les détecteurs de manière que tous retentissent si l'un d'eux est déclenché. Si le détecteur n'est pas muni d'un fil de mise à la terre, protégez le fil nu du circuit à l'aide d'un serre-fils. Une fois les détecteurs câblés, installez et raccordez le nouveau disjoncteur de 15 A.

Réparation et remplacement d'une prise téléphonique

Même si la compagnie de téléphone est propriétaire du câblage qui fournit le service téléphonique à votre résidence, vous avez le droit de réparer le câblage intérieur, ou d'en ajouter, dans toute partie du système téléphonique située en aval de la prise de démarcation. Celle-ci se trouve généralement dans le sous-sol ou dans une salle de service, bien qu'elle soit parfois montée sur une plinthe dans l'une des pièces habitées.

Étant donné la très basse tension des fils téléphoniques, les risques de décharge électrique sont faibles lorsque vous travaillez sur le câblage. Mieux vaut toutefois ne pas le faire dans des conditions humides. En outre, ne travaillez pas sur le système téléphonique si vous portez un stimulateur cardiaque, car le faible courant circulant dans les fils risquerait de perturber le fonctionnement de votre appareil.

Parmi les réparations courantes du système téléphonique, on compte le remplacement d'une fiche modulaire lâche ou endommagée (page 513), le remplacement d'une vieille prise par une fiche modulaire (page 514) et l'installation d'une boîte de jonction (page 515) permettant l'ajout de prises téléphoniques n'importe où dans la maison.

Branchez un poste directement dans la prise de démarcation pour déterminer si le dérangement constaté est attribuable au câblage intérieur ou au réseau téléphonique extérieur. Si vous n'entendez pas la tonalité lorsque le poste est branché dans la prise de démarcation, c'est que le dérangement est causé par le réseau extérieur et doit dès lors être corrigé par votre fournisseur de services téléphoniques. Si vous entendez une tonalité, le problème se situe dans votre maison.

Note : Vu la croissance des besoins relatifs au service Internet et aux réseaux de liaison de données, des câbles de télécommunication plus gros et plus puissants doivent remplacer les lignes téléphoniques standard bidirectionnelles.

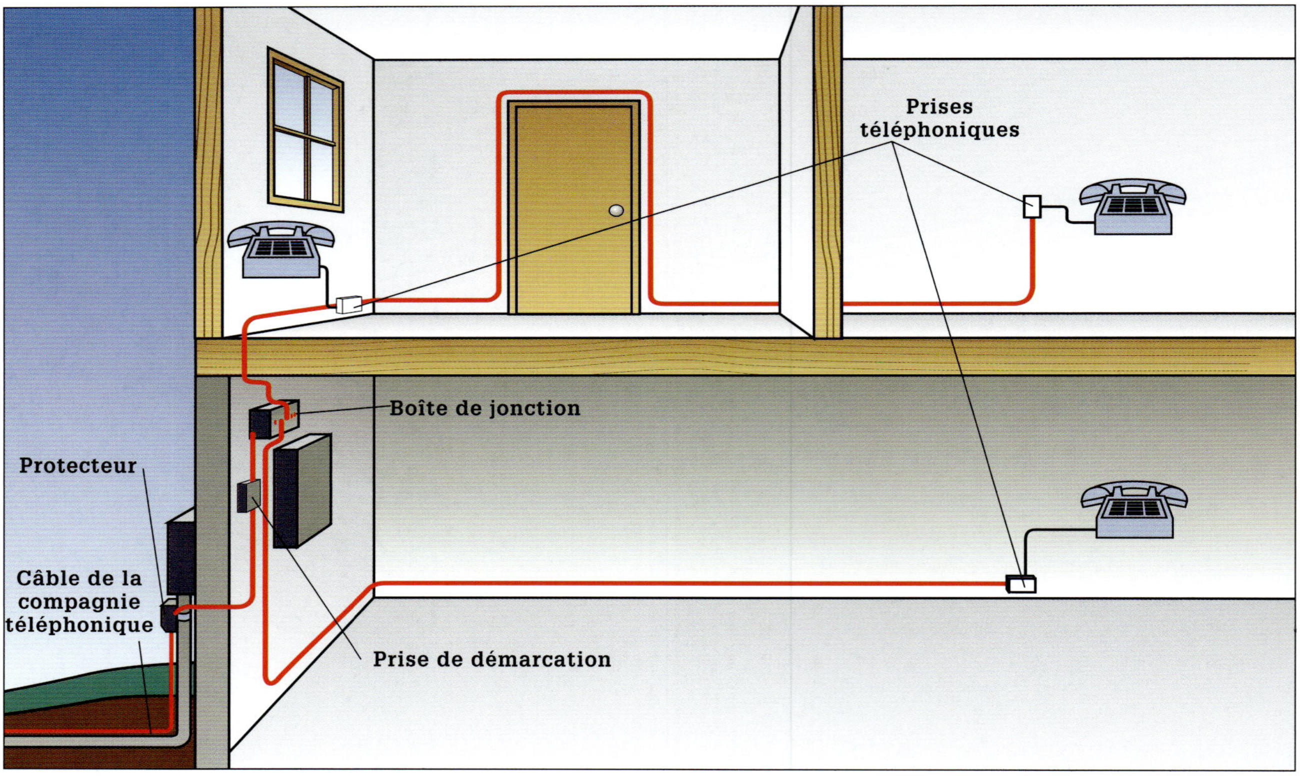

Il existe deux méthodes de câblage du système téléphonique. Une installation téléphonique résidentielle relativement récente sera câblée selon la méthode dite de câblage autonome (illustrée ci-dessus) : d'une boîte de jonction partent les divers câbles alimentant les prises téléphoniques de toute la maison. Il vous sera facile d'ajouter de nouvelles prises en faisant courir de nouveaux fils à partir de la boîte de jonction. En outre, si l'une des prises est endommagée, les autres continueront de fonctionner. Les anciennes installations téléphoniques ont un câblage en boucle : toutes les prises de la maison sont reliées à une même boucle de câble qui parcourt la maison. Même si le câblage en boucle est plus facile à réaliser que le câblage autonome, il est moins fiable puisqu'une seule défectuosité dans le câble empêche toutes les prises de fonctionner.

Dépannage ▸

Défectuosité	Causes possibles	Solutions
Silence complet	Les fils sont peut-être entrecroisés.	Assurez-vous que les fils de cuivre nu ne se touchent pas à l'intérieur de la prise.
Électricité statique	Les fils sont peut-être humides. Les connexions sont peut-être lâches.	Assurez-vous que les fils ne sont pas humides dans la prise. Vérifiez toutes les connexions.
Ronflement	Les fils touchent peut-être à du métal. Les fils sont peut-être raccordés aux mauvaises bornes.	Vérifiez tous les fils et toutes les connexions. Vérifiez si les connexions ont été faites selon les couleurs.

Remplacement d'une fiche modulaire

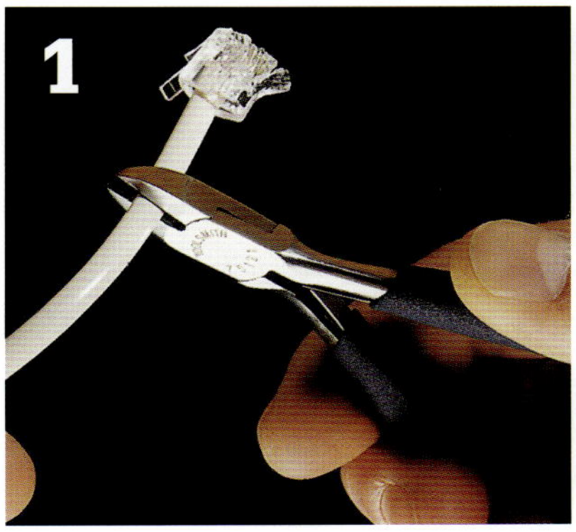

Retirez le cordon du mur et du poste téléphonique. Avec un coupe-fil, tranchez le cordon tout près de la fiche que vous voulez remplacer. Veillez à le couper à angle droit.

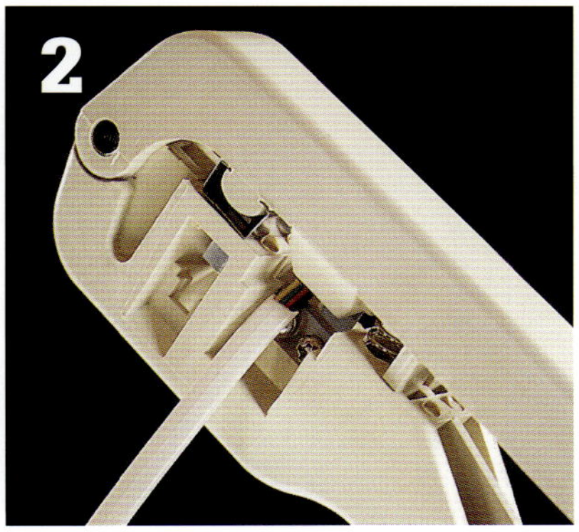

Insérez le cordon dans la partie de la pince servant à dénuder le câble et serrez la poignée juste assez pour en couper la gaine. Tirez sur le cordon pour dégager les fils de la gaine. Prenez garde de ne pas couper l'isolant de chacun des fils du cordon.

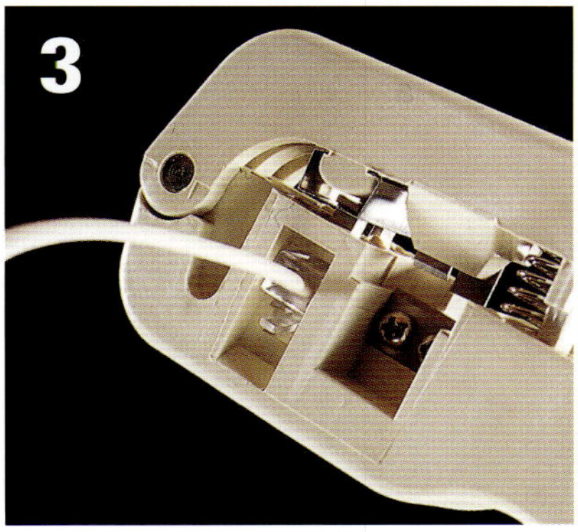

Poussez chacun des fils dans un connecteur de plastique, dans l'ordre inverse de celui des fils insérés dans le connecteur de l'autre extrémité du cordon, jusqu'à ce qu'ils soient tout contre le bout du connecteur et qu'ils touchent les contacts métalliques. Utilisez une pince à sertir pour solidariser les fils et le connecteur.

Affectation des fils ▸

La plupart des cordons téléphoniques contiennent quatre fils : un rouge, un vert, un jaune et un noir ; mais deux autres combinaisons de couleurs sont possibles. Utilisez le guide suivant pour effectuer les raccordements :

La borne rouge accepte :
- un fil rouge
- un fil bleu
- un fil bleu à bande blanche

La borne jaune accepte :
- un fil jaune
- un fil orange
- un fil orange à bande blanche

La borne verte accepte :
- un fil vert
- un fil blanc à bande bleue

La borne noire accepte :
- un fil noir
- un fil blanc à bande orange

S'il y a des fils de trop dans le cordon (il s'agira généralement d'un fil vert et d'un blanc), poussez-les dans la prise sans les raccorder. La compagnie de téléphone s'en servira si jamais vous décidiez de demander des lignes téléphoniques supplémentaires.

Installation d'une prise modulaire

Débranchez le cordon de la prise. À l'aide d'un tournevis, dévissez la prise du mur ou de la plinthe. Tirez doucement sur la prise pour l'éloigner du mur.

Détachez des bornes chacun des fils de la prise. Avec un coupe-fil, coupez l'extrémité nue des fils.

Enlevez le boîtier de la nouvelle prise modulaire et faites passer les fils par l'arrière de la base. Poussez chacun des fils de couleur dans la fente métallique du bloc de bornes qui contient déjà un fil de même couleur ou de couleur acceptable (page 513). Le fil doit dépasser de la fente sur environ ½ po.

Vissez le bloc de bornes au mur (la vis est fournie avec la prise) et installez-y le couvercle en le poussant pour qu'il s'enclenche. Branchez un poste téléphonique à la prise et vérifiez si celle-ci fonctionne.

Installation d'une boîte de jonction téléphonique

Choisissez un endroit qui soit assez proche de la prise de démarcation pour que le câble de la boîte de jonction puisse atteindre cette prise. Enlevez le couvercle de la boîte de jonction. Fixez la boîte sur un mur, une plinthe ou un élément de charpente, au moyen des vis de montage fournies avec la boîte. Faites courir un câble téléphonique jusqu'à la prise de démarcation, en agrafant celui-ci à intervalles de 24 po au mur ou à l'élément de charpente.

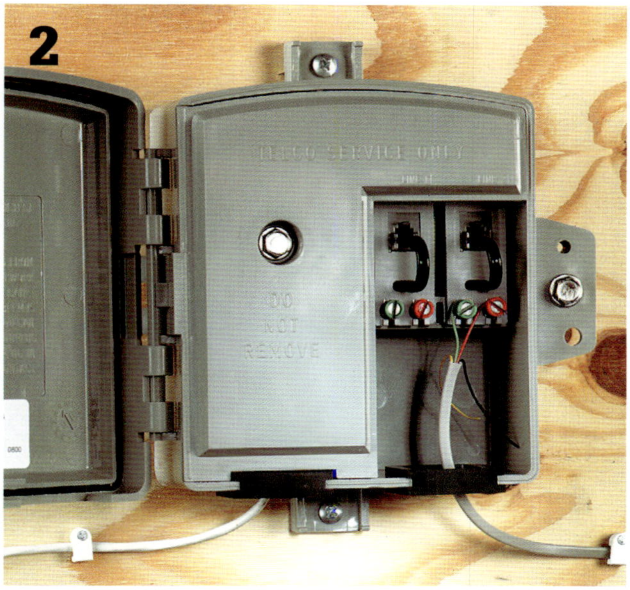

Coupez le câble; n'en conservez que 5 po; avec la pince à sertir, dénudez-le sur une longueur de 3 po. À l'aide d'un couteau universel, dénudez chacun de ses quatre fils sur une longueur de 1 po. Raccordez l'extrémité nue des fils en faisant une boucle (sens des aiguilles d'une montre) autour des bornes à vis de la prise de démarcation, en tenant compte du code de couleurs. Serrez les bornes. *NOTE: Certaines boîtes de jonction sont munies d'un cordon à fiche modulaire que l'on peut brancher directement dans la prise de démarcation.*

Desserrez une borne à vis de chacune des quatre couleurs de la boîte de jonction. Insérez les fils dans une fente de couleur correspondante. Laissez ½ po de fil dépasser de la fente.

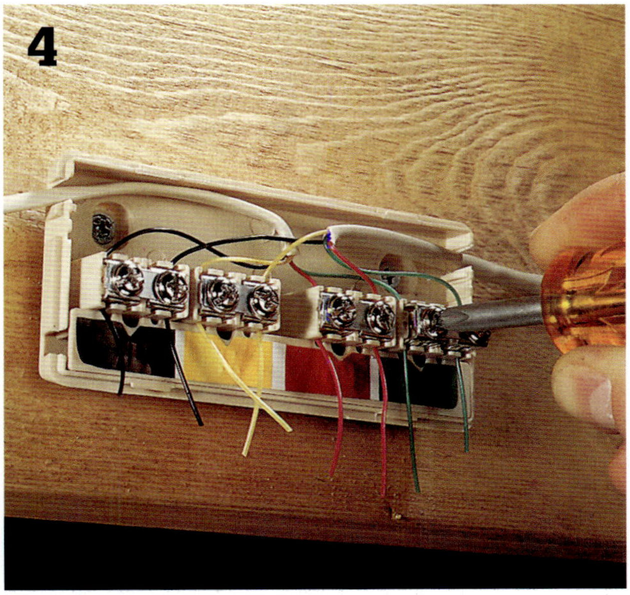

Raccordez à la boîte de jonction le câble de chaque ajout au système, en suivant la méthode utilisée pour brancher le câble à la prise de démarcation. Serrez bien les bornes à vis; repliez les extrémités des fils vers le haut pour qu'ils ne se touchent pas. Remettez le couvercle de la boîte de jonction.

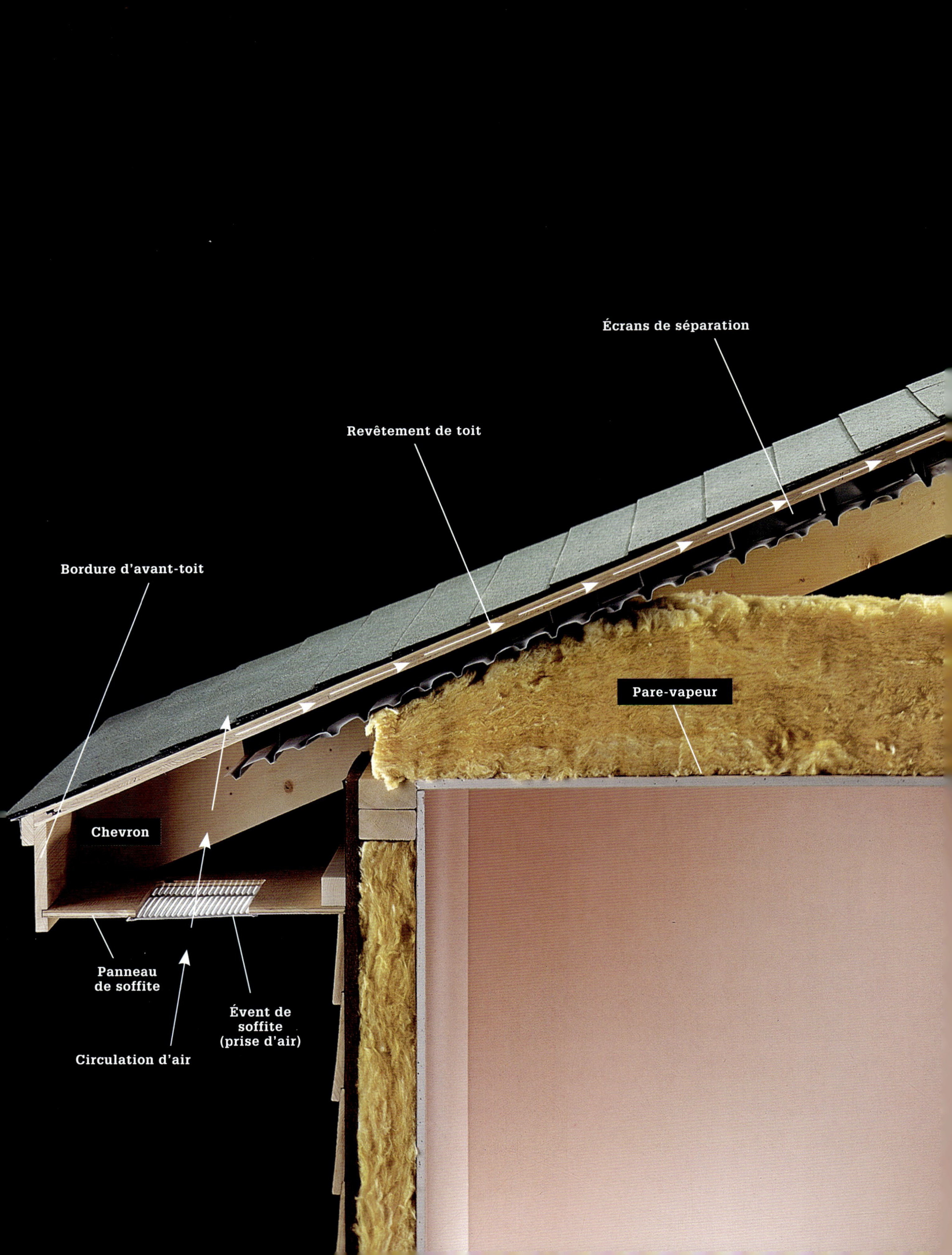
Écrans de séparation
Revêtement de toit
Bordure d'avant-toit
Pare-vapeur
Chevron
Panneau de soffite
Évent de soffite (prise d'air)
Circulation d'air

Chauffage, ventilation et climatisation

- Entretien d'un système de chauffage au gaz à air pulsé
- Entretien d'un système de chauffage à l'eau chaude ou à la vapeur
- Repérage et réparation des fuites d'évacuation
- Réparation d'une plinthe chauffante
- Réparation d'un radiateur mural
- Réparation et remplacement d'un thermostat
- Installation d'un closoir de ventilation
- Installation de nouveaux évents

Entretien d'un système de chauffage au gaz à air pulsé

Le système de chauffage au gaz à air pulsé est répandu dans les régions froides du monde entier. Dans ce système, le générateur de chaleur – alimenté au gaz naturel ou au propane liquide – aspire l'air ambiant, le dirige sur un ensemble de plaques chauffées appelé échangeur de chaleur, puis le fait circuler dans la maison au moyen d'une soufflerie (illustration). Une enceinte située au-dessus du générateur, appelée plenum, dirige l'air réchauffé vers un réseau de conduits qui l'acheminent vers les registres ou sorties installés sur les murs ou le plafond. Pour que le cycle soit continu, des conduits de reprise aspirent l'air froid des pièces et le retournent au générateur de chaleur, où il sera réchauffé et soufflé de nouveau dans la maison. Les anciens systèmes font appel à la gravité pour acheminer l'air chaud dans les pièces et retourner l'air froid vers le générateur.

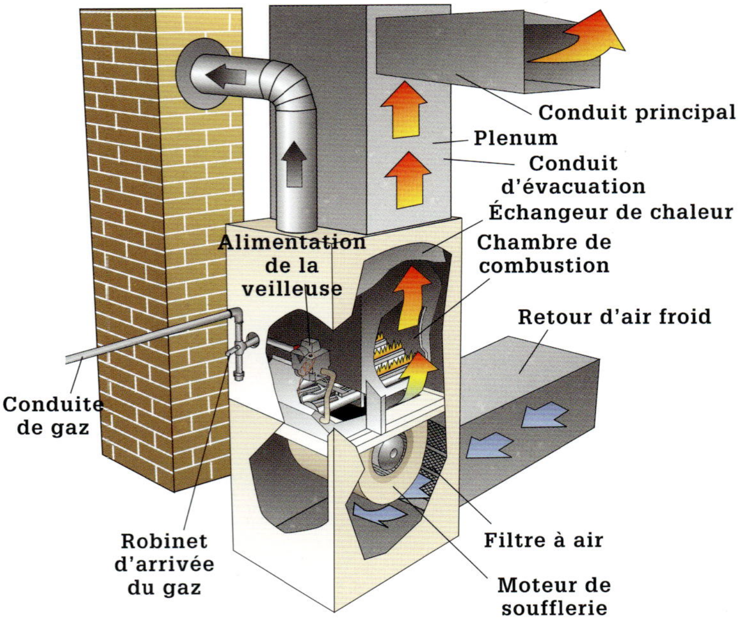

Pour vous familiariser avec votre système à air pulsé, repérez le plenum, le retour d'air froid ainsi que le conduit principal qui se -end dans toutes les pièces de la maison.

Équilibrage du système à air pulsé

Les conduits de la plupart des systèmes à air pulsé sont munis de registres intérieurs grâce auxquels vous pouvez régler le volume d'air dirigé vers les diverses pièces de la maison. Il ne s'agit pas des registres installés dans les pièces et qui y commandent l'arrivée d'air. On appelle équilibrage du système le réglage de ces registres.

Commencez par repérer les registres. Lorsque la poignée ou l'écrou à oreilles est parallèle au conduit, cela signifie que le registre est grand ouvert et qu'il laisse passer le maximum d'air. Si la poignée est perpendiculaire au conduit, le registre est fermé et coupe la circulation de l'air.

Pour équilibrer le système, réglez d'abord le thermostat comme vous le faites l'hiver lorsque vous êtes à la maison. Fermez les registres des conduits menant à la pièce où se trouve le thermostat. Attendez quelques heures ; rendez-vous dans les pièces les plus éloignées du générateur de chaleur. Si ces pièces sont trop chaudes, attendez à plus tard, lorsque davantage de registres seront ouverts. Vérifiez la température dans les autres pièces. Après le réglage d'un registre, attendez quelques heures que la température de l'air se stabilise.

Une fois satisfait du volume d'air chaud arrivant dans chacune des pièces, indiquez au marqueur sur chacun des conduits la position idéale des registres (photo ci-dessous). Répétez la procédure l'été pour la climatisation, en faisant une seconde série de marques pour les réglages d'air froid.

Indiquez sur chaque conduit les positions hiver et été du registre, ainsi que le nom de la pièce où débouche le conduit. Ouvrez ou fermez le registre avec la pointe d'un tournevis ou l'écrou à oreilles (médaillon).

Entretien du système à air pulsé

Vous pouvez exécuter vous-même la plupart des petits travaux d'entretien courant. Généralement, plus le générateur de chaleur est récent, plus l'entretien est simple, puisque bon nombre de composants requérant beaucoup d'entretien ont été éliminés des nouveaux modèles.

La plupart des générateurs installés depuis les années 1980 ne sont pas munis d'une veilleuse commandée par un thermocouple. En fait, la veilleuse permanente que l'on trouve sur les anciens modèles a tout à fait disparu. Elle a généralement été remplacée par une veilleuse intermittente, qui ne s'allume que lorsque le thermostat commande de la chaleur, ou par un élément incandescent appelé allumeur à surface chaude. Une veilleuse intermittente défectueuse doit être réparée par un technicien, mais vous pouvez remplacer vous-même l'allumeur à surface chaude.

Utilisez la présente section pour repérer et exécuter les travaux d'entretien qui s'appliquent à votre générateur de chaleur.

Avant tout travail d'entretien, coupez toujours l'alimentation en gaz du générateur et celle de la veilleuse, si elles sont distinctes. Mettez ensuite en position OFF l'interrupteur du générateur et déclenchez le disjoncteur du tableau de distribution principal qui alimente le générateur. Consultez le guide de l'utilisateur pour savoir si des mises en garde ou des instructions particulières s'appliquent à votre appareil. Ensuite, dégagez l'aire pour pouvoir y travailler en toute sécurité.

Commencez par exécuter l'activité d'entretien la plus importante et la plus simple : l'inspection du filtre à air. Il en existe de nombreux types. Lisez la section ci-dessous pour apprendre à nettoyer le vôtre et pour connaître la fréquence de son remplacement.

Outils et matériel ▸

Tournevis ordinaire
Clé à douille à cliquet
Tournevis à douille
Ensemble de clés ouvertes
Règle de vérification
Pince multiprise
Outil pour la buse de veilleuse
Brosse pour pièces
Détergent liquide doux
Huile mouvement

Remplacement du filtre à air

Le filtre installé sur votre appareil de chauffage à air pulsé est censé capturer la poussière, le pollen et les autres particules en suspension dans l'air. Ce filtre doit être nettoyé régulièrement, selon les instructions du fabricant, et inspecté tous les mois. Trouvez le boîtier du filtre et retirez-en le panneau de service (photo 1). La situation de ce boîtier dépend du type de générateur et de filtre. Beaucoup de filtres s'insèrent dans une fente située entre le conduit de reprise et la soufflerie. Certains sont installés dans le boîtier principal du générateur. Le filtre électrostatique se trouve dans un boîtier distinct attaché au générateur.

Tirez le filtre hors de son boîtier en prenant garde de ne pas l'accrocher sur les côtés du boîtier de la soufflerie. Placez le filtre devant une lampe (photo 2). Si le filtre bloque presque entièrement le passage de la lumière, remplacez-le. Les filtres électrostatiques sont réutilisables après nettoyage. Lisez toujours les instructions du fabricant.

Bon nombre de filtres se trouvent dans une fente ou sur un support situé entre le conduit de reprise et la soufflerie.

Pour inspecter le filtre, placez-le devant une lampe forte.

Entretien du moteur de soufflerie

Avant le début de la saison de chauffage, inspectez le moteur de la soufflerie. Inspectez-le de nouveau au début de la saison de climatisation, si le climatiseur central fonctionne avec la même soufflerie.

Coupez le courant alimentant le générateur de chaleur. Retirez le panneau de service du boîtier de la soufflerie et inspectez le moteur (photo 1). Certains sont munis d'orifices de lubrification et d'une courroie d'entraînement réglable et remplaçable. D'autres sont autolubrifiants et à prise directe. Essuyez le moteur avec un chiffon humide ; repérez les orifices de lubrification, s'il y a lieu. Leur situation est parfois indiquée par un diagramme sur le panneau de service. Enlevez les couvercles des orifices (le cas échéant) et versez-y quelques gouttes d'huile mouvement (photo 2). Remettez les couvercles.

Le courant toujours coupé, inspectez la courroie d'entraînement. Remplacez-la si elle est fissurée, usée, trop lisse ou fragile. Vérifiez-en la tension en poussant faiblement dessus, entre les poulies (photo 3). La courroie devrait fléchir sur environ un pouce. Pour la tendre ou la relâcher, trouvez l'écrou de réglage de tension situé sur le moteur (photo 4). Desserrez l'écrou de blocage et tournez légèrement l'écrou de réglage. Vérifiez et réglez de nouveau la tension jusqu'à ce qu'elle soit adéquate.

Si la courroie est mal alignée ou si les roulements sont usés, le réglage de la courroie ne corrigera pas la situation. Placez une règle de vérification de manière qu'elle touche au bord des deux poulies (photo 5). Pour aligner la courroie, trouvez les boulons de montage du moteur situés sur le support coulissant de celui-ci (photo 6). Desserrez ces boulons et déplacez avec soin le moteur jusqu'à ce que les deux poulies soient bien alignées. Resserrez les boulons ; vérifiez de nouveau la tension et l'alignement de la courroie. Répétez la procédure jusqu'à obtenir une tension et un alignement parfaits. Réinstallez les panneaux de service que vous avez enlevés. Rétablissez le courant au tableau de distribution principal et mettez l'interrupteur du générateur en position ON.

Retirez le panneau de service du boîtier de la soufflerie et inspectez le moteur.

Enlevez les couvercles des orifices de lubrification ; versez quelques gouttes d'huile mouvement dans chaque orifice.

Vérifiez la tension de la courroie en poussant dessus, au milieu.

Pour tendre la courroie, desserrez légèrement l'écrou de réglage de tension de celle-ci.

Vérifiez l'alignement des poulies à l'aide d'une règle de vérification.

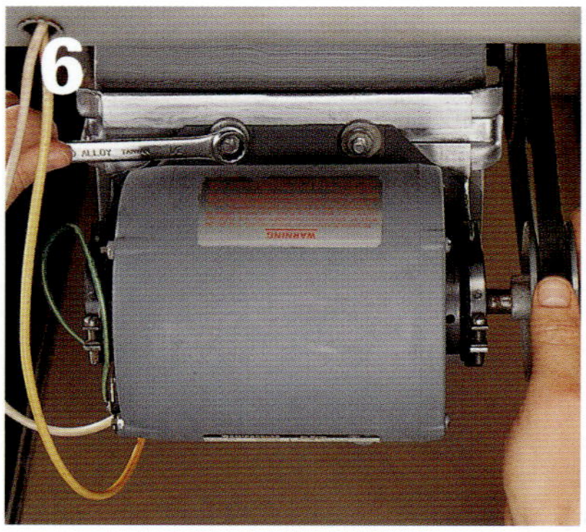

Desserrez les boulons fixant le moteur sur son support coulissant ; déplacez le moteur avec soin jusqu'à ce que les poulies soient alignées.

Inspection de la veilleuse et du thermocouple

La veilleuse (il s'agit en fait d'une flamme servant à allumer le gaz circulant sur les brûleurs) joue un rôle majeur dans l'efficacité du système ; une veilleuse qui brûle proprement vous fera réaliser des économies, améliorera la qualité de l'air que vous respirez et prolongera la vie du générateur de chaleur.

Si votre générateur est muni d'une veilleuse permanente, vérifiez la flamme au début de la saison pour vous assurer qu'elle brûle proprement et que le mélange air-combustible est adéquat. Retirez le panneau de service principal du générateur. Si vous ne voyez pas bien la flamme, coupez l'alimentation en gaz (photo 1) et l'alimentation de la veilleuse (s'il y a un interrupteur). Attendez 10 minutes que la veilleuse refroidisse, puis enlevez-en le couvercle. Rallumez la veilleuse, en suivant les instructions fournies sur le boîtier de commande ou sur le panneau de service. Si la veilleuse ne reste pas allumée, coupez de nouveau l'alimentation et inspectez le thermocouple.

Une fois la veilleuse allumée, examinez la flamme (photo 2). Si celle-ci est trop faible (flamme de gauche), elle sera bleue et entrera à peine en contact avec le thermocouple. Si elle est trop forte (flamme du centre), elle fera peut-être du bruit et s'éloignera de la veilleuse. Une flamme bien réglée (flamme de droite) sera bleue, sa pointe sera jaune, et elle couvrira sur ½ po l'extrémité du thermocouple. Pour réduire la pression du gaz, faites tourner la vis de réglage de la veilleuse (photo 3) située sur le boîtier de commande ou sur le robinet de gaz. Pour augmenter la pression, faites-la tourner dans le sens inverse. Si, même après le réglage, la flamme vous semble faible et qu'elle est jaune, retirez la buse de la veilleuse et nettoyez-en l'orifice (page 523).

Si la veilleuse de votre générateur de chaleur ou de votre chaudière s'éteint rapidement et que vous avez constaté que l'alimentation en gaz est suffisante, vous devrez peut-être remplacer le thermocouple. Coupez l'alimentation en gaz. À l'aide d'une clé ouverte, desserrez le raccord du tuyau du thermocouple relié au boîtier de commande ou au robinet de gaz. Dévissez le thermocouple du boîtier de la veilleuse et installez-en un neuf (photo 4). Serrez-le à la clé jusqu'à obtenir un ajustement serré.

Coupez l'alimentation en gaz principale et l'alimentation en gaz de la veilleuse (si votre générateur est muni de dispositifs distincts).

Réglez la flamme de manière qu'elle ne vacille pas, que sa pointe soit jaune et qu'elle recouvre l'extrémité du thermocouple (droite).

Tournez la vis pour régler la hauteur de la flamme de manière qu'elle couvre l'extrémité du thermocouple.

Retirez le thermocouple du boîtier de commande et installez-en un nouveau.

Nettoyage et réglage de la veilleuse

Si le thermocouple et les brûleurs de votre générateur de chaleur ou chaudière semblent fonctionner correctement, mais que la flamme de la veilleuse est vacillante ou faible, enlevez la buse de la veilleuse pour la nettoyer ou la remplacer. Coupez l'alimentation en électricité et en gaz, ainsi que l'alimentation de la veilleuse s'il y a lieu. Attendez au moins 30 minutes que les pièces refroidissent. À l'aide d'une clé ouverte, retirez le thermocouple du boîtier de la veilleuse (photo 1).

Servez-vous de deux clés à tuyau pour immobiliser la canalisation de gaz, puis desserrez l'écrou qui la relie au boîtier de commande. Dévissez et enlevez le boîtier de la veilleuse ; avec précaution, retirez ensuite du boîtier la buse de la veilleuse (photo 2).

Nettoyez à la brosse l'extérieur de la buse ; avec l'outil spécial, nettoyez-en délicatement l'intérieur. Prenez garde de ne pas égratigner l'intérieur de la buse, car son fonctionnement en souffrirait. Si la buse est trop rouillée ou difficile à nettoyer, remplacez-la.

Revissez la buse dans le boîtier et réinstallez ce dernier. Raccordez la canalisation de gaz, en faisant tourner l'écrou tout en immobilisant la canalisation. Réinstallez le thermocouple. Rétablissez l'alimentation en gaz ; remettez le courant et allumez la veilleuse.

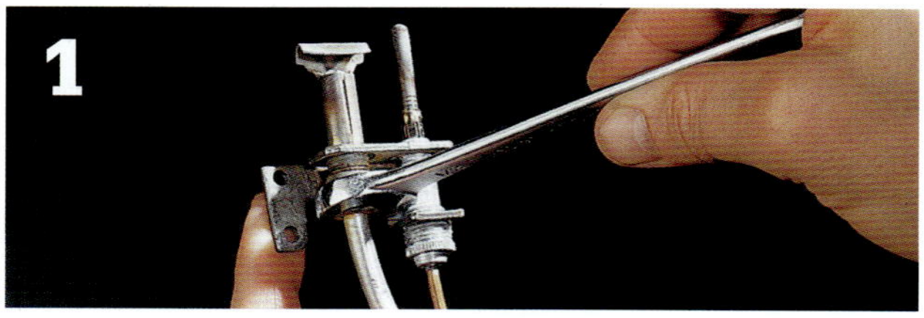

À l'aide d'une clé ouverte, desserrez l'écrou de la canalisation de gaz.

Retirez la buse du boîtier ; nettoyez-la avec l'outil spécial.

Inspection de la flamme des brûleurs

Une fois la flamme de la veilleuse réglée, inspectez celle des brûleurs. La flamme des brûleurs devrait être bleue et vert bleuâtre au centre, avec quelques raies jaunes occasionnelles (photo 1). Si elle semble trop bleue ou trop jaune, réglez le volet situé à l'extrémité du tuyau du brûleur (photo 2). Commencez par monter le thermostat pour que le générateur de chaleur fonctionne. Portez des gants protecteurs pour desserrer la vis de retenue du volet à air. Ouvrez le volet tout grand, puis refermez-le peu à peu, jusqu'à ce que la flamme soit de la bonne couleur. Resserrez la vis de retenue. Répétez la procédure pour chacun des brûleurs. Remettez le thermostat à une température normale.

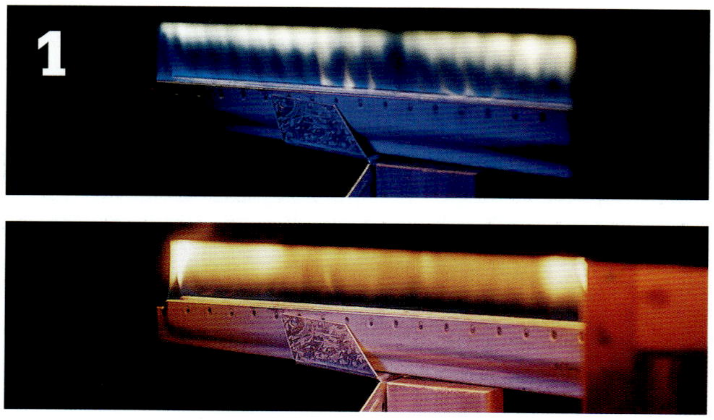

Comparez la couleur de la flamme de vos brûleurs avec celle des flammes ci-dessus. La flamme doit être bleu-vert, avec des raies jaunes (en haut)

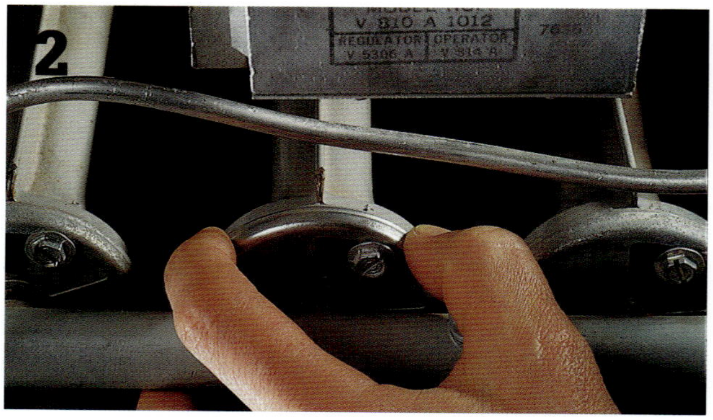

Si les volets sont réglables, réglez-les vous-même ; sinon, demandez l'aide d'un technicien.

Nettoyage des brûleurs

Le brûleur mélange ensemble l'air et le gaz, lequel est ensuite allumé par la flamme d'une veilleuse ou par un élément chauffé. Le gaz y arrive par un manifold et entre dans chaque tuyau de brûleur par un petit orifice appelé injecteur. Les brûleurs et les injecteurs finissant par s'encrasser de suie et d'autres résidus de combustion, ils doivent être occasionnellement nettoyés.

Pour nettoyer les brûleurs, déclenchez l'interrupteur principal de l'appareil et coupez le courant au tableau de distribution. Coupez l'alimentation en gaz de l'appareil, ainsi que celle de la veilleuse s'il y a lieu. Laissez les pièces refroidir pendant au moins 30 minutes. Enlevez les tubes en les dévissant de leurs supports (photo 1), en les retirant du bac métallique qui les retient ou en desserrant les vis qui attachent le manifold au générateur de chaleur. Pour certains modèles, vous devrez enlever le boîtier de la veilleuse pour atteindre les brûleurs.

Faites osciller délicatement chaque brûleur pour le détacher de son injecteur (photo 2). Remplissez d'eau une cuve de lessivage et faites-y tremper les brûleurs. À l'aide d'une brosse à soies souples, nettoyez soigneusement l'extérieur des tubes et les orifices. Remplacez les tubes fissurés, déformés ou trop rouillés.

Inspectez les injecteurs : un brûleur propre ne peut fonctionner efficacement si l'injecteur est encrassé ou endommagé. À l'aide d'une clé à douille à cliquet, desserrez et enlevez tous les injecteurs (photo 3). Nettoyez-en l'extérieur avec une brosse à soies souples, puis l'intérieur avec un outil pour buse de veilleuse (photo 4). Cet outil sert à curer les petits orifices. Prenez garde de ne pas égratigner l'injecteur ni d'en agrandir l'ouverture. Réinstallez les injecteurs sur le manifold. Resserrez-les jusqu'à obtenir un ajustement serré. Une fois les tubes secs, installez-les sur les injecteurs ; attachez-les ensuite aux supports des tubes ou au bac coulissant. Attachez le boîtier de la veilleuse s'il y a lieu. Rétablissez l'alimentation en électricité et en gaz. Dans le cas d'un appareil muni d'une veilleuse permanente, rallumez la flamme.

Retirez les vis retenant les brûleurs à leurs supports ou au bac coulissant.

Si le brûleur est difficile à enlever, faites-le osciller d'un côté à l'autre tout en le soulevant et en tirant dessus.

Pour ne pas déformer ni endommager les filets des injecteurs, immobilisez d'une main le manifold durant l'enlèvement de chacun des injecteurs.

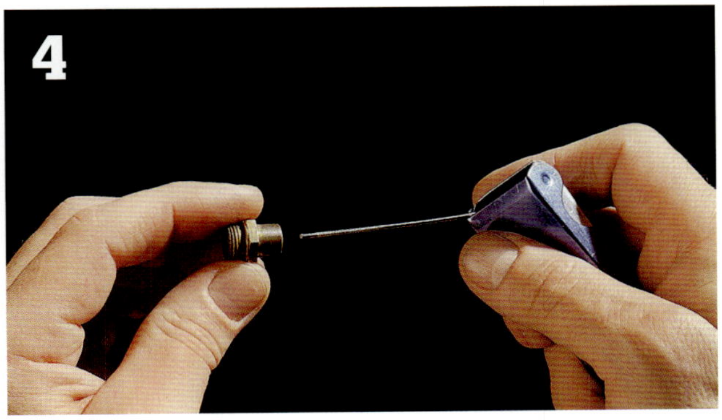

À l'aide d'un outil pour buse de veilleuse, nettoyez avec soin l'orifice des injecteurs, en prenant garde de ne pas les rayer ni d'en agrandir l'ouverture.

Entretien courant des appareils à allumage électronique

Les nouveaux générateurs de chaleur sont munis d'une veilleuse intermittente ou d'un allumeur à surface chaude, ainsi que d'un dispositif de commande électronique qui surveille le fonctionnement de l'appareil et dont les voyants lumineux vous aident à en repérer les défectuosités.

Dans certains modèles récents, l'écart de température entre le conduit d'alimentation et le conduit de reprise doit demeurer à l'intérieur de limites bien précises, faute de quoi l'échangeur de chaleur risque d'être endommagé. Pour savoir si c'est le cas de votre appareil, consultez la plaque signalétique située sur le compartiment du brûleur ; vous y trouverez peut-être une indication de la plage acceptable pour cet écart.

Chaque saison, vérifiez l'écart de température en glissant la sonde d'un thermomètre de poche dans une fente d'un joint de dilatation du conduit d'alimentation (photo 1). Prenez note de cette température et comparez-la à celle du conduit de reprise. Faites venir un technicien si l'écart entre les deux est supérieur à l'écart recommandé.

Votre générateur de chaleur est peut-être muni d'une veilleuse intermittente, qu'une étincelle déclenchée par le thermostat allume. Ce type de veilleuse ne consomme du gaz que lorsque c'est nécessaire, ce qui réduit les frais de chauffage. Si le dispositif d'allumage électronique ne produit pas d'étincelle, faites venir un technicien.

Dans certains modèles, c'est un élément incandescent, appelé « allumeur à surface chaude », qui allume le gaz. Si cet allumeur est défectueux, remplacez-le. Retirez le panneau principal du générateur ; l'allumeur se trouve près de l'extrémité des tubes qui s'allument. Débranchez la bougie de l'allumeur et retirez l'écrou situé sur le support de montage à l'aide d'un tournevis à douille ou d'une clé à douille à cliquet (photo 2). Remplacez l'allumeur.

Si l'allumeur continue de mal fonctionner, consultez le fabricant du générateur : vous devrez peut-être remplacer le dispositif de commande. Détachez un à la fois les fils de l'ancien dispositif, et raccordez-les au nouveau (photo 3). À l'aide d'un tournevis, enlevez ensuite l'ancien dispositif et installez le nouveau (photo 4).

Détachez un à un les fils de l'ancien dispositif de commande et attachez-les au nouveau.

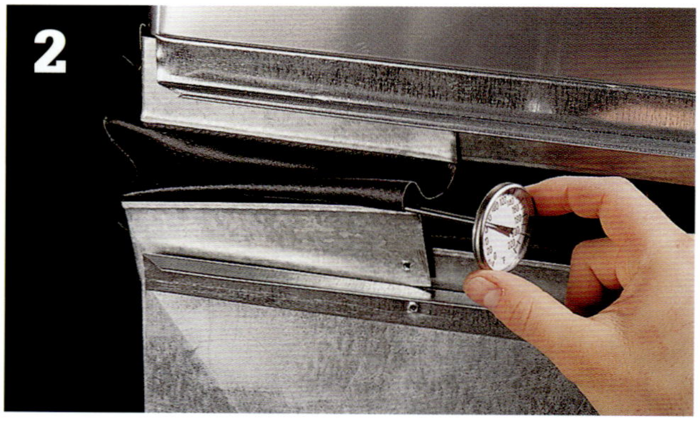

Vérifiez la température interne du conduit d'alimentation et comparez-la à celle du conduit de reprise.

Détachez de son support l'allumeur à surface chaude défectueux.

Enlevez les vis de montage de l'ancien dispositif de commande et installez le nouveau.

Entretien d'un appareil de chauffage au gaz à haute efficacité

Un appareil de chauffage au gaz est dit «à haute efficacité» lorsqu'il atteint une efficacité d'au moins 90%, laquelle est déterminée par une cote de rendement énergétique annuelle (AFUE).

Des appareils fabriqués aussi récemment qu'en 1992 ont un rendement énergétique de 60%, ce qui signifie que 60% du combustible consommé sert à chauffer la maison. Un appareil standard d'efficacité moyenne vendu aujourd'hui a un rendement de 80%, tandis que les appareils à haute efficacité en ont un qui peut atteindre 96%.

Comme les autres appareils de chauffage, l'appareil au gaz à haute efficacité requiert un entretien. Les filtres à air doivent être nettoyés régulièrement: les filtres électroniques seront nettoyés chaque mois, et les filtres jetables seront remplacés tous les trois mois (photo 1).

Si le tuyau de vidange ne se vide pas correctement, de l'humidité risque de s'accumuler dans l'échangeur de chaleur et de gêner la circulation du gaz. Inspectez le tuyau pour vous assurer qu'il n'est pas plié. Certains appareils comportent plusieurs de ces tuyaux; chacun doit être inspecté.

Nettoyez le tuyau de vidange une fois l'an: détachez-le de l'appareil et faites-y passer le jet d'eau d'une lance de jardin (photo 2). Si le tuyau est fait de plastique noir, enlevez-le à un point de raccordement, et rebranchez-le après le nettoyage. Si le tuyau est blanc, il est en PVC; après le nettoyage, vous devrez le réinstaller sur l'appareil de chauffage à l'aide d'un raccord.

Certains appareils sont munis d'un piège à condensat amovible. Si c'est le cas de votre appareil, enlevez le piège au début de l'hiver pour le nettoyer à l'eau. Durant toute la saison de chauffage, inspectez le piège périodiquement; videz-le au besoin.

Inspectez les tuyaux d'évent et l'appareil pour y déceler la présence éventuelle de corrosion (photo 3). L'eau – le «condensat» – produite par l'appareil, très acide, provoque en peu de temps la corrosion du métal. Remplacez les tuyaux qui fuient.

Assurez-vous que les zones situées autour de la prise d'air et de l'évacuation ne sont pas obstruées. Les plantes, les buissons et les autres matières qui bloquent l'arrivée d'air ou l'évacuation peuvent provoquer l'arrêt de l'appareil de chauffage (photo 4).

Nettoyez les filtres électroniques tous les mois, puis réinstallez-les dans l'appareil de chauffage.

Nettoyez le tuyau de vidange une fois l'an, à l'aide du jet d'eau d'une lance de jardin.

Inspectez les tuyaux d'évent pour y repérer les signes de corrosion; remplacez les tuyaux rouillés.

Enlevez les débris et les matières susceptibles d'obstruer la prise d'air et l'évacuation.

Entretien de l'humidificateur

L'humidificateur de votre appareil de chauffage augmente le taux d'humidité de votre maison. Il en existe deux types : à tambour et goutte à goutte. Ils s'installent sur le conduit d'air chaud ou de reprise.

Dans un humidificateur à tambour, un tambour rotatif recouvert d'une éponge absorbe l'eau d'un bac. L'air circulant à travers l'éponge provoque l'évaporation de l'eau, ce qui augmente le taux d'humidité. Dans un humidificateur de type goutte à goutte, l'eau s'égoutte sur une éponge fixe à travers laquelle circule l'air.

L'humidificateur goutte à goutte consomme davantage d'eau, puisque l'excédent d'eau de l'éponge s'écoule dans un drain. Cependant, il reste plus propre et exige moins d'entretien que l'humidificateur à tambour, du fait que la circulation de l'eau réduit considérablement l'accumulation d'écume. Il faut nettoyer l'humidificateur à tambour plus souvent pour prévenir la formation de moisissure dans l'eau stagnante.

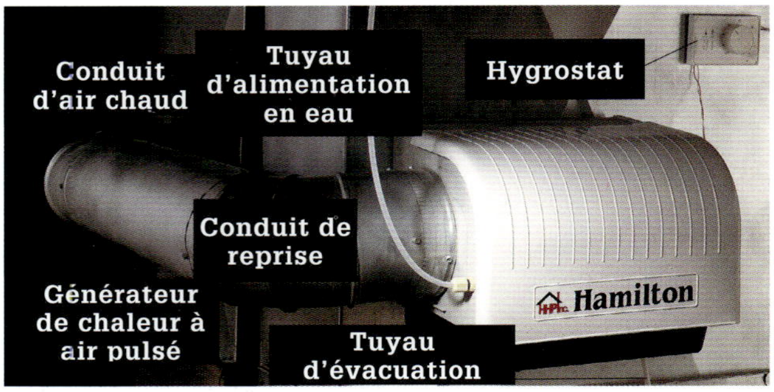

Outils et matériel ▸

Mètre à ruban
Clés ouvertes
Ciseau à froid
Couteau à mastic
Vinaigre
Éponge d'évaporation (si nécessaire)

Entretien d'un humidificateur de type goutte à goutte

Ce type d'humidificateur doit être inspecté tous les mois. L'éponge d'évaporation doit être remplacée à la fin de la saison de chauffage.

Avant l'entretien, coupez le courant au tableau de distribution principal et coupez l'alimentation en eau. Glissez les doigts sous la sortie d'eau en plastique et soulevez-la pour l'enlever. Enlevez le plateau de distribution du dispositif, en appuyant sur le plateau vers le bas tout en poussant sur le cadre de plastique (photo 1). Avec un ciseau à froid, éliminez les dépôts minéraux accumulés sur les coches en V du plateau (photo 2).

Enlevez l'éponge d'évaporation et le cadre, puis séparez-les (photo 3). Tordez et pliez l'éponge pour en détacher les dépôts ; au besoin, utilisez un couteau à mastic pour les éliminer. Si l'éponge s'effrite, remplacez-la.

Détachez le tuyau d'évacuation. Pliez-le, puis rincez-le à l'eau froide (photo 4). Remontez l'humidificateur et rattachez-y le tuyau d'évacuation. Rétablissez le courant et l'alimentation en eau.

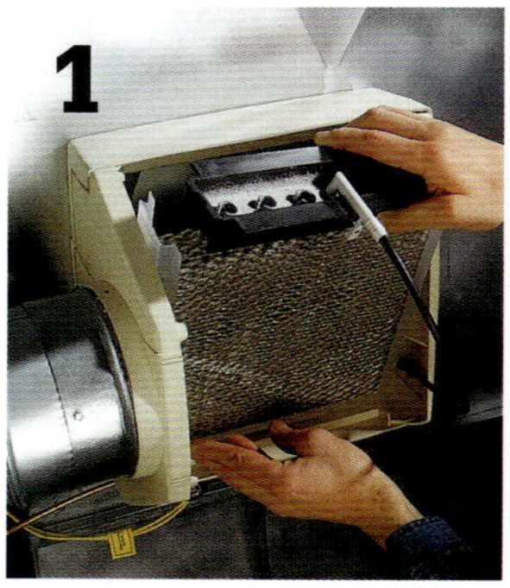

Retirez le plateau de distribution de l'humidificateur.

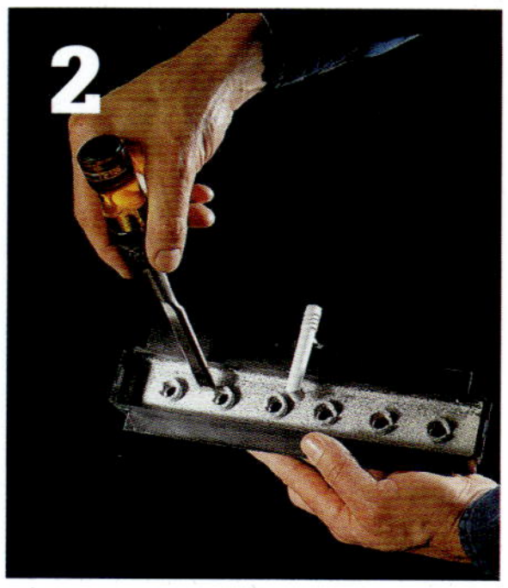

Avec un ciseau à froid, grattez les dépôts minéraux accumulés dans les coches en V.

Retirez du cadre l'éponge d'évaporation.

Détachez le tuyau d'évacuation et rincez-le à l'eau froide.

Entretien d'un humidificateur à tambour

L'éponge de l'humidificateur à tambour doit être nettoyée tous les mois et remplacée à la fin de la saison de chauffage. Coupez le courant alimentant le système de chauffage et de climatisation ; fermez le robinet d'alimentation en eau. Desserrez les vis ou déclenchez les agrafes du couvercle de l'humidificateur ; enlevez le couvercle.

Soulevez le tambour en en saisissant les deux extrémités (photo 1). Si l'éponge est dure, nettoyez-la ou remplacez-la.

Enlevez l'éponge du tambour en retirant l'attache du moyeu central et en séparant les deux moitiés de l'arbre du tambour (photo 2).

Faites tremper l'éponge dans une solution composée d'une partie de vinaigre et de trois parties d'eau. Tordez l'éponge pour la rincer. Si celle-ci reste dure ou qu'elle est endommagée, remplacez-la. En laissant l'éponge en place, servez-vous d'un mètre à ruban pour mesurer la profondeur de l'eau dans le bac (photo 3). Vous trouverez peut-être dans le guide du propriétaire la hauteur recommandée. Sinon, vérifiez si l'éponge plonge dans l'eau à chaque rotation et en ressort humide, et s'il y a une marque laissée par les minéraux sur la paroi du bac, laquelle marque indique où le niveau d'eau devrait se situer.

Pour régler le niveau d'eau, desserrez l'écrou de retenue du tuyau d'alimentation en eau (photo 4). Pour hausser le niveau, élevez le flotteur puis resserrez l'écrou. Pour le diminuer, baissez le flotteur puis resserrez l'écrou. Attendez 30 minutes avant de vérifier de nouveau l'éponge et le niveau d'eau. Si de l'eau s'écoule par le raccord du tuyau d'alimentation en eau, resserrez l'écrou avec une clé ouverte (photo 5).

Retirez le tambour en le soulevant hors de ses coches.

Séparez les deux moitiés de l'arbre du tambour après avoir enlevé l'attache.

Veillez à ce que l'éponge trempe dans l'eau. Les dépôts minéraux laissés sur la paroi du bac indiqueront le niveau d'eau d'origine.

À l'aide d'une clé ouverte, desserrez l'écrou de retenue du tuyau d'eau.

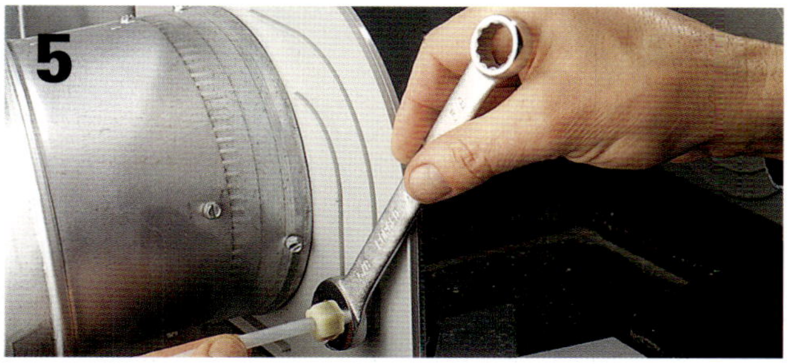

Réglez la hauteur du flotteur, puis resserrez l'écrou.

Entretien d'un système de chauffage à l'eau chaude ou à la vapeur

Le système de chauffage à l'eau chaude ou à la vapeur, aussi connu sous le nom de chauffage « hydronique », comprend une chaudière qui réchauffe l'eau et la fait circuler dans un réseau fermé de tuyaux et de radiateurs ou de convecteurs. Vu que l'eau prend ou perd du volume selon qu'elle se réchauffe ou se refroidit, le système comporte aussi un vase d'expansion qui assure un volume constant d'eau en circulation dans le circuit.

Ce système réchauffe l'air ambiant selon un principe de convection. Les radiateurs d'eau chaude (photo 1) sont reliés au système par des tuyaux situés à leur base. À mesure que l'eau refroidit dans le radiateur, elle est aspirée vers la chaudière pour y être réchauffée. Les radiateurs des systèmes à vapeur (photo 2) sont raccordés par le haut. Ils peuvent devenir très chauds au toucher. Les convecteurs (photo 3), plus petits et plus légers que les radiateurs, peuvent remplacer les radiateurs d'eau chaude ou servir à prolonger un système à eau chaude existant.

Même si le circuit d'eau chaude ou de vapeur est considéré comme fermé, il y a toujours de l'air qui finit par y pénétrer. Les radiateurs à vapeur sont munis d'une soupape automatique qui libère périodiquement de l'air chaud et humide. Les radiateurs d'eau chaude comportent un purgeur qui doit être périodiquement ouvert pour libérer l'air emprisonné dans le circuit. Il est généralement nécessaire de purger le système de convecteurs par un robinet situé près de la chaudière.

Les systèmes à eau chaude ou à vapeur modernes sont souvent alimentés au gaz naturel, et les anciens au mazout. Ces derniers requièrent un entretien plus fréquent du filtre (page 529) et du ventilateur (page 530).

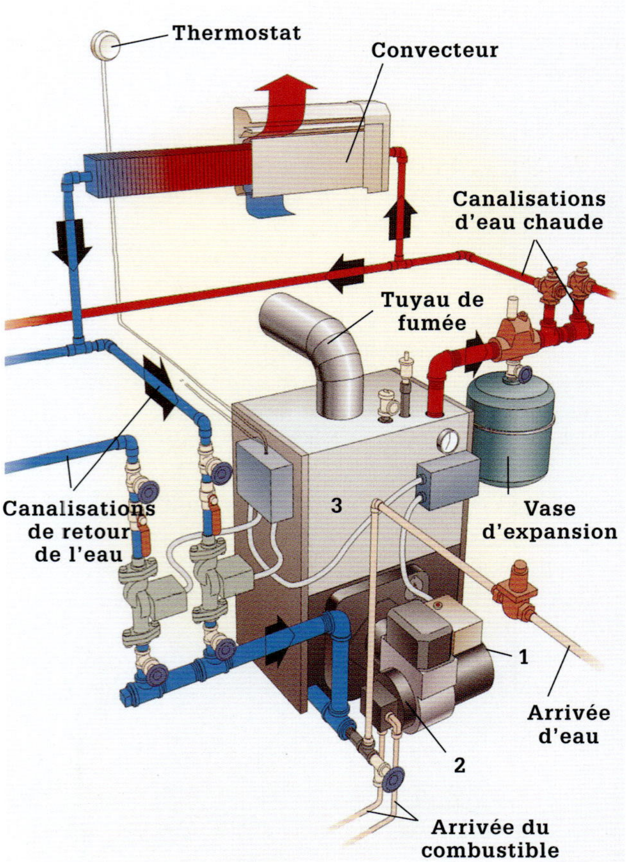

Un ventilateur aspire de l'air dans la prise d'air (1), tandis qu'une pompe (2) assure une alimentation constante en mazout. À son arrivée dans la chambre de combustion (3), le mélange est allumé par une étincelle à haute tension et il chauffe l'eau.

Le radiateur à eau chaude fait circuler l'eau chauffée dans les tuyaux. Lorsqu'elle refroidit, l'eau est aspirée vers la chaudière, où elle sera réchauffée.

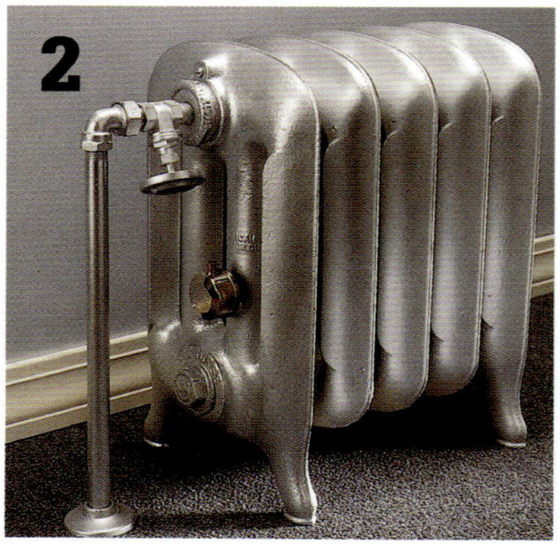

Le radiateur à vapeur fonctionne à haute température. La vapeur, en se refroidissant dans le radiateur, redevient liquide puis retourne vers la chaudière.

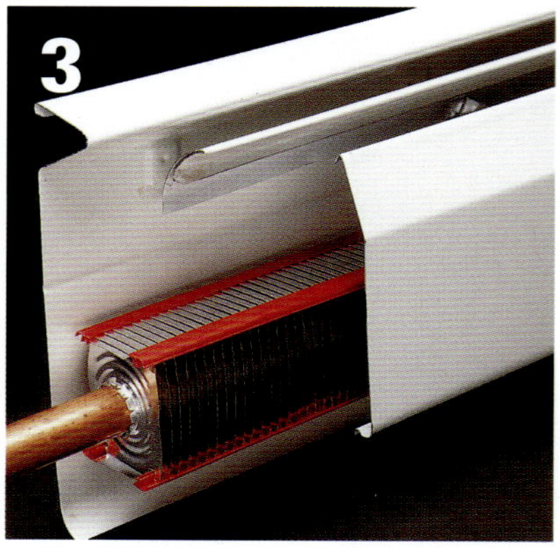

Le convecteur à eau chaude, très peu encombrant, fonctionne comme un radiateur, mais ce sont de minces ailettes de tôle qui transfèrent la chaleur à l'air ambiant.

Entretien courant du filtre à mazout et du tamis

La mesure d'entretien courant la plus utile pour votre système à eau chaude ou à vapeur est le remplacement du filtre à mazout.

Placez une toile de protection et des journaux autour de la base de la chaudière. Coupez le courant alimentant la chaudière au tableau de distribution principal et fermez l'interrupteur de la chaudière, généralement situé à proximité de celle-ci. Fermez ensuite le robinet d'alimentation en combustible ; laissez refroidir l'appareil pendant 30 minutes.

Enfilez des gants jetables. Dévissez le couvercle du filtre à cartouche (photo 1). Enlevez la cartouche en faisant un mouvement de torsion ; renversez-la pour que le vieux filtre tombe dans un sac de plastique (photo 2). Retirez le joint d'étanchéité de la cartouche ; essuyez l'intérieur, d'abord avec un chiffon imprégné de solvant, puis avec un chiffon sec. Installez un nouveau filtre et un nouveau joint d'étanchéité (photo 3). Placez la cartouche sous le couvercle et réinstallez-la.

À l'aide d'une clé ouverte, retirez les boulons du couvercle de la pompe (photo 4). Laissez la canalisation de mazout raccordée ; enlevez du couvercle le joint d'étanchéité et le tamis (photo 5). Nettoyez le tamis avec du solvant et une brosse à pièces. S'il est endommagé ou trop usé, remplacez-le. Essuyez le couvercle avec un chiffon propre. Placez le tamis nettoyé ou neuf dans le couvercle, et installez un nouveau joint d'étanchéité. Serrez les boulons du couvercle de la pompe. Remettez la chaudière en marche.

Outils et matériel ▸

- Clés ouvertes
- Brosses pour pièces
- Gants
- Toile de protection
- Solvant
- Filtre à mazout et joint d'étanchéité de la cartouche
- Joint d'étanchéité du tamis
- Chiffon

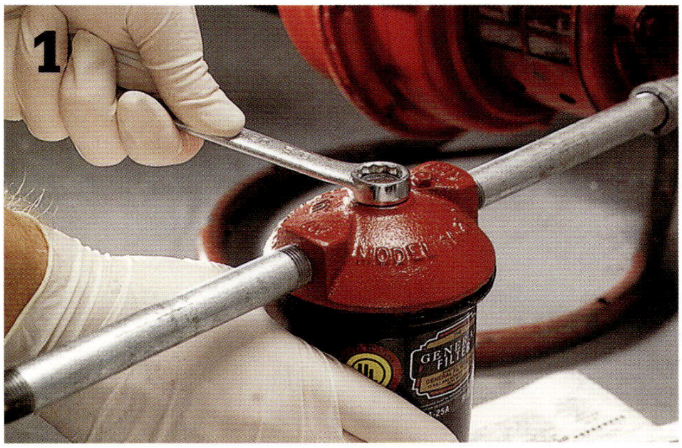

Dévissez le couvercle du filtre à cartouche, en ayant à portée de la main un sac de plastique.

Faites tourner la cartouche pour la détacher de la canalisation de mazout. Demandez au service de ramassage des ordures de votre localité des instructions sur l'élimination du filtre.

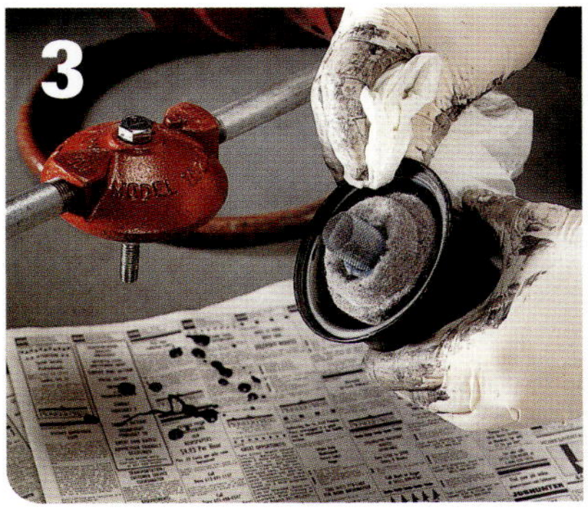

Essuyez le bord de la cartouche, d'abord avec un chiffon imprégné de solvant, puis avec un chiffon sec.

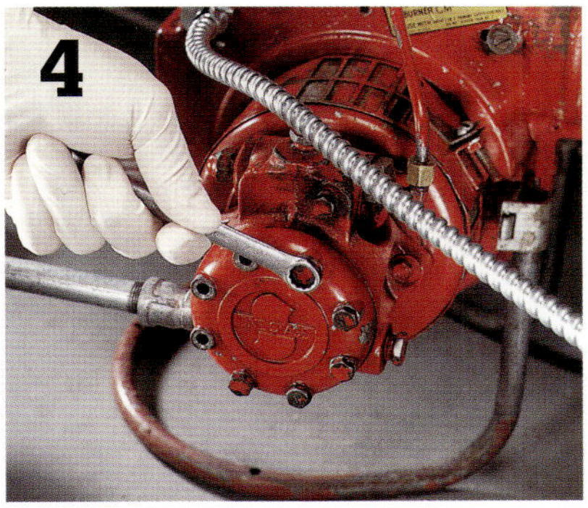

Lorsque vous enlevez le couvercle de la pompe, ne détachez pas de celui-ci la canalisation de combustible.

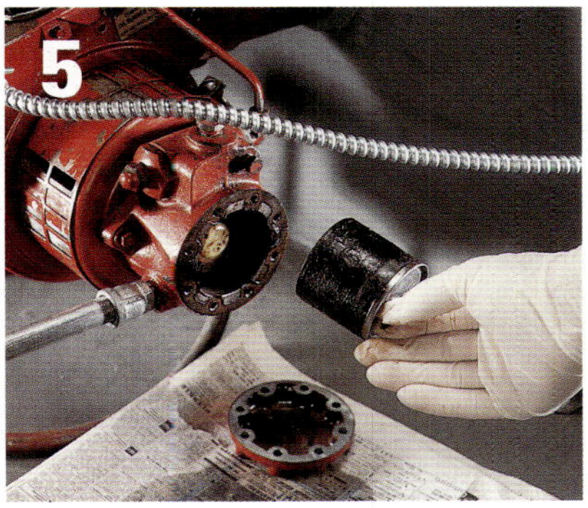

Retirez avec soin le tamis. Même un tamis très encrassé peut souvent être réutilisé après un bon nettoyage.

Nettoyage et lubrification du ventilateur

Le rendement de votre chaudière dépend en grande partie de la propreté du combustible et de la fiabilité de l'alimentation en air. Nettoyez la prise d'air de votre chaudière tous les mois et lubrifiez le moteur tous les deux mois durant la saison de chauffage.

Coupez le courant alimentant la chaudière. Enlevez avec une brosse à soies moyennes étroite la poussière et la saleté de la prise d'air (photo 1). Avec une clé ouverte ou un tournevis, selon le cas, desserrez le transformateur. En le laissant attaché, déplacez-le sur le côté pour avoir accès au ventilateur (photo 2). Avec la brosse et un chiffon humide, enlevez la saleté des pales du ventilateur (photo 3).

La plupart des ventilateurs de chaudière sont munis d'un orifice de lubrification sur le dessus ou de godets graisseurs aux extrémités. Consultez le guide du propriétaire ou le fabricant pour déterminer le type d'huile qui convient le mieux à votre ventilateur. Avant d'enlever les bouchons des orifices ou d'ouvrir les godets, nettoyez l'extérieur du moteur avec un chiffon humide (photo 4) pour empêcher que des saletés n'entrent dans le moteur. Avec une clé ou un tournevis, enlevez les bouchons des orifices ou les couvercles des godets. Versez-y quelques gouttes d'huile lubrifiante (photo 5).

Si le moteur n'est pas muni d'orifices ni de godets, c'est qu'il s'agit probablement d'un moteur autolubrifiant (photo 6). Vérifiez si c'est ou non le cas dans le guide du propriétaire.

Outils et matériel ▸

Clés ouvertes
Tournevis (à pointe ordinaire et à pointe cruciforme)
Brosse à soies moyennes
Toile de protection
Huile lubrifiante pour chaudière
Chiffon

Pour nettoyer la prise d'air, utilisez la brosse servant à nettoyer le serpentin d'un réfrigérateur.

Si le transformateur est attaché au boîtier du ventilateur par une charnière, rabattez-le sur le côté. S'il est lâche, prenez garde de ne pas exercer de tension sur les raccords des fils.

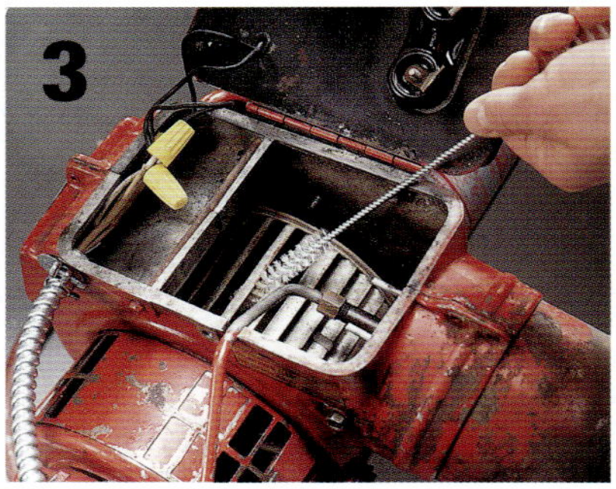

Les pales de la plupart des ventilateurs sont minces et difficiles d'accès ; maniez avec soin la longue brosse : une pale déformée fait beaucoup plus de bruit qu'une pale encrassée.

Pour empêcher que la saleté tombe dans le moteur lorsque vous le lubrifiez, essuyez-en la surface avec un chiffon humide avant d'ouvrir les orifices ou les godets.

Versez de l'huile dans les orifices ou les godets. Le type d'huile à utiliser sera peut-être probablement indiqué sur le boîtier du moteur.

Si le moteur n'est pas muni d'orifices ni de godets, c'est probablement qu'il est scellé et qu'il n'a pas besoin d'être lubrifié.

Vidange et remplissage du système de chauffage

Dans tout système fonctionnant à l'eau, des sédiments finissent par s'accumuler, ce qui en réduit l'efficacité et en endommage les pièces internes. La vidange saisonnière de la chaudière réduit l'accumulation de sédiments. Sachez que cette vidange prend beaucoup de temps et que l'eau vidangée a souvent une odeur désagréable, ce qui n'est toutefois pas le signe d'une défectuosité quelconque. Vidangez le système l'été : ouvrez les fenêtres et utilisez un ventilateur pour chasser les mauvaises odeurs.

Commencez par éteindre la chaudière. Laissez le système refroidir pendant une heure ou deux. Raccordez un tuyau d'arrosage au tuyau de vidange situé au bas de la chaudière (photo 1) ; placez l'extrémité du tuyau d'arrosage dans un renvoi de sol ou dans un évier de service. Ouvrez le purgeur du radiateur le plus élevé de la maison (page 532).

Lorsque l'eau a fini de s'écouler, ouvrez le purgeur d'un radiateur situé plus près de la chaudière. Lorsque l'écoulement cesse, cherchez le robinet ou l'indicateur qui se trouve sur le dessus de la chaudière et enlevez-le avec une clé à tuyau (photo 2).

Assurez-vous que le système est froid avant de le remplir d'eau. Refermez le robinet de vidange de la chaudière. Placez un entonnoir dans le raccord de l'indicateur ; versez-y un antirouille, que vous pouvez vous procurer chez un détaillant d'accessoires de chauffage (photo 3). Lisez-en le mode d'emploi. Réinstallez le robinet ou l'indicateur sur la chaudière, refermez tous les purgeurs que vous avez ouverts, et rouvrez lentement l'arrivée d'eau de la chaudière.

Lorsque l'indicateur de la chaudière affiche une pression de 5 psi, purgez l'air des radiateurs du rez-de-chaussée, puis de ceux des autres étages. Laissez la chaudière atteindre une pression de 20 psi avant de rétablir le courant (photo 4). Laissez l'eau circuler librement pendant 12 heures, puis purgez de nouveau les radiateurs.

Outils et matériel ▸

- Clés ouvertes
- Clés à tuyau
- Tuyau d'arrosage
- Entonnoir
- Seau de plastique
- Toile de protection
- Antirouille pour chaudière

Servez-vous d'un tuyau d'arrosage pour vidanger la chaudière. Gardez l'extrémité ouverte du tuyau d'arrosage à un niveau plus bas que celui du robinet de vidange de la chaudière.

Si le robinet ou l'indicateur est attaché à un raccord distinct, immobilisez ce raccord à l'aide d'une clé à tuyau pendant que vous enlevez le robinet ou l'indicateur au moyen d'une autre clé.

À l'aide d'un entonnoir, versez dans le raccord du robinet ou de l'indicateur l'antirouille recommandé pour votre chaudière.

Laissez la chaudière atteindre une pression de 20 psi avant de rétablir le courant.

Purge d'un système de chauffage à eau chaude

Les systèmes de chauffage à eau chaude fonctionneront plus silencieusement et plus efficacement si vous les purgez une fois l'an. Pour purger le système, celui-ci doit être en marche. Commencez par les radiateurs les plus élevés et les plus éloignés de la chaudière. Placez un chiffon absorbant sous le purgeur, qu'il faut ouvrir lentement (photo 1) et refermer dès que de l'eau en sort. Certains purgeurs sont munis d'un bouton qui permet de les ouvrir d'un demi-tour ; d'autres doivent être ouverts à l'aide d'un tournevis ou d'une clé à purgeur, que l'on trouve dans les quincailleries.

Les radiateurs à vapeur sont munis d'un purgeur automatique. Pour dégager un purgeur obstrué, fermez le robinet d'arrêt du radiateur et laissez refroidir ce dernier. Nettoyez l'orifice du purgeur avec une aiguille ou un petit fil métallique (photo 2).

Les purgeurs des vieux systèmes à eau chaude et à convecteurs se trouvent souvent sur les convecteurs ou à proximité de ceux-ci. Purgez ces convecteurs comme s'il s'agissait de radiateurs.

La plupart des nouveaux systèmes à convecteurs ne sont pas munis de purgeurs. Dans ce cas, cherchez le robinet fileté se trouvant à l'endroit où la canalisation de retour d'eau rejoint la chaudière. Fermez le robinet-vanne situé entre le robinet fileté et la chaudière. Raccordez un petit bout de tuyau au robinet fileté ; immergez-en l'extrémité dans un seau rempli d'eau. Ouvrez le robinet fileté tout en ajoutant de l'eau dans la chaudière (en en ouvrant le robinet d'arrivée d'eau). Le robinet d'arrivée d'eau se trouve sur le tuyau d'arrivée d'eau, lequel est généralement le plus petit tuyau de tout le système. Continuez la manœuvre jusqu'à ce qu'il n'y ait plus de bulles qui sortent du tuyau placé dans le seau d'eau (photo 3). Ouvrez le robinet-vanne pour achever la purge d'air. Refermez le robinet fileté avant de remettre la chaudière en marche.

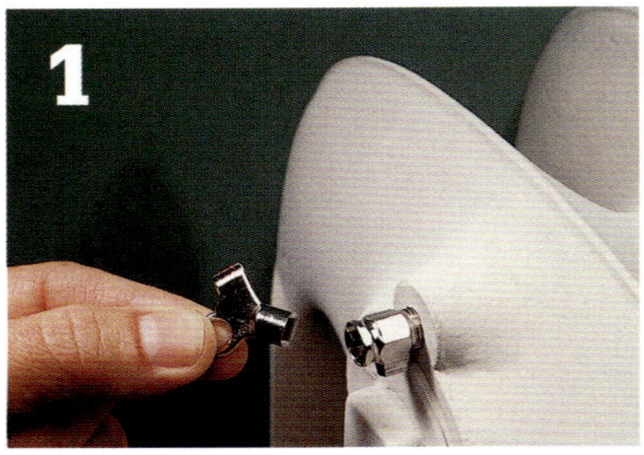

Vous pouvez vous procurer une clé à purgeur dans une quincaillerie ou une maisonnerie.

Si le radiateur ne chauffe pas, nettoyez l'orifice du purgeur avec une aiguille ou un petit fil métallique.

Le système à convecteurs se purge généralement près de la chaudière : placez l'extrémité du tuyau dans un seau d'eau ; ajoutez de l'eau dans la chaudière jusqu'à ce qu'il n'y ait plus de bulles qui sortent du tuyau.

Remplacement du robinet de commande d'un radiateur ▸

Remplacez le robinet de commande d'un radiateur s'il refuse de tourner. Commencez par vidanger le système (page 531). Servez-vous d'une clé à tuyau pour enlever l'écrou vissé sur la sortie du robinet. Détachez du tuyau d'alimentation le corps du robinet (photo 1, à droite). Vissez l'about du nouveau robinet sur le radiateur. Vissez le corps du robinet sur le tuyau d'alimentation, en veillant à ce que la flèche marquée sur le corps pointe dans le sens de la circulation de l'eau. Vissez sur la sortie du robinet l'écrou de l'about (photo 2). Lorsque vous rechargez le système, ouvrez le purgeur du radiateur jusqu'à ce qu'un peu d'eau s'en échappe.

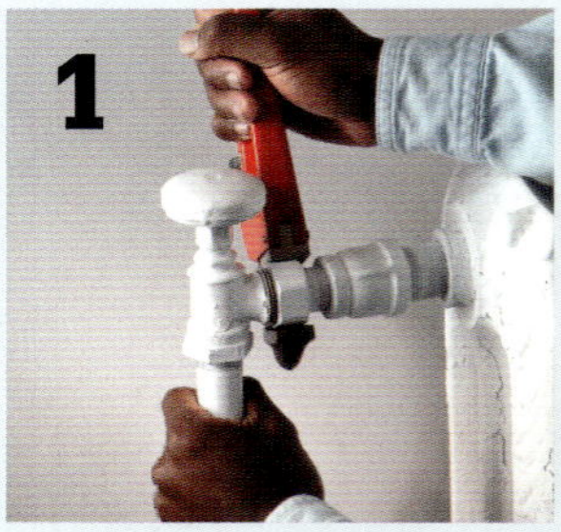

Avec une clé à tuyau, détachez le robinet de commande (à gauche). Vissez sur le radiateur l'about du nouveau robinet (à droite).

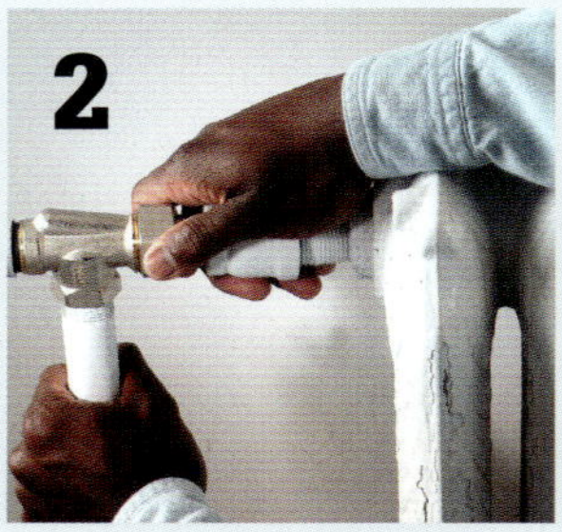

Fixez le robinet sur le tuyau d'alimentation, puis vissez l'écrou de l'about sur le robinet.

Repérage et réparation des fuites d'évacuation

Les fuites se produisant dans le conduit d'évacuation, autour de la bride de montage du brûleur, autour du couvercle de la chambre de combustion ou de la porte de foyer sont des sources potentielles de monoxyde de carbone. Toute fuite susceptible de provoquer l'infiltration de ce gaz dans votre maison doit être immédiatement colmatée.

La présence de trous ou de sections rouillées indique que le conduit d'évacuation est endommagé. On peut repérer des fuites moins importantes en allumant le brûleur et en tenant une bougie allumée près des joints du conduit, de la bride de montage du brûleur, du couvercle de la chambre de combustion ou de la porte de foyer (photo). La flamme sera aspirée vers le joint s'il y a fuite.

Pour repérer une fuite, tenez une bougie allumée près des joints du conduit ou du brûleur.

Outils et matériel ▸

Brosse métallique
Couteau à mastic
Longue bougie
Tournevis/visseuse électrique
Sections de conduit
Ciment réfractaire

Colmatage d'une fuite

Avant de colmater une fuite à un joint, éteignez le brûleur et laissez refroidir la chaudière. Avec une brosse métallique, enlevez la saleté et la rouille accumulées dans la zone qui fuit (photo 1).

Colmatez la fuite en appliquant du ciment réfractaire à l'aide d'un couteau à mastic (photo 2). Pour colmater une fuite à la bride de montage, desserrez les boulons situés sur les bords de la bride. Éliminez au grattoir les résidus du joint d'étanchéité ; appliquez une couche de ciment réfractaire sur la bordure. Serrez ensuite les boulons.

Pour vérifier l'efficacité de la réparation, mettez la chaudière en marche et tenez une bougie allumée près de la zone réparée. La flamme de la bougie ne devrait pas vaciller.

Enlevez à l'aide d'une brosse métallique la rouille et la saleté accumulées en surface.

Avec un couteau à mastic, appliquez du ciment réfractaire sur la zone pour colmater la fuite.

Réparation d'une plinthe chauffante

La plinthe chauffante est un appareil simple, composé d'un élément chauffant attaché à des ailettes qui dégagent la chaleur et d'un limiteur qui prévient la surchauffe de l'élément. Certains modèles sont munis d'un thermostat intégré ; d'autres sont commandés par un thermostat à tension secteur (page 544) installé sur le mur et directement relié à la plinthe.

La plupart des plinthes chauffantes sont alimentées par un circuit de 240 V, ce qui signifie que le fil noir et le fil blanc du circuit sont tous deux sous tension. D'autres fonctionnent à 120 V et sont câblées dans un circuit ou tout simplement branchés dans une prise. Les vérifications à faire sur les trois types de thermostats sont à peu près les mêmes.

Si la plinthe est câblée dans un circuit, coupez le courant au tableau de distribution principal et assurez-vous que le courant a été bien coupé avant de commencer le travail de vérification ou de réparation.

Note : Le câblage des plinthes et des thermostats varie. Par souci de sécurité et pour obtenir de meilleurs résultats, consultez toujours les instructions du fabricant et étiquetez tous les fils avant de les débrancher.

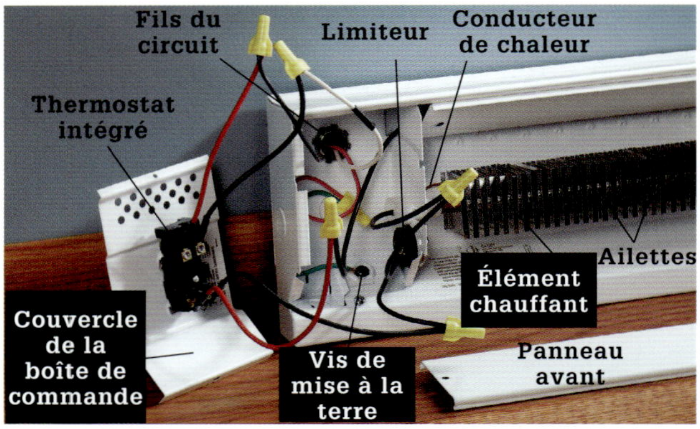

Outils et matériel ▸

- Tournevis
- Multimètre
- Aspirateur ou brosse
- Pince à bec effilé
- Pièces de rechange
- Ruban-cache
- Stylo

Vérification du courant avant la réparation

Au tableau de distribution, coupez le courant alimentant la plinthe. Retirez le couvercle de la boîte de commande et étiquetez le fil noir sous tension du circuit. Insérez l'une des sondes du vérificateur de tension ou du multimètre dans le serre-fils vissé sur le bout du fil du circuit et placez l'autre sur la vis de mise à la terre du boîtier. Étiquetez ensuite l'autre fil du circuit (dans une plinthe de 240 V, ce fil sera lui aussi sous tension). Insérez l'une des sondes du vérificateur ou du multimètre dans le serre-fils de ce second fil et placez l'autre sonde sur la vis de mise à la terre. Enfin, insérez une sonde dans chacun des serre-fils que vous venez de vérifier. Si le voyant du vérificateur ou du multimètre s'allume au cours de l'un de ces essais, c'est que le courant circule encore dans la plinthe. Retournez au tableau principal et coupez l'alimentation du circuit correspondant à la plinthe.

Vérification et entretien des plinthes chauffantes

Commencez par vérifier le limiteur. Coupez le courant au tableau de distribution principal et vérifiez si la plinthe est bien hors tension (page 534). Détachez de sa borne un fil de liaison du limiteur. Réglez le multimètre pour l'essai de continuité. Placez une sonde sur chacune des bornes du limiteur. Si le multimètre indique la continuité, c'est que le limiteur fonctionne bien et que vous devez vérifier le thermostat (étape 2). Dans le cas contraire, enlevez le limiteur et son conducteur de chaleur et remplacez-le par une pièce identique du fabricant.

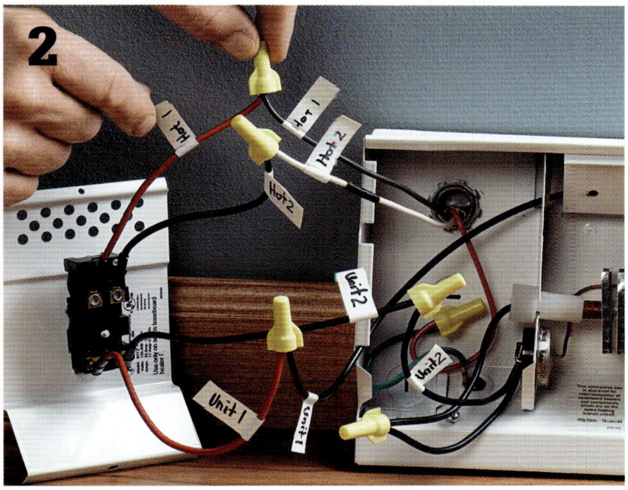

Pour vérifier le thermostat, commencez par étiqueter chacun de ses fils de liaison et des fils qui y sont attachés. Désignez comme « sous tension » (*HOT*) les fils du circuit et leurs fils de liaison, et comme « appareil » (*UNIT*) les fils de la plinthe et les fils de liaison de ceux-ci.

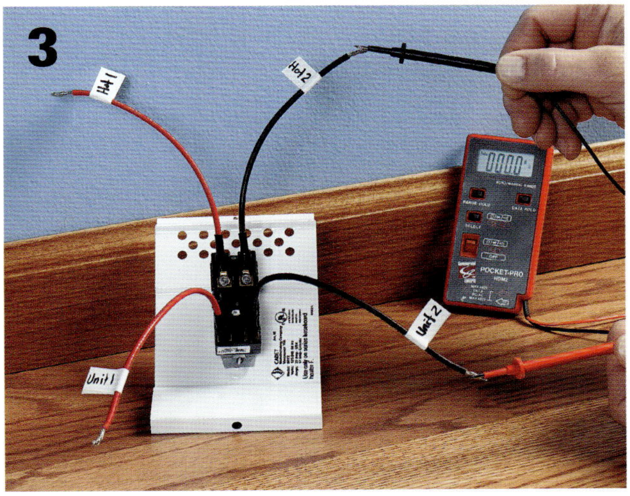

Détachez tous les fils et enlevez le thermostat. Réglez le thermostat au maximum. Réglez le multimètre pour la vérification de la continuité. Placez l'une des sondes du multimètre sur l'un des fils de liaison désignés comme « sous tension » (*HOT*), et l'autre sur chacun des fils désignés comme « appareil » (*UNIT*). Le multimètre devrait indiquer la continuité de l'une des connexions. Répétez l'essai sur l'autre fil de liaison « sous tension », et l'autre sonde sur chacun des fils de liaison « appareil ». Si le multimètre confirme la continuité des deux fils de liaison sous tension, passez à l'étape 4. Si le thermostat échoue à l'un de ces essais, remplacez-le par un thermostat identique du fabricant.

Vérifiez l'élément chauffant. Trouvez le fil de l'élément qui est relié à l'un des fils de liaison du thermostat. (Ce fil pourrait être attaché à l'extrémité la plus éloignée de l'élément.) Dévissez le serre-fils et séparez les fils. Réglez le multimètre pour la vérification de la continuité. Placez l'une des sondes sur le fil de l'élément détaché, et l'autre sur le fil qui relie le limiteur à l'autre extrémité de l'élément. Le multimètre devrait indiquer la continuité, ce qui signifie que l'élément est sain et que la défectuosité se trouve peut-être dans le circuit. Dans le cas contraire, l'élément est défectueux, et il faut remplacer tout l'appareil.

Réparation d'un radiateur mural

Le radiateur mural est installé entre deux montants d'un mur intérieur. On le trouve généralement dans de petits endroits, tels un hall d'entrée ou de nouvelles toilettes, où il n'y a pas d'autre source de chaleur. Il fonctionne sur le même principe que la plinthe chauffante (pages 534-535) : l'électricité circulant dans un élément dégage de la chaleur.

Le radiateur mural est souvent équipé d'un ventilateur qui répand la chaleur dans la pièce. Si votre radiateur mural ne s'allume pas ou ne s'éteint pas en fonction des variations de température dans la pièce ou lorsque vous tournez le bouton de commande, c'est sans doute qu'il nécessite de petites réparations.

Le radiateur peut être muni de un ou de deux limiteurs situés près de l'élément chauffant ; ceux-ci éteindront l'appareil en cas de surchauffe. Si le radiateur dégage une légère odeur de brûlé et qu'il ne s'éteint pas automatiquement, c'est que l'un des limiteurs ou les deux sont défectueux.

Si le radiateur ne répond pas au bouton de commande, c'est sans doute que le thermostat est défectueux. Faites tourner le bouton du thermostat à partir de la position OFF et écoutez : vous devriez entendre un clic. Si vous ne l'entendez pas, vérifiez la continuité du thermostat à l'aide d'un multimètre. Remplacez le thermostat s'il est défectueux.

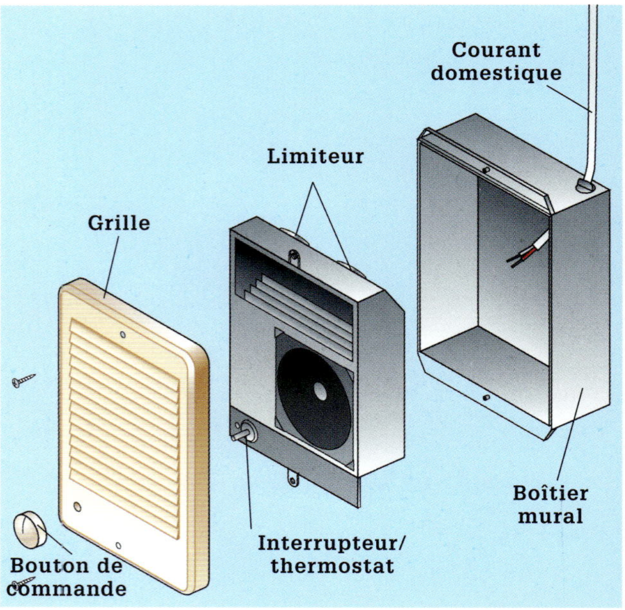

Inspectez le radiateur mural avant la saison froide. La poussière et la saleté peuvent s'accumuler autour de l'élément chauffant et dégager une odeur de brûlé à la mise en service. Un bon nettoyage avec une brosse à soies souples est essentiel au fonctionnement fiable et efficace de l'appareil.

Enlèvement du radiateur et vérification de la tension

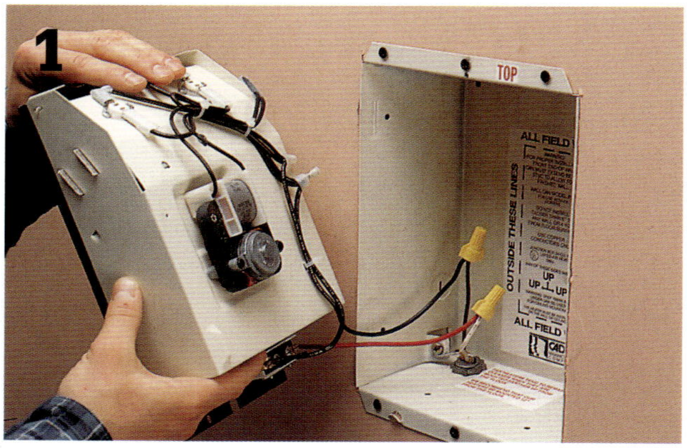

Pour enlever le radiateur et en vérifier la tension, coupez le courant l'alimentant au tableau de distribution principal. Enlevez le bouton de commande. Desserrez les vis de la grille et faites glisser le radiateur hors de son boîtier. Tirez d'abord sur le dessus du radiateur pour en dégager les languettes de la partie inférieure.

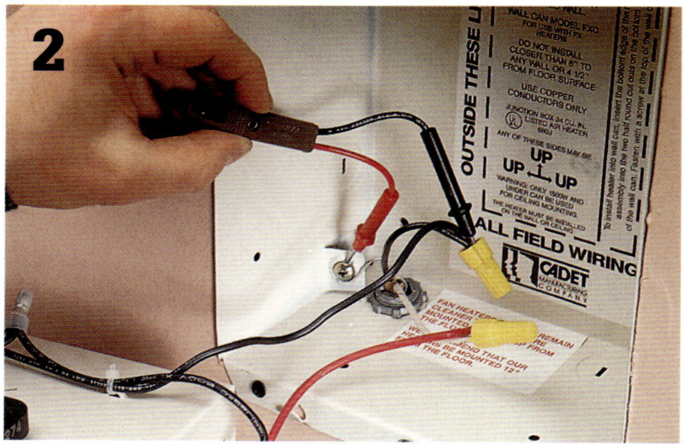

Insérez l'une des sondes du vérificateur de tension dans le serre-fils contenant le fil noir du circuit ; placez l'autre sonde sur la vis de mise à la terre. Insérez ensuite l'une des sondes dans le serre-fils contenant le fil blanc ; placez l'autre sonde sur la vis de mise à la terre. Enfin, insérez une sonde dans l'un des serre-fils, et l'autre dans l'autre serre-fils. Le voyant du vérificateur ne devrait pas s'allumer au cours de ces essais. S'il s'allume, déclenchez le bon disjoncteur au tableau de distribution principal. Répétez les essais jusqu'à ce que le voyant ne s'allume plus.

Vérification et remplacement d'un limiteur

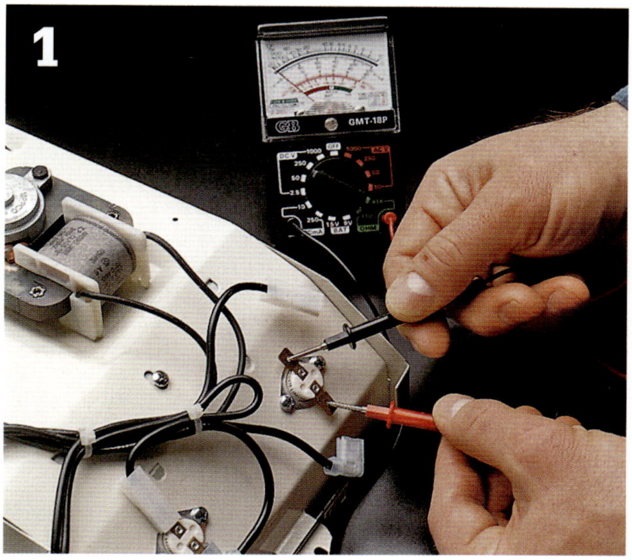

Au tableau de distribution principal, coupez le courant alimentant le radiateur ; vérifiez ensuite s'il est bien hors tension. À l'aide d'une pince à bec effilé, détachez de sa borne (à l'arrière du radiateur) l'un des fils de liaison du limiteur et vérifiez-en la continuité à l'aide d'un multimètre. Placez l'une des sondes du multimètre sur chacune des bornes du limiteur. Répétez la vérification sur l'autre limiteur.

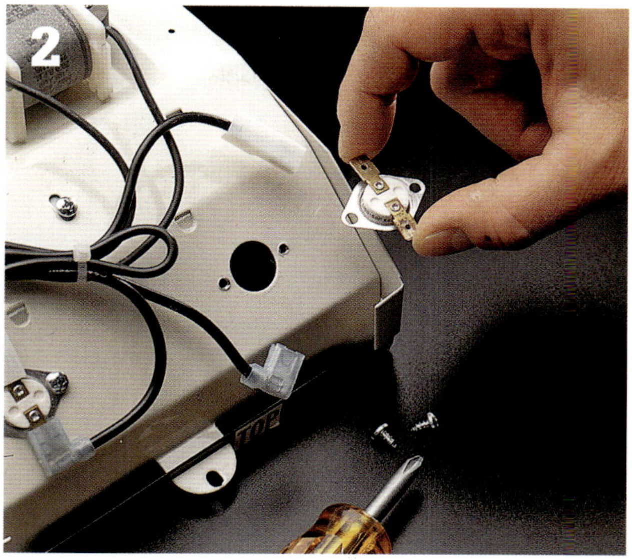

Si le multimètre révèle une discontinuité, enlevez le limiteur et son conducteur de chaleur. Apportez l'ancien limiteur au magasin lorsque vous en achèterez un nouveau. Installez le nouveau limiteur et remontez le radiateur.

Vérification et remplacement d'un thermostat

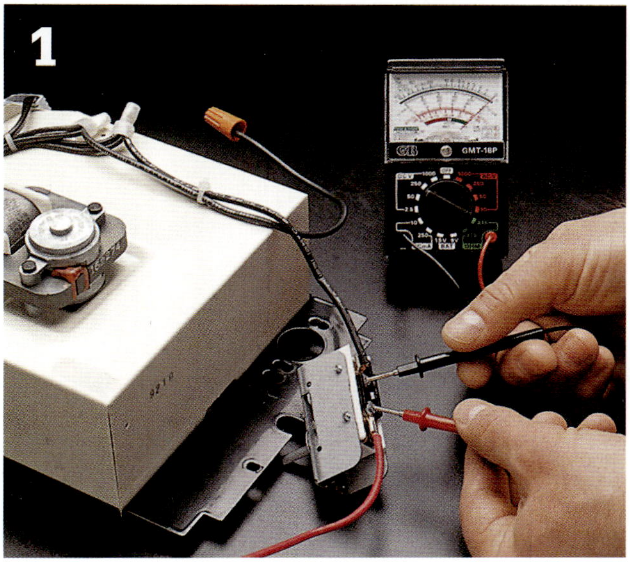

Au tableau de distribution principal, coupez le courant qui alimente le radiateur ; vérifiez ensuite si le radiateur est bien hors tension. Détachez l'un des fils de liaison à l'arrière de l'interrupteur/thermostat en vous servant d'une pince à bec effilé ou en dévissant le fil. Réglez le multimètre pour l'essai de continuité et placez-en les sondes sur chacune des bornes.

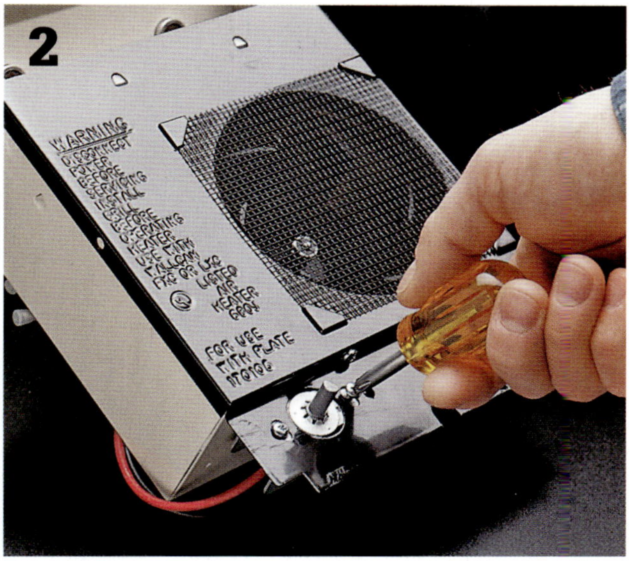

Si le multimètre révèle une discontinuité, détachez l'autre fil de liaison ; dévissez l'interrupteur/thermostat de la base du radiateur et remplacez-le par un dispositif identique.

Réparation et remplacement d'un thermostat

Un thermostat est un interrupteur sensible à la chaleur, qui commande automatiquement les systèmes de chauffage et de climatisation d'une maison. Il en existe deux types : le thermostat à basse tension, qui commande le système de chauffage/climatisation à partir d'un seul endroit, et le thermostat à tension secteur, qui commande un appareil de chauffage localisé. Dans ce dernier cas, chaque pièce de la maison dispose de son propre appareil de chauffage et de son thermostat.

Le thermostat à basse tension est alimenté par un transformateur qui réduit le courant de 120 V à environ 24 V. Il est très durable, mais il peut être défectueux si les connexions de ses fils se relâchent ou s'encrassent, si ses pièces se corrodent ou si son transformateur s'use. Certains systèmes de thermostats sont reliés à deux transformateurs : l'un commande le générateur de chaleur, et l'autre le climatiseur.

Le thermostat à tension secteur est alimenté par le même circuit que l'appareil de chauffage, généralement un circuit de 240 V. Veillez toujours à couper le courant avant de procéder à l'entretien de ce type de thermostat.

On peut remplacer un thermostat en une heure environ. Beaucoup de propriétaires choisissent de remplacer leurs thermostats à basse tension et à tension secteur par des thermostats programmables, lesquels permettent de réaliser des économies d'énergie pouvant atteindre les 35 %.

Lorsque vous achetez un nouveau thermostat, assurez-vous qu'il est compatible avec votre système de chauffage/climatisation. Notez la marque et le numéro de modèle de votre ancien thermostat et de votre système de chauffage/climatisation. Pour remplacer un transformateur à basse tension, choisissez-en un dont la tension et l'intensité nominales correspondent à celles de l'ancien thermostat.

Outils et matériel ▸

- Pinceau à soies souples
- Multimètre
- Tournevis
- Pince à usages multiples
- Vérificateur de continuité
- Ruban-cache
- Petit bout de fil

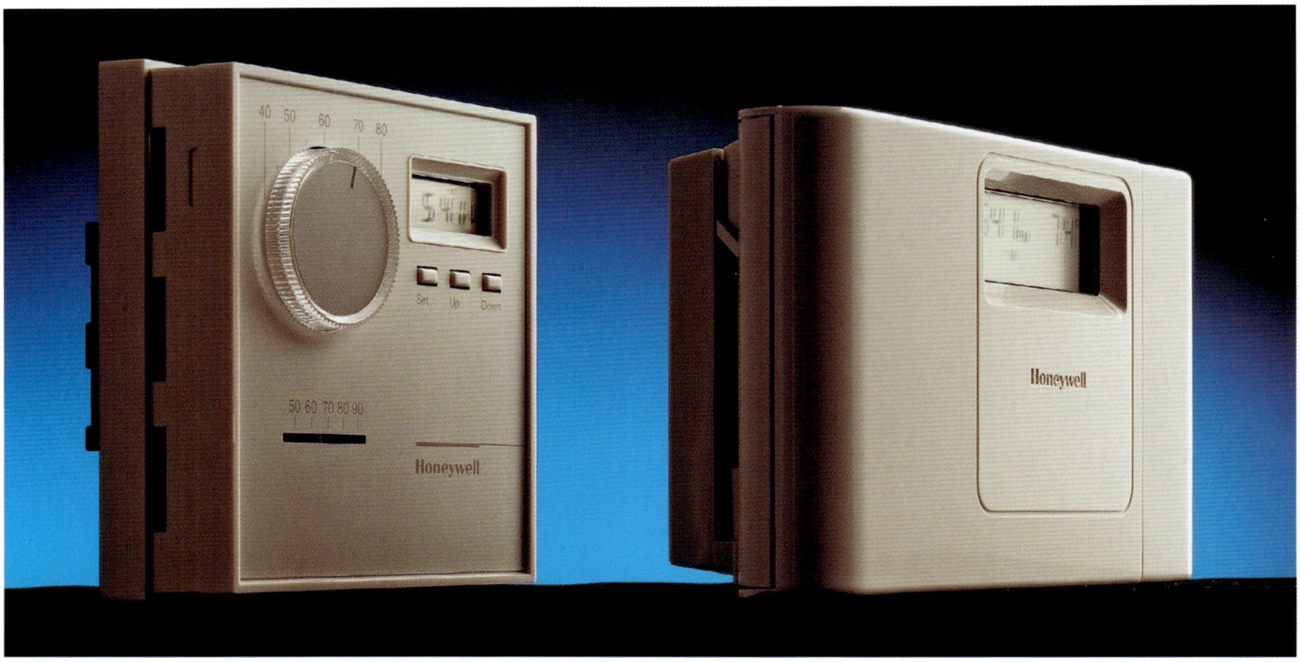

Les thermostats électroniques programmables peuvent être réglés de manière à commander jusqu'à quatre changements de température par jour. Ils existent en modèles à basse tension (à droite) pour la commande des systèmes centraux de chauffage et de climatisation, ou en modèles à tension secteur (à gauche) pour la commande des plinthes chauffantes. La plupart de ces thermostats sont munis d'une pile qui sauvegarde le programme en cas de panne de courant.

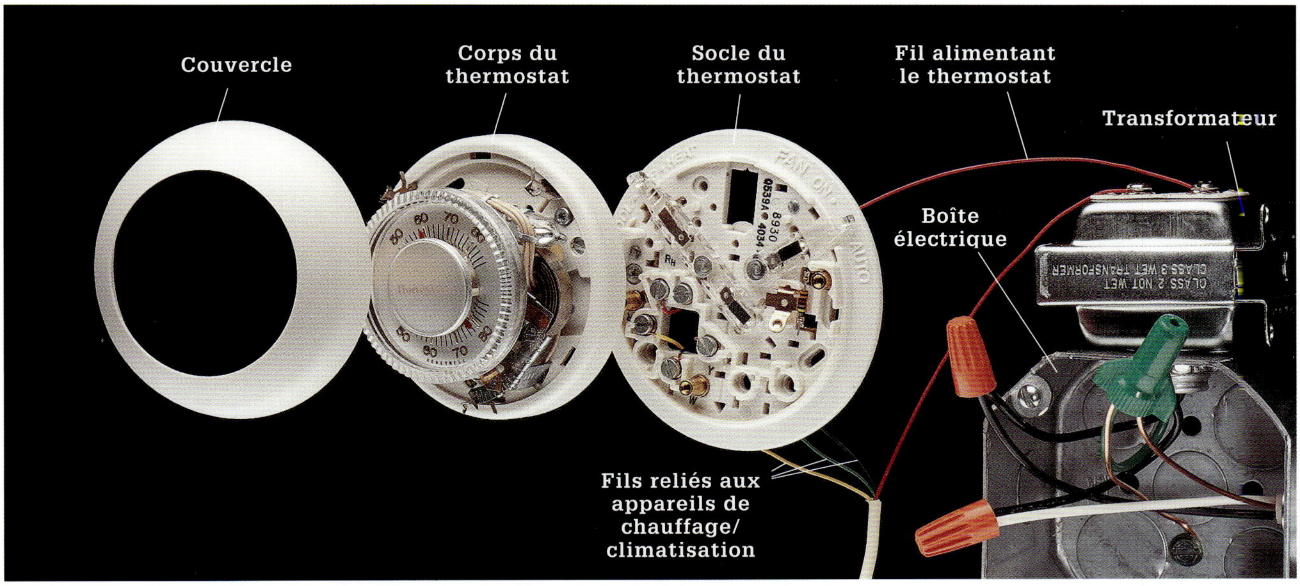

Le système de thermostat à basse tension comporte un transformateur installé sur une boîte de raccordement ou derrière le panneau de service du générateur de chaleur. Des fils de très petits diamètres (calibres 18-22) transmettent le courant au thermostat. Ce dernier surveille en permanence la température ambiante et envoie par d'autres fils des signaux électriques à l'appareil de chauffage/ climatisation. Le nombre de fils reliés au thermostat varie de deux à six, selon le type de système de chauffage/climatisation. Dans un système à quatre fils typique (ci-dessus), le thermostat est alimenté par un seul fil provenant de la borne R. Les fils attachés aux autres bornes transmettent des signaux au générateur de chaleur, au climatiseur et au ventilateur. Avant d'enlever le thermostat, étiquetez bien chacun des fils en fonction des bornes auxquelles ils sont attachés.

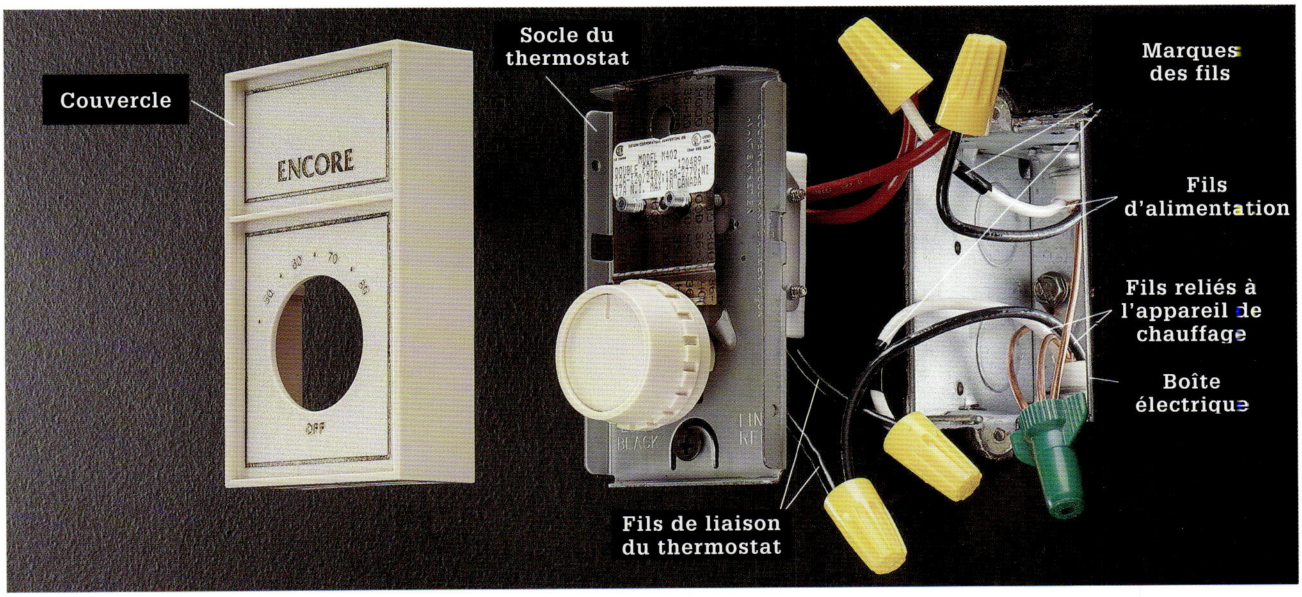

Le thermostat à tension secteur qui commande une plinthe chauffante de 240 V est généralement muni de quatre fils de liaison, bien que certains n'en aient que deux. Dans le cas du thermostat à quatre fils, les deux fils de liaison rouges (parfois marqués *LINE* ou *L*) sont attachés aux deux fils sous tension qui proviennent du tableau de distribution principal et qui alimentent la boîte. Les fils de liaison noirs (parfois marqués *LOAD*) sont raccordés aux fils du circuit qui alimentent l'appareil de chauffage.

Inspection et vérification d'un système de thermostat à basse tension

Coupez le courant alimentant le système de chauffage/climatisation au tableau de distribution principal. Enlevez le couvercle du thermostat.

Dépoussiérez les pièces à l'aide d'un pinceau à soies souples.

Desserrez les vis de montage pour enlever le corps du thermostat.

Inspectez les connexions du socle. Rattachez les fils détachés. Si l'extrémité d'un fil est endommagée ou rouillée, coupez-la ; dénudez un nouveau bout de fil et attachez-le à la borne à vis.

Repérez le transformateur basse tension du thermostat. Il se trouve généralement près du système de chauffage/climatisation ou derrière le panneau de service du générateur de chaleur. Resserrez toute connexion lâche.

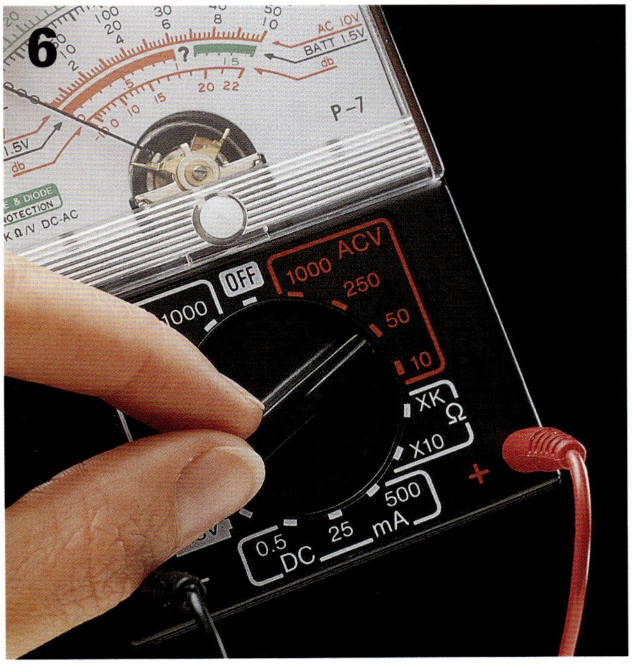

Réglez le multimètre à la plage de 50 V c.a. Au tableau de distribution principal, rétablissez le courant alimentant le système de chauffage/climatisation.

Placez les sondes du multimètre sur les bornes à vis basse tension. Si le multimètre ne détecte pas de courant, c'est que le transformateur est défectueux. Remplacez-le (page 543).

Le système de chauffage étant alimenté en courant, réglez le thermostat à *AUTO* et à *HEAT*.

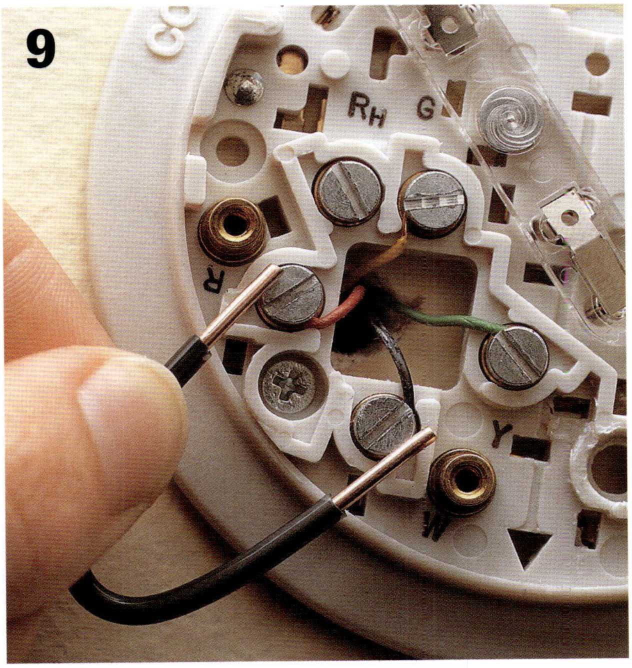

Dénudez sur environ ½ po chacune des extrémités d'un court fil à gaine isolante. Placez l'une des extrémités du fil sur la borne marquée W, et l'autre sur celle qui est marquée R. Si l'appareil de chauffage se met en marche, vous saurez que c'est le thermostat qui est défectueux. Remplacez-le (page 542).

Installation d'un thermostat à basse tension programmable

Au tableau de distribution principal, coupez le courant alimentant le système de chauffage/climatisation. Enlevez le couvercle du thermostat.

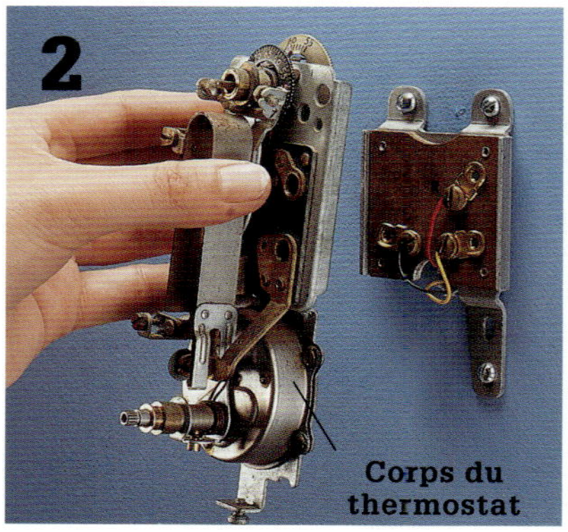

Dévissez les vis de montage et enlevez le corps du thermostat.

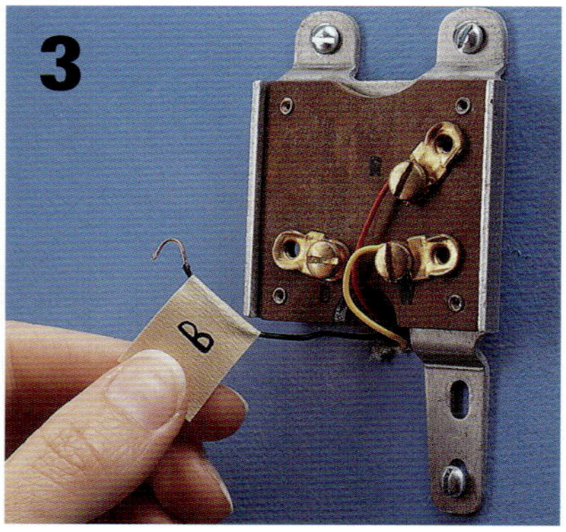

Étiquetez les fils à basse tension avec du ruban-cache en fonction des bornes auxquelles ils sont attachés. Détachez tous les fils à basse tension.

Enlevez le socle du thermostat en desserrant les vis de montage. Collez les fils sur le mur pour les empêcher de tomber dans l'ouverture.

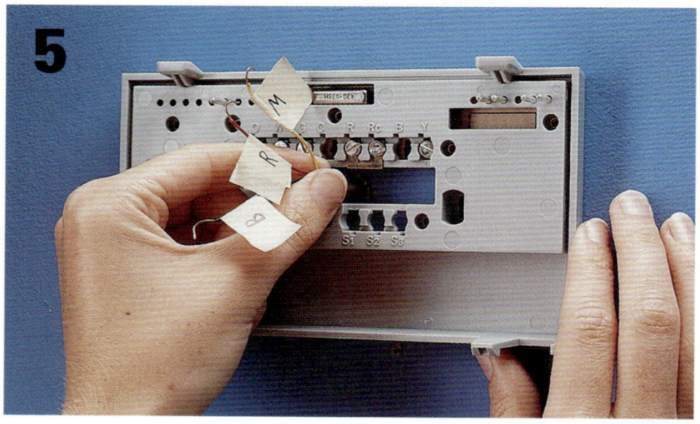

Faites passer les fils à basse tension dans l'ouverture du socle du nouveau thermostat. Installez le socle sur le mur à l'aide des vis de montage fournies avec l'appareil.

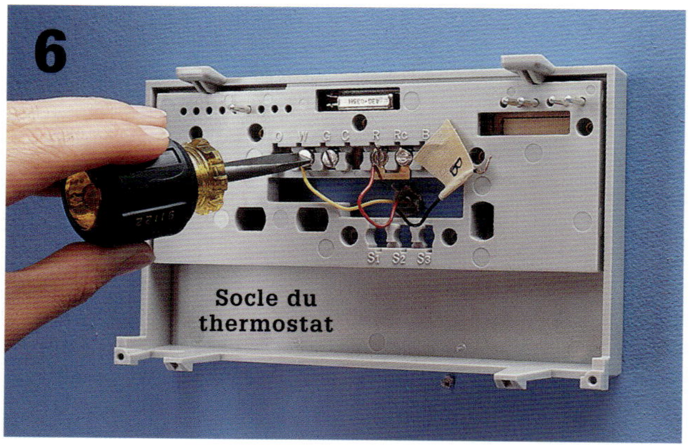

Raccordez les fils à basse tension aux bornes du socle. Suivez le schéma de connexion du fabricant.

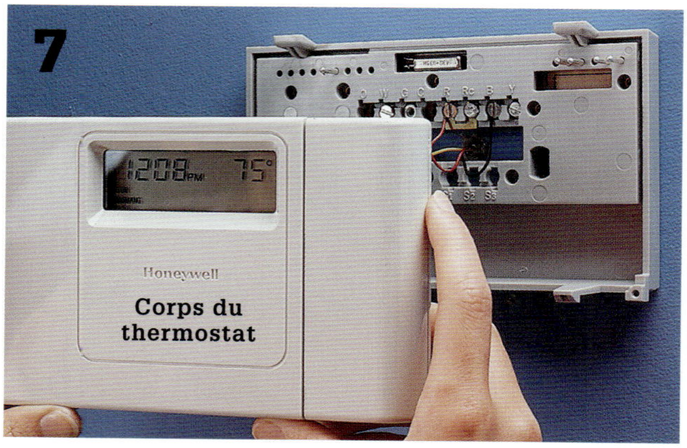

Insérez les piles dans le corps du thermostat puis fixez-le à son socle. Rétablissez le courant et programmez le thermostat.

Remplacement d'un transformateur à basse tension

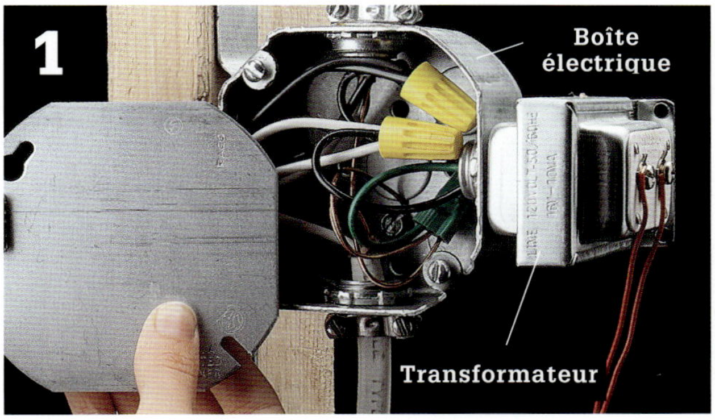

Au tableau de distribution principal, coupez le courant alimentant le système de chauffage/climatisation. Enlevez le couvercle de la boîte électrique.

En prenant garde de ne pas toucher à la partie dénudée des fils, enlevez le serre-fils raccordant le fil noir du circuit au fil de liaison du transformateur.

Confirmez que le courant a bien été coupé : placez l'une des sondes du vérificateur de tension sur la boîte métallique mise à la terre, et l'autre sur la partie dénudée des fils. Enlevez le serre-fils des fils blancs et répétez la vérification. La lampe du vérificateur devrait rester éteinte dans les deux cas. Si elle s'allume, c'est que le courant parvient encore à la boîte. Retournez au tableau de distribution pour couper le courant du bon circuit.

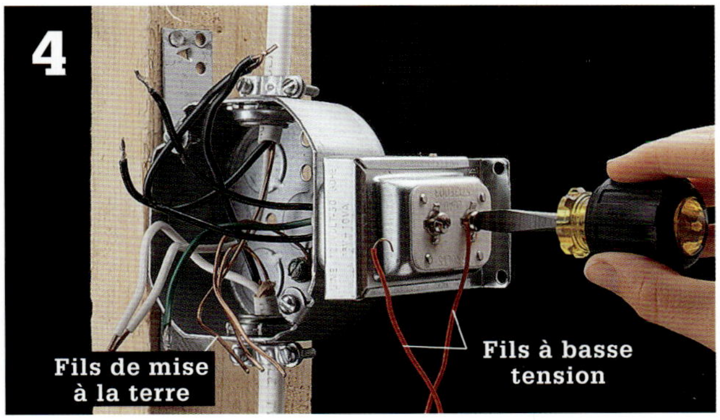

Détachez les fils de mise à la terre dans la boîte, puis les fils à basse tension reliés aux bornes du transformateur. Dévissez les vis du support de montage dans la boîte et enlevez le transformateur. Achetez un transformateur dont la tension nominale correspond à celle de l'ancien.

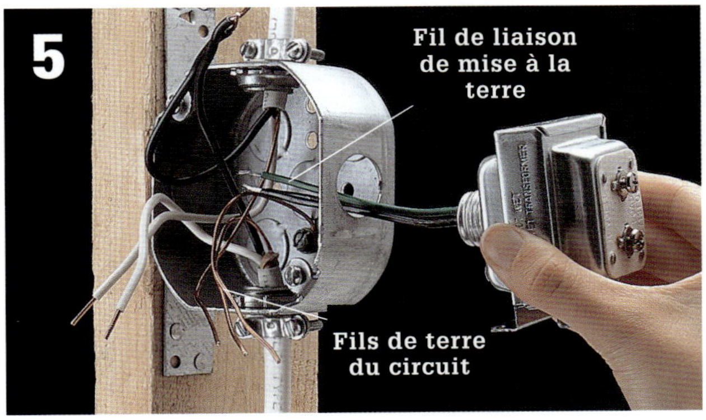

Fixez le nouveau transformateur sur la boîte. Raccordez les fils du circuit aux fils de liaison du transformateur. Raccordez les fils de mise à la terre du circuit au fil de liaison de mise à la terre du transformateur.

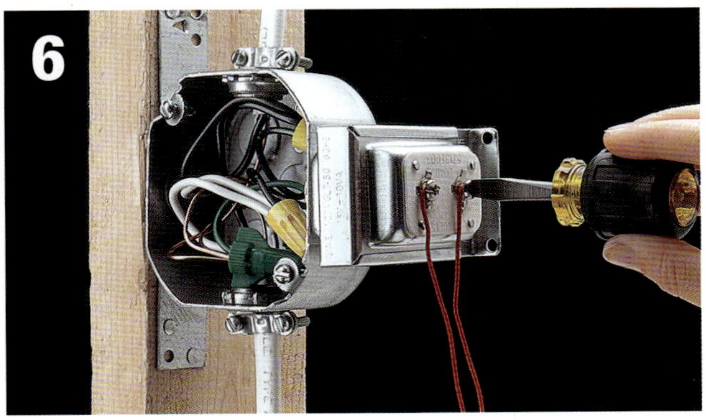

Raccordez les fils à basse tension au transformateur. Installez le couvercle de la boîte. Rétablissez le courant au tableau de distribution principal.

Vérification et remplacement d'un thermostat à tension secteur

Au tableau de distribution principal, coupez le courant alimentant l'appareil de chauffage. Enlevez le couvercle du thermostat.

Dévissez les vis de montage et sortez avec soin le thermostat de la boîte électrique.

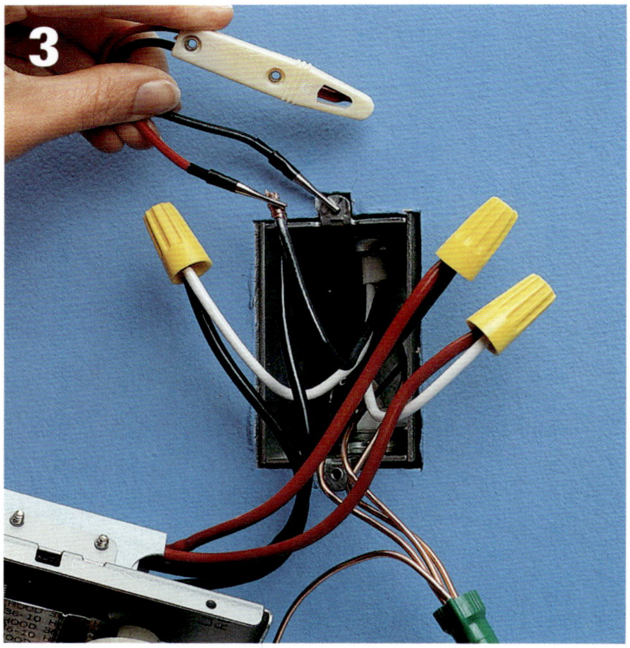

Enlevez l'un des serre-fils. Confirmez que le courant a bien été coupé : placez l'une des sondes du vérificateur de tension sur la boîte métallique mise à la terre, et l'autre sur la partie dénudée des fils. La lampe du vérificateur devrait rester éteinte. Enlevez les autres serre-fils et répétez la vérification. La lampe du vérificateur devrait rester éteinte. Si elle s'allume, c'est que le courant parvient encore à la boîte. Retournez au tableau de distribution pour couper le courant du bon circuit.

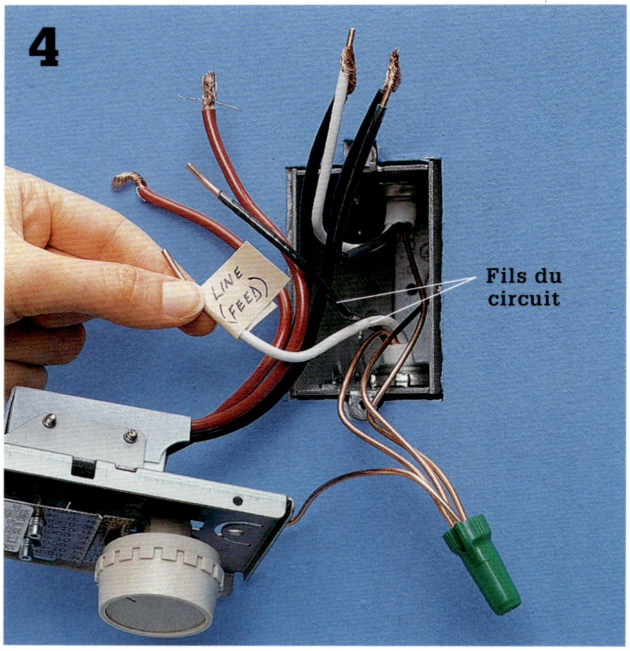

Avec du ruban-cache, étiquetez les deux fils de circuit qui sont attachés aux fils de liaison du thermostat marqués *LINE*. Ces fils de circuit alimentent la boîte et sont parfois appelés fils d'alimentation. Étiquetez tous les fils avec du ruban-cache et détachez-les tous.

Vérifiez la continuité du thermostat : placez la pince du vérificateur sur l'un des fils de liaison marqués *LINE*, et la sonde sur le fil de liaison marqué *LOAD* situé du même côté du thermostat. Réglez la température à *HIGH* et à *LOW*. La lampe du vérificateur devrait s'allumer dans les deux positions. Répétez la vérification avec l'autre paire de fils de liaison. Si la lampe du vérificateur ne s'allume pas dans les deux positions, c'est que le thermostat est défectueux. Remplacez-le.

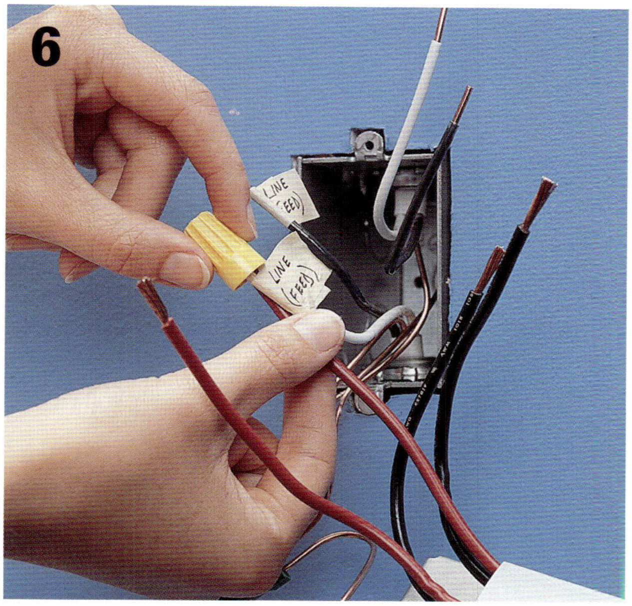

Choisissez un nouveau thermostat dont la tension et l'intensité nominales correspondent à celles de l'ancien. À l'aide de serre-fils, raccordez les fils d'alimentation du circuit aux fils de liaison du thermostat marqués *LINE*.

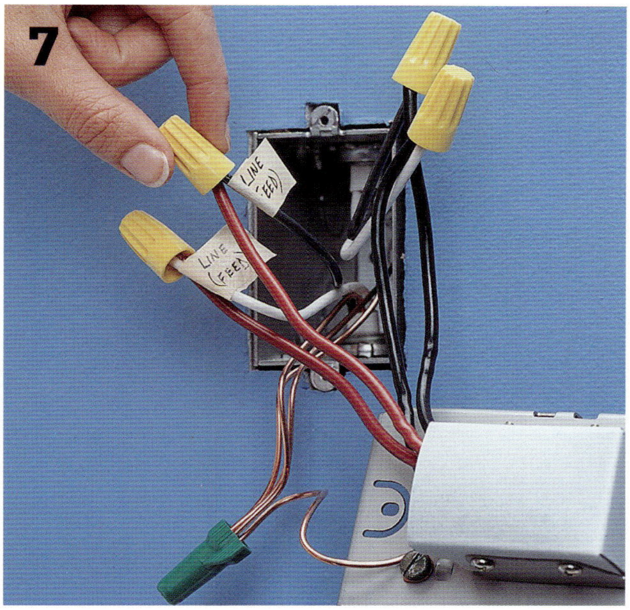

À l'aide de serre-fils, raccordez les fils de circuit qui restent aux fils de liaison du thermostat marqués *LOAD*. Joignez les fils de terre avec un serre-fils.

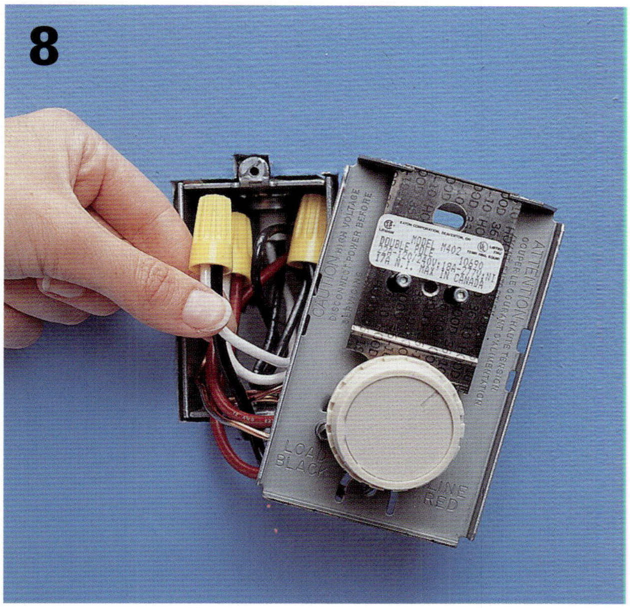

Poussez délicatement tous les fils dans la boîte électrique. Installez les vis de montage du thermostat, puis le couvercle. Rétablissez le courant au tableau de distribution principal. Si le nouveau thermostat est programmable, programmez-le.

Installation d'un closoir de ventilation

Si le comble de votre maison a besoin de ventilation, vous pouvez installer sur le faîte un closoir de ventilation. Du fait qu'il s'étend d'un bout à l'autre du faîte, ce closoir assure une circulation d'air uniforme sous toute la toiture. Il constitue avec l'évent de soffite continu le système de ventilation le plus efficace.

Puisque le closoir de ventilation est installé le long du faîte, il est pratiquement invisible, contrairement aux autres types de dispositifs, comme la lucarne ou la turbine de ventilation, qui viennent rompre l'harmonie des lignes du toit.

L'installation d'un closoir de ventilation est plus rapide et plus facile que celle des dispositifs de ventilation qu'il faut disposer à plusieurs endroits sur le toit. En outre, elle élimine les multiples découpes, qui risquent de compromettre l'étanchéité de la couverture.

Outils et matériel ▸

- Marteau
- Scie circulaire
- Mètre à ruban
- Cordeau à tracer
- Levier plat
- Closoir de ventilation
- Clous de toiture de 1 ½ po

Le closoir de ventilation, avec les soffites, assure la circulation de l'air sous la toiture. Recouvert par les bardeaux de faîte, il est moins apparent que les autres dispositifs de ventilation du toit.

Installation d'un closoir de ventilation

Enlevez les bardeaux de faîte avec un levier plat. À partir du faîte, mesurez la largeur d'ouverture recommandée par le fabricant et marquez-la à chaque extrémité du toit. Faites claquer le cordeau à tracer entre les marques. Répétez le travail sur l'autre versant du toit. Arrachez tous les clous se trouvant dans la zone.

Réglez la profondeur de coupe de la scie circulaire de manière à trancher le revêtement sans entamer les chevrons. Déplacez la scie le long des deux traits de cordeau, en vous arrêtant à 12 po des extrémités du toit. Enlevez le revêtement découpé avec un levier plat.

Sur un versant du toit, mesurez à partir du faîte une distance correspondante à la moitié de la largeur du closoir. Faites une marque à chaque extrémité du toit et faites claquer le cordeau entre les marques. Répétez le travail sur l'autre versant du toit.

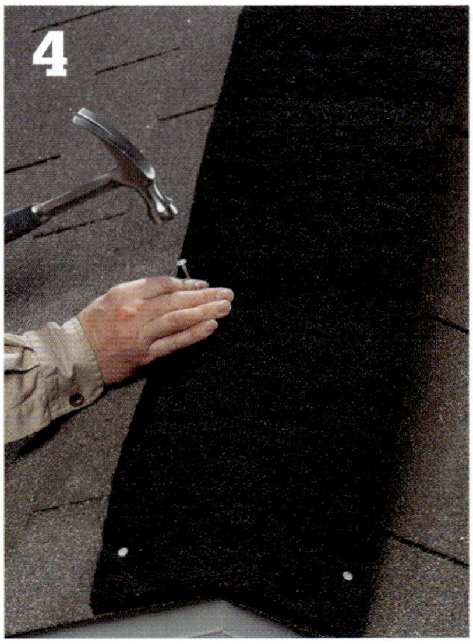

Centrez le closoir de ventilation sur le faîte, en l'alignant sur les traits. Fixez-le à l'aide de clous de toiture assez longs pour pénétrer dans le revêtement. *Conseil : Si le faîte est traversé par une cheminée, laissez 12 po de revêtement autour de celle-ci.*

Aboutez les sections de closoir et clouez-en les extrémités. Installez le closoir d'un bout à l'autre du faîte, même sur les parties terminales où le revêtement n'a pas été découpé.

Fixez les bardeaux de faîte sur le closoir en enfonçant dans chacun deux clous de toiture de 1 ½ po. Les bardeaux de faîte doivent se chevaucher comme sur les faîtes ordinaires. Réutilisez les bardeaux enlevés s'ils sont en bon état, sinon posez-en des neufs.

Installation de nouveaux évents

Si le comble de votre maison requiert davantage de ventilation, mais que vous ne voulez pas remplacer tous les soffites ni refaire la couverture, vous pouvez ajouter des évents au toit et aux soffites actuels.

Vous verrez ici comment ajouter aux soffites des évents d'aspiration, et au toit des évents d'évacuation. Ces dispositifs supplémentaires amélioreront la circulation d'air sous le toit, ce qui réduira l'accumulation de chaleur dans le comble.

L'ajout d'évents à des soffites de bois améliorera la circulation d'air dans le comble.

Outils et matériel ▸

- Marteau
- Levier
- Cordeau à tracer
- Pistolet à calfeutrer
- Mètre à ruban
- Perceuse
- Scie sauteuse
- Clous à joint de caoutchouc
- Ciment de toiture
- Vis en acier inoxydable
- Grilles d'évent
- Évents de toit
- Pâte à calfeutrer acrylique siliconée
- Tournevis

Installation de nouveaux évents

Dans le comble, inspectez la zone de l'avant-toit pour vous assurer que rien n'empêche l'air de circuler par les soffites. Si l'isolant gêne le passage de l'air, installez des chicanes.

Sur le panneau de soffite, tracez les lignes de découpe de l'ouverture destinée à la grille d'évent. Centrez l'évent entre le bord de l'avant-toit et le mur de la maison. Les côtés de la figure tracée devraient mesurer ¼ po de moins que les côtés correspondants de la grille.

Pratiquez un trou de départ, puis découpez l'ouverture à la scie sauteuse.

Appliquez un cordon de pâte à calfeutrer sur la bride de la grille d'évent. Vissez la grille sur le soffite. *Conseil : Pour une plus belle apparence, installez toutes les grilles en orientant les lames dans le même sens.*

Marquez la position de l'évent de toit en enfonçant un clou dans le revêtement du toit. Centrez le clou entre les chevrons, à une distance de 16 po à 24 po du faîte.

Centrez un couvercle d'évent sur le clou sortant du toit. Tracez sur les bardeaux le pourtour de la base de l'évent, puis enlevez les bardeaux à l'intérieur du périmètre, jusqu'à 2 po du tracé. Tracez la circonférence de l'ouverture d'évent, le clou en constituant le centre. Découpez l'ouverture à l'aide d'une scie alternative ou d'une scie sauteuse.

Appliquez une couche de ciment de toiture sous la bride de la base. Installez le couvercle en glissant sa bride sous les bardeaux et en le centrant sur l'ouverture circulaire.

Fixez l'évent sur la couverture au moyen de clous à joint de caoutchouc enfoncés sur tous les côtés de la bride. Clouez les bardeaux détachés, mais n'enfoncez pas de clous dans la bride de l'évent.

Tableaux de référence

Équivalents métriques

Pour convertir:	en:	Multiplier par
Pouces	Millimètres	25,4
Pouces	Centimètres	2,54
Pieds	Mètres	0,305
Verges	Mètres	0,914
Pouces carrés	Centimètres carrés	6,45
Pieds carrés	Mètres carrés	0,093
Verges carrées	Mètres carrés	0,836
Onces	Millilitres	30,0
Chopines (US)	Litres	0,473 (Imp. 0,568)
Pintes (US)	Litres	0,946 (Imp. 1,136)
Gallons (US)	Litres	3,785 (Imp. 4,546)
Onces	Grammes	28,4
Livres	Kilogrammes	0,454

Pour convertir:	en:	Multiplier par
Millimètres	Pouces	0,039
Centimètres	Pouces	0,394
Mètres	Pieds	3,28
Mètres	Verges	1,09
Centimètres carrés	Pouces carrés	0,155
Mètres carrés	Pieds carrés	10,8
Mètres carrés	Verges carrées	1,2
Millilitres	Onces	0,033
Litres	Chopines (US)	2,114 (Imp. 1,76)
Litres	Pintes (US)	1,057 (Imp. 0,88)
Litres	Gallons (US)	0,264 (Imp. 0,22)
Grammes	Onces	0,035
Kilogrammes	Livres	2,2

Conversion des températures

Pour convertir des degrés Fahrenheit (F) en degrés Celsius (C), appliquez la formule simple suivante : soustrayez 32 de la température en degrés Fahrenheit ; multipliez le nombre obtenu par $\frac{5}{9}$. Par exemple : 77 °F - 32 = 45 ; 45 × $\frac{5}{9}$ = 25 °C.

Pour convertir des degrés Celsius en degrés Fahreinheit, multipliez la température en degrés Celsius par $\frac{9}{5}$ et ajoutez 32 au nombre obtenu. Par exemple : 25 °C × $\frac{9}{5}$ = 45 ; 45 + 32 = 77 °F.

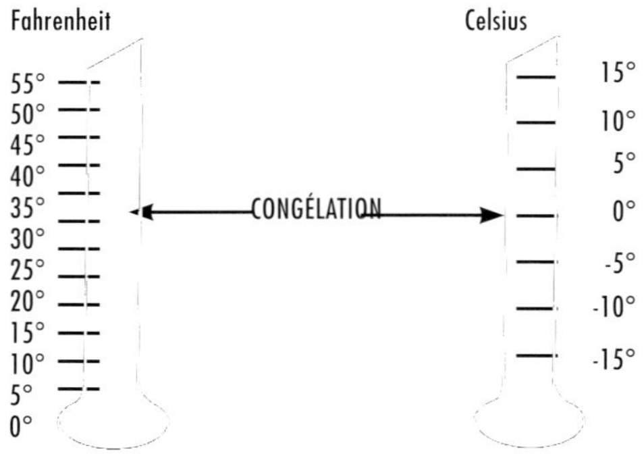

Panneaux de contreplaqué en unités métriques

On trouve couramment dans le commerce des panneaux de contreplaqué dans les deux dimensions métriques suivantes : 1200 mm x 2400 mm et 1220 mm x 2400 mm, qui équivalent approximativement aux panneaux de 4 pi x 8 pi. On trouve des panneaux de revêtement « standard » et de revêtement « de choix » dans les épaisseurs normalisées, tandis que ceux en contreplaqué poncé sont vendus en épaisseurs spéciales.

Qualité standard		Qualité poncée	
7,5 mm	($\frac{5}{16}$ po)	6 mm	($\frac{4}{17}$ po)
9,5 mm	($\frac{3}{8}$ po)	8 mm	($\frac{5}{16}$ po)
12,5 mm	($\frac{1}{2}$ po)	11 mm	($\frac{7}{16}$ po)
15,5 mm	($\frac{5}{8}$ po)	14 mm	($\frac{9}{16}$ po)
18,5 mm	($\frac{3}{4}$ po)	17 mm	($\frac{2}{3}$ po)
20,5 mm	($\frac{13}{16}$ po)	19 mm	($\frac{3}{4}$ po)
22,5 mm	($\frac{7}{8}$ po)	21 mm	($\frac{13}{16}$ po)
25,5 mm	(1 po)	24 mm	($\frac{15}{16}$ po)

Dimensions du bois de sciage

Nominales - U.S.	Réelles - U.S. (pouces)	Métriques
1×2	$\frac{3}{4} \times 1\frac{1}{2}$ po	19×38 mm
1×3	$\frac{3}{4} \times 2\frac{1}{2}$ po	19×64 mm
1×4	$\frac{3}{4} \times 3\frac{1}{2}$ po	19×89 mm
1×5	$\frac{3}{4} \times 4\frac{1}{2}$ po	19×114 mm
1×6	$\frac{3}{4} \times 5\frac{1}{2}$ po	19×140 mm
1×7	$\frac{3}{4} \times 6\frac{1}{4}$ po	19×159 mm
1×8	$\frac{3}{4} \times 7\frac{1}{4}$ po	19×184 mm
1×10	$\frac{3}{4} \times 9\frac{1}{4}$ po	19×235 mm
1×12	$\frac{3}{4} \times 11\frac{1}{4}$ po	19×286 mm
$1\frac{1}{4} \times 4$	$1 \times 3\frac{1}{2}$ po	25×89 mm
$1\frac{1}{4} \times 6$	$1 \times 5\frac{1}{2}$ po	25×140 mm
$1\frac{1}{4} \times 8$	$1 \times 7\frac{1}{4}$ po	25×184 mm
$1\frac{1}{4} \times 10$	$1 \times 9\frac{1}{4}$ po	25×235 mm
$1\frac{1}{4} \times 12$	$1 \times 11\frac{1}{4}$ po	25×286 mm
$1\frac{1}{2} \times 4$	$1\frac{1}{4} \times 3\frac{1}{2}$ po	32×89 mm
$1\frac{1}{2} \times 6$	$1\frac{1}{4} \times 5\frac{1}{2}$ po	32×140 mm
$1\frac{1}{2} \times 8$	$1\frac{1}{4} \times 7\frac{1}{4}$ po	32×184 mm
$1\frac{1}{2} \times 10$	$1\frac{1}{4} \times 9\frac{1}{4}$ po	32×235 mm
$1\frac{1}{2} \times 12$	$1\frac{1}{4} \times 11\frac{1}{4}$ po	32×286 mm
2×4	$1\frac{1}{2} \times 3\frac{1}{2}$ po	38×89 mm
2×6	$1\frac{1}{2} \times 5\frac{1}{2}$ po	38×140 mm
2×8	$1\frac{1}{2} \times 7\frac{1}{4}$ po	38×184 mm
2×10	$1\frac{1}{2} \times 9\frac{1}{4}$ po	38×235 mm
2×12	$1\frac{1}{2} \times 11\frac{1}{4}$ po	38×286 mm
3×6	$2\frac{1}{2} \times 5\frac{1}{2}$ po	64×140 mm
4×4	$3\frac{1}{2} \times 3\frac{1}{2}$ po	89×89 mm
4×6	$3\frac{1}{2} \times 5\frac{1}{2}$ po	89×140 mm

Forets

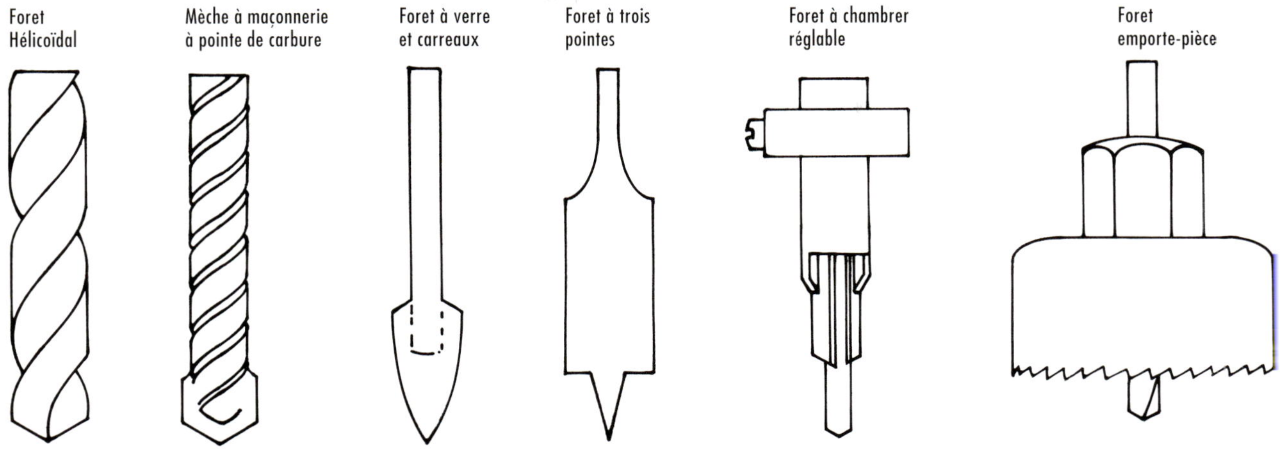

Clous

La longueur des clous est indiquée par des chiffres compris entre 4 et 60, suivis de la lettre « d », qui signifie « penny ». Pour les travaux généraux de charpente et de préparation, utilisez des clous ordinaires ou des clous à boîtes. Les clous ordinaires sont les plus appropriés aux travaux de charpente, car dans ce type de travaux, la résistance est importante. Les clous à boîtes, dont le diamètre est inférieur à celui des clous ordinaires, sont plus faciles à enfoncer et ils risquent moins de fendre le bois. Utilisez des clous à boîtes pour les travaux légers et avec des matériaux minces. La plupart des cloux ordinaires et des clous à boîtes sont gommés ou enduits de vinyle, ce qui améliore leur résistance à l'arrachement.

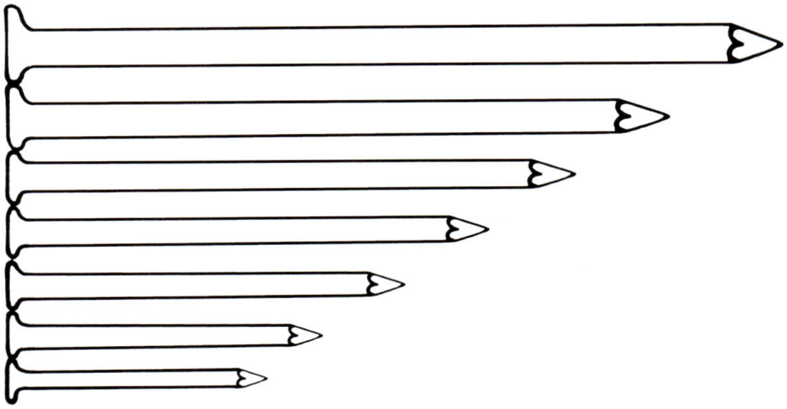

lb	mm	po
20d	102 mm	4 po
16d	89 mm	3½ po
10d	76 mm	3 po
8d	64 mm	2½ po
6d	51 mm	2 po
5d	44 mm	1¾ po
4d	38 mm	1½ po

Diamètre du logement de tête, du trou de dégagement et de l'avant-trou

Format de la vis	Diamètre du logement de la tête de vis noyée (po)	Trou de dégagement de la tige de vis	Diamètre de l'avant-trou	
			Bois dur (po)	Bois tendre (po)
#1	0,146 (9/64)	5/64	3/64	1/32
#2	1/4	3/32	3/64	1/32
#3	1/4	7/64	1/16	3/64
#4	1/4	1/8	1/16	3/64
#5	1/4	1/8	5/64	1/16
#6	5/16	9/64	3/32	5/64
#7	5/16	5/32	3/32	5/64
#8	3/8	11/64	1/8	3/32
#9	3/8	11/64	1/8	3/32
#10	3/8	3/16	1/8	7/64
#11	1/2	3/16	5/32	9/64
#12	1/2	7/32	9/64	1/8

Index

R

V

Suivez les Éditions de l'Homme sur le Web

Consultez notre site Internet et inscrivez-vous à l'infolettre pour rester informé en tout temps de nos publications et de nos concours en ligne. Et croisez aussi vos auteurs préférés et l'équipe des Éditions de l'Homme sur nos blogues!

www.editions-homme.com

Imprimé en chine